Steuerrecht als Wettbewerbsrecht

Bochumer Schriften zum Steuerrecht

Herausgegeben von Roman Seer

Band 39

PETER LANG

Sebastian Mogk

Steuerrecht als Wettbewerbsrecht

Leistungsfähigkeit einzelfallbezogener Wettbewerbsschutzklauseln im steuerlichen Massenverfahren

PETER LANG

Bibliografische Information der Deutschen Nationalbibliothek
Die Deutsche Nationalbibliothek verzeichnet diese Publikation in der Deutschen Nationalbibliografie; detaillierte bibliografische Daten sind im Internet über http://dnb.d-nb.de abrufbar.

Zugl.: Bochum, Univ., Diss., 2020.

D 294

ISBN 978-3-631-85053-4 (Print)
E-ISBN 978-3-631-85550-8 (E-PDF)
E-ISBN 978-3-631-85551-5 (EPUB)
E-ISBN 978-3-631-85552-2 (MOBI)
DOI 10.3726/b18458

Peter Lang – Berlin · Bern · Bruxelles · New York · Oxford · Warszawa · Wien

Diese Publikation wurde begutachtet.

www.peterlang.com

Für Marina, Leopold
und Nikolai

Vorwort

Die vorliegende Arbeit wurde im Wintersemester 2020/21 von der Juristischen Fakultät der Ruhr-Universität Bochum als Dissertation angenommen. Die mündliche Prüfung fand am 17. November 2020 statt.

Ich habe das Manuskript zu der Arbeit im Oktober 2018 abgeschlossen. Später veröffentlichte Rechtsprechung, Literatur sowie Verwaltungsauffassungen habe ich in den Fußnoten berücksichtigt, soweit mir diese bis zum Ablauf des Januar 2021 bekannt geworden sind.

Danken möchte ich zuallererst meinem Doktorvater, Herrn *Prof. Dr. Sebastian Unger*, für die Betreuung meiner Dissertation und die wertvolle Unterstützung im Promotionsverfahren.

Herrn *Prof. Dr. Roman Seer* möchte ich für die zügige Erstellung des Zweitgutachtens und die Aufnahme in die Schriftenreihe danken.

Darüber hinaus danke ich Herrn *Prof. Dr. Kaltenborn* für die Zeit, die ich an seinem Lehrstuhl verbringen durfte und die fachlichen und menschlichen Erfahrung, die ich dabei gewinnen konnte. Er hat stets darauf geachtet, mir den nötigen Freiraum für diese Arbeit zu gewährleisten.

Zu besonderem Dank bin ich Herrn *Dr. Max Weber* verpflichtet, der nicht nur während der gemeinsamen Zeit vor der Ersten und Zweiten Juristischen Staatsprüfung, sondern auch während der gemeinsamen Promotionszeit mein bedeutendster Weggefährte war. Er hatte stets ein offenes Ohr für meine Ideen und stand mir mit kritischem Rat zur Seite.

Daneben möchte ich meinen *Eltern* für die Ermutigung und unbedingte Unterstützung danken, ohne die mein bisheriges Leben nicht in dieser Art möglich gewesen wäre. Dafür sind diese Worte nicht genug.

Schließlich möchte ich meiner geliebten Ehefrau und Mutter meiner Kinder *Marina Mogk* danken, die mir immer zur Seite steht und mich nicht nur während meiner juristischen Ausbildung unterstützt, sondern neben den Höhen auch gerade während der schwierigeren Zeiten meine Launen ertragen und mich aufgefangen hat. Sie war es, die mir die gesamte Zeit den nötigen Freiraum verschafft und für den privaten Ausgleich gesorgt hat; Ihr ist diese Arbeit gewidmet.

Duisburg, im Januar 2021

Sebastian Mogk

Inhaltsübersicht

Inhaltsverzeichnis

Einleitung

Die Berücksichtigung der Auswirkung von Steuern sowie von Steuerbefreiungen und -vergünstigungen auf den Wettbewerb ist kein Novum.[1] Das Steuerrecht enthält gleich mehrere Klauseln, die sogar ausdrücklich ein Wettbewerbskriterium enthalten. So erheben etwa § 65 Nr. 3 AO und § 5 Abs. 1 Nr. 22 S. 1 KStG, mit der Umschreibung „in Wettbewerb tritt", oder etwa Art. 134 Buchst. b MwStSystRL und auch § 12 Abs. 2 Nr. 8 Buchst. a S. 1 UStG, mit dem Begriff des „unmittelbaren Wettbewerbs", das Merkmal des Wettbewerbs zwischen besteuerten und (zumindest partiell) nichtbesteuerten Anbietern zum entscheidungserheblichen Kriterium. Selbiges gilt für das Merkmal der „größeren Wettbewerbsverzerrungen" nach § 2b Abs. 1 S. 2 UStG. Es ist offenkundig, dass sich Steuern als Kostenfaktor mittelbar oder unmittelbar auf den Preis – als einen der maßgeblichen Faktoren im Wettbewerb – auswirken können.[2] Dem entsprechend eignet sich das Steuerrecht gleich in mehrfacher Hinsicht zur Einwirkung auf den Wettbewerb. Zum einen kann durch Steuern versucht werden das Verhalten der Verpflichteten am Markt zu lenken (sog. rechtlich gelenkter Wettbewerb).[3] Zum anderen kann durch die Steuerintervention versucht werden, eine Fehlentwicklung auf dem Markt zu korrigieren oder ein sog. Marktversagen aufzuheben.[4] Daneben kann aber auch entsprechend den vorgenannten Klauseln der Schutz und Erhalt des Wettbewerbs bezweckt sein. Denn gerade die unterschiedliche

---

1 Bereits bei der Begründung eines KStG stellte der Gesetzgeber auf den Vorteil der öffentlichen Betriebe durch Steuerbegünstigungen ab, Verhandlungen des RT, 3. Wahlperiode 1924/25, Bd. 400, Drs. 796, S. 8.

2 Vgl. erneut die Verhandlungen des RT, 3. Wahlperiode 1924/25, Bd. 400, Drs. 796, S. 8 ff., wonach der Grund für die Aufhebung der Steuerbefreiung darin liegt, „dass die öffentlichen Verbände [...] sich am Wirtschaftsleben beteiligen, und dass ihnen durch Ersparung einer so ungeheuer wichtigen Spese wie der Steuer ein [...] nicht zu rechtfertigender Vorsprung vor den privatwirtschaftlichen Betrieben gewährt wird"; zum Preiskampf im Wettbewerb schon *Smith*, Der Wohlstand der Nationen, 1974, S. 297, im Jahre 1776.

3 Dazu nur *G. Kirchhof*, in: Öffentliches Wettbewerbsrecht, 2014, § 13 Rn. 5 ff. und 29 ff.

4 Vgl. so auch bei der Konkretisierung der „Unvermeidbarkeit" nach § 65 Nr. 3 AO *Fischer*, in: GS Trzaskalik, 2005, S. 49 (57 ff.); *Schauhoff*, in: GS Walz, 2008, S. 661 (663 f.); *Unger*, in: Gosch, AO/FGO, § 65 AO Rn. 30 (Stand 01.2013); dagegen skeptisch gegenüber der alleinigen Anknüpfung an Marktversagensgründe *Hüttemann*, Wirtschaftliche Betätigung und steuerliche Gemeinnützigkeit, 1991, S. 187.

steuerliche Belastung von konkurrierenden Marktteilnehmern kann die Ausgangslage und auch die Verhältnisse am Markt und damit den Wettbewerb beeinträchtigen.[5] Bei dem Versuch, diese Auswirkung zu verhindern, tritt das Steuerrecht daher auch in den Bereich des rechtlich gesicherten Wettbewerbs.[6] Es ist daher nicht überraschend, dass dem Streit über die Steuerbegünstigung eines Konkurrenten auch im Steuerrecht eine gefestigte Position auf dem Feld der negativen Konkurrentenklagen zuerkannt wird.[7] Der Bezugspunkt des Steuerrechts zum Wettbewerb tritt folglich an mehreren Stellen offen zu Tage. Dennoch ist das Steuerrecht erst in der jüngeren Zeit verstärkt als ein Teil des Wettbewerbsrechts in das wissenschaftliche Bewusstsein getreten.[8] Neben der Untersuchung, wie der Wettbewerbsgedanke demnach im Steuerrecht auftritt und anschließend sachgerecht umgesetzt werden muss, ist insbesondere schon die Frage von besonderem Interesse, ob das Steuerrecht überhaupt die erforderliche Eignung aufweist, um als Teil des Wettbewerbsrechts Bestand haben zu können.

A. Steuerrecht als Wettbewerbsrecht

Das Steuerrecht ist somit in gewisser Weise schon ein Teil des Wettbewerbsrechts. Auffällig ist dabei, dass der Wettbewerbsgedanke primär dann normiert oder geltend gemacht wird, wenn eine Negativauswirkung auf den Wettbewerb verhindert werden soll. Dies ist wenig überraschend, da dem Steuerrecht mit dem Fundamentalprinzip der gerechten Besteuerung nach der Leistungsfähigkeit[9] eine beeinträchtigende Einwirkung auf den Wettbewerb und auch eine

---

5 Hinsichtlich Subventionen ebenso *Bäcker,* Wettbewerbsfreiheit als normgeprägtes Grundrecht, 2007, S. 25.

6 *G. Kirchhof,* in: Öffentliches Wettbewerbsrecht, 2014, § 13 Rn. 27 f.; allgemein *Thiele,* in: Öffentliches Wettbewerbsrecht, 2014, § 5 Rn. 1 ff.

7 Dazu nur *Weber*, Steuererlaß und Steuerstundung als Subvention, 1980, S. 93 ff.; *van Lishaut*, Die Konkurrentenklage im Steuerrecht, 1992, S. 75; *Walz*, in: Non Profit Law Yearbook 2001, S. 197 (218 f.); ausführlich *Englisch*, StuW 2008, S. 43 (44 ff.); *Seer,* in: Tipke/Kruse, AO/FGO, § 40 FGO Rn. 83 (Stand 10.2014); grundsätzlich und auch zum Begriff *Grimm*, Die negative Konkurrentenklage im Steuerrecht, 2011, S. 40 ff. und 73 ff.; hinsichtlich der Besteuerung der öffentlichen Hand auch *Droege*, Zur Besteuerung der öffentlichen Hand, 2018, S. 151 ff.

8 *G. Kirchhof,* in: Öffentliches Wettbewerbsrecht, 2014, § 13 Rn. 60 ff.; *Hey,* in: DStJG 39 (2016), S. 11 (23 ff. und 47 ff.); *Droege*, Zur Besteuerung der öffentlichen Hand, 2018, S. 161 ff.

9 Statt vieler nur *Hey*, in: Tipke/Lang, Steuerrecht^{24}, 2020, § 3 Rn. 40 ff.

Korrektur des Marktmechanismus grundsätzlich fernliegt. Im Zuge der Beurteilung, ob sich das Steuerrecht überhaupt zur Umsetzung des Wettbewerbsgedankens eignet, wird es darauf ankommen, ob die wettbewerbsorientierte Betrachtung unter der Heranziehung sachgerechter Kriterien erfolgt. Daneben wird die Tauglichkeit des Steuerrechts als Teil des Wettbewerbsrechts maßgeblich davon abhängen, ob sich eine wettbewerbsorientierte Betrachtung überhaupt in das Steuerverfahren inkorporieren lässt. Nachfolgend soll daher zunächst eine kurze Begründung für die Auswahl der steuerlichen Wettbewerbsschutzklauseln als Untersuchungsgegenstand vorgenommen werden. Anschließend erfolgt die Darstellung der Problemkreise und Bedenken an der Konzeption des Steuerrechts als Wettbewerbsrecht.

I. Wettbewerbsschutzklauseln als Referenzgebiet

Die Beurteilung der Eignung und Zulässigkeit des Steuerrechts als Wettbewerbsrecht lässt sich insbesondere mit Blick auf die bereits genannten Wettbewerbsschutzklauseln vornehmen. An diesem Punkt geht das Steuerrecht nämlich über die rein faktische Einwirkung auf das wettbewerbliche Geschehen, genauer auf die Handlungen und Entscheidungen am Markt, hinaus und stellt den Wettbewerbsgedanken in den Mittelpunkt der Normanwendung. Der Wettbewerbsschutz wird zumindest auf den ersten Blick zur ratio legis der jeweiligen Norm erhoben.

1. Zweck: Rechtliche Sicherung des Wettbewerbs

An keiner anderen Stelle des Steuerrechts wird derart deutlich, dass auch diesem teilweise ein wettbewerbsorientiertes Denken zugrunde liegt.[10] Den Schutzklauseln, die schlicht ein Merkmal zur Umschreibung eines Wettbewerbsverhältnisses beinhalten, lässt sich der Zweck, den Wettbewerb zu sichern, zwar nicht unmittelbar entnehmen. Dies gilt nicht nur für § 5 Abs. 1 Nr. 22 S. 1 KStG, § 12 Abs. 2 Nr. 8 Buchst. a S. 1 UStG und Art. 134 Buchst. b MwStSystRL, sondern auch für § 65 Nr. 3 AO, der zusätzlich das Merkmal der Unvermeidbarkeit des festgestellten Wettbewerbs enthält. Einzig § 2b Abs. 1 S. 2 UStG lässt unmittelbar über den Wortlaut erkennen, dass die Aufhebung der verzerrenden

---

10 Zur Wettbewerbsneutralität als Legitimationsgrund für die Besteuerung der öffentlichen Hand und damit dem Ausgangspunkt wettbewerblichen Denkens im Steuerrecht *G. Kirchhof*, in: Öffentliches Wettbewerbsrecht, 2014, § 13 Rn. 10; *Droege*, Zur Besteuerung der öffentlichen Hand, 2018, S. 5 f.

Wirkung – als Folge der Nichtbesteuerung wegen der (im Grunde) fehlenden Steuerwürdigkeit der öffentlichen Hand –[11] auf den Wettbewerb bezweckt wird. Doch schon in den Gesetzgebungsmaterialien zur Besteuerung der öffentlichen Hand,[12] aber auch in denen zu den Schutzklauseln im Zusammenhang mit der intervenierenden Wirkung der Begünstigung gemeinnütziger Körperschaften oder Leistungen,[13] wird der Zweck der rechtlichen Sicherung des Wettbewerbs erkennbar. Der Wettbewerbsschutz wird zum ausschließlichen Grund für die Auferlegung der Steuerlast.

2. *Konsequenz: Einzelfallabhängigkeit*

Die Wettbewerbsschutzklauseln erfordern daher schon hinsichtlich des Wortlauts aber auch bezüglich ihres Zwecks idealerweise die Berücksichtigung des Einzelfalls. Der Ausgleich der widerstreitenden Interessen zwischen der steuerlichen Begünstigung gemeinnütziger Körperschaften sowie der Vermeidung der Eigenbesteuerung der öffentlichen Hand gegenüber dem Wettbewerbsschutz wird nicht generell abstrakt durch das Gesetz geregelt, sondern auf die Ebene der Rechtsanwendung, unter Berücksichtigung der konkret individuellen Umstände, verlagert. Dies gilt neben dem offensichtlich abwägungsbedürftigen Merkmal der Unvermeidbarkeit nach § 65 Nr. 3 AO[14] und dem Merkmal der

---

11 Tatsächlich ist die Besteuerung der öffentlichen Hand sogar ein Minusgeschäft, vgl. *Laule*, DStZ 1988, S. 183 (184); nach *Hüttemann*, in: GS Walz, 2008, S. 269 (272), handelt es sich bestenfalls um ein „Nullsummenspiel"; *Hidien*, in: ders./Jürgens, Die Besteuerung der öffentlichen Hand, 2017, § 2 Rn. 332 ff., wonach die Besteuerung der öffentlichen Hand auch nicht aus einem grundrechtlichen Gebot, sondern allein aus einem steuergesetzgeberischen wirtschaftspolitischen Ziel folge.

12 Vgl. zu § 4 KStG BT-Drs. 7/1470, S. 336; zu § 2b UStG BT-Drs. 18/6094, S. 91, deutlich zur Vorgängervorschrift BT-Drs. 4/1590, S. 36, „Die Besteuerung ihrer Umsätze ist erforderlich, weil sie im Wettbewerb zu zahlreichen Unternehmen stehen, deren Umsätze steuerpflichtig sind".

13 Vgl. zu § 65 Nr. 3 AO BT-Drs. 7/4292, S. 21; zu § 12 Abs. 2 Nr. 8 Buchst. a S. 3 UStG BT-Drs. 16/3036, S. 15, wonach die Begünstigung zu „nicht mehr hinnehmbaren Wettbewerbsnachteil für Unternehmer führt, deren Leistungen dem allgemeinen Steuersatz unterliegen".

14 Erstmals ausdrücklich BFH v. 13.06.2012 – I R 71/11, BFH/NV 2013, 89, Rn. 16; das Abwägungserfordernis geht zurück auf *Riewald*, BB 1954, S. 385 (387); ebenso statt vieler nur *Rabenschlag*, DStZ 1997, S. 717 (720); *Hüttemann*, Wirtschaftliche Betätigung und steuerliche Gemeinnützigkeit, 1991, S. 184 f.; *ders.*, GemSpR^{4}, 2018, Tz. 6.201.

größeren Wettbewerbsverzerrung nach § 2b UStG[15] auch für die Feststellung des Bestehens eines Wettbewerbs. Dessen Bestimmung kann nämlich in Abhängigkeit davon, welches wettbewerbspolitische Verständnis verfolgt wird, ein enges oder weites Verständnis zugrunde gelegt werden.[16] Dies zeigt schon der Streit, ob ein sog. potentielles Wettbewerbsverhältnis abstrakt oder konkret bestimmt werden muss.[17]

Die steuerrechtlichen Wettbewerbsschutzklauseln eignen sich daher besonders für die Untersuchung der Tauglichkeit des Steuerrechts als Wettbewerbsrecht, da den Regelungen der Wettbewerbsgedanke maßgeblich zugrunde liegt. Des Weiteren konnte bereits über einen längeren Zeitraum eine sachgerechte Umsetzung des Wettbewerbsschutzes erprobt werden. Zudem ist den Wettbewerbsschutzklauseln ein erhebliches Maß an Aufmerksamkeit zugekommen,[18] sodass auf ein breites Feld an gewonnenen Erkenntnissen zurückgegriffen werden können sollte.

---

15 Auch wenn dem Rechtsanwender dahingehend durch den Katalog nach Abs. 2 vereinfachende Kriterien an die Hand gegeben werden sollen, bleibt es darüberhinausgehend bei der Offenheit der Bewertung der „*Größe*". An dieser Offenheit dürfte auch die tautologische „Präzisierung" durch den EuGH v. 16.09.2008 – C-288/07, *Isle of Wight Council u.a.*, EU:C:2008:505, Rn. 79, wonach die Wettbewerbsverzerrungen „mehr als unbedeutend sein müssen", nichts ändern; ähnlich kritisch *Hüttemann*, UR 2017, S. 129 (133).

16 Siehe dazu nur die anschauliche Gegenüberstellung der lauterkeits- und kartellrechtlichen Methodik bei *Lettl*, in: FS Köhler, 2014, S. 429 (434 ff.).

17 Siehe dazu an dieser Stelle nur *Häck*, Die öffentliche Hand im Körperschaft- und Umsatzsteuerrecht, 2004, S. 129; *Schauhoff/Kirchhain*, DStR 2012, S. 261 (266); *Unger*, in: Gosch, AO/FGO, § 65 AO Rn. 26 (Stand 01.2013); *Hüttemann,* GemSpR[4], 2018, Tz. 6.192.

18 Siehe nur *Hüttemann*, Wirtschaftliche Betätigung und steuerliche Gemeinnützigkeit, 1991, S. 165 ff.; *Bader*, Hoheitsbetrieb und Betrieb gewerblicher Art im Umsatz- und Körperschaftsteuerrecht, 1997, S. 69 ff.; *Siegel,* Der Begriff des „Betriebs gewerblicher Art" im Körperschaft- und Umsatzsteuerrecht, 1999, S. 204 ff., 240 ff. und 279 ff.; *Seer/Wolsztynski*, Steuerliche Gemeinnützigkeit der öffentlichen Hand, 2002, S. 87 ff. und 181 ff.; *Hüttemann*, Die Besteuerung der öffentlichen Hand, 2002, S. 77 ff. und 170 ff.; *Wunsch*, Die Wettbewerbsklausel des § 65 Nr. 3 AO, 2002, passim; *Häck*, Die öffentliche Hand im Körperschaft- und Umsatzsteuerrecht, 2004, S. 116 ff. und 225 ff.; *Droege*, Gemeinnützigkeit im offenen Steuerstaat, 2010, S. 219 ff.; *Wiesch*, Die umsatzsteuerliche Behandlung der öffentlichen Hand, 2016, S. 103 ff. und S. 198 ff.; *Heckhausen*, Die Umsatzbesteuerung der öffentlichen Hand, 2017, S. 45 ff. und 73 ff.

II. Wettbewerbsschutz zur Herstellung der Wettbewerbsneutralität

Normübergreifend wird den Wettbewerbsschutzklauseln die Funktion zuerkannt, die Wettbewerbsneutralität im Steuerrecht zu sichern oder herzustellen.[19] Trotz dieser Einordnung bleibt allerdings weitgehend offen, ob die Anwendung der Schutzklauseln durch ein individuelles oder institutionelles Verständnis geprägt werden muss. Daran orientiert sich jedoch maßgeblich die Umsetzung im Einzelfall.[20] Diese beiden möglichen Grundverständnisse vom Wettbewerbsschutz stellen sich damit bereits als Weichenstellung für die Akzentuierung im Zuge der Anwendung der wettbewerbsorientierten Merkmale dar. Wegen der oftmals fehlenden oder zumindest nicht klar erkennbaren Akzentuierung[21]

---

19 Bezüglich § 65 Nr. 3 AO zwar nicht ausdrücklich, aber bereits im Kern zugrunde gelegt, RFH v. 06.06.1928 – I A 192/27, RFHE 23, 309, 343; seitdem vielfach argumentativ herangezogen, statt vieler BFH v. 27.10.1993 – I R 60/91, BStBl II 1994, 573, Rn. 22; v. 17.02.2010 – I R 2/08, BStBl II 2010, 1006, Rn. 29; *Knobbe-Keuk*, BB 1982, S. 385 (387); *Seer/Wolsztynski*, Steuerliche Gemeinnützigkeit der öffentlichen Hand, 2002, S. 89; *Droege*, Gemeinnützigkeit im offenen Steuerstaat, 2010, S. 220 u. 235 f.; *Unger*, in: Gosch, AO/FGO, § 65 AO Rn. 3 (Stand 01.2013); *Hüttemann*, GemSpR[4], 2018, Tz. 6.188; bezüglich § 4 KStG statt vieler *Selmer/Schulze-Osterloh*, DÖV 1978, S. 381 (388); *F. Kirchhof*, in: FS Offerhaus, 1999, S. 333 (337); *Seer/Klemke*, BB 2010, S. 2015; *Baldauf*, DStZ 2011, S. 35 (41); bezogen auf § 2b UStG *Heckhausen*, Die Umsatzbesteuerung der öffentlichen Hand, 2017, S. 73 ff.; *Dodos*, MwStR 2017, S. 9 (10 f.); wenn auch zugleich kritisch hinsichtlich dieser Konstruktion *Englisch*, in: Tipke/Lang, Steuerrecht[24], 2020, § 17 Rn. 53 f.; ebenso kritisch *P. Kirchhof*, DStR 2008, S. 1 (7); zur Wettbewerbsneutralität im Bereich der Mehrwertsteuer *Zirkl*, Die Neutralität der Umsatzsteuer als europäisches Besteuerungsprinzip, 2015, S. 132 f.; grundsätzlich zur Wettbewerbsneutralität *Elschen/Hüchtebrock*, FinArch 41 (1983), S. 253 (257); *P. Kirchhof*, in: HStR V[3], 2007, § 118 Rn. 214 ff.; *Kirchhof/Korte/Magen u.a.*, in: Öffentliches Wettbewerbsrecht, 2014, § 4 Rn. 55.

20 Zur unterschiedlichen Anwendung des einfachen Wettbewerbsrechts je nach einem institutionellen oder individuellen Verständnis *Unger*, in: Öffentliches Wettbewerbsrecht, 2014, § 8 Rn. 42 ff.

21 Dies gilt insbesondere für die Finanzverwaltung die exemplarisch im AEAO zu § 65 AO, Nr. 4 S. 4 (Fassung v. 19.02.2016), vom Sinn und Zweck des § 65 Nr. 3 AO als „umfänglichen Schutz des Wettbewerbs, der auch den potentiellen Wettbewerb umfasst" spricht, was sämtliche Ausrichtungen zulässt; ähnlich offen auch bei den Vorgaben zur Anwendung des § 2b UStG, wonach die Wettbewerbsrelevanz „in Bezug auf die fragliche Tätigkeit als solche zu beurteilen [ist]" und zwar „grundsätzlich unabhängig davon, ob die betreffenden Einrichtungen auf der Ebene des lokalen Marktes, auf dem sie diese Tätigkeit ausüben, Wettbewerb ausgesetzt sind oder nicht".

besteht aber die Befürchtung, dass der Interessenausgleich bei der Umsetzung des Wettbewerbsschutzes nur allzu pauschal entschieden wird. Der mannigfaltige Begriff des Wettbewerbs[22] könnte dazu führen, dass für den Rechtsanwender der Blick auf den wesentlichen Interessenausgleich und das konkrete Schutzbedürfnis verstellt wird. Eine fehlende Eindeutigkeit der Ausrichtung des steuerrechtlichen Wettbewerbsschutzes könnte damit bereits einen ersten Stolperstein für die Tauglichkeit als Wettbewerbsrechts darstellen. Bevor die Tendenz pauschaler Entscheidungen im Zuge der Anwendung der steuerrechtlichen Wettbewerbsschutzklauseln als erster Problemkreis aufgezeigt wird, sollen daher nachfolgend zunächst kurz die möglichen Ausrichtungen des Wettbewerbsschutzes dargestellt werden.

1. Schutz des Wettbewerbsmechanismus

Im Zusammenhang mit den Wettbewerbsschutzklauseln wird bereits teilweise pauschal und sprachlich offen vom „Schutz des Wettbewerbs" gesprochen.[23] Es könnte demnach auch davon ausgegangen werden, dass primär der Schutz des Wettbewerbsmechanismus oder der daraus folgenden wohlfahrtssteigernden Folgen bezweckt sei. Tatsächlich muss der „Wettbewerb" selbst nämlich als zeitlicher (interaktiver) Prozess angesehen werden[24] und darf nicht als

---

22 Vgl. nur *Meessen/Kersting*, in: Loewenheim/Meessen/Riesenkampff/u.a., Kartellrecht[4], 2020, Einführung in das europäische und deutsche Kartellrecht, Rn. 6, wonach „der Begriff Wettbewerb [...] einer umfassenden und zugleich aussagekräftigen Definition nicht zugänglich" sei.

23 Siehe nur BFH v. 29.01.2009 – V R 46/06, BStBl II 2009, 560, Rn. 45; v. 30.11.2016 – V R 53/15, BStBl II 2017, 1224, Rn. 19, „Sinn und Zweck [...] eine[s] umfänglichen Schutz[es] des Wettbewerbs"; vgl. erneut AEAO zu § 65 AO, Nr. 4 S. 4 (Fassung v. 19.02.2016).

24 Der Wettbewerb wurde schon früh als Zustandsbeschreibung für einen Prozess aus Aktionen und Reaktion angesehen: *Clark*, Competition As A Dynamic Process, 1961, S. 15; *Schmidtchen*, in: Ordo 39 (1988), S. 111 (119), „Wettbewerb ist das Spiel, das sich aus der Ausübung der Wettbewerbsfreiheit am Markt ergibt"; die Leistung des Wettbewerbs liege in dem Anreiz für Innovationen und die Wohlstandssteigerung folge aus einem Innovations-Imitations-Prozess der neue Verfahren und Produkte zur Folge habe *Schumpeter*, in: Wettbewerbstheorie, 1975, S. 134 f.; auch die Vorreiter einer freiheitsorientierten Betrachtung „des Wettbewerbs" haben diesem seine Prozesshaftigkeit nicht abgesprochen, sondern diesen ergebnisoffenen Prozess als nicht vorhersehbar anerkannt: *Hoppmann*, in: Wirtschaftsordnung und Wettbewerb, 1988, S. 235 (252 ff.); *ders.*, a.a.O., S. 56 (72 f.); *ders./Mestmäcker*, Normzwecke und Systemfunktionen im Recht der Wettbewerbsbeschränkungen, 1974, S. 7 ff.; mit der

schützenswertes Subjekt missverstanden werden.[25] Genauer ist der „Wettbewerb" das Geschehen, das ausgehend von einem Konkurrenzverhältnis über ein interaktives Tätigwerden, geprägt durch den wechselseitigen Druck der Konkurrenten, zu einem gemeinwohlfördernden Ergebnis führt. Wegen des bestehenden Konkurrenzverhältnisses müssen sich die Anbieter bei ihren Handlungen an den Bedürfnissen der Nachfrager orientieren, um sich einen Vorteil gegenüber ihren Konkurrenten zu verschaffen.[26] Andernfalls können sie ihre Waren oder Dienstleistungen nicht absetzen. Um Kaufanreize zu setzen, müssen sie die Preise senken oder ihre Produkte verbessern.[27] Da der „Prozess Wettbewerb" durch Handlungen der Anbieter und Neigungen der Nachfrager bedingt ist, sei jedoch auch darauf hingewiesen, dass sich dessen Ergebnis (Gemeinwohlförderung oder -minderung) nicht vorhersagen lässt.[28] Dennoch lässt sich die

---

Bezeichnung als Erkenntnisprozess *von Hayek*, in: Freiburger Studien, 1969, S. 249; *ders.*, in: Individualismus und wirtschaftliche Ordnung², 1978, S. 103 ff.

25 Grundsätzlich kritisiert durch *Klement*, Wettbewerbsfreiheit, 2015, S. 57 f., „nur allzu oft wird der Wettbewerb *personifiziert* oder sonst zu einem selbstständigen Faktor gemacht".

26 *Kirchner*, in: The More Economic Approach to European Competition Law (2007), S. 7 (12), „Rivalry means that each player has to consider moves of other players which may affect his welfare situation"; nach *Schmidt/Haucap*, Wettbewerbspolitik und Kartellrecht, 2013, S. 3 f., sei Merkmal des Wettbewerbs unter anderem, dass Anbieter „durch Einsatz eines oder mehrerer Aktionsparameter ihren Zielerreichungsgrad zu Lasten anderer Wirtschaftssubjekte verbessern wollen"; zum allgemeinen Verständnis vom Wettbewerb statt vieler *Kerber/Schwalbe*, in: MünchKomm EUWettbewerbsrecht², 2015, Einl. Rn. 37; *Meessen/Kersting*, in: Loewenheim/Meessen/Riesenkampff/u.a., Kartellrecht⁴, 2020, Einführung in das europäische und deutsche Kartellrecht, Rn. 7.

27 Mit dem Verständnis der preismindernden und damit allokationseffizienz- und wohlfahrtssteigernden Wirkung des Wettbewerbs bereits *Smith*, Der Wohlstand der Nationen, 1974, S. 297 und S. 371.

28 Ob und inwieweit Wettbewerbsverhalten ökonomisch vor- oder nachteilhaft ist lässt sich aber nicht pauschal festlegen: So schon *Hoppmann*, in: Wirtschaftsordnung und Wettbewerb, 1988, S. 235 (254 ff.), nach dem es wegen der Offenheit des Wettbewerbsprozesses „nicht möglich [ist], jene Marktprozesse, in denen sich Wettbewerbsfreiheit und ökonomische Vorteilhaftigkeit manifestieren, positiv in ihren Zusammenhängen und Ergebnissen im Einzelnen praktikabel zu beschreiben"; grundsätzlich zur Frage von per-se rules (als wohlfahrtsfördernd eingeordnete Verhaltensregeln) und rules of reason (Abwägung zwischen möglichen positiven und negativen Auswirkungen einer wettbewerbsbeschränkenden Maßnahme) *Hellwig*, in: FS Mestmäcker, 2006, S. 231 (260 ff.); *Magen*, in: Öffentliches Wettbewerbsrecht, 2014, § 2 Rn. 50; gegen das Aufstellen allgemeiner Regeln *Schmidtchen*, in: Ordo 59 (2008), S. 143 ff.; anders dagegen

Beurteilung und damit auch die Umsetzung der maßgeblichen Merkmale nach einem an den wohlfahrtssteigernden Ergebnissen des Wettbewerbs, oder vorhergehend dem Erhalt des Wettbewerbsmechanismus orientierten Verständnis ausrichten. Den Wettbewerbsschutzklauseln müsste damit bei dieser Ausrichtung die Ausgleichsfunktion zwischen der Förderung gemeinnütziger Tätigkeiten, beziehungsweise der weitgehenden Nichtbesteuerung der öffentlichen Hand, und dem Erhalt der Wohlfahrtsgewinne (durch den Wettbewerb) zuerkannt werden.

2. *Schutz der Wettbewerber*

Demgegenüber können die Wettbewerbsschutzklauseln auch als individuell ausgerichtet verstanden werden, sodass deren Umsetzung gedanklich an den Auswirkungen auf die nicht begünstigten Konkurrenten orientiert werden muss. Dass den nicht begünstigten Konkurrenten einer Steuerbegünstigung, vergleichbar zu einer Subvention, eine schützenswerte Position zuerkannt werden muss, wird auch überwiegend nicht bestritten.[29] Dahingehend kommt es zunächst auch nicht darauf an, ob diese als freiheits- oder gleichheitsrechtlich gewährleistet angesehen wird.[30] Zumindest unter Berücksichtigung der Funktionsweise des Wettbewerbsmechanismus muss einem Verlust an Wohlfahrtsgewinnen, als Folge einer wettbewerbsexternen Intervention, nämlich zunächst die Verdrängung der Konkurrenten am Markt vorausgehen. Ohne die Aufhebung des wettbewerbsimmanenten Konkurrenzdrucks kann ein Anbieter am Markt nicht zu Lasten der Nachfrager und damit auch nicht entgegen der wohlfahrtssteigernden Wirkung des Wettbewerbs agieren.[31] Dem Schutz des Wettbewerbs

---

Mestmäcker, in: Ordo 59 (2008), S. 185 ff, der die Freiheitssphären durch allgemeine Regeln abgrenzen möchte (S. 197 ff.).

29 *Papier*, Die finanzrechtlichen Gesetzesvorbehalte und das grundgesetzliche Demokratieprinzip, 1973, S. 117; *Weber*, Steuererlaß und Steuerstundung als Subvention, 1980, S. 108 ff.; *Knobbe-Keuk*, BB 1982, S. 385 (387); *Huber*, Konkurrenzschutz im Verwaltungsrecht, 1991, S. 536 und 540 f.; *Seer*, Verständigungen in Steuerverfahren, 1996, S. 262 f.; *Englisch*, StuW 2008, S. 43 (50 ff.); *Grimm*, Die negative Konkurrentenklage im Steuerrecht, 2011, S. 74.

30 Dazu ausführlich unter Teil 3 B, II, 3 a).

31 Dies zeigt sich schon mit Blick auf den Zweck des Lauterkeits- und Kartellrechts, wo es darum geht den wettbewerbsimmanten Konkurrenzdruck und damit den gemeinwohlfördernden Wettbewerbsmechanismus aufrechtzuhalten, vgl. schon den Wortlaut des § 1 Abs. 2 UWG, wonach das Lauterkeitsrecht „zugleich das Interesse der Allgemeinheit an einem unverfälschten Wettbewerb [schützt]"; dazu statt vieler *Köhler*,

oder auch der daraus resultierenden Ergebnisse geht damit zumindest zeitlich eine Beeinträchtigung der nicht begünstigten Konkurrenten voraus. Neben dem Wortlaut des § 65 Nr. 3 AO, der ausdrücklich von einem Inwettbewerbtreten „zu nicht begünstigten Betrieben“ spricht, deuten normübergreifend auch die Gesetzgebungsmaterialien darauf hin, dass diese Sichtweise bei der Umsetzung der Wettbewerbsschutzklauseln angezeigt sein dürfte.[32]

3. *Übereilter Wettbewerbsschutz als Folge undifferenzierter Umsetzung?*

Das fehlende Bewusstsein für diese richtungsweisenden Grundverständnisse könnte zugleich der Grund dafür sein, dass die Begünstigungsgewährung teilweise unterkomplex mit schlichtem Verweis auf den Wettbewerbsschutz versagt wird,[33] oder unpräzise abstrakte Vorgaben für die Anwendung der Wettbewerbsschutzklauseln getroffen werden.[34] Nur unter Berücksichtigung der genannten

---

in: ders./Bornkamm/Feddersen, UWG[39], 2021, § 1 UWG Rn. 42 ff.; hinsichtlich des § 1 GWB nur *Nordemann*, in: Loewenheim/Meessen/Riesenkampff/u.a., Kartellrecht[4], 2020, § 1 GWB Rn. 24 (m.w.N.); zum Zweck des Regulierungsrechts *Lepsius*, in: Fehling/Ruffert, Regulierungsrecht, 2010, § 19 Rn. 35, „Regulierungsrecht muss sich vielmehr das Ziel setzen, Wettbewerbsverhältnisse zu konstruieren“; siehe auch *Magen*, in: Öffentliches Wettbewerbsrecht, 2014, § 2 Rn. 60.

32 Vgl. zu § 65 Nr. 3 AO BT-Drs. 7/4292, S. 21, „nicht vertretbar [...] Wettbewerbsvorteile [...] einzuräumen; zu § 12 Abs. 2 Nr. 8 Buchst. a S. 3 UStG BT-Drs. 16/3036, S. 15, „nicht mehr hinnehmbare[...] Wettbewerbsnachteil für Unternehmer [...], deren Leistungen dem allgemeinen Steuersatz unterliegen“; zu § 4 KStG BT-Drs. 7/1470, S. 336, „weil sie mit den im freien Wettbewerb stehenden steuerpflichtigen Betrieben insofern konkurrieren“; zu § 2 Abs. 3 UStG a.F. vgl. BT-Drs. 4/1590, S. 36, „Die Besteuerung ihrer Umsätze ist erforderlich, weil sie im Wettbewerb zu zahlreichen anderen Unternehmen stehen, deren Umsätze steuerpflichtig sind“.

33 Siehe dazu nur die Zahl an Entscheidungen, in denen die entscheidungserheblichen Tatsachen durch die Vorinstanz nicht einmal ermittelt worden sind: BFH v. 30.03.2000 – V R 30/99, BStBl II 2000, 705, Rn. 41; v. 19.02.2004 – V R 39/02, BStBl II 2004, 672, Rn. 38; v. 18.03.2004 – V R 101/01, BStBl II 2004, 798, Rn. 59; v. 27.04.2006 – V R 53/04, BStBl II 2007, 16, Rn. 44; v. 17.02.2010 – I R 2/08, BStBl II 2010, 1006, Rn. 31; v. 13.06.2012 – I R 71/11, BFH/NV 2013, 89, Rn. 19.

34 Exemplarisch hält *Siegel*, Der Begriff des „Betriebs gewerblicher Art“ im Körperschaft- und Umsatzsteuerrecht, 1999, S. 288 f., allein die Forderung nach einem abstrakt potentiellen Wettbewerbsverhältnis für praktikabel; mit der Forderung abstrakt-genereller Feststellungen auch *Fellner*, Sport und Gemeinnützigkeit in der Umsatzsteuer, 2014, S. 113; siehe auch insbesondere die Vorgaben der Finanzverwaltung etwa für § 65 Nr. 3 AO AEAO zu § 65 AO, Nr. 4 S. 4 (Fassung v. 19.02.2016) und auch AEAO

Verständnisse lässt sich der Wettbewerbsschutz aber überhaupt sachgerecht realisieren. Und nur gemessen an dem durch die Sachgerechtigkeit begründeten Ideal lässt sich daraufhin die Frage nach der Tauglichkeit des Steuerrechts als Teil des Wettbewerbsrechts beantworten. Das fehlende Verständnis der Rechtsanwender kann natürlich die Tauglichkeit des Steuerrechts als Wettbewerbsrecht nicht entfallen lassen. Sollte ein solches im Zuge der praktischen Umsetzung aber überwiegend nicht erkennbar sein, könnte dies ein Indiz dafür sein, dass sich der Wettbewerbsschutz im Steuerverfahren nicht sachgerecht realisieren lässt.

Es gilt daher auch schlicht festzustellen, ob der derzeitigen Umsetzung überhaupt ein sachgerechtes Verständnis zugrunde liegt, das sowohl dem Normzweck als auch dem Wettbewerbsgedanken genügt.

III. Wettbewerbsschutz als Widerspruch zum Massenverfahren

Mit dem soeben Gesagten, ist zugleich der Prüfstein für die Ausgestaltung des Steuerrechts als Wettbewerbsrecht benannt. Nämlich die praktische Realisierbarkeit des einzelfallabhängigen Wettbewerbsschutzes, der unabhängig vom individuellen oder institutionellen Verständnis, eine Beurteilung der konkreten Verhältnisse am Markt erfordert. Gerade die Realisierung dessen unterliegt im steuerrechtlichen Massenverfahren aber erheblichen Bedenken.

Es besteht bereits die gesicherte Erkenntnis, dass nicht jede Steuerrechtsnorm auch uneingeschränkt mit dem Massenverfahren der Besteuerung vereinbar ist. Im Gegenteil kann sich eine individuell gerechte Steuernorm „im Massenfallrecht mangels Praktikabilität in ihr Gegenteil verkehren".[35] Unter Berücksichtigung der Rechtsanwendungsgleichheit nach Art. 3 Abs. 1 GG verlange ein gleichmäßiger Gesetzesvollzug aber praktikable und für alle Beteiligten verständliche Gesetzesinhalte.[36] Damit die Norm nicht bloßes „Paper Law" darstellt, müsse

---

zu § 67a AO Nr. 12 (Fassung vom 31.01.2019), wonach das Inwettbewerbtreten von Sportvereinen nicht an den tatsächlichen Verhältnissen vor Ort, sondern der Unterscheidung zwischen der Vermietung an Mitgliedern oder Nichtmitgliedern und damit rein abstrakt anhand der Vermietungstätigkeit unterschieden werden soll; in diese Richtung gehend für § 4 KStG BMF v. 11.12.2009 – IV C 7-S 2706/07/10006, BStBl I 2009, 1597 und für § 2b UStG BMF v. 16.12.2016 – III C 2-S 7107/16/10001, BStBl I 2016, 1451.

35 *Drüen*, in: Tipke/Kruse, AO/FGO, § 3 AO Rn. 51 (Stand 01.2017).

36 *P. Kirchhof*, in: HStR V^3, 2007, § 118 Rn. 101; ähnlich *Seer*, in: DStJG 31 (2008), S. 7 (8 f.); *ders.*, in: Tipke/Kruse, AO/FGO, § 85 AO Rn. 15 (Stand 01.2017), wonach bei der Normgestaltung deren gleichheitsgerechter Vollzug im Massenverfahren berucksichtigt werden muss; nach *Eckhoff*, Rechtsanwendungsgleichheit im Steuerrecht, 1999,

sie normativ so ausgestaltet sein, dass sie auch verfahrensrechtlich durchsetzbar ist.[37] Zwischen der Norm und ihrem Vollzug bestehe eine Wechselbezüglichkeit, sodass die „materielle Steuernorm [...] so ausgestaltet werden [muss], dass ihr gleichheitsgerechter Vollzug im Massenverfahren der Veranlagung möglich ist, ohne unverhältnismäßige Mitwirkungsbeiträge der Steuerpflichtigen oder übermäßigen Ermittlungsaufwand der Finanzbehörden zu fordern".[38] Die Tatsache, dass sich die Gesetzmäßigkeit (Art. 20 Abs. 3 GG) und die Gleichmäßigkeit (Art. 3 Abs. 1 GG) der Besteuerung im Massenverfahren gegenseitig bedingen[39], schlägt damit auch auf die materielle Steuernorm durch.

Das Vorliegen einer realiter nicht gesetzesgemäß umsetzbaren Steuernorm droht in ähnlicher Form auch bei den betrachteten Wettbewerbsschutzklauseln. Zwar dürften die Wettbewerbsschutzklauseln nicht den Aufwand einer jeden Steuerveranlagung erhöhen. Dennoch liegt bereits die Befürchtung nahe, dass die sachgerechte Anwendung und die realisierbare Umsetzung auseinanderfallen. Wettbewerbsschutzklauseln könnten zwar nicht den Gesetzesvollzug insgesamt herabsetzen, dafür jedoch zu einer deutlichen (zeitlichen) Überforderung der Rechtsanwender, insbesondere der Finanzverwaltung, führen.

Die Befürchtung der zeitlichen Überforderung der Finanzverwaltung ergibt sich schon mit Blick auf den üblichen Zeitrahmen, der einem Sachbearbeiter bei der Steuerveranlagung zur Verfügung steht. Bei der Umsetzung einer Wettbewerbsschutzklausel dürfte der Prüfungsaufwand den „Durschnittsaufwand" zur Normanwendung im Rahmen der Veranlagung deutlich übersteigen. Den

---

S. 532 ff., stellt zudem auch die Belastungsgleichheit Anforderungen an die Vollzugstauglichkeit der materiellen Steuernorm; *ders.*, in FS Kirchhof (Bd. II), 2013, § 148 Rn. 17.

37 *Seer*, in: DStJG 31 (2008), S. 7 (9).

38 *Seer*, in: DStJG 31 (2008), S. 8 (9); bezogen auf das Besteuerungsverfahren ähnlich *ders.*, StuW 2015, 315 (318); mit Bezug auf die Amtsermittlungspflicht auch *Spilker*, Behördliche Amtsermittlung, 2015, S. 56; hinsichtlich faktisch nicht vollziehbare Rechtsnormen *Müller-Franken*, Maßvolles Verwalten, 2004, S. 120 (m.w.N.), wonach diesen aus soziologischer Sicht sogar die Eigenschaft von Recht abzusprechen sei.

39 Zu diesem Zusammenhang unter Beweismaßgesichtspunkten *Seer*, FR 1997, S. 553 (556 f.); *ders.*, Verständigungen in Steuerverfahren, 1996, S. 230 ff.; zur „Kollision" von Gesetzmäßigkeit und Gleichmäßigkeit der Besteuerung auch *Müller-Franken*, Maßvolles Verwalten, 2004 S. 96 ff., der eine Berücksichtigung der Sachzwänge des Gesamtvollzugs durch die Verwaltung aber nur bei einem entsprechenden Spielraum innerhalb des Gesetzes zulässt (S. 131 f.); grundsätzlich zur Wechselwirkung von Gesetz- und Gleichmäßigkeit *Birk*, StuW 1989, S. 212 (213); *Wernsmann*, in: Hübschmann/Hepp/Spitaler, AO/FGO, § 3 AO Rn. 203 ff. (Stand 11.2016).

Sachbearbeiter treffen jährlich ca. 1200-1400 Fälle zur Bearbeitung.[40] Im Schnitt hat dieser daher etwa eine Stunde, um die Veranlagung durchzuführen. Es ist daher unbestritten, dass die Steuerverwaltung an der Grenze der Belastbarkeit arbeitet.[41] Wenn sich aber schon die nationale Rechtsprechung im Bereich der wettbewerbsrechtlichen Fusionskontrolle wegen eines Zeitraums „weniger *Monate*“ dazu außerstande sieht, eine an den konkreten Umständen orientierte Betrachtung – zur Feststellung eines bestehenden Wettbewerbsverhältnisses – vorzunehmen,[42] bedarf es wenig Phantasie, um eine Diskrepanz zum Zeitrahmen der Finanzverwaltung zu befürchten. Zwar handelt es sich bei den Wettbewerbsschutzklauseln selbst nicht um typische Massenfall-Verwaltungsverfahren. Dennoch dürfte schon der empirische Aufwand bei der Wettbewerbsprüfung einen Fremdkörper im sonst bestehenden Massenfallverfahren darstellen. Es erscheint zumindest fraglich, ob die Finanzverwaltung diese Prüfung im Massenfallverfahren stemmen kann, was im Zuge der Arbeit mit Blick auf die vorherrschende Praxis untersucht werden soll. Denn auch das Gericht hat es schon aufgrund des drohenden Aufwands als grundsätzlich zulässig angesehen, im Einzelfall auf die eigentlich erforderliche „– repräsentative – Befragung des maßgeblichen Verbraucherkreises“ zu verzichten und die Austauschbarkeit aus Sicht des „verständigen Verbrauchers“ selbst vorzunehmen.[43] Ob der – in wettbewerbsrechtlicher Hinsicht nicht angeleiteten – Finanzverwaltung diese weitreichende Entscheidung – bezüglich der widerstreitenden Interessen und der möglichen Auswirkungen auf die Entwicklung der wettbewerbsrelevanten Faktoren am Markt – zukommen sollte, muss bereits an dieser Stelle bezweifelt werden. Dementsprechend sind Zweifel an der Realisierbarkeit einer konsequent am Wettbewerbsgedanken und damit an den konkreten Begebenheiten ausgerichteten

---

40 *Seer*, Verständigungen in Steuerverfahren, 1996, S. 231 (m.w.N.), ging von einer Fallzahl von ca. 1000 Steuererklärungen pro Jahr aus. Die Zahl der Steuererklärung dürfte zwar zugenommen haben, dafür hat aber auch die technische Unterstützung bei der Bearbeitung starke Fortschritte gemacht, wodurch die Bearbeitungszeit im Schnitt gleichgeblieben sein dürfte.

41 *Drüen*, in: Zukunftsfragen des deutschen Steuerrechts, 2009, S. 1 (2 f.); *Schmidt*, in: FS BFH, 2018, S. 321 (328).

42 Vgl. OLG Düsseldorf v. 26.02.2009 – VI-Kart 7/07 (V), Rn. 59; bestätigt durch BGH v. 02.02.2010 – KVZ 16/09, WuW/E DE-R 2879, Rn. 42.

43 BGH v. 02.02.2010 – KVZ 16/09, WuW/E DE-R 2879, Rn. 42; mahnend *Steinvorth*, in: Wiedemann, Handbuch des Kartellrechts[4], 2020, § 20 Rn. 23, wonach „die Gefahr [besteht], dass die Behörden und Gerichte ihre eigenen Anschauungen an die Stelle der maßgeblichen Abnehmerkreise setzen“.

Vorgehensweise angezeigt. So wie die Summe des Aufwands im Missverhältnis zur Massenverwaltung stehen kann, werden hier höchstwahrscheinlich auch die Wettbewerbsschutzklauseln – als von den konkret individuellen Verhältnissen abhängige Tatbestände – der ressourcenbedingten Handlungslimitierung der Finanzverwaltung widersprechen.

IV. Wettbewerbsschutz als Widerspruch zum steuerrechtlichen Vollzugsmodell

Der letzte Problemkreis, der schon im Vorfeld der Untersuchung benannt werden kann und mit dem vorgenannten Problemkreis zusammenfällt, betrifft die Befürchtung, dass der Finanzverwaltung über die Wettbewerbsschutzklauseln unzulässiger Weise Gestaltungsmöglichkeiten übertragen werden, die ihre herkömmliche Funktion im Steuervollzug übersteigen.

Der Finanzverwaltung kommt im steuerrechtlichen Vollzugsmodell grundsätzliche die Funktion zu, die Steuer nach Maßgabe der sie bindenden Gesetze festzusetzen und zu erheben.[44] Sie trifft damit neben der Pflicht, den entscheidungserheblichen Sachverhalt von Amts wegen zu ermitteln,[45] auch die Funktion, diesbezüglich den gesetzlichen Steuertatbestand und das darin verkörperte Recht anzuwenden.[46] Die Finanzverwaltung kann daher prinzipiell in die Kategorie der gesetzesakzessorischen Verwaltung eingeordnet werden.[47] Trotz der mittlerweile vorherrschenden Erkenntnis von der Abkehr vom Verständnis der Verwaltung als Subsumtionsautomaten[48] soll dieser dennoch nicht

---

44 Einfachgesetzlich kodifiziert in § 85 S. 1 AO; dazu auch *Seer*, in: Tipke/Kruse, AO/FGO, § 85 AO Rn. 1 (Stand 01.2017); *Söhn*, in: Hübschmann/Hepp/Spitaler, AO/FGO, § 85 AO Rn. 31 (Stand 08.2016).

45 Dazu ausführlich *Spilker*, Behördliche Amtsermittlung, 2015, S. 53 ff.

46 *Tipke*, StRO III, 1993, S. 1233 ff.; mit Bezug auf die Entsprechungsgleichheit *P. Kirchhof*, in: FS RFH/BFH, 1993, S. 285 (299); *Müller-Franken*, Maßvolles Verwalten, 2004, S. 54, „durch Auslegung und Anwendung"; zur Rechtsanwendung im Steuerrecht vgl. nur *Englisch*, in: Tipke/Lang, Steuerrecht[24], 2020, § 5 Rn. 46 ff.; allgemein *Huber*, in: IPE V, 2014, § 73 Rn. 44, wonach Hauptaufgabe der öffentlichen Verwaltung der Vollzug von Gesetzen ist.

47 Vgl. nur *Isensee*, Die typisierende Verwaltung, 1976, S. 21; ebenso *Müller-Franken*, Maßvolles Verwalten, 2004, S. 55.

48 Vgl. dazu nur *Stolterfoht*, in: DStJG 21 (1998), S. 233 (234 ff.); *Hey*, Steuerplanungssicherheit, 2002, S. 588; bezüglich der Rolle des Richters so schon *Jesch*, AöR 82 (1957), S. 163 (169), „kein bloßer Subsumtionsautomat".

die Wahrnehmung zukunftsorientierter Gestaltung zukommen.[49] Durch die Wettbewerbsschutzklauseln könnten aber gerade an Stelle einer wirtschaftspolitischen Einwirkung durch den Gesetzgeber auch die Finanzbehörden zu wettbewerbspolitisch orientierten Einzelfallentscheidungen ermächtigt und zugleich auch verpflichtet sein. Dass diesen dabei nicht die gleiche fachliche Expertise zukommt wie den Behörden im Bereich des ebenso komplexen Planungs- und Regulierungsrechts[50] oder auch grundsätzlich den Behörden im Bereich des Wettbewerbsrechts,[51] ist offensichtlich. Dennoch könnte sich der Finanzverwaltung bereits im Zuge der konkret individuellen wettbewerbsorientierten Beurteilung bei der Anwendung der Schutzklauseln die Möglichkeit eines zumindest mittelbar gestalterischen Einflusses auf den betreffenden Wirtschaftsbereich ergeben. Diese Befürchtung besteht neben der Bestimmung des Wettbewerbs auch zusätzlich hinsichtlich des Abwägungsauftrags zwischen dem Wettbewerbsschutz und der Förderung gemeinnütziger Zwecke, etwa bei der Bestimmung der Unvermeidbarkeit nach § 65 Nr. 3 AO.[52]

Neben den Bedenken gegenüber der praktischen Realisierbarkeit einer sachgerechten Umsetzung des Wettbewerbsschutzes in zeitlicher Hinsicht – aufgrund der ressourcenbedingten Handlungslimitierung der Finanzverwaltung – tritt damit die Befürchtung der sachlichen Überforderung der Finanzverwaltung, unter der zeitgleich möglicherweise unzulässigen Einräumung von Gestaltungsbefugnissen. Es steht damit in Frage, ob der Finanzverwaltung diese

---

49 *Müller-Franken*, Maßvolles Verwalten, 2004, S. 55; hinsichtlich wirtschaftspolitischer Gestaltung auch *Hey*, in: DStJG 39 (2016), S. 11 (49 f.); wobei *dies.*, Steuerplanungssicherheit, 2002, S. 588, zugleich anführt, dass im Falle von Wertungsspielräumen auch für die streng gesetzesgebundene Verwaltung „Gestaltungspotential" entstehe; grundsätzlich auch *Hillgruber*, in: Maunz/Dürig, GG, Art. 92 GG Rn. 63 (Stand 12.2007), wonach im „Bereich der gesetzesakzessorischen, erst recht [...] der strikt gesetzesgebundenen Verwaltung, [...] die Verwaltung mangels Ermessens nicht selbst gestaltend tätig werden und eigene Zwecke setzen kann".

50 Dazu nur *Fehling/Ruffert*, in: dies., Regulierungsrecht, 2010, § 23 Rn. 30; *Gärditz*, NJW-Beil. 2016, S. 41 (43 f.); siehe auch *ders.*, NVwZ 2009, S. 1005 ff., wenn auch zugleich kritisch gegenüber der dortigen Regelungsdichte (S. 1008 f.) und der Ablehnung vollgerichtlicher Kontrolle (S. 1010 f.); dazu auch *Sachs/Jasper*, NVwZ 2012, S. 649 (652 ff.).

51 Vgl. nur *Gärditz*, in: Kompendium Öffentliches Wirtschaftsrecht^4, 2016, § 4 Rn. 37, der „das BKartA, [...] als hoch spezialisierte Fachbehörde" bezeichnet; ähnlich *Chmeis*, NZKart 2016, S. 564 (566); *Budzinski/Eckert*, in: Politik und Wirtschaft, 2018, S. 375 (381 f.).

52 Dazu ausführlich unter Teil 1 A, III, 3.

Gestaltungsbefugnisse, denen sie ohnehin weder zeitlich noch sachlich gerecht werden dürfte, überhaupt zuerkannt werden dürfen.

B. Gang der Untersuchung

Die Arbeit gliedert sich in drei Teile, denen einheitlich die These zugrunde liegt, dass die Wettbewerbsschutzklauseln im Steuerrecht und insbesondere im Besteuerungsverfahren einer zugleich sachgerechten und praktikablen Umsetzung nicht zugänglich sind. Es besteht vielmehr die Befürchtung, dass diese einen fehleranfälligen Fremdkörper darstellen. Um dies nachzuweisen, sollen im ersten Teil zunächst die steuerrechtlichen Wettbewerbsschutzklauseln hinsichtlich ihrer – am Wettbewerbsgedanken orientierten – sachgerechten Umsetzung untersucht werden. Neben der Bestimmung der wettbewerbsorientierten Merkmale soll dabei gerade auch die Rechtsprechung bezüglich der stringenten Umsetzung der eigens aufgestellten Kriterien überprüft werden. Genauer soll auch festgestellt werden, ob es zu umfänglich konkret individuellen oder pauschalen und abstrakt generellen Beurteilungen im Einzelfall kommt. Des Weiteren soll mit Blick auf die Vorgaben der jeweiligen Regelungen und auch der Rechtsprechung das Vorgehen der Finanzverwaltung bestimmt werden. Dahingehend ist zu befürchten, dass diese, unter der Gefahr der zweckwidrigen oder unvollständigen Umsetzung des Wettbewerbsschutzes, versuchen wird, sämtliche zeit- und ermittlungsaufwendigen Vorgaben zu umgehen. Die Arbeit beginnt mit der Untersuchung des § 65 Nr. 3 AO. Im Anschluss daran soll auch der Wettbewerbsschutz durch § 4 KStG und damit die Besteuerung der öffentlichen Hand – die maßgeblich aufgrund des nicht normierten, aber der Regelung dennoch zugrunde liegenden Wettbewerbsgedankens erfolgt – in den Blick genommen werden. Hier wie dort wird neben dem Anknüpfungspunkt für den Wettbewerbsgedanken und der Umsetzung des Wettbewerbsschutzes auch die praktische Realisierbarkeit durch die Rechtsanwender, und als Indiz dessen das Vorliegen eines abstrakten oder konkreten Verständnisses in Rechtsprechung und Finanzverwaltung, von gesteigertem Interesse sein. Daraufhin soll auch der neu erlassene § 2b UStG, der mit dem Negativkatalog in den Abs. 2 bis 4 als Versuch des Gesetzgebers gedeutet werden kann, den Rechtsanwendern vereinfachende Kriterien zur Realisierung des Wettbewerbsgedankens an die Hand zu geben, umfassend auf die Sachgerechtigkeit und Tauglichkeit dessen untersucht werden. Neben der kritischen Darstellung des Verständnisses vom Wettbewerbsschutz des Europäischen Gerichtshofs, aber auch der Literatur und Finanzverwaltung, sollen daher gerade auch die Entlastungstatbestände des § 2b UStG bezüglich deren Vereinbarkeit mit dem durch Art. 13

Abs. 1 Uabs. 2 MwStSystRL vorgegebenen Wettbewerbsschutz, überprüft werden. Daneben wird es auch maßgeblich auf deren Vereinbarkeit mit dem Wettbewerbsgedanken ankommen. Die Betrachtung ist dabei zugleich wegen des im Umsatzsteuerrecht maßgeblichen Grundsatzes der steuerlichen Neutralität und dessen Verhältnis und möglicherweise auch dessen Auswirkungen auf den Wettbewerbsgedanken von besonderem Interesse. Anschließend soll auch die Wettbewerbsschutzklausel des Art. 134 Buchst. b MwStSystRL in den Blick genommen werden. Die Untersuchung dessen gebietet sich schon aufgrund der sogenannten Kernbereichsrechtsprechung des Europäischen Gerichtshofs und des Bundesfinanzhofs, die eine erhebliche Einschränkung der Geltendmachung des Wettbewerbsgedankens zur Folge hat. Abschließend sollen die im Zuge der Arbeit aufgestellten Kriterien für eine sachgerechte Umsetzung des Wettbewerbsgedankens entsprechend ihrer Übertragbarkeit auf die übrigen Wettbewerbsschutzklauseln überprüft werden. Im Kern geht es also um die Darstellung des Konflikts zwischen (wettbewerbsorientiertem) Ideal und Wirklichkeit. Dabei sei aber darauf hingewiesen, dass das Ideal nicht die bestmögliche Umsetzung, sondern die steuerbegünstigungsspezifisch wenigstens erforderliche Umsetzung des Wettbewerbsschutzgedankens betrifft.

Im zweiten Teil soll sodann die Zulässigkeit einer vereinfachenden Anwendung der Wettbewerbsschutzklauseln im Besteuerungsverfahren bei zeitgleicher Aufrechterhaltung der Regelungen untersucht werden. Dabei werden insbesondere die Mitwirkungspflichten des Steuerpflichtigen bei der Wettbewerbsprüfung sowie die mögliche Zulässigkeit von Typisierungen, Pauschalierungen oder vereinfachenden Verwaltungsvorschriften kritisch dargestellt werden. Zudem soll überprüft werden, ob sich durch eine geringfügige Erweiterung der Mitwirkungspflichten eine Vereinfachung ohne Beeinträchtigung der stringenten Umsetzung des Wettbewerbsgedankens realisieren ließe. Dieser Teil dient folglich der Suche nach einem möglichen Ausweg aus dem Dilemma zwischen „Ideal“ und Wirklichkeit.

Im dritten Teil wird es schließlich um die Frage gehen, ob die Funktion der Finanzverwaltung im Zuge der Umsetzung des Wettbewerbsschutzes mit deren herkömmlicher Funktion vereinbar ist. Dabei wird im Vordergrund stehen, ob die Einräumung (möglicherweise) weitreichender Gestaltungsspielräume, wegen der Offenheit der Wettbewerbsschutzklauseln, verfassungsrechtlich zulässig ist. Es geht daher genauer um die mögliche – sei es gewollte oder ungewollte – Politisierung des Wettbewerbsschutzes durch die Finanzverwaltung. Rein tatsächlich könnte anstelle des Gesetzgebers die Finanzverwaltung, im Widerspruch zum steuerrechtlichen Vollzugsmodell, zur Verhandlung von Wettbewerb und Gemeinwohl angehalten und damit zugleich auch verpflichtet sein. Es besteht damit die Befürchtung, dass zumindest teilweise die Weichenstellung für die Wirtschaftsordnung unzulässig an die Finanzverwaltung delegiert worden ist. Von besonderer Bedeutung in diesem Teil wird daher auch die Bestimmung der erforderlichen Regelungsdichte der Wettbewerbsschutzklauseln sein.

Ziel der Arbeit ist damit zum einen, die erforderlichen Kriterien für eine am Wettbewerbsgedanken orientierte sachgerechte Umsetzung des Wettbewerbsschutzes zu bestimmen. Zum anderen aber auch nachzuweisen, dass sich gerade die sachgerechte Umsetzung des Wettbewerbsgedankens im Steuerrecht wohl nicht realisieren lassen wird und sich als Folge dessen eine Konzeption des Steuerrechts als einzelfallabhängiges Wettbewerbsrecht verbietet.

Erster Teil Wettbewerbsschutzklauseln im Steuerrecht

A. Die Wettbewerbsschutzklausel des § 65 Nr. 3 AO

Nach § 65 Nr. 3 AO werden Geschäftsbetriebe unter bestimmten Voraussetzungen auch dann der partiellen Steuerpflicht unterworfen, wenn diese einem gemeinnützigen Zweck dienen (Nr. 1) und dieser Zweck nur durch einen solchen Betrieb erreicht werden kann (Nr. 2). Grund dafür ist, dass die Steuerbegünstigung im Einzelfall nicht begünstigte Unternehmer schädigen kann,[53] weshalb der Schutz des freien Wettbewerbs erreicht werden soll.[54] Dazu ist zunächst zu bestimmen, welche Anforderungen an den unstreitig erforderlichen „Wettbewerb“ zu stellen sind. Daneben gilt es festzustellen, wann ein solcher im Sinne der Vorschrift in einem größeren Umfang als vermeidbar begründet wird.

Nach einer kurzen Festlegung des Schutzgegenstandes (I.) sollen daher die beiden maßgeblichen Kriterien des Inwettbewerbtretens (II.) und der Unvermeidbarkeit (III.) bestimmt werden. Mit Blick auf die Ausgangsthese, der fehlenden Eignung des Steuerrechts als Teil des Wettbewerbsrechts, soll dabei insbesondere auch die Umsetzung durch die Rechtsprechung hinsichtlich deren Stringenz und Tauglichkeit zur Realisierung des Wettbewerbsgedankens dargestellt werden. Des Weiteren sollen auch die von der Rechtsprechung und Literatur aufgestellten Grundsätze bezüglich ihrer Eignung für eine wettbewerbsorientierte Betrachtung überprüft werden.

---

53 So schon RFH v. 24.07.1937 – VIa A 1/35, RFHE 42, 64 (65), dessen Rechtsprechung Ausgangspunkt für die Vorgängervorschrift des § 65 AO war; zur Wettbewerbsbeeinträchtigung steuerpflichtiger Anbieter als Kriterium des Abwägungsvorgangs im Zuge der Feststellung der Unvermeidbarkeit schon *Riewald*, BB 1954, S. 385 (387); statt vieler auch *Hüttemann*, GemSpR^4, 2018, Tz. 6.72 und 6.200.

54 Aus der Rechtsprechung nur BFH v. 30.03.2000 – V R 30/99, BStBl II 2000, 705, Rn. 39; aus der Literatur schon *Hüttemann*, Wirtschaftliche Betätigung und steuerliche Gemeinnützigkeit, 1991, S. 180; *Fischer*, in: Hübschmann/Hepp/Spitaler, AO/FGO, § 65 AO Rn. 111 (Stand 06.2012); *Unger*, in: Gosch, AO/FGO, § 65 AO Rn. 19 (Stand 01.2013); *Seer*, in: Tipke/Kruse, AO/FGO, § 65 AO Rn. 10 (Stand 06.2020).

I. Gegenstand der Schutzklausel

Bereits der Wortlaut des § 65 Nr. 3 AO lässt unzweifelhaft erkennen, dass eine Negativauswirkung der Steuerbegünstigung auf den ausdrücklich berücksichtigten „Wettbewerb" verhindert werden soll. Nach einhelliger Auffassung findet die Norm damit ihren Hauptzweck im Wettbewerbsgedanken begründet. Über die Auferlegung der partiellen Steuerpflicht solle die Wettbewerbsneutralität des Steuerrechts erreicht werden.[55] Sinn und Zweck des § 65 Nr. 3 AO sei folglich das auftretende Dilemma zwischen dem Interesse an der steuerbegünstigten Förderung gemeinnütziger Zwecke und der Wahrung des Grundsatzes der Wettbewerbsneutralität des Steuerrechts zu beseitigen.[56] Dabei solle die notwendige, aber zugleich zu einer großen Unsicherheit führende Flexibilität über die ergebnisoffene Generalklausel des § 65 AO erreicht werden.[57]

1. Wettbewerbsschutz als Grenze steuerlicher Begünstigungen

Nach der Gesetzesbegründung geht es genauer darum, dem wirtschaftlichen Geschäftsbetrieb durch die steuerliche Vergünstigung keinen Wettbewerbsvorteil gegenüber gewerblichen Konkurrenten einzuräumen.[58] Dies gelte dann, wenn nur die Gewinne, nicht aber die Tätigkeit selbst den gemeinnützigen Zweck fördern. Sofern die Tätigkeit dagegen für die Zweckerreichung unerlässlich ist,

---

55 Bereits im Kern zugrunde gelegt, RFH v. 06.06.1928 – I A 192/27, RFHE 23, 309, 343; deutlich BFH v. 27.10.1993 – I R 60/91, BStBl II 1994, 573, Rn. 22; v. 15.12.1993 – X R 115/91, BStBl II 1994, 314, Rn. 21; v. 17.02.2010 – I R 2/08, BStBl II 2010, 1006, Rn. 29; v. 13.06.2012 – I R 71/11, BFH/NV 2013, 89, Rn. 15; *Knobbe-Keuk*, BB 1982, S. 385 (387); *Hüttemann,* Wirtschaftliche Betätigung und steuerliche Gemeinnützigkeit, 1991, S. 184 f.; *Wunsch*, Die Wettbewerbsklausel des § 65 Nr. 3 AO, 2002, S. 74; *Droege*, Gemeinnützigkeit im offenen Steuerstaat, 2010, S. 220 u. S. 235 f.; grundsätzlich zur Wettbewerbsneutralität *Kirchhof/Korte/Magen u.a.*, in: Öffentliches Wettbewerbsrecht, 2014, § 4 Rn. 55.

56 Mit der Bezeichnung als „Wertungs- und Zielkonflikt" *Unabhängige Sachverständigenkommission*, Gutachten, 1988, S. 159 f. und S. 167 f.; dem folgend *Droege*, Gemeinnützigkeit im offenen Steuerstaat, 2010, S. 235 f.; ähnlich *Hüttemann*, GemSpR[4], 2018, Tz. 6.201.

57 *Droege*, in: Non Profit Law Yearbook 2010/2011, S. 9 (16 f. u. 27).

58 BT-Drs. 7/4292, S. 21.

kommt es für die Versagung der Steuerbegünstigung darauf an, ob nicht dennoch die Belange des Wettbewerbs überwiegen.[59]

2. *Einzelfallabhängiger Schutz „des Wettbewerbs"*

Bereits nach der Ansicht des Reichfinanzhofs lag der partiellen Steuerpflicht „der Gedanke zugrunde, die steuerpflichtigen privaten Unternehmen im Wettbewerb nicht zu schädigen".[60] In Fortführung dessen soll es auch nach Auffassung des Bundesfinanzhofs bei der Entscheidung über die steuerliche Begünstigung darum gehen, eine Verdrängung von Wettbewerbern im Einzelfall zu verhindern und der Entstehung von Marktzutrittsschranken entgegenzuwirken.[61] Etwas nebulös spricht das Gericht später davon, dass der Sinn und Zweck des § 65 Nr. 3 AO in „einem umfänglichen Schutz des Wettbewerbs" liege.[62] Dadurch bleibt allerdings offen, ob im Kern der Schutz des „Wettbewerbs" als Selbstzweck (sog. objektiver Wettbewerbsschutz) – über den Erhalt der Konkurrenz am Markt – oder der Schutz der Rechtsgüter der Konkurrenten (sog. subjektiver Wettbewerbsschutz) bezweckt wird. Ungeachtet der zugrunde gelegten Zweckrichtung müsse jedenfalls der vorherrschende Wettbewerb vor einer Beeinträchtigung durch die Steuerbegünstigung bewahrt werden.[63] Um dies im Einzelfall zu gewährleisten hat sich eine zweistufige Prüfung der Wettbewerbsschutzklausel herausgebildet, die im Folgenden dargestellt und mit Blick auf die

---

59 Statt vieler *Hüttemann*, Wirtschaftliche Betätigung und steuerliche Gemeinnützigkeit, 1991, S. 180; dazu ausführlich unter Teil 1 A, III, 1 a) und auch mit der Darstellung der differenzierten Auffassungen III, 2.

60 RFH v. 24.07.1937 – VIa A 1/35, RFHE 42, 64 (65), wobei der Maßstab „ein sehr strenger sein [müsse] und sich immer den Begebenheiten des einzelnen Falls anpassen".

61 St. Rspr., vgl. nur BFH v. 27.10.1993 – I R 60/91, BStBl II 1994, 573, Rn. 20; v. 13.06.2012 – I R 71/11, BFH/NV 2013, 89, Rn. 15; später zusammengefasst unter dem „umfänglichen Schutz des Wettbewerbs", vgl. BFH v. 30.11.2016 – V R 53/15, BStBl II 2017, 1224, Rn. 19 (m.w.N.).

62 BFH v. 29.01.2009 – V R 46/06, BStBl II 2009, 560, Rn. 44 f.; v. 30.11.2016 – V R 53/15, BStBl II 2017, 1224, Rn. 19; dagegen wird der Schutzzweck bei der Konkurrentenklage als Schutz des mit dem Zweckbetrieb konkurrierenden nicht begünstigten Betriebs bezeichnet BFH v. 15.10.1997 – I R 10/92, BStBl II 1998, 63, Rn. 28 f.; v. 18.09.2007 – I R 30/06, BStBl II 2009, 126, Rn. 13.

63 BFH v. 26.04.1995 – I R 35/93, BStBl II 1995, 767, Rn. 21; *Unger*, in: Gosch, AO/FGO, § 65 AO Rn. 19 (Stand 01.2013); *Droege*, Zur Besteuerung der öffentlichen Hand, 2018, S. 28.

Sachgerechtigkeit der Vorgaben in Rechtsprechung und Literatur hinterfragt werden soll.

II. Inwettbewerbtreten: Notwendigkeit eines Wettbewerbsverhältnisses

Bereits dem Merkmal des Inwettbewerbtretens lässt sich entnehmen, dass zunächst eine Konkurrenzsituation, in die der wirtschaftliche Geschäftsbetrieb eintritt, ermittelt werden muss. Das Merkmal geht zugleich begriffsnotwendig über ein rein wirtschaftliches Tätigwerden hinaus. Wegen des Bezugs auf nicht begünstigte gleichartige Geschäftsbetriebe muss zwangsläufig darauf abgestellt werden, unter welchen Umständen es überhaupt zu einer wechselseitigen Interaktion der Betriebe kommen kann und wird.[64]

Im Rahmen des § 65 Nr. 3 AO geht es damit einzig darum, ob sich die für den Zweck erforderliche begünstigte Tätigkeit auf den zu schützenden Wettbewerb auswirkt.[65] Der Wettbewerbsgedanke kann bereits logisch erst greifen, wenn ein Wettbewerbsverhältnis festgestellt wurde. Die Beeinträchtigung der Ausgangslage eines „Wettbewerbs" durch den Vorteil aus der Steuerbegünstigung ist nämlich deren Gewähr inhärent. Besteht dagegen kein zu beeinträchtigender Wettbewerb, gibt es vor dem Wettbewerbsgedanken keinen Grund die Steuerbegünstigung trotz Vorliegens von § 65 Nr. 1 und Nr. 2 AO zu versagen.

1. Bestimmung eines Wettbewerbsverhältnisses

Zur Bestimmung eines Wettbewerbsverhältnisses hat sich in Rechtsprechung und Literatur eine am Wettbewerbsrecht orientierte Vorgehensweise entwickelt. Eine Divergenz besteht allein hinsichtlich der Anknüpfung an das Lauterkeits- oder Kartellrecht.[66] Im Weiteren sollen daher die verschiedenen Vorgehensweisen

---

64 Mit dem Verständnis von der wechselseitigen Interaktion als Grundbedingung des Wettbewerbs schon *Clark*, Competition As A Dynamic Process, 1961, S. 15; siehe auch die ausführlichen Nachweise in der Einleitung unter A, II, 1.

65 Dieser Gedanke wird auch in den Gesetzgebungsmaterialien deutlich erkennbar, vgl. BT-Drs. 7/4292, S. 21, wo von unvertretbaren „Wettbewerbsvorteil" für Vereine gesprochen wird, die „in Konkurrenz zu voll steuerpflichtigen gewerblichen Unternehmen [stehen]".

66 Erstmals BFH v. 30.03.2000 – V R 30/99, BStBl II 2000, 705, Rn. 41, unter Bezug auf *Hüttemann*, Wirtschaftliche Betätigung und steuerliche Gemeinnützigkeit, 1991, S. 179 f.; dem folgend *Walz*, in: Non Profit Law Yearbook 2001, S. 197 (217); *Fischer*, in: Hübschmann/Hepp/Spitaler, AO/FGO, § 65 AO Rn. 111 (Stand 06.2012); ähnlich *Seer/Klemke*, BB 2010, S. 2015 (2017), wonach „sich für die Umschreibung des

untersucht werden. Zugleich soll die Umsetzung durch die Rechtsprechung hinsichtlich ihrer Stringenz überprüft werden. Anschließend werden die möglichen wettbewerbsrechtlichen Methoden zueinander in Verhältnis gesetzt.

a) Anknüpfung an die lauterkeitsrechtliche Wettbewerbsformel

Den Grundstein für eine wettbewerbsrechtliche Vorgehensweise legte *Hüttemann.* Nachdem dieser zunächst den Wettbewerbsgedanken als maßgebliche Kraft hinter der Versagung der Steuerbegünstigung hervorhob, forderte er konsequenterweise eine Orientierung am Wettbewerbsrecht, genauer dem Lauterkeitsrecht.[67] Im Gemeinnützigkeitsrecht bestünden keine sachlichen Gründe dafür, die wettbewerbsrechtliche Beurteilung nicht zu übernehmen. Wertungen wie das Interesse an der Förderung des gemeinnützigen Zwecks seien erst der Bestimmung des Wettbewerbsverhältnisses nachfolgend bei der „Unvermeidbarkeit" zu berücksichtigen.[68]

Dem schloss sich der Bundesfinanzhof zumindest der Sache nach an, indem das Wettbewerbsverhältnis fortan über die lauterkeitsrechtlichen Kriterien bestimmt werden sollte. Maßgeblich sei, ob „der wirtschaftliche Geschäftsbetrieb und die nicht begünstigten Betriebe dem gleichen Kundenkreis gleiche Güter anbieten".[69] Dabei ist zu befürchten, dass dem Bundesfinanzhof die

---

Wettbewerbs auch im Steuerrecht im Grundsatz die zum privaten Wettbewerbsrecht entwickelten Merkmale eines Wettbewerbsverhältnisses i.S.d. UWG an[bieten]"; kritisch bezüglich der Anknüpfung an das UWG präferiert *Wunsch,* Die Wettbewerbsklausel des § 65 Nr. 3 AO, 2002, S. 81 ff. die Heranziehung der kartellrechtlichen Kriterien; ebenso *Unger*, in: Gosch, AO/FGO, § 65 AO Rn. 20 ff. (Stand 01.2013).

67 *Hüttemann*, Wirtschaftliche Betätigung und steuerliche Gemeinnützigkeit, 1991, S. 180. Die Bezugnahme auf das UWG hat *Hüttemann* mittlerweile allerdings wohl aufgegeben, vgl. *ders.*, GemSpR[4], 2018, Tz. 6.189 Fn. 1; ebenso stellte schon *Herbert*, Der wirtschaftliche Geschäftsbetrieb des gemeinnützigen Vereins, 1988, S. 154, auf das UWG ab, lehnt wegen des Schutzzwecks eine weitergehende Orientierung daran ab: „Während das Gemeinnützigkeitsrecht einen restriktiven Wettbewerbsbegriff verfolgen muß, [...], ist es im Wettbewerbsrecht eher angezeigt, geringere Anforderungen an ein Wettbewerbsverhältnis zu stellen."

68 *Hüttemann,* Wirtschaftliche Betätigung und steuerliche Gemeinnützigkeit, 1991, S. 180.

69 BFH v. 30.03.2000 – V R 30/99, BStBl II 2000, 705, Rn. 41, unter Verweis auf *Hüttemann,* Wirtschaftliche Betätigung und steuerliche Gemeinnützigkeit, 1991, S. 180 und die lauterkeitsrechtlichen Formel; St. Rspr., BGH v. 31.03.2016 – I ZR 160/14, GRUR 2016, 710, Rn. 19 (m.w.N.); zur lauterkeitsrechtlichen Formel, vgl. nur *Bähr,* in: MünchKomm zum Lauterkeitsrecht[3], 2020, § 2 UWG Rn. 238 ff.

Anknüpfung an das Wettbewerbsrecht nicht vollständig bewusst ist. Mit der alleinigen Übertragung der lauterkeitsrechtlichen Formel ergibt sich zudem noch nicht, wie dieser durch den Rechtsanwender entsprochen werden kann. Auch *Hüttemann* hatte keine Vorgaben zur einzelfallabhängigen Beurteilung des Vorliegens gleichartiger Güter aufgestellt. Nachfolgend ist daher die lauterkeitsrechtliche Vorgehensweise zumindest kurz zu skizzieren.

aa) Bestimmung des relevanten Marktes

Im Lauterkeitsrecht bedarf es zur Bestimmung eines Wettbewerbsverhältnisses über die Kurzformel hinaus der Abgrenzung verschiedener Märkte. Dazu muss beurteilt werden, ob die Anbieter mit ihren Handlungen aufeinander einwirken und es bei ihren Absatzbemühungen zu Überschneidungen kommen kann.[70]

(1) Sachlich relevanter Markt

Die Beurteilung, ob die Unternehmer dem gleichen Kundenkreis gleiche oder gleichartige Güter anbieten, steht dabei der Bestimmung des sogenannten sachlich relevanten Marktes gleich.[71] Die erforderliche Gleichartigkeit liegt vor, wenn die Waren oder Dienstleistungen austauschbar sind.[72] Die Austauschbarkeit muss dabei danach beurteilt werden, ob die Waren oder Dienstleistungen die Bedürfnisse der Nachfrager in gleicher Weise befriedigen können und von diesen als Substitute angesehen werden.[73] Anders gewendet hängt die Gleichartigkeit von der Substituierbarkeit aus Nachfragersicht ab. Entscheidend sei, ob ein durchschnittlich informierter, verständiger und aufmerksamer Durchschnittsverbraucher eine Substituierbarkeit ernsthaft in Betracht ziehe.[74] Insofern könne

---

70 BGH v. 19.03.2015 – I ZR 94/13, GRUR 2015, 1129, Rn. 19 (m.w.N.).

71 Auch wenn der BGH uneinheitlich teils auf die Austauschbarkeit aus Verbrauchersicht, dazu BGH v. 3.05.2007 – I ZR 19/05, GRUR 2007, 978, Rn. 16, und teils ausdrücklich auf den sachlich und räumlich relevanten Markt abstellt, vgl. BGH v. 29.03.2007 – I ZR 122/04, GRUR 2007, 1079, Rn. 18; kritisch gegenüber der fehlenden Klärung der einheitlichen Anwendung der beiden Merkmale *Lettl*, in: FS Köhler, 2014, S. 431 ff.; zum sachlich relevanten Markt *Sosnitza*, in: Ohly/ders., UWG[7], 2016, § 2 UWG Rn. 59 ff.

72 BGH v. 17.01.2002 – I ZR 215/99, GRUR 2002, 828, Rn. 23; *Köhler*, in: ders./Bornkamm/Feddersen, UWG[37], 2019, § 2 UWG Rn. 108a ff.

73 EuGH v. 19.04.2007 – C-381/05, *De Landtsheer*, EU:C:2007:230, Rn. 30.

74 BGH v. 17.01.2002 – I ZR 215/99, GRUR 2002, 828, Rn. 23.

als Indiz auf die Branchengleichheit,[75] jedenfalls aber die Warengattung, die Merkmale in Form von physischen Eigenschaften,[76] die Wirkung im Sinne der Bedürfnisbefriedigung und die Verfügbarkeit abgestellt werden.[77] Entsprechend diesen Indizien kommt es somit maßgeblich auf die Funktionsidentität an.[78]

Auch wenn dabei von einem „engen konkreten Wettbewerbsverhältnis" gesprochen wird, fällt die Ermittlung des sachlich relevanten Marktes durch die Beurteilung anhand der Funktionsidentität entsprechend der Grundfunktion der Leistung prinzipiell weit aus.[79] Dass die Festlegung des Marktes, je nachdem welche Kriterien zugrunde gelegt werden, überhaupt unterschiedlich ausfallen kann liegt daran, dass der sachlich relevante Markt tatsächlich erst durch die Beurteilung des Rechtsanwenders als Ergebnis der Marktanalyse, sprich durch ein methodisches Verfahren bestimmt wird.[80]

Die Besonderheit im Lauterkeitsrecht besteht darin, dass neben dem „engen konkreten Wettbewerbsverhältnis" – das dem ins Steuerrecht übertragenen Teil der Formel entspricht – ein Wettbewerbsverhältnis zusätzlich noch über die konkrete Handlung ermittelt wird. Ein solches wird dabei selbst dann angenommen, wenn die Unternehmer zwar keine gleichartigen Waren oder Dienstleistungen innerhalb desselben Endverbraucherkreises abzusetzen versuchen, das konkret beanstandete Wettbewerbsverhalten des einen Wettbewerbers aber den

---

75 Wobei ein Wettbewerbsverhältnis über den Bezug der Verletzungshandlung auch bei Branchenfremdheit angenommen werden kann BGH v. 13.07.2006 - I ZR 241/03, GRUR 2006, 1042, Rn. 16 (m.w.N.).

76 EuGH v. 19.04.2007 – C-381/05, *De Landtsheer*, EU:C:2007:230, Rn. 40.

77 Zu den letzten beiden Kriterien *Lettl*, in: FS Köhler, 2014, S. 429 (438 f.).

78 Im Ergebnis auch BGH v. 17.01.2002 – I ZR 215/99, GRUR 2002, 828, Rn. 24; *Lettl*, in: FS Köhler, 2014, S. 429 (437), spricht vom „Verwendungszweck" bzw. der „Grundfunktion" als maßgeblichem Kriterium.

79 BGH v. 17.10.2013 – I ZR 173/12, GRUR 2014, 573, Rn. 17; *Sosnitza*, in: Ohly/ders., UWG[7], 2016, § 2 UWG Rn. 59; *Lettl*, in: FS Köhler, 2014, S. 429 (437); dagegen lehnt GA *P. Mengozzi*, Schlussanträge v. 30.12.2006 – C-381/05, *de Landtsheer*, EU:C:2007:230, Rn. 65 ff., die Marktabgrenzung nach dem Kriterium der Substituierbarkeit grundsätzlich ab.

80 So schon *Hoppmann*, in: Wirtschaftsordnung und Wettbewerb, 1988, S. 504 (507 f.); *Engel*, in: FS Immenga, 2004, S. 127, „soziale Konstruktion"; daran anschließend *Dreher/Kulka*, Wettbewerbs- und Kartellrecht[10], 2018, Rn. 752; ähnlich *Füller*, in: MünchKomm EUWettbewerbsrecht[2], 2015, Einl. Rn. 1033; *Albach*, WuW 1978, S. 537 (547), spricht von einem unbestimmten Rechtsbegriff; siehe auch *Klement*, Wettbewerbsfreiheit, 2015, S. 70 f., „Interpretationsleistung des Rechts[anwenders]" (m.w.N.).

anderen gleichwohl beeinträchtigen kann.[81] Die Beurteilung im Lauterkeitsrecht erfolgt damit immer in Bezug auf die in Rede stehende Handlung.[82]

(2) Räumlich relevanter Markt

Daneben muss der relevante Markt auch in räumlicher Hinsicht bestimmt werden. Dazu müssen die gleichartigen Leistungen gegenüber dem gleichen Kundenkreis erbracht werden.[83] Dies erfordert, dass sich die Tätigkeiten im Einzelfall auf einem geografischen Gebiet überscheiden können. Der räumlich relevante Markt kann dabei örtlich begrenzt sein, oder aber das gesamte Bundesgebiet erfassen.[84] Bezogen auf die Geschäftstätigkeit des Unternehmers[85] kommt es darauf an, ob die Kunden bei der bestehenden räumlichen Entfernung tatsächlich noch zwischen der Inanspruchnahme der beiden Leistungen entscheiden werden. Der Kasuistik der Rechtsprechung kann entnommen werden, dass mit einem zunehmenden Preis die Bedeutung der räumlichen Entfernung zurücktritt und der räumlich relevante Markt dementsprechend größer wird, wohingegen der Markt für Waren des täglichen Bedarfs regelmäßig regional begrenzt sein dürfte.[86] Daneben soll es zudem auf die Marktstellung hinsichtlich der Größe und Bekanntheit, die Attraktivität des Angebots und die Vertriebsart ankommen.[87]

---

81 Dabei genügt es vor dem Schutzzweck des Lauterkeitsrechts, wenn über das klassische Wettbewerbsverhältnis hinaus ein „Konfliktbereich" im Sinne einer Wechselbeziehung zwischen ersuchtem Vorteil des einen und erleidetem Nachteil des anderen besteht, vgl. BGH v. 19.03.2015 – I ZR 94/13, GRUR 2015, 1129, Rn. 19; OLG Hamm v. 01.03.2007 – 4 U 142/06, GRUR-RR, 2007, 282 (283) spricht bildlich von der Möglichkeit, dass sich die Unternehmer „ins Gehege" kommen.

82 BGH v. 17.10.2013 – I ZR 173/12, GRUR 2014, 573, Rn. 17 (m.w.N.); *Köhler*, in: ders./Bornkamm/Feddersen, UWG[37], 2019, § 2 UWG Rn. 98.

83 Statt vieler BGH v. 24.05.2000 – I ZR 222/97, GRUR 2001, 78, Rn. 13.

84 BGH v. 14.11.1996 – I ZR 162/94, GRUR 97, 479, Rn. 17; v. 24.05.2000 – I ZR 222/97, GRUR 2001, 78, Rn. 13; v. 29.04.2010 – I ZR 99/08, GRUR 2011, 82, Rn. 20.

85 BGH v. 23. 10. 2008 - I ZR 197/06, GRUR 2009, 692, Rn. 8.

86 So ist der räumliche Markt für Leistungen des täglichen Gebrauchs regelmäßig örtlich begrenzt, während für hochpreisige Produkte (bspw. Gebrauchtwagen) das gesamte Bundesgebiet relevant sein dürfte: vgl. BGH v. 05.03.1998 – I ZR 229/95, GRUR, 1998, 1039, Rn. 22; v. 29.04.2010 – I ZR 99/08, GRUR 2011, 82, Rn. 20; so auch *Keller*, in: Harte-Bavendamm/Henning-Bodewig, UWG[4], 2016, § 2 UWG Rn. 138.

87 *Köhler*, in: ders./Bornkamm/Feddersen, UWG[37], 2019, § 2 UWG Rn. 108c (m.w.N.).

Anhand der sachlichen und räumlichen Abgrenzung wird ein Wettbewerbsverhältnis danach ermittelt, ob von der konkreten Handlung eine Beeinträchtigung auf die Absatzbemühungen anderer Unternehmer ausgehen kann.

bb) Inkonsequente Umsetzung durch den Bundesfinanzhof

Der Bundesfinanzhof greift zwar auf die verkürzte lauterkeitsrechtliche Formel – gleiche Waren an gleiche Anbieter – zurück, übernimmt aber nicht ausdrücklich die dazu entwickelten Kriterien. Obwohl auch die Ermittlung des sachlich und räumlich relevanten Marktes nicht explizit hervorgehoben wird, lassen sich dennoch gewisse Parallelen hinsichtlich der zugrunde gelegten Kriterien erkennen.

(1) Forderung lauterkeitsrechtsähnlicher Kriterien

Bei der erstmaligen Bezugnahme des Bundesfinanzhofs auf die lauterkeitsrechtliche Kurzformel, wurde zugleich auch das Erfordernis aufgestellt, dass für die Anwendung des § 65 Nr. 3 AO „Feststellung[en] zur Wettbewerbssituation – Angebot und Nachfrage – vor Ort“[88] zu treffen seien. Zur Beurteilung, ob gleiche Güter und ein gleicher Kundenkreis vorliegen, müsse auf den Einzugsbereich des Anbieters abgestellt werden. Überdies sei der Benutzerkreis, die Benutzungsbedingungen und das Entgelt relevant, um entscheiden zu können, ob ein anderer Unternehmer die Nachfrage überhaupt in ähnlicher Weise befriedigen könnte.[89] Die Feststellungen des Finanzgerichts reichten für diese Beurteilung allerdings nicht aus.[90]

Mit der Frage nach der Nachfragerbefriedigung durch andere Unternehmer hat das Gericht im Prinzip ein ähnliches Kriterium zur Substituierbarkeit nach der Funktionsidentität aufgestellt. Für dieses kommt es nämlich ebenso auf die Wirkung im Sinn der Bedürfnisbefriedigung an. Die Indizien der Benutzungsbedingungen und der Höhe des Entgeltes lassen dabei auch den Schluss zu, dass damit auf das Bedürfnis der Nachfrager und nicht die Fähigkeit, die Summe der Nachfrager zu befriedigen, abgestellt wird.[91] Im Grunde fordert der Bundesfinanzhof demnach Feststellungen, die die Ermittlung des sachlich relevanten Marktes aus Nachfragersicht zulassen. Damit wurde zumindest eine über die

88 BFH v. 30.03.2000 – V R 30/99, BStBl II 2000, 705, Rn. 41.
89 BFH v. 30.03.2000 – V R 30/99, BStBl II 2000, 705, Rn. 41.
90 BFH v. 30.03.2000 – V R 30/99, BStBl II 2000, 705, Rn. 40.
91 Dies ergibt sich auch aus der Bezeichnung „in ähnlicher Weise“ anstelle von „in ähnlichem Umfang“, vgl. BFH v. 30.03.2000 – V R 30/99, BStBl II 2000, 705, Rn. 41.

Kurzformel hinausgehende Anwendung der Wettbewerbsklausel, anhand der Marktabgrenzung vergleichbar dem Lauterkeitsrecht, vorgezeichnet.[92]

Auch mit der Einbeziehung der „Wettbewerbssituation [...] vor Ort“, wobei es maßgeblich auf den Einzugsbereichs der Tätigkeit ankommen soll, stellt der Bundesfinanzhof jedenfalls der Sache nach auf eine Eingrenzung entsprechend der Festlegung des räumlich relevanten Marktes ab.[93] Über den Preis und die Benutzungsbedingungen soll wohl das Gebiet ermittelt werden, in dem die Verbraucher räumliche Distanzen wegen preislicher oder qualitativer Unterschiede noch in Kauf nehmen werden. Nur dann kann es auch tatsächlich zu einer Konfliktsituation zwischen den steuerbegünstigten und steuerpflichtigen Betrieben kommen.

Bei der Umsetzung dessen hat das Gericht exemplarisch für ein Dialysezentrum ein Wettbewerbsverhältnis bei einer räumlichen Distanz von 40 km zum nächstgelegenen Anbieter abgelehnt. Es liege nämlich im Interesse der Patienten, dass diese „möglichst in der Nähe ihres Wohnorts behandelt werden“.[94] Zu den Zentren im Umkreis von 20 km wurde dagegen ein „Wettbewerb“ angenommen. Hinsichtlich einer Eislaufhalle wurde der räumlich relevante Markt gemäß der Feststellung des Finanzgerichts, wonach Besucher wegen des Zeitaufwands nur bereit waren eine Distanz von 50 km in Kauf zu nehmen,[95] auf dieses Gebiet festgelegt.[96]

Richtigerweise wurde aus Nachfragersicht darauf abgestellt, ob die gleichen Leistungen trotz der räumlichen Entfernung noch alternativ

---

92 Ähnlich, aber mit Bezug auf das Kartellrecht *Hüttemann*, GemSpR[4], 2018, Tz. 6.189 ff.; ebenso *Unger*, in: Gosch, AO/FGO, § 65 AO Rn. 24 (Stand 01.2013); allgemein zur kartellrechtlichen Marktabgrenzung im Rahmen der Wettbewerbsschutzklausel *Wunsch*, Die Wettbewerbsklausel des § 65 Nr. 3 AO, 2002, S. 81 ff.; siehe auch *Walz*, in: Non Profit Law Yearbook 2001, S. 197 (217).

93 BFH v. 30.03.2000 – V R 30/99, BStBl II 2000, 705, Rn. 41; v. 19.02.2004 – V R 39/02, BStBl II 2004, 672, Rn. 38; v. 18.08.2011 – V R 64/09, HFR 2012, 784, Rn. 33; mit diesem Ergebnis beim Vergleich zur Marktabgrenzung im Kartellrecht *Unger*, in: Gosch, AO/FGO, § 65 AO Rn. 24 (Stand 01.2013); ebenso *Wunsch*, Die Wettbewerbsklausel des § 65 Nr. 3 AO, 2002, S. 93; dagegen lehnt *Rabenschlag*, DStZ 1997, S. 717 (719) eine räumliche Abgrenzung wegen des „zu großen Raum[s] für Unwägbarkeiten“ ab; *Rader*, BB 1979, S. 1192; auch die *Unabhängige Sachverständigenkommission*, Gutachten, 1988, S. 173 spricht sich wohl gegen die Berücksichtigung räumlicher Märkte aus.

94 BFH v. 15.10.1997 – I R 10/92, BStBl II 1998, 63, Rn. 36, mit der Bezeichnung als „Einzugsbereich“.

95 FG Bremen v. 12.11.2008 – 2 K 28/08, EFG 2010, 527, Rn. 57.

96 BFH v. 18.08.2011 – V R 64/09, HFR 2012, S. 784, Rn. 33.

nebeneinanderstehen. Denn nur dann kann der Vertragsabschluss mit dem steuerbegünstigten Anbieter zu Lasten eines steuerpflichtigen Anbieters ergehen.[97] Dies war in beiden Entscheidungen nicht zu befürchten.

(2) Fehlende Stringenz bei der Wettbewerbsprüfung

Oftmals führt der Bundesfinanzhof die erforderlichen Umstände aber nicht mehr explizit an, sondern stellt ein Wettbewerbsverhältnis abstrakt oder ohne weitere Begründung mit wenigen Sätzen fest.

Beispielsweise wurden die Besonderheiten einer Leistung – die eine Substituierbarkeit und damit die Gleichartigkeit zu anderen marktrelevanten Leistungen hätte entfallen lassen können – schlicht ausgeblendet.[98] Daneben erfolgt oftmals auch eine rein tätigkeitsbezogene Beurteilung, unabhängig von den konkreten Begebenheiten. So wurde etwa darauf abgestellt, dass es „keinen Grund (gäbe), weshalb die Vermietung einer Eislaufhalle nicht auch von anderen Unternehmen betrieben werden könnte".[99] Und das obwohl zuvor ein Einzugsbereich – und damit ein Kriterium, dass mit dem des räumlich relevanten Marktes zumindest vergleichbar ist – festgelegt wurde, auf dem kein vergleichbarer Anbieter festgestellt werden konnte.[100] Das Kriterium des Einzugsbereichs wurde mit der Anerkennung der allein abstrakten Möglichkeit eines Wettbewerbsverhältnisses kurzer Hand ausgehebelt.[101] Diese Herangehensweise ist weder mit dem Prinzip

---

97 Zu diesem allgemeinen Verständnis vom Wettbewerbsverhältnis statt vieler *Kerber/Schwalbe*, in: MünchKomm EUWettbewerbsrecht^2, 2015, Einl. Rn. 37.

98 Vgl. BFH v. 16.12.2009 – I R 49/08, BStBl II 2011, 398, Rn. 24, wo nur angeführt wurde, dass sich steuerbegünstigte Leistungen, die an eine „zwischengeschaltete" Gesellschaft erbracht wurden, mittelbar auf den Wohnungsmarkt auswirken würden. Trotz der Besonderheit der *Betreuungs*leistung (betreutes Wohnen) ist damit ohne weitere Begründung auf den *Wohnungs*markt abgestellt worden. Auch wenn im Ergebnis auch ein Angebot an gewerblichen Betreuungsleistungen bestehen dürfte – mit einem ähnlichen Verständnis *Hüttemann/Schauhoff*, DB 2011, S. 319 (323) – hätte es dennoch entsprechender Feststellungen bedurft; anders FG Berlin-Brandenburg v. 24.01.2019 – 8 K 8286/17, juris, Rn. 22 f., wo – wenn auch abstrakt – auf eine Vergleichbarkeit der Leistungen aus Nachfragersicht abgestellt wurde.

99 BFH v. 18.08.2011 – V R 64/09, HFR 2012, S. 784, Rn. 34.

100 Vgl. die Feststellungen der Vorinstanz FG Bremen v. 12.11.2008 – 2 K 28/08, EFG 2010, 527, Rn. 58 ff.

101 Ähnlich *Hüttemann*, GemSpR^4, 2018, Tz. 6.192; *Weitemeyer/Klene*, DStR 2016, S. 937 (939).

der Marktabgrenzung noch mit dem Wettbewerbsgedanken zu vereinbaren.[102] Ähnlich wurde auch in einer weiteren Entscheidung erneut ohne weitere Begründung festgestellt, dass ein Verein „in zumindest potentiellen Wettbewerb mit nicht steuerbegünstigten kommerziellen Anbietern vergleichbarer Veranstaltungen tritt".[103] Feststellungen zum Einzugsbereich und zu den Kriterien, anhand derer sich eine Vergleichbarkeit und die grundsätzliche Möglichkeit diese Leistung zu erbringen beurteilen lassen, wurden dagegen nicht getroffen.[104] Offensichtlich pauschal erging auch die Vorgabe, dass bei der Prüfung der Zweckbetriebseigenschaft der Überlassung einer Sportanlage „insbesondere die Wettbewerbsprüfung nach § 65 Nr. 3 AO von Bedeutung [ist], da Sporthallen in unmittelbarem Wettbewerb mit [...] Leistungen anderer Unternehmer überlassen werden".[105] Als „Begründung" wurde in vollständiger Abkehr vom konkret individuellen Wettbewerbsgedanken schlicht auf ein Urteil zur Wettbewerbsrelevanz der Überlassung von Sportanlagen bei § 65 Nr. 3 AO verwiesen.[106]

Der Bundesfinanzhof schießt mit diesem Verständnis aber über den Zweck der Bestimmung eines Wettbewerbsverhältnisses im Rahmen des § 65 Nr. 3 AO – nämlich der Feststellung der Gefahr der Verdrängung von Konkurrenten und der Entstehung von Marktzutrittsschranken im Einzelfall – hinaus. Es kann nicht allein darauf ankommen, ob die Tätigkeit losgelöst vom Einzelfall durch einen anderen Unternehmer vorgenommen werden könnte. Dies dürfte nämlich gedanklich nur in den seltensten Fällen auszuschließen sein.[107] Mit dieser rein

---

102 Ähnlich *Unger*, in: Gosch, AO/FGO, § 65 AO Rn. 26 (Stand 01.2013), in Bezug auf das abstrakte Verständnis der Finanzverwaltung; gegen eine abstrakte Beurteilung auch *Seer*, in: Tipke/Kruse, AO/FGO, § 65 AO Rn. 11 (Stand 04.2016); *Hüttemann*, GemSpR[4], 2018, Tz. 6.192; ebenso *Schauhoff/Kirchhain*, DStR 2012, S. 261 (266); zum Verständnis der Finanzverwaltung ausführlich unter Teil 1 A, II, 2 b).

103 FG Köln v. 20.08.2015 – 10 K 3553/13, EFG 2915, 1781, Rn. 45.

104 Dieser Eindruck erhärtet sich, da das Wettbewerbsverhältnis zudem deshalb angenommen wurde, weil „das FG selbst festgestellt [hat], dass der Kläger in Wettbewerb mit nicht steuerbegünstigten kommerziellen Anbietern vergleichbarer Leistungen tritt", vgl. BFH v. 30.11.2016 – V R 53/15, BStBl II 2017, 1224, Rn. 20. Tatsächlich hat das Finanzgericht aber ohne weitere Begründung einen „potentiellen Wettbewerb" zugrunde gelegt, vgl. FG Köln v. 20.08.2015 – 10 K 3553/13, EFG 2915, 1781, Rn. 45.

105 BFH v. 20.03.2014 – V R 4/13, BFH/NV 2014, 1470, Rn. 27.

106 Vgl. BFH v. 20.03.2014 – V R 4/13, BFH/NV 2014, 1470, Rn. 27.

107 Ähnlich *Hüttemann* im Rahmen der 60. Berliner Steuergespräche „Gemeinnützigkeit", *Richter/Welling*, FR 2016, S. 981 (983), wonach bei der abstrakten Beurteilung des potentiellen Wettbewerbs anhand der möglichen Erbringung durch einen anderen Unternehmer der Wettbewerb „nie verneint werden könne".

tätigkeitsbezogenen Feststellung des Wettbewerbsverhältnisses würde die Wettbewerbsschutzklausel zu einem über den Schutzzweck hinausgehenden Regelausschluss mutieren.[108] Realiter käme es nur noch auf die Vermeidbarkeit des vermuteten „Wettbewerbs" an.

(3) Ergebnis: Verkürzung und Umgehung der konkreten Beurteilung

Die erste Voraussetzung der Wettbewerbsschutzklausel wird wohl wegen der aufwendigen, aber notwendigen Feststellungen einfachheitshalber stark verkürzt, oder durch die Heranziehung des Kriteriums des „potentiellen Wettbewerbs" umgangen.[109] Die dargelegte abstrakte Beurteilung steht aber im Gegensatz zur marktorientierten Ermittlung eines Wettbewerbsverhältnisses und schießt jedenfalls in weniger eindeutigen Fällen über das Ziel der Schutzklausel hinaus.[110]

Der Bundesfinanzhof hat damit im Umgang mit dem ersten Merkmal der Wettbewerbsschutzklausel zwar zunächst sachgerechte Kriterien[111] für eine wettbewerbsorientierte Herangehensweise aufgestellt. Problematisch ist aber, dass die dazu notwendigen Feststellungen der Vorinstanz aber oftmals fehlen.[112] Oder das Gericht das Kriterium des Einzugsbereichs nicht aufrechthält, sondern ein Wettbewerbsverhältnis teilweise tätigkeitsbezogen und unabhängig von den konkreten Umständen pauschal als gegeben ansieht.

---

108 Ähnlich *Wunsch*, Die Wettbewerbsklausel des § 65 Nr. 3 AO, 2002, S. 98, wonach ein Wettbewerb dann „wohl in fast allen wirtschaftlichen Bereichen gemeinnütziger Tätigkeit zumindest „theoretisch" denkbar [ist]" und damit „der [...]Wettbewerbsgedanke größtenteils aufgeopfert [würde]".

109 Siehe dazu etwa BFH v. 18.08.2011 – V R 64/09, HFR 2012, S. 784, Rn. 34; v. 30.11.2016 – V R 53/15, BStBl II 2017, 1224, Rn. 20.

110 Ähnlich lehnt auch *Hüttemann*, GemSpR^4, 2018, Tz. 6.192 die Ansicht der Finanzverwaltung ab, den potentiellen Wettbewerb unabhängig von den konkret-örtlichen Umständen bestimmen zu wollen; *Schauhoff/Kirchhain*, DStR 2012, S. 261 (266); zum damit einhergehenden Widerspruch gegenüber der wettbewerbsrechtlichen Idee räumlicher Märkte *Unger*, in: Gosch, AO/FGO, § 65 AO Rn. 26 (Stand 01.2013); gegen eine abstrakte Beurteilung auch *Seer*, in: Tipke/Kruse, AO/FGO, § 65 AO Rn. 11 (Stand 04.2016).

111 Zu den Kriterien BFH v. 30.03.2000 – V R 30/99, BStBl II 2000, 705, Rn. 41; v. 19.02.2004 – V R 39/02, BStBl II 2004, 672, Rn. 38.

112 BFH v. 30.03.2000 – V R 30/99, BStBl II 2000, 705, Rn. 41; v. 19.02.2004 – V R 39/02, BStBl II 2004, 672, Rn. 38; v. 18.03.2004 – V R 101/01, BStBl II 2004, 798, Rn. 59; v. 27.04.2006 – V R 53/04, BStBl II 2007, 16, Rn. 44; v. 17.02.2010 – I R 2/08, BStBl II 2010, 1006, Rn. 31; v. 13.06.2012 – I R 71/11, BFH/NV 2013, 89, Rn. 19.

b) Kartellrechtliche Formel als präzisere Bestimmungsweise

Die Heranziehung der lauterkeitsrechtlichen Formel ist in der Literatur auf grundlegende Kritik gestoßen. Allen voran lehnt *Wunsch* einen Rückgriff auf die lauterkeitsrechtliche Bestimmung des Wettbewerbsverhältnisses ab.[113] Im Lauterkeitsrecht gehe es einzig darum, eine einzelne Wettbewerbshandlung wegen ihrer Unlauterkeit zu unterbinden. Die Wettbewerbsschutzklausel diene hingegen dazu, die Auswirkungen der Steuerbegünstigung in Form einer Beschränkung „des Wettbewerbs" zu verhindern oder zumindest auf ein Mindestmaß zu reduzieren. Auch wenn vergleichbare Schutzgegenstände bestünden, würden die Schutzklausel des § 65 Nr. 3 AO und das Lauterkeitsrecht zu deren Sicherung unterschiedliche Ziele verfolgen. Davon ausgehend sei vielmehr eine entsprechende Anwendung kartellrechtlicher Grundsätze angezeigt. Nachfolgend soll daher festgestellt werden, ob die Anknüpfung an das Kartellrecht eine präzisere Handhabung der Wettbewerbsschutzklausel ermöglichen kann.

aa) Ziel: Erhalt des gemeinwohlfördernden Wettbewerbsmechanismus

Das Kartellrecht dient der Bekämpfung von wettbewerbsbeschränkenden Vereinbarungen und wettbewerbsschädlicher Marktmacht. Dadurch soll die über den Wettbewerbsmechanismus hergestellte oder gewünschte Effizienz in Hinblick auf Allokation und Innovation erhalten werden.[114] Durch die Sicherung des Konkurrenzdrucks bleibe der entstehende Zwang zur Orientierung an den Bedürfnissen der Nachfrager und damit die gemeinwohlfördernde Wirkung des Wettbewerbs – in Form von Preisanpassungen und Innovationssteigerungen – bestehen.[115]

---

113 *Wunsch*, Die Wettbewerbsklausel des § 65 Nr. 3 AO, 2002, S. 80; dem folgend *Walz*, in: Non Profit Law Yearbook 2001, S. 197 (217); *Unger*, in: Gosch, AO/FGO, § 65 AO Rn. 21 ff. (Stand 01.2013).

114 So stellt die *Kommission*, Leitlinien zur Anwendbarkeit von Artikel 101 des Vertrags über die Arbeitsweise der Europäischen Union auf Vereinbarungen über horizontale Zusammenarbeit, ABl.EG C 11, 1, Rn. 26 ff., für die Beurteilung wettbewerbsbeschränkenden Vereinbarung darauf ab, ob diese „eine tatsächliche oder wahrscheinliche spürbare negative Auswirkung auf mindestens einen Wettbewerbsparameter des Marktes (zum Beispiel Preis, Produktionsmenge, Produktqualität, Produktvielfalt, Innovation) hat".

115 Die Wohlfahrtssteigerung durch die Allokations- und Innovationseffizienz begründende Wirkung des Wettbewerbs ist dabei auch in den unterschiedlichen Lagern zur Wettbewerbstheorie einhellig anerkannt, vgl. als Begründer der Klassik *Smith*, Der Wohlstand der Nationen, 1974, S. 272 u. 297; mit der Annahme der

Zur Feststellung einer Wettbewerbsbeeinträchtigung werden zunächst die Umstände ermittelt, bei deren Vorliegen vom Bestehen oder der Möglichkeit zur Entstehung des Wirkmechanismus ausgegangen werden kann. Das Kartellrecht orientiert sich dabei am Marktmachtkonzept, wonach wirtschaftliche Macht nur auf einem bestimmten Markt wirkt.[116] Daher ist zunächst auch hier der relevante Markt zu bestimmen.[117] Anhand des relevanten Marktes kann sodann festgestellt werden, ob wegen des Bestehens von Konkurrenz ein Wettbewerb um Vertragsabschlüsse besteht oder entstehen kann. Daran anknüpfend wird ermittelt, ob Vereinbarungen diese wettbewerbsbegründenden Umstände spürbar[118] beeinträchtigen könnten und damit letztendlich „den Wettbewerb" behindern.[119] Zur Beurteilung des Bestehens von Marktmacht wird eine Überprüfung der Markt- und Unternehmensstruktur sowie des Marktverhaltens[120] des betroffenen Unternehmens vorgenommen. Eine schädliche Marktmacht

---

Wohlfahrtsteigerung aus einem Innovations-Imitations-Prozess *Schumpeter*, in: Herdzina, Wettbewerbstheorie, 1975, S. 134 f.; zudem insoweit auch die Verfechter der effizienzsteigernden Wirkung des Wettbewerbs, namentlich der sog. Harvard- und Chicago School, sowie der Post-Chicago Economics, einhellig, wenn auch divergierend hinsichtlich der Akzentuierung auf Innovation oder Allokation, vgl. dazu *Kerber/Schwalbe,* in: MünchKomm EUWettbewerbsrecht², 2015, Einl. Rn. 83 ff. (m.w.N.); wenn auch mit der Unterscheidung zwischen statischen und dynamischen Funktionen *Kantzenbach,* Die Funktionsfähigkeit des Wettbewerbs², 1967, S. 16 f. insb. S. 19; sowie übersichtlich *Schmidt/Haucap*, Wettbewerbspolitik und Kartellrecht, 2013, S. 15; dagegen führt *Hoppmann*, in: Wirtschaftsordnung und Wettbewerb, 1988, S. 56 (72 f.), Wohlfahrtsgewinne in Form von individuellen ökonomischen Vorteilen auf die Freiheitsausübung zurück, da es durch die Wettbewerbsfreiheit überhaupt erst zum Wettbewerb und den damit einhergehenden wohlfahrtssteigernden Effekten komme; ebenso *ders.,* a.a.O., S. 235 (252 ff.).

116 Statt vieler EuGH v. 05.10.1988 – 247/86, *Alsatel,* EU:C:1988:469, Rn. 12.

117 Dazu instruktiv *Schwalbe/Zimmer*, Kartellrecht und Ökonomie², 2011, S. 72 ff.; *Zimmer*, in: FS U. Huber, 2006, S. 1173 (1174 ff.); *Wurmnest*, Marktmacht und Verdrängungsmissbrauch², 2012, S. 278 ff.; *Emmerich/Lange*, Kartellrecht¹⁴, 2018, § 4 Rn. 54 ff.; zur Bestimmung des räumlichen Marktes *Kallfaß*, in: FS I. Schmidt, 1997, S. 111 ff.

118 Bekanntmachung der Komm. über Vereinbarungen von geringer Bedeutung, ABl.EG C 368, 13, Rn. 7.

119 So kann die ungeschriebene Voraussetzung der Spürbarkeit der Wettbewerbsbeeinträchtigung nur über den relevanten Markt bestimmt werden *Hengst*, in: Lange/Bunte, Kartellrecht, Bd. 2 Europäisches Kartellrecht¹², Art. 101 AEUV Rn. 249; *Emmerich/Lange*, Kartellrecht¹⁴, 2018, § 4 Rn. 54.

120 Vgl. nur *Fuchs,* in Immenga/Mestmäcker, EU-Wettbewerbsrecht Bd. I⁶, 2019, Art. 102 AEUV Rn. 86.

liegt vor, wenn das Unternehmen mit seinen Handlungen einen „Wettbewerb“ auf dem relevanten Markt verhindern oder die Handlungen unabhängig von der Konkurrenz vornehmen kann.[121] Dabei dient die Ermittlung des sachlich und räumlich relevanten Marktes dazu, die Wettbewerbskräfte zu ermitteln, denen sich die Unternehmer zu stellen haben.[122]

Da die erforderliche Marktanalyse aber ein methodisches Verfahren darstellt, dass maßgeblich durch die Umsetzung der aufgestellten Kriterien bedingt ist, kann es aufgrund der im Folgenden dargestellten abweichenden Vorgehensweise im Kartellrecht gegenüber der Marktabgrenzung im Lauterkeitsrecht zur Festlegung unterschiedlicher relevanter Märkte kommen.[123]

bb) Kartellrechtliche Marktabgrenzung

(1) Sachlich relevanter Markt

Zur Bestimmung des sachlich relevanten Marktes wird im Kartellrecht in erster Linie das sogenannte Bedarfsmarktkonzept herangezogen. Danach besteht ein einheitlicher sachlicher Markt für „sämtliche Erzeugnisse oder Dienstleistungen, die von den Verbrauchern hinsichtlich ihrer Eigenschaften, Preise und ihres vorgesehenen Verwendungszwecks als austauschbar oder substituierbar angesehen werden“.[124] Sofern also wegen ähnlicher Eigenschaften, Preise und Qualitäten eine Nachfragesubstituierbarkeit bejaht werden kann, besteht für die Produkte ein gemeinsamer sachlicher Markt.[125] Die Vergleichbarkeit der Eigenschaften zweier Produkte ist dabei danach zu beurteilen, ob diese zur Deckung des bestehenden Bedarfs austauschbar sind.[126] Eine fehlende deckungsgleiche

---

121 St. Rspr. vgl. nur EuGH v. 02.04.2009 – C-202/07 P, *France Télécom SA*, EU:C:2009:214, Rn. 103.

122 *Schröter/van Vormizeele*, in: von der Groeben/Schwarze/Hatje, EU-Unionsrecht[7], 2015, Art. 101 AEUV Rn. 110.

123 Vgl. dazu auch bereits die Nachweise unter Teil 1 A, II, 1 a) aa).

124 Bekanntmachung der Komm. über die Definition des relevanten Marktes, ABl.EG 1997 C 372, 5, Rn. 7 f.; kritisch gegenüber diesen Kriterien *van den Bergh/Camesasca*, European Competition Law and Economics[2], 2006, S. 158; dem folgend *Schwalbe/Zimmer*, Kartellrecht und Ökonomie[2], 2011, S. 76 und 119; *Kerber/Schwalbe,* in: MünchKomm EUWettbewerbsrecht[2], 2015, Einl. Rn. 230; wobei der Preis teilweise als sekundäres Merkmal angesehen wird, dazu *Fuchs/Möschel*, in: Immenga/Mestmäcker, EU-Wettbewerbsrecht Bd. 2[5], 2014, § 18 GWB Rn. 35 (m.w.N.).

125 Bekanntmachung der Komm. über die Definition des relevanten Marktes, ABl.EG 1997 C 372, 5, Rn. 15.

126 *Kommission* v. 15.09.1999, ABl.EG 1999 L 312, 1, Rn. 13.

Funktionalität kann daher zur Festlegung separater Märkte führen.[127] Dabei bereitet oftmals die Feststellung der Funktionalität selbst Schwierigkeiten.[128] Bei dieser ist auf einen durchschnittlichen Verbraucher abzustellen.[129] Diese können aber in der Realität höchst unterschiedliche Bedürfnisse haben,[130] wodurch eine zweifelsfreie Beurteilung nicht immer möglich ist. Auch die Feststellung anhand der Bedeutsamkeit der Produkteigenschaften lässt sich daher zuverlässig nur auf Grundlage einer Marktforschung bestimmen.[131] Dabei sieht es zumindest die nationale Rechtsprechung im Rahmen der Fusionskontrolle – bei der im Zuge der Bestimmung des relevanten Marktes die gleichen Grundsätze wie bei der Beurteilung der Marktbeherrschung gelten[132] – als grundsätzlich zulässig an, im Einzelfall auf „eine – repräsentative – Befragung des maßgeblichen Verbraucherkreises" zu verzichten und die Austauschbarkeit aus Sicht des „verständigen Verbrauchers" selbst vorzunehmen.[133] Zur Begründung dieser Vorgehensweise ist explizit auf den begrenzten zeitlichen Rahmen hingewiesen worden.[134]

---

127 *Schwalbe/Zimmer*, Kartellrecht und Ökonomie², 2011, S. 115.

128 *Schwalbe/Zimmer*, Kartellrecht und Ökonomie², 2011, S. 113 f.

129 *Emmerich*, in: Immenga/Mestmäcker, EU-Wettbewerbsrecht Bd. 1⁵, 2012, Art. 101 I AEUV Rn. 160.

130 Zumal die Daten zur Ermittlung der Austauschbarkeit in der Regel aufwändige empirische Feststellungen erfordern: So hat die *Kommission* v. 16.02.1996 – IV/M.623 beispielsweise für die Frage der Preiselastizitäten (Auswirkung der Preiserhöhung eines Produkts auf dessen Absatz, oder im Falle der Kreuzpreiselastizität die Auswirkung auf den Absatz eines anderen Produkts) auf Supermarkt-Scannerdaten zurückgegriffen; ebenso *Kommission* v. 31.01.2001 (Comp/M.2097); national führte das Bundeskartellamt v. 20.11.2001 – B 9 – 64123 – U 88/99 u. 100/01, beispielsweise Befragungen der Nachfrager durch.

131 Bezogen auf das nationale Kartellrecht *Füller*, in: MünchKomm EUWettbewerbsrecht², 2015, Einl. Rn. 1054; ähnlich *Fuchs/Möschel*, in: Immenga/Mestmäcker, EU-Wettbewerbsrecht Bd. 2⁵, 2014, § 18 GWB Rn. 35; *Fischötter*, in: FS Pfeiffer, 1988, S. 627 ff.; *Emmerich*, in: Immenga/Mestmäcker, EU-Wettbewerbsrecht Bd. 1⁵, 2012, Art. 101 I AEUV Rn. 160 f.

132 *Thomas*, in: Immenga/Mestmäcker, EU-Wettbewerbsrecht Bd. 2⁵, 2014, § 36 GWB Rn. 69.

133 BGH v. 02.02.2010 – KVZ 16/09, WuW/E DE-R 2879, Rn. 42; mit Bezug auf diese Entscheidung mahnend *Steinvorth*, in: Wiedemann, Kartellrecht⁴, 2020, § 20 Rn. 23.

134 BGH v. 02.02.2010 – KVZ 16/09, WuW/E DE-R 2879, Rn. 42; noch deutlicher hinsichtlich der zeitlichen Komponente die Vorinstanz OLG Düsseldorf v. 26.02.2009 – VI-Kart 7/07 (V), Rn. 59.

Nach den Vorgaben der *Kommission* soll zur Bestimmung der Nachfragesubstitution maßgeblich auf einen hypothetischen Monopoltest in Form des sog. SSNIP-Tests zurückgegriffen werden.[135] Dabei ist die Überlegung anzustellen, ob eine fiktive Preiserhöhung von 5-10 % für die Dauer eines Jahres zu einem höheren Gewinn, oder zu einem Nachfragerückgang führen würde.[136] Stehen den Nachfragern ausreichende Substitute zur Verfügung und reagieren diese daher in Bezug auf die Preiserhöhung preiselastisch, muss der relevante Markt um die Produkte erweitert werden, die den Nachfragerückgang ermöglichen.[137] Dazu sind Daten zu erheben, die eine Beurteilung des Nachfragerückgangs zulassen.[138] Der Unterschied gegenüber der alleinigen Heranziehung des Bedarfsmarktkonzeptes besteht darin, dass nicht wertend auf die Austauschbarkeit aus Sicht der Durchschnittsverbraucher abgestellt wird. Stattdessen wird die Abwanderung von Nachfragern, die eine Preiserhöhung unprofitabel werden lassen und damit eine „Entmachtung" des untersuchten Unternehmens nahelegen, idealerweise konkret ermittelt.[139]

Aufgrund der erforderlichen empirischen Daten für eine präzise Anwendung des Bedarfsmarktkonzepts und des SSNIP-Tests dürfte die uneingeschränkte Übertragung auf steuerrechtliche Wettbewerbsschutzklauseln im steuerrechtlichen Massenverfahren mit der daraus folgenden ressourcenbedingten Handlungslimitierung wohl nahezu ausgeschlossen sein. Schon die Problematik der zeitaufwendigen Datenerhebung führt dazu, dass die Modelle zur Marktanalyse vielmehr ein „gedankliches Experiment" durch den Rechtsanwender bleiben.[140] Die fehlende Datenerhebung geht dabei zu Lasten der Genauigkeit für

---

135 Bekanntmachung der Komm. über die Definition des relevanten Marktes, ABl.EG 1997 C 372, 5, Rn. 15 ff.; a.A. *Bulst* in: Langen/Bunte, Kartellrecht, Bd. 2 Europäisches Kartellrecht[13], 2018, Art. 102 AEUV Rn. 39; *Frenz*, NZKart 2013, S. 285 (287).

136 *Schwalbe/Zimmer*, Kartellrecht und Ökonomie[2], 2011, S. 77 ff., insb. S. 81 ff.

137 *Schwalbe/Zimmer*, Kartellrecht und Ökonomie[2], 2011, S. 81 f.

138 Dazu hat die *Kommission* v. 17.10.2001 – COMP/M.2187, Rn. 25 f., exemplarisch über Fragebögen an die direkten und indirekten Kunden, sowie an die Parteien, die relevanten Daten ermittelt; neben dieser Befragung kann auch auf Marktforschungs- und Marketingstudien zurückgegriffen werden, vgl. Bekanntmachung der Komm. über die Definition des relevanten Marktes, ABl.EG 1997 C 372, 5, Rn. 41.

139 So *Schwalbe/Zimmer*, Kartellrecht und Ökonomie[2], 2011, S. 215 ff., die daher die Marktabgrenzung nach dem Bedarfsmarktkonzept aus dem ökonomischen Blickwinkel als zu eng kritisieren (insb. S. 216).

140 So auch *Emmerich*, in: Immenga/Mestmäcker, EU-Wettbewerbsrecht Bd. 1[5], 2012, Art. 101 I AEUV Rn. 157, in Bezug auf den SSNIP-Test; ähnlich Bekanntmachung

die Abzeichnung der Ansichten des „verständigen Nachfragers“[141] und damit hinsichtlich der Marktanalyse zu Lasten der Wirklichkeitserfassung. Vor dem Normbefehl sind die Modelle aber zumindest im Kern zu fordern. Diese können dazu dienen, wenigstens einen sachgerechten Schluss auf das Bestehen eines Wettbewerbsverhältnisses treffen zu können und ein Verständnis für die maßgeblichen Kriterien zu begründen. Für die Beurteilung eines Wettbewerbsverhältnisses müssen aber jedenfalls der Preis, die Produktqualität, die Eignung zur Bedürfnisbefriedigung unter Berücksichtigung des Verwendungszwecks und teilweise die Zutrittskosten ermittelt werden, um die Marktabgrenzung vornehmen zu können. Selbiges gilt für die Bestimmung eines hypothetischen Ausweichverhaltens als Reaktion auf Preiserhöhungen.

(2) Räumlich relevanter Markt

Zur Bestimmung des räumlich relevanten Marktes[142] wird ebenfalls auf das Bedarfsmarktkonzept abgestellt. Hinsichtlich der maßgeblichen Kriterien werden dabei unteranderem die Transportkosten berücksichtigt[143], da diese den Schluss darauf zu lassen, auf welchem räumlichen Gebiet eine Ware ökonomisch sinnvoll angeboten werden kann. Daneben wird häufig auch auf das konkrete Tätigkeitsgebiet des Unternehmens abgestellt.[144] Letztendlich sind jedoch wieder die Gewohnheiten und wirtschaftlichen Möglichkeiten der Nachfrager maßgeblich[145], wobei diese wohl nur mit empirischen Ermittlungen zweifelsfrei herangezogen werden können.[146] Abschließende oder gar generalisierbare

---

der Komm. über die Definition des relevanten Marktes, ABl.EG 1997 C 372, 5, Rn. 15, S. 1, „gedankliche[s] Experiment“.

141 Bei dem es sich ohnehin um eine „fiktive Figur“ handelt, vgl. *Emmerich*, in: Immenga/Mestmäcker, EU-Wettbewerbsrecht Bd. 1[5], 2012, Art. 101 I AEUV Rn. 160.

142 Vgl. zur Definition Bekanntmachung der Komm. über die Definition des relevanten Marktes, ABl.EG 1997 C 372, 5, Rn. 8, "[...] das Gebiet, in dem die beteiligten Unternehmen die relevanten Produkte oder Dienstleistungen anbieten, in dem die Wettbewerbsbedingungen hinreichend homogen sind und das sich von benachbarten Gebieten durch spürbar unterschiedliche Wettbewerbsbedingungen unterscheidet".

143 *Füller*, in: MünchKomm EUWettbewerbsrecht[2], 2015, Einl. Rn. 1069.

144 *Fuchs/Möschel*, in: Immenga/Mestmäcker, EU-Wettbewerbsrecht Bd. 2[5], 2014, § 18 GWB Rn. 53; kritisch *Füller*, in: MünchKomm EUWettbewerbsrecht[2], 2015, Einl. Rn. 1075.

145 So bereits EuGH v. 16.12.1975 – C-40/73, EU:C:1975:174, Rn. 371/372; *Fuchs/Möschel*, in: Immenga/Mestmäcker, EU-Wettbewerbsrecht Bd. 2[5], 2014, § 18 GWB Rn. 53.

146 *Füller*, in: MünchKomm EUWettbewerbsrecht[2], 2015, Einl. Rn. 1067 ff.

Kriterien für die Bestimmung des räumlich relevanten Marktes bestehen dabei weder in der Rechtsprechung noch in der Literatur.[147]

Die *Kommission* zieht dagegen im Kern wieder den SSNIP-Test heran. Ausgehend von diesem soll ermittelt werden, ob die Leistungen der Unternehmen für die Verbraucher tatsächlich eine alternative Lieferquelle darstellen.[148]

Bei der Marktabgrenzung geht es demnach im Ergebnis aber ebenfalls um die Bestimmung der Nachfragesubstitution. Dazu kann abstrakt anhand der Austauschbarkeit der Produkte zur Bedarfsbefriedigung, oder konkreter über die Bestimmung des Ausweichverhaltens der Nachfrager bei hypothetischen Preiserhöhungen vorgegangen werden. Die alleinige Vergleichbarkeit der Produktmerkmale und des Verwendungszwecks reicht dagegen noch nicht zur Beurteilung der Nachfragesubstituierbarkeit aus. Die Kundenreaktion kann nämlich beispielsweise auch von deren Gewichtung der Merkmalsunterschiede abhängen.[149] Damit kommt es aber auch bei dieser Betrachtungsweise auf die konkreten Begebenheiten auf dem Tätigkeitsfeld des in Rede stehenden Geschäftsbetriebes an.

c) Auswirkung der divergierenden Anknüpfung und Stellungnahme

Der Unterschied zwischen der Orientierung am Lauterkeits- und Kartellrecht besteht damit nicht in der Vornahme der Marktabgrenzung, sondern allein in der dazu erforderlichen Vorgehensweise. Im Kartellrecht wird hinsichtlich der betrachteten Leistung ein hoher Grad an Austauschbarkeit gefordert.[150] Wohingegen im Lauterkeitsrecht für die Substituierbarkeit genügt, wenn „Waren in gewisser Weise gleichen Bedürfnissen dienen können“[151] und damit ein weiteres

---

147 *Fuchs/Möschel*, in: Immenga/Mestmäcker, EU-Wettbewerbsrecht Bd. 2^5, 2014, § 18 GWB Rn. 53.

148 Bekanntmachung der Komm. über die Definition des relevanten Marktes, ABl.EG 1997 C 372, 5, Rn. 29.

149 Bekanntmachung der Komm. über die Definition des relevanten Marktes, ABl.EG 1997 C 372, 5, Rn. 36.

150 Dies ergibt sich bereits aus den Anforderungen für den SSNIP-Test und der notwendigen Nähebeziehung bei der Frage der Kreuzpreiselastizität, sowie aus der Definition des sachlich relevanten Marktes der *Kommission*, Bekanntmachung der Komm. über die Definition des relevanten Marktes, ABl.EG 1997 C 372, 5, Rn. 7, die nicht allein auf die Grundfunktion, sondern eine weitergehende Vergleichbarkeit abstellt.

151 EuGH v. 19.04.2007 – C-381/05, *De Landtsheer*, EU:C:2007:230, Rn. 30; *Lettl*, in: FS Köhler, 2014, S. 429 (437).

Verständnis vom Vorliegen eines Wettbewerbsverhältnisses vorherrscht.[152] Wegen der Orientierung an der Funktionsidentität kommt es zudem auf den Preis nicht unbedingt an, wodurch die kartellrechtliche Marktabgrenzung über die Kreuzpreiselastizität zu einem völlig anderen relevanten Markt führen kann.[153]

Die im Lauterkeitsrecht zusätzlich erfolgende handlungsbezogene Ermittlung des Wettbewerbsverhältnisses[154] dürfte dabei nicht ins Steuerrecht übertragen werden können. Weder der Erhalt der Steuerbegünstigung noch deren Weitergabe im Wettbewerb können als „unlauter" angesehen werden.[155] Zudem ergibt sich aus der alleinigen Wettbewerbshandlung – mangels Anknüpfung an ein anderes Produkt – anders als bei der vergleichenden Werbung im Lauterkeitsrecht kein unmittelbarer Bezug zu einem Konkurrenten am Markt. Offen bleibt aber, ob zur Marktabgrenzung die Substituierbarkeit entsprechend der Funktionsidentität genügt oder ob es der hohen Substituierbarkeit bis hin zur Austauschbarkeit nach dem Bedarfsmarktkonzept bedarf.

aa) Lediglich Divergenz hinsichtlich des „Wie" der Marktabgrenzung

Bezüglich der Wettbewerbsschutzklausel des § 65 Nr. 3 AO zeigt sich damit, dass es bei der Diskussion um den Rückgriff zur Ermittlung eines Wettbewerbsverhältnisses auf das Lauterkeits- oder Kartellrecht nicht um die Frage des „Ob", sondern allein des „Wie" der Marktabgrenzung geht. Dies entscheidet sich allein anhand der für die Marktbestimmung zugrunde gelegten Kriterien. Dass es zur Marktabgrenzung auf die Austauschbarkeit aus Nachfragersicht ankommt, ist nämlich teilweise auch schon im Gemeinnützigkeitsrecht anerkannt.[156] Die zu beantwortende Frage lautet also genauer, ob bei der Anwendung des § 65

---

152 Vgl. *Köhler*, in: ders./Bornkamm/Feddersen, UWG[37], 2019, § 2 UWG Rn. 108b; so auch *Lettl*, in: FS Köhler, 2014, S. 429 (434 ff.).

153 Mit dem Beispiel von Wasser und Champagner, zwischen denen im Lauterkeitsrecht ein gemeinsamer Markt bestehen kann, kartellrechtlich hingegen unterschiedliche sachliche Märkte vorliegen *Lettl*, in: FS Köhler, 2014, S. 429 (435 u. 437).

154 BFH v. 24.06.2004 – I ZR 26/02, GRUR 2004, 877, Rn. 21; v. 17.10.2013 – I ZR 173/12, GRUR 2014, 573, Rn. 17; *Köhler*, in: ders./Bornkamm/Feddersen, UWG[37], 2019, § 2 UWG Rn. 98.

155 Zutreffend *Wunsch*, Die Wettbewerbsklausel des § 65 Nr. 3 AO, 2002, S. 80.

156 *Hüttemann*, GemSpR[4], 2018, Tz. 6.190; *Walz*, in: Non Profit Law Yearbook 2001, S. 197 (217); *Schauhoff*, in: GS Walz, 2008, S. 661 (671); *Unger*, in: Gosch, AO/FGO, § 65 AO Rn. 23 ff. (Stand 01.2013); *Wunsch*, Die Wettbewerbsklausel des § 65 Nr. 3 AO, 2002, S. 85.

Nr. 3 AO ein weites oder enges Verständnis vom Wettbewerbsverhältnis gefordert werden sollte. Daraufhin kann erst beurteilt werden, ob dem eher durch die lauterkeits- oder kartellrechtliche Vorgehensweise entsprochen werden kann.

bb) Notwendigkeit eines weiten oder engen Wettbewerbsverständnisses

Zunächst könnte darauf abgestellt werden, welches Ziel das jeweilige Wettbewerbsrecht zum Schutz der Wettbewerber oder gar „des Wettbewerbs" verfolgt.[157] Im Lauterkeitsrecht sollen Verhaltensweisen, die den bestehenden Verhaltensregeln zuwiderlaufen, unterbunden werden.[158] Im Kartellrecht geht es hingegen um die Verhinderung von Marktmacht oder um die Abwehr von Vereinbarungen welche den Wettbewerb in seiner Funktionsweise beschränken.[159] Allerdings sind sowohl die Lauterkeit als auch das Ausnutzen von Marktmacht sowie Vereinbarungen und sonstige Maßnahmen von der Marktabgrenzung unabhängige Merkmale. An welches Merkmal das Wettbewerbsrecht anknüpft, sagt nichts darüber aus, nach welchen Kriterien der relevante Markt abzugrenzen ist.

Dennoch dürfte die Heranziehung des weiten Verständnisses im Lauterkeitsrecht nicht sachgerecht sein. Wenn es nämlich darum gehen soll, eine tatsächliche oder mögliche Auswirkung der Steuerbegünstigung zu verhindern, muss auch exakt der Kreis an Konkurrenten ermittelt werden, auf deren Absatz sich die Begünstigung auswirkt oder auswirken kann. Der Schutz vor der Steuerbegünstigung ist nur erforderlich, wenn eine Auswirkung derselben konkret zu befürchten ist.

Im Kern soll die Auswirkung der Steuerbegünstigung auf den Wettbewerb wegen der Verdrängung beziehungsweise der Gefahr der Verdrängung von Konkurrenten verhindert werden. Unabhängig davon, ob dabei der Schutz des Wettbewerbs als solchem[160] oder der Schutz der einzelnen Wettbewerber im

---

157 Mit diesem Ansatzpunkt etwa *Wunsch*, Die Wettbewerbsklausel des § 65 Nr. 3 AO, 2002, S. 80 f.

158 Statt vieler *Köhler*, in: ders./Bornkamm/Feddersen, UWG[37], 2019, § 3 UWG Rn. 2.15.

159 Auch wenn der EuGH den Schutz des Wettbewerbs als solchen und anders die Kommission entsprechend des „more economic approach" den Schutz der Verbraucher als Zweck der Wettbewerbsregeln sehen, vgl. *Immenga/Mestmäcker*, in: dies., EU-Wettbewerbsrecht Bd. 1[5], 2012, Einl. Lit. D. Rn. 1 ff. (m.w.N.).

160 Gemeint ist der gemeinwohlfördernden Wirkmechanismus durch die effizienzsteigernde Wirkung des interaktiven Konkurrenzprozesses hinsichtlich Allokation und Innovation; mit dieser Unterscheidung auch *Magen*, in: Öffentliches Wettbewerbsrecht, 2014, § 2 Rn. 27 ff. (m.w.N.) und Rn. 42; *Kerber/Schwalbe,* in: MünchKomm EUWettbewerbsrecht[2], 2015, Einl. Rn. 132 ff.

Mittelpunkt steht, kommt es jedenfalls immer darauf an, ob sich die Begünstigung zu Lasten der Konkurrenten auswirkt. Dazu bedarf es der präzisen Bestimmung der wechselseitigen Beziehung zwischen den Anbietern am Markt. Eine solche lässt sich genauer über das Bedarfsmarktkonzept und besser noch über die kartellrechtlichen Methoden der Kreuzpreiselastizität und des SSNIP-Tests[161] beurteilen.[162] Diese lassen einen direkten Rückschluss darauf zu, ob über ein vergleichbares Angebot hinaus eine Beziehung zwischen der Absatzzunahme auf der einen und dem Absatzrückgang auf der anderen Seite besteht. Im Lauterkeitsrecht sind der Preis oder wertbildende Faktoren nicht maßgeblich.[163] Auf diese Merkmale kann sich die Steuerbegünstigung aber mit Bezug auf den Wettbewerb einzig auswirken. Bei der Ermittlung der Anbieter, die vor den „verfälschten“ wertbildenden Faktoren geschützt werden sollen, kann es daher nicht auf das weite Verständnis von der Funktionsidentität ankommen. Andernfalls würden auch Angebote herangezogen, die faktisch nicht neben dem steuerbegünstigten Angebot stehen. Eine Beeinträchtigung durch die Begünstigung ist dann nicht zu befürchten. Sachgerechter ist damit die präzisere Marktabgrenzung nach den kartellrechtlichen Methoden.

cc) Bedenken hinsichtlich der kartellrechtlichen Bestimmung

(1) Fehlende praktische Realisierbarkeit

Sowohl die Anwendung des Bedarfsmarktkonzeptes als auch insbesondere die Anwendung des SSNIP-Tests bedürfen daher der Erhebung oder zumindest der Heranziehung von Daten, die einen Schluss auf die Bedürfnisse und Gewohnheiten der Nachfrager zulassen. Hinsichtlich der Feststellung eines Wettbewerbsverhältnisses bedürfen beide Methoden damit eines nicht unbedeutenden zeitlichen Aufwandes, der gegen deren Tauglichkeit im ressourcenlimitierten Massenverfahren spricht. Denn obwohl die Kriterien der Rechtsprechung, genauer die zwar nicht ausdrücklich, aber in der Sache zugrunde gelegte Nachfragesubstituierbarkeit, mit dem Anknüpfungspunkt des Wettbewerbsrechts übereinstimmen, kranken die Entscheidungen der Rechtsprechung an einer stringenten Umsetzung.[164] Auch wenn die Heranziehung der kartellrechtlichen

---

161 Dazu ausführlich oben Teil 1 A, II, 1 b) bb) (1).

162 Für die Heranziehung des SSNIP-Tests *Unger*, in: Gosch, AO/FGO, § 65 AO Rn. 23 (Stand 01.2013).

163 Maßgeblich ist allein die Funktionsidentität, vgl. BGH v. 17.01.2002 – I ZR 215/99, GRUR 2002, 828, Rn. 24; EuGH v. 19.04.2007 – C-381/05, *De Landtsheer*, EU:C:2007:230, Rn. 30; *Lettl*, in: FS Köhler, 2014, S. 429 (437).

164 Vgl. die ausführlichen Nachweise unter Teil 1 A, II, 1 a) bb).

Methoden wünschenswert und wegen des Wortlauts erforderlich ist, kann dem nicht entsprochen werden. Wie aufgezeigt fehlen in den Entscheidungen oftmals die relevanten Feststellungen, um überhaupt eine Substituierbarkeit beurteilen zu können. Teilweise wird sogar ohne die notwendigen Tatsachen ein Wettbewerbsverhältnis angenommen. Daran ist bereits jetzt schon die Überforderung der Rechtsanwender zu erkennen. Für eine präzise Beurteilung wären dagegen zusätzlich noch darüberhinausgehende Feststellungen erforderlich.[165] Auch der Finanzverwaltung fehlen die Ressourcen, in jedem Einzelfall solch umfangreiche Informationen einzuholen. Diese pragmatische Erwägung spricht mit Blick auf den realiter möglichen Wettbewerbsschutz gegen die Übertragung kartellrechtlicher Methoden.[166] Diese müssten daher eher als gedankliche Modelle verstanden werden. Wegen der derzeitigen Ausgestaltung kommt die Umsetzung der Wettbewerbsschutzklausel jedoch dennoch nicht ohne die kartellrechtlichen Methoden aus. Vor diesem Hintergrund wird auch eine vereinfachte Normanwendung oder bei deren Unmöglichkeit eine abweichende Normierung der Wettbewerbsschutzklausel notwendig. Darauf wird daher im zweiten Teil der Untersuchung zurückzukommen sein.

(2) Problematik des SSNIP-Tests bei Steuerbegünstigungen

Zudem ist der SSNIP-Test wegen eines weiteren Umstandes nicht ganz unbedenklich. Der SSNIP-Test führt zwar zu einer höheren Präzision bei der Bestimmung des wechselseitigen Wettbewerbsdrucks. Durch die Beurteilung über den Preis besteht jedoch die Gefahr des sog. „Cellophane fallacy".[167] Dieser „Test" geht auf eine Entscheidung des US Supreme Court zurück, bei der das Gericht zu dem Ergebnis kam, dass im Fall des monopolistischen Anbieters, der bereits

---

165 Dabei kann auf Befragungen, Marktforschungsergebnisse und Marktstudien zurückgegriffen werden, vgl. Bekanntmachung der Komm. über die Definition des relevanten Marktes, ABl.EG 1997 C 372, 5, Rn. 41.

166 Dagegen lässt *Herbert*, Der wirtschaftliche Geschäftsbetrieb des gemeinnützigen Vereins, 1988, S. 160, Praktikabilitätserwägungen für die Tauglichkeit aufwendiger Anforderungen an den Wettbewerbsbegriff nicht zu, sondern möchte bei Zweifelsfragen die Steuerbegünstigung versagen, bis der gemeinnützige Verein das Fehlen von Konkurrenten beweist.

167 Zum Ganzen ausführlich *Schwalbe/Zimmer*, Kartellrecht und Ökonomie[2], 2011, S. 96 ff.; der Bundesgerichtshof zieht den SSNIP-Test ohnehin nur als Indiz heran: BGH v. 04.03.2008 – KVR 21/07, BGHZ 176, 1, Rn. 18 f., spricht lediglich von einer „Modellerwägung, die für die Marktabgrenzung eine Hilfestellung liefern, die aber die Marktabgrenzung nicht als ausschließliches Kriterium bestimmen kann".

einen erhöhten Preis für sein Produkt verlangte, die Nachfrager bei einer zusätzlichen hypothetischen Preissteigerung auf Substitute ausweichen würden und damit keine marktmächtige Stellung besteht.[168] Der Monopolist hatte sich den festgestellten „Wettbewerb" aber selbst geschaffen und die bestehende Marktmacht wurde wegen des hervorgerufenen Ausweichverhaltens fälschlicherweise nicht erkannt.

Vergleichbar besteht bei steuerrechtlichen Wettbewerbsschutzklauseln die Gefahr, dass die zu verhindernde Marktverdrängung oder Marktzutrittsschranke auf einem vergünstigen Preis beruht, der durch die Weitergabe des Steuervorteils ermöglicht wird. Selbst bei einer hypothetischen Preissteigerung um 5-10 % ist es nicht unwahrscheinlich, dass der Preis auch weiterhin niedriger als bei den übrigen Anbietern ist und die Preissteigerung daher nicht zu einem Ausweichverhalten der Nachfrager führen wird. Es besteht somit ein durch die Steuerbegünstigung induzierter umgekehrter „Cellophane fallacy". Bei einem fehlenden Ausweichverhalten, wird daher zu untersuchen sein, ob sich die Steuerbegünstigung unmittelbar auf den Preis auswirkt. Ansonsten könnten nur offensichtlich substituierbare Produkte in die Betrachtung einbezogen werden. Der SSNIP-Test hilft dann nicht weiter. Dennoch ist dieser am ehesten geeignet, die Anbieter zu ermitteln, deren Absatz durch die Begünstigung gefährdet ist und über deren begünstigungsbedingten Marktausschluss der „Wettbewerb" beeinträchtigt wird.

dd) Ergebnis: Erfordernis der kartellrechtlichen Marktabgrenzung

Solange an der positiven Bestimmung eines Wettbewerbsverhältnisses festgehalten wird, kann eine sachgerechte Umsetzung des Wettbewerbsgedankens nur bei einer hinreichend genauen Bestimmung erreicht werden. Andernfalls kann nicht zugleich dem Förderzweck und dem Wettbewerbsschutz entsprochen werden. Zur Erzielung korrekter Ergebnisse kommt die notwendige Marktabgrenzung jedenfalls nicht ohne die Methode des Bedarfsmarktkonzeptes aus. Genauer, aber nicht weniger aufwendig, lässt sich diese auch durch den sog. SSNIP-Test durchführen.

168 US Supreme Court U. v. 11.06.1956, *Vereinigte Staaten/E. I. du Pont de Nemours & Co*, 351 U. S. 377 (1956); *Schwalbe/Zimmer*, Kartellrecht und Ökonomie[2], 2011, S. 84.

d) Teilweise Kritik an der Marktabgrenzung

Ungeachtet der am Lauterkeits- oder Kartellrecht orientierten Vorgehensweise wird die konkrete Marktabgrenzung teilweise kritisiert. Nachfolgend soll daher kurz auf die Unzulänglichkeit abstrakter Beurteilungen eingegangen werden.

aa) Bevorzugung einer abstrakten Beurteilung

Gerade die Maßgeblichkeit der konkreten Marktabgrenzung, unabhängig von der dazu herangezogenen Vorgehensweise, ist in der älteren Literatur oftmals kritisiert worden. Es sei nicht anzuerkennen, warum durch die Berücksichtigung der aktuellen Wettbewerbslage ein potentiell konkurrierender „Neuling" am Markt zunächst die Finanzverwaltung zu einer Überprüfung der Steuervergünstigung anhalten müsse und gegebenenfalls das Prozessrisiko einer Konkurrentenklage auf sich nehmen. Zudem sei es vor dem Gleichheitssatz bedenklich, wenn dieselbe Tätigkeit gemeinnütziger Körperschaften je nach der aktuellen Wettbewerbslage in verschiedenen räumlichen Gebieten anders beurteilt würde.[169] Wegen der Notwendigkeit umfangreicher Tatsachenfeststellungen zur Ermittlung des „konkreten Wettbewerbs" sei dieser allein deshalb schon nicht zu berücksichtigen.[170] Maßgeblich könne nur sein, ob auch ein privater Anbieter dieselbe Leistung wie der wirtschaftliche Geschäftsbetrieb erbringen könnte.[171]

---

169 *Unabhängige Sachverständigenkommission*, Gutachten, 1988, S. 173; ebenso *Isensee/Knobbe-Keuk*, Sondervotum, in: Unabhängige Sachverständigenkommission, Gutachten, 1988, S. 331 (452); ähnlich *Rabenschlag*, DStZ 1997, S. 717 (719), der einen „großen Raum für Unwägbarkeiten" sieht.

170 Stattdessen forderte zunächst auch *Hüttemann*, Wirtschaftliche Betätigung und steuerliche Gemeinnützigkeit, 1991, S. 180 f., dass das Wettbewerbsverhältnis vielmehr generell abstrakt beurteilt werde, um zu vermeiden, dass die Finanzbehörden „jedes Jahr und nach jeder Firmenneugründung prüfen muß, ob die Steuervergünstigung für den wirtschaftlichen Geschäftsbetrieb aufrechterhalten werden kann"; insoweit jetzt allerdings anders *ders.*, GemSpR[4], 2018, Tz. 6.190, wonach es zunächst sehr wohl auf die „tatsächliche örtliche Konkurrenz" ankomme; *Rader*, BB 1979, S. 1192; *Unabhängige Sachverständigenkommission*, Gutachten, 1988, S. 173; ebenso *Isensee/Knobbe-Keuk*, Sondervotum, in: Unabhängige Sachverständigenkommission, Gutachten, 1988, S. 331 (452); *Rabenschlag*, DStZ 1997, S. 717 (719); weitergehend nimmt *Mack*, DStR 1984, S. 187 (190), eine durch den Verein zu wiederlegende Vermutung vom Bestehen eines Wettbewerbsverhältnisses an.

171 *Unabhängige Sachverständigenkommission*, Gutachten, 1988, S. 172 und 174, da dann zum einen keine Steigerung des Gemeinwohls erfolge und zum anderen die Praktikabilität der Rechtsanwendung zunehme; wohl auch *Isensee/Knobbe-Keuk*,

bb) Unzulänglichkeit einer abstrakten Beurteilung

Die Kritiker versuchen dabei letztlich den Prüfungsaufwand durch eine abstrakte Bestimmung des Wettbewerbsverhältnisses zu entschärfen. Die alleinige Berücksichtigung eines abstrakten Wettbewerbsverhältnisses kann aber nicht als rettendes Ufer anerkannt werden. Die unzureichende Frage, ob die Leistung auch durch einen privaten Anbieter erbracht werden könnte, greift nämlich zu kurz.[172] Dieses von den tatsächlichen Umständen losgelöste Gedankenspiel wird nämlich wie bereits ausgeführt in den allermeisten Fällen möglich sein.[173] Die Schutzklausel mutiert damit zum absoluten Regelausschluss. Selbst wenn der gemeinnützige wirtschaftliche Betrieb wegen seiner Ausrichtung ein mehr an Gemeinwohl produziert, ist es jedenfalls abstrakt nicht unmöglich, dass das gleiche Angebot auch ein privater Anbieter erbringen kann. Demnach müsste nahezu immer ein Wettbewerbsverhältnis angenommen werden. Die Unmöglichkeit eines Wettbewerbsverhältnisses ist unabhängig von den konkreten Umständen ohne einen rechtlichen Ausschluss Privater kaum denkbar. Die Schutzklausel würde auf die Abwägung im Rahmen der „Unvermeidbarkeit" beschränkt werden. Wieso die Abwägung mit einem nur als gefährdet vermuteten Rechtsgut erfolgen sollte, erschließt sich nicht. In diesem Moment wäre es konsequenter § 65 AO aufzugeben und allein den Regelkatalog der §§ 66 ff. AO anzuerkennen.[174]

Auch die Bedenken hinsichtlich des Gleichheitssatzes überzeugen nicht. Zwar ist es richtig, dass entsprechend den bestehenden örtlichen Begebenheiten die Steuerpflichtigkeit divergieren kann, allerdings liegt dieser Unterschied gerade in der Wettbewerbsrelevanz und der damit einhergehenden Rechtfertigung der Ungleichbehandlung begründet.[175]

Sondervotum, in: Unabhängige Sachverständigenkommission, Gutachten, 1988, S. 331 (452 und 455); *Rabenschlag*, DStZ 1997, S. 717 (720).

172 Vgl. dazu bereits Teil 1 A, II, 1 a) bb) (2) und (3).

173 Vgl. dazu bereits Teil 1 A, II, 1 a) bb) (2).

174 Ähnlich *Unabhängige Sachverständigenkommission*, Gutachten, 1988, S. 176; kritisch demgegenüber *Droege*, Gemeinnützigkeit im offenen Steuerstaat, 2010, S. 252, wonach „[dem] Verlust an Flexibilität [...] ein trügerischer Gewinn an Rechtssicherheit gegenüber [stünde]".

175 Ähnlich sehen *Seer/Wendt*, DStR 2001, S. 825 (829, in Fn. 38), bei der Steuerpflicht von Betrieben gewerblicher Art durch das Wettbewerbskriterium ein hinreichendes Differenzierungskriterium für die steuerliche Ungleichbehandlung der Leistungen der öffentlichen Hand „von Markt zu Markt"; dem folgend *Häck*, Die öffentliche Hand im Körperschaft- und Umsatzsteuerrecht, 2004, S. 126.

Daher bleibt es bei der Notwendigkeit der konkreten Beurteilung, welche nun nur dahingehend zu präzisieren ist, ob eine Anknüpfung an lauterkeits- oder kartellrechtliche Methoden angezeigt ist. Im Zuge dessen stellt sich zunächst die Frage, wie sich eine divergierende Heranziehung überhaupt auswirkt und welche Konsequenz dies für die sachgerechte Umsetzung der Wettbewerbsschutzklausel hat.

2. Potentieller Wettbewerb als Mindestanforderung

Um den Zweck der Wettbewerbsschutzklausel zu erreichen, ist es nur konsequent, dass nicht nur die bestehende Konkurrenz berücksichtigt wird. Zur Verhinderung von Verdrängungseffekten und Marktzutrittsschranken müssen auch die Anbieter, die als Konkurrenten auf den Markt treten könnten, in die Betrachtung eingezogen werden. Demnach ist fast einhellig anerkannt, dass auch das potentielle Wettbewerbsverhältnis berücksichtigt werden muss.[176] Umstritten ist aber, ob es zur Ermittlung des „potentiellen Wettbewerbs“ auf den relevanten Markt ankommt, oder ob allein das abstrakt potentielle Auftreten weiterer Akteure am Markt genügt. Dies wirkt sich maßgeblich auf die erforderlichen Feststellungen, aber auch auf das Verhältnis vom potentiellen zum tatsächlichen Wettbewerbsverhältnis aus. Im Folgenden soll daher die Umsetzung durch den Bundesfinanzhof sowie das Verständnis der Finanzverwaltung nachgezeichnet werden, um anschließend unter Berücksichtigung der Literatur die maßgeblichen Kriterien aufzustellen.

a) Anwendung durch den Bundesfinanzhof

aa) Zunächst: Sachgerechte Vorgaben für die Wettbewerbsprüfung

Der Standpunkt der Rechtsprechung scheint zunächst klar zu sein. So hat der Bundesfinanzhof in der Entscheidung vom 30.03.2000 – V R 30/99[177] ausdrücklich angeführt, dass auch für die Beurteilung eines „potentiellen Wettbewerbs“[178]

---

176 Statt vieler *Unger*, in: Gosch, AO/FGO, § 65 AO Rn. 25 (Stand 01.2013); *Hüttemann*, GemSpR^4, 2018, Tz. 6.190 ff.; ausführlich *Wunsch*, Die Wettbewerbsklausel des § 65 Nr. 3 AO, 2002, S. 94 ff.

177 BFH v. 30.03.2000 – V R 30/99, BStBl II 2000, 705, Rn. 41; s v. 18.03.2004 – V R 101/01, BStBl II 2004, 798, Rn. 59; v. 13.06.2012 – I R 71/11, BFH/NV 2013, 89, Rn. 19; anders dagegen noch BFH v. 19.07.1995 – I R 56/94, BStBl II 1996, 28, Rn. 12, wonach es allein entscheidend sei, dass „auch Krankenhauswäsche [...] von[...] gewerblichen Unternehmen gereinigt werden [könnte]“.

178 Die Maßgeblichkeit des potentiellen Wettbewerbsverhältnisses wurde zwar auch schon in früheren Entscheidungen hervorgehoben, offenbarte dabei aber einen

auf den Einzugsbereich des Geschäftsbetriebs und die konkreten Umstände der Leistungserbringung abzustellen ist.[179]

bb) Aber: Inkonsequente Handhabung der aufgestellten Vorgaben

Trotz der Forderung der Feststellung der konkreten Umstände vor Ort,[180] zeigt sich eine deutliche Zweckentfremdung des „potentiellen Wettbewerbs". Ungeachtet der Notwendigkeit die Marktzutrittsmöglichkeit eines Anbieters anhand der konkreten Umstände auf dem relevanten Markt beurteilen zu müssen, wird der „potentielle Wettbewerb" oftmals nur als Vereinfachungsmerkmal erkannt.

Der „potentielle Wettbewerb" wird nur als Argumentationshilfe herangezogen, um der Feststellung eines tatsächlichen Wettbewerbsverhältnisses zu entgehen. Beispielsweise sei es wegen des Schutzes des „potentiellen Wettbewerbs" irrelevant, dass die Leistungsempfänger nur Leistungen bestimmter Anbieter empfangen wollen und der Leistende ebenfalls nur an bestimmte Empfänger leisten möchte.[181] Mit dem „potentiellen Wettbewerb" wurde damit aber nicht die Möglichkeit zum Marktzutritt, sondern nur die Unerheblichkeit der (wenn auch nur subjektiv beschränkten) Auswahlmöglichkeit begründet. Daneben wird der „potentielle Wettbewerb" teilweise auch mit einem abstrakten Konkurrenzverhältnis gleichgesetzt. Jedenfalls wird sprachlich die Relevanz der Begebenheiten vor Ort und damit der konkreten Umstände nicht ausreichend hervorgehoben.[182] Oder sogar entgegen der Rentabilitätserwägungen der

---

fehlerhaften Ansatz. So hat der Bundesfinanzhof etwa allein wegen der Tatsache, dass „ein Markt" für private Unternehmer im gleichen handlungsbezogenen Tätigkeitsbereich bestünde, auf einen potentiellen Wettbewerb geschlossen, vgl. BFH v. 15.12.1993 – X R 115/91, BStBl II 1994, 314, Rn. 28. Diese Annahme verkennt aber das tatsächliche Element des Wettbewerbs als reale Konkurrenz unter wechselseitiger Beeinflussung bei der Leistungserbringung.

179 Zustimmend *Unger*, in: Gosch, AO/FGO, § 65 Nr. 26; *Hüttemann* GemSpR^{4}, 2018, Tz. 6.191 f.; *ders.*, FR 2002, S. 1337 (1346 f.); *Schauhoff/Kirchhain*, DStR 2012, S. 261 (266); *Schauhoff*, Handbuch der Gemeinnützigkeit^{3}, 2010, § 7 Rn. 88; *Eversberg/Badlauf*, DStZ 2011, S. 597 (600); *Seer*, in: Tipke/Kruse, AO/FGO, § 65 AO Rn. 11 (Stand 04.2016); *Heger*, DStR 2008, S. 807 (809).

180 BFH v. 30.03.2000 – V R 30/99, BStBl II 2000, 705, Rn. 41.

181 BFH v. 29.01.2009 – V R 46/06, BStBl II 2009, 560, Rn. 45.

182 So erwiderte der BFH v. 19.07.2010 – I B 203/09, BFH/NV 2011, 1, Rn. 6, auf die Vorlagefrage, ob es „auf eine abstrakte Wettbewerbslage [...] ankomme, wenn konkret eine Wettbewerbssituation nicht vorliegt", dass dies grundsätzlich nicht von Bedeutung sei. „Durch die steuerliche Begünstigung eines wirtschaftlichen Geschäftsbetriebs sollen

Vorinstanz ein potentielles Wettbewerbsverhältnis angenommen,[183] wodurch im Ergebnis ein rein hypothetisches Wettbewerbsverhältnis berücksichtigt worden ist.[184] Durch das Verständnis des Gerichts wird „ein Wettbewerb" geschützt, zu dem es auch ohne die Steuerbegünstigung nicht kommen wird. Selbiges gilt für die Entscheidungen, in denen eine rein tätigkeitsbezogene Beurteilung erfolgt ist,[185] was dazu führt, dass ein potentielles Wettbewerbsverhältnis nie ausgeschlossen werden kann.[186] Wenn aber auch ohne die Steuerbegünstigung kein Wettbewerbsverhältnis entstehen kann, gibt es keine Marktzutrittsschranke, die durch diese aufgestellt werden könnte. Das Verständnis des Gerichts geht damit am selbst hervorgehobenen Schutzzweck der Norm vorbei. Ein Wettbewerbsverhältnis darf nicht nur nicht ausgeschlossen sein, sondern muss positiv festgestellt werden.

cc) Ergebnis: Der „potentielle Wettbewerb" als Vereinfachungsregel

Obwohl in der Entscheidung vom 30.03.2000 – V R 30/99 richtigerweise die Maßgeblichkeit der konkreten Umstände vor Ort hervorgehoben wurde,[187] wird das Kriterium des „potentiellen Wettbewerbs" oftmals zweckentfremdet. Unabhängig von der Rentabilität des Marktzutritts wird ein potentielles Wettbewerbsverhältnis abstrakt anhand der Tätigkeit oder sogar entgegen den getroffenen Feststellungen angenommen. Das Kriterium dient damit nur als Vereinfachungsregel.

---

weder Mitbewerber verdrängt noch sollen Marktzutrittsschranken errichtet werden. Es ist daher geklärt, dass § 65 Nr. 3 AO auch den potentiellen Wettbewerb schützt."

183 Vgl. BFH v. 18.08.2011 – V R 64/09, HFR 2012, S. 784, Rn. 34; zu den Feststellungen der Vorinstanz FG Bremen v. 12.11.2008 – 2 K 28/08, EFG 2010, 527, Rn. 64 ff.

184 Mit demselben Ergebnis auch *Unger*, in: Gosch, AO/FGO, § 65 AO Rn. 26 (Stand 01.2013); die widersprüchliche Abkehr von den konkreten Umständen erkennt auch *Hüttemann*, GemSpR^{4}, 2018, Tz. 6.192.

185 Vgl. BFH v. 07.05.2014 – I R 65/12, BFH/NV 2014, 1670, Rn. 23, wo allein die rechtliche Möglichkeit und das nicht auszuschließende Interesse privater Unternehmer angeführt wurde, weshalb ein potentieller Wettbewerb nicht ausgeschlossen werden könnte; ebenso v. 29.01.2009 – V R 46/06, BStBl II 2009, 560, Rn. 45; v. 30.11.2016 – V R 53/15, BStBl II 2017, 1224, Rn. 20; so auch die Vorinstanz FG Köln v. 20.08.2015 – 10 K 3553/13, EFG 2915, 1781, Rn. 45.

186 Zu diesem Ergebnis bereits unter Teil 1 A, II, 1 d) bb).

187 BFH v. 30.03.2000 – V R 30/99, BStBl II 2000, 705, Rn. 41.

b) Abstraktes Verständnis der Finanzverwaltung

Die Finanzverwaltung setzt die Entscheidung vom 30.03.2000 – V R 30/99 weitergehend sogar ausdrücklich nicht um. Ein Zweckbetrieb wird von dieser bereits dann abgelehnt, „wenn ein Wettbewerb mit steuerpflichtigen Unternehmen lediglich möglich wäre, ohne dass es auf die tatsächliche Wettbewerbssituation vor Ort ankommt".[188] Bezug genommen wird für diesen Schluss auf die Entscheidungen vom 27.10.1993 – I R 60/91 und vom 29.01.2009 – V R 46/06. In beiden Fällen wurde zwar richtigerweise auch der „potentielle Wettbewerb" als schützenswert hervorgehoben. In der ersten Entscheidung aber fehlerhaft ein „potentieller Wettbewerb" zu Abfallbeseitigungsunternehmen angenommen, die entsprechend der gesetzlichen Regelung tatsächlich nie neben dem wirtschaftlichen Geschäftsbetrieb am Markt auftreten konnten.[189] Ein Wettstreit um Vertragsabschlüsse mit den Nachfragern war damit aber faktisch ausgeschlossen. Die Steuerbegünstigung kann sich beim reinen „Wettbewerb um den Marktzugang" nicht auswirken, weshalb dahingehend auch kein Schutzbedürfnis besteht. In der zweiten Entscheidung wurde der „potentielle Wettbewerb" nur als Hilfsargument herangezogen. Das Merkmal wurde nicht zur Ermittlung einer realen Marktzutrittsmöglichkeit, sondern nur zur Umgehung der Feststellung eines tatsächlichen Wettbewerbsverhältnisses und der Begründung der Irrelevanz der Neigung bestimmter Nachfrager genutzt.[190] In beiden Entscheidungen wurde das Merkmal des „potentiellen Wettbewerbs" nicht sachgerecht umgesetzt.

---

188 AEAO zu § 65 AO, Nr. 4 S. 4 (Fassung v. 19.02.2016); vielfach kritisiert: *Unger*, in: Gosch, AO/FGO, § 65 AO Rn. 26 (Stand 01.2013); *Hüttemann*, GemSpR^4, 2018, Tz. 6.192; *ders.*, DB 2012, S. 250 (256); dagegen mahnen *Schauhoff/Kirchhain*, DStR 2012, S. 261 (266), an, dass die Finanzverwaltung nicht missverstanden werden dürfte, dass diese auf eine „abstrakt-generelle" Betrachtung abstelle; ähnlich *Köster*, DStZ 2012, S. 195 (202). Dann lässt sich aber nicht erklären, wieso diese in Bezug auf das Urteil v. 30.03.2000 – V R 30/99 die tatsächliche Wettbewerbssituation vor Ort als irrelevant ansieht, obwohl dort ebenfalls die Möglichkeit eines potentiellen Wettbewerbs genannt wurde. Die Aussage kann nur so verstanden werden, dass für das potentielle Wettbewerbsverhältnis die Bedingungen vor Ort irrelevant seien.

189 BFH v. 27.10.1993 – I R 60/91, BStBl II 1994, 573, Rn. 20 f.; auch *Seer/Wolsztynski*, Steuerliche Gemeinnützigkeit der öffentlichen Hand, 2002, S. 191 f., nehmen einen Wettbewerb um den Marktzugang an; ebenso *Müller-Gatermann*, FR 2009, S. 314 (317); wenn auch nicht bezogen auf die genannte Entscheidung, wie hier *Rublack/Gurnhofer*, DStR 2018, S. 2187 (2188).

190 BFH v. 29.01.2009 – V R 46/06, BStBl II 2009, 560, Rn. 45; dazu bereits Teil 1 A, II, 2 a).

Unabhängig von den wirtschaftlichen Verhältnissen auf dem relevanten Markt kann aber nicht festgestellt werden, ob private Unternehmer überhaupt dem steuerbegünstigten Geschäftsbetrieb als Konkurrenten gegenüberstünden. Überdies führt die Folgerung der Finanzverwaltung zu einer rein tätigkeitsbezogenen Beurteilung, die den Wettbewerbsgedanken überflüssig macht. Der Anordnungserlass weist damit bereits zwei Abweichungen auf. Zum einen soll der „potentielle Wettbewerb" ausdrücklich losgelöst von den konkreten Umständen und damit abstrakt bestimmt werden. Zum anderen wird allein aufgrund des auf diese Weise ermittelten Wettbewerbsverhältnisses die Zweckbetriebseigenschaft abgelehnt. Es wird nämlich gesagt, dass „[e]in Zweckbetrieb [...] dann nicht gegeben [ist], wenn ein Wettbewerb [...] lediglich möglich wäre".[191] Dies entspricht der Ansicht der *unabhängigen Sachverständigenkommission*, die eine abstrakte Beurteilung des „Wettbewerbs" und eine Versagung der Steuerbegünstigung unabhängig vom Merkmal der Unvermeidbarkeit bevorzugt.[192]

Das Verständnis der Finanzverwaltung könnte dem Umstand geschuldet sein, dass seit der Entscheidung vom 27.10.1993 – I R 60/91 der Schutzzweck des § 65 Nr. 3 AO sprachlich vereinfacht im „umfänglichen Schutz des Wettbewerbs"[193] zusammengefasst wird. Durch die fehlende Hervorhebung der Verhinderung von Verdrängungseffekten und Marktzutrittsschranken wird die Annahme gefördert, dass es nicht auf die konkreten Umstände ankomme. Daher müsste dann jede auch nur entfernt mögliche Auswirkung der Steuerbegünstigung „im Wettbewerb" verhindert werden. Dadurch geht das Verständnis dafür verloren, dass nicht schon die Ausübung einer bestimmten Tätigkeit an sich zum Ausschluss der Begünstigung führen muss und der zu schützende Wettbewerb nichts weiter als ein Komplex von Handlungen der Anbieter ist. „Der Wettbewerb" muss überhaupt tatsächlich möglich sein und kann daher immer nur für bestimmte Märkte individuell bestimmt werden. Der andernfalls bestehende generelle Ausschluss bei einem fehlenden rechtlichen Monopol kann auch dem Interesse an der Förderung gemeinnütziger Tätigkeiten nicht entsprechen.

---

191 AEAO zu § 65 AO, Nr. 4 S. 4 (Fassung v. 19.02.2016).

192 *Unabhängige Sachverständigenkommission*, Gutachten, 1988, S. 172 f., wonach „ein Zweckbetrieb grundsätzlich nur zugelassen werden [sollte], wenn ein Wettbewerb [...] auch nicht möglich ist". Es für die Möglichkeit dessen aber nicht auf die Tatsachen im Einzelfall ankommen soll, S. 173; *Isensee/Knobbe-Keuk*, Sondervotum, in: Unabhängige Sachverständigenkommission, Gutachten, 1988, S. 331 (455 f.).

193 BFH v. 27.10.1993 – I R 60/91, BStBl II 1994, 573, Rn. 20 f.; v. 29.01.2009 – V R 46/06, BStBl II 2009, 560, Rn. 45; v. 18.08.2011 – V R 64/09, HFR 2012, S. 784, Rn. 34; v. 30.11.2016 – V R 53/15, BStBl II 2017, 1224, Rn. 19.

c) *Maßgeblichkeit der lokalen wirtschaftlichen Verhältnisse*

Mit Blick auf die sachgerechte Umsetzung des Wettbewerbsgedankens müssen daher die nachfolgenden Kriterien und Feststellungen aufgestellt werden.

aa) *Ausschluss einer abstrakten Beurteilung*

Die abstrakte Beurteilung durch die Finanzverwaltung geht zu weit. Doch auch der Bundesfinanzhof hält nachweislich die Ermittlung der wirtschaftlichen Verhältnisse vor Ort, bzw. die Berücksichtigung des Einzugsbereichs, nicht konsequent aufrecht. Ein „potentieller Wettbewerb" ist aber richtigerweise nur dann anzunehmen, wenn der Marktzutritt für einen privaten Anbieter entsprechend den wirtschaftlichen Verhältnisse auf dem relevanten Markt konkret möglich ist.[194] Nur anhand der konkret wirtschaftlichen Umstände kann beurteilt werden, ob es tatsächlich zu einer Konkurrenzsituation zwischen dem begünstigten und dem (möglichen) steuerpflichtigen Anbieter kommen kann.[195] Zudem geht der „potentielle Wettbewerb", wenn auch zum Schutz der möglicherweise hinzutretenden privaten Anbieter, bereits über die Formulierung „in Wettbewerb tritt" und damit über den Wortlaut hinaus. Der Schutzgedanke würde zusätzlich übersteigert und dem Wortlaut völlig zuwiderlaufen, wenn beim „potentiellen Wettbewerb" das tatsächliche Element durch eine rein hypothetische Betrachtung ersetzt würde. Daneben lässt sich bei einer abstrakt tätigkeitsbezogenen Beurteilung nicht feststellen, worauf die fehlende Konkurrenz am Markt zurückzuführen ist. Dies kann durch die knappe Nachfrage, hohe Investitionskosten, den Preis, oder eine gesteigerte Produktqualität des wirtschaftlichen Geschäftsbetriebs, welche möglicherweise nur durch die Steuerbegünstigung ermöglicht wird, begründet sein.

Durch eine abstrakte Beurteilung wird die Anwendung der Schutzklausel zwar wesentlich erleichtert und ein regionalbedingtes Auseinanderfallen der

---

194 So auch *Hüttemann*, GemSpR^4, 2018, Tz. 6.192; *Seer*, in: Tipke/Kruse, AO/FGO, § 65 AO Rn. 11 (Stand 04.2016); anders *Mrosek*, UR 2018, S. 469 (473), wonach „der potentielle, abstrakte Wettbewerb geschützt [sei], [...] ohne dass es auf die tatsächliche Wettbewerbssituation vor Ort ankommt".

195 Nach *Unger*, in: Gosch, AO/FGO, § 65 AO Rn. 26 (Stand 01.2013), ist dieses Verständnis der Finanzverwaltung mit der Vorstellung unterschiedlicher räumlicher Märkt kaum zu vereinbaren; *Schauhoff*, in: GS Walz, 2008, S. 661 (670 f.); a.A. wohl *Koenig*, in: ders., AO^3, 2014, § 65 Rn. 9.

Begünstigungsgewährung und Versagung verhindert.[196] Daneben ist aber die Folge wahrscheinlich, dass auch der wirtschaftliche Geschäftsbetrieb mangels Begünstigung in gewissen Regionen nicht mehr tätig werden kann und die Leistung den dortigen Nachfragern überhaupt nicht mehr zur Verfügung steht.

bb) „Potentieller Wettbewerb" als Marktzutrittsmöglichkeit

Entsprechend der Handhabung im Kartellrecht ist zur sachgerechten Umsetzung des Wettbewerbsgedankens daher auch der „potentielle Wettbewerb" danach zu bestimmen, ob nach den Wettbewerbsbedingungen vor Ort der Marktzutritt eines privaten Unternehmers tatsächlich möglich ist.[197]

Der potentielle Wettbewerb wird im Kartellrecht jedoch immer nur der Ermittlung des relevanten Marktes nachfolgend berücksichtigt.[198] Das Merkmal kann daher gerade nicht als Alternative zur aufwendigen Marktabgrenzung angesehen werden.[199] Es geht bei der Berücksichtigung des „potentiellen Wettbewerbs" nach § 65 Nr. 3 AO allein darum, eine Auswirkung der Steuerbegünstigung auf aktuell noch nicht bestehende Konkurrenten am Markt auszuschließen. Der „potentielle Wettbewerb" kann daher nur den fehlenden Konkurrenten, nicht aber die Marktabgrenzung ersetzen. Die Bezeichnung des „Inwettbewerbtretens" als „Mindestanforderung" darf nicht als weniger aufwendig festzustellen verstanden werden.

---

196 So *Unabhängige Sachverständigenkommission*, Gutachten, 1988, S. 173 f.; ebenso *Isensee/Knobbe-Keuk*, Sondervotum, in: Unabhängige Sachverständigenkommission, Gutachten, 1988, S. 331 (452).

197 Ebenso *Wunsch*, Die Wettbewerbsklausel des § 65 Nr. 3 AO, 2002, S. 98 ff.; *Unger*, in: Gosch, AO/FGO, § 65 AO Rn. 26 (Stand 01.2013); *Hüttemann*, GemSpR[4], 2018, Tz. 6.191 f.; mit Bezug auf das Lauterkeitsrecht *Seer*, in: Tipke/Kruse, AO/FGO, § 65 AO Rn. 11 (Stand 04.2016). Wobei die divergierende Anknüpfung für die Notwendigkeit der konkreten Beurteilung unerheblich sein dürfte, vgl. Teil 1 A, II, 1 c).

198 Bekanntmachung der Komm. über die Definition des relevanten Marktes, ABl.EG 1997 C 372, 5, Rn. 24.

199 Dieses Verständnis vom Merkmal des „potentiellen Wettbewerbs" vermittelt aber gerade BFH v. 15.12.1993 – X R 115/91, BStBl II 1994, 314, Rn. 21 ff, insb. 30; v. 29.01.2009 – V R 46/06, BStBl II 2009, 560, Rn. 45; v. 19.07.2010 – I B 203/09, BFH/NV 2011, 1, Rn. 6; v. 18.08.2011 – V R 64/09, HFR 2012, S. 784, Rn. 34; v. 07.05.2014 – I R 65/12, BFH/NV 2014, 1670, Rn. 23; v. 30.11.2016 – V R 53/15, BStBl II 2017, 1224, Rn. 20; dazu bereits ausführlich unter Teil 1 A, II, 2 a).

Entsprechend den Vorgaben der *Kommission* muss demnach gefragt werden, ob ein Marktzutritt für einen anderen Unternehmer rentabel wäre.[200] Dazu kann auf den Rechtsrahmen, die Kosten eines Markteintritts, die nötige Mindestgröße für den Markteintritt, die vermutlichen Reaktionen der Konkurrenten und der Marktgegenseite, die Perspektiven der Branche sowie die bisherige Entwicklung des Marktes abgestellt werden.[201] Bei der Prüfung des § 65 Nr. 3 AO ist aber zu beachten, dass die Steuerbegünstigung das Tätigwerden gerade erst rentabel werden lassen kann. Daher müssen maßgeblich der Rechtsrahmen und die Kosten eines Markteintritts berücksichtigt werden. Um eine Auswirkung der Steuerbegünstigung festzustellen, muss daher beurteilt werden, ob die Leistung bei den bestehenden Produktionskosten und der gegebenen Nachfrage überhaupt gewinnbringend auf dem relevanten Markt angeboten werden kann.

Auch wenn die kartellrechtlichen Kriterien nicht bedingungslos übertragbar sind, wird durch diese jedenfalls die Maßgeblichkeit der Marktzutrittswahrscheinlichkeit wegen der konkret wirtschaftlichen Verhältnisse deutlich.[202]

3. *Ergebnis: „Inwettbewerbtreten" als konkret individuelles Merkmal*

Das tatsächliche und potentielle Wettbewerbsverhältnis lassen sich nur anhand der Feststellungen zum relevanten Markt, oder in der Terminologie des Bundesfinanzhofs entsprechend den „konkreten Verhältnissen vor Ort"[203] bestimmen.

Die Heranziehung des potentiellen Wettbewerbs als Vereinfachungskriterium wird dem Zweck des Wettbewerbsschutzes zu Lasten der gemeinnützigen Tätigkeiten nicht gerecht. Das Schutzbedürfnis kann in diesem Fall nur als notwendig vermutet, nicht aber als nachweislich erforderlich bestimmt werden. Bei sachgerechter Anwendung erfordert das Kriterium des „potentiellen Wettbewerbs" keinen geringeren Aufwand zur Tatsachenfeststellung als die Ermittlung eines

200 Leitlinien zur Bewertung horizontaler Zusammenschlüsse, ABl.EG 2004 C 31, 5, Rn. 69 ff.

201 Bekanntmachung der Komm. Leitlinien zur Anwendung von Artikel 81 Absatz 3 EG-Vertrag, Abl.EG 2004 C 101, 97, Rn. 115; *Emmerich*, in: Immenga/Mestmäcker, EU-Wettbewerbsrecht Bd. 1^{5}, 2012, Art. 101 I AEUV Rn. 122.

202 Mit einem ähnlichen Ergebnis, aber ohne die Vorgabe bestimmter Kriterien, fordert *Wunsch*, Die Wettbewerbsklausel des § 65 Nr. 3 AO, 2002, S. 99, dass es für die Annahme eines „potentiellen Wettbewerbs" der unternehmerisch vernünftigen Fähigkeit eines privaten Anbieters zum Marktzutritt bedarf.

203 BFH v. 30.03.2000 – V R 30/99, BStBl II 2000, 705, Rn. 41; v. 19.02.2004 – V R 39/02, BStBl II 2004, 672, Rn. 38.

tatsächlichen Wettbewerbsverhältnisses. In beiden Fällen ist der sachlich und räumlich relevante Markt entsprechend den kartellrechtlichen Methoden zu bestimmen. Zur Anwendung des Bedarfsmarktkonzepts, jedenfalls aber der Kreuzpreiselastizität und des SSNIP-Tests,[204] müssen der Preis, die Produktqualität, der Kreis der Nachfrager und der Verwendungszweck der Leistung oder Ware bestimmt werden.[205] Anhand dieser Merkmale ist zu beurteilen, ob die Nachfrager die Leistung eines privaten Anbieters als Substitute oder als austauschbar betrachten und auch in räumlicher Hinsicht noch zwischen den Leistungen wählen. Gerade im Gemeinnützigkeitsrecht muss bezüglich des „potentiellen Wettbewerbs" noch festgestellt und beachtet werden, ob das Auftreten eines privaten Anbieters tatsächlich möglich und nicht rein hypothetisch ist.[206] Dazu kann auf den Rechtsrahmen, die Kosten zum Markteintritt und die Möglichkeit auch ohne die Steuerbegünstigung bei der gegebenen Nachfrage Gewinne zu erzielen, abgestellt werden. Der „potentielle Wettbewerb" erfordert damit zwar weder die Ermittlung noch die Benennung eines Konkurrenten am Markt, dafür aber weitergehende Feststellungen zu den wirtschaftlichen Verhältnissen außerhalb der Sphäre des wirtschaftlichen Geschäftsbetriebs. Allerdings können die Einnahmen und Kosten des Geschäftsbetriebs ein Indiz für die Rentabilität des Tätigwerdens nicht begünstigter Unternehmer sein. Beispielsweise lässt eine dauerhafte Erwirtschaftung geringer Gewinne die Vermutung der fehlenden Rentabilität zu.[207] Gleiches gilt für Gewinne, die die Eintrittskosten ohne die Steuerbegünstigung nicht überwiegen könnten.

4. *Folge: Problematik der Überforderung der Finanzverwaltung*

Entgegen der Ansicht der Finanzverwaltung bedarf damit auch die Ermittlung des potentiellen Wettbewerbsverhältnisses umfangreicher Feststellungen zu den konkret räumlichen Begebenheiten. Gleichlaufend mit der steigenden Präzision bei der Bestimmung eines Wettbewerbsverhältnisses steigt damit aber auch der Prüfungsaufwand der Behörde. Insofern lässt sich bei der Anwendung des § 65 Nr. 3 AO der Widerspruch zur ressourcenbedingten Handlungslimitierung der Finanzverwaltung[208] auch in den Vorgaben für die Wettbewerbsprüfung

204 Zum Verhältnis der Methoden zueinander *Klaue/Schwintowski*, BB Beilage 2010 (Nr. 001), S. 1 (12).

205 Dazu Teil 1 A, II, 1 b).

206 Dazu Teil 1 A, II, 2 c).

207 Vgl. dazu begrüßenswert FG Bremen v. 12.11.2008 – 2 K 28/08, EFG 2010, 527, Rn. 65.

208 Dazu bereits in der Einleitung unter A, III.

erkennen. Während die Rechtsprechung für die Wettbewerbsprüfung zumindest teilweise sachgerechte Kriterien aufgestellt hat, eignen sich die Vorgaben der Finanzverwaltung schon im Ansatz nicht zu einer sachgerechten Umsetzung des Wettbewerbsgedankens. Es zeigt sich, dass die Finanzverwaltung aber auch die Rechtsprechung, aufgrund der Vielzahl an Entscheidungen, in denen die aufgestellten Kriterien nicht oder nicht sachgerecht umgesetzt wurden, versuchen, die Wettbewerbsprüfung zu umgehen, oder dieser durch eine vereinfachte Anwendung Herr zu werden. Damit wird schon mit Blick auf die Wettbewerbsprüfung der Widerspruch zwischen einer sachgerechten und einer praktikablen Umsetzung deutlich, der die Ausgangsthese der fehlenden Realisierbarkeit des Wettbewerbsschutzes im Steuerrecht zumindest hinsichtlich § 65 Nr. 3 AO bereits an dieser Stelle bestätigt.

III. Unvermeidbarkeit „des Wettbewerbs"

Neben dem Inwettbewerbtreten enthält § 65 Nr. 3 AO als weiteres Merkmal die Unvermeidbarkeit des zuvor ermittelten Wettbewerbs. Aufgrund der einzelfallabhängigen Beurteilung mit dem Ziel, nicht begünstigte private Anbieter nicht vom Markt zu verdrängen oder von diesem fern zu halten,[209] müsste dabei genauer von der Unvermeidbarkeit des Wettbewerbens gesprochen werden. Nachfolgend soll die präferierte Umsetzung in Rechtsprechung (1.) und Literatur (2.) untersucht und anschließend die Forderung nach einer verstärkt wettbewerbsorientierten und individualisierten Umsetzung formuliert werden (3.).

1. Rechtsprechung: Beurteilung der Unvermeidbarkeit als Wertungsfrage

Für die Bestimmung der Unvermeidbarkeit hatte schon der Reichsfinanzhof darauf abgestellt, ob der wirtschaftliche Geschäftsbetrieb seine Leistung hauptsächlich an minderbemittelte und bedürftige Nachfrager erbringt.[210] Unter Betonung des Wettbewerbsgedankens sei maßgeblich, ob der Kundenkreis die Leistung aus finanzieller Sicht nicht auch schon zuvor von einem steuerpflichtigen Anbieter hätte erhalten können.[211] Entscheidend war also, ob es aus Sicht der Nachfrager

209 Dazu Teil 1 A, I.

210 RFH v. 24.07.1937 – VIa A 1/35, RFHE 42, 64 (65); v. 23.10.1937 – VI a 25/36, RFHE 42, 224 (225); v. 23.10.1937 – VIa 70/37, RFHE 42, 226 (227); v. 24.11.1937 – VIa A 42/37, RFHE 42, 131 (133).

211 Ausdrücklich RFH v. 24.11.1937 – VIa A 42/37, RFHE 42, 131 (133).

des zusätzlichen (steuerbegünstigten) Angebotes zur Befriedigung ihrer Grundbedürfnisse überhaupt bedurfte. Das Angebot der gemeinnützigen Körperschaft wurde demnach nur dann als zur Gemeinwohlmehrung „unvermeidbar" angesehen, wenn die Leistung nicht schon zu ähnlichen Preisen angeboten wurde.[212]

a) Unvermeidbarkeit als Anknüpfungspunkt des Abwägungsauftrags

In älteren Entscheidungen hat der Bundesfinanzhof diesen Gedanken fortgeführt und um ein zusätzliches Kriterium erweitert. Mit dem Verweis auf die Rechtsprechung des Bundesverfassungsgerichts, wonach ein Eingriff in die von Art. 3 Abs. 1 GG gebotene Wettbewerbsneutralität nur gerechtfertigt ist, wenn ein hinreichender sachlicher Grund für eine steuerliche Bevorzugung oder Benachteiligung vorliegt,[213] fordert das Gericht, dass die Frage der „Unvermeidbarkeit" anhand dieser Wertung beantwortet werden müsse.[214] Zur Gewährung der Steuerbegünstigung bedürfe es daher neben den Voraussetzungen des § 65 Nr. 1 und Nr. 2 AO stets einer Abwägung der widerstreitenden Interessen.[215] Genauer sei zwischen dem Interesse der Allgemeinheit an einem intakten Wettbewerb und dem Interesse an der steuerlichen Förderung gemeinnütziger Tätigkeiten abzuwägen.[216] Die Vermeidbarkeit des Wettbewerbs sei gerade dann anzunehmen, wenn der gemeinnützige Zweck der Körperschaft auch ohne die steuerbegünstigte entgeltliche Tätigkeit zu erreichen ist.[217] Bereits früh konkretisierte der Bundesfinanzhof den erforderlichen Abwägungsvorgang unter Bezug auf die

---

212 Wobei ein wirtschaftliches Tätigwerden an sich die Steuerbegünstigung nicht aufheben kann, vgl. RFH v. 11.01.1934 – III A 351/33, RFHE 35, 147 (152); v. 24.07.1937 – VIa A 1/35, RFHE 42, 64 (65).

213 BVerfG v. 26.10.1976 – 1 BvR 191/74, BVerfGE 43, 58, Rn. 38.

214 BFH v. 27.10.1993 – I R 60/91, BStBl II 1994, 573, Rn. 22; v. 27.10.1993 – I R 60/91, BStBl II 1994, 573, Rn. 22; v. 15.12.1993 – X R 115/91, BStBl II 1994, 314, Rn. 22; v. 26.04.1995 – I R 35/93, BStBl II 1995, 767, Rn. 21; v. 30.03.2000 – V R 30/99, BStBl II 2000, 705, Rn. 39; v. 17.02.2010 – I R 2/08, BStBl II 2010, 1006, Rn. 29; v. 13.06.2012 – I R 71/11, BFH/NV 2013, 89, Rn. 15.

215 Erstmals ausdrücklich BFH v. 13.06.2012 – I R 71/11, BFH/NV 2013, 89, Rn. 16.

216 Teilweise auch mit der Bezeichnung als „funktionierende[m] Wettbewerb" und dem Interesse der Förderung „ideeller Zwecke" vgl. BFH v. 15.12.1993 – X R 115/91, BStBl II 1994, 314, Rn. 22.

217 BFH v. 27.10.1993 – I R 60/91, BStBl II 1994, 573, Rn. 22; ähnlich 26.04.1995 – I R 35/93, BStBl II 1995, 767, Rn. 21; v. 30.03.2000 – V R 30/99, BStBl II 2000, 705, Rn. 39; v. 17.02.2010 – I R 2/08, BStBl II 2010, 1006, Rn. 29; v. 13.06.2012 – I R 71/11, BFH/NV 2013, 89, Rn. 16.

Rechtsprechung des Reichsfinanzhofs. Demnach solle der Wettbewerbsgedanke insbesondere dann zurücktreten, wenn die Leistung in besonderem Maße der minderbemittelten Bevölkerung diene. Selbiges gelte, wenn diese ein notwendiges Mittel zur Erreichung eines ideellen Zwecks sei, den die Wettbewerber ihrerseits nicht verfolgen.[218] Zur Begründung wurde angeführt, dass diese Erwägungen auch Niederschlag im gesetzlichen Katalog der Zweckbetriebe gefunden hätten, weshalb die Beispiele in den §§ 66 bis 68 AO "Anhaltspunkte" für die Auslegung des § 65 Nr. 3 AO 1977 geben [können]".[219] Dies gelte aber nur dann, wenn sie ausnahmsweise einen konstitutiven Charakter hätten.

b) Umsetzung der Abwägungsvorgaben durch den Bundesfinanzhof

Bei der Umsetzung hat der Bundesfinanzhof zunächst darauf abgestellt, ob die Tätigkeit „notwendige Folge der Erfüllung des [...] verfolgten gemeinnützigen Zwecks" war. Damit bestünde „ein hinreichender sachlicher Grund für eine steuerliche Begünstigung gegenüber den Wettbewerbern".[220] Anschließend stellte das Gericht aber die zusätzliche Bedingung auf, dass eine Beeinträchtigung der bestehenden Konkurrenten nur insoweit hinnehmbar sei, als dass sich „der Geschäftsbetrieb auch in seinem Umfang [...] auf eine Marktteilnahme beschränkt, die zur Erreichung ihrer satzungsmäßigen (steuerbegünstigten) Ziele erforderlich ist".[221]

In diesen Entscheidungen zeigt sich, dass der Bundesfinanzhof die Unvermeidbarkeit allein wegen eines gleichartigen Tätigwerdens ablehnt.[222] Wenn offensichtlich keine überwiegende Leistungserbringung an einen Kundenkreis erfolgt, der zwar potentiell, aber aus finanziellen oder ähnlichen Gründen tatsächlich keine Leistungen der Konkurrenten nachfragt, ist das steuerbegünstigte Tätigwerden am Markt aus Sicht der Rechtsprechung immer vermeidbar. Das

---

218 Vgl. BFH v. 15.12.1993 – X R 115/91, BStBl II 1994, 314, Rn. 23 f., mit Bezug auf: *Hüttemann*, Wirtschaftliche Betätigung und steuerliche Gemeinnützigkeit, 1991, S. 186 ff.; zwar nicht ausdrücklich, aber in der Sache auch BFH v. 26.04.1995 – I R 35/93, BStBl II 1995, 767, Rn. 22; BFH v. 17.02.2010 – I R 2/08, BStBl II 2010, 1006, Rn. 30; v. 13.06.2012 – I R 71/11, BFH/NV 2013, 89, Rn. 16 f.

219 BFH v. 09.04.1987 – V R 159/78, BStBl II 1987, 659, Rn. 23; BFH v. 15.12.1993 – X R 115/91, BStBl II 1994, 314, Rn. 24.

220 BFH v. 26.04.1995 – I R 35/93, BStBl II 1995, 767, Rn. 22.

221 BFH v. 13.06.2012 – I R 71/11, BFH/NV 2013, 89, Rn. 17.

222 Vgl. BFH v. 27.10.1993 – I R 60/91, BStBl II 1994, 573, Rn. 22 f., wo zwar die wesentlichen Kriterien wiedergegeben, eine entsprechende Beurteilung aber nicht mehr ausdrücklich vorgenommen wurde.

Gericht lässt das Interesse der Allgemeinheit an der Förderung gemeinnütziger Tätigkeiten nur dann überwiegen, wenn der wirtschaftliche Geschäftsbetrieb einen zusätzlichen gemeinwohldienlichen Zweck verfolgt und damit ein über die Tätigkeit der privaten Anbieter hinausgehendes Gemeinwohl verwirklicht.[223] Die alleinige Steigerung des Gemeinwohls soll also dann nicht ausreichen, wenn auch ein „nicht gemeinnütziger" Konkurrent diese herbeiführen könnte.[224]

c) *Notwendigkeit der Förderung zusätzlicher Gemeinwohlbelange*

Im Ergebnis wird damit die Förderung zusätzlicher Gemeinwohlbelange gefordert. Eine solche dürfte jedoch beim Vorliegen austauschbarer oder zumindest substituierbarer Leistungen nur denkbar schwer möglich sein. Die Wahrscheinlichkeit der Annahme eines wirtschaftlichen Geschäftsbetriebs als Zweckbetrieb durch den Bundesfinanzhof steigt damit im Gleichlauf mit der zunehmenden Marktferne der angebotenen Waren oder Leistungen.[225] Trotz der Festlegung des sachlich relevanten Marktes und der damit getroffenen Feststellung, dass grundsätzlich der gleiche Kundenkreis besteht, muss für die Annahme der Unvermeidbarkeit nachweisbar die Leistungserbringung an eine zum Kundenkreis gehörende aber noch nicht nachfragende Personengruppe erfolgen. Dieses Verständnis folgt wohl aus der Annahme, dass der steuerbegünstigte Zweck der Körperschaft nicht auch ohne die steuerbegünstigte entgeltliche Tätigkeit erreichbar sein darf.[226]

---

223 Vgl. BFH v. 15.12.1993 – X R 115/91, BStBl II 1994, 314, Rn. 25 f. und 29, wo zunächst hervorgehoben wurde, dass eine Aufgabe der Daseinsvorsorge vorlag, die ein „Gemeininteresse von hoher Bedeutung" sei, daraufhin aber angeführt wurde, dass keine übergeordneten Gemeinwohlerwägungen erkannt werden könnten, aufgrund derer der steuerliche Eingriff in den Wettbewerb gerechtfertigt wäre; noch deutlicher BFH v. 18.08.2011 – V R 64/09, HFR 2012, 784, Rn. 33 ff., wo nach fehlerhafter Annahme eines „potentiellen Wettbewerbs" die Unvermeidbarkeit überhaupt nicht mehr thematisiert worden ist.

224 Anders noch BFH v. 30.03.2000 – V R 30/99, BStBl II 2000, 705, Rn. 42, wo die Unvermeidbarkeit ausdrücklich zusätzlich zu der Bestimmung „des Wettbewerbs" beurteilt werden sollte.

225 Ähnlich *Droege*, Gemeinnützigkeit im offenen Steuerstaat, 2010, S. 220 und S. 487.

226 Vgl. dazu BFH v. 27.10.1993 – I R 60/91, BStBl II 1994, 573, Rn. 22; ähnlich 26.04.1995 – I R 35/93, BStBl II 1995, 767, Rn. 21; v. 30.03.2000 – V R 30/99, BStBl II 2000, 705, Rn. 39; v. 17.02.2010 – I R 2/08, BStBl II 2010, 1006, Rn. 29; v. 13.06.2012 – I R 71/11, BFH/NV 2013, 89, Rn. 16.

Im Fall eines Konsumzweckbetriebs[227] wird die Unvermeidbarkeit demnach negativ danach bestimmt, wann der „Wettbewerbsgedanke“ nicht zurückstehen muss.[228] Bei einem Produktionszweckbetrieb[229] hingegen positiv anhand der Frage beurteilt, ob der zusätzliche ideelle Zweck höher wiegt als die erfolgende oder eher vermutete Wettbewerbsbeeinträchtigung. Allein hier kommt es überhaupt erst zu einer Abwägung der widerstreitenden Interessen.

2. Literatur: Divergierende Anknüpfungspunkte der Interessenabwägung

Die nahezu einhellige Auffassung in der Literatur stimmt zumindest im Kern mit der Abwägungsvorgabe der Rechtsprechung überein. Erforderlich sei die Abwägung zwischen dem Interesse an der steuerlichen Förderung gemeinnütziger Tätigkeiten und dem Interesse der Allgemeinheit an einem intakten Wettbewerb.[230] Die Formulierung legt nahe, dass nicht das Interesse der individuell betroffenen Wettbewerber, sondern ein dem übergeordnetes Allgemeininteresse an der wohlfahrtssteigernden Wirkung des Wettbewerbs - als interaktivem Prozess[231] - abgestellt werden müsse. Überwiegend wird daher ein „unvermeidbarer Wettbewerb“ angenommen, sobald die aus der steuerbegünstigten gemeinnützigen Tätigkeit resultierenden „Allgemeinwohlvorteile gegenüber

227 Zum Begriff *Franz*, Grundlagen der Besteuerung gemeinnütziger Körperschaften bei wirtschaftlicher Betätigung, 1991, S. 250 ff.; *Wunsch*, Die Wettbewerbsklausel des § 65 Nr. 3 AO, 2002, S. 86 f.

228 Ausdrücklich sogar RFH v. 23.10.1937 – VIa 70/37, RFHE 42, 226 (227), der bei der Prüfung der Vermeidbarkeit darauf abstellte, ob der Wettbewerb „ausgeschaltet ist“.

229 Zum Begriff *Franz*, Grundlagen der Besteuerung gemeinnütziger Körperschaften bei wirtschaftlicher Betätigung, 1991, S. 246 ff.; *Wunsch*, Die Wettbewerbsklausel des § 65 Nr. 3 AO, 2002, S. 86 f. u. 132 ff.

230 Das Erfordernis einer Abwägung geht zurück auf *Riewald*, BB 1954, S. 385 (387); mit der Abwägung gegenüber der grundrechtlich abgesicherten Wettbewerbsneutralität des Steuerrechts: statt vieler *Hüttemann*, Wirtschaftliche Betätigung und steuerliche Gemeinnützigkeit, 1991, S. 184 f.; *ders.*, GemSpR^4, 2018, Tz. 6.201; gegen eine Abwägung *Rader*, BB 1979, S. 1192 f.; *Koenig*, in: Pahlke/Koenig, AO^2, 2009, § 65 Rn. 9; *Anton*, Die steuerliche Behandlung gemeinnütziger Betriebe, 1992, S. 181 f.; *Unabhängige Sachverständigenkommission*, Gutachten, 1988, S. 173; *Isensee/Knobbe-Keuk*, Sondervotum, in: Unabhängige Sachverständigenkommission, Gutachten, 1988, S. 331 (455); *Walz*, in: Non Profit Law Yearbook 2001, S. 197 (218), „nicht justitiabel“; ebenso *Fischer*, in: GS Trzaskalik, 2005, S. 49 (55).

231 Vgl. die ausführlichen Nachweise unter Einleitung A, II, 1.

den Wohlfahrtsverlusten aus Wettbewerbsbeeinträchtigungen [überwiegen]".[232] Wohlfahrtsverluste *aus* Wettbewerbsbeeinträchtigungen können aber nur Einbußen hinsichtlich der wohlfahrtssteigernden Allokations- und Innovationseffizienz – als Ergebnis des Konkurrenzprozesses – sein.[233] Als Anhaltspunkt im Rahmen der Abwägung wird teilweise entsprechend dem Bundesfinanzhof[234] und auch der Gesetzesbegründung[235] ein Rückgriff auf die Wertung der §§ 66-68 AO vorgenommen.[236] Orientiert am Rechtsgedanken des § 66 und § 68 AO soll die Rechtfertigung an typisierten Fallgruppen vollzogen werden. Wettbewerbsbeeinträchtigungen seien daher bei einer Leistungserbringung an einen von den steuerpflichtigen Anbietern abweichenden Kundenkreis, der Verfolgung zusätzlicher ideeller Zwecke (ex § 68 Nr. 3 bis 5 AO), oder der Schaffung einer wünschenswerten Angebotsvielfalt (ex § 68 Nr. 7 bis 8 AO) gerechtfertigt.[237]

---

232 Erstmals *Hüttemann*, Wirtschaftliche Betätigung und steuerliche Gemeinnützigkeit, 1991, S. 190, obwohl ders. zuvor auf S. 187 f. individualisierend davon spricht, dass „im Einzelfall abgewogen werden (müsse), ob der Umstand einer selbstlosen Förderung schwerer wiege, als die Wettbewerbsbeeinträchtigungen steuerpflichtiger Anbieter"; ähnlich *Hey*, StuW 2000, S. 467 (473); demgegenüber mit der Abwägung mit den Wohlfahrtsverlusten aus Wettbewerbsbeeinträchtigungen: Statt vieler *Wunsch*, Die Wettbewerbsklausel des § 65 Nr. 3 AO, 2002, S. 128; *Droege*, Gemeinnützigkeit im offenen Steuerstaat, 2010, S. 420; siehe auch *Seer / Wolsztynski*, Steuerliche Gemeinnützigkeit der öffentlichen Hand, 2002, S. 183, die zunächst auf die bei nichtbegünstigten Unternehmen entstandenen Gemeinwohlverluste „in Form von Marktzutrittsschranken und Wettbewerbsbeeinträchtigungen" abstellen, dann aber die Abwägung mit „dem Interesse der Allgemeinheit an einem funktionierenden Wettbewerb" fordern; *Schauhoff/Danz*, DStR 2019, S. 23 (27 f.).

233 Zum Verhältnis von Wettbewerb und Effizienz statt vieler *Schwalbe/Zimmer*, Kartellrecht und Ökonomie^2, 2011, S. 14 ff.; sowie *Magen*, in: Öffentliches Wettbewerbsrecht, 2014, § 2 Rn. 27 ff. u. 42.

234 Dazu Teil 1 A, III, 1.

235 BT-Drs. IV/1982, S. 118, „Anhaltspunkte für die Abgrenzung geben die folgenden Vorschriften".

236 *Schauhoff*, Handbuch der Gemeinnützigkeit^3, 2010, § 7 Rn. 83; *Hüttemann*, GemSpR^4, 2018, Tz. 6.203; *Unger*, in: Gosch, AO/FGO, § 65 AO Rn. 31 ff. (Stand 01.2013); *Rader*, BB 1979, S. 1192 (1193 f.); *Orth*, FR 1995, S. 253 (257); a.A. *Wunsch*, Die Wettbewerbsklausel des § 65 Nr. 3 AO, 2002, S. 115.

237 Siehe nur *Hüttemann*, GemSpR^4, 2018, Tz. 6.203; *Unger*, in: Gosch, AO/FGO, § 65 AO Rn. 31 ff. (Stand 01.2013); in diese Richtung auch *Schauhoff/Danz*, DStR 2019, S. 23 (27 f.).

Auf der anderen Seite wird für die Abwägung teilweise auch auf das individuelle Interesse der nicht begünstigten Konkurrenten abgestellt.[238] Eine tatsächliche Beeinträchtigung derselben soll über eine konkrete Betrachtung der vorhandenen Marktstruktur festgestellt werden.[239]

Die Divergenz besteht dabei nicht in den geforderten Wettbewerbsprognosen gegenüber den aufgestellten Fallgruppen. Denn insoweit wird für die Annahme der Unvermeidbarkeit übereinstimmend darauf abgestellt, ob eine Leistungserbringung an einen Kundenkreis erfolgt, der entsprechend einer Marktteilung nicht zu den Nachfragern steuerpflichtiger Anbieter gehört.[240] Der Unterschied besteht vielmehr darin, dass die Befürworter einer marktstrukturorientierten Betrachtung zumindest im Rahmen einer Schätzung versuchen, tatsächlich eine Wettbewerbsbeeinträchtigung auszumachen. Die Feststellung soll dabei auch nicht durch die Annahme einer Marktaufteilung umgangen werden. Zugleich wird nicht versucht – wie bei den anderen beiden Fallgruppen – unmittelbar Rechtfertigungsgründe für die vermutete Beeinträchtigung wegen des begünstigten Tätigwerdens auszumachen. Teilweise wird die Unvermeidbarkeit immer dann angenommen, wenn der Markt im Sinne eines Marktversagens gewisse Gemeinwohlgüter oder -belange nicht ausreichend zur Verfügung stellt.[241]

Herrschend ist jedenfalls die Auffassung, dass die Unvermeidbarkeit nicht vom kostendeckenden Entgelt der gemeinnützigen Körperschaft abhängig

---

238 *Riewald*, BB 1954, S. 385 (387); *Troll*, DB 1979, S. 418; *Herbert*, Der wirtschaftliche Geschäftsbetrieb des gemeinnützigen Vereins, 1988, S. 161; *Schauhoff*, Handbuch der Gemeinnützigkeit^3, 2010, § 7 Rn. 83; *ders.*, in: GS Walz, 2008, S. 661 (672); wohl auch *Hüttemann*, Wirtschaftliche Betätigung und steuerliche Gemeinnützigkeit, 1991, S. 187 f., der die Wettbewerbsbeeinträchtigungen steuerpflichtiger Anbieter als maßgeblich ansieht; *ders.*, GemSpR^4, 2018, Tz. 6.202.

239 Vgl. *Schauhoff*, Handbuch der Gemeinnützigkeit^3, 2010, § 7 Rn. 88; *Hüttemann*, GemSpR^4, 2018, Tz. 6.202; dagegen wollen *Seer/Wolsztynski*, Steuerliche Gemeinnützigkeit der öffentlichen Hand, 2002, S. 187 ff., anhand der Marktstruktur nur eine negative Wettbewerbsprognose in Bezug auf die Wettbewerbsrelevanz und damit das potentielle Wettbewerbsverhältnis aufstellen, was aber nicht das gleiche wie eine positive Abschätzung der Wettbewerbsbeeinträchtigung entsprechend der Marktstruktur darstellt.

240 Statt vieler *Schauhoff*, Handbuch der Gemeinnützigkeit^3, 2010, § 7 Rn. 88; *ders./Danz*, DStR 2019, S. 23 (27 f.); *Hüttemann*, GemSpR^4, 2018, Tz. 6.202.

241 *Fischer*, in: GS Trzaskalik, 2005, S. 49 (57 ff.); *Unger*, in: Gosch, AO/FGO, § 65 AO Rn. 30 (Stand 01.2013); *Schauhoff*, in: GS Walz, 2008, S. 661 (663 f.); skeptisch gegenüber der alleinigen Anknüpfung an ein Marktversagen *Hüttemann*, Wirtschaftliche Betätigung und steuerliche Gemeinnützigkeit, 1991, S. 187.

gemacht werden kann. Gerade ein geringerer Preis kann zu einer Verdrängung und damit auch auf Dauer zu einer Marktzutrittsschranke für potentielle Anbieter führen.[242]

3. *Stellungnahme: Die Unvermeidbarkeit*

Zur Aufstellung sachgerechter Kriterien für die „Unvermeidbarkeit" ist zunächst deren Funktion genauer zu betrachten.

Im Kern geht es um die Abwägung der widerstreitenden Interessen an der Gewährung der Steuerbegünstigung. Die Auferlegung der partiellen Steuerpflicht soll dazu dienen, die steuerpflichtigen privaten Unternehmer im Wettbewerb vor einer Schädigung durch deren Verdrängung vom Markt oder der Entstehung von Marktzutrittsschranken zu bewahren.[243] Daher leuchtet es zunächst ein, wenn das Merkmal der Unvermeidbarkeit als Abwägungsauftrag die verfassungsrechtlich abgesicherte Wettbewerbsneutralität des Staates umsetzen soll.[244] Das Postulat der Wettbewerbsneutralität soll als Konkretisierung des Gleichheitssatzes[245] eine Gleichheit beim Werben um Nachfrager und Anbieter sichern.[246]

Denkt man diesen Gedanken konsequent fort, ist das Ergebnis naheliegend, dass bei der Annahme eines Wettbewerbsverhältnisses, in der Diktion des Bundesverfassungsgerichts,[247] gerade kein Unterschied mehr von solcher Art

---

242 *Rader*, BB 1979, S. 1192 (1193); *Hüttemann*, GemSpR[4], 2018, Tz. 6.205; *Wunsch*, Die Wettbewerbsklausel des § 65 Nr. 3 AO, 2002, S. 115; *Unger*, in: Gosch, AO/FGO, § 65 AO Rn. 36 (Stand 01.2013); Buchna/Leichinger/Seeger/Brox, GemStR[11], 2015, S. 326; kritisch *Rabenschlag*, DStZ 1997, S. 717 (720).

243 Vgl. BFH v. 27.10.1993 – I R 60/91, BStBl II 1994, 573, Rn. 20; v. 15.12.1993 – X R 115/91, BStBl II 1994, 314, Rn. 21; v. 30.03.2000 – V R 30/99, BStBl II 2000, 705, Rn. 39; v. 13.06.2012 – I R 71/11, BFH/NV 2013, 89, Rn. 15; später zusammengefasst unter dem „umfänglichen Schutz des Wettbewerbs", vgl. nur BFH v. 30.11.2016 – V R 53/15, BStBl II 2017, 1224, Rn. 19.

244 Dazu *Hüttemann*, GemSpR[4], 2018, Tz. 6.201 f.; *Unger*, in: Gosch, AO/FGO, § 65 AO Rn. 29 (Stand 01.2013); *Droege*, Gemeinnützigkeit im offenen Steuerstaat, 2010, S. 420; ausführlich unter Teil 1 A, III, 2.

245 So schon BFH v. 27.10.1993 – I R 60/91, BStBl II 1994, 573, Rn. 22; aus der jüngeren Rechtsprechung BFH v. 13.06.2012 – I R 71/11, BFH/NV 2013, 89, Rn. 15; vgl. bereits Teil 1 A, III, 1.

246 *P.Kirchhof*, in: HStR V[3], 2007, § 118 Rn. 215.

247 BVerfG v. 07.10.1980 – 1 BvL 50/79, u.a., BVerfGE 55, 72, Rn. 47; v. 08.06.1993 – 1 BvL 20/85, BVerfGE 89, 15, Rn. 32; v. 08.06.2002 – 2 BvL 5/00, BVerfGE 110, 412, Rn. 63; v. 24.03.2015 – 1 BvR 2880/11, BVerfGE 139, 1, Rn. 42.

und solchem Gewicht besteht, dass dieser die durch die Steuerbegünstigung erfolgende Ungleichbehandlung von wesentlich Gleichem rechtfertigen kann. Schließlich bedarf es dazu gerade eines vergleichbaren Angebots an dieselben Nachfrager. Die Ablehnung der Unvermeidbarkeit führt dabei zwar dazu, dass die aus der Ungleichbehandlung (jedenfalls potentiell) erwachsenden Negativauswirkungen auf die nicht begünstigten Konkurrenten verhindert werden. Festzuhalten ist aber auch, dass die Versagung der Begünstigung allein wegen eines Wettbewerbsverhältnisses zugleich bedeuten würde, dass eine Rechtfertigung der Ungleichbehandlung überhaupt nicht mehr erwogen werden könnte.[248] Das Kriterium der Unvermeidbarkeit würde damit *ad absurdum* geführt werden. Für den Fall einer Wettbewerbsbeeinträchtigung bedarf es daher zwingend einer Abwägung der widerstreitenden Interessen.

a) Erfordernis individualschützender Ausrichtung der Abwägung

Die Funktion des Wettbewerbsschutzes kann im Hinblick auf die partielle Steuerpflicht sowohl institutionell als auch individuell gedacht werden.[249] Dies wirkt sich maßgeblich auf die im Zuge der Abwägung zu gewichtenden widerstreitenden Interessen aus, weshalb eine dahingehende Festlegung erforderlich ist.

aa) Keine Auferlegung der Steuerpflicht aufgrund fiskalischer Interessen

Entsprechend den Erkenntnissen aus der Rechtsvergleichung zum amerikanischen Verständnis durch *Walz* könnte zunächst (institutionell) der Schutz vor der Ausweitung des Non-Profit-Sektors auf den „marktwirtschaftlichen Sektor“[250] gewollt sein. Danach sei das Ziel, zu verhindern, dass durch die begünstigungsbedingten Investitionsmöglichkeiten die Anbieterseite sukzessive durch die gemeinnützigen Körperschaften aufgekauft wird.[251] Dadurch komme es nämlich zum Ausfall steuerpflichtiger Anbieter und damit zu einem Verlust an

248 Ähnlich *Droege*, Gemeinnützigkeit im offenen Steuerstaat, 2010, S. 220, gegenüber der Ansicht die Teilnahme am Wettbewerb grundsätzlich als Verstoß gegen die Wettbewerbsneutralität zu werten.

249 Ähnlich unterscheidet *Walz*, in: Non Profit Law Yearbook 2001, S. 197 (218), zwischen einem individuellen und einem Schutz der Allgemeinheit und der Steuerquellen; zur unterschiedlichen Anwendung des einfachen Wettbewerbsrechts je nach einem institutionellen oder individuellen Verständnis *Unger*, in: Öffentliches Wettbewerbsrecht, 2014, § 8 Rn. 42 ff.

250 *Walz*, in: Non Profit Law Yearbook 2001, S. 197 (206).

251 *Walz*, in: Non Profit Law Yearbook 2001, S. 197 (206); *Hansmann*, 75 Virginia L. Rev. 605 (1989), S. 610 f.

Steuereinnahmen. Zugleich entstünde für den Non-Profit-Sektor der Anreiz, sein Tätigkeitsfeld auszuweiten, wodurch mit einem zusätzlichen Ausfall an Steuereinnahmen zu rechnen sei.[252] Begründet wird dies damit, dass die „Nonprofits" höhere Gewinne erwirtschaften könnten und diese Beträge zur Investition nutzen. Daneben könnten diese trotz höherer Kosten (aufgrund einer ineffizienten Produktion) mit geringeren Gewinnen als ihre steuerpflichtige Konkurrenz am Markt bestehen.[253] Mit der Auferlegung der Steuerpflicht würde dagegen der fehlende Effizienzdruck wieder aufgehoben und auf diese Weise Wohlfahrtsverluste vermieden werden.[254] Im Ergebnis wird also auf das Interesse am Schutz der „unsichtbare Hand"[255] des Wettbewerbs und damit dessen effizienzsteigernden Wirkmechanismus[256] abgestellt.

Überzeugen könnte diese Sichtweise nur im Hinblick auf fehlende Anreize zur Effizienzsteigerung, als Folge des ausbleibenden Innovationsdrucks. Denn eine Einbuße der wohlfahrtsteigernden Wirkung des Wettbewerbs im Bereich der Allokationseffizienz würde erfordern, dass die (konkurrierenden) Anbieter ihr Verhalten und damit in erster Linie den Preis nicht mehr an den Bedürfnissen der Nachfrager ausrichten müssten. Der Wettbewerbsmechanismus, der sich über den Preiskampf zu Gunsten der Nachfrager auswirkt,[257] müsste gestört sein. Die Steuerbegünstigung führt aber gerade nicht zu einer solchen Störung, die eine inneffiziente Allokation qua überhöhter Preise zur Folge hat. Folge der Steuerbegünstigung ist vielmehr der Ausgleich „zu geringer" Gewinne durch einen Preis, der bei diesen Produktionskosten unter gleichzeitiger Besteuerung nicht wirtschaftlich wäre. Dagegen entsteht aber gerade nicht die Möglichkeit zur nachteilhaften Preissetzung unabhängig vom wettbewerbsbedingten Effizienzdruck. Überhöhte Produktionskosten gehen nämlich weder zu Lasten der Konkurrenten noch zu Lasten der Nachfrager, da der Preis schließlich nicht zu deren

---

252 *Walz*, in: Non Profit Law Yearbook 2001, S. 197 (207).

253 *Hansmann*, 75 Virginia L. Rev. 605 (1989), S. 615.

254 *Hansmann*, 75 Virginia L. Rev. 605 (1989), S. 615.

255 Dieser Begriff zur Veranschaulichung geht zurück auf *Smith*, Der Wohlstand der Nationen, 1974, S. 297 und 371, der zwar den dynamischen Prozess des Wettbewerbs nicht als solchen herausstellt, aber die preismindernde und damit allokationseffizienz- und wohlfahrtssteigende Wirkung des Wettbewerbs hervorhob.

256 Vgl. zur innerhalb der verschiedenen Wettbewerbstheorien unstreitigen Wohlfahrtssteigerung durch die wettbewerbsbedingte Allokations- und Innovationseffizienz die Nachweise unter Teil 1 A, II, 1 b) aa).

257 Mit diesem Verständnis schon *Smith*, Der Wohlstand der Nationen, 1974, S. 297, im Jahre 1776.

Nachteil angehoben wird. Auch Fehlinvestitionen durch erweiterte Handlungsspielräume, wegen des fehlenden Drucks von Gesellschaftern und dem Kapitalmarkt,[258] gereichen den Nachfragern nicht zum Nachteil, solange diese durch die Begünstigung abgefangen werden. Das Argument, dass möglicherweise ein noch günstigerer und damit „allokationseffizienterer" Preis möglich wäre, verfängt insoweit, als dass gerade unterstellt wird, dass sich die fehlende Produktionseffizienz wegen der Steuerbegünstigung nicht auswirkt. In dieser Hinsicht begründet die Steuerbegünstigung – als „Auffangtuch" höherer Kosten – aber gerade keine Wohlfahrtsverluste. Darauf, ob weniger effizient gewirtschaftet wird, als dies steuerpflichtige Anbieter tun müssten, kommt es solange nicht an, wie sich die Produktionsineffizienz nicht auswirkt. Bis zu diesem Punkt führt die Begünstigung damit nicht zu Wohlfahrtsverlusten, sondern vermeidet diese.

Anders gestaltet es sich im Hinblick auf eine „ineffiziente Innovation". Aber auch eine solche ist nur zu befürchten, wenn es wegen der fehlenden Innovation nicht zu einer Abnahme von Nachfragern kommt. Dazu muss aber die bereits bestehende Konkurrenz verdrängt oder übernommen worden sein, oder aber durch den Steuervorteil der Innovationsnachteil mit einem vergünstigten Preis aufgefangen werden. Zu einem solchen Preiskampf soll es aber regelmäßig gerade nicht kommen.[259] Damit besteht der Innovationsdruck aber auch bei dem begünstigten Betrieb, bis dieser mit dem Steuervorteil über den Preis ausgeschaltet wird.

Zu Wohlfahrtsverlusten durch Effizienzverluste kommt es also erst, wenn die ineffiziente Produktion nicht mehr durch die Steuerbegünstigung aufgefangen wird und sich die Nachfrager mangels verfügbarer Substitute dem „erhöhten Preis" nicht entziehen können. Selbiges gilt, wenn der Innovationsdruck durch die Weitergabe des Steuervorteils aufgehoben wird. Zweifelsfrei zuzustimmen ist jedoch dem Gesichtspunkt, dass durch einen massiven Aufkauf steuerpflichtiger Anbieter zugleich Ausfälle bei den Ertragsteuern auftreten werden.[260]

bb) Individualschutz als vorrangiges Schutzgut

Demgegenüber kann auch individuell auf den Schutz der nicht begünstigten Konkurrenten abgestellt werden. Um tatsächlich von deren Schutz sprechen zu können ist es erforderlich, dass sich die Steuerbegünstigung überhaupt zu deren

---

258 *Hansmann*, 75 Virginia L. Rev. 605 (1989), S. 616; dem folgend *Walz*, in: Non Profit Law Yearbook 2001, S. 197 (206).

259 *Hansmann*, 75 Virginia L. Rev. 605 (1989), S. 610 f.

260 So *Walz*, in: Non Profit Law Yearbook 2001, S. 197 (207).

Lasten auswirkt. § 65 Nr. 3 AO schützt nicht vor dem wirtschaftlichen Geschäftsbetrieb als Konkurrenten, sondern vor dem Geschäftsbetrieb als steuerlich begünstigtem Konkurrenten. Dieser Gesichtspunkt tritt umso deutlicher hervor, als dass es allein darum geht, ob der wirtschaftliche Geschäftsbetrieb eine Steuerbegünstigung erhält oder nicht. Nicht aber darum, ob dieser am Markt tätig werden darf und in Konkurrenz zu privaten Anbietern treten kann. Dementsprechend kann auch die Formulierung – „nicht in größerem Umfang in Wettbewerb tritt, als [...] unvermeidbar" – dahingehend verstanden werden, dass dies nicht auf eine quantitative Grenze bezüglich der Umsatzhöhe,[261] sondern auf das Ausmaß der wechselseitigen Interaktion im Konkurrenzkampf bezogen ist. Anders gewendet, dass gegenüber den nicht begünstigten Anbietern kein über das zur Zweckerreichung notwendige Maß hinausgehender begünstigungsbedingter Wettbewerbsdruck aufgebaut werden soll.

(1) Maßgeblichkeit der Steigerung des Wettbewerbsdrucks

Die Erkenntnis, dass es der Weitergabe des Steuervorteils bedarf, um die Zulässigkeit der Begünstigungsgewährung in Zweifel ziehen zu können, wurde bereits gewonnen.[262] Darauf beruhend sind jedoch weder Schlüsse für die Kriterien zur Umsetzung der Unvermeidbarkeit gezogen worden, noch wurde damit der maßgebliche Umstand, der zur Aufhebung der Begünstigung führen muss, präzise benannt. Entsprechend den obigen Ausführungen kann es nämlich auch zu einer Vorteilsweitergabe kommen, ohne dass die Konkurrenten oder Anbieter eine Auswirkung durch die Verwendung des Steuervorteils spüren. Statt auf die alleinige Vorteilsweitergabe kommt es vielmehr auf eine begünstigungsbedingte Zunahme des Wettbewerbsdrucks für die steuerpflichtigen Anbieter im Konkurrenzverhältnis an. Spürbar wird der potentiell begünstigungsschädliche Wettbewerbsdruck, also ein solcher der nicht auf der alleinigen Konkurrenz, sondern der Steuerbegünstigung beruht, aber nur dann, wenn die Begünstigung über die Preispolitik oder eine Qualitätssteigerung an den Markt weitergeben wird. Gleiches gilt für die Verwendung vorteilsbedingt gesteigerter Gewinne zur

---

261 Mit diesem Verständnis ausdrücklich BFH v. 13.06.2012 – I R 71/11, BFH/NV 2013, 89, Rn. 17.

262 Wenn auch ohne weitergehende Folgerung für die Unvermeidbarkeit *Hüttemann*, Wirtschaftliche Betätigung und steuerliche Gemeinnützigkeit, 1991, S. 149; ebenso *Wunsch*, Die Wettbewerbsklausel des § 65 Nr. 3 AO, 2002, S. 36; auch *Seer*, in: DStJG 26 (2003), S. 11 (36), lehnt die Steuerpflichtigkeit aufgrund der Wettbewerbsneutralität ab, sofern es nicht zu einer Veränderung des Wettbewerbsverhaltens kommt.

Innovations- oder Qualitätsverbesserung, und auch bei jeglichen Reinvestitionen. In diesen Fällen wird der Wettbewerbsdruck zumindest über die mittelbare Weitergabe des Steuervorteils an den Markt gesteigert. Um Absatzeinbußen zu vermeiden wird nämlich eine Anpassungshandlung über Preissenkungen oder Innovationssteigerungen erforderlich.[263] Zu einer solchen begünstigungsbedingten Verschärfung des Wettbewerbsdrucks kommt es aber beispielsweise gerade nicht, wenn der Steuervorteil lediglich zum Ausgleich einer ineffizienten Produktion verwendet wird und dabei weder zu einer gesteigerten Produktqualität noch zu einem im Vergleich zu Konkurrenten vergünstigten Preis führt. Der Grund für die Aufhebung der Steuerbegünstigung kann nur in der begünstigungsbedingten Negativauswirkung auf die Konkurrenten liegen, nicht aber in der alleinigen Vorteilsweitergabe. Die alleinige Ungleichbehandlung ist dagegen irrelevant. Dies bedeutet freilich nicht, dass es dadurch nicht mehr eines hinreichenden sachlichen Grundes für die Ungleichbehandlung bedürfte. Es zeigt sich aber, dass § 65 Nr. 3 AO in der Anwendung über den Gleichheits- oder Fairnessgedanken hinausgeht. Vor dem Gleichheitssatz kommt es auf die Beeinträchtigung nämlich überhaupt nicht an. Dort genügt vielmehr schon die alleinige Ungleichbehandlung. Vor dem Wettbewerbsgedanken ist dagegen die Ungleichbehandlung so lange unbeachtlich, wie sie nicht zu einer Beeinträchtigung der Konkurrenten oder aufgrund einer darauffolgenden Verdrängung der Konkurrenten zu Effizienzverlusten führt. Während für die Ungleichbehandlung ein sachlicher Grund gegeben sein kann, muss dies noch nicht für die Beeinträchtigung gelten. Die steuerliche Ungleichbehandlung geht der Beeinträchtigung „des Wettbewerbs" zwar voraus, beziehungsweise bedingt diese, ist aus Sicht des Wettbewerbsgedankens jedoch bis zu deren Auftreten unbeachtlich. Ebenso ist auch die Wettbewerbsneutralität durch eine Ungleichheit beim Werben überhaupt erst betroffen, wenn sich die Steuerbegünstigung auf das Werben, genauer auf die preisbildenden Faktoren[264], oder die Möglichkeit zum Werben

263 Vgl. mit Blick auf grundrechtliche Absicherung der Handlungen im Wettbewerb ebenso *Englisch*, Wettbewerbsgleichheit im grenzüberschreitenden Handel, 2008, S. 528 f.

264 Ähnlich *P.Kirchhof*, in: HStR V^3, 2007, § 118 Rn. 215; ebenso stellt *Bader*, Hoheitsbetrieb und Betrieb gewerblicher Art im Umsatz- und Körperschaftsteuerrecht, 1997, S. 53 f., bei der im Körperschaftsteuerrecht darauf ab, ob dem Steuervorteil durch die Ausnutzung in der Preisbildung eine potentiell wettbewerbsverzerrende Komponente zukommt; ähnlich *Hüttemann*, Wirtschaftliche Betätigung und steuerliche Gemeinnützigkeit, 1991, S. 149, der den Wettbewerbsgedanken verneint, „wenn der Begünstigte sein Wettbewerbsverhalten infolge der Steuervergünstigung nicht verändert, sich

neben dem begünstigten Angebot auswirkt. Daher kann auch der Ansicht, dass ein Zweckbetrieb bei einem kostendeckenden Wirtschaften gegeben sei, nicht gefolgt werden.[265] Gerade das vergünstigte Angebot begründet schließlich die Gefahr, dass die Nachfrager der steuerpflichtigen Anbieter auf das Angebot des wirtschaftlichen Geschäftsbetriebs ausweichen und dadurch ein Verdrängungseffekt entsteht.[266]

Dementsprechend ist zugleich auch das Erfordernis eines individuellen Verständnisses begründet. Aufgrund der Feststellung, dass der Innovationsdruck zunächst auch für den begünstigten Betrieb bestehen bleibt, solange dieser die fehlende Innovation nicht durch die Weitergabe des Steuervorteils ausgleicht,[267] kann ein Nachteil für die Nachfrager erst angenommen werden, wenn die Konkurrenten vom Markt verdrängt wurden und daraufhin die gegebene Nachfrage nicht mehr gedeckt werden kann. Solange eine Überschussnachfrage besteht ist die Verdrängung von Konkurrenten jedoch eher unwahrscheinlich. Daher wird die Steuerbegünstigung, anders als der Zusammenschluss von Wettbewerbern mit dem Ziel der Aufhebung des Konkurrenzdrucks, oftmals kein dem Wettbewerbsmechanismus zuwiderlaufendes Ergebnis begründen. Im Gegenteil wird sogar ein Mehr an Gemeinwohl produziert. Somit ist nicht zu erkennen, welches „Allgemeininteresse an einem steuerlich nicht verfälschten Wettbewerb" bestehen sollte, wenn das über diesen zu erreichende Ergebnis sogar noch übertroffen wird. Und auch mit Blick auf die Wettbewerbsneutralität – als Gesamtschau der Freiheits- und Gleichheitsrechte der Konkurrenten[268] – lässt sich nicht erklären,

---

also wie sein nicht begünstigter Konkurrent verhält und den Steuervorteil bei sich selbst [...] realisiert".

265 Das Kriterium der Kostendeckung wird einhellig abgelehnt: siehe nur BFH v. 27.10.1993 - I R 60/91, BStBl II 1994, 573, Rn. 23; v. 17.02.2010 - I R 2/08, BStBl. II 2010, 1006, Rn. 29; *Unabhängige Sachverständigenkommission*, Gutachten, 1988, S. 159; *Hüttemann*, Wirtschaftliche Betätigung und steuerliche Gemeinnützigkeit, 1991, S. 186; *Wunsch*, Die Wettbewerbsklausel des § 65 Nr. 3 AO, 2002, S. 115 ff.; *Unger*, in: Gosch, AO/FGO, § 65 AO Rn. 36 (Stand 01.2013) m.w.N.

266 Für die Zunahme der Wettbewerbsbeeinträchtigungen durch die Kostendeckung statt vieler nur *Unger*, in: Gosch, AO/FGO, § 65 AO Rn. 36 (Stand 01.2013); *Hüttemann*, GemSpR^4, 2018, Tz. 6.205.

267 Dazu bereits unter Teil 1 A, III, 3 a) bb) (1).

268 Vgl. *Isensee/Knobbe-Keuk*, Sondervotum, in: Unabhängige Sachverständigenkommission, Gutachten, 1988, S. 331 (448); *Droege*, Gemeinnützigkeit im offenen Steuerstaat, 2010, S. 416; *Englisch*, Wettbewerbsgleichheit im grenzüberschreitenden Handel, 2008, S. 521 und S. 534 ff.; *Seer*, ZSteu 2006, S. 158; ebenso *Huber*, Konkurrenzschutz im Verwaltungsrecht, 1991, S. 541; *Pietzcker*, JZ 1989, S. 305 (309 f.); so auch zur

wieso im Rahmen der Abwägung statt der Interessen der Wettbewerber ein undefiniertes übergeordnetes Interesse maßgeblich sein sollte. Vor dem Interesse der Allgemeinheit steht im Fall einer Wettbewerbsbeeinträchtigung immer das Individualinteresse der notwendig beeinträchtigten Konkurrenten. Ohne Wohlfahrtsverluste *in Form* von Wettbewerbsbeeinträchtigungen gibt es auch keine Wohlfahrtsverluste *aus* Wettbewerbsbeeinträchtigungen. Das Interesse der Allgemeinheit kann im Bereich einer Steuerbegünstigung nicht ohne eine Verletzung der Interessen der Konkurrenten betroffen sein. Umgekehrt kann eine Verletzung der Interessen der Konkurrenten aber ohne die zeitgleiche Beeinträchtigung des Allgemeininteresses bestehen. Wenn zudem der Wortlaut die nicht begünstigten Betriebe ausdrücklich hervorhebt und auch der Zweck den Schutz vor Marktzutrittsschranken und Verdrängungseffekten beinhaltet, ist die Heranziehung eines weitergehenden Allgemeininteresses nicht zielführend.

Solange nach Wortlaut, Sinn und Zweck und in der Gesetzesbegründung wiederholt auf das „Inwettbewerbtreten" zu nicht begünstigten Betrieben abgestellt wird, müssen bei der Normanwendung auch die betroffenen Wettbewerber und nicht der Wettbewerb als Wirkmechanismus im Vordergrund stehen. Selbiges gilt für die gewünschten wettbewerbsbedingten Gemeinwohlsteigerungen. Es ist daher unbeachtlich, dass der einzelne begünstigte Wettbewerber aufgrund seiner geringen Marktmacht wegen überwiegend atomistisch geprägter Märkte „die Preise" nicht beeinflussen kann.[269] Auf Verluste der Allokationseffizienz (Märkte übergreifende Preissteigerungen als Folge der Konkurrentenverdrängung) kommt es nämlich nicht an. Maßgeblich ist allein die vorhergehende Negativauswirkung zu Lasten der nicht begünstigten Konkurrenten am Markt.

(2) Notwendigkeit der Wettbewerbshandlung zur Zweckerreichung

Richtigerweise ist der Bezug auf den Umfang des Inwettbewerbtretens nicht als eine quantitative Grenze, sondern als Abwägungsvorgabe zu verstehen. Die Abwägung muss zwischen dem Interesse an der Verhinderung der begünstigungsbedingten Wettbewerbsbeeinträchtigung und deren Notwendigkeit zur Zweckerreichung erfolgen. Insofern kann tatsächlich davon gesprochen werden, dass auch das Verhalten am Markt im Rahmen der Unvermeidbarkeit eine

Wettbewerbsneutralität als Leitgedanke des öffentlichen Wettbewerbsrechts *Kirchhof/Korte/Magen u.a.*, in: Öffentliches Wettbewerbsrecht, 2014, § 4 Rn. 55.

269 Bezogen auf die Vermögensverwaltung so aber *Hüttemann*, Wirtschaftliche Betätigung und steuerliche Gemeinnützigkeit, 1991, S. 150; ebenso *Seer*, in: DStJG 26 (2003), S. 11 (36).

Grenze findet.[270] Je stärker der Wettbewerbsdruck durch die handlungsbedingte Ausnutzung des Steuervorteils gesteigert wird, desto relevanter muss gerade diese Handlung für die Zweckerreichung sein. Eine pauschale Vorgabe für die Handlungs- und Preispolitik lässt sich dabei jedoch nicht aufstellen. So kann gerade der verfolgte Zweck einen vergünstigten Preis erfordern (etwa bei der Versorgung Minderbemittelter), oder dieser dem Zweck sogar zuwiderlaufen (etwa bei der Wiedereingliederung von Langzeitarbeitslosen). Jegliche steuerbegünstigten wirtschaftlichen Handlungen sind daher bei einer Wettbewerbsrelevanz in Verhältnis zum verfolgten gemeinnützigen Zweck zu setzen.

Damit lässt sich festhalten, dass sowohl bei der Verhinderung von Wohlfahrtsverlusten in Form von Effizienzverlusten als auch bei der Verhinderung von Beeinträchtigungen der nicht begünstigten Konkurrenz die Weitergabe des Steuervorteils an den Markt maßgeblich ist. Lediglich der Aufkauf steuerpflichtiger Anbieter durch eine gemeinnützige Körperschaft muss nicht zwangsläufig auf die Weitergabe des Steuervorteils zurückzuführen sein.

b) Teilweise Unzulänglichkeit einer Fallgruppenbildung

Bezogen auf die vorherrschenden Fallgruppen legt wohl auch die überwiegende Ansicht in der Literatur, wenn auch unausgesprochen, ein individuelles Verständnis zugrunde. So zeigt sich nämlich bei der ersten Fallgruppe (Leistungserbringung an minderbemittelte und daher ansonsten nicht nachfragende Personen)[271], dass es maßgeblich darauf ankommt, dass den nicht begünstigten Konkurrenten aus dem begünstigten Tätigwerden keine Nachteile erwachsen sollen. Und das trotz der fortbestehenden Ungleichbehandlung. Der vom Bundesverfassungsgericht geforderte hinreichende sachliche Grund für die steuerliche Bevorzugung[272] wird demnach allein in der Leistungserbringung an den abweichenden Nachfragerkreis[273] gesehen. Dabei könnte auch von der

270 Mit der Annahme von Verhaltensbeschränkungen hinsichtlich der Preispolitik und umfänglichen Nachfragerbefriedigung auch *Unger*, in: Gosch, AO/FGO, § 65 AO Rn. 35 f. (Stand 01.2013).

271 Vgl. nur BFH v. 15.12.1993 – X R 115/91, BStBl II 1994, 314, Rn. 23, mit Bezug auf: *Hüttemann*, Wirtschaftliche Betätigung und steuerliche Gemeinnützigkeit, 1991, S. 186 ff; aus der Literatur *Hüttemann*, GemSpR[4], 2018, Tz. 6.203; *Unger*, in: Gosch, AO/FGO, § 65 AO Rn. 31 ff. (Stand 01.2013).

272 BVerfG v. 26.10.1976 – 1 BvR 191/74, BVerfGE 43, 58, Rn. 38.

273 *Fischer*, in: GS Trzaskalik, 2005, S. 49 (57 ff.); *Unger*, in: Gosch, AO/FGO, § 65 AO Rn. 31 (Stand 01.2013); *Schauhoff*, in: GS Walz, 2008, S. 661 (663 f.); *Schauhoff/Danz*, DStR 2019, S. 23 (27 f.).

Behebung eines „Marktversagens" gesprochen werden.[274] Dann drängt sich aber die Frage auf, wieso nicht auch einem privaten Unternehmer über eine Steuerbegünstigung die Möglichkeit zur Erreichung dieser Personengruppen gegeben wird.[275] Das Marktversagen könnte schließlich auch von diesem behoben werden. Die Ungleichbehandlung wird im Ergebnis nur geduldet, weil sie sich nicht im „Wettbewerb" niederschlägt. Und zwar deshalb, weil genau genommen kein Wettbewerbsverhältnis zwischen den Anbietern besteht, wenn ausschließlich nur an die bis dahin nicht nachfragenden Verbraucher geliefert wird.

Sofern es dagegen tatsächlich zu einem interaktiven Tätigwerden im Wettbewerb kommen kann, ist aber auch die Rechtfertigung der Begünstigungsgewährung entsprechend der zweiten Fallgruppe (der Verfolgung eines zusätzlichen ideellen Zwecks)[276] übereilt. Tritt beispielweise ein Produktionszweckbetrieb[277], mit dem Zweck der Wiedereingliederung von Langzeitarbeitslosen in den Arbeitsprozess, in den Markt ein, liegt der sachliche Grund für die Ungleichbehandlung zweifelsfrei in der Gemeinwohlsteigerung durch die Förderung der Langzeitarbeitslosen. Erforderlich ist dann die Feststellung, dass der Zweck ohne die Steuerbegünstigung nicht erreicht werden könnte.[278] Daraufhin muss beurteilt werden, ob die Steuerbegünstigung einen zusätzlichen „begünstigungsbedingten" Wettbewerbsdruck erzeugt. Genauer muss wegen des Steuervorteils eine negative Auswirkung auf die steuerpflichtigen Konkurrenten (Wettbewerbsbeeinträchtigung) erfolgen. Im Anschluss ist eine Abwägung zwischen dem Ausmaß der Beeinträchtigung und – beispielsweise – dem Interesse an der Förderung der Langzeitarbeitslosen vorzunehmen. Die alleinige Feststellung eines zusätzlichen ideellen Zwecks kann nicht über die Feststellung der Weitergabe

274 Wenn auch zugleich kritisch *Hüttemann*, Wirtschaftliche Betätigung und steuerliche Gemeinnützigkeit, 1991, S. 187; *Fischer*, in: GS Trzaskalik, 2005, S. 49 (57 ff.); *Unger*, in: Gosch, AO/FGO, § 65 AO Rn. 30 (Stand 01.2013); *Schauhoff*, in: GS Walz, 2008, S. 661 (663 f.); *ders/Danz*, DStR 2019, S. 23 (27 f.).

275 Ebenso kritisch *Hüttemann*, Wirtschaftliche Betätigung und steuerliche Gemeinnützigkeit, 1991, S. 187.

276 Statt vieler BFH v. 26.04.1995 – I R 35/93, BStBl II 1995, 767; *Hüttemann*, GemSpR^4, 2018, Tz. 6.203.

277 Zum Begriff *Franz*, Grundlagen der Besteuerung gemeinnütziger Körperschaften bei wirtschaftlicher Betätigung, 1991, S. 246 ff.; *Wunsch*, Die Wettbewerbsklausel des § 65 Nr. 3 AO, 2002, S. 86 f.

278 Ähnlich BFH v. 27.10.1993 – I R 60/91, BStBl II 1994, 573, Rn. 22; v. 30.03.2000 – V R 30/99, BStBl II 2000, 705, Rn. 39; v. 13.06.2012 – I R 71/11, BFH/NV 2013, 89, Rn. 16 (m.w.N.).

des Steuervorteils und den Abwägungsvorgang hinweghelfen. Würde sofort eine Rechtfertigung der Ungleichbehandlung angenommen werden[279], käme es nicht zu der notwendigen Abwägung der widerstreitenden Interessen. Aber nicht jeder Zweck ist generell geeignet, jegliche Auswirkung im „Wettbewerb" zu rechtfertigen.

Auch die letzte Fallgruppe (der Erhalt oder die Herbeiführung einer aus Sicht des Gemeinwohls wünschenswerten Angebotsvielfalt)[280], vermag nur zu begründen, wieso ein Interesse daran bestehen könnte, durch die Gewährung der Steuerbegünstigung einen Anreiz für ein Hinzutreten am Markt zu begründen. Welche Grenze die Verfolgung dieses Interesses gegenüber dem Interesse der Konkurrenten finden muss, ergibt sich daraus nicht. Auch diese Fallgruppe zeigt damit nur ein Interesse auf, das grundsätzlich einen hinreichenden sachlichen Grund für die Ungleichbehandlung darstellen kann. Für die zugleich auch von den Befürwortern dieser Fallgruppe geforderte Abwägung der entgegenstehenden Interessen ist damit aber noch keine Feststellung getroffen.[281] Es ist nicht anzuerkennen, wieso pauschal dem Interesse der Förderung bestimmter Personengruppen oder der Mehrung kultureller Einrichtungen ein Vorrang gegenüber (möglicherweise) massiven Beeinträchtigungen der bestehenden Konkurrenten eingeräumt werden sollte. Auch hier muss zunächst die ausgehende Beeinträchtigung festgestellt und daran orientiert die notwendige Abwägung vorgenommen werden.

Die aufgestellten Fallgruppen begründen demnach nur ein Interesse, welches in der notwendigen Abwägung berücksichtigt werden kann. Eine pauschale Wertung bestimmter Interessen gegenüber dem entgegenstehenden Interesse verkennt, dass die Auswirkungen der begünstigten Tätigkeit im Einzelfall divergieren können. Zudem vermögen diese nicht zu erklären, wieso das Gesetz von einem „größeren Umfang […] als [...] unvermeidbar" spricht. Wenn aber auf die Wettbewerbsneutralität als Zusammenfassung der Wettbewerbsgleichheit

---

279 Mit diesem Verständnis *Rader*, BB 1979, S. 1192 (1193 f.); *Hüttemann*, GemSpR[4], 2018, Tz. 6.203; *Unger*, in: Gosch, AO/FGO, § 65 AO Rn. 31 ff. (Stand 01.2013); *Schauhoff*, Handbuch der Gemeinnützigkeit[3], 2010, § 7 Rn. 83; *Herbert*, Der wirtschaftliche Geschäftsbetrieb des gemeinnützigen Vereins, 1988, S. 158 ff.; *Orth*, FR 1995, S. 253 (257).

280 *Hüttemann*, GemSpR[4], 2018, Tz. 6.203; *Unger*, in: Gosch, AO/FGO, § 65 AO Rn. 31 ff. (Stand 01.2013).

281 Ähnlich sieht auch *Walz*, in: Non Profit Law Yearbook 2001, S. 197 (218 f.), die Fallgruppen als alleinige Konkretisierung des sachlichen Grundes, nicht aber als Anknüpfungspunkt der Interessenabwägung.

aus Art. 3 Abs. 1 GG und der Wettbewerbsfreiheit als wirtschaftliche Handlungsfreiheit der Konkurrenten aus Art. 2 Abs. 1, 12 Abs. 1 und 14 Abs. 1 GG abgestellt wird,[282] muss wegen der zumindest mittelbaren Beeinträchtigung der „Wettbewerbsfreiheit"[283] zwingend eine Abwägung vorgenommen werden. Die Beeinträchtigung ergibt sich dabei aus der begünstigungsbedingten Zunahme des Wettbewerbsdrucks, die eine Anpassungshandlung erforderlich macht.[284]

c) *Ergebnis: Bedürfnis nach einer individualisierten Interessenabwägung*

Dem Vorhergehenden entsprechend ist in jedem Einzelfall zunächst die Feststellung und die genaue Benennung des die Konkurrenten beeinträchtigenden Tätigwerdens erforderlich. Insoweit kommt es darauf an, ob nach einer Marktanalyse[285] eine tatsächliche Beeinträchtigung der nicht begünstigten Konkurrenten ausgemacht werden kann. Eine solche kann durch die Feststellung der Weitergabe des Steuervorteils über den Preis oder einer Qualitätssteigerung ohne gleichlaufende Preissteigerung möglicherweise sogar vermutet werden.[286] Daraufhin bedarf es beim Vorliegen einer Beeinträchtigung immer der Abwägung zwischen dem Interesse der nicht begünstigten Konkurrenten und dem Interesse der Verfolgung des gemeinnützigen Zwecks. Und zwar auch dann, wenn die Vorteilsweitergabe die Zweckerreichung bedingt. Insgesamt muss die Anwendung des Merkmals der Unvermeidbarkeit damit individualisiert verstanden werden.

Richtigerweise können die Fallgruppen entsprechend den Rechtsgedanken der §§ 66 ff. AO grundsätzlich einen hinreichenden sachlichen Grund für die Ungleichbehandlung darstellen. Diese lassen die notwendige Abwägung zwischen dem gemeinnützigen Zweck und der Wettbewerbsbeeinträchtigung allerdings nicht entfallen.[287] Der gemeinnützige Zweck muss gegenüber einer

---

282 Siehe nur *Isensee/Knobbe-Keuk*, Sondervotum, in: Unabhängige Sachverständigenkommission, Gutachten, 1988, S. 331 (448); *Droege*, Gemeinnützigkeit im offenen Steuerstaat, 2010, S. 416; *Englisch*, Wettbewerbsgleichheit im grenzüberschreitenden Handel, 2008, S. 521 und S. 534 ff.; *Seer*, ZSteu 2006, S. 158, JZ 1989, S. 305 (309 f.); noch ausführlich unter Teil 3 B, II, 3 a).

283 Dazu ausführlich unter Teil 3 B, II, 3 a) bb) (1).

284 Ebenso *Englisch*, Wettbewerbsgleichheit im grenzüberschreitenden Handel, 2008, S. 528 f.

285 *Schauhoff*, Handbuch der Gemeinnützigkeit[3], 2010, § 7 Rn. 88; *Hüttemann*, GemSpR[4], 2018, Tz. 6.202; *Seer*, in: Tipke/Kruse, AO/FGO, § 65 AO Rn. 12 (Stand 04.2016).

286 Dazu noch ausführlich unter Teil 2 A, II und III.

287 *Droege*, Gemeinnützigkeit im offenen Steuerstaat, 2010, S. 420, spricht grundsätzlich davon, dass die „abwägungsoffene Generalklausel des § 65 AO [...] die Entscheidung,

festgestellten Wettbewerbsbeeinträchtigung sogar umso eher zurückweichen, als durch diesen kein über das Angebot privater Wettbewerber hinausgehendes Gemeinwohl produziert wird.[288] Dennoch muss bereits über die Konkretisierung der Abwägungsformel deutlich gemacht werden, dass auch im Rahmen der Unvermeidbarkeit eine Beurteilung unabhängig von den konkreten Begebenheiten nicht möglich ist. Explizit bedarf es der Hervorhebung der Abwägung zwischen dem Interesse an der Förderung des gemeinnützigen Zwecks und dem Interesse an der Verhinderung von Wohlfahrtsverlusten *in Form* von Wettbewerbsbeeinträchtigungen.

IV. Gesamtergebnis: Wettbewerbsschutz als Überforderung der Rechtsanwender

Zusammenfassend lässt sich festhalten, dass die Vorgabe der Finanzverwaltung, das Wettbewerbsverhältnis abstrakt tätigkeitsbezogen zu beurteilen, aber auch der Versuch „der offenen Abwägungsentscheidung durch eine mit Ähnlichkeitsurteilen durchsetzten Kasuistik zu entgehen",[289] weit hinter der notwendigen Handhabung der Wettbewerbsschutzklausel zurückbleibt. Das durch die Ressourcenlimitierung bedingte Vorgehen der Finanzverwaltung entspricht nicht der erforderlichen Anwendung. Auch in der Rechtsprechung wird das Vorliegen eines Wettbewerbsverhältnisses überwiegend tätigkeitsbezogen und pauschal festgestellt oder durch die Heranziehung des Kriteriums des „potentiellen Wettbewerbs" umgangen. Der „potentielle Wettbewerb" wird dabei weit überwiegend nur als Argumentationshilfe herangezogen, um der Feststellung eines tatsächlichen Wettbewerbsverhältnisses zu entgehen. Das Merkmal wird vielmehr sogar als Vereinfachungsregel, losgelöst von der ebenfalls notwendigen Berücksichtigung der konkreten Verhältnisse auf dem relevanten Markt und den zusätzlichen Feststellungen zum Rechtsrahmen, den Kosten eines Markteintritts und der Möglichkeit eines gewinnbringenden Tätigwerdens privater Anbieter, zweckentfremdet. Damit hat sich nicht nur die befürchtete Tendenz zu

---

welches Maß an Wettbewerbsbeeinträchtigung um der gemeinnützigen Zwecke hinzunehmen ist, offen [lässt]" und diese „auf die Ebene der Normanwendung und ihrer gerichtlichen Kontrolle [verlagert]"; ähnlich wohl auch *Schauhoff*, Handbuch der Gemeinnützigkeit³, 2010, § 7 Rn. 87.

288 Statt vieler *Hüttemann*, Wirtschaftliche Betätigung und steuerliche Gemeinnützigkeit, 1991, S. 190; *Wunsch*, Die Wettbewerbsklausel des § 65 Nr. 3 AO, 2002, S. 134; *Walz*, in: Non Profit Law Yearbook 2001, S. 197 (219).

289 *Droege*, Gemeinnützigkeit im offenen Steuerstaat, 2010, S. 422.

pauschalen Entscheidungen im Zuge der Anwendung der Wettbewerbsschutzklauseln bestätigt, sondern zugleich gezeigt, dass die von der Rechtsprechung zunächst geforderten sachgerechten Kriterien, als Ideal des Wettbewerbsschutzes, nicht aufrechterhalten werden.

Die entsprechend dem Wortlaut und auch dem Telos zwingend an den konkreten Verhältnissen auf dem relevanten Markt ausgerichtete individualschützende Anwendung der Wettbewerbsschutzklausel als Ideal steht damit bei der Umsetzung des § 65 Nr. 3 AO im Widerspruch zur Wirklichkeit. Zwar wurde insbesondere in der Literatur und teilweise auch in der Rechtsprechung ein sachgerechtes Verständnis vom Wettbewerbsschutz deutlich, doch die Umsetzung dessen scheitert augenscheinlich am dazu (zeitlich) erforderlichen Feststellungsaufwand. Durch die Entscheidungen, in denen ein Wettbewerbsverhältnis nicht nur pauschal, sondern auch fehlerhaft angenommen wurde, zeigt sich damit der Konflikt zwischen einer sachgerechten Umsetzung und einer praktikablen Umsetzung.

Insoweit bleibt es bei der aufgestellten Vermutung, dass der Wettbewerbsschutz einer Vereinfachung in der Normanwendung oder bei deren Unzulässigkeit einer grundlegenden Neuregelung bedarf. Zugleich bestätigt sich bezüglich § 65 Nr. 3 AO die These, dass sich das Steuerrecht nicht uneingeschränkt als Teil des Wettbewerbsrechts konzipieren lässt und das Steuerrecht als Wettbewerbsrecht zu einer Überforderung der Rechtsanwender im steuerlichen Massenverfahren mit der daraus resultierenden Limitierung der Handlungsmöglichkeiten führt.

B. Die Wettbewerbsschutzklausel des § 4 KStG

I. § 1 Abs. 1 Nr. 6 i.V.m. § 4 Abs. 1 KStG als „Wettbewerbsschutzklausel"

Im Körperschaftsteuerrecht ist mit Blick auf den Wettbewerbsgedanken insbesondere die Besteuerung von Tätigkeiten der öffentlichen Hand relevant. Juristische Personen des öffentlichen Rechts unterliegen grundsätzlich nicht der Körperschaftsteuer. Nach § 1 Abs. 1 Nr. 6 KStG besteht aber auch für diese die Steuerpflicht, wenn sie einen Betrieb gewerblicher Art im Sinne des § 4 Abs. 1 KStG betreiben. Durch die Auferlegung der Steuerlast kommt es allerdings zu einer Besteuerung des Staates durch sich selbst. Die Besteuerung der öffentlichen Hand führt daher nicht zu einer Erhöhung des Steueraufkommens, sondern im besten Fall zu keiner Minderung der Steuereinnahmen.[290] Die aus

290 *Laule*, DStZ 1988, S. 183 (184); *Siegel*, Der Begriff des „Betriebs gewerblicher Art" im

fiskalischer Sicht unsinnige Besteuerung erklärt sich allerdings bereits durch die Gesetzesbegründung zum KStG 1925. Danach führe die Nichtbesteuerung öffentlicher Unternehmungen zu einem nicht zu rechtfertigenden Vorsprung gegenüber privatwirtschaftlichen Betrieben, weshalb an einer Steuerbefreiung nicht weiter festgehalten werden könne.[291] Auch die Folgeregelungen können maßgeblich auf das Auftreten „im Wettbewerb" zurückgeführt werden.[292]

Obwohl der Wortlaut des § 1 Abs. 1 Nr. 6 KStG i.V.m. § 4 Abs. 1 KStG diesen Schluss nicht unmittelbar zulässt, dient die Auferlegung der Steuerpflicht damit einzig dem Schutz vor Wettbewerbsbeeinträchtigungen. Genauer soll der Gedanke der Sicherung einer wettbewerbsneutralen Besteuerung in Form des Wettbewerbsschutzes und der Gewährung wirtschaftlicher Chancengleichheit umgesetzt werden.[293] Auch hierbei handelt es sich damit um eine Wettbewerbsschutzklausel des Steuerrechts. Im Folgenden soll daher zunächst bestimmt werden, an welcher Stelle der Wettbewerbsgedanke bei der Besteuerung der öffentlichen Hand angeführt werden kann und welche Bedeutung diesem sodann bei der Beurteilung der Steuerpflichtigkeit der öffentlichen Hand zukommt (II.). Im Anschluss daran soll kritisch die Umsetzung durch die Finanzverwaltung und Rechtsprechung untersucht werden (III.), um ausgehend davon die notwendigen Vorgaben für eine sachgerechte Umsetzung des Wettbewerbsgedankens zu formulieren (IV.).

II. Anknüpfungspunkt für den Wettbewerbsgedanken

Der Wettbewerbsgedanke kommt maßgeblich bei der Bestimmung des steuerpflichtigen Betriebs gewerblicher Art nach § 4 Abs. 1 KStG zum Tragen.

Körperschaft- und Umsatzsteuerrecht, 1999, S. 244; *Seer/Klemke,* BB 2010, S. 2015 (2016); nach *Hüttemann*, in: GS Walz, 2008, S. 269 (272), handelt es sich bestenfalls um ein „Nullsummenspiel".

291 Vgl. Begründung zum Entwurf eines KStG, Verhandlungen des RT, 3. Wahlperiode 1924/25, Bd. 400, Drs. 796, S. 8 ff., wonach der Grund für die Aufhebung der Steuerbefreiung darin liegt, „dass die öffentlichen Verbände [...] sich am Wirtschaftsleben beteiligen, und dass ihnen durch Ersparung [...] der Steuer ein [...] nicht zu rechtfertigender Vorsprung vor den privatwirtschaftlichen Betrieben gewährt wird".

292 Vgl. BT-Drs. 7/1470, S. 336, „Die Besteuerung dieser Betriebe ist unter Wettbewerbsgesichtspunkten gerechtfertigt, weil sie mit [...] steuerpflichtigen Betrieben insofern konkurrieren [...]".

293 Vor dem geschichtlichen Hintergrund bereits *Selmer/Schulze-Osterloh*, DÖV 1978, S. 381 (385 f.); *Laule*, DStZ 1988, S. 183 (184); *Altehoefer*, in: FS Schmidt, 1993, S. 677 (678 f.); *Seer/Wendt*, DStR 2001, S. 825 (826); *Seer/Klemke*, BB 2010, S. 2015.

1. *Betrieb gewerblicher Art*

Ein Betrieb gewerblicher Art liegt nach dem Bundesfinanzhof immer dann vor, wenn die Voraussetzungen eines steuerfreien Hoheitsbetriebs nach § 4 Abs. 5 S. 1 KStG nicht gegeben sind.[294] Die Beurteilung erfolgt demnach in Form einer Abgrenzungsfrage. Ein Hoheitsbetrieb zeichne sich dadurch aus, dass dieser überwiegend der Ausübung öffentlicher Gewalt dient. Dabei sei die Ausübung öffentlicher Gewalt bei Tätigkeiten anzunehmen, die der juristischen Person des öffentlichen Rechts „eigentümlich und vorbehalten" sind.[295] Erst neben diesem Begriffspaar wird sodann der Wettbewerbsgedanke berücksichtigt. Die Ausübung öffentlicher Gewalt soll nämlich ausgeschlossen sein, wenn die Körperschaft eine ähnliche Tätigkeit wie private Anbieter wahrnimmt.[296] Der Gedanke, dass steuerbefreite Körperschaften nicht im „Wettbewerb" tätig werden sollen, scheint damit im Rahmen der Abgrenzung zunächst als Kontrollfrage zu dienen.[297]

Der Wettbewerbsgedanke wird vor dem Gesetzeszweck in den Begriff des Betriebs gewerblicher Art hineingelesen.

---

294 Deutlich erkennbar bei BFH v. 25.01.2005 – I R 63/03, BStBl II 2005, 501, Rn. 8 (m.w.N.); v. 12.07.2012 – I R 106/10, BStBl II 2012, 837, Rn. 9.

295 St. Rspr., vgl. nur BFH v. 09.02.1953 – V 84/52 U, BStBl III 1953, 86, Rn. 6; v. 07.12.2007 – I R 52/06, BStBl II 2009, 248, Rn. 12; v. 27.08.2013 – VIII R 34/11, BStBl II 2014, 248, Rn. 25.

296 St. Rspr., vgl. BFH v. 08.01.1998 – V R 32/97, BStBl II 1998, 410, Rn. 12; v. 07.12.2007 – I R 52/06, BStBl II 2009, 248, Rn. 12; v. 03.02.2010 – I R 8/09, BStBl II 2010, 502, Rn. 16.

297 Die Negativabgrenzung zu § 4 Abs. 5 S. 1 KStG wird zwar kritisiert, da dieser nach seinem Wortlaut nur auf Überwiegensfälle, also im Falle eines gemischten Tätigwerdens anzuwenden sei, vgl. *Bader*, Hoheitsbetrieb und Betrieb gewerblicher Art im Umsatz- und Körperschaftsteuerrecht, 1997, S. 86; *Häck*, Die öffentliche Hand im Körperschaft- und Umsatzsteuerrecht, 2004, S. 116 ff.; *Bürstinghaus* in: Herrmann/Heuer/Raupach, EStG/KStG, § 4 KStG Rn. 73 (Stand 06.2020); *Selmer/Schulze-Osterloh*, DÖV 1978, S. 381 (385); *Seer*, DStR 1992, S. 1751 (1755); a.A. *Beermann*, Hoheitsbetriebe von Kirchen und Religionsgemeinschaften, 2005, S. 182; doch auch diese Betrachtung führt zu keinem abweichenden Ergebnis. Auch sie orientiert sich an den Begriffen des Betriebs gewerblicher Art und des Hoheitsbetriebs. In beiden Fällen kommt es zu einer positiven Bestimmung des § 4 Abs. 1 KStG am Kriterium des „Wettbewerbs", der bei einem Hoheitsbetrieb ausgeschlossen sei, vgl. dazu *Häck*, Die öffentliche Hand im Körperschaft- und Umsatzsteuerrecht, 2004, S. 117 f.; *Märtens*, in: Gosch, KStG^3, 2020, § 4 KStG Rn. 38 und 111; *Altehoefer*, in: FS Schmidt, 1993, S. 677 (686 ff.); *Weitemeyer*, in: GS Walz, 2008, S. 783 (786).

a) Negativmerkmal der Ausübung öffentlicher Gewalt

Im Zuge der Negativabgrenzung zum Hoheitsbetrieb wird folglich dem Wettbewerbsgedanken vorhergehend das Kriterium der Ausübung öffentlicher Gewalt geprüft. Bei deren Vorliegen soll nämlich ein steuerfreier Hoheitsbetrieb und damit kein steuerpflichtiger Betrieb gewerblicher Art gegeben sein.[298] Bei dieser Betrachtung kommt es auch anscheinend nicht mehr unmittelbar auf den Wettbewerbsgedanken an. Dagegen könnte aber gerade die unbedingte Heranziehung des Wettbewerbsgedankens angezeigt sein. Um die Maßgeblichkeit des Wettbewerbsgedankens bei der Beurteilung der Steuerpflicht der öffentlichen Hand beurteilen zu können, muss daher zunächst auch dieses Merkmal skizziert werden. Andernfalls lassen sich die beiden Merkmale nicht angemessen in Verhältnis setzen.

aa) Ausgangspunkt: Staatsaufgabenlehre

Zur Bestimmung der Ausübung öffentlicher Gewalt im Sinne des § 4 Abs. 5 KStG stellte der Bundesfinanzhof schon in der älteren Rechtsprechung maßgeblich darauf ab, ob durch die Tätigkeit selbst eine öffentlich rechtliche Aufgabe erfüllt wird, die aus der Staatsgewalt abgeleitet werden kann und staatlichen Zwecken dient.[299] Nur dann sei diese die Wahrnehmung „eigentümlicher und vorbehaltener" Aufgaben. Maßgeblich ist daher, ob die Tätigkeit mit staatlicher Zwangsgewalt durchgesetzt werden kann oder allein in der Form des Privatrechts ergeht.[300] Als relevantes Indiz sieht der Bundesfinanzhof daher zusätzlich das Bestehen eines öffentlich-rechtlichen Annahmezwangs an.[301] Aus diesem Grund wurde die Tätigkeit eines Vermessungs- und Katasteramtes als hoheitlich eingestuft.[302] Dagegen wurde sowohl der Betrieb eines Krematoriums[303] als auch die Beratungstätigkeit hinsichtlich eines Systems zur Organisation der

---

298 Statt vieler nur BFH v. 25.01.2005 – I R 63/03, BStBl II 2005, 501, Rn. 8; v. 29.10.2008 – I R 51/07, BStBl II 2009, 1022, Rn. 7; v. 03.04.2012 – I R 22/11, BFH/NV 2012, 1334, Rn. 7.

299 BFH v. 30.06.1988 – V R 79/84, BStBl II 1988, 910, Rn. 24; aus der jüngeren Rechtsprechung vgl. nur BFH v. 25.01.2005 – I R 63/03, BStBl II 2005, 501, Rn. 8; v. 07.12.2007 – I R 52/06, BStBl II 2009, 248, Rn. 12; v. 12.07.2012 – I R 106/10, BStBl II 2012, 837, Rn. 9.

300 So schon BFH v. 30.06.1988 – V R 79/84, BStBl II 1988, 910, Rn. 28 f., wo trotz Zuweisung als Pflichtaufgabe daher ein Betrieb gewerblicher Art angenommen wurde.

301 St. Rspr., BFH v. 25.01.2005 – I R 63/03, BStBl II 2005, 501, Rn. 8; v. 07.11.2007 – I R 52/06, BStBl II 2009, 248, Rn. 12; v. 12.07.2012 - I R 106/10, BStBl II 2012, 837, Rn. 12.

302 BFH v. 25.01.2005 – I R 63/03, BStBl II 2005, 501, Rn. 13.

303 BFH v. 29.10.2008 – I R 51/07, BStBl II 2009, 1022, Rn. 17.

Abfallentsorgung[304] mangels Annahmezwangs als Betrieb gewerblicher Art eingeordnet.

Die Wahrnehmung öffentlich-rechtlicher Aufgaben wird also zunächst anhand der Kriterien der staatlichen Prägung, der Förderung staatlicher Zwecke und des Annahmezwangs positiv über die sogenannte Staatsaufgabenlehre bestimmt.[305]

bb) Daraufhin: Wettbewerbskorrektiv

Eine vollständig vom Wettbewerbsgedanken losgelöste Beurteilung hält aber auch die Rechtsprechung nicht aufrecht: Das alleinige Bestehen einer Zuweisungsnorm soll auch nach ihrer Auffassung für sich nicht ausreichen. Die Ausübung öffentlicher Gewalt sei auch dann ausgeschlossen, wenn „sich die Körperschaft durch ihre Einrichtungen in den allgemeinen wirtschaftlichen Verkehr einschaltet und eine Tätigkeit entfaltet, die sich ihrem Inhalt nach von der Tätigkeit eines privaten gewerblichen Unternehmens nicht wesentlich unterscheidet".[306] Der Wettbewerbsgedanke wird in diesem Moment zum Korrektiv. Darüber hinaus scheint der Bundesfinanzhof die Entscheidung zum Teil sogar tatsächlich ausschließlich auf eine wettbewerbsorientierte Beurteilung stützen zu wollen.[307] Dadurch muss er sich der Kritik aussetzen, dass er sich in Grenzfällen nicht mit der Staatsaufgabenlehre auseinandersetzt, sondern auf den Wettbewerbsgedanken zurückzieht.[308] Jüngst hat der Bundesfinanzhof bei der

304 BFH v. 03.04.2012 – I R 22/11, BFH/NV 2012, 1334, Rn. 10.

305 Diese Einordnung geht zurück auf *Selmer/Schulze-Osterloh*, DÖV 1978, S. 381 (383).

306 St. Rspr., BFH v. 25.01.2005 – I R 63/03, BStBl II 2005, 501, Rn. 8; v. 29.10.2008 – I R 51/07, BStBl II 2009, 1022, Rn. 8; v. 03.04.2012 – I R 22/11, BFH/NV 2012, 1334, Rn. 8.

307 Vgl. BFH v. 14.03.1990 – I R 156/87, BStBl II 1990, 866, Rn. 16 f., wo die Beurteilung der Ausübung öffentlicher Gewalt mit der Formulierung, „selbst wenn das der Fall sein sollte" dahinstehen gelassen wurde und nur darauf abgestellt wurde, dass Laboruntersuchungen für hoheitliche Zwecke auch von einer Vielzahl privater Institutionen vorgenommen würden; ähnlich v. 28.11.1991 – V R 95/86, BStBl II 1992, 569, Rn. 27; siehe auch v. 03.02.2010 – I R 8/09, BStBl II 2010, 502, Rn. 16, wonach der Streitfall „keine Veranlassung [bietet], näher auf die Frage einzugehen, ob und ggf. inwieweit die Klägerin in ihrem Kernbereich [...] hoheitlich tätig ist [...]. Denn mit der Vermittlung privater Zusatzversicherungen übt sie jedenfalls eine Tätigkeit aus, die sich von der gewerblicher Versicherungsmakler nicht unterscheidet"; vgl. auch v. 15.04.2010 – V R 10/09, BFH/NV 2010, 1574, Rn. 38 f., wo, wegen der abzuwendenden Beeinträchtigung privater Unternehmer, direkt die Vergleichbarkeit zu deren Tätigwerden hervorgehoben wurde.

308 So schon *Altehoefer*, in: FS Schmidt, 1993, S. 677 (682); ähnlich *Hidien*, in: ders./Jürgens, Die Besteuerung der öffentlichen Hand, 2017, § 4 Rn. 660.

Einordnung kommunaler Kindergärten sogar ausdrücklich entschieden, dass es für die Feststellung der Steuerpflicht allein darauf ankomme, „ob die Aufgabenerfüllung einem öffentlichen Leistungserbringer eigentümlich ist, *oder* ob die Leistungen auch in einem wirtschaftlichen "Wettbewerb" erbracht werden können und werden" (Herv. durch den Verf.).[309] Letzteres sei bei Kindergärten und Kindertagesstätten wegen des dafür bestehenden wettbewerbsrelevanten Anbieter- und Nachfragermarktes gegeben.

Damit zeigt sich, dass das Wettbewerbskriterium dem Gericht regelmäßig vereinfachend zur Umgehung der positiven Bestimmung des Hoheitsbetriebs dient.[310] Das Kriterium geht damit über die ursprüngliche Funktion als Korrektiv für die Annahme einer hoheitlichen Tätigkeit hinaus. Tatsächlich muss die Relevanz der Bestimmung der Ausübung öffentlicher Gewalt anhand eines „eigentümlichen und vorbehaltenen" Tätigwerdens muss daher sogar in Zweifel gezogen werden.[311] Wenn der Staatsaufgabenlehre nämlich einzig die Funktion zukommt, eine Ungleichheit zu privatwirtschaftlichen Tätigkeiten auszumachen,[312] und die Einordnung dementsprechend immer dann zurücktritt, wenn ein zu schützendes Wettbewerbsverhältnis besteht, wird die Feststellung

---

309 Vgl. BFH v. 12.07.2012 – I R 106/10, BStBl II 2012, 837, Rn. 11 f.

310 So schon die Kritik von *Altehoefer*, in: FS Schmidt, 1993, S. 677 (682), zur älteren Rechtsprechung des Bundesfinanzhofs; entsprechend sieht *Baldauf*, DStZ 2011, S. 35 (42), mit Blick auf die Rechtsprechung für die Abgrenzung allein die Bestimmung eines Wettbewerbsverhältnisses als maßgeblich an; dies zeigt sich auch durch das Verständnis von der Rechtsprechung in der Literatur: so attestieren *Wallenhorst*, in: ders./Halaczinsky, Die Besteuerung gemeinnütziger und öffentlich-rechtlicher Körperschaften[7], 2017, Kap. H Rn. 29, trotz des Festhaltens des BFH an den Kriterien „eigentümlich und vorbehalte", eine zunehmende Gewichtung des Wettbewerbsargumentes; ähnlich *Droege*, VBlBW 2011, S. 41; *Heger*, FR 2009, S. 301 (305); *Hüttemann*, FR 2009, S. 308 (310).

311 Ebenso kritisch *Selmer/Schulze-Osterloh*, DÖV 1978, S. 381 (383 f.); *Bader*, Hoheitsbetrieb und Betrieb gewerblicher Art im Umsatz- und Körperschaftsteuerrecht, 1997, S. 95 ff. (insb. S. 97); *Häck*, Die öffentliche Hand im Körperschaft- und Umsatzsteuerrecht, 2004, S. 123; deutlicher *Seer/Klemke*, BB 2010, S. 2015 (2016), „eine rein staatsaufgabenbezogene Abgrenzung [...] erweist sich [...] als untauglich".

312 Schließlich müsse die Ausübung öffentlicher Gewalt bei einer inhaltlichen Wesensgleichheit zur Tätigkeit privater Anbieter ausscheiden, st. Rspr. vgl. nur BFH v. 03.02.2010 – I R 8/09, BStBl II 2010, 502, Rn. 15 (m.w.N.); v. 12.07.2012 – I R 106/10, BStBl II 2012, 837, Rn. 9; ähnlich aber mit der Erkenntnis, dass der Abgrenzungsformel selbst die Vorstellung der fehlenden Beziehung zum privatwirtschaftlichen Verkehr zugrunde liege *Seer/Klemke*, BB 2010, S. 2015 (2016); *Baldauf*, DStZ 2011, S. 35 (38).

eigentümlicher und vorbehaltener Aufgaben und auch die Anwendung der Staatsaufgabenlehre zu deren Bestimmung obsolet. Es liegt daher zwar nahe, die Aufgabe der Abgrenzung nach dem Kriterium der eigentümlichen und vorbehaltenen Tätigkeit zu fordern.[313] Ohne eine Änderung der Regelung lässt sich diese Forderung jedoch nicht wortlautkonform realisieren. § 4 KStG ist damit de lege lata zu Vorgabe eines überflüssig erhöhten Prüfungsaufwandes verdammt.

b) Folge: Steuerpflicht bei Wettbewerbsverhältnis

Erforderlich ist damit aber in jedem Fall die Ermittlung der Wettbewerbsrelevanz der Tätigkeit, und zwar unabhängig von der Einordnung als Hoheitsbetrieb. Insofern besteht auch nahezu Einigkeit darüber, dass es für die Beurteilung der Steuerpflicht auf das Bestehen eines Wettbewerbsverhältnisses ankommt.[314]

2. Ergebnis: „Wettbewerb" als Bedingung des Betriebs gewerblicher Art

Es lässt sich damit festhalten, dass ein Wettbewerbsverhältnis als Grenze des hoheitlichen Tätigwerdens angesehen werden kann. Selbiges ist damit zugleich die maßgebliche Voraussetzung für die Annahme eines Betriebs gewerblicher Art und die darauffolgende Steuerpflicht.[315]

---

313 So etwa *Häck*, Die öffentliche Hand im Körperschaft- und Umsatzsteuerrecht, 2004, S. 117 ff., insb. 123; ebenso *Bader*, Hoheitsbetrieb und Betrieb gewerblicher Art im Umsatz- und Körperschaftsteuerrecht, 1997, S. 97, „die [...] Formel der dem Staat „eigentümlichen und vorbehaltenen" Tätigkeit [sollte] fallengelassen werden"; ebenso *Seer/Wendt*, DStR 2001, S. 825 (827 f.); *Seer/Klemke*, BB 2010, S. 2015 (2016); ähnlich *Küffner*, Umsatzsteuerliche Behandlung von juristischen Personen des öffentlichen Rechts im Lichte der 6. EG-Richtlinie, 2001, S. 63 ff., der die Steuerpflicht anhand „wirtschaftlicher Tätigkeiten" und damit über die Wettbewerbsrelevanz bestimmen will; für eine positive Bestimmung anhand des „äußeren Bild[es]" schon *Selmer/Schulze-Osterloh*, DÖV 1978, S. 381 (387); kritisch *Hidien*, in: ders./Jürgens, Die Besteuerung der öffentlichen Hand, 2017, § 4 Rn. 1054 f.

314 St. Rspr. vgl. nur BFH v. 25.01.2005 – I R 63/03, BStBl II 2005, 501, Rn. 8; v. 29.10.2008 – I R 51/07, BStBl II 2009, 1022, Rn. 12; v. 12.07.2012 – I R 106/10, BStBl II 2012, 837, Rn. 9; aus der Literatur statt vieler *Bader*, Hoheitsbetrieb und Betrieb gewerblicher Art im Umsatz- und Körperschaftsteuerrecht, 1997, S. 98; dem folgend *Beermann*, Hoheitsbetriebe von Kirchen und Religionsgemeinschaften, 2005, S. 180; *Hüttemann*, in: GS Walz, 2008, S. 269 (276); *Strahl*, in: FS Gosch, 2016, S. 403; a.A. *Siegel*, Der Begriff des „Betriebs gewerblicher Art" im Körperschaft- und Umsatzsteuerrecht, 1999, S. 205.

315 Allein in Bezug auf den „Wettbewerb" als Grenze des Hoheitsbetriebs, statt vieler *Seer/Klemke*, BB 2010, S. 2015 (2016), wonach die „Wettbewerbsrelevanz als entscheidendes Abgrenzungskriterium zwischen steuerfreier und steuerpflichtiger Sphäre" angesehen

III. Erfolgende Umsetzung des Wettbewerbsschutzes

Nachdem damit der Anknüpfungspunkt und die Maßgeblichkeit des Wettbewerbsgedankens bestimmt wurden, stellt sich unmittelbar die Frage nach der sachgerechten Umsetzung desselben. Dies gilt unabhängig davon, ob es als Korrektiv folgend auf die Bestimmung einer Tätigkeit als hoheitlich[316] oder als vorgezogenes Merkmal für die Einordnung einer Tätigkeit als wirtschaftlich dient. Im Folgenden sollen zunächst zwei Sonderkonstellationen angeführt werden, die das Finanzamt und teilweise auch der Bundesfinanzhof korrekt heranziehen. Im Anschluss daran soll jedoch auch die Wettbewerbsprüfung durch den Bundesfinanzhof und deren Stringenz untersucht werden.

1. Kein Wettbewerbsverhältnis bei rechtlichem Annahmezwang

Grundsätzlich ist positiv festzuhalten, dass der Bundesfinanzhof ein Wettbewerbsverhältnis konsequent abgelehnt hat, wenn ein gesetzlicher Annahmezwang bestand.[317] Dort kann die öffentliche Hand rein tatsächlich nicht mit privaten Unternehmern um einen Vorteil (den Geschäftsabschluss) wettstreiten, den nur der eine Anbieter zu Lasten des anderen erhalten kann.[318] Ein „Wettbewerb" kann bereits nicht entstehen. Den Nachfragern fehlt schon die Möglichkeit, frei zwischen den Anbietern zu wählen. Ebenso sachgerecht lehnt der Bundesfinanzhof die Relevanz eines Wettbewerbs um den Marktzugang ab.[319]

---

wird; ähnlich bereits *Altehoefer*, in: FS Schmidt, 1993, S. 677 (682); *Hüttemann*, FR 2009, S. 308 (309); wohl auch *Kronawitter*, Die Körperschaftsteuer der Gemeinden, 2012, S. 152 f., wobei dieser nur den Ausschluss einer Wettbewerbsbeeinträchtigung und nicht positiv deren Bestimmung fordert; ähnlich *Frank/Detig*, DStR 2016, S. 1509 (1510).

316 Deutlich erkennbar bei BFH v. 23.10.1996 – I R 1-2/94, BStBl II 1997, 139, Rn. 29 ff.; v. 25.01.2005 – I R 63/03, BStBl II 2005, 501, Rn. 9.

317 BFH v. 08.01.1998 – V R 32/97, BStBl II 1998, 410, Rn. 17; v. 23.10.1996 – I R 1-2/94, BStBl II 1997, 139, Rn. 24 u. 31 f.; v. 25.01.2005 – I R 63/03, BStBl II 2005, 501, Rn. 9; v. 27.08.2013 – VIII R 34/11, BStBl II 2014, 248, Rn. 33 ff; v. 03.08.2017 – V R 62/16, BFH/NV 2018, 301, Rn. 24.

318 So das allgemeine Verständnis vom Wettbewerbsverhältnis, vgl. nur *Kerber/Schwalbe*, in: MünchKomm EUWettbewerbsrecht^2, 2015, Einl. Rn. 37; zum Verhältnis des Wettbewerbs als interaktiver und durch Konkurrenz geprägten Prozess siehe auch die ausführlichen Nachweise in der Einleitung A, II, 1.

319 Vgl. BFH v. 25.01.2005 – I R 63/03, BStBl II 2005, 501, Rn. 9, wo erkannt wird, dass in einer „entweder-oder-Konstellation" kein Wettbewerbsverhältnis im herkömmlichen und demnach relevanten Sinne entstehen kann; mittlerweile legt auch die

Die Berücksichtigung eines Wettbewerbsverhältnisses beim „Wettstreit" um den Marktzugang ist keine Frage des Wettbewerbsgedankens hinsichtlich der zu verhindernden Negativauswirkung der Steuerbegünstigung.[320] Bis zur Übertragung der Aufgabe durch die öffentliche Hand bleibt dem privaten Anbieter der Markt nämlich ohnehin verschlossen. In diesem Fall beruht der „Marktausschluss" nicht auf der gewährten Steuerbegünstigung, sondern auf der gesetzlichen Ausgestaltung der Aufgabenwahrnehmung. Die Begünstigung wirkt sich bei einem alternativen Tätigwerden nicht zu Lasten der Absatzzahlen der Konkurrenten im Wettbewerb aus.[321]

Mit Schreiben vom 11.12.2009 hat auch die Finanzverwaltung mitgeteilt, dass die Entscheidung, wonach eine Tätigkeit nicht als hoheitlich angesehen werden soll, wenn ein öffentlich-rechtlicher Annahmezwang fehlt und die Leistung damit auch bei einem Dritten nachgefragt werden könnte,[322] allgemein angewendet wird.[323] Dies solle ausnahmsweise nur dann nicht gelten, „wenn der Markt für die von der jPöR ausgeübte Tätigkeit örtlich so eingeschränkt ist, dass eine Wettbewerbsbeeinträchtigung steuerpflichtiger Unternehmen [...] ausgeschlossen werden kann"[324]. Interessant ist dabei, dass das BMF nicht ausdrücklich den Begriff des Wettbewerbsverhältnisses, wohl aber den der Wettbewerbsbeeinträchtigung nutzt.

Damit zeigt sich, dass der Bundesfinanzhof und die Finanzverwaltung mit der Feststellung eines Annahmezwangs zunächst einheitlich ein wettbewerbsorientiertes Verständnis zugrunde legen. Zwar nicht ausdrücklich, aber in der Sache stellt nämlich auch das BMF mit der Berücksichtigung eines Annahmezwangs auf die Möglichkeit der Austauschbarkeit aus Nachfragersicht ab. Zu kurz greift

---

Finanzverwaltung dahingehend ein korrektes Verständnis zugrunde, vgl. BMF v. 11.12.2009 – IV C 7-S 2706/10006, BStBl I 2009, 1597, unter I, 2, b).

320 Daher kann in diesem Fall eines „Wettbewerbs um den Marktzugang", anders als nach *Damas*, DStZ 2005, S. 145 (147), auch nicht von einer einschränkenden Auslegung des Wettbewerbskriteriums durch den Bundesfinanzhof gesprochen werden, da insofern richtigerweise mangels drohender Negativauswirkung des Steuervorteils überhaupt kein berücksichtigungsfähiges Wettbewerbsverhältnis besteht.

321 Vgl. dazu auch BFH v. 15.12.1993 – X R 115/91, BStBl II 1994, 314, Rn. 28, der in Bezug auf § 65 Nr. 3 AO bei der Beurteilung einer entsorgungspflichtigen Körperschaft, anders als hier, fälschlicher Weise einen „potentiellen Wettbewerb" trotz des allein alternativen Tätigwerdens angenommen hat.

322 BFH v. 29.10.2008 – I R 51/07, BStBl II 2009, 1022.

323 BMF v. 11.12.2009 – IV C 7-S 2706/10006, BStBl I 2009, 1597.

324 BMF v. 11.12.2009 – IV C 7-S 2706/10006, BStBl I 2009, 1597, unter I, 1, c).

aber die getroffene Vorgabe, dass die Frage der Steuerpflicht allein über die Möglichkeit der Nachfrage bei einem privaten Anbieter entschieden werden soll. Selbst wenn das BMF damit auf einen „potentiellen Wettbewerb" abstellen sollte, kann die reine Möglichkeit der Austauschbarkeit einen solchen nicht begründen. Vielmehr muss anhand der wirtschaftlichen Begebenheiten vor Ort ein Marktzutritt auch real möglich sein.[325] Diese Bedingung wurde jedoch nicht explizit hervorgehoben. Der fehlende Annahmezwang ermöglicht lediglich die Annahme eines Wettbewerbsverhältnisses, begründet ein solches aber nicht schon. Eben diese Annahme legt die Finanzverwaltung aber wohl zugrunde, wenn nämlich die „Rückausnahme" durch den Ausschluss einer Wettbewerbsbeeinträchtigung wegen einer örtlichen Begrenzung des Marktes erfolgen soll. Demnach wird ein Wettbewerbsverhältnis also vermutet, bis wegen einer örtlichen Beschränkung des räumlich relevanten Marktes das Gegenteil festgestellt wird.

Stattdessen sollte sowohl ein bestehendes als auch ein potentielles Wettbewerbsverhältnis positiv bestimmt werden.[326]

2. *Kein Wettbewerbsverhältnis bei Aufgabenübertragung*

Grundsätzlich zutreffend ist auch die Einordnung des BMF hinsichtlich der Aufgabenübertragung auf private Dritte. Richtigerweise wird erkannt, dass die Aufgabenübertragung irrelevant ist, sofern „ein öffentlich-rechtlicher Benutzungszwang besteht, so dass die Leistung nur von jPöR oder von Beliehenen erbracht werden kann".[327] Dadurch, dass die Kriterien der Aufgabenübertragung und des Annahmezwangs für die Beurteilung der Unschädlichkeit der Übertragbarkeit zeitgleich gegeben sein müssen,[328] ist die Marktabgrenzung irrelevant. Im Falle eines Benutzungszwangs kommt es nicht mehr auf das Bestehen eines

---

325 Statt vieler nur *Seer/Wendt*, DStR 2001, S. 825 (829); *Seer/Klemke*, BB 2010, S. 2015 (2017); *Strahl*, in: FS Gosch, 2016, S. 403; vgl. auch die Nachweise und Stellungnahme zum gleichgehenden Verständnis in Bezug auf § 65 Nr. 3 AO, wo teilweise richtigerweise ebenso die tatsächliche Möglichkeit des Marktzutritts gefordert wird, Teil 1 A, II, 2 c); anders dagegen wohl *Müller-Gatermann*, FR 2009, S. 314 (317); *Hidien*, in: ders./Jürgens, Die Besteuerung der öffentlichen Hand, 2017, § 2 Rn. 812 f.

326 Vgl. dazu die übertragbaren Ausführungen unter Teil 1 A, II, 1 b) bb) und Teil 1 A, II, 2 c); ebenso sieht *Schiffers*, DStZ 2010, S. 122 (124), die Marktabgrenzung entsprechend kartellrechtlicher Grundsätze in jedem Einzelfall als zwingend maßgeblich an.

327 BMF v. 11.12.2009 – IV C 7-S 2706/10006, BStBl I 2009, 1597, unter I, 2, b).

328 Vgl. BMF v. 11.12.2009 – IV C 7-S 2706/10006, unter I, 2, b), „wenn die Übertragung [...] nur im Wege der Beleihung möglich ist und ein öffentlich-rechtlicher Benutzungszwang besteht".

Wettbewerbsverhältnisses und damit auch nicht auf die Marktanalyse an.[329] Durch den Annahmezwang wird ein „Wettbewerb" rein tatsächlich unmöglich.

Unsachgerecht ist dagegen, dass die Finanzverwaltung bei der Möglichkeit der Übertragung der Tätigkeit ohne Form der Beleihung und auch in der Form der Beleihung aber ohne Annahmezwang die Tätigkeit als nicht hoheitlich beurteilen möchte.[330] Ohne die Feststellung eines Wettbewerbsverhältnisses würde auch in diesem Fall der Wettbewerbsschutz übereilt erfolgen. Daher bedarf es stets der Prüfung eines Wettbewerbsverhältnisses auf dem relevanten Markt.[331]

3. *Rechtsprechung: Im Übrigen unzureichende Wettbewerbsprüfung*

Neben diesen beiden im Ansatz korrekt eingeordneten Sonderkonstellationen zeigt sich jedoch gerade auch in der Rechtsprechung ein fehlerhafter Umgang bei der Bestimmung des Wettbewerbsverhältnisses.

Zwar gibt der Bundesfinanzhof zunächst korrekt vor, dass „anhand konkreter Feststellungen zu prüfen [ist], ob ein wettbewerbsrelevanter Markt für die einschlägige Tätigkeit der juristischen Person des öffentlichen Rechts besteht".[332] Überdies hat das Gericht jüngst auch die maßgeblichen Kriterien zur Marktabgrenzung offenlegt. Ausschlaggebend sei nämlich, dass die juristischen Personen des öffentlichen Rechts „in gleicher oder jedenfalls vergleichbarer Weise auftreten und ihr Angebot dem gleichen "Kundenkreis" anbieten".[333] Daraufhin allerdings die Frage außer Acht gelassen, ob die Austauschbarkeit aus Nachfragersicht nicht doch entfallen könnte.[334] Im Ergebnis ist wegen der Möglichkeit

329 Anders dagegen *Schiffers*, DStZ 2010, S. 122 (125), wonach „auch insoweit [...] eine Wettbewerbssituation auf dem relevanten Markt zu prüfen [ist]".

330 Vgl. BMF v. 11.12.2009 – IV C 7-S 2706/10006, unter I, 2, b), „wenn die Übertragung auf den privaten Dritten nur im Wege der Beleihung möglich ist *und* ein öffentlich-rechtlicher Benutzungszwang besteht" (Herv. durch den Verf.).

331 In dieser Hinsicht ist *Schiffers*, DStZ 2010, S. 122 (125), zuzustimmen.

332 BFH v. 27.02.2003 – V R 78/01, BStBl II 2004, 431, Rn. 44.

333 BFH v. 12.07.2012 – I R 106/10, BStBl II 2012, 837, Rn. 11.

334 Anders die Vorinstanz, vgl. FG Düsseldorf v. 02.11.2010 – 6 K 2138/08 K, EFG 2011, 482, Rn. 26. Tatsächlich könnte es für die Nachfrager hinsichtlich der Austauschbarkeit nämlich einen Unterschied machen, dass die kommunalen Kindergärten nach § 22 SGB Abs. 8 und § 3 Abs. 1 KiBiz einem eigenständigen Bildungs-, Erziehungs- und Betreuungsauftrag unterliegen; vgl. ähnlich fehlerhaft BFH v. 27.02.2003 – V R 78/01, BStBl II 2004, 431, Rn. 46; ähnlich sehen auch *Seer/Klemke*, BB 2010, S. 2015 (2022), die letztgenannte Entscheidung wegen eines nicht zu rechtfertigenden Wettbewerbsnachteils für Private als fehlgehend an; a.A. *Wallenhorst*, in: ders./Halaczinsky,

der wechselseitigen Beeinflussung der Anbieter vielmehr von einem Wettbewerbsverhältnis auszugehen. An anderer Stelle wurde ebenso unsachgerecht darauf abgestellt, ob ein besonderes schuldrechtliches Entgelt erhoben wurde.[335] Für den Wettbewerbsschutz kann es aber keinen Unterschied machen, ob ein Entgelt erhoben wird oder nicht.[336] Auch wenn sich die steuerliche Begünstigung ohne Entgelt nicht auswirken kann, zeigt sich damit dennoch die Neigung, die Wettbewerbsprüfung umgehen zu wollen. Dies verdeutlicht sich dadurch, dass die Kriterien zur Feststellung eines Wettbewerbsverhältnisses auch an anderen Stellen nicht benannt wurden,[337] sondern allein tätigkeitsbezogene Beurteilungen erfolgten.[338] Ebenso unsachgerecht wurde ein Wettbewerbsverhältnis zwischen Krematorien in NRW und Bayern wegen der Feststellung angenommen, dass es grenzübergreifend niederländische Werbung für Krematorien gibt.[339] Das alleinige Bestehen von Werbung mit großer Reichweite belegt aber noch nicht die maßgebliche Austauschbarkeit aus Nachfragersicht. Die Werbung kann allenfalls ein Indiz sein, nicht aber die Marktabgrenzung aus Nachfragersicht ersetzen.

Die Besteuerung gemeinnütziger und öffentlich-rechtlicher Körperschaften[7], 2017, Kap. F Rn. 16, der eine „Wettbewerbslage" ablehnen will.

335 BFH v. 07.12.2007 – I R 52/06, BStBl II 2009, 248, Rn. 13, wonach sich die Gemeinde ohne Forderung eines Entgelts nicht in einer mit einem privaten Unternehmen vergleichbaren Weise in den allgemeinen wirtschaftlichen Verkehr einschalte.

336 Denn gerade in diesem Fall hätte einem Betreiber einer gewerblichen Toilette in der näheren Umgebung ein erheblicher Verlust entstehen können. Insofern hätte es für die Bestimmung des Wettbewerbsverhältnisses der zusätzlichen Feststellung bedurft, ob im direkten Umfeld (denn der relevante Markt dürfte bereits wegen der Natur der Sache räumlich begrenzt sein) eine gewerbliche Toilette betrieben wurde.

337 Aus der jüngeren Rechtsprechung BFH v. 18.10.2017 – V R 46/16, BFH/NV 2018, 293, Rn. 24.

338 Vgl. BFH v. 03.02.2010 – I R 8/09, BStBl II 2010, 502, Rn. 15 ff.; siehe auch v. 12.07.2012 – I R 106/10, BStBl II 2012, 837, Rn. 12, wo ein Wettbewerbsverhältnis allein tätigkeitsbezogen damit begründet wurde, dass „ein einschlägiger wettbewerbsrelevanter "Anbieter-" wie "Nachfragermarkt" [besteht]". Es scheint, als käme es damit auf den räumlich relevanten Markt überhaupt nicht mehr an. Dies birgt die Gefahr, dass wegen der Vermutung einer Bedrohung der ebenfalls vermuteten Konkurrenten eine aus fiskalischer Sicht nachteilhafte und wettbewerbsrechtlich nicht erforderliche Besteuerung erfolgt; zur Uferlosigkeit einer abstrakt generellen Beurteilung bereits unter Teil 1 A, II, 1 d), sowie Teil 1 A, II, 2 c).

339 BFH v. 29.10.2008 – I R 51/07, BStBl II 2009, 1022, Rn. 15.

Trotz der zwar nicht ausdrücklich, aber in der Sache erfolgenden Heranziehung der Kurzformel des UWG[340] zur Marktabgrenzung,[341] offenbart sich damit dennoch eine gegenüber dem Wettbewerbsgedanken unzureichende Bestimmung der Wettbewerbsrelevanz.

4. Ergebnis: Konflikt zwischen Sachgerechtigkeit und Praktikabilität

Insgesamt wird damit deutlich, dass sowohl die Rechtsprechung als auch die Finanzverwaltung zumindest im Ausgangspunkt ein wettbewerbsorientiertes Verständnis erkennen lassen. Allerdings zeigt sich zugleich, dass die Finanzverwaltung das Vorliegen eines Wettbewerbsverhältnisses vermuten will und einzig bei einem örtlich beschränkten relevanten Markt die Feststellung des Gegenteils berücksichtigen, oder im Falle der Übertragbarkeit ohne die Möglichkeit einer Beleihung sowie bei einem fehlenden Annahmezwang die notwendige Bestimmung des Wettbewerbsverhältnisses völlig unterlässt. Und auch die Mehrzahl der Entscheidungen der Rechtsprechung zeigt, dass versucht wird, die umfangreiche Wettbewerbsprüfung zu umgehen. Es fehlt damit offensichtlich nicht an einem grundlegenden wettbewerbsorientierten Verständnis, sondern an einer zugleich sachgerechten und auch mit der Ressourcenlimitierung vereinbaren Umsetzung des Wettbewerbsschutzes. Anders als mit der Ungeeignetheit einer (sachgerechten) umfassenden Bestimmung eines Wettbewerbsverhältnisses lässt sich der Versuch der Vereinfachung und Umgehung der Wettbewerbsprüfung nicht erklären.

IV. Notwendige Umsetzung des Wettbewerbsschutzes

Nachfolgend sollen kurz die sachgerechten Kriterien für die Bestimmung eines Wettbewerbsverhältnisses aufgestellt werden. Anschließend soll zudem beurteilen werden, ob die Auferlegung der Steuerpflicht aufgrund des Wettbewerbsgedankens allein wegen eines Wettbewerbsverhältnisses oder erst beim Vorliegen einer Wettbewerbsbeeinträchtigung erfolgen muss. Dazu sollen zunächst die Verständnisse in der Literatur nachgezeichnet werden, um anschließend die erforderlichen Kriterien für die Steuerpflichtigkeit festzulegen.

---

340 Zur Bestimmung des Marktes nach dem UWG bereits ausführlich unter Teil 1 A, II, 1 a) aa); zur vorzugswürdigen Übernahme kartellrechtlicher Grundsätze, auch wenn die divergierende Anknüpfung an das UWG oder GWB nur für die Festlegung des relevanten Marktes, nicht aber die Marktabgrenzung an sich ausschlaggebend ist, Teil 1 A, II, 1 c) aa).

341 Vgl. erneut BFH v. 12.07.2012 – I R 106/10, BStBl II 2012, 837, Rn. 11.

1. Bestimmung des Wettbewerbsverhältnisses

Wie § 65 Nr. 3 AO liegt auch § 1 Abs. 1 Nr. 6 i.V.m. § 4 KStG der Gedanke der Wettbewerbsneutralität zugrunde.[342] Aus diesem Grund fordert auch die ganz herrschende Ansicht das Vorliegen eines tatsächlichen oder wenigstens eines potentiellen Wettbewerbsverhältnisses.[343]

Zur Bestimmung des Wettbewerbsverhältnisses lässt sich dabei die zu § 65 Nr. 3 AO angeführte kartellrechtliche Methodik auch an dieser Stelle bedenkenlos heranziehen. Zur Annahme eines Wettbewerbsverhältnisses ist daher die Bestimmung des sachlich und räumlich relevanten Marktes anhand der Austauschbarkeit aus Nachfragersicht durch die Anwendung des Bedarfsmarktkonzepts und gegebenenfalls des SSNIP-Tests erforderlich.[344] Auch für das Kriterium des potentiellen Wettbewerbsverhältnisses besteht dabei kein geringerer Aufwand als für die Bestimmung des tatsächlichen Wettbewerbsverhältnisses.[345] Anstelle einer abstrakten Beurteilung ist ebenso auf die konkreten Verhältnisse auf dem relevanten Markt abzustellen.[346] Andernfalls würde der Wettbewerbsschutz zum Regelausschluss verkommen.[347]

---

342 Vgl. die Nachweise unter Teil 1 A, I.

343 Ausdrücklich hinsichtlich des potentiellen Wettbewerbs BFH v. 12.07.2012 – I R 106/10, BStBl II 2012, 837, Rn. 9; statt vieler *Märtens*, in: Gosch, KStG[4], 2020, § 4 KStG Rn. 109; *Bürstinghaus* in: Herrmann/Heuer/Raupach, EStG/KStG, § 4 KStG Rn. 74 (Stand 06.2020); *Hidien*, in: ders./Jürgens, Die Besteuerung der öffentlichen Hand, 2017, § 4 Rn. 812 ff.; weitere Nachweise bereits unter Teil 1 B, II, 2.

344 Dazu ausführlich unter Teil 1 A, II, 1 b) bb); an das Kartellrecht knüpft auch *Schiffers*, DStZ 2010, S. 122 (124), an, ohne jedoch Vorgaben für die Umsetzung zu treffen.

345 Im Gegenteil müssen zur Bestimmung eines potentiellen Wettbewerbsverhältnisses sogar weitergehende Feststellungen getroffen werden, vgl. dazu bereits Teil 1 A, II, 1 b) und 2 c).

346 Gegen eine abstrakte Beurteilung auch *Seer/Wendt*, DStR 2001, S. 825 (829); *Seer/Klemke*, BB 2010, S. 2015 (2017); *Häck*, Die öffentliche Hand im Körperschaft- und Umsatzsteuerrecht, 2004, S. 129; *Hidien*, in: ders./Jürgens, Die Besteuerung der öffentlichen Hand, 2017, § 4 Rn. 812 f.; zur Unzulänglichkeit einer abstrakt generellen Beurteilung bereits unter Teil 1 A, II, 1 d), sowie Teil 1 A, II, 2 c); anders wohl *Müller-Gatermann*, FR 2009, S. 314 (315); a.A. *Wallenhorst*, in: ders./Halaczinsky, Die Besteuerung gemeinnütziger und öffentlich-rechtlicher Körperschaften[7], 2017, Kap. F Rn. 15, der für eine abstrakte Beurteilung plädiert, auch wenn diese „durchaus Bezug zur Situation der Betätigung im konkreten Fall" haben soll.

347 Zur Ermittlung eines (potentiellen) Wettbewerbsverhältnisses ausführlich unter Teil 1 A, II, 1 b) und 2 c).

Im Gleichlauf mit den Erkenntnissen zu § 65 Nr. 3 AO ist auch im Rahmen des § 4 KStG die kartellrechtliche Marktabgrenzung für die Erzielung sachgerechter und vor allem präziser Ergebnisse zwingend notwendig.[348]

2. *Notwendigkeit der Erweiterung der Wettbewerbsprüfung*

Neben dem reinen Wettbewerbsverhältnis könnte für die Begründung der Steuerpflicht der öffentlichen Hand aber zusätzlich die Feststellung einer Wettbewerbsbeeinträchtigung erforderlich sein.

a) *Wettbewerbsrelevanz, -verhältnis und -beeinträchtigung*

Auch mit Blick auf die Literatur zeigt sich über die Forderung eines Wettbewerbsverhältnisses hinausgehend eine deutliche Differenzierung bezüglich des Erfordernisses der partiellen Steuerpflicht:

> Zum Teil wird der Grund für die Auferlegung der Steuerpflicht in der alleinigen Annahme eines Wettbewerbsverhältnisses und der damit einhergehenden Ablehnung eines Hoheitsbetriebes gesehen.[349] Vor dem Hintergrund der Wettbewerbsneutralität

---

348 Dagegen mit einer Anknüpfung an das UWG: *Lang/Seer*, StuW 1993, S. 47 (57); *Seer/Wendt*, DStR 2001, S. 825 (828); *Seer/Klemke*, BB 2010, S. 2015 (2017); *Bader*, Hoheitsbetrieb und Betrieb gewerblicher Art im Umsatz- und Körperschaftsteuerrecht, 1997, S. 98 ff.; *Häck*, Die öffentliche Hand im Körperschaft- und Umsatzsteuerrecht, 2004, S. 125; in der Sache auch *Siegel*, Der Begriff des „Betriebs gewerblicher Art“ im Körperschaft- und Umsatzsteuerrecht, 1999, S. 246 (m.w.N.); mit dem Verständnis relevanter Märkte auch *Paetsch* in: Rödder/Herlinghaus/Neumann, KStG[1], 2015, § 4 KStG Rn. 104.

349 Dabei sieht *F. Kirchhof*, in: FS Offerhaus, 1999, S. 333 (338), bereits durch die „bloße Konkurrenztätigkeit den Wettbewerb belastet“, wobei dies im Folgenden durch die rechtlich begründeten unterschiedlichen Handlungsmöglichkeiten wegen ungleicher Ausgangssituationen am Markt wohl relativiert wird; ebenso stellt *Schiffers*, DStZ 2010, S. 122 (124), allein auf das Bestehen einer Wettbewerbssituation ab; auch *Baldauf*, DStZ 2011, S. 35 (42), sieht in der Wettbewerbsrelevanz durch das Wettbewerbsverhältnis einen ausreichenden Grund für die Steuerpflicht; ebenso *Droege*, VBlBW 2011, S. 41 (41 u. 43); *Paetsch* in: Rödder/Herlinghaus/Neumann, KStG[1], 2015, § 4 KStG Rn. 104; auch *Märtens*, in: Gosch, KStG[4], 2020, § 4 KStG Rn. 109, lässt für die Abgrenzung zum Hoheitsbetrieb ein Wettbewerbsverhältnisses ausreichen); ebenso *Wallenhorst*, in: ders./Halaczinsky, Die Besteuerung gemeinnütziger und öffentlich-rechtlicher Körperschaften[7], 2017, Kap. F Rn. 11a; *Seer/Wendt*, DStR 2001, S. 825 (827 f.); *Seer/ Klemke*, BB 2010, S. 2015 (2017 aE), wobei diese im Ergebnis sogar weitergehend in der Gewährung des Steuervorteils einen rechtfertigungsbedürftigen

wird die Bestimmung eines Konkurrenzverhältnisses vorgenommen und dieses als für die Begründung der Steuerpflicht ausreichend anerkannt.

An anderer Stelle wird dagegen schon wegen eines Wettbewerbsverhältnisses zugleich eine Wettbewerbsbeeinträchtigung oder -verzerrung angenommen.[350]

Die dritte Strömung, die als vermittelnde Ansicht dieser nicht als konträr wahrgenommenen, aber dennoch unterschiedlichen Standpunkte angesehen werden kann, nimmt grundsätzlich mit dem Bestehen eines Wettbewerbsverhältnisses die Wettbewerbsrelevanz der Tätigkeit an. Dies allein soll zur Begründung der Steuerpflicht jedoch nicht genügen. Aufgrund der Erkenntnis, dass das Wettbewerbsverhältnis an sich noch keine Schädigung der bestehenden Konkurrenten bedeuten muss, wird die Notwendigkeit gesehen, dass es darüber hinaus der Weitergabe oder zumindest der Möglichkeit der Weitergabe des Steuervorteils an den Markt bedarf.[351] Teilweise wird allerdings gefordert, die Weitergabe des Steuervorteils aus Praktikabilitätsgründen (widerleglich) zu vermuten[352] oder zumindest typisierend auf ein ökonomisch vernünftiges Verhalten abzustellen[353].

Zur Vereinheitlichung der teilweise verschiedentlich verwendeten Begriffe der Wettbewerbsrelevanz, des Wettbewerbsverhältnisses und der Wettbewerbsbeeinträchtigung, bietet es sich an, diese fortan wie folgt zu unterscheiden: Die

---

Wettbewerbsnachteil für Private sehen (S. 2022); anders wohl Achatz/Mang/Lindinger, Handbuch³ (2014), Rn. 109.

350 Siehe etwa *Boos*, DStZ 2015, S. 214 (227); ähnlich verwendet *Heger*, FR 2009, S. 301 (305), anscheinend den Begriff der Wettbewerbsbeeinträchtigung als Synonym für den des Wettbewerbsverhältnisses, sieht jedenfalls mit dem Bestehen eines Wettbewerbs zugleich eine Wettbewerbsbeeinträchtigung; ähnlich nimmt *Müller-Gatermann*, FR 2009, S. 314 (316 f.), eine Wettbewerbsverzerrung allein wegen der unterschiedlichen steuerlichen Beurteilung an; wohl auch *Gerstenberg*, Stbg 2014, S. 344 (346).

351 Nach *Bader*, Hoheitsbetrieb und Betrieb gewerblicher Art im Umsatz- und Körperschaftsteuerrecht, 1997, S. 54 ff. und S. 66, sei ein Steuervorteil erst dann wettbewerbsrelevant, wenn er unmittelbar „zur Verbesserung der Wettbewerbsposition am Markt weitergeben wird"; *Häck*, Die öffentliche Hand im Körperschaft- und Umsatzsteuerrecht, 2004, S. 130"; *Steffen*, Der Betrieb gewerblicher Art, 2001, S. 60; *Landwehr*, Betriebe gewerblicher Art der juristischen Personen des öffentlichen Rechts im Körperschaftsteuerrecht, 2000, S. 165, „Möglichkeit zur Instrumentalisierung eines Steuervorteils"; mit der Unterscheidung zwischen Inwettbewerbtreten und Wettbewerbsverzerrung auch *Frank/Detig*, DStR 2016, S. 1509 (1510).

352 *Häck*, Die öffentliche Hand im Körperschaft- und Umsatzsteuerrecht, 2004, S. 130.

353 *Bader*, Hoheitsbetrieb und Betrieb gewerblicher Art im Umsatz- und Körperschaftsteuerrecht, 1997, S. 59.

Vornahme einer begünstigten Tätigkeit in einem Wettbewerbsverhältnis führt zu deren Wettbewerbsrelevanz. Insofern kann auch der Steuervorteil selbst als wettbewerbsrelevant bezeichnet werden, sofern er sich im Wettbewerb auswirken kann. Eine Wettbewerbsbeeinträchtigung kann dagegen erst durch eine wettbewerbsrelevante Tätigkeit in einem Wettbewerbsverhältnis erfolgen. Daher ist diese in keinem Fall mit einem Wettbewerbsverhältnis, auch nicht bei Beteiligung eines begünstigten Anbieters, gleichzusetzen. Auch „der Wettbewerb" ist beim Vorliegen eines Wettbewerbsverhältnisses nicht schon durch das alleinige Bestehen einer Begünstigung beeinträchtigt. Der Gleichsetzung der Begriffe liegt die Annahme dessen zugrunde, was erst noch zu beurteilen ist. Nämlich die Tatsache, dass sich die Begünstigung überhaupt negativ auf „den Wettbewerb" auswirkt oder auswirken kann. Durch eine Beeinträchtigung der Ausgangslage ist der Wettbewerb als interaktiver Prozess aber noch nicht berührt.

Die oben dargestellten Ansichten können daher so zusammengefasst werden, dass zwischen der Forderung der partiellen Steuerpflicht wegen eines Wettbewerbsverhältnisses und einer Wettbewerbsbeeinträchtigung unterschieden werden muss. Nachfolgend sollen daher die Merkmale des Wettbewerbsverhältnisses und der Wettbewerbsbeeinträchtigung hinsichtlich ihrer Bedeutung für die Steuerpflicht untersucht werden.

b) Bedingung der Steuerpflicht

Wegen der grundsätzlichen Wettbewerbsrelevanz der Körperschaftsteuer[354] kommt es für die Begründung der partiellen Steuerpflicht daher auf die

354 Dagegen wird die Wettbewerbsrelevanz von Gewinnsteuern teilweise bestritten. Vgl. *Bader*, Hoheitsbetrieb und Betrieb gewerblicher Art im Umsatz- und Körperschaftsteuerrecht, 1997, S. 56 ff.; *Steffen*, Der Betrieb gewerblicher Art, 2001, S. 63; ähnlich *Landwehr*, Betriebe gewerblicher Art der juristischen Personen des öffentlichen Rechts im Körperschaftsteuerrecht, 2000, S. 105; auch *Märtens*, in: Gosch, KStG^4, 2020, § 4 KStG Rn. 2, wobei dem Einwand zu folgen ist, dass private Akteure auf Dauer eine Tätigkeit ohne Gewinnerzielung nicht vornehmen können werden. Zudem läuft ein kostendeckendes Tätigwerden privater Anbieter der Lebenserfahrung zuwider. Es ist daher davon auszugehen, dass die privaten Anbieter nur bis zu einem gewissen Punkt nachziehen werden und andernfalls den Markt verlassen. Der öffentlichen Hand verbleibt der über den Steuervorteil hinausgehende Gewinn, wohingegen der steuerpflichtige Anbieter zumindest einen Teil seines (besteuerten) Gewinns aufopfern muss. Dieses ausgleichende Gewinnopfer wird aber allein durch die Steuerfreiheit der öffentlichen Hand begründet. Daher muss auch der für die Gewinnminderung kausale Vorteil der öffentlichen Hand als wettbewerbsrelevant angesehen werden.

Festlegung der Bedeutung der Merkmale des Wettbewerbsverhältnisses und der Wettbewerbsbeeinträchtigung für die Steuerpflicht an.

aa) Grund für die Auferlegung der Steuerlast

Eine Entscheidung kann dabei nur mit Blick auf den Grund für die Auferlegung der Steuerlast getroffen werden. Um die Notwendigkeit einer Wettbewerbsbeeinträchtigung feststellen zu können, ist daher zunächst zu bestimmen, ob dem Normzweck eine individuelle oder institutionelle Schutzrichtung zugrunde liegt.

(1) Objekt der Schutzklausel

Entgegen des Wortlauts und damit weniger offensichtlich als beim Zweckbetrieb[355] wird in der Literatur, vor dem Hintergrund der Wettbewerbsneutralität, eine Konkretisierung auf den individuellen Schutz der nicht begünstigten Konkurrenten vorgenommen.[356] Neben der Ansicht, dass die Auferlegung der partiellen Steuerpflicht daher einzig zum Schutz privater Anbieter[357] erforderlich werden könnte, wird teilweise aber dennoch institutionell auf die

355 Wo zum Teil dennoch auf den Schutz „des Wettbewerbs" abgestellt wird, dazu ausführlich unter Teil 1 A, II, 1 b) aa); der Wettbewerb selbst ist jedoch viel zu unbestimmt, als dass dieser geschützt werden könnte oder überhaupt schützenswert wäre; ebenso kritisch *Klement*, Wettbewerbsfreiheit, 2015, S. 57 f., „nur allzu oft wird der Wettbewerb *personifiziert* oder sonst zu einem selbstständigen Faktor gemacht". Und das, obwohl der Wettbewerb richtigerweise nicht das „Endziel" des Schutzes sein kann, *ders.*, a.a.O., S. 60.

356 *Bader*, Hoheitsbetrieb und Betrieb gewerblicher Art im Umsatz- und Körperschaftsteuerrecht, 1997, S. 63; *Altehoefer*, in: FS Schmidt, 1993, S. 677 (686); zuvor bereits *Selmer/Schulze-Osterloh*, DÖV 1978, S. 381 (382), die den Zweck der subjektiven Steuerpflicht der Betriebe gewerblicher Art, Wettbewerbsvorteile zu Lasten gleichartiger privater Anbieter zu verhindern, bereits auf das KStG 1925 zurückführen; ähnlich auch *Seer*, DStR 1992, S. 1751 (1752); *ders./Wendt*, DStR 2001, S. 825 (826); *Gerstenberg*, Stbg 2014, S. 344; ähnlich *Siegel*, Der Begriff des „Betriebs gewerblicher Art" im Körperschaft- und Umsatzsteuerrecht, 1999, S. 241 und 245; *Frank/Detig*, DStR 2016, S. 1509 (1510); mit einer Ausrichtung auf die Wettbewerbsgleichheit: *F. Kirchhof*, in: FS Offerhaus, 1999, S. 333 (337); *Laule*, DStZ 1988, S. 183 (184).

357 St. Rspr., vgl. nur BFH v. 14.03.1990 – I R 156/87, BStBl II 1990, 866, Rn. 11; v. 12.07.2012 – I R 106/10, BStBl II 2012, 837, Rn. 9; statt vieler *Märtens*, in: Gosch, KStG[4], 2020, § 4 KStG Rn. 1; *Selmer/Schulze-Osterloh*, DÖV 1978, S. 381; *Häck*, Die öffentliche Hand im Körperschaft- und Umsatzsteuerrecht, 2004, S. 124 ff,; *Seer/Klemke*, BB 2010, S. 2015 f.

Gewährleistung des effizienzfördernden Wirkung des Wettbewerbs[358] und die Sicherung des Steueraufkommens[359] abgestellt.

Wenn für die Auferlegung der Steuerlast einhellig zunächst das Vorliegen eines Wettbewerbsverhältnisses erforderlich ist,[360] stellt sich tatsächlich die Frage, welcher Zweck mit diesem Anknüpfungspunkt verfolgt wird. So könnten durchaus der Schutz nicht begünstigter Konkurrenten oder aber der Schutz von Allgemeininteressen hinsichtlich des Wirkmechanismus des Wettbewerbsprozesses[361] und die Erhaltung von Steuerquellen bei der Normanwendung im Vordergrund stehen.

Bereits in der Begründung zur Ursprungsregelung der partiellen Steuerpflicht wurde zum Ausdruck gebracht, dass es um die Verhinderung eines „nicht zu rechtfertigende[n] Vorsprung[s] vor den privatwirtschaftlichen Betrieben" geht.[362] Etwas anders könnte sich aber aus der Gesetzesbegründung zu § 4 Abs. 1 S. 2 KStG ergeben. Die Besteuerung von Selbstversorgungsbetrieben wird dort nämlich damit begründet, dass diese „mit den im freien Wettbewerb stehenden steuerpflichtigen Betrieben insofern konkurrieren, als sie den Bedarf der Trägerkörperschaft, zu dessen Befriedigung sie eingerichtet werden, vom freien Markt fernhalten". Eine Beteiligung am allgemeinen wirtschaftlichen Verkehr sei

---

358 Darauf stellt vor allem *Hüttemann*, FR 2009, S. 308 (310), unter Bezugnahme auf *Hensel*, StuW 1930, S. 873 (877 ff.) ab, der dahingehend von der Verringerung einer „Schlamperei Spanne" spricht; *ders.*, in: GS Walz, 2008, S. 269 (272 f.); dem folgend *Gerstenberg*, Stbg 2014, S. 344.

359 Mit der Übernahme aus dem amerikanischen Recht *Hüttemann*, in: GS Walz, 2008, S. 269 (272); in Bezug auf § 65 Nr. 3 AO bereits *Walz*, in: Non Profit Law Yearbook 2001, S. 197 (206 f.).

360 BFH v. 25.01.2005 – I R 63/03, BStBl II 2005, 501, Rn. 8 f.; v. 29.10.2008 – I R 51/07, BStBl II 2009, 1022, Rn. 8; v. 12.07.2012 – I R 106/10, BStBl II 2012, 837, Rn. 9; statt vieler *Paetsch* in: Rödder/Herlinghaus/Neumann, KStG[1], 2015, § 4 KStG Rn. 104; *Bader*, Hoheitsbetrieb und Betrieb gewerblicher Art im Umsatz- und Körperschaftsteuerrecht, 1997, S. 97 ff.; *Schiffers*, DStZ 2010, S. 122 (124); anders *Siegel*, Der Begriff des „Betriebs gewerblicher Art" im Körperschaft- und Umsatzsteuerrecht, 1999, S. 205, der das Kriterium des Wettbewerbsverhältnisses mangels Umsetzbarkeit im steuerlichen Massenverfahren für ungeeignet hält; weitere Nachweise unter Teil 1 B, IV, 2 a).

361 Gemeint ist die effizienzsteigernde Wirkung des interaktiven Konkurrenzprozesses hinsichtlich Allokation und Innovation; dazu *Magen*, in: Öffentliches Wettbewerbsrecht, 2014, § 2 Rn. 27 ff. (m.w.N.) und Rn. 42; zur Einordnung des Wettbewerbs als interaktiven Konkurrenzprozess Einleitung A, II, 1.

362 Vgl. Begründung zum Entwurf eines KStG, Verhandlungen des RT, 3. Wahlperiode 1924/25, Bd. 400, Drs. 796, S. 8 ff.

nicht erforderlich.[363] Dahingehend könnte tatsächlich der Eindruck gewonnen werden, dass die partielle Steuerpflicht weniger dem Erhalt der bestehenden Nachfrager privater Anbieter, als vielmehr der Sicherung des gemeinwohlfördernden Wettbewerbsdrucks dient. Denn das Verhältnis des Betriebs zur nachfragenden Trägerschaft kann nicht dazu führen, dass die Steuerfreiheit zu einer Abnahme des Kundenkreises privater Anbieter führt. Andererseits entspricht jedoch auch dieses Verständnis lediglich dem Ergebnis der wettbewerbsorientierten Betrachtungsweise. Solange der wirtschaftliche Geschäftsbetrieb und der private Anbieter räumlich austauschbare Waren oder Leistungen anbieten, stellt die Trägerkörperschaft einen (möglichen) Nachfrager dar. Damit liegt ein Wettbewerbsverhältnis vor, wodurch auch eine Wettbewerbsrelevanz der Steuerbefreiung besteht. Daher darf auch die Trägerkörperschaft als möglicher Nachfrager des nicht begünstigten Anbieters nicht durch die Steuerbegünstigung in ihrer Auswahlmöglichkeit beeinflusst werden. Es zeigt sich, dass an erster Stelle der Schutz der nicht begünstigten Konkurrenten angedacht wird.

Dieses Verständnis überzeugt auch vor dem Hintergrund, dass den Beeinträchtigungen des Allgemeininteresses in Form von Effizienzverlust bezüglich Allokation und Innovation zwingend eine Beeinträchtigung der nicht begünstigten Anbieter vorausgehen muss. Selbiges gilt für die Sicherung von Steuerquellen. Zudem dürfte die Feststellung, ob es tatsächlich zu einer Verdrängung oder einem Ausschluss an Konkurrenten gekommen ist schwerer möglich sein als die dafür erforderliche Ermittlung einer Beeinträchtigung der privaten Anbieter. Auch der damit einhergehende Verlust von Steuerquellen und der Eintritt von Effizienzverlusten durch die vermutete „Schlamperei Spanne“[364] sind nicht ohne Weiteres bestimmbar. Die Maßgeblichkeit der im Allgemeininteresse stehenden Umstände würde durch die über das Individualinteresse hinausgehende Komponente einen zusätzlichen Prüfungsaufwand bedeuten. Als Ergebnis der Summe der Beeinträchtigungen von Individualinteressen bedürfte es einer weitergehenden Feststellung der daraus erfolgenden Beeinträchtigung des Allgemeininteresses. Wenn Steuerausfälle und Effizienzverluste durch die Verdrängung steuerpflichtiger Konkurrenten bedingt sind und bereits deren Interessen als schutzwürdig anerkannt werden müssen, ist nicht erkenntlich, wieso den Allgemeininteressen im Rahmen der Normanwendung der Vorrang eingeräumt werden sollte.[365]

---

363 BT-Drs. 7/1470, S. 336.

364 *Hensel*, StuW 1930, S. 873 (877 ff.).

365 Zugleich können auch an dieser Stelle Effizienzverluste hinsichtlich Allokation und Innovation erst angenommen werden, wenn eine Weitergabe des Steuervorteils erfolgt

Daher bedarf es auch bei der Anwendung des § 4 KStG an erster Stelle der Orientierung an den Individualinteressen der steuerpflichtigen Konkurrenten. Die bestehenden Allgemeininteressen können zwar ebenso berücksichtigt werden. Diese folgen jedoch den schutzwürdigen Individualinteressen der privaten Anbieter nach. Wenn damit eine Negativauswirkung der Tätigkeiten der öffentlichen Hand auf private Anbieter verhindert werden soll, spricht dies zugleich dafür, dass über das reine Wettbewerbsverhältnis hinaus die Feststellung einer Wettbewerbsbeeinträchtigung erforderlich ist. Diese Annahme soll im Folgenden weiter begründet werden.

(2) Steigerung des Wettbewerbsdrucks

Auch wenn die überwiegende Literatur für die Auferlegung der Steuerlast das alleinige Bestehen eines Wettbewerbsverhältnisses ausreichen lässt[366] und auch der Bundesfinanzhof allein wegen der unterschiedlichen Besteuerung im Wettbewerb einen befreiungsschädlichen Wettbewerbsnachteil annimmt,[367] muss für die Steuerpflicht aber richtigerweise ein tatsächliches Schutzbedürfnis hinzutreten. Teilweise wird auch schon das Verständnis offengelegt, dass eine Wettbewerbsbeeinträchtigung durch die Weitergabe oder Ausnutzung des Steuervorteils bei bestehendem Wettbewerbsverhältnis vermutet werden kann.[368] Gibt das steuerbefreite Unternehmen den Steuervorteil im Konkurrenzkampf nicht weiter, ist die Auferlegung der Steuerpflicht vor dem Hintergrund der unsinnigen Eigenbesteuerung des Staates überflüssig.[369] Ausgehend von der

---

und dadurch der Innovationsvorsprung der privaten Anbieter ausgeglichen wird. Vgl. die ausführliche Argumentation bei der Abwägung i.R.d. Unvermeidbarkeit nach § 65 Nr. 3 AO, Teil 1 A, III, 3 a) aa) und bb).

366 Vgl. die Nachweise unter Teil 1 B, IV, 2 a).

367 BFH v. 29.10.2008 – I R 51/07, BStBl II 2009, 1022, Rn. 15; besonders deutlich wird dies bei der Entscheidung zur Steuerpflicht von Kindertagesstätten, wo die Vorinstanz FG Düsseldorf v. 02.11.2010 – 6 K 2138/08 K, EFG 2011, 482, Rn. 27, darauf abgestellt hat, ob durch die Steuerbegünstigung ein „Wettbewerbsnachteil" erfolgen kann, wohingegen der BFH v. 12.07.2012 – I R 106/10, BStBl II 2012, 837, Rn. 9, allein auf eine „Benachteiligung" im Wettbewerb, nicht aber auf eine Beeinträchtigung abgestellt hat.

368 Für eine Vermutung der Wettbewerbsbeeinträchtigung *Häck*, Die öffentliche Hand im Körperschaft- und Umsatzsteuerrecht, 2004, S. 130; ähnlich stellt *Bader*, Hoheitsbetrieb und Betrieb gewerblicher Art im Umsatz- und Körperschaftsteuerrecht, 1997, S. 59, typisierend auf die Weitergabe des Steuervorteils ab.

369 Die Notwendigkeit der Weitergabe des Steuervorteils zur Begründung der Steuerpflicht erkennen schon *Bader*, Hoheitsbetrieb und Betrieb gewerblicher Art im

Erkenntnis, dass ohne die Ausnutzung des Steuervorteils rein tatsächlich keine Auswirkung auf das Ergebnis des Wettbewerbsmechanismus[370] oder negative Folgen für die nicht begünstigten Wettbewerber erfolgen, kann das alleinige Bestehen eines Wettbewerbsverhältnisses nicht genügen. Vor dem Grundsatz der Wettbewerbsneutralität besteht dann keine Notwendigkeit zur Wahrung oder Wiederherstellung derselben oder dem Schutz der Akteure „im Wettbewerb". Es entsteht der Eindruck, dass die alleinige Forderung eines Wettbewerbsverhältnisses auf die verfassungsrechtliche Anknüpfung an die Wettbewerbsgleichheit zurückzuführen ist.[371] Es scheint, als würde nach diesem Verständnis der Grundsatz der Wettbewerbsneutralität bereits durch eine Beeinträchtigung der Grundbedingung für die möglichen Handlungen „im Wettbewerb" berührt zu sein. Die Annahme, dass bereits eine Beeinträchtigung der Ausgangslage „im Wettbewerb" verhindert werden müsste, geht allerdings fehl. Der Grundsatz der Wettbewerbsgleichheit übersteigt nicht den Gewährleistungsgehalt des allgemeinen Gleichheitssatzes nach Art. 3 Abs. 1 GG. Aufgrund der Grundrechtsverpflichtung von Hoheitsträgern nach Art. 1 Abs. 3 GG sind diese nicht zugleich grundrechtsberechtigt und damit auch nicht in den Gewährleistungsgehalt des Gleichheitssatzes einbezogen.[372] Auch im Falle einer fiskalischen Betätigung der Hoheitsträger fordert Art. 3 Abs. 1 GG lediglich die gleichmäßige Behandlung von privaten Anbietern durch den Hoheitsträger, nicht aber im Verhältnis zum

---

Umsatz- und Körperschaftsteuerrecht, 1997, S. 66 und 106; *Häck*, Die öffentliche Hand im Körperschaft- und Umsatzsteuerrecht, 2004, S. 41 und 130; *Steffen*, Der Betrieb gewerblicher Art, 2001, S. 60; ebenso lehnt *Seer*, in: DStJG 26 (2003), S. 11 (36), die Steuerpflichtigkeit von Vermögenseinkünften wegen der Wettbewerbsneutralität ab, da es nicht zu einer Veränderung des Wettbewerbsverhaltens komme.

370 Gemeint sind die Effizienzsteigerungen hinsichtlich Allokation und Innovation, vgl. die ausführlichen Nachweise unter Teil 1 A, II, 1 b) aa).

371 Dies zeigt sich insbesondere bei *F. Kirchhof*, in: FS Offerhaus, 1999, S. 333 (337), der dem Steuergesetz das Ziel der Gleichheit im Wettbewerb zwischen privaten und staatlichen Wettbewerbern zuschreibt; ausdrücklich erkennen *Seer/Klemke*, BB 2010, S. 2015, dem Gleichheitssatz die Funktion zu, eine Benachteiligung von „private[n] Unternehmen durch die Nichtbesteuerung der öffentlichen Hand gegenüber diese[n]" zu verhindern; ähnlich *Wallenhorst*, in: ders./Halaczinsky, Die Besteuerung gemeinnütziger und öffentlich-rechtlicher Körperschaften[7], 2017, Kap. H Rn. 3; *Baldauf*, DStZ 2011, S. 35 (41); *Altehoefer*, in: FS Schmidt, 1993, S. 677 (686); *Gerstenberg*, Stbg 2014, S. 344 (346); ebenso *Müller-Gatermann*, FR 2009, S. 314 (317); auch *Selmer/Schulze-Osterloh*, DÖV 1978, S. 381 (388), stellen nur auf das Gebot der steuerlichen Gleichbehandlung ab.

372 *P. Kirchhof*, in: Maunz/Dürig, GG, Art. 3 I GG Rn. 278 (Stand 09.2015).

Hoheitsträger.[373] Wenn es aber vor dem verfassungsrechtlichen Hintergrund nicht um die Herstellung der „Gleichheit im Wettbewerb" geht, kann das Ziel der Besteuerung der öffentlichen Hand lediglich im Schutz vor den Folgen der irrelevanten Ungleichbehandlung einen Sinngehalt erfahren.[374]

Allein durch die Annahme der Wettbewerbsrelevanz der Tätigkeit lässt sich überhaupt erst die Möglichkeit der Notwendigkeit der Besteuerung der öffentlichen Hand, nicht aber deren Bestehen begründen. Erst die Weitergabe des Steuervorteils am Markt und nicht das alleinige Inwettbewerbtreten begründet eine Grundrechtsrelevanz.[375] Daher muss die Weitergabe des Steuervorteils als maßgebliches Kriterium der Steuerpflicht zugrunde gelegt werden.

Die Steuerfreiheit ist bis zur Instrumentalisierung im Konkurrenzkampf für die effizienzsteigernde Wirkung „des Wettbewerbs" und vorhergehend für die Interessen der nicht begünstigten Konkurrenten bedeutungslos. Zusätzlich zur Feststellung eines Wettbewerbsverhältnisses bedarf es daher der Ermittlung einer Wettbewerbsbeeinträchtigung.[376] Weder verfassungsrechtlich noch ordnungspolitisch erfordert die alleinige Wettbewerbsrelevanz die Besteuerung der Tätigkeit der öffentlichen Hand.

---

373 Vgl. den ausdrücklichen Verweis von *Dürig*, in: Maunz/ders., GG, Art. 3 I GG Rn. 278 (Stand 12.2005), dass auch bei einer fiskalischen Betätigung lediglich eine gleichmäßige Behandlung durch Hoheitsträger und nicht im Verhältnis zu diesen gefordert wird; dem folgend auch *Englisch*, Wettbewerbsgleichheit im grenzüberschreitenden Handel, 2008, S. 532 f.; ohne Bezug auf die fiskalische Betätigung aber unter Anerkennung des Konfusionsarguments *P. Kirchhof*, in: Maunz/Dürig, GG, Art. 3 I GG Rn. 278 (Stand 09.2015); bezogen auf die Umsatzsteuer auch *Desens*, in: Zukunftsfragen des deutschen Steuerrechts II, 2014, S. 11 f.; a.A. *Landwehr*, Betriebe gewerblicher Art der juristischen Personen des öffentlichen Rechts im Körperschaftsteuerrecht, 2000, S. 111 ff.

374 Ähnlich spricht *Englisch*, Wettbewerbsgleichheit im grenzüberschreitenden Handel, 2008, S. 532, von der Wettbewerbsgleichheit als politischem Ziel zum Erhalt einer effizienten Ressourcenallokation.

375 Dass es auf die Weitergabe des Steuervorteils ankommt erkennen auch *Häck*, Die öffentliche Hand im Körperschaft- und Umsatzsteuerrecht, 2004, S. 41; *Bader*, Hoheitsbetrieb und Betrieb gewerblicher Art im Umsatz- und Körperschaftsteuerrecht, 1997, S. 66 und 106; *Steffen*, Der Betrieb gewerblicher Art, 2001, S. 60, wobei nur über die Möglichkeit des Einflusses auf die Wettbewerbssituation die Relevanz der Wettbewerbsneutralität begründet wird.

376 Ähnlich *Hidien/Menebröcker*, MwStR 2020, S. 1043 (1049).

bb) Ergebnis: Erfordernis einer Wettbewerbsbeeinträchtigung

Die Besteuerung wird demnach vor dem Wettbewerbsgedanken erst erforderlich, wenn es zu einer befreiungsbedingten Steigerung des Wettbewerbsdrucks kommt, die über den dem Marktauftritt inhärenten Konkurrenzdruck hinausgeht.[377] Die Begünstigungsgewährung steht und fällt also mit dem Auftreten einer Wettbewerbsbeeinträchtigung wegen der Weitergabe des Steuervorteils.

Die einhellige Auffassung zur Auferlegung der Steuerpflicht bei alleiniger Feststellung der Wettbewerbsrelevanz aufgrund eines Wettbewerbsverhältnisses[378] greift daher zu kurz.

3. Ergebnis: Umfang der Wettbewerbsprüfung

Zur Begründung der Steuerpflicht kommt es demnach nicht allein auf ein Wettbewerbsverhältnis, sondern zusätzlich auf die Feststellung einer Wettbewerbsbeeinträchtigung an. Neben der Frage nach der Austauschbarkeit der Tätigkeit der öffentlichen Hand zu denen privater Anbieter auf dem konkret relevanten Markt bedarf es daher der Feststellung, dass der Wettbewerbsdruck durch die Instrumentalisierung des Steuervorteils künstlich gesteigert wird. Die Zunahme des Wettbewerbsdrucks muss auch eine Anpassungshandlung privater Anbieter erzwingen. Damit muss jedenfalls die Weitergabe des Steuervorteils positiv ermittelt werden.

V. Gesamtergebnis: Wettbewerbsorientierte Umsetzung zu Lasten der Rechtsanwender

Die Untersuchung hat gezeigt, dass die Auferlegung der Steuerpflicht allein zur Gewährleistung des Wettbewerbsschutzes erforderlich ist und daher

---

377 Vgl. hinsichtlich des notwendigen zusätzlichen Drucks im Wettbewerb, durch die steuerliche Begünstigung als Mindestanforderung für den Ausschluss der Begünstigungsgewährung, bereits das Ergebnis unter Teil 1 A, III, 3 a) bb) (1); in diese Richtung auch *Hidien/Menebröcker*, MwStR 2020, S. 1043 (1049); ausdrücklich a.A. *Wallenhorst*, in: ders./Halaczinsky, Die Besteuerung gemeinnütziger und öffentlich-rechtlicher Körperschaften[7], 2017, Kap. F Rn. 11a.

378 Wobei zumindest *Häck*, Die öffentliche Hand im Körperschaft- und Umsatzsteuerrecht, 2004, S. 130 und *Bader*, Hoheitsbetrieb und Betrieb gewerblicher Art im Umsatz- und Körperschaftsteuerrecht, 1997, S. 59, die Erforderlichkeit einer Wettbewerbsbeeinträchtigung erkennen, jedoch anstelle einer Feststellungspflicht lediglich eine Vermutung oder vorhergehende Typisierung begründen wollen, was der Forderung nach der Wettbewerbsrelevanz gleichsteht.

entsprechend der Wettbewerbsneutralität auch konsequent am Wettbewerbsgedanken orientieren werden muss. Wie schon bei § 65 Nr. 3 AO kommt es auch hier zu einem gesteigerten Prüfungsaufwand, der im Widerspruch zur praktischen Realisierbarkeit für die Finanzverwaltung steht. Auch der Blick auf die Umsetzung des Wettbewerbsschutzes in der Rechtsprechung und durch die Finanzverwaltung hat gezeigt, dass größtenteils versucht wird, die de lege lata erforderliche umfangreiche Wettbewerbsprüfung zu umgehen. Auch an dieser Stelle offenbart sich die Unvereinbarkeit zwischen Ideal und Wirklichkeit und damit die Untauglichkeit der einzelfallabhängigen Ausgestaltung des Steuerrechts als Teil des Wettbewerbsrechts.[379]

Neben die Problematik, dass die notwendige marktbezogene Bestimmung eines Wettbewerbsverhältnisses und die Beurteilung einer befreiungsbedingten Beeinträchtigung privater Anbieter mit der limitierten Handlungsmöglichkeit im Massenverfahren unvereinbar ist,[380] tritt zusätzlich eine tatsächliche Schwierigkeit. Sofern die juristische Person des öffentlichen Rechts ihre Tätigkeit selbst als hoheitlich einstuft, wird sie auch bei entgegenstehender Einordung der Finanzverwaltung keine Körperschaftsteuererklärung einreichen.[381] Damit die juristische Person des öffentlichen Rechts die relevanten Tatsachen für und wider der Einordnung als Hoheitsbetrieb mitteilen kann, müsste sie selbst ihre Tätigkeit als solche eines Betriebs gewerblicher Art einordnen. Andernfalls kann sie ihre Einschätzung als Hoheitsbetrieb nur darlegen, wenn das Finanzamt eine Körperschaftsteuererklärung anfordert. Nur dann kann sie die zur Vornahme der Marktabgrenzung und Beurteilung der Wettbewerbsbeeinträchtigung relevanten Tatsachen mitteilen.[382] Durch die derzeitige Gesetzeslage entsteht ein überflüssiger Zusatzaufwand. Die juristische Person des öffentlichen Rechts wird ohne vorherige Mitteilung des Finanzamtes die relevanten Tatsachen wohl entweder überhaupt nicht oder aber unzureichend bekanntgeben. Damit wird

---

379 Einzig eine möglicherweise zulässige vereinfachte Anwendung könnte die praktische Realisierbarkeit de lege lata gewährleisten, vgl. dazu ausführlich Teil 2.

380 Diese Befürchtung hat sich bereits bei der Berücksichtigung des Wettbewerbsgedanken i.R.d. § 65 Nr. 3 AO offenbart, vgl. hinsichtlich des Aufwands zur Bestimmung des Wettbewerbsverhältnisses Teil 1 A, II, 1 b) und hinsichtlich der Abwägung bei der Unvermeidbarkeit, zu welcher es ebenfalls des Vorliegens einer Beeinträchtigung der Konkurrenz bedarf Teil 1 A, III, 3 a) bb) (2).

381 Exemplarisch BFH v. 29.10.2008 – I R 51/07, BStBl II 2009, 1022, Rn. 2.

382 Zum Umfang der Mitwirkungspflicht bei der Wettbewerbsprüfung ausführlich unter Teil 2 A, I, 1 a).

zugleich die sachgerechte konkrete Beurteilung der wettbewerbsbedingten Steuerpflicht erschwert oder unmöglich gemacht.

Auch der Wettbewerbsschutz über § 4 KStG bedarf daher der Vereinfachung. Die Ausgestaltung des Steuerrechts als Teil des Wettbewerbsrechts erfolgt auch an dieser Stelle unpraktikabel und damit zu Lasten einer sachgerechten Umsetzung.

C. Die Wettbewerbsschutzklausel des § 2b Abs. 1 S. 2 UStG

Auch das Umsatzsteuergesetz enthält eine Wettbewerbsschutzklausel, die wie schon die Regelung des Körperschaftsteuergesetzes die Besteuerung der öffentlichen Hand betrifft. Nachdem für die Schutzklauseln der Abgabenordnung und des Körperschaftsteuergesetzes die Eignung zur praktikablen Realisierung als Teil des Wettbewerbsrechts versagt werden musste, stellt sich vorliegend die Frage, ob die Regelung des § 2b UStG eine praktikable Umsetzung der Wettbewerbsprüfung ermöglicht. Gerade der neu eingefügte Negativkatalog des § 2b Abs. 2 UStG könnte eine praktikable und zugleich sachgerechte Umsetzung des Wettbewerbsgedankens ermöglichen. Nachdem der Schutzgegenstand der Wettbewerbsschutzklausel des § 2b Abs. 1 S. 2 UStG bestimmt wurde (I.), soll sodann die Sachgerechtigkeit der erfolgenden Umsetzung in Rechtsprechung, Literatur und Finanzverwaltung untersucht werden. (II.) Aufbauend auf dieser kritischen Betrachtung soll mit Blick auf das Verhältnis des Wettbewerbsgedanken zur Systematik der Umsatzsteuer (III.) die notwendige Umsetzung des Wettbewerbsschutzes formuliert werden (IV.). Abschließend sollen die Regelungen des § 2b Abs. 2 UStG hinsichtlich ihrer Richtlinienkonformität und Tauglichkeit für die Umsetzung des Wettbewerbsgedankens gewürdigt werden (V.).

I. Gegenstand des § 2b UStG

Nach § 2b Abs. 1 S. 1 UStG gelten juristische Personen des öffentlichen Rechts nicht als Unternehmer und unterliegen daher mit ihren Umsätzen nicht der Umsatzsteuer, soweit diese Tätigkeiten ausüben, die ihnen im Rahmen der öffentlichen Gewalt obliegen. Nach § 2b Abs. 1 S. 2 UStG besteht die Unternehmereigenschaft trotz Ausübung öffentlicher Gewalt aber dennoch, sofern eine Behandlung als Nichtunternehmer zu größeren Wettbewerbsverzerrungen führen würde.

1. *§ 2b Abs. 1 S. 1 UStG als subjektiver Befreiungstatbestand*

Ausweislich des Wortlauts stellt § 2b UStG zunächst gegenüber § 2 Abs. 1 UStG eine Ausnahmevorschrift für die Unternehmereigenschaft dar.[383] Im Ergebnis handelt es sich bei § 2b UStG damit um einen persönlichen Befreiungstatbestand für juristische Personen des öffentlichen Rechts.[384] Dabei dient § 2b UStG der Umsetzung von Art. 13 MwStSystRL und entspricht im Wesentlichen dessen Wortlaut.[385]

2. *§ 2b Abs. 1 S. 2 UStG als Einschränkung des Befreiungstatbestandes*

Entsprechend der vorrangigen Regelung des Art. 13 Abs. 1 Uabs. 2 MwStSystRL endet die partielle Umsatzsteuerbefreiung gem. § 2b Abs. 1 S. 2 UStG, sofern die Einordnung als Nichtunternehmer zu „größeren Wettbewerbsverzerrungen" führt. Zur Beurteilung einer Wettbewerbsverzerrung wird auf den ersten Blick anscheinend einhellig auf das Bestehen eines Wettbewerbsverhältnisses zu steuerpflichtigen privaten Anbietern abgestellt.[386] Über das Merkmal der „größeren

---

383 Zur Beurteilung der wirtschaftlichen Tätigkeit der öffentlichen Hand nach § 2 Abs. 1 UStG und Art. 9 Abs. 1 MwStSystRL *Ismer*, MwStR 2016, S. 654 ff.

384 *Wiesch*, Die umsatzsteuerliche Behandlung der öffentlichen Hand, 2016, S. 198; *Stadie*, in: Rau/Dürrwächter, UStG, § 2b UStG Rn. 14 ff. (Stand 10.2017).

385 Vgl. BT-Drs. 18/6094, S. 91.

386 EuGH v. 16.09.2008 – C-288/07, *Isle of Wight Council u.a.*, EU:C:2008:505, Rn. 65; v. 25.03.2010 – C-79/09, *Kommission/Niederlande*, EU:C:2010:171, Rn. 91; v. 29.10.2015 – C-174/14, *Saudacor*, EU:C:2015:733, Rn. 74; so zuletzt noch im Rahmen der richtlinienkonformen Anwendung des § 2 Abs. 3 UStG als Vorgängernorm zu § 2b UStG BFH v. 10.02.2016 – XI R 26/13, BFH/NV 2016, 865, Rn. 55; ähnlich in Bezug auf die Funktion des dem § 2b UStG im Wesentlichen entsprechenden Art. 13 Abs. 1 Uabs. 2 MwStSystRL *Hüttemann*, UR 2017, S. 129 (136), wonach der Wettbewerbsvorbehalt „steuerliche Wettbewerbsverzerrungen im Verhältnis zwischen öffentlich-rechtlichen Einrichtungen und privaten Unternehmern verhindern" solle; ähnlich schlussfolgert *Heidner*, UR 2016, S. 45 (48), dass für eine Wettbewerbsverzerrung nach der Rechtsprechung ausreichen soll, wenn ein privater Unternehmer aufgrund der Tätigkeit der juristischen Person des öffentlichen Rechts bei seinem Marktzutritt behindert werden könnte; *Wiesch*, Die umsatzsteuerliche Behandlung der öffentlichen Hand, 2016, S. 224 ff.; *Sterzinger*, UR 2015, S. 655 (661), spricht davon, dass „öffentliche und private Anbieter" aufeinandertreffen; bezüglich Art. 13 Abs. 1 Uabs. 2 MwStSystRL auch *Stadie*, in: Rau/Dürrwächter, UStG, § 2b UStG Rn. 92 (Stand 10.2017); *Dziadkowski*, UR 2017, S. 416 (418), nennt § 2b Abs. 1 S. 2 UStG

Wettbewerbsverzerrung" soll jedenfalls zugleich der Grundsatz der steuerlichen Neutralität – als Ausfluss des Grundsatzes der Gleichbehandlung in der Mehrwertsteuer –gewährleistet werden. Genauer sollen Waren oder Dienstleistungen konkurrierender Wirtschaftsteilnehmer hinsichtlich der Mehrwertsteuer nicht unterschiedlich behandelt werden dürfen.[387] Dass es bei dieser Rückausnahme um die Umsetzung des Wettbewerbsschutzes geht, lässt sich auch in den Gesetzgebungsmaterialien erkennen. Die Besteuerung der Umsätze einiger juristischer Personen des öffentlichen Rechts sei nämlich mangels Ausübung öffentlicher Gewalt erforderlich, „weil sie im Wettbewerb zu zahlreichen anderen Unternehmen stehen, deren Umsätze steuerpflichtig sind".[388] Zudem könnten Wettbewerbsverzerrungen auch dann entstehen, wenn bei der Ausübung öffentlicher Gewalt vergleichbare Leistungen privater Unternehmer mit Umsatzsteuer belastet werden.[389]

Die Besteuerung der Umsätze juristischer Personen des öffentlichen Rechts wird demnach nur dann für erforderlich gehalten, wenn dies zur Wahrung der Wettbewerbsneutralität zwingend notwendig ist.[390]

3. Exkurs: (Teilweise) Systemwidrigkeit der subjektiven Steuerbefreiung

Dabei könnte aber schon dem Wettbewerbsgedanken vorhergehend der Ausschluss der Unternehmereigenschaft der öffentlichen Hand nach § 2b Abs. 1 S. 1 UStG, trotz Vorliegens der Voraussetzungen des § 2 Abs. 1 UStG, einen Widerspruch im System der Umsatzsteuer darstellen.

---

daher die „(neue) Wettbewerbsklausel", die der Wettbewerbssituation ausdrücklich eine entscheidende Bedeutung beimesse.

387 St. Rspr., vgl. nur EuGH v. 10.04.2008 – C-309/06, *Marks & Spencer*, EU:C:2008:211, Rn. 47 u. 49 (m.w.N.); v. 14.06.2017 – C-38/16, *Compass Contract Services*, EU:C:2017:454, Rn. 21 u. 24.

388 Vgl. ausdrücklich zur Begründung zur Vorgängervorschrift § 2 Abs. 3 UStG BT-Drs. 4/1590, S. 36.

389 Vgl. BT-Drs. 18/6094, S. 91, zur Begründung des § 2b Abs. 2 UStG.

390 *Heckhausen,* Die Umsatzbesteuerung der öffentlichen Hand, 2017, S. 73 ff.; *Seer/Klemke,* BB 2010, S. 2015, sprechen von der Wettbewerbsneutralität als Rechtfertigung der Besteuerung der öffentlichen Hand; mit diesem Ergebnis zur Regelung des § 2 Abs. 3 UStG aF, zugleich aber auch kritisch hinsichtlich dieser Konstruktion *Englisch*, in: Tipke/Lang, Steuerrecht[24], 2020, § 17 Rn. 53 f.; ebenso kritisch *P. Kirchhof*, DStR 2008, S. 1 (7).

a) *Umsatzsteuer als Verbrauchsteuer*

Entgegen der älteren Rechtsprechung und Literatur[391] wird nunmehr richtigerweise auf den Verbrauchsteuercharakter der Umsatzsteuer abgestellt.[392] Begründet wird dies mit der tatsächlichen und wirtschaftlichen Wirkung der Umsatzsteuer. Danach solle nur der Endverbraucher belastet werden.[393] Diese Einordnung wird auch ausdrücklich in der MwStSystRL[394] getroffen, weshalb auch der Europäische Gerichtshof dieses Verständnis zugrunde legt.[395]

b) *Kritik an der Besteuerung juristischer Personen des öffentlichen Rechts*

Dennoch könnte schon die Besteuerung der öffentlichen Hand als Teil des Staates durch den Staat verfassungsrechtlich oder fiskalisch verfehlt sein.

---

391 BVerfG v. 05.03.1974 – 1 BvR 712/68, BVerfGE 36, 321, Rn. 45, „Umsatzsteuer knüpft an den formalen Vorgang der Lieferung […] an"; BFH v. 13.12.1962 – V 87/60 S, BStBl III 1963, 72, Rn. 14, „als Verkehrsteuer ausgestalten"; wohl auch BFH v. 07.05.1987 – V R 85/77, BFH/NV 1988, 53, Rn. 24, „Die umsatzsteuerrechtlichen Verkehrsvorgänge"; v. 27.07.1988 – X R 40/82, BStBl II 1988, 1017, Rn. 17, „Erhebung der Umsatzsteuer bei jedem […] Verkehrsvorgang"; v. 09.03.1989 – V B 48/88, BStBl. II 1989, 580, Rn. 19, „maßgeblichen Verkehrsvorgang"; aus der Literatur nur *von Groll*, FR 2007, S. 540 (541), „rechtlich keine Verbrauchsteuer"; zuletzt *Heckhausen,* Die Umsatzbesteuerung der öffentlichen Hand, 2017, S. 40 f.; ausführliche Nachweise bei *Stadie*, in: Rau/Dürrwächter, UStG, Einf. Rn. 97 ff. (Stand 03.2017).

392 Die Auffassung geht zurück auf *Tipke*, UR 1972, S. 2 (3); aus der Rechtsprechung nur BVerfG v. 29.10.1999 – 2 BvR 1264/90, BVerfGE 101, 132, Rn. 20; v. 21.06.2006 – 2 BvL 2/99, BVerfGE 116, 164, Rn. 118, wonach folgerichtige Steuerbefreiungen auf die „Entlastung der Verbraucher abzielen [müssen]"; ausdrücklich erstmals BFH v. 22.07.1999 – V R 51/98, BStBl II 1999, 630, Rn. 13, „Verbrauchsteuercharakter der Umsatzsteuer"; aus der Literatur statt vieler *Tipke*, StRO II², 2003, S. 975 ff.; *Stadie*, in: Rau/Dürrwächter, UStG, Einf. Rn. 141 u. 147 (Stand 01.2020); *Lippross*, in: ders., Umsatzsteuer²⁴, 2017, 1.4.2 (S. 57 f.); *Englisch*, in: Tipke/Lang, Steuerrecht²⁴, 2020, § 17 Rn. 10 ff.

393 Statt vieler nur BFH v. 12.01.2006 – V R 3/04, BStBl. II 2006, 479, Rn. 22; *Stadie*, in: Rau/Dürrwächter, UStG, Einf. Rn. 147 (Stand 01.2020).

394 Vgl. Art. 1 Abs. 2 MwStSystRL, „allgemeine […] Verbrauchsteuer".

395 So schon EuGH v. 01.04.1982 – 89/81, *Hong-Kong Trade*, EU:C:1982:121, Rn. 7; aus der jüngeren Rechtsprechung vgl. nur EuGH v. 23.04.2015 – C-111/14, *GST-Sarviz Germania*, EU:C:2015:267, Rn. 40.

aa) Kein finanzverfassungsrechtlicher Verstoß

In Bezug auf die verfassungsrechtlichen Vorgaben der Verteilung des Steueraufkommens und des Finanzausgleichs sind die Art. 106 und 107 GG in den Blick zu nehmen. Danach könnte bei der Besteuerung von juristischen Personen des öffentlichen Rechts zunächst der Eindruck entstehen, dass es zu einem nicht vorgesehenen und damit unzulässigen Finanzausgleich auf Kosten von Bund und Ländern kommen könnte.[396] Einige Stimmen nehmen dies auch bei einer möglichen Gewährung des Vorsteuerabzugs trotz hoheitlicher Tätigkeit an.[397]

Zu beachten ist jedoch, dass die Umsatzsteuer nicht die öffentliche Hand als Leistungserbringer, sondern den Leistungsempfänger als Letztverbraucher belastet. Dadurch kann es bei der Umsatzsteuer gerade nicht zu einer Umverteilung zwischen Bund und Ländern kommen, da die juristische Person des öffentlichen Rechts aus wirtschaftlicher Sicht nicht belastet wird.[398] Auch eine unzulässige Finanzierungshilfe durch den Vorsteuerabzug kann nur dann angenommen werden, wenn die Vorsteuer trotz hoheitlicher Tätigkeit gewährt würde, da bei dieser mangels Unternehmereigenschaft keine Besteuerung der Ausgangsleistungen erfolgt. Die Vorsteuer, beispielsweise für aufgewendete Investitionsausgaben, kann bei sofortiger Gewähr nach § 15 Abs. 1 S. 1 Nr. 1 S. 1 UStG im Sinne eines Sofortabzugs, also nach Bewirken der bezogenen Investitionsleistungen[399], damit allenfalls eine kurzfristige, nicht aber dauerhafte Finanzierungshilfe

---

396 So etwa *Vogel*, in: HStR IV², 1999, § 87 Rn. 37; *Hüttemann*, Die Besteuerung der öffentlichen Hand, 2002, S. 15; *Hidien*, UR 2002, 165 (170); diese Frage wirft auch *Kronthaler*, DStR 2007, S. 227 (229), auf; *Dziadkowski*, BB 2011, S. 3031 (3032); mit der Annahme eines Verlustgeschäftes bei der Umsatzbesteuerung der öffentlichen Hand *P. Kirchhof*, in: HStR V³, 2007, § 118 Rn. 228; dagegen *ders.*, DStR 2008, S. 1 (7) mit der Differenzierung, dass dies nur bei den direkten Steuern gelte, nicht aber bei der Umsatzsteuer, welche lediglich die eingesetzte Kaufkraft und nicht die leistende öffentliche Hand mit der Steuer belastet; grundsätzlich gegen eine Besteuerung hoheitlicher Tätigkeiten ohne Differenzierung zwischen den verschiedenen Steuerarten *Siekmann*, in: Sachs, GG⁸, 2018, Art. 104a GG Rn. 20; allgemein zum verdeckten Finanzausgleich bei der Besteuerung von Hoheitsträgern untereinander *Desens/Hummel*, StuW 2012, S. 225 (231 ff.).

397 *Hüttemann*, Die Besteuerung der öffentlichen Hand, 2002, S. 15 f.; *Hufeld*, in FS Stober, 2008, S. 717 (721).

398 *Söhn*, JuS 1976, S. 161 (164); *Stadie*, in: Rau/Dürrwächter, UStG, § 2b UStG Rn. 102 (Stand 10.2017).

399 Zur Entstehung des Rechts auf Vorsteuerabzug *Oelmaier*, in: Sölch/Ringleb, UStG, § 15 UStG Rn. 45 ff. (Stand 09.2018).

darstellen. Denn auch die Vorsteuergewährung erfordert die Unternehmereigenschaft. Damit fällt aber zugleich die Umsatzsteuer bei den Ausgangsleistungen an. Durch die daraufhin erfolgende Besteuerung des Letztverbrauchs wird im Ergebnis auf Seiten von Bund und Ländern jedoch kein Verlust, sondern aller Wahrscheinlichkeit nach gerade ein Gewinn an Steuereinnahmen erfolgen.[400] Schließlich wird selbst bei einem allein kostendeckenden Tätigwerden die Umsatzsteuer zusätzlich veranschlagt, sodass sich auch ein möglicher fehlender Zwang der öffentlichen Hand, Gewinne zu erzielen, nicht auswirkt.

Damit ist festzuhalten, dass allein die Belastung der öffentlichen Hand mit Umsatzsteuer als „Endverbraucher" durch die endgültige Belastung mit der Vorsteuer zu einem verdeckten Finanzausgleich führt.[401] Dies ist aber gerade der umgekehrte Fall, in dem nämlich die Unternehmereigenschaft der öffentlichen Hand wegen § 2b Abs. 1 S. 1 UStG nicht vorliegt. Zu einer verteilungswidrigen Belastung mit der Folge eines ungewollten Finanzausgleichs kommt es somit nur bei der Gewähr der „partiellen Steuerbefreiung", nicht aber bei der Heranziehung als Steuereinsammler.

bb) Besteuerung der öffentlichen Hand als teilweises Minusgeschäft für den Staat

Vor dem Hintergrund der wirtschaftlichen Wirkung der Umsatzsteuerbelastung und der Stellung der öffentlichen Hand als Steuerschuldner,[402] könnte bei der Besteuerung der juristischen Personen zumindest in tatsächlicher Hinsicht eine Eigenbesteuerung des Staates vorliegen. Bei eindimensionaler Betrachtung – losgelöst von einer etwaigen Verteilungswirkung zwischen Gemeinden, Bund und Ländern[403] – könnte die Umsatzsteuererhebung, verringert um den Verwaltungsaufwand, ein Minusgeschäft[404] des Staates darstellen.[405]

---

400 So auch *Stadie*, in: Rau/Dürrwächter, UStG, § 2b UStG Rn. 102 (Stand 10.2017).

401 Dazu *Desens/Hummel*, StuW 2012, S. 225 (233); dem folgend *Wiesch*, Die umsatzsteuerliche Behandlung der öffentlichen Hand, 2016, S. 336 ff.

402 Zur Steuerschuldnerschaft statt vieler *Englisch*, in: Tipke/Lang, Steuerrecht[24], 2020, § 17 Rn. 31 ff.

403 Zur föderalen Betrachtungsweise *Hufeld*, in FS Stober, 2008, S. 717 (721); bezogen auf die Umsatzsteuerdefinitivbelastung wegen der Ausschlusses Vorsteuerabzugs bei hoheitlicher Tätigkeit *Desens/Hummel*, StuW 2012, S. 225 (226); ebenso *Wiesch*, Die umsatzsteuerliche Behandlung der öffentlichen Hand, 2016, S. 335 ff.

404 So schon zur Erhebung der Körperschaftsteuer unter Teil 1 B, I.

405 Mit der Einschätzung fehlender Erhöhung der Steuereinnahmen *Heckhausen*, Die Umsatzbesteuerung der öffentlichen Hand, 2017, S. 41; *P. Kirchhof*, in: HStR V[3], 2007,

(1) *Kein Minusgeschäft bei Leistungen gegenüber privaten Letztverbrauchern*

Allerdings führt auch hier die Ausgestaltung der Erhebung der Umsatzsteuer dazu, dass eine im besten Fall wirtschaftlich neutrale Eigenbesteuerung nicht vorliegt. Wie bereits festgestellt belastet die anfallende Umsatzsteuer nicht den Unternehmer, sondern den Letztverbraucher. Zwar könnte man die anfallende Umsatzsteuer auch als Minderung des Gewinns des Unternehmers und damit auch der juristischen Person des öffentlichen Rechts auffassen. Nämlich dadurch, dass diese ohne anfallende Umsatzsteuer einen um 19 % höheren Gewinn erzielen würde. Schließlich lässt sich auch zu dem Preis (mit Umsatzsteuer) ein Abnehmer am Markt finden. Allerdings handelt es sich bei der hinzukommenden Umsatzsteuer um einen nicht operablen Faktor. Sofern die Umsatzsteuer entfallen würde, ist davon auszugehen, dass die ausgelobten Preise im Gleichlauf bis etwa zur Höhe des vorherigen Preises, auf den die Umsatzsteuer aufgeschlagen wurde, sinken werden. Schließlich ist dies der Preis, welcher als Ergebnis des Preiskampfes unter dem bestehenden Wettbewerbsdruck[406] für den Anbieter zum größtmöglichen Gewinn trotz oder gerade wegen des Preisdrucks der bestehenden Konkurrenz führt. Jede darüberhinausgehende Preissteigerung über diese vermutete „Schmerzgrenze" würde höchstwahrscheinlich aufgrund niedrigerer Preise der Konkurrenz zu einer Abnahme an Nachfragern führen. Die „gewonnene Gewinnsteigerung" und damit einhergehende „Preisspanne" um 19% wird als verzichtbarer Gewinn im Preiskampf eingesetzt werden. Dieser Gewinnanteil verbleibt schließlich auch bei Bestehen der Umsatzbesteuerung nicht beim Unternehmer und wird demnach durch den Wettbewerbsmechanismus „aufgezehrt" werden. Beim Wegfall der Umsatzsteuer kann also nicht unmittelbar von einer Zunahme des Erlöses ausgegangen werden. Damit nimmt die Umsatzsteuer dem Unternehmer folglich auch keinen hypothetischen Gewinn. Die Umsatzsteuer belastet damit auch rein tatsächlich nicht den Unternehmer. Diese fällt neben dem Preis an, der auch ohne die Steuer bestehen würde und muss dahingehend in der Tat allein vom Leistungsempfänger getragen

---

§ 118 Rn. 228; hinsichtlich der eindimensionalen Betrachtung ebenso *Hufeld*, in FS Stober, 2008, S. 717 (720 f.).

406 Vgl. die Ausführungen und Nachweise zur Wirkung des Wettbewerbsmechanismus, welcher über den Preiskampf, begründet durch die Notwendigkeit das Angebot nach den Bedürfnissen der Nachfrager auszurichten und damit in erster Linie die Preise anzupassen, tendenziell zu einer Senkung der Preise führt, bereits unter Teil 1 A, III, 3 a) bb) (1).

werden. Andernfalls ließe sich auch der Sinn der meisten Steuerbefreiungen nach § 4 UStG nicht erschließen. Schließlich würde im Bereich des Gesundheitswesens, der Privatschulen, der Förderung von Jugendlichen, oder körperlich, seelisch und geistig Benachteiligten, im Bereich der Kultur, u.ä. nicht der Leistungsempfänger durch die Steuerbefreiung über einen vergünstigten Preis begünstigt werden, sondern der Leistungserbringer durch einen Mehrgewinn bessergestellt. Zwar ist zu berücksichtigen, dass die Leistungen der öffentlichen Hand, sofern die gegenüberstehenden Aufwendungen der Leistungsempfänger nicht mit Umsatzsteuer belastet werden, zu einem Mehrerlös von 19 % gegenüber der steuerpflichtigen Konkurrenz mit demselben Endpreis führen. Dies belegt allerdings nur, dass die Nichtbesteuerung der öffentlichen Hand für diese ein Mehr an Einnahmen bedeuten kann. Zugleich begründet oder rechtfertigt dies aber nicht, wieso es trotz der fehlenden Belastung durch die Umsatzsteuer überhaupt zu der begünstigenden und ungleichen Besteuerung kommen soll.

Die Erhebung der Umsatzsteuer auf Waren und Leistungen der öffentlichen Hand führt demnach im Ergebnis also allein zu einer Mehrung der Steuereinnahmen. Zu einer Minderung des Gewinns der öffentlichen Hand und damit auch zu einer Eigenbesteuerung des Staates mit der Folge eines Minusgeschäftes kommt es dagegen gerade nicht.[407]

Vielmehr begründet die Behandlung als Nichtunternehmer überhaupt erst die Gefahr eines Minusgeschäftes. Denn für den Fall, dass es der juristischen Person des öffentlichen Rechts nicht gelingt die Vorsteuer auf den Leistungsempfänger abzuwälzen, kommt es zu einer faktischen Besteuerung im Sinne einer Umsatzsteuerdefinitivbelastung der öffentlichen Hand.[408]

---

407 Im Ergebnis, wenn auch nur mit dem Argument, dass die Umsatzsteuerzahllast auf den Leistungsempfänger übergewälzt wird und somit von diesem zu tragen ist, auch *Bader*, Hoheitsbetrieb und Betrieb gewerblicher Art im Umsatz- und Körperschaftsteuerrecht, 1997, S. 136; *Wiesch*, Die umsatzsteuerliche Behandlung der öffentlichen Hand, 2016, S. 318 f.; *Stadie*, in: Rau/Dürrwächter, UStG, § 2b UStG Rn. 102 (Stand 10.2017), zudem mit der zusätzlichen Einschätzung, dass auch bei Gewähr der Vorsteuer mit einem Anstieg des Steueraufkommens zu rechnen ist, vgl. Rn. 76.

408 Kritisch gegenüber dem Ergebnis der Behandlung der öffentlichen Hand als Konsument auch *Dziadkowski*, UR 2017, S. 416 (418); *P. Kirchhof*, Umsatzsteuer Gesetzbuch, 2008, S. 76 ff.; *Weich*, Öffentliche Hand im System der Umsatzsteuer, 1996, S. 271; zur sinnwidrigen Umsatzsteuerdefinitivbelastung der öffentlichen Hand *Desens/Hummel*, StuW 2012, S. 225 (240); *Desens*, in: Zukunftsfragen des deutschen Steuerrechts II, 2014, S. 3 ff.; ebenso *Wiesch*, Die umsatzsteuerliche Behandlung der öffentlichen Hand, 2016, S. 318 f.

(2) *Minusgeschäft bei Leistungen an juristische Personen des öffentlichen Rechts*

Anders gestaltet es sich, wenn eine juristische Person des öffentlichen Rechts eine Leistung an eine andere juristische Person des öffentlichen Rechts erbringt. Sofern die öffentliche Hand damit zum Letztverbraucher der Leistung wird trägt sie nach der oben getroffenen Feststellung auch die Steuerlast. Dann besteht aber in der Tat kein Grund für die Erhebung der Umsatzsteuer. In diesem Moment wird nämlich die öffentliche Hand als Steuergläubiger zum Steuerschuldner. Jedenfalls erfolgt aber eine Umverteilung von Finanzmitteln zwischen den Gemeinden, Ländern und dem Bund.[409]

Einzig in dieser Konstellation besteht damit ein Grund für die Befreiung der öffentlichen Hand von der Umsatzsteuer.[410]

c) *Folge: Nur teilweises Bedürfnis nach der Steuerbefreiung*

Durch eine Besteuerung der Umsätze der öffentlichen Hand kommt es damit grundsätzlich weder zu einem ungewollten Finanzausgleich noch zu einem Minusgeschäft für den Staat. Den Steuererhebungs- und Beratungskosten stehen steuerliche Mehreinnahmen, die entsprechend der beabsichtigten Wirkung der Umsatzsteuer nachweislich tatsächlich den Bürger als leistungsempfangenden Letztverbraucher belasten, gegenüber.[411]

Die subjektive Befreiung für Tätigkeiten im Rahmen der „öffentlichen Gewalt" ist weder vor dem System der Umsatzsteuer als allgemeiner Verbrauchsteuer noch als Sozial- oder Vereinfachungszwecknorm zu rechtfertigen.[412] Dies

---

409 In diesem Moment gilt die gleiche Umverteilung innerhalb des Staates, welche auch bei der Umsatzsteuerdefinitivbelastung im Fall der Versagung des Vorsteuerabzugs erfolgt, vgl. dazu *Desens/Hummel*, StuW 2012, S. 225 (226).

410 So auch *Wiesch*, Die umsatzsteuerliche Behandlung der öffentlichen Hand, 2016, S. 319.

411 Zwar ohne weitere Begründung hinsichtlich der wirtschaftlichen Belastungswirkung, aber im Ergebnis so auch *Wiesch*, Die umsatzsteuerliche Behandlung der öffentlichen Hand, 2016, S. 318 f., wonach bei der Mehrwertsteuer als indirekter Steuer das Steueraufkommen letztlich durch den privaten Endverbraucher als Steuerträger generiert wird; a.A. *Häck*, Die öffentliche Hand im Körperschaft- und Umsatzsteuerrecht, 2004, S. 47 ff. u. 233 f.; ähnlich *Heckhausen*, Die Umsatzbesteuerung der öffentlichen Hand, 2017, S. 40 f.; auch *Weich*, Öffentliche Hand im System der Umsatzsteuer, 1996, S. 247 ff., geht von einer Belastung durch die „Gegenseitigkeitsbesteuerung" aus, bis eine Überwälzung gelinge.

412 *Bader*, Hoheitsbetrieb und Betrieb gewerblicher Art im Umsatz- und Körperschaftsteuerrecht, 1997, S. 174; *Söhn*, StuW 1976, S. 1 (11); *Stadie*, in: Rau/Dürrwächter, UStG,

gilt in gleicher Weise für die Befreiungsregelung des Art. 13 MwStSystRL auf Ebene der vorrangigen Mehrwertsteuersystemrichtlinie, die ebenso einen Aufbau als indirekte Verbrauchsteuer zugrunde legt.[413]

Auch die reale Auswirkung der Vorgängervorschrift zeigt, dass teilweise gerade kein Interesse an der „Steuerbefreiung" besteht. Diese stellt nämlich eine reine Belastung dar. Denn vor der Problematik der offenen oder verdeckten Abwälzung der Vorsteuer auf den Verbraucher ist bis zum Zeitpunkt der erfolgreichen Überwälzung in jedem Fall eine finanzielle Minderung gegeben.[414] So erging eine Vielzahl an Entscheidungen aufgrund der Absicht der juristischen Person des öffentlichen Rechts, sich die Unternehmereigenschaft zuerkennen zu lassen, um so den Vorsteuerabzug erhalten zu können.[415] Auch aus Sicht der öffentlichen Hand stellt die Unternehmereigenschaft somit nicht zwangsweise eine Belastung dar, sondern erscheint im Hinblick auf den Vorsteuerabzug sogar als erstrebenswertes Ziel. Damit einhergehend kann kein Interesse daran bestehen, eine Rückausnahme von der Unternehmereigenschaft der öffentlichen Hand zu konzipieren.

Eine Ausnahme bildet allein die Leistung einer juristischen Person des öffentlichen Rechts an eine andere juristische Person des öffentlichen Rechts als

---

§ 2b UStG Rn. 14 ff. (Stand 10.2017); *Englisch*, in: Tipke/Lang, Steuerrecht[24], 2020, § 17 Rn. 54; *ders.*, UR 2013, S. 570 (578 f.); kritisch auch *Ismer/Baur-Rückert*, MwStR 2016, S. 740 (745 f.); im Ergebnis auch *P. Kirchhof*, DStR 2008, S. 1 (7), wonach die öffentliche Hand als Unternehmer die Steuerlast nicht trage und dieser daher „in der Umsatzbesteuerung keine Sonderstellung zu gewähren" sei; ähnlich bereits *Tipke*, StRO III, 1993, S. 1268.

413 *Wiesch*, Die umsatzsteuerliche Behandlung der öffentlichen Hand, 2016, S. 320 f.; *Stadie*, in: Rau/Dürrwächter, UStG, § 2b UStG Rn. 15 (Stand 10.2017).

414 Mit der Annahme einer Umsatzsteuerdefinitivbelastung bei Versagung der Vorsteuer *Dziadkowski*, UR 2017, S. 416 (418); *P. Kirchhof*, Umsatzsteuer Gesetzbuch, 2008, S. 76 ff.; *Desens/Hummel*, StuW 2012, S. 225 (240); *Desens*, in: Zukunftsfragen des deutschen Steuerrechts II, 2014, S. 3 ff.; ebenso weist *Englisch*, UR 2013, S. 570 (578 f,) auf die Systemwidrigkeit hin; grundsätzlich zur verdeckten Überwälzung der Vorsteuer *Wiesch*, Die umsatzsteuerliche Behandlung der öffentlichen Hand, 2016, S. 313.

415 BFH v. 08.01.1998 – V R 32/97, BStBl II 1998, 410; v. 30.06.2004 – V B 2/04, BFH/NV 2004, 1554; v. 01.07.2004 – V R 64/02, BFH/NV 2005, 252; v. 22.10.2009 – V R 33/08, BFH/NV 2010, 957; v. 02.03.2011 – XI R 65/07, BFH/NV 2011, 1454; v. 03.03.2011 – V R 23/10, BStBl II 2012, 74; v. 10.11.2011 – V R 41/10, BFH/NV 2012, 670; v. 15.12.2016 – V R 44/15, BFH/NV 2017, 707.

Letztverbraucher. In diesem Fall entsteht wegen der Eigenbesteuerung des Staates tatsächlich ein Minusgeschäft[416] mit umverteilender Wirkung.

II. Umsetzung des Wettbewerbsschutzes

Zunächst besteht grundsätzlich Einigkeit über die Wettbewerbsrelevanz der Umsatzsteuer.[417] Die Steuerbefreiung muss nicht über den Preis oder die Produktqualität an den Markt weitergegeben werden, sondern schlägt sich als Preisbestandteil direkt „im Wettbewerb" zu nicht begünstigten Konkurrenten nieder.[418] Insofern gilt es festzustellen, ob der Wettbewerbsgedanke bei der Anwendung des § 2b UStG konsequent umgesetzt wird. Dazu soll die Umsetzung der „größeren Wettbewerbsverzerrung" in Rechtsprechung, Finanzverwaltung und Literatur kritisch dargestellt werden, um daran orientiert den vermuteten Widerspruch zwischen der praktischen Realisierbarkeit und der sachgerechten Umsetzung des Wettbewerbsgedankens (als Ideal) zu beurteilen.

1. Merkmal der größeren Wettbewerbsverzerrung als Korrektiv

Selbst wenn der öffentlichen Hand eine Tätigkeit im Rahmen der öffentlichen Gewalt obliegt[419] und damit die grundsätzliche Ausnahme von der

---

416 So auch *Wiesch*, Die umsatzsteuerliche Behandlung der öffentlichen Hand, 2016, S. 319.

417 *Bader*, Hoheitsbetrieb und Betrieb gewerblicher Art im Umsatz- und Körperschaftsteuerrecht, 1997, S. 58 f.; *Seer/Klemke*, BB 2010, S. 2015; *Wiesch*, Die umsatzsteuerliche Behandlung der öffentlichen Hand, 2016, S. 324; *Stadie*, in: Rau/Dürrwächter, UStG, § 2b UStG Rn. 158 (Stand 10.2017).

418 Anders bei der Körperschaftsteuerpflicht, vgl. Teil 1 B, IV, 2 b).

419 Eine Tätigkeit im Rahmen der öffentlichen Gewalt liegt nach ständiger Rechtsprechung vor, wenn diese von den „Einrichtungen des öffentlichen Rechts im Rahmen einer öffentlich-rechtlichen Sonderregelung [ausgeübt wird]",was allerdings nicht für Tätigkeiten gelte, „die sie unter den gleichen rechtlichen Bedingungen ausüben wie private Wirtschaftsteilnehmer", vgl. nur EuGH v. 17.10.1989 – 231/87 u.a., *Comune di Carpaneto Piacentino u. a.*, EU:C:1989:381, Rn. 19; v. 16.09.2008 – C-288/07, *Isle of Wight Council u.a.*, EU:C:2008:505, Rn. 21; v. 29.10.2015 – C-174/14, *Saudacor*, EU:C:2015:733, Rn. 70; dem hat sich auch der BFH angeschlossen, vgl. nur BFH v. 15.04.2010 – V R 10/09, BFH/NV 2010, 1574, Rn. 36; v. 10.02.2016 – XI R 26/13, BFH/NV 2016, 865, Rn. 36. Die handlungsformbezogene Abgrenzung zwischen einem öffentlich-rechtlichen und einem privatrechtlichen Tätigwerden soll dabei rechtssicher daran überprüft werden, ob die Einrichtung „im Rahmen der eigens für sie geltenden rechtlichen Regelung tätig [wird]", dazu EuGH v. 17.10.1989 – 231/87 u.a., *Comune di Carpaneto Piacentino u. a.*, EU:C:1989:381, Rn. 15; *Hüttemann*, UR

Unternehmereigenschaft gem. § 2b Abs. 1 S. 1 UStG vorliegt,[420] zwingt die Wettbewerbsschutzklausel als Korrektiv zur Aufhebung der Behandlung als Nichtunternehmer, sofern diese zu größeren Wettbewerbsverzerrungen führen würde. § 2b Abs. 1 UStG knüpft dabei an den Wortlaut des Art. 13 Abs. 1 MwStSystRL an. Aus diesem Grund muss die Anwendung der nationalen Umsetzung über § 2b UStG richtlinienkonform und daher gleichgehend mit der Rechtsprechung des Europäischen Gerichtshofs erfolgen.[421] Durch die Vorgabe eines wettbewerbsorientierten Merkmals stellt sich wegen der ressourcenbedingten

---

2017, S. 129 (130 f.). Insofern könne nach EuGH v. 29.10.2015 – C-174/14, *Saudacor*, EU:C:2015:733, Rn. 70, darauf abgestellt werden, ob die „Tätigkeit das Gebrauchmachen von hoheitlichen Befugnissen umfasst". Bei einer privatrechtlichen Handlungsform könne hingegen unmittelbar die Steuerpflicht angenommen werden; so das ganz überwiegende Verständnis von der Rechtsprechung, vgl. nur *Heckhausen*, Die Umsatzbesteuerung der öffentlichen Hand, 2017, S. 49; *Stadie*, in: Rau/Dürrwächter, UStG, § 2b UStG Rn. 163 ff. (Stand 10.2017); *Wiesch*, Die umsatzsteuerliche Behandlung der öffentlichen Hand, 2016, S. 87; *Gohlke/Schmitz*, MwStR 2016, S. 780; *Heidner*, UR 2016, S. 45 (47); *Hammerl/Fietz*, MwStR 2017, S. 56 (57); *Küffner/Rust*, DStR 2016, S. 1633 (1635).

420 Art. 13 Abs. 1 MwStSystRL und auch § 2b Abs. 1 S. 1 UStG dienen dabei im Prinzip allein als Vereinfachungsnorm für Fälle, in denen die Einrichtung öffentlichen Rechts auf privatrechtlicher Grundlage tätig wird; so auch *Hüttemann*, UR 2017, S. 129 (131), wonach der Begriff der „öffentlichen Gewalt" sich darin erschöpfe, solche Tätigkeiten auszuklammern, die auf privatrechtlicher Grundlage erbracht werden, da auch der öffentlichen Hand im Privatrechtsverkehr keine hoheitlichen Befugnisse zustünden. Damit wird die Steuerpflicht pauschal wegen einer vermuteten Wettbewerbsrelevanz auferlegt. Dies ist allerdings bedenklich, zumal die öffentliche Hand auch auf privatrechtlicher Grundlage Tätigkeiten ausüben kann, die ihr im Rahmen einer öffentlichrechtlichen Sonderregelung obliegen. Vgl. beispielhaft die Ausführungen bei BMF v. 16.12.2016 – III C 2-S 7107/16/10001, BStBl I 2016, 1451, Rn. 6 ff.; ebenso *Wiesch*, Die umsatzsteuerliche Behandlung der öffentlichen Hand, 2016, S. 87. Damit erklärt sich zugleich nicht, wieso bei einer solchen Tätigkeit auf privatrechtlicher Grundlage unmittelbar die nachteilhafte Besteuerung erfolgen soll. Ebenso erklärt sich nicht, wieso das vermutete Steuerbefreiungsinteresse des Staates direkt zurücktritt, während das „Interesse" des Staates im Fall einer Tätigkeit auf öffentlich-rechtlicher Grundlage erst bei „größeren Wettbewerbsverzerrungen" zurücktreten soll. Denn in beiden Fällen besteht die Möglichkeit der fehlenden Wettbewerbsrelevanz.

421 Zur Anwendung der richtlinienwidrigen Vorgängervorschrift BFH v. 17.03.2010 – XI R 17/08, BFH/NV 2010, 2359, Rn. 23; v. 02.03.2011 – XI R 65/07, BFH/NV 2011, 1454, Rn. 17; v. 01.12.2011 – V R 1/11, BFH/NV 2012, 534, Rn. 13 f.; v. 10.02.2016 – XI R 26/13, BFH/NV 2016, 865, Rn. 33 f; zur Divergenz des Wortlauts von § 2b Abs. 1 S. 1 UStG gegenüber der MwStSystRl *Hüttemann*, UR 2017, S. 129 (130).

Handlungslimitierung, aber auch vor dem Hintergrund der Fülle an unterkomplexen Beurteilungen in der Rechtsprechung zu den bereits behandelten Wettbewerbsschutzklauseln,[422] unweigerlich die Frage nach dessen sachgerechter Umsetzung. Bei der Darstellung der Wettbewerbsprüfung werden die bereits im Zuge der Arbeit gewonnen Erkenntnisse zum Gegenstand eines Wettbewerbsverhältnisses sowie einer begünstigungsbedingten Einwirkung auf den Wettbewerbsprozess zugrunde gelegt.

a) Bestimmung durch die Rechtsprechung im Bereich der MwStSystRL

aa) Grundsätzliche Irrelevanz der Bestimmung eines Wettbewerbsverhältnisses

Bereits begriffsnotwendig kann eine Wettbewerbsverzerrung nur beim Bestehen eines „Wettbewerbs" angenommen werden. Das Bestehen eines „Wettbewerbs" ist dabei gleichbedeutend mit einem Wettbewerbsverhältnis, welches sodann durch die Steuerbefreiung betroffen (verzerrt) sein muss. Ohne die Ermittlung des Wettbewerbsverhältnisses kann demnach auch die Beurteilung der Wettbewerbsverzerrung nicht erfolgen.

Der Europäische Gerichtshof scheint jedoch ein grundlegend anderes Verständnis vom Merkmal der größeren Wettbewerbsverzerrung und dem Wettbewerbsverhältnis zu haben. Dabei sei jedoch bereits vorangestellt, dass die Entscheidungen des Gerichtshofs eine zweifelsfreie Einordnung nicht zulassen. Im Folgenden sollen daher die möglichen Interpretationsweisen dargelegt werden.

(1) EuGH: „Wettbewerbsverhältnis" im Bereich der Mehrwertsteuer

Es lässt sich den Ausführungen des Gerichtshofs bereits nicht entnehmen, ob es überhaupt auf die Ermittlung des Vorliegens eines Wettbewerbsverhältnisses ankommen oder das Fehlen eines solchen lediglich zum Ausschluss einer (unterstellten) Wettbewerbsverzerrung führen soll.

Im Rahmen der Vorlagefrage, wie innerhalb der Formulierung, dass die Steuerpflicht auferlegt wird „sofern eine Behandlung als Nichtsteuerpflichtige zu größeren Wettbewerbsverzerrungen führen würde", der Begriff „führen würde" zu verstehen sei, hat der Gerichtshof ausgeführt, „dass der Begriff [...] nicht nur

---

422 Vgl. dazu die Ergebnisse zu § 65 Nr. 3 AO unter Teil 1 A, II, 1 a) bb) (3) und 2 a) cc) sowie zu § 4 KStG unter Teil 1 B, III, 3.

den gegenwärtigen, sondern auch den potenziellen Wettbewerb umfasst".[423] Ein solcher „potenzieller Wettbewerb" könne dabei nur dann angenommen werden, wenn die reale Marktzutrittsmöglichkeit eines privaten Wirtschaftsteilnehmers bestünde. Die „rein theoretische, durch keine Tatsache, kein objektives Indiz und keine Marktanalyse untermauerte Möglichkeit für einen privaten Wirtschaftsteilnehmer, in den relevanten Markt einzutreten", reiche dazu aber nicht aus.[424]

Es scheint zunächst so, als würde der Gerichtshof ein ähnliches Verständnis zu der hier vertretenen Auffassung, der Ermittlung eines Wettbewerbsverhältnisses anhand des sachlich und räumlich relevanten Marktes aus Nachfragersicht,[425] zugrunde legen. Für die Steuerpflicht solle es darauf ankommen, ob die Tätigkeit im Vergleich zu denen privater Anbieter „im Wesentlichen die gleiche ist".[426] Auch bezüglich einer Steuerbefreiung nach Art. 13 Teil B der 6. EG-Richtlinie führte der Gerichtshof aus, dass der Grundsatz der steuerlichen Neutralität verletzt sei, sofern „zwei aus der Sicht des Verbrauchers [...] gleichartige Dienstleistungen, die dieselben Bedürfnisse des Verbrauchers befriedigen, hinsichtlich der Mehrwertsteuer unterschiedlich behandelt werden".[427] Für die Gleichartigkeit sei „auf die Sicht des Durchschnittsverbrauchers abzustellen".[428]

Daneben hat der Gerichtshof aber hinsichtlich der Steuerpflicht der öffentlichen Hand zugleich ausgeführt, dass „sich die Mehrwertsteuerpflicht von Einrichtungen des öffentlichen Rechts aus der Ausübung einer bestimmten Tätigkeit als solcher ergibt, [...] unabhängig davon, ob die betreffenden Einrichtungen auf der Ebene des lokalen Marktes, auf dem sie diese Tätigkeit ausüben, Wettbewerb ausgesetzt sind oder nicht".[429] Damit käme es auf das Bestehen

---

423 EuGH v. 16.09.2008 – C-288/07, *Isle of Wight Council u.a.*, EU:C:2008:505, Rn. 63; dem folgt auch der BFH hinsichtlich der „Wettbewerbsbeurteilung", vgl. nur BFH v. 10.02.2016 – XI R 26/13, BFH/NV 2016, 865, Rn. 55.

424 EuGH v. 16.09.2008 – C-288/07, *Isle of Wight Council u.a.*, EU:C:2008:505, Rn. 64; die Vorgabe des EuGH, dass insofern eventuell sogar eine Marktanalyse vorzunehmen sei, verkennt *Wiesch*, Die umsatzsteuerliche Behandlung der öffentlichen Hand, 2016, S. 112 f., der die Ausführungen des EuGH zur Bestimmung der Wettbewerbsverzerrung auf die Bestimmung zum Wettbewerbsverhältnis überträgt und daher auch dort eine tätigkeitsbezogene Beurteilung schlussfolgert.

425 Zur Marktabgrenzung anhand der kartellrechtlichen Vorgehensweise ausführlich unter Teil 1 A, II, 1 b).

426 EuGH v. 16.09.2008 – C-288/07, *Isle of Wight Council u.a.*, EU:C:2008:505, Rn. 45.

427 EuGH v. 10.11.2011 – C-259/10 u.a., *The Rank Group*, EU:C:2011:719, Rn. 36.

428 EuGH v. 10.11.2011 – C-259/10 u.a., *The Rank Group*, EU:C:2011:719, Rn. 43.

429 EuGH v. 16.09.2008 – C-288/07, *Isle of Wight Council u.a.*, EU:C:2008:505, Rn. 40.

eines Wettbewerbsverhältnisses aber überhaupt nicht an. Man könnte die Formulierung zwar auch so deuten, dass nur hervorgehoben werden soll, dass eben neben einem tatsächlichen Wettbewerbsverhältnis auch ein potentielles Wettbewerbsverhältnis genügt. Dann ergibt sich jedoch zum einen ein Widerspruch zu der im Einzelnen so gleich noch darzustellenden Vorgabe für das Merkmal der „größeren Wettbewerbsverzerrung" und zum anderen scheint der Europäische Gerichtshof ohnehin eine einheitliche Besteuerung gleichartiger Leistungen erreichen zu wollen. In der Urteilsbegründung heißt es explizit, dass ein konkret lokales Verständnis darauf hinauslaufe, „dass nur einige lokale Behörden der Mehrwertsteuer unterwerfen [sic!] werden und andere nicht, je nachdem, ob es auf dem jeweiligen lokalen Markt, auf dem sie tätig sind, Wettbewerbsverzerrungen gegeben hat oder nicht, und das, obwohl die fragliche Dienstleistung [...] im Wesentlichen die gleiche ist. Diese Auffassung hat somit nicht nur zur Folge, dass in dem Fall, dass die Behandlung von Einrichtungen des öffentlichen Rechts als Nichtsteuerpflichtige nur in geringem Umfang zu Wettbewerbsverzerrungen führen würde, private Wirtschaftsteilnehmer und diese Einrichtungen unterschiedlich behandelt werden, sondern auch, dass es zu einer Ungleichbehandlung der Einrichtungen des öffentlichen Rechts untereinander kommt."[430] Und weiter heißt es: „Werden die Wettbewerbsverzerrungen hingegen in Bezug auf die Tätigkeit als solche geprüft, unabhängig von den Wettbewerbsbedingungen, die auf einem bestimmten lokalen Markt herrschen, bleibt der Grundsatz der steuerlichen Neutralität gewahrt, da alle Einrichtungen des öffentlichen Rechts entweder mehrwertsteuerpflichtig sind oder nicht, wobei die einzige Beeinträchtigung dieses Grundsatzes nur die Beziehungen zwischen diesen Einrichtungen und den privaten Wirtschaftsteilnehmern betrifft und dies nur, sofern die Wettbewerbsverzerrungen einen geringen Umfang haben".[431] Mit anderen Worten scheint der Europäische Gerichtshofs individuelle Ergebnisse für einzelne räumlich relevante Märkte vermeiden zu wollen. Daher ist in Bezug auf die Bestimmung des Wettbewerbsverhältnisses eher davon auszugehen, dass dort grundsätzlich eine abstrakte Betrachtung erfolgen soll oder dieses sogar irrelevant sein soll.[432] Die Annahme dieses Verständnisses bestätigt sich auch in der Entscheidung zu Art. 13 Teil B der 6. EG-Richtlinie. Der Gerichtshof offenbart dort eine eigenständige Beurteilung des „Wettbewerbsverhältnisses" für den

---

430 EuGH v. 16.09.2008 – C-288/07, *Isle of Wight Council u.a.*, EU:C:2008:505, Rn. 45.

431 EuGH v. 16.09.2008 – C-288/07, *Isle of Wight Council u.a.*, EU:C:2008:505, Rn. 46.

432 Mit diesem Verständnis auch *Hidien*, in: ders./Jürgens, Die Besteuerung der öffentlichen Hand, 2017, § 4 Rn. 682.

Bereich der Mehrwertsteuer. Der Grundsatz der steuerlichen Neutralität gebiete, „dass die Gleichartigkeit zweier Dienstleistungen dazu führt, dass sie in einem Wettbewerbsverhältnis zueinanderstehen".[433] Die ungleiche Besteuerung gleichartiger Leistung führe daher zu einer Verletzung desselben, und zwar ohne die „zusätzlich[e] [...] Feststellung, dass die betreffenden Dienstleistungen tatsächlich in einem Wettbewerbsverhältnis [...] stehen".[434]

(2) Eigenständiges Verständnis vom Wettbewerbsverhältnis durch den EuGH

Mit anderen Worten konzipiert der Europäische Gerichtshof geprägt durch den Grundsatz der steuerlichen Neutralität einen eigenen Begriff des Wettbewerbsverhältnisses im Bereich der Mehrwertsteuer. Die Beurteilung anhand der Gleichartigkeit löst sich komplett vom herkömmlichen Verständnis des „Wettbewerbs", als Umschreibung eines interaktiven Prozesses aus den Handlungen der Anbieter[435] beim Wettstreit um einen Vorteil, den nur der eine auf Kosten des anderen erhalten kann[436]. Tatsächlich löst sich dieses Verständnis sogar vom Kernelement des „Wettbewerbs" und führt zu einem eigenständigen Verständnis des Begriffs des Wettbewerbsverhältnisses. Bei der Maßgeblichkeit der Gleichartigkeit zweier Leistungen unabhängig davon, ob es tatsächlich zu einem Berührungspunkt zwischen den Anbietern kommen kann, kann überhaupt nicht mehr von einem „Verhältnis" gesprochen werden. Sofern keine interagierenden Handlungen bestehen und festgestellt werden, jedenfalls aber ein wechselseitiger Druck tatsächlich nicht unterstellt werden kann, gibt es kein Wettbewerbsverhältnis. Ebenso entsteht erst recht nicht die wohlfahrtssteigernde Wirkung des Wettbewerbsmechanismus hinsichtlich der Innovations- und

---

433 EuGH v. 10.11.2011 – C-259/10 u.a., *The Rank Group*, EU:C:2011:719, Rn. 33.

434 EuGH v. 10.11.2011 – C-259/10 u.a., *The Rank Group*, EU:C:2011:719, Rn. 36.

435 Vgl. die ausführlichen Nachweise unter Einleitung A, II, 1.

436 Merkmal des Wettbewerbs sei unter anderem, dass Anbieter „durch [den] Einsatz eines oder mehrerer Aktionsparameter ihren Zielerreichungsgrad zu Lasten anderer Wirtschaftssubjekte verbessern wollen", *Schmidt/Haucap*, Wettbewerbspolitik und Kartellrecht, 2013, S. 3 f.; ähnlich *Kerber/Schwalbe*, in: MünchKomm EUWettbewerbsrecht[2], 2015, Einl. Rn. 37, wonach es sich um einen Rivalitätsprozess handle, in welchem „Unternehmen versuchen, ihre Produkte oder Dienstleistungen zu verbessern oder zu niedrigeren Preisen anzubieten, um die Nachfrager zum Abschluss von Kaufverträgen zu bewegen".

Allokationseffizienz.[437] In diesem Moment verliert der Begriff des Wettbewerbsverhältnisses jedoch seine eigenständige Bedeutung. Die Begründung eines Wettbewerbsverhältnisses aufgrund gleichartiger Leistungen kann allenfalls als großzügige Vermutung anerkannt werden. Die Maßgeblichkeit dessen für die Steuerpflicht mag vor dem Grundsatz der steuerlichen Neutralität richtig sein. Im Hinblick auf die Eigenart der Umsatzsteuer als indirekter Verbrauchsteuer ist diese sogar wünschenswert, um den Systembruch der Steuerbefreiung der öffentlichen Hand zu korrigieren.[438] Zugleich setzt diese Maßgabe aber den Wettbewerbsgedanken nicht um. Durch die Zweckentfremdung des Begriffs des Wettbewerbsverhältnisses wird lediglich die steuerliche Neutralität in der Gestalt umgesetzt, dass eine Ungleichbehandlung verhindert wird. Vor dem Wettbewerbsgedanken ist eine Ungleichbehandlung aber wie bereits dargestellt bis zu deren Auswirkung im Konkurrenzprozess und damit im Falle einer Steuerbegünstigung bis zu deren Weitergabe an den Markt bei bestehender Konkurrenz irrelevant.[439] Wenn aber die Ungleichbehandlung wegen der Gleichartigkeit aufgehoben werden soll, kommt es ausschließlich auf den Gleichheits- oder Neutralitätsgedanken, nicht aber den Wettbewerbsgedanken an. Letzterer verlangt eine Gleichheit nur zur Vermeidung eines wettbewerbsexternen Konkurrenzdrucks. Durch das Verständnis des Gerichtshofs geht der Begriff vollständig im Grundsatz der steuerlichen Neutralität auf und wird damit gegenstandslos. In diesem Moment hätte es des Begriffs des „Wettbewerbs“ aber überhaupt nicht bedurft.

Dass dieses Verständnis nicht zutreffen kann, ist offenkundig. Bei der Anwendung des Korrektivs unter Maßgabe des Grundsatzes der steuerlichen Neutralität würden auch solche Tätigkeiten von der Steuerbefreiung ausgeschlossen, die tatsächlich zu keiner Wettbewerbsverzerrung führen würden. Wird beispielsweise eine befreite Tätigkeit auf einem relevanten Markt mangels Rentabilität ausschließlich durch die öffentliche Hand angeboten, auf einem anderen relevanten Markt aber auch durch private Anbieter, müsste die Befreiung wegen des Bestehens eines Wettbewerbsverhältnis nach der steuerlichen Neutralität trotz der Unmöglichkeit einer Negativauswirkung aufgehoben werden. Die vom Gesetzgeber gewollte Steuerbefreiung könnte nicht gewährt werden, obwohl die

437 Vgl. zur Notwendigkeit eines prozesshaften Interagierens für die Funktion des Wettbewerbsmechanismus bereits Teil 1 B, IV, 2 b) aa) und die ausführlichen Nachweise zum Wettbewerbsmechanismus unter Teil 1 A, II, 1 b) aa).

438 Dazu unter Teil 1 C, I, 3.

439 Vgl. die übertragbaren Ausführungen zur Umsetzung des Wettbewerbsgedankens i.R.d. § 4 KStG unter Teil 1 B, IV, 2 b) aa) (2).

für deren Aufhebung maßgebliche Beeinträchtigung privater Anbieter ausgeschlossen ist. Die Konstruktion eines eigenständigen Wettbewerbsverhältnisses im Bereich der Mehrwertsteuer würde daher zur Aufhebung der Steuerbefreiung in Fällen führen, in denen der Gesetzgeber eine Aufhebung nicht vorgesehen hat und eine Aufhebung auch tatsächlich überhaupt nicht erforderlich ist.

Auch wenn der Europäische Gerichtshof damit den Begriff des Wettbewerbsverhältnisses verwendet, kommt es auf selbiges nicht mehr an. Die Beurteilung anhand der Gleichartigkeit der Leistung erfolgt losgelöst von der Möglichkeit des tatsächlichen Aufeinandertreffens.

Warum der Gerichtshof dennoch vorgibt, wie ein potentielles Wettbewerbsverhältnis zu beurteilen sei[440] erschließt sich nicht. Es steht sogar im Widerspruch dazu, wie eine „größeren Wettbewerbsverzerrung" zu bestimmen sei.

(3) Teilweise Berücksichtigung des Wettbewerbsverhältnisses

Trotz des dargestellten Verständnisses hat der Gerichtshof ein Wettbewerbsverhältnis oder vielmehr den Ausschluss dessen in zwei Entscheidungen explizit geprüft.[441] Die Konstellationen legen jedoch die Vermutung nahe, dass die Prüfung der konkreten Möglichkeit eines Wettbewerbsverhältnisses lediglich in Evidenzfällen als Korrektiv zur Bestimmung der „größeren Wettbewerbsverzerrung" dient. Deshalb soll zunächst das diesbezügliche Vorgehen erläutert werden.

bb) Sinnwidriger Umgang mit der „größeren Wettbewerbsverzerrung"

Wie bereits kurz angeführt soll das Merkmal der „größeren Wettbewerbsverzerrung" nach Ansicht des Gerichtshofs „in Bezug auf die Tätigkeit als solche geprüft [werden], unabhängig von den Wettbewerbsbedingungen, die auf einem bestimmten lokalen Markt herrschen".[442] Begründet wird die tätigkeitsbezogene Beurteilung unabhängig vom relevanten Markt damit, dass dies andernfalls „eine systematische Neubewertung auf der Grundlage oft komplexer wirtschaftlicher Analysen der Wettbewerbsbedingungen auf einer Vielzahl von lokalen Märkten

---

440 EuGH v. 16.09.2008 – C-288/07, *Isle of Wight Council u.a.*, EU:C:2008:505, Rn. 64, erforderlich sei eine Tatsache, ein objektives Indiz oder eine Marktanalyse, welche die reale Möglichkeit zum Markteintritt belegt.

441 EuGH v. 13.12.2007 – C-408/06, *Götz*, EU:C:2007:789, Rn. 44 ff.; v. 19.01.2017 – C-344/15, *National Roads Authority*, EU:C:2017:28, Rn. 44 ff.

442 EuGH v. 16.09.2008 – C-288/07, *Isle of Wight Council u.a.*, EU:C:2008:505, Rn. 46; v. 19.01.2017 – C-344/15, *National Roads Authority*, EU:C:2017:28, Rn. 41.

voraus[setzt], deren Ermittlung sich als besonders schwierig erweisen kann, da die Grenzen dieser Märkte nicht unbedingt mit der örtlichen Zuständigkeit der lokalen Behörden zusammenfallen. Auch kann es im Gebiet einer einzigen lokalen Behörde mehrere lokale Märkte geben."[443] Die Begründung geht damit sogar soweit, dass es auf ein Wettbewerbsverhältnis überhaupt nicht ankommen soll. So verbiete „der Grundsatz der steuerlichen Neutralität, der ein fundamentaler Grundsatz des gemeinsamen Mehrwertsteuersystems ist [...], dass Wirtschaftsteilnehmer, die gleichartige Umsätze tätigen, bei der Erhebung der Mehrwertsteuer unterschiedlich behandelt werden". Daher müsse die Beurteilung der Mehrwertsteuerpflicht tätigkeitsbezogen erfolgen, „unabhängig davon, ob die betreffenden Einrichtungen [...] Wettbewerb ausgesetzt sind oder nicht".[444] Mit anderen Worten soll es für eine Wettbewerbsverzerrung nicht darauf ankommen, ob ein tatsächliches oder potentielles Wettbewerbsverhältnis gegeben ist.

(1) Tätigkeitsbezogene Beurteilung im Widerspruch zum Begriff „führen würde"

Die Beurteilung der „größeren Wettbewerbsverzerrung" deckt sich zwar mit dem obigen Verständnis des Gerichtshofs vom „Wettbewerbsverhältnis", das allein durch die Gleichartigkeit der Leistungen geprägt wird. Es offenbart sich jedoch durch die Formulierung „unabhängig davon, ob die betreffenden Einrichtungen [...] Wettbewerb ausgesetzt sind oder nicht", dass dem Gerichtshof bewusst ist, dass er sich über die Relevanz des Wettbewerbsverhältnisses hinweggesetzt. Es erschließt sich nicht, wieso es dann aber beim Begriff „führen würde" auf den „potentiellen Wettbewerb" und sogar ausdrücklich auf eine Marktanalyse ankommen soll. Eine solche wird hier gerade als zu komplex und daher als Argument für eine tätigkeitsbezogene Beurteilung angeführt. Diese Argumentation ist inkonsequent.

Auch die tätigkeitsbezogene Beurteilung der Wettbewerbsverzerrung löst sich komplett vom Wettbewerbsgedanken und hat mit der Berücksichtigung des „Wettbewerbs" nichts mehr gemein.[445] Demnach ist „der Wettbewerb" zwar im

---

443 EuGH v. 16.09.2008 – C-288/07, *Isle of Wight Council u.a.*, EU:C:2008:505, Rn. 49.

444 EuGH v. 16.09.2008 – C-288/07, *Isle of Wight Council u.a.*, EU:C:2008:505, Rn. 40 und 42.

445 Dagegen meint *Canz*, Die Umsatzbesteuerung der öffentlichen Hand im Wandel, 2013, S. 75, dass der EuGH auf die konkrete Situation abstelle. Dies deckt sich jedoch nicht mit der Aussage zur „größeren Wettbewerbsverzerrung".

Wortlaut angelegt, hat aber bei der derzeitigen Anwendung keinen Eigenwert, sondern verkommt zur bloßen Worthülse.

(2) Korrektiv: Kein Wettbewerbsverhältnis bei rechtlichem Monopol

Die Ausführungen des Europäischen Gerichtshofs könnten jedoch auch anders einzuordnen sein. Die allein tätigkeitsbezogene Beurteilung der größeren Wettbewerbsverzerrung könnte in Zweifelsfragen auch durch die tatsächliche Bestimmung eines (potentiellen) Wettbewerbsverhältnisses korrigiert werden sollen. Dafür würde sprechen, dass der Gerichtshof den „potentiellen Wettbewerb“ nur solange von Art. 13 Abs. 1 Uabs. 2 MwStSystRL durch den Begriff „führen würde“ erfasst sieht, „sofern die Möglichkeit [...] in den relevanten Markt einzutreten, real und nicht rein hypothetisch ist“.[446] „Sofern“ die Marktzutrittsmöglichkeit dagegen real nicht gegeben ist, kann die zuvor als wettbewerbsverzerrungsfähig eingestufte Tätigkeit tatsächlich ihr Potential zur Wettbewerbsverzerrung nicht entfalten. Damit kann dann auch die Behandlung als Nichtunternehmer in Bezug auf diese Tätigkeit nicht zu größeren Wettbewerbsverzerrungen führen. Die durch die steuerbegünstigte und an sich mögliche gleichartige Tätigkeit indizierte Wettbewerbsverzerrung wäre ausgeschlossen, wenn das Bestehen eines (potentiellen) Wettbewerbsverhältnisses als rein hypothetisch angesehen werden muss.

Für dieses Verständnis würden auch zwei weitere Entscheidungen des Europäischen Gerichtshofs sprechen. So hat dieser für die Beurteilung von Wettbewerbsverzerrungen durch die Behandlung als Nichtunternehmer beim Betrieb von Milchquoten-Verkaufsstellen darauf abgestellt, dass der Tätigkeitsbereich rechtlich begrenzt sei.[447] Diese standen grundsätzlich zwar in öffentlicher Trägerschaft, konnten aber auch in privater Trägerschaft gehalten werden.[448] Die Anlieferungs-Referenzmengen konnten nur innerhalb bestimmter Bereiche übertragen werden, ein Übertragungsbereich aber nicht zugleich in öffentlicher und privater Trägerschaft stehen. Ein öffentlicher und ein privater Träger konnten daher rein tatsächlich nicht in eine Wettbewerbssituation treten. Somit stelle „dieser Übertragungsbereich [...] den räumlich relevanten Markt für die Feststellung größerer Wettbewerbsverzerrungen dar“.[449] Mit anderen Worten hat der Gerichtshof wohl vorhergehend ein Wettbewerbsverhältnis trotz gleichartiger

446 EuGH v. 16.09.2008 – C-288/07, *Isle of Wight Council u.a.*, EU:C:2008:505, Rn. 65.
447 EuGH v. 13.12.2007 – C-408/06, *Götz*, EU:C:2007:789, Rn. 44.
448 Vgl. EuGH v. 13.12.2007 – C-408/06, *Götz*, EU:C:2007:789, Rn. 44.
449 EuGH v. 13.12.2007 – C-408/06, *Götz*, EU:C:2007:789, Rn. 44.

Leistungen abgelehnt, da die öffentlichen und privaten Anbieter nur alternativ, nicht aber nebeneinander tätig werden konnten. Dies war wohl der Grund, wieso überhaupt ein räumlich relevanter Markt für die größere Wettbewerbsverzerrung zugrunde gelegt werden sollte. Wegen des Fehlens eines konkurrierenden Aufeinandertreffens sei der räumlich relevante Markt durch den festgelegten Übertragungsbereich vorgegeben.[450] Entsprechend dem zuvor festgestellten Verständnis vom Wettbewerbsverhältnis, welches aufgrund des steuerlichen Neutralitätsprinzips durch die Gleichartigkeit der Leistungen begründet werden soll,[451] hätte ein solches dagegen angenommen werden müssen. Jedenfalls hätte eine solche aber im Rahmen einer tätigkeitsbezogenen Beurteilung der größeren Wettbewerbsverzerrung, unabhängig von den Begebenheiten des lokalen Marktes,[452] vorgelegen. Denn die öffentlichen und privaten Verkaufsstellen wurden unterschiedlich besteuert. Der Gerichtshof hat damit für den Fall der rechtlichen Unmöglichkeit eines Aufeinandertreffens auf dem räumlich relevanten Markt eine Einschränkung der tätigkeitsbezogenen Beurteilung vorgenommen.[453]

Ähnlich hat der Europäische Gerichtshof in einer jüngeren Entscheidung ausgeführt, dass beim Betrieb von Mautstellen ein Wettbewerbsverhältnis nicht bestünde.[454] Tatsächlich wurden aber auch Mautstraßen durch Private betrieben. Zum einen könnte ein privater Anbieter keine Straße bauen, die „mit den bereits bestehenden Nationalstraßen in Wettbewerb treten könnte".[455] Zum anderen könnten „private Betreiber nur dann in den Markt [...] eintreten [...], wenn die NRA ihnen hierfür eine Genehmigung erteilt".[456] Auch in dieser Entscheidung wurde demnach darauf abgestellt, ob ein Privater und die Einrichtung des öffentlichen Rechts eine Mautstraße nebeneinander oder lediglich alternativ

---

450 EuGH v. 13.12.2007 – C-408/06, *Götz*, EU:C:2007:789, Rn. 46.

451 Vgl. die Nachweise unter Teil 1 C, II, 1 a) aa) (1).

452 Vgl. nur EuGH v. 16.09.2008 – C-288/07, *Isle of Wight Council u.a.*, EU:C:2008:505, Rn. 46; v. 19.01.2017 – C-344/15, *National Roads Authority*, EU:C:2017:28, Rn. 41.

453 So verstehen etwa auch *Seer/Klemke*, BB 2010, S. 2015 (2021), die Rechtssache *Götz* als Abkehr einer abstrakten Beurteilung für den Fall der Beschränkung des räumlich relevanten Marktes durch einen Mitgliedstaat; ähnlich spricht *Wiesch*, Die umsatzsteuerliche Behandlung der öffentlichen Hand, 2016, S. 118 f., von einer Ausnahme der grundsätzlichen Maßgeblichkeit des nationalen Marktes, wobei er dies auf die Bestimmung des Wettbewerbsverhältnisses, nicht aber wie der EuGH auf die Bestimmung der größeren Wettbewerbsverzerrung bezieht.

454 EuGH v. 19.01.2017 – C-344/15, *National Roads Authority*, EU:C:2017:28, Rn. 45 ff.

455 EuGH v. 19.01.2017 – C-344/15, *National Roads Authority*, EU:C:2017:28, Rn. 49.

456 EuGH v. 19.01.2017 – C-344/15, *National Roads Authority*, EU:C:2017:28, Rn. 46.

betreiben konnten. Zwischen Betreibern verschiedener mautpflichtiger Straßen bestünde gerade kein Wettbewerbsverhältnis.[457]

cc) Anscheinender Wandel der Relevanz des Wettbewerbsverhältnisses

Die Rechtssache *National Roads Authority* könnte zugleich auch der Wegbereiter für die Relevanz der Bestimmung eines Wettbewerbsverhältnisses sein.

Dort scheint zunächst der Widerspruch ausgeräumt, dass die Wettbewerbsverzerrung unabhängig von einem etwaigen Wettbewerbsverhältnis beurteilt werden soll. Art. 13 Abs. 1 Uabs. 2 MwStSystRL setze „voraus, dass die betreffende Tätigkeit im – gegenwärtigen oder potenziellen – Wettbewerb mit einer von privaten Wirtschaftsteilnehmern durchgeführten Tätigkeit ausgeübt wird". Daneben erfordere sie „zum anderen, dass die unterschiedliche Behandlung dieser beiden Tätigkeiten in mehrwertsteuerlicher Hinsicht zu größeren Wettbewerbsverzerrungen führt".[458] Dazu könne aber „das bloße Vorhandensein privater Wirtschaftsteilnehmer auf einem Markt ohne Berücksichtigung von Tatsachen, objektiven Indizien und einer Analyse dieses Marktes weder das Bestehen eines gegenwärtigen oder potenziellen Wettbewerbs noch das Vorliegen einer größeren Wettbewerbsverzerrung belegen".[459]

Folgt man der Einschätzung des Gerichtshofs, würde dies bedeuten, dass zwingend ein Wettbewerbsverhältnis konkret bestimmt werden muss und auch für das Vorliegen einer größeren Wettbewerbsverzerrung die gleichen Kriterien wie zur Marktabgrenzung heranzuziehen seien.

Irreführend ist dabei jedoch die jedenfalls missverständliche Formulierung, dass die Wettbewerbsverzerrung tätigkeitsbezogen zu beurteilen sei, „ohne dass sich diese Beurteilung auf einen Markt im Besonderen bezieht".[460] Denn die Beurteilung würde sich tatsächlich doch auf den relevanten Markt beziehen, auf dem das potentielle Wettbewerbsverhältnis angenommen wurde. Die Steuerbefreiung wirkt sich nämlich insoweit verzerrend aus, als dass potentielle Wettbewerber vom Markt ferngehalten werden. Es lässt sich der Formulierung nicht eindeutig entnehmen, ob der Gerichtshof lediglich hervorheben wollte, dass auf dem relevanten Markt, zugleich kein tatsächlich vorhandener Konkurrent gefordert werden muss und damit das Verzerrungspotential der Tätigkeit genügt. Dies würde nämlich im Widerspruch zur ursprünglichen Begründung für die

---

457 EuGH v. 19.01.2017 – C-344/15, *National Roads Authority*, EU:C:2017:28, Rn. 51.

458 EuGH v. 19.01.2017 – C-344/15, *National Roads Authority*, EU:C:2017:28, Rn. 43.

459 EuGH v. 19.01.2017 – C-344/15, *National Roads Authority*, EU:C:2017:28, Rn. 44.

460 EuGH v. 19.01.2017 – C-344/15, *National Roads Authority*, EU:C:2017:28, Rn. 41.

tätigkeitsbezogene Beurteilung stehen, wonach die schwierige und streitanfällige Ermittlung „lokaler Märkte“ vermieden werden soll.[461]

(1) Fortbestand des Widerspruchs zur „größeren Wettbewerbsverzerrung“

Solange der Europäische Gerichtshof jedoch an der Maßgabe festhält, dass die Wettbewerbsverzerrung „in Bezug auf die fragliche Tätigkeit als solche zu beurteilen [ist], ohne dass sich diese Beurteilung auf einen Markt im Besonderen bezieht“,[462] muss davon ausgegangen werden, dass allein die Ausübung einer gleichartigen Tätigkeit zu privaten Anbietern zur Steuerpflicht führen soll. Andernfalls würde es auf Indizien, Tatsachen und Marktanalysen hinsichtlich bestehender privater Wirtschaftsteilnehmer auf dem relevanten Markt ankommen. Gerade dieser „Prüfungsaufwand“ hinsichtlich des „lokalen Marktes“ war aber der Grund für die rein tätigkeitsbezogene Beurteilung der größeren Wettbewerbsverzerrung.[463] Wenn der Gerichtshof dann jedoch das Wettbewerbsverhältnis wegen „eines Marktes im Besonderen“ ablehnt und damit zugleich das Vorliegen von Art. 13 Abs. 1 Uabs. 2 MwStSystRL annimmt, verbleibt es bei einem Widerspruch innerhalb der Vorgaben. Es erschließt sich nicht, wieso der besondere Markt für die Wettbewerbsverzerrung irrelevant sein soll. Denn bei der Bestimmung des Wettbewerbsverhältnisses wurde selbiger doch wieder relevant. Das Wettbewerbsverhältnis reichte zugleich aus, um die Rückausnahme hin zur Unternehmereigenschaft zu begründen. Die Schwierigkeit mit der Auseinandersetzung verschiedener Märkte besteht aber auch bei der Beurteilung des Wettbewerbsverhältnisses anhand verschiedener Märkte. Dies spricht zugleich dafür, dass der Gerichtshof das Wettbewerbsverhältnis auf einem „besonderen Markt“ anscheinend nur dann berücksichtigt, wenn dieser rechtlich begrenzt ist. Dann besteht nämlich auch die Notwendigkeit der aufwendigen Marktabgrenzung nicht.

---

461 EuGH v. 16.09.2008 – C-288/07, *Isle of Wight Council u.a.*, EU:C:2008:505, Rn. 49 f.

462 EuGH v. 19.01.2017 – C-344/15, *National Roads Authority*, EU:C:2017:28, Rn. 41; so wohl auch das Verständnis des BFH noch zur Vorgängervorschrift § 2 Abs. 3 UStG (aF), vgl. nur BFH v. 10.02.2016 – XI R 26/13, BFH/NV 2016, 865, Rn. 55 ff., wo explizit die Irrelevanz des „lokalen Marktes“ hervorgehoben wird, wobei die Beurteilung jedoch anschließend nicht mit Blick auf das (gesamte) Bundesgebiet vorgenommen wurde. Die tatsächliche Einschränkung ist jedoch wohl darauf zurückzuführen, dass die Vornahme der Handlung durch private Anbieter in dem entsprechenden Bundesland aufgrund landesrechtlicher Regelung nicht möglich war, vgl. Rn. 56.

463 EuGH v. 16.09.2008 – C-288/07, *Isle of Wight Council u.a.*, EU:C:2008:505, Rn. 49.

Zugleich stellt sich die Frage, wie diese Einschätzung mit der hergeleiteten Vorgabe des Grundsatzes der steuerlichen Neutralität[464] zu vereinbaren ist. Dieser gebiete schließlich, dass „sich die Mehrwertsteuerpflicht [...] aus der Ausübung einer bestimmten Tätigkeit als solcher ergibt, [...] unabhängig davon, ob die betreffenden Einrichtungen auf der Ebene des lokalen Marktes, auf dem sie diese Tätigkeit ausüben, Wettbewerb ausgesetzt sind oder nicht".[465]

(2) Berücksichtigung des Wettbewerbsverhältnisses in Evidenzfällen

Der Europäische Gerichtshof berücksichtigt demnach das Vorliegen eines Wettbewerbsverhältnisses anscheinend nur dann, wenn der relevante Markt zur Bestimmung desselben bereits vorgegeben ist. Dahingehend kann das Wettbewerbsverhältnis tatsächlich allein in evidenten Fällen als Korrektiv gegenüber der tätigkeitsbezogenen Beurteilung der Wettbewerbsverzerrung angesehen werden.

Es lässt sich damit nicht abschließend sagen, ob der Gerichtshof, wie zumindest der Formulierung nach,[466] in jedem Fall die Bestimmung eines Wettbewerbsverhältnisses verlangt. Ebenso könnte selbiges lediglich als Korrektiv in Fällen eines evidenten Nichtvorliegens, etwa bei einem rechtlichen Monopol durch eine Beschränkung des „relevanten" Marktes, dienen.[467]

In jedem Fall stünde die „Bestimmung" des Wettbewerbsverhältnisses im Widerspruch zur alleinigen Bestimmung gleichartiger Tätigkeiten.[468] Wahrscheinlicher ist, dass auch hier nur eine Ausnahme von der Beurteilung anhand der Gleichartigkeit für Sachverhalte mit einem evidenten Ausschluss des Wettbewerbsverhältnisses auf dem relevanten Markt besteht.

---

464 EuGH v. 16.09.2008 – C-288/07, *Isle of Wight Council u.a.*, EU:C:2008:505, Rn. 42; zum Grundsatz der steuerlichen Neutralität und dessen Auswirkung auf die Anwendung der Wettbewerbsschutzklausel ausführlich Teil 1 C, III.

465 EuGH v. 16.09.2008 – C-288/07, *Isle of Wight Council u.a.*, EU:C:2008:505, Rn. 40.

466 Art. 13 Abs. 1 Uabs. 2 MwStSystRl setze „*zum einen* voraus, dass die betreffende Tätigkeit im – gegenwärtigen oder potenziellen – Wettbewerb mit einer von privaten Wirtschaftsteilnehmern durchgeführten Tätigkeit ausgeübt wird *und zum anderen*, dass die unterschiedliche Behandlung [...] zu größeren Wettbewerbsverzerrungen führt" (Herv. durch den Verf.), vgl. EuGH v. 19.01.2017 – C-344/15, *National Roads Authority*, EU:C:2017:28, Rn. 43.

467 So auch *Heidner*, UR 2016, S. 45 (47 f.), wonach der „lokale Markt" nach Verständnis des EuGH nur berücksichtigt werden muss, wenn auf diesem ein Marktzugang unmöglich ist und damit der potentielle Wettbewerb dort nicht gefährdet ist.

468 Vgl. dazu Teil 1 C, II, 1 a) aa) (1) und (2).

Selbst wenn der Gerichtshof fortan immer die Prüfung des Bestehens eines Wettbewerbsverhältnisses fordern sollte, lässt sich nicht nachvollziehen, wieso dazu „Tatsachen, objektive Indizien und [eine] Analyse [des] Marktes“[469] ausschlaggebend sein sollen, die größere Wettbewerbsverzerrung aber nach wie vor tätigkeitsbezogen und unabhängig vom lokalen Markt[470] bestimmt werden soll. Sofern marktbezogen ein Wettbewerbsverhältnis ermittelt wurde, bedarf es keiner aufwendigen weitergehenden Bestimmung für die Beurteilung der größeren Wettbewerbsverzerrung auf dem Markt. Die als schwierig bezeichnete Marktanalyse[471] wurde schließlich bereits vorgenommen.

Es ist daher davon auszugehen, dass sich die Berücksichtigung des Wettbewerbsverhältnisses auf Fälle beschränken wird, in denen selbiges unproblematisch ausgeschlossen werden kann.

dd) Ergebnis: Uneinheitliche Umsetzung des Wettbewerbsschutzes

Zusammenfassend lässt sich festhalten, dass der Europäische Gerichtshof den Wettbewerbsschutz nicht einheitlich umsetzt. So soll ein Wettbewerbsverhältnis einerseits bereits allein durch die Gleichartigkeit der Tätigkeiten bestehen.[472] Selbiges aber bei einer rechtlichen Begrenzung des relevanten Marktes oder aber dem Ausschluss der Möglichkeit des Aufeinandertreffens – trotz Gleichartigkeit der Tätigkeiten – gerade nicht vorliegen.[473]

Daneben soll ein Wettbewerbsverhältnis durch eine Tatsache, ein objektives Indiz oder eine Marktanalyse belegt werden.[474] Zugleich sei die „größere Wettbewerbsverzerrung“ aber aufgrund der Schwierigkeit gerade dieses Vorgehens rein tätigkeitsbezogen zu beurteilen.[475] Weiter ergebe sich die Steuerpflicht allein „aus der Ausübung einer bestimmten Tätigkeit als solcher“ und zwar unabhängig von einem bestehenden Wettbewerbsverhältnis bei der Tätigkeit.[476]

---

469 EuGH v. 19.01.2017 – C-344/15, *National Roads Authority,* EU:C:2017:28, Rn. 44.

470 EuGH v. 19.01.2017 – C-344/15, *National Roads Authority,* EU:C:2017:28, Rn. 41.

471 EuGH v. 16.09.2008 – C-288/07, *Isle of Wight Council u.a.*, EU:C:2008:505, Rn. 49.

472 EuGH v. 10.11.2011 – C-259/10 u.a., *The Rank Group,* EU:C:2011:719, Rn. 33.

473 EuGH v. 13.12.2007 – C-408/06, *Götz,* EU:C:2007:789, Rn. 44; v. 19.01.2017 – C-344/15, *National Roads Authority,* EU:C:2017:28, Rn. 50.

474 EuGH v. 16.09.2008 – C-288/07, *Isle of Wight Council u.a.*, EU:C:2008:505, Rn. 64; v. 19.01.2017 – C-344/15, *National Roads Authority,* EU:C:2017:28, Rn. 42.

475 EuGH v. 16.09.2008 – C-288/07, *Isle of Wight Council u.a.*, EU:C:2008:505, Rn. 53; v. 19.01.2017 – C-344/15, *National Roads Authority,* EU:C:2017:28, Rn. 41.

476 EuGH v. 16.09.2008 – C-288/07, *Isle of Wight Council u.a.*, EU:C:2008:505, Rn. 40.

Solange das Wettbewerbsverhältnis nicht allein für Fälle evidenten Nichtvorliegens als Korrektiv der tätigkeitsbezogenen Beurteilung der Wettbewerbsverzerrung herangezogen wird, steht die Begründung der tätigkeitsbezogenen Beurteilung der Wettbewerbsverzerrung im Widerspruch zur daneben geforderten Prüfung des Wettbewerbsverhältnisses. Die rein tätigkeitsbezogene Beurteilung der größeren Wettbewerbsverzerrung und damit die Auferlegung der Mehrwertsteuerpflicht unabhängig vom Bestehen oder Nichtbestehen eines Wettbewerbsverhältnisses, führt zur Sinnlosigkeit der Bestimmung eines Wettbewerbsverhältnisses. Einzig bei einer rechtlichen Unmöglichkeit kann danach die Aufhebung der Steuerbefreiung ausgeschlossen werden.

Es bleibt abzuwarten, wie der Europäische Gerichtshof fortan die Bestimmung des Wettbewerbsverhältnisses vornehmen wird und ob er an der tätigkeitsbezogenen Beurteilung größerer Wettbewerbsverzerrungen unabhängig vom Bestehen eines Wettbewerbsverhältnisses festhält. Jedenfalls kann das Argument der gewollten Vereinfachungsregel zur Beurteilung der größeren Wettbewerbsverzerrung unabhängig vom „lokalen" Markt nicht durchgreifen, solange das Wettbewerbsverhältnis zuvor über den räumlich relevanten Markt bestimmt wird.

Zudem legen die bisherigen Ausführungen des Gerichtshofs das Verständnis nahe, dass gleichartige Leistungen unabhängig vom Bestehen eines Wettbewerbsverhältnisses gleich besteuert werden sollen.[477] Solange steht bei der Anwendung der „Wettbewerbsschutzklausel" aber der Grundsatz der steuerlichen Neutralität und nicht der Wettbewerbsgedanke im Vordergrund. Der Wettbewerbsgedanke dient einzig zur Begründung der Durchbrechung der steuerlichen Neutralität.

Sollte der Gerichtshof dagegen davon ausgehen, dass allein das Fehlen gegenwärtiger Konkurrenten auf dem relevanten Markt für die Auferlegung der Steuerpflicht irrelevant sein soll,[478] wäre eine ausdrückliche Klarstellung der nicht eindeutigen Formulierung wünschenswert. Wegen der zwingenden Ermittlung eines zumindest potentiellen Wettbewerbsverhältnisses käme es damit zugleich aber zu der notwendigen Ermittlung „lokaler Märkte", sofern diese den räumlich relevanten Markt darstellen. Dadurch bestünde aber die befürchtete Streitanfälligkeit, die der Begründung nach gerade vermieden werden sollte,[479] fort.

---

477 EuGH v. 16.09.2008 – C-288/07, *Isle of Wight Council u.a.*, EU:C:2008:505, Rn. 40.

478 Dazu nicht eindeutig EuGH v. 19.01.2017 – C-344/15, *National Roads Authority*, EU:C:2017:28, Rn. 41.

479 EuGH v. 16.09.2008 – C-288/07, *Isle of Wight Council u.a.*, EU:C:2008:505, Rn. 49 f.

b) Bestimmung durch die Finanzverwaltung und Literatur

aa) Finanzverwaltung: Intensivierung der bereits inkonsequenten Vorgaben

Zunächst erkennt die Finanzverwaltung richtigerweise, dass eine Wettbewerbsverzerrung nur stattfinden kann, wenn ein „Wettbewerb" besteht.[480] Daraufhin übernimmt sie jedoch unkritisch die uneindeutigen und widersprüchlichen Vorgaben des Europäischen Gerichtshofs und intensiviert deren Widerspruch sogar.

(1) Widersprüchlichkeit innerhalb der Vorgaben zur „Wettbewerbsbestimmung"

Die Finanzverwaltung führt zunächst an, dass ein Wettbewerb die Marktrelevanz der Tätigkeit der juristischen Person des öffentlichen Rechts voraussetze.[481] Daraufhin werden Vorgaben für die Bestimmung einer Wettbewerbsrelevanz aufgestellt, wobei im Anschluss die Erkenntnis steht, dass in Bezug auf die Vorgaben für die Wettbewerbsrelevanz die Marktrelevanz „*damit* in erster Linie anhand der Art der erbrachten Leistung festzustellen [ist]" (Herv. durch den Verf.).[482] Mit anderen Worten soll wegen der Formulierung „damit" für die Bestimmung einer Wettbewerbsrelevanz und einer Marktrelevanz dasselbe gelten. Wenn also das Bestehen eines Wettbewerbs die Marktrelevanz erfordert und diese wie die Wettbewerbsrelevanz zu bestimmen ist, sollen die Vorgaben zur Bestimmung einer Wettbewerbsrelevanz zugleich der Feststellung eines Wettbewerbs dienen. Aufgrund der im Zuge der Arbeit gewonnenen Erkenntnis, dass ein Wettbewerb als interaktiver Prozess aber aus einem Wettbewerbsverhältnis entsteht, kann zugleich gesagt werden, dass die Finanzverwaltung damit konkludent erklärt, dass die als marktrelevant eingestufte Tätigkeit – was eben zugleich zu einem Wettbewerb führen soll – auch in einem Wettbewerbsverhältnis ausgeübt wird. Denn ohne Wettbewerbsverhältnis gibt es keinen Wettbewerb. Vor diesem Hintergrund wird aber deutlich, dass die Angaben des BMF in sich widersprüchlich sind:

---

480 BMF v. 16.12.2016 – III C 2-S 7107/16/10001, BStBl I 2016, 1451, Rn. 23.

481 Vgl. BMF v. 16.12.2016 – III C 2-S 7107/16/10001, BStBl I 2016, 1451, Rn. 23, „Dies *setzt voraus* [...]. Die Tätigkeit der jPöR muss *also* marktrelevant sein." (Herv. durch den Verf.).

482 BMF v. 16.12.2016 – III C 2-S 7107/16/10001, BStBl I 2016, 1451, Rn. 24.

Anders als nach den Vorgaben des Europäischen Gerichtshofs soll nämlich nicht die größere Wettbewerbsverzerrung,[483] sondern schon die „Wettbewerbsrelevanz" und damit auch die zu einem Wettbewerb führende Marktrelevanz in Bezug auf die Tätigkeit als solche beurteilt werden. Bei der Betrachtung der Wettbewerbs- und Marktrelevanz komme es zugleich auf einen „Wettbewerb" auf dem lokalen Markt *grundsätzlich* nicht an, „es sei denn, dass auf dem lokalen Markt ein Marktzugang privater Unternehmer ausnahmsweise nicht möglich ist".[484] Die Finanzverwaltung sagt damit, dass die Feststellung des Bestehens eines Wettbewerbs über die Marktrelevanz ohne die Feststellung zu treffen ist, ob ein Wettbewerb – welcher durch die Marktrelevanz selbst bestimmt werden soll – besteht. Bereits diese Aussage ist mindestens irritierend.

Zusätzlich sagt die Finanzverwaltung, ungeachtet dessen, mit anderen Worten bis zu diesem Punkt zudem, dass die Marktrelevanz der Tätigkeit, als Bedingung eines Wettbewerbs,[485] *unabhängig* vom „lokalen Markt" bestimmt werden kann. Zugleich eine Marktrelevanz aber dann ausgeschlossen werden müsse, wenn *auf dem* lokalen Markt ein Marktzutritt privater Anbieter ausnahmsweise unmöglich ist. Es ist auch hier nicht ganz eindeutig, wie diese Vorgabe zu verstehen ist. Im Prinzip wird dadurch die Vermutung eines Wettbewerbs bis zu dessen sicherer Unmöglichkeit als Ausnahme begründet. Daneben könnte die Unabhängigkeit davon, ob die Einrichtung „Wettbewerb" ausgesetzt ist oder nicht, aber auch so zu verstehen sein, dass es für die Marktrelevanz nicht darauf ankommt, ob ein Konkurrent im Zeitpunkt der Beurteilung gegeben ist, sondern stattdessen genüge, dass dieser dem Markt hinzutreten könnte. Durch die Maßgabe der fehlenden Unmöglichkeit würde dann aber zugleich die Forderung aufgestellt, den (wie auch immer zu bestimmenden) „lokalen Markt", auf den es zunächst nicht ankommen soll, doch in den Blick zu nehmen, um eine Marktzutrittsmöglichkeit auszuschließen. Mit anderen Worten würde durch diese „Ausnahme" die tätigkeitsbezogene Beurteilung und auch die Vermutung des Wettbewerbs überflüssig, da notwendigerweise zu bestimmen wäre, ob ein Marktzutritt möglich ist. Bereits hier sei auch darauf hingewiesen, dass mit diesem Vorgehen zugleich ein potentielles Wettbewerbsverhältnis positiv bestimmt werden würde. Es muss daher vielmehr angenommen werden, dass die Finanzverwaltung eine „Markt- und Wettbewerbsrelevanz" – und damit auch einen Wettbewerb – allein tätigkeitsbezogen beurteilen möchte. Andernfalls würde der ausdrücklich genannte

---

483 EuGH v. 16.09.2008 – C-288/07, *Isle of Wight Council u.a.*, EU:C:2008:505, Rn. 46; v. 19.01.2017 – C-344/15, *National Roads Authority*, EU:C:2017:28, Rn. 41.

484 BMF v. 16.12.2016 – III C 2-S 7107/16/10001, BStBl I 2016, 1451, Rn. 24.

485 Vgl. BMF v. 16.12.2016 – III C 2-S 7107/16/10001, BStBl I 2016, 1451, Rn. 23, „Dies setzt voraus [...]".

Grundsatz durch die immer zu prüfende Ausnahme aufgehoben werden. Die Marktrelevanz ist nach Ansicht der Finanzverwaltung daher zunächst von der Tätigkeit und nicht vom Bestehen eines Wettbewerbs auf dem lokalen Markt abhängig.

Mit Blick auf diese Vorgabe widerspricht sich das BMF aber darauffolgend bei der zusätzlichen Einführung des Merkmals des Wettbewerbsverhältnisses selbst.

Ein Wettbewerbsverhältnis soll zunächst aus der Gleichartigkeit zweier Leistungen folgen.[486] Wobei wegen des dabei bestehenden primären Abstellens auf die Art der Leistung auch der potenzielle Wettbewerb *schädlich* sein soll, der jedoch durch eine Tatsache, ein objektives Indiz oder eine Marktanalyse belegt sein müsse.[487] Dabei macht es zunächst schon keinen Sinn ein Wettbewerbsverhältnis mit der Formulierung „[z]wei Leistungen sind gleichartig und stehen *deshalb* in einem Wettbewerbsverhältnis" (Herv. durch den Verf.)[488] über die Gleichartigkeit der Leistungen zu bestimmen, daraufhin jedoch einen „potentiellen Wettbewerb", welcher ausdrücklich eine tatsächliche Prüfung erfordere, als schädlich anzusehen. Zudem erklärt sich nicht, wieso die Finanzverwaltung zwischen einem Wettbewerbsverhältnis und einem „potenziellen Wettbewerb" unterscheidet, obwohl sich die Vorgaben für den „potenziellen Wettbewerb" offensichtlich auf die Bestimmung eines Wettbewerbsverhältnisses beziehen. Es ist nicht vorstellbar, dass die Finanzverwaltung hier auf einen potentiellen Wettbewerb in Form des prozessartigen Geschehens abstellen möchte. Die Ausführungen lassen vielmehr erkennen, dass die Möglichkeit zum Marktzutritt und damit die Herstellung eines Wettbewerbsverhältnisses, aus dem der Wettbewerbsprozess mit seinem gemeinwohlfördernden Wirkmechanismus[489] erwächst, gemeint ist. Dann werden die beiden Begriffe aber unsauber als Synonyme verwendet. Zugleich begründet die Einführung des Begriffs des Wettbewerbsverhältnisses, das damit wie gezeigt auch ein konkret zu bestimmendes potentielles Wettbewerbsverhältnis erfasst, die Annahme, dass durch ein Wettbewerbsverhältnis ebenfalls die Marktrelevanz begründet werden soll. Andernfalls ließe sich nicht nachvollziehen, wieso diese Ausführungen unter dem Punkt „a) Marktrelevanz nach der Art der Leistung" getroffen werden sollten.

---

486 Vgl. BMF v. 16.12.2016 – III C 2-S 7107/16/10001, BStBl I 2016, 1451, Rn. 24.

487 Vgl. BMF v. 16.12.2016 – III C 2-S 7107/16/10001, BStBl I 2016, 1451, Rn. 24.

488 BMF v. 16.12.2016 – III C 2-S 7107/16/10001, BStBl I 2016, 1451, Rn. 24.

489 Vgl. zur Notwendigkeit eines prozesshaften Interagierens für die Funktion des Wettbewerbsmechanismus bereits unter Teil 1 A, II, 1 b) aa).

Der bereits genannte Widerspruch besteht damit darin, dass die Marktrelevanz zum einen tätigkeitsbezogen und unabhängig der konkret lokalen Begebenheiten begründet werden können soll. Zum anderen aber auch ein (potentielles) Wettbewerbsverhältnis, das entsprechend den Ausführungen durch eine Marktanalyse und damit gerade konkret und nicht abstrakt bestimmt werden soll, zur Annahme der Marktrelevanz und damit auch zu einem Wettbewerb führen soll. Dadurch wird die vorherige tätigkeitsbezogene Beurteilung der Marktrelevanz *ad absurdum* geführt. Die Finanzverwaltung gibt wohl zum Zweck einer vereinfachten Prüfung zunächst eine tätigkeitsbezogene und damit abstrakte Beurteilung der Marktrelevanz vor. Sagt daneben aber auch, dass hinsichtlich eines Wettbewerbsverhältnisses, welches ebenfalls zur Marktrelevanz der Tätigkeit führen muss, wegen der tätigkeitsbezogenen Beurteilung desselben auch ein „potenzieller Wettbewerb" schädlich sei, bei dem eine (abstrakte) Prüfung aber nicht genüge. Die Notwendigkeit der erforderlichen konkreten Beurteilung folgt dabei wohl aus den Vorgaben des Europäischen Gerichtshofs, auf die im BMF-Schreiben dabei Bezug genommen wird.

Der Widerspruch innerhalb der Vorgaben der Finanzverwaltung resultiert wohl aus der Einführung des Begriffs der Marktrelevanz neben dem des Wettbewerbsverhältnisses. Solange im gleichen Atemzug mit der tätigkeitsbezogenen Beurteilung der Marktrelevanz, unabhängig von einem Wettbewerb, die *Schädlichkeit* eines konkret zu ermittelnden „potenziellen Wettbewerbs" herausgestellt wird, sind schon die Vorgaben zum „Wettbewerb" in sich widersprüchlich.

Die Ausführungen der Finanzverwaltung wären nur dann nicht widersprüchlich, wenn allein die Wettbewerbs- und Marktrelevanz primär unabhängig vom „lokalen Markt" bestimmt werden müssten und daneben ein Wettbewerbsverhältnis völlig losgelöst von diesen Vorgaben zu bestimmen wäre. Anders gewendet ein Wettbewerbsverhältnis also immer konkret anhand des relevanten (lokalen) Marktes zu bestimmen sei. Eine solche Trennung lässt sich den Ausführungen aber gerade nicht entnehmen. Die Vorgaben sind weder voneinander getrennt noch wird deutlich gemacht, an welcher Stelle im Falle einer Trennung der Merkmale der „potenzielle Wettbewerb" seine schädlichen Wirkungen entfalten solle. Wegen der Darstellung im Zuge der Bestimmung der Marktrelevanz sind die Vorgaben der Finanzverwaltung wie bereits angeführt vielmehr so zu verstehen, dass ein potentieller Wettbewerb, der anhand der konkreten Umstände ermittelt werden muss, ebenfalls die im Übrigen tätigkeitsbezogen zu beurteilende Marktrelevanz der Tätigkeit begründet. Ohne eine solche Auswirkung auf die nach dem BMF festzustellende Marktrelevanz hätte das Merkmal des potentiellen Wettbewerbs nämlich keine Funktion und wäre dann auch weder *schädlich* noch hätte es dessen Darstellung bedurft. Ungeachtet der Frage, woraus das tätigkeitsbezogen zu ermittelnde Merkmal der Marktrelevanz – welches auch der Gerichtshof nicht verwendet – hergeleitet wird, führt die Hervorhebung der Schädlichkeit eines konkret zu ermittelnden Wettbewerbs damit dazu, dass zugleich die vorhergehende tätigkeitsbezogene Beurteilung, die bis auf in einem Ausnahmefall unabhängig von den konkreten Umständen erfolgen soll, ihren Vereinfachungszweck verliert. Zusätzlich wird man sagen müssen, dass eine Tätigkeit nur dann wettbewerbs- und marktrelevant ist, wenn sie in einem Wettbewerbsverhältnis und damit auch auf einem relevanten Markt erbracht wird. Die tätigkeitsbezogene Beurteilung der Wettbewerbs- und Marktrelevanz kann daher nur den Zweck haben, auf die eigentlich erforderliche vorhergehende Bestimmung eines Wettbewerbsverhältnisses zu verzichten. Verdeckt durch die Maßgeblichkeit der Begriffe der Wettbewerbs- und Marktrelevanz sollen nach dem BMF damit tatsächlich nicht diese, sondern nur das Wettbewerbsverhältnis tätigkeitsbezogen beurteilt oder aber umgangen werden. Andernfalls würde sich die Wettbewerbs- und Marktrelevanz schließlich bereits im Zuge der Bestimmung des Wettbewerbsverhältnisses unter Anwendung der Marktanalyse ergeben.

Die Finanzverwaltung gibt also im Ergebnis vor, einen Wettbewerb nicht durch ein Wettbewerbsverhältnis über eine Marktanalyse zu bestimmen, sondern über das Merkmal der Marktrelevanz. Dieses sei tätigkeitsbezogen zu beurteilen sei, es sei denn ausnahmsweise ist ein Marktzutritt *unmöglich*.[490] Zugleich soll aber dennoch das Ergebnis einer Marktanalyse als „schädlich" und damit als relevant angesehen werden, solange ein Marktzutritt real doch *möglich* ist.[491] Dem Rechtsanwender wird also widersprüchlich vorgegeben keine Marktanalyse vorzunehmen, aber das Ergebnis einer solchen ausnahmsweise als relevant zu berücksichtigen. Mit anderen Worten muss also immer ein Wettbewerbsverhältnis über eine Marktanalyse und damit weder ein Wettbewerbsverhältnis noch die Wettbewerbsrelevanz „in Bezug auf die fragliche Tätigkeit als solche" bestimmt werden. Ungewollt begründet die Finanzverwaltung selbst die Überflüssigkeit und Unsinnigkeit einer tätigkeitsbezogenen Beurteilung der, auch vom Gerichtshof nicht eigenständig geforderten, Wettbewerbs- oder Marktrelevanz.

Stark vereinfacht gesprochen ergibt sich aus den Vorgaben der Finanzverwaltung Folgendes: Maßgeblich für die Bestimmung eines Wettbewerbs ist

490 BMF v. 16.12.2016 – III C 2-S 7107/16/10001, BStBl I 2016, 1451, Rn. 24.

491 BMF v. 16.12.2016 – III C 2-S 7107/16/10001, BStBl I 2016, 1451, Rn. 24, „auch der potenzielle Wettbewerb schädlich".

allein Schema „A" (abstrakt tätigkeitsbezogene Beurteilung der Marktrelevanz) und gerade keine Beurteilung nach Schema „B" (tatsächliche Feststellung eines „Wettbewerbs"[-verhältnisses]). Es sei denn ein „Wettbewerb"(-sverhältnis) ist als unmöglich (rein hypothetisch) anzusehen. Zugleich sei aber auch das Ergebnis nach Schema „B" (Wettbewerbsverhältnis möglich) schädlich.

Aufgrund der angeführten Schädlichkeit des Ergebnisses von Schema „B" muss aber auch zwingend Schema „B" durchgeführt werden, wodurch zugleich Schema „A" – Grundsatz der tätigkeitsbezogenen Beurteilung – überflüssig wird.

(2) Fehlerhafte Vorstellung vom „Markt"

Diese widersprüchliche Einschätzung beruht wohl zusätzlich darauf, dass die Finanzverwaltung eine fehlerhafte Vorstellung vom „Markt" hat.

Der „lokale Markt", der zugleich ein räumlicher Markt ist, soll nämlich irrelevant sein, solange auf diesem keine rechtliche Abnahme- oder Annahmeverpflichtung besteht.[492] Bestünde eine solche, definiere diese den räumlich relevanten Markt. Zugleich müsse aber die Marktzutrittsmöglichkeit real sein, weshalb gleichwohl doch räumliche Aspekte bei der Marktbetrachtung eine Rolle spielen sollen.[493] Je nach Art der Leistung sei die Wettbewerbsbeurteilung daher nicht auf das Gemeinschaftsgebiet zu erstrecken, sondern eventuell regional zu beschränken.[494]

Die Finanzverwaltung geht also davon aus, dass der räumlich relevante Markt einfach festgelegt werden könnte. Dagegen ergibt sich der räumlich relevante Markt zwingend immer durch eine Marktanalyse.[495] Es gibt keinen räumlich relevanten Markt in Form des Gebiets der Europäischen Union als Grundsatz, der dann nur einer Ausnahme bedarf.

Konkret ausgedrückt gibt die Finanzverwaltung vor, räumliche Begebenheiten nicht zu berücksichtigen, es sei denn es besteht ein Annahmezwang. Daneben müsse aber die Möglichkeit des Marktzutritts anhand „räumliche[r] Aspekte"[496] beurteilt werden. Eine Marktrelevanz, wobei kein Unterschied zu einem Wettbewerbsverhältnis bestehen dürfte, besteht nach Ansicht der Finanzverwaltung also immer solange, wie kein Annahmezwang vorliegt. Zugleich müsse diese aber ausgeschlossen werden, wenn der Marktzutritt rein hypothetisch ist, was

---

492 BMF v. 16.12.2016 – III C 2-S 7107/16/10001, BStBl I 2016, 1451, Rn. 27.
493 BMF v. 16.12.2016 – III C 2-S 7107/16/10001, BStBl I 2016, 1451, Rn. 29.
494 BMF v. 16.12.2016 – III C 2-S 7107/16/10001, BStBl I 2016, 1451, Rn. 29.
495 Dazu ausführlich Teil 1 A, II, 1 b).
496 BMF v. 16.12.2016 – III C 2-S 7107/16/10001, BStBl I 2016, 1451, Rn. 29.

über eine Marktanalyse und damit konsequenter Weise anhand der Bestimmung des tatsächlich räumlich relevanten Marktes[497] überprüft werden müsse. Wenn aber die Marktzutrittsmöglichkeit über eine Marktanalyse beurteilt werden muss, erschließt sich nicht, warum zuvor ein „lokaler Markt“ als irrelevant angesehen werden soll und damit das gesamte Bundesgebiet, oder sogar das Gebiet der Europäischen Union als räumlich relevanter Markt vorgegeben wird.[498]

(3) Keine Prüfung der größeren Wettbewerbsverzerrung

Die Finanzverwaltung nimmt zusätzlich an, dass eine Wettbewerbsverzerrung immer schon vorliegt, sofern zwischen steuerpflichtigen und steuerbefreiten Anbietern ein Wettbewerbsverhältnis besteht.[499] Durch die Bestimmung des Wettbewerbsverhältnisses ist nach diesem Verständnis im Ergebnis zugleich das Vorliegen einer Wettbewerbsverzerrung gegeben.

(4) Ergebnis: Undurchsichtigkeit der Vorgaben

Der Versuch der Finanzverwaltung, die Vorgaben des Europäischen Gerichtshofs zur Bestimmung der Wettbewerbsverzerrung und zur Bestimmung des Wettbewerbsverhältnisses, umzusetzen, führt dazu, dass sich die Finanzverwaltung bereits innerhalb der Ausführung zur Bestimmung „des Wettbewerbs“ selbst widerspricht. Zwar sind die Aussagen des Gerichtshofs in sich nicht eindeutig und die Bestimmung des Wettbewerbsverhältnisses wird zudem uneinheitlich gehandhabt.[500] Dennoch lässt der Versuch, den Grundsatz einer abstrakt tätigkeitsbezogenen Beurteilung bei gleichzeitiger Schädlichkeit eines real „potenziellen Wettbewerbs“ zu begründen, eine logische Stringenz vermissen. Für den Rechtsanwender ist unklar, ob nun eine tätigkeitsbezogene Beurteilung anhand der Gleichartigkeit der Leistungen vorzunehmen ist, es sei denn es besteht die offensichtlich rechtliche Unmöglichkeit eines Wettbewerbs, oder ob immer ein

---

497 Dies sagt die Finanzverwaltung schließlich ausdrücklich selbst, wenn sie vorgibt, dass für die Möglichkeit des Marktzutritts „abhängig von der Art der Leistung gleichwohl auch räumliche Aspekte bei der Marktbetrachtung eine Rolle spielen [müssen]“, vgl. BMF v. 16.12.2016 – III C 2-S 7107/16/10001, BStBl I 2016, 1451, Rn. 29.

498 So auch das Verständnis bei *Wiesch*, Die umsatzsteuerliche Behandlung der öffentlichen Hand, 2016, S. 112 ff.; *Seer/Klemke*, BB 2010, S. 2015 (2021), es erfolge ein abstrakter Prüfungsansatz „in Bezug auf die Tätigkeit [...] als solche, wie sie im gesamten Mitgliedstaat ausgeübt wird“.

499 BMF v. 16.12.2016 – III C 2-S 7107/16/10001, BStBl I 2016, 1451, Rn. 30.

500 Zusammenfassend Teil 1 C, II, 1 a) dd).

zumindest potentielles Wettbewerbsverhältnis – welches schließlich ebenso „schädlich“ sein soll – festgestellt werden muss. Durch letzteres würde wiederum die tätigkeitsbezogene Beurteilung irrelevant werden.

Das BMF-Schreiben wirft mehr Fragen auf, als es zu klären vermag und ist für die notwendige Anwendung noch undurchsichtiger als die Entscheidungen des Europäischen Gerichtshofs.

bb) Verständnis der Literatur

Auch in der Literatur erfolgt keine konsequente Umsetzung des Wettbewerbsschutzes. Zum Teil offenbart sich sogar ein abweichendes Verständnis vom „potentiellen Wettbewerb“.

(1) Unkritische Übernahme der EuGH-Rechtsprechung

Die weit überwiegende Literatur hat die Ausführungen des Gerichtshofs unkritisch übernommen und verlangt daher für die Annahme eines Wettbewerbsverhältnisses allein die Gleichartigkeit der Tätigkeiten, unabhängig von einer Bestimmung des sachlich und räumlich relevanten Marktes.[501] Erforderlich sei

---

501 *Wiesch*, Die umsatzsteuerliche Behandlung der öffentlichen Hand, 2016, S. 107 f. und insb. S. 110 ff., der insofern von einem „nationalen Markt“ als räumlichen Kriterium ausgeht, was im Prinzip zu einer abstrakten Prüfung führt; *Heckhausen*, Die Umsatzbesteuerung der öffentlichen Hand, 2017, S. 50 f. und 76; *Treiber*, in: Sölch/Ringleb, UStG, § 2b UStG Rn. 51 f. (Stand 10.2020); unkritisch in Bezug auf das BMF Schreiben v. 16.12.2016 – III C 2-S 7107/16/10001, BStBl I 2016, 1451 *Dziadkowski*, UR 2017, S. 416 (419 f.); *Hammerl/Fietz*, MwStR 2017, S. 56 (58), wo zwar die reale Marktzutrittsmöglichkeit für ein potentielles Wettbewerbsverhältnis gefordert wird, zugleich aber der Vorgabe der Irrelevanz räumlicher Kriterien gefolgt wird; schon zuvor *Siegel*, Der Begriff des „Betriebs gewerblicher Art“ im Körperschaft- und Umsatzsteuerrecht, 1999, S. 288 f., der allein ein abstrakt potentielles Wettbewerbsverhältnisses für praktikabel hält; auch *Fellner*, Sport und Gemeinnützigkeit in der Umsatzsteuer, 2014, S. 113, schließt sich der als abstrakt-generell verstandenen Ansicht des EuGH an, ohne den Widerspruch zwischen den Forderungen zum real „potenziellen Wettbewerb“ (S. 110) und der Irrelevanz lokaler Marktverhältnisse (S. 108 f.) zu erkennen; *Hidien/Schwarz*, UR 2017, S. 338 (345), „dass ein (Bundes-) Land einen räumlich abgegrenzten [...] Markt bilden soll, kann nicht ausschlaggeben sein, da die Tätigkeit per se maßgeblich ist“; anders dagegen *Häck*, Die öffentliche Hand im Körperschaft- und Umsatzsteuerrecht, 2004, S. 245, der, den Entscheidungen des EuGH zeitlich vorausgehend, für ein Wettbewerbsverhältnis den Wettstreit um Geschäftsabschlüsse durch ein möglichst attraktives Angebot anhand von Preis und Qualität und damit angelehnt an das UWG einen gleichen Kundenkreis und gleiche

allein die Möglichkeit der Bedürfnisbefriedigung aus Sicht eines durchschnittlichen Verbrauchers durch einen privaten Dritten.[502] Teilweise werden sogar, wie auch schon von der Finanzverwaltung, die Aussagen des Europäischen Gerichtshofs zur Irrelevanz des lokalen Marktes beim Merkmal der Wettbewerbsverzerrung fälschlicherweise auf die Bestimmung des Wettbewerbsverhältnisses übertragen. Auch dort solle der Grundsatz des nationalen Marktes als räumlich relevantem Markt gelten.[503] Dahingehend bleibt es bei der Kritik, dass der Grundsatz eines nationalen Marktes als räumlich relevantem Markt mit dem Wettbewerbsgedanken nicht vereinbar ist. Zugleich bleibt der Widerspruch bestehen, dass der schädliche „potentielle Wettbewerb" durch eine Tatsache, ein objektives Indiz oder eine Marktanalyse belegt werden solle. Der aufgestellte Grundsatz wird damit in jedem Fall wegen der notwendigen tatsächlichen Prüfung überflüssig.[504]

Waren, vor der anschließenden Prüfung der Wettbewerbsverzerrung, fordert; entgegen dem EuGH, wenn auch nicht ausdrücklich, mit dem Verständnis, dass es für das Wettbewerbsverhältnis, welches eine zwingende Voraussetzung zur Beurteilung der Wettbewerbsverzerrung ist, allein auf die Möglichkeit des Aufeinandertreffens ankommt *Gohlke/Schmitz*, MwStR 2016, S. 780 (781 f.); ähnlich *Stadie*, in: Rau/Dürrwächter, UStG, § 2b UStG Rn. 94 (Stand 10.2017); wohl ebenfalls mit einem sachgerechten Verständnis *Drüen*, GewArch 2017, S. 141 (148), der von einer „konkreten Marktanalyse für die einzelne Tätigkeit spricht".

502 *Hammerl/Fietz*, MwStR 2017, S. 56 (58); *Küffner/Rust*, DStR 2016, S. 1633 (1645 f.): dem folgend *Weber*, MwStR 2016, S. 818 (825).

503 *Wiesch*, Die umsatzsteuerliche Behandlung der öffentlichen Hand, 2016, S. 112 ff.; *Heckhausen*, Die Umsatzbesteuerung der öffentlichen Hand, 2017, S. 50 f.; mit dem Bezug auf das BMF-Schreiben geben auch *Hammerl/Fietz*, MwStR 2017, S. 56 (58), vor, dass bereits der Wettbewerb in Bezug auf die Tätigkeit selbst zu beurteilen sei; dagegen korrekterweise nur auf die Wettbewerbsverzerrung bezogen *Seer/Klemke*, BB 2010, S. 2015 (2021); wohl auch *Treiber*, in: Sölch/Ringleb, UStG, § 2b UStG Rn. 52 (Stand 10.2020); *Stadie*, in: Rau/Dürrwächter, UStG, § 2b UStG Rn. 94 f. (Stand 10.2017); auch *Sterzinger*, UR 2015, S. 655 (661), legt das Hoheitsgebiet als Regelfall des „räumlich relevanten Markt" zugrunde, auch wenn dieser erkennt, dass der räumlich relevante Markt in Bezug auf jede einzelne Tätigkeit gesondert festzustellen ist; dagegen stellt *ders.*, UR 2018, S. 546 (548) mittlerweile wohl aber auf eine rein tätigkeitsbezogene Beurteilung ab; mit der Übernahme der Vorgabe des BMF, das ein Wettbewerbsverhältnis tätigkeitsbezogen beurteilt werden soll, daraufhin aber widersprüchlicher Weise ein real „potentieller Wettbewerb" schädlich sei auch *Dziadkowski*, UR 2017, S. 416 (419 f.).

504 Vgl. die übertragbaren Ausführungen unter Teil 1 C, II, 1 b) aa) (1) und (2).

Auch der derzeit anzunehmende Widerspruch in der Formulierung zwischen einer tatsächlichen Bestimmung des Wettbewerbsverhältnisses und der anschließend tätigkeitsbezogenen Beurteilung der größeren Wettbewerbsverzerrung, wird nicht offengelegt, sondern unkritisch fortgeführt.[505] Und dies, obwohl bei letzterem ausdrücklich irrelevant sei, ob auf dem „lokalen" Markt – der als Tätigkeitsbereich angesehen wird – ein Wettbewerbsverhältnis besteht oder nicht.

(2) Abweichendes Verständnis vom potentiellen Wettbewerbsverhältnis

Teile der Literatur nehmen sogar an, dass eine tätigkeitsbezogene Beurteilung der Wettbewerbsverzerrung mit der Berücksichtigung eines potentiellen Wettbewerbsverhältnisses vereinbar sei.[506] So soll die größere Wettbewerbsverzerrung ausdrücklich tätigkeitsbezogen und unabhängig von der Ebene des lokalen Marktes und dem dortigen Bestehen von Wettbewerb beurteilt werden. Dabei käme es auf „den potenziellen Wettbewerb" an.[507] An anderer Stelle soll bereits entsprechend dem BMF-Schreiben ein „Wettbewerb" tätigkeitsbezogen beurteilt werden. Wobei „insoweit jeder potenzielle Wettbewerb [genügt]" und „räumliche Kriterien [unbedeutend sind], es sei denn es besteht für einen räumlich abgrenzbaren Bereich eine Abnahme- oder Annahmeverpflichtung".[508]

Anscheinend wird das Verständnis zugrunde gelegt, dass ein „potentieller Wettbewerb" anhand einer abstrakten Prüfung, unabhängig von den konkreten Verhältnissen auf dem räumlich relevanten Markt, erfolgen könnte. Dagegen

---

505 Eindeutig bei *Stadie*, in: Rau/Dürrwächter, UStG, § 2b UStG Rn. 95 (Stand 10.2017); *Küffner/Rust*, DStR 2016, S. 1633 (1646); *dies.*, in: Hidien/Jürgens, Die Besteuerung der öffentlichen Hand, 2017, § 9 Rn. 342; ähnlich *Heidner*, UR 2016, S. 45 (47 f.), der korrekterweise ebenso von der Notwendigkeit der Bestimmung des Wettbewerbsverhältnisses für die Bestimmung der Wettbewerbsverzerrung ausgeht und damit wohl den Widerspruch des EuGH, dass damit gerade keine tätigkeitsbezogene Beurteilung mehr erfolgt, zwar wohl nicht direkt fortführt, aber auch nicht offenlegt; zu diesem Widerspruch bereits unter Teil 1 C, II, 1 a) bb).

506 So etwa *Hammerl/Fietz*, MwStR 2017, S. 56 (58); *Treiber*, in: Sölch/Ringleb, UStG, § 2 UStG Rn. 414 (Stand 03.2016); *Hüttemann*, UR 2017, S. 129 (132); wohl auch *Dziadkowski*, UR 2017, S. 416 (419 f.).

507 *Treiber*, in: Sölch/Ringleb, UStG, § 2 UStG Rn. 414 (Stand 03.2016); *Hüttemann*, UR 2017, S. 129 (132).

508 *Hammerl/Fietz*, MwStR 2017, S. 56 (58); ebenso *Wiesch*, Die umsatzsteuerliche Behandlung der öffentlichen Hand, 2016, S. 115 ff.; auch *Fellner*, Sport und Gemeinnützigkeit in der Umsatzsteuer, 2014, S. 113, fordert einen „abstrakt-generelle[n], von den tatsächlichen örtlichen Verhältnissen losgelöste[n] Prüfungsansatz" bei Wettbewerbsklauseln.

fordert auch die Bestimmung eines potentiellen Wettbewerbsverhältnisses die Marktabgrenzung in sachlicher und räumlicher Hinsicht. Das Kriterium folgt erst der Beurteilung eines fehlenden gegenwärtigen Wettbewerbsverhältnisses – mangels Konkurrenten am Markt – nach. Es dient dazu festzustellen, ob auf dem ermittelten relevanten Markt entsprechend den wirtschaftlichen Begebenheiten ein Marktzutritt privater Anbieter überhaupt möglich ist.[509] Dabei wird auch der räumlich relevante Markt danach bestimmt, in welchem Gebiet die Nachfrager die angebotenen Leistungen – bezogen auf den Preis, die Qualität und ähnliche Faktoren – tatsächlich noch als austauschbar ansehen, oder diese entsprechend des SSNIP-Tests trotz leichter Preiserhöhungen nicht auf räumlich weiter entfernte Anbieter ausweichen würden.[510] Eine tätigkeitsbezogene und damit abstrakte Beurteilung verbietet sich dagegen vor dem Wettbewerbsgedanken.[511] Der Bestimmung des potentiellen Wettbewerbsverhältnisses unabhängig vom tatsächlich räumlich relevanten Markt, der nicht durch den „Grundsatz" des nationalen Marktes als räumlich relevant ersetzt werden darf, kann daher nicht gefolgt werden.[512]

c) Inhalt der Wettbewerbsverzerrung nach § 2b Abs. 1 S. 2 UStG

Nach der Betrachtung des Wettbewerbsverhältnisses führt der Wortlaut der Wettbewerbsklausel zu der anschließenden Frage, was überhaupt unter einer Wettbewerbsverzerrung zu verstehen ist und wann gerade eine „größere" vorliegen soll. Nachfolgend soll daher auch dieses Merkmal genauer untersucht werden.

---

509 Vgl. die übertragbaren ausführlichen Ausführungen unter Teil 1 A, II, 2 c).

510 Vgl. zur Marktabgrenzung bereits Teil 1 A, II, 1 b).

511 So auch schon das Ergebnis zum potentiellen Wettbewerbsverhältnis im Gemeinnützigkeitsrecht, siehe Teil 1 A, II, 3.

512 Es ist davon auszugehen, dass das abstrakte Verständnis vom potentiellen Wettbewerbsverhältnis auf einer Auslegung im Lichte des als sekundärrechtlich verstandenen Grundsatzes der steuerlichen Neutralität beruht. Dann erklärt sich allerdings nicht, wieso im Bereich eines rechtlichen Monopols die räumlichen Verhältnisse doch wieder maßgeblich sein sollen und beim Begriff „führen würde" auf die reale Marktzutrittsmöglichkeit aufgrund objektiver Indizien abzustellen sei, vgl. dazu ausführlich Teil 1 C, II, 1 a) aa) und bb). Dies widerspricht gerade der Berücksichtigung des Grundsatzes der steuerlichen Neutralität. Zur Einordnung der steuerlichen Neutralität durch den EuGH als sekundärrechtlich und deren Verhältnis zur MwStSystRL, sowie der dahingehenden Inkonsequenz, ausführlich unter Teil 1 D, II, 2.

aa) *Keine tatsächliche Prüfung der größeren Wettbewerbsverzerrung*

In den Entscheidungen der Rechtsprechung fällt diesbezüglich auf, dass zwar davon ausgegangen wird, dass Wettbewerbsverzerrungen als Folge der Nichtbesteuerung der öffentlichen Hand verschiedene Umfänge haben können.[513] Im Ergebnis wird aber eine Wettbewerbsverzerrung nicht ausdrücklich geprüft, sondern allein wegen des Bestehens eines Wettbewerbsverhältnisses angenommen.[514] Der Begriff „größere“ sei dabei so zu verstehen, dass die „Wettbewerbsverzerrungen mehr als unbedeutend sein müssen“.[515]

Auch in der Literatur wird eine Wettbewerbsverzerrung allein wegen der unterschiedlichen Besteuerung von öffentlichen und privaten Anbietern angenommen.[516] Eine Einordnung als qualitative Steigerung zu einer

---

513 EuGH v. 16.09.2008 – C-288/07, *Isle of Wight Council u.a.*, EU:C:2008:505, Rn. 45.

514 Darauf deutet auch die Formulierung bei EuGH v. 19.01.2017 – C-344/15, *National Roads Authority*, EU:C:2017:28, Rn. 39, hin, wonach die Bestimmung größerer Wettbewerbsverzerrungen dazu diene, dass private Wirtschaftsteilnehmer im Wettbewerb „nicht dadurch benachteiligt werden, dass sie besteuert werden, während dies bei den genannten Einrichtungen nicht der Fall ist“; die Vermutung der Wettbewerbsverzerrung deutlich bei BFH v. 10.11.2011 – V R 41/10, BFH/NV 2012, 670, Rn. 22 f., wonach „nicht davon auszugehen [ist], dass eine Nichtbesteuerung zu lediglich unbedeutenden Wettbewerbsverzerrungen führen würde“; offensichtlich bei BFH v. 01.12.2011 – V R 1/11, BFH/NV 2012, 534, Rn. 27, wo eine Wettbewerbsverzerrung trotz gleicher Preise angenommen wird; wohl auch BFH v. 10.02.2016 – XI R 26/13, BFH/NV 2016, 865, Rn. 55 ff., wo von einer größeren Wettbewerbsverzerrung „auch nicht“ unter dem Gesichtspunkt einer Änderung des rechtlichen Monopols ausgegangen werden könnte, da dies nur hypothetisch sei. Im Umkehrschluss würde dies bedeuten, dass bei einer Änderungswahrscheinlichkeit eine potentielle größere Wettbewerbsverzerrung anzunehmen wäre. Das Gericht hätte bei einem anderen Verständnis aber nur ein potentielles Wettbewerbsverhältnis ablehnen müssen; mit dieser Einordnung der Rechtsprechung auch *Heckhausen,* Die Umsatzbesteuerung der öffentlichen Hand, 2017, S. 52.

515 EuGH v. 16.09.2008 – C-288/07, *Isle of Wight Council u.a.*, EU:C:2008:505, Rn. 79.

516 *Wiesch*, Die umsatzsteuerliche Behandlung der öffentlichen Hand, 2016, S. 120 ff.; *Sterzinger*, UR 2015, S. 655 (661); *Heckhausen,* Die Umsatzbesteuerung der öffentlichen Hand, 2017, S. 76 ff.; *Häck*, Die öffentliche Hand im Körperschaft- und Umsatzsteuerrecht, 2004, S. 247 ff., beurteilt die Wettbewerbsverzerrung als jede Veränderung der Wettbewerbsbedingungen, verlangt hinsichtlich der „größeren“ Wettbewerbsverzerrung jedoch, dass unterschiedliche Belastung zu einer „intensiven und nachhaltigen negativen Auswirkung“ für den privaten Wettbewerber führen muss (S. 251 ff.); *Gawel*, GewArch Beil. WiVerw Nr. 01/2019, S. 23 (31).

Wettbewerbsverfälschung, wie dies teilweise im Gemeinschaftsrecht vertreten wird[517], wird dabei einhellig abgelehnt.[518] Auch die Finanzverwaltung stellt allein auf die ungleiche Besteuerung konkurrierender Anbietern ab.[519]

bb) Irrelevanz der Wettbewerbsbedingungen

Nach dem Europäischen Gerichtshof liegt eine Wettbewerbsverzerrung vor, wenn die Behandlung als nicht Mehrwertsteuerpflichtiger den Wettbewerb verzerrt.[520] Dies erfordert eine Auswirkung der Steuerbefreiung auf „den Wettbewerb". Damit bezieht sich der Gerichtshof wohl auf eine Negativauswirkung auf die nicht begünstigten Konkurrenten. Es solle nämlich „gewährleistet werden, dass Letztere nicht dadurch benachteiligt werden, dass sie besteuert werden, während dies bei den genannten Einrichtungen nicht der Fall ist".[521]

(1) Notwendigkeit der Verzerrungswirkung

Dies würde auch mit dem hier zugrunde gelegten Verständnis übereinstimmen. Im Rahmen der Arbeit wurde bereits herausgestellt, dass einer Beeinträchtigung oder Verzerrung des Wettbewerbs als Wirkmechanismus und damit einer „Veränderung" des prozessualen Geschehensablaufs immer eine Auswirkung auf die nicht begünstigten Konkurrenten vorausgehen muss.[522]

---

517 Statt vieler *Korte,* in: Calliess/Ruffert, EUV/AEUV^5, 2016, Art. 116 AEUV Rn. 11; *Classen*, in: von der Groeben/Schwarze/Hatje, EU-Unionsrecht^7, 2015, Art. 116 AEUV Rn. 14.

518 *Häck*, Die öffentliche Hand im Körperschaft- und Umsatzsteuerrecht, 2004, S. 247 ff.; *Heckhausen,* Die Umsatzbesteuerung der öffentlichen Hand, 2017, S. 51 f.

519 BMF v. 16.12.2016 – III C 2-S 7107/16/10001, BStBl I 2016, 1451, Rn. 30.

520 EuGH v. 16.09.2008 – C-288/07, *Isle of Wight Council u.a.*, EU:C:2008:505, Rn. 44.

521 EuGH v. 25.03.2010 – C-79/07, *Kommission/Niederlande*, EU:C:2010:171, Rn. 90; v. 19.01.2017 – C-344/15, *National Roads Authority,* EU:C:2017:28, Rn. 39.

522 Vgl. den gleichgehenden Gedanken hinsichtlich des Erfordernisses einer (drohenden) Wettbewerbsbeeinträchtigung bei der Anwendung des § 4 KStG, dazu Teil 1 B, IV, 2 b) aa), sowie für die Frage des maßgeblichen Interesses bei der Abwägung im Rahmen der Unvermeidbarkeit nach § 65 Nr. 3 AO unter Teil 1 A, III, 3; aus diesem Grund kann auch *Hidien/Schwarz,* UR 2017, S. 338 (342), nicht gefolgt werden, dass § 2b Abs. 3 Nr. 2 UStG den institutionellen Wettbewerb und nicht individuell den Konkurrenten schütze. Durch die bezweckte Vergünstigung des Preises, wegen des Ausschlusses der Wettbewerbsverzerrung mit der Folge der fehlenden Steuerpflicht, wird allein das Ergebnis künstlich hergestellt, was mit Blick auf den Wettbewerbsmechanismus, genauer eine erhöhte Allokationseffizienz, gewünscht wird. Tatsächlich wird mit dieser Regelung über die Benachteiligung bestehender Konkurrenten sogar

Sofern die Steuerbefreiung zu einer Auswirkung führen soll, erfordert dies, dass durch die Steuerbefreiung eine Anpassungshandlung der privaten Anbieter erforderlich wird.

Dies geschieht immer dann, wenn der Steuervorteil an den Markt weitergegeben wird und dadurch einen, durch die Steuerbefreiung bedingten, gesteigerten Konkurrenzdruck begründet.[523] Bei der Umsatzsteuerbefreiung besteht jedoch die Besonderheit, dass diese grundsätzlich nicht der aktiven Weitergabe bedarf, sondern sich durch den Wegfall eines nicht operablen Preisfaktors[524] unmittelbar preismindernd auswirkt. Die Befreiung von der Umsatzsteuer wäre nur dann nicht wettbewerbsrelevant, wenn der begünstigte Anbieter die Leistung oder Tätigkeit zu den gleichen Konditionen wie unter Einbeziehung der Umsatzsteuerbelastung anbieten würde. Daneben dürfte er natürlich den gewonnenen Mehrerlös nicht zur Reinvestition oder Qualitätsverbesserung einsetzen. In diesem Fall wirkt sich die Steuerbefreiung nicht auf die Konkurrenten aus und verstärkt damit nicht den bestehenden Konkurrenzdruck. Gleichzeitig verzerrt diese daher nicht den Wettbewerb in Form des interaktiven Konkurrenzkampfes.

Eine Verzerrung des „Wettbewerbs" kann durch die Steuerbefreiung nur vorliegen, wenn auf eine Negativauswirkung zulasten der Konkurrenten abgestellt wird. Eine Negativauswirkung auf die gemeinwohlfördernde Wirkung des Wettbewerbsmechanismus in Form der Allokationseffizienz ist unwahrscheinlich. So begründet die Steuerbefreiung eine zusätzliche Preissenkung, durch die die Allokationseffizienz gerade zunimmt.[525] Zwar verringert sich durch die Möglichkeit,

---

der Wettbewerbsmechanismus ausgehebelt. Ein Schutz der Institution „Wettbewerb" ohne den Schutz der Wettbewerb ist nicht möglich. Allenfalls kann ein gewünschtes Ergebnis des Wettbewerbsmechanismus vorweggenommen werden. Ein Institutionsschutz erfolgt dabei allerdings nicht.

523 Mit derselben Maßgabe im Hinblick auf § 65 Nr. 3 AO unter Teil 1 A, III, 3 und zu § 4 KStG unter Teil 1 B, IV, 2 b) aa) (2).

524 Vgl. Teil 1 C, I, 3 b) bb) (1).

525 Anders dagegen *Wiesch*, Die umsatzsteuerliche Behandlung der öffentlichen Hand, 2016, S. 323, der bei einer fälschlichen Nichtbesteuerung trotz Vorliegen von Wettbewerbsverzerrungen zwar zunächst korrekterweise von einem Hemmnis für private Anbieter ausgeht, daraufhin jedoch die Gefahr von höheren Preis wegen des so beeinflussten Wettbewerbs begründet. Dem kann nicht gefolgt werden, da gerade der verringerte Preis das Hemmnis für private Anbieter darstellt und bei zunehmenden Preis oberhalb den Preisen eines „unbeeinflussten Wettbewerbs" auch private Anbieter wieder gewinnbringend neben der öffentlichen Hand tätig werden können und das zuvor bestehende Hemmnis dann nicht mehr besteht.

einen geringeren Preis anbieten zu können, zugleich der Innovationsdruck für die juristische Person des öffentlichen Rechts. Eine negative Auswirkung insgesamt kann aber nur angenommen werden, wenn die bestehende Konkurrenz verdrängt wurde, da andernfalls nur für die juristische Person des öffentlichen Rechts der Innovationsdruck aufgehoben würde.

Die größere Wettbewerbsverzerrung bezieht sich damit in jedem Fall auf eine Beeinträchtigung der bestehenden oder potentiellen Konkurrenten. Erforderlich ist, dass diese wegen des von der juristischen Person des öffentlichen Rechts geforderten Preises, verringert um die Höhe der Umsatzsteuer (wenn auch abgeschwächt durch die Vorsteuerbelastung), im Preiskampf benachteiligt und zur Vermeidung von Nachfragerabgängen zu einer unter dem „herkömmlichen Wettbewerbsdruck" nicht erforderlichen Anpassungshandlung gezwungen werden.

(2) Möglichkeit zur Annahme der Wettbewerbsverzerrung

Wegen der Wettbewerbsrelevanz der Umsatzsteuerbefreiung kann eine Wettbewerbsverzerrung grundsätzlich angenommen werden. Denn anders als bei den Gewinnsteuern erfordert nicht die Weitergabe des Steuervorteils, sondern gerade die Nichtweitergabe des Steuervorteils eine aktive Handlung.[526]

Aus diesem Grund ist es zumindest im Ergebnis auch hinnehmbar, wenn Rechtsprechung und Literatur das Vorliegen einer größeren Wettbewerbsverzerrung nicht explizit prüfen.

Wenn sich die Wettbewerbsverzerrung zugleich auf die Negativauswirkungen auf die Konkurrenten bezieht, empfiehlt es sich, von der Umsatzhöhe auf die „Größe" der Wettbewerbsverzerrung zu schließen.[527] Die Auswirkung auf die Konkurrenten sinkt und steigt im Gleichlauf mit der Ab- und Zunahme

---

526 Dagegen forderte schon *Ramme*, UR 1991, S. 80 (81), hinsichtlich der Vorgängervorschrift die Wettbewerbsverzerrung entsprechend des Kartellrechts über die Beurteilung der Beeinträchtigung im Rahmen einer Marktanalyse zu bestimmen; ebenso *Forster*, UR 1996, S. 73 (80 f.); demgegenüber lehnte *Siegel*, Der Begriff des „Betriebs gewerblicher Art" im Körperschaft- und Umsatzsteuerrecht, 1999, S. 289 und 291 f., ebenfalls bezogen auf die Vorgängervorschrift eine Bestimmung der „größeren Wettbewerbsverzerrung" für mit dem Massenverfahren unvereinbar und im Bereich der Umsatzsteuer für nicht praktikabel ab. Allenfalls könne typisierend von der Umsatzhöhe auf den Umfang der Wettbewerbsverzerrung geschlossen werden, vgl. S. 293 f.

527 So auch das Verständnis des Gesetzgebers, vgl. BT-Drs. 18/6094, S. 91; zustimmend *Heckhausen*, Die Umsatzbesteuerung der öffentlichen Hand, 2017, S. 53; *Wiesch*, Die umsatzsteuerliche Behandlung der öffentlichen Hand, 2016, S. 234.

des Umfangs der Tätigkeit, für welche die Umsatzhöhe als Indiz angesehen werden kann.

Zweifelsohne dient dieses Verständnis von der größeren Wettbewerbsverzerrung allein der Vereinfachung. Denn auch ein geringer Umfang der Tätigkeit und damit ein geringer Umfang der Wettbewerbsverzerrung kann durch die höchstwahrscheinliche Abnahme von Nachfragern, wegen des geringeren Preises, eine Beeinträchtigung der Konkurrenten hervorrufen. Dies wird vom Richtliniengeber und nationalen Gesetzgeber durch den Wortlaut allerdings mit Blick auf den Zweck der Steuerfreistellung der öffentlichen Hand ausdrücklich hingenommen.[528] Eine größere Wettbewerbsverzerrung liegt daher nicht vor, wenn die potentiell verzerrende steuerbefreite Tätigkeit nur einen geringen Umfang erreicht.

Solange die Steuerbefreiung daher nicht nachweislich durch eine Preisanhebung neutralisiert wird, wirkt die Befreiung wettbewerbsverzerrend.

Bei der Beurteilung der Wettbewerbsverzerrung kommt es dann auf die Wettbewerbsbedingungen auf dem relevanten Markt nicht an. Es kann bereits von einem gesteigerten Anpassungsdruck durch die Steuerbefreiung über den „natürlichen" Konkurrenzdruck im Wettbewerb hinaus bis zur Neutralisierung der Steuerbegünstigung, ausgegangen werden.

Mit der positiven Feststellung eines Wettbewerbsverhältnisses kann damit zugleich auf das Bestehen einer Wettbewerbsverzerrung geschlossen werden.[529]

(3) Divergenz zur tätigkeitsbezogenen Beurteilung durch den EuGH

Der Unterschied der hier vorgeschlagenen Annahme gegenüber der Beurteilung der Wettbewerbsverzerrung aufgrund der Tätigkeit als solcher besteht darin, dass nicht jede steuerfreie Tätigkeit eine Wettbewerbsverzerrung begründet. Die Annahme kann nicht schon unabhängig davon, ob ein Wettbewerbsverhältnis besteht oder nicht, sondern nur für Tätigkeiten, hinsichtlich derer zuvor ein Wettbewerbsverhältnis positiv festgestellt wurde, aufgestellt werden.

Der Europäische Gerichtshof begründet anscheinend die Steuerpflicht wegen der größeren Wettbewerbsverzerrung aufgrund einer gewissen Tätigkeit als solcher, bis nicht das Bestehen eines Wettbewerbsverhältnisses evident

528 Mit derselben Annahme auch *Heckhausen*, Die Umsatzbesteuerung der öffentlichen Hand, 2017, S. 53.

529 Zur Möglichkeit der Anwendung eines Erfahrungsgrundsatzes im Zuge der Beweiswürdigung hinsichtlich einer „Wettbewerbsverzerrung" noch ausführlich unter Teil 2 A, II.

ausgeschlossen ist.[530] Richtigerweise müsste aber ein Wettbewerbsverhältnis ermittelt werden, um daraufhin die Wettbewerbsverzerrung wegen der grundsätzlichen Wettbewerbsrelevanz der Steuerbefreiung vermuten zu können.

Andernfalls hätte es des Merkmals des „Wettbewerbs“ nicht bedurft. Die Auferlegung der Steuerpflicht „unabhängig davon, ob die betreffenden Einrichtungen auf der Ebene des lokalen Marktes, auf dem sie diese Tätigkeit ausüben, Wettbewerb ausgesetzt sind oder nicht“,[531] orientiert sich allein am Grundsatz der steuerlichen Neutralität hinsichtlich der gleichen Besteuerung gleichartiger Tätigkeiten, nicht aber dem Wettbewerbsgedanken.

Der Europäische Gerichtshof versucht anscheinend, den Spagat zwischen dem Grundsatz der steuerlichen Neutralität und dem ausdrücklich in Art. 13 Abs. 1 Uabs. 2 MwStSystRL niedergelegten Wettbewerbsgedanken zu vollziehen.

2. *Ergebnis: Inkonsequente Handhabung des Wettbewerbsgedankens*

Es lässt sich damit zusammenfassend festhalten, dass die Vorgabe der Rechtsprechung Fragen aufwirft. So könnte trotz der abstrakten Bestimmung der Wettbewerbsverzerrung, die mit der Schwierigkeit deren tatsächlicher Feststellung sowie der Schwierigkeit der Ermittlung des „lokaler Markt“ begründet worden ist,[532] in jedem Fall ein zumindest potentielles Wettbewerbsverhältnis bestimmt werden müssen. Daneben könnte ein solches aber auch nur beim rechtlichen Ausschluss des Marktzutritts privater Anbieter als Korrektiv der tätigkeitsbezogenen Beurteilung zu berücksichtigen sein.[533]

Ähnlich verhält es sich bei den Vorgaben der Finanzverwaltung. Danach soll die Wettbewerbsrelevanz und auch das Wettbewerbsverhältnis abstrakt anhand der Gleichartigkeit der Leistungen beurteilt werden. Zugleich soll aber auch ein real mögliches und damit konkret bestimmtes potentielles Wettbewerbsverhältnis für die Behandlung als Nichtunternehmer schädlich sein.[534] Die Vorgabe der tätigkeitsbezogenen Beurteilung ist danach überflüssig und führt dazu, dass für den Rechtsanwender nicht erkenntlich ist, ob nun eine konkrete oder abstrakte Beurteilung des Wettbewerbsverhältnisses zu erfolgen hat.[535]

---

530 Vgl. das Ergebnis unter Teil 1 C, II, 1 a) dd).

531 EuGH v. 16.09.2008 – C-288/07, *Isle of Wight Council u.a.*, EU:C:2008:505, Rn. 40.

532 EuGH v. 16.09.2008 – C-288/07, *Isle of Wight Council u.a.*, EU:C:2008:505, Rn. 49; ausführlich unter Teil 1 C, II, 1 a) bb) (1).

533 Vgl. die Zusammenfassung der Deutungsmöglichkeiten unter Teil 1 C, II, 1 a) dd).

534 Teil 1 C, II, 1 b) aa) (1).

535 Vgl. Teil 1 C, II, 1 b) aa) (4).

Sowohl die Rechtsprechung als auch die Finanzverwaltung müssen sich daher mangels Eindeutigkeit ihrer Ausführungen eine inkonsequente Handhabung des Wettbewerbsgedankens entgegenhalten lassen. Sofern nicht die Maßgeblichkeit einer konkreten Prüfung des Wettbewerbsverhältnisses mit anschließender Bestimmung der Wettbewerbsverzerrung hervorgehoben wird, kommt es zu keiner sachgerechten Umsetzung des Wettbewerbsgedankens. Entgegen dem Wortlaut bleibt dieser bis dahin überflüssig.

Auch bei der erforderlichen Wettbewerbsprüfung nach § 2b Abs. 1 S. 2 UStG setzt sich damit, wegen der bereits fehlenden eindeutigen Vorgaben, wenig überraschend der Widerspruch zwischen der sachgerechten Bestimmung eines Wettbewerbsverhältnisses als Ideal gegenüber der fehlenden praktischen Realisierbarkeit derselben fort. Auch im Bereich der Umsatzsteuer können die Vorgaben der Finanzverwaltung und auch der Rechtsprechung trotz deren innerer Widersprüchlichkeit nicht anders eingeordnet werden, als dass im Ergebnis versucht wird, die aufwendige Wettbewerbsprüfung zu umgehen. Damit lässt sich auch weiterhin die These aufrechterhalten, dass sich die Ausgestaltung des Steuerrechts als Teil des Wettbewerbsrechts jedenfalls nicht ohne erhebliche Einschränkung der de lege lata notwendigen (sachgerechten) konkret individuellen Umsetzung und damit zu Lasten einer präzisen und verlässlichen Wettbewerbsprüfung realisieren lässt.

III. Verhältnis des Wettbewerbsgedankens zum Grundsatz der steuerlichen Neutralität

Mit Blick auf die erfolgende Umsetzung wird damit auch die Vorgabe sachgerechter Kriterien notwendig. Bevor diese aufgestellt werden können muss jedoch das Verhältnis des Wettbewerbsgedankens zum Grundsatz der steuerlichen Neutralität untersucht werden. Dieser könnte nämlich dem Wettbewerbsgedanken nach Art. 13 MwStSystRL vorhergehend die Auferlegung der Steuerpflicht erfordern. Dadurch müsste schon die Sinnhaftigkeit des Wettbewerbsgedankens hinterfragt werden.

1. „Wettbewerbsneutralität" der Umsatzsteuer

Der Grundsatz der umsatzsteuerlichen Neutralität erfasst zum einen durch die Entlastung von den Vorsteuern die „Belastungsneutralität" bei den Eingangsumsätzen und zum anderen die Sicherung der „Wettbewerbsneutralität" bei den Ausgangsumsätzen durch eine gleiche Besteuerung.[536] Dabei dürfen nach

536 *Zirkl*, Die Neutralität der Umsatzsteuer als europäisches Besteuerungsprinzip, 2015,

der „Wettbewerbsneutralität" für die Besteuerung der Ausgangsleistungen die Person des Leistungserbringers und dessen Rechtsform nicht maßgeblich sein.[537] Daneben müssen gleiche Leistungen auch gleich besteuert werden.[538] Trotz der Bezeichnung als „Wettbewerbsneutralität" kommt es auf den Wettbewerb als Prozess in Folge eines wechselseitigen Agierens im einem Konkurrenzverhältnis auf einem bestimmten Markt[539] aber überhaupt nicht an. So bestimmt der Europäische Gerichtshof, wie bereits dargestellt,[540] gerade in Bezug auf den Grundsatz der steuerlichen Neutralität ein Wettbewerbsverhältnis allein abstrakt anhand der Gleichartigkeit der Waren aus Sicht des Verbrauchers.[541] Ausdrücklich stelle „das tatsächliche Bestehen eines Wettbewerbsverhältnisses zwischen zwei Dienstleistungen dann keine selbständige, zusätzliche Voraussetzung für eine Verletzung des Grundsatzes der steuerlichen Neutralität dar, wenn die betreffenden Dienstleistungen aus der Sicht des Verbrauchers gleich oder gleichartig sind und dieselben Bedürfnisse des Verbrauchers befriedigen".[542] In diesem Moment, wo es nur noch auf die Gleichartigkeit der Leistungen unabhängig von deren Aufeinandertreffen auf dem als räumlich relevant bestimmten Markt ankommt, wird tatsächlich jedoch ausschließlich eine Orientierung am Gleichheitssatz vorgenommen. Es kommt allein zur Gewährleistung der gleichmäßigen Belastung des Endverbrauchers entsprechend der Leistungsfähigkeit.[543] Zwar sieht der Gerichtshof die steuerliche Neutralität als Konkretisierung des

S. 132 f.

537 *Zirkl*, Die Neutralität der Umsatzsteuer als europäisches Besteuerungsprinzip, 2015, S. 96 ff.; ähnlich bereits *Reiß*, in: FS Tipke, 1995, S. 433 (440).

538 EuGH v. 03.05.2001 – C-481/98, *Kommission/Frankreich*, EU:C:2001:237, Rn. 22; v. 26.05.2005 – C-498/03, *Kingscrest Associates und Montecello*, EU:C:2005:322, Rn. 41 und 54; v. 10.04.2008 – C-309/06, *Marks & Spencer*, EU:C:2008:211, Rn. 47; v. 03.03.2011 – C-41/09, *Kommission/Niederlande*, EU:C:2011:108, Rn. 66.

539 Mit dem Verständnis vom Begriff des Wettbewerbs als Zustandsbeschreibung für einen Prozess aus Aktionen und Reaktion bereits *Clark*, Competition As A Dynamic Process, 1961, S. 15; *Schmidtchen*, in: Ordo 39 (1988), S. 111 (119); *Kirchner*, in: The More Economic Approach to European Competition Law (2007), S. 7 (12), „Rivalry means that each player has to consider moves of other players which may affect his welfare situation".

540 Vgl. Teil 1 C, II, 1 a) aa).

541 EuGH v. 10.11.2011 – C-259/10 u.a., *The Rank Group*, EU:C:2011:719, Rn. 33 f.

542 EuGH v. 10.11.2011 – C-259/10 u.a., *The Rank Group*, EU:C:2011:719, Rn. 34 (m.w.N.); v. 11.09.2014 – C-219/13, *K Oy*, EU:C:2014:2207, Rn. 24 ff.

543 Ausführlich *Zirkl*, Die Neutralität der Umsatzsteuer als europäisches Besteuerungsprinzip, 2015, S. 26 ff.

Gleichheitssatzes an.[544] Wobei ein „Verstoß gegen den Grundsatz der steuerlichen Neutralität nur zwischen konkurrierenden Wirtschaftsteilnehmern in Betracht gezogen werden [kann]".[545] Wegen der dennoch verbleibenden abstrakten Beurteilung des „Wettbewerbsverhältnisses" kommt es dadurch aber zu keiner konkretisiert gleichheitsrechtlichen Betrachtung bei der Umsetzung der steuerlichen Neutralität. Tatsächlich wird sogar ein besonderes Verständnis vom Wettbewerbsverhältnis im Bereich der Umsatzsteuer begründet. Die Berücksichtigung des Grundsatzes der steuerlichen Neutralität in der Ausprägung der „Wettbewerbsneutralität" erfolgt ohne besondere Berücksichtigung des „Wettbewerbs". Vor dem Grundsatz der „Wettbewerbsneutralität" kommt es auf ein Wettbewerbsverhältnis zwischen Anbietern überhaupt nicht an, was sich gerade in der abstrakten Betrachtungsweise manifestiert. Der Begriff der „Wettbewerbsneutralität" ist irreführend, da weder ein Wettbewerbsverhältnis noch der daraus resultierende Wirkmechanismus[546] relevant sind. Stattdessen soll allein die gleiche Besteuerung gleicher Leistungen, unabhängig davon, ob sie in einem Wettbewerb stehen, sichergestellt werden. Statt von der „Wettbewerbsneutralität" müsste sinnvoller von der „Belastungsneutralität" bei den Ausgangsumsätzen gesprochen werden.

2. Verhältnis der „Wettbewerbsneutralität" zum Wettbewerbsgedanken

Demnach erfordert der Grundsatz der steuerlichen Neutralität in seiner Ausprägung als „Wettbewerbsneutralität" eine gleiche Besteuerung von gleichen Ausgangsleistungen. Und dies unabhängig davon, ob ein Wettbewerbsverhältnis besteht. Damit wird aber bereits unabhängig vom Wettbewerbsgedanken eine Steuerbarkeit begründet.[547] Die Besteuerung nach dem Wettbewerbsgedanken

---

544 EuGH v. 07.12.2006 - C-240/05, *Eurodental*, EU:C:2006:763, Rn. 55; v. 10.04.2008 - C-309/06, *Marks & Spencer*, EU:C:2008:211, Rn. 49; v. 10.11.2011 - C-259/10 u.a., *The Rank Group*, EU:C:2011:719, Rn. 61; v. 31.01.2013 - C-643/11, *LVK-56*, EU:C:2013:55, Rn. 55; so auch das Ergebnis bei *Zirkl*, Die Neutralität der Umsatzsteuer als europäisches Besteuerungsprinzip, 2015, S. 173.

545 EuGH v. 10.04.2008 - C-309/06, *Marks & Spencer*, EU:C:2008:211, Rn. 49; v. 14.06.2017 - C-38/16, *Compass Contract Services*, EU:C:2017:454, Rn. 24.

546 Dazu ausführliche Nachweise unter Teil 1 A, II, 1 b) aa).

547 Dagegen sieht *Küffner*, Umsatzsteuerliche Behandlung von juristischen Personen des öffentlichen Rechts im Lichte der 6. EG-Richtlinie, 2001, S. 50, die Wettbewerbsneutralität als Ausfluss des Art. 3 Abs. 1 GG ausdrücklich nur bei einem Wettbewerbsverhältnis als betroffen an. Wieso nur die Gleichbehandlung im „Wettbewerb" gefordert wird und nicht schon eine Gleichbehandlung von Anbietern gleichartiger Waren,

kann bei dessen sachgerechter Umsetzung durch die konkrete Beurteilung anhand des relevanten Marktes zu einer Steuerpflicht führen, die dem Grundsatz der steuerlichen Neutralität zuwiderläuft. Nämlich immer dann, wenn kein (potentielles) Wettbewerbsverhältnis auf dem räumlich relevanten Markt vorliegt und damit die Steuerpflicht nicht greift, obwohl eine vergleichbare Leistung im Bundesgebiet besteht. In diesem Moment kommt es dazu, dass die Nachfrager der gleichen Leistung unterschiedlich und damit nicht entsprechend der Leistungsfähigkeit besteuert werden. Dies hat der Europäische Gerichtshof beispielsweise beim Betrieb von Milchquoten-Verkaufsstellen, die zwar grundsätzlich in öffentlicher Trägerschaft standen, aber auch in privater Trägerschaft gehalten werden konnten, angenommen.[548] Nach dem Grundsatz der steuerlichen Neutralität hätte dieser Umstand aber unberücksichtigt bleiben müssen. Die Steuerpflicht muss schließlich allein nach der Gleichartigkeit der Leistungen beurteilt werden und darf nicht von der Person des privaten Anbieters oder der öffentlichen Einrichtung abhängen. Eine ungleiche Besteuerung gleichartiger Leistungen lag aber sowohl bei den Milchquoten-Verkaufsstellen als auch den Mautstraßen vor.[549] Auch nach dem Verständnis des Gerichtshofs ist demnach der Wettbewerbsgedanke in Art. 13 MwStSystRL nicht deckungsgleich mit der „Wettbewerbsneutralität" als Ausprägung des Grundsatzes der steuerlichen Neutralität. Dies gilt, obwohl der Gerichtshof anscheinend grundsätzlich versucht, die Umsetzung des Wettbewerbsgedankens über eine tätigkeitsbezogene Beurteilung der Wettbewerbsverzerrung am Grundsatz der steuerlichen Neutralität zu orientieren.[550] Zur Begründung der abstrakten Prüfung wurde sogar ausdrücklich auf den Grundsatz der steuerlichen Neutralität abgestellt.[551] Der

---

unabhängig des tatsächlichen Elements „Wettbewerb", bei denen es sich ebenso um eine taugliche Vergleichsgruppe handelt, erklärt sich nicht und ist mit Art. 3 Abs. 1 GG unvereinbar.

548 EuGH v. 13.12.2007 – C-408/06, *Götz*, EU:C:2007:789, Rn. 44; ebenso EuGH v. 19.01.2017 – C-344/15, *National Roads Authority*, EU:C:2017:28, Rn. 45 ff., hinsichtlich des Betriebs von Mautstellen, wo trotz privater Mautstraßen ein Wettbewerbsverhältnis wegen des rechtlichen Monopols nicht möglich sei; zum Ganzen ausführlich Teil 1 C, II, 1 a) bb) (2).

549 EuGH v. 13.12.2007 – C-408/06, *Götz*, EU:C:2007:789, Rn. 44; v. 19.01.2017 – C-344/15, *National Roads Authority*, EU:C:2017:28, Rn. 17.

550 Ausführlich unter Teil 1 C, II, 1 a) bb) (1).

551 EuGH v. 16.09.2008 – C-288/07, *Isle of Wight Council u.a.*, EU:C:2008:505, Rn. 40 und 42; auch wenn diese im Widerspruch zur Begründung der tätigkeitsbezogenen Beurteilung stehen, vgl. das Ergebnis unter Teil 1 C, II, 1 a) dd).

Unterschied zeigt sich zugleich durch die Vorgaben zur Bestimmung des potentiellen Wettbewerbs(-verhältnisses). Dieses soll durch eine Tatsache, ein objektives Indiz oder eine Marktanalyse belegt werden.[552] Selbiges weicht aber deutlich von der Beurteilung anhand der Gleichartigkeit der Leistungen in Bezug auf die „Wettbewerbsneutralität" ab.

Tatsächlich stellt der Grundsatz der steuerlichen Neutralität an die Auferlegung der Steuerpflicht geringere Anforderungen als der Wettbewerbsgedanke.[553]

3. Vereinbarkeit von Wettbewerbsgedanke und „Wettbewerbsneutralität"

Die Durchbrechung des Grundsatzes der steuerlichen Neutralität erfolgt jedoch bereits durch die subjektive Steuerbefreiung des Art. 13 Abs. 1 MwStSystRL. Dieser macht nämlich die Steuerpflicht von der Person des Leistungserbringers abhängig.[554] Dass es im Folgenden zu einer anscheinend weiteren Verletzung der steuerlichen Neutralität durch die divergierende Umsetzung des Wettbewerbsgedankens gegenüber den Vorgaben hinsichtlich der „Wettbewerbsneutralität" kommt, ist daher nicht der Anwendung, sondern der Regelung des Art. 13 Abs. 1 MwStSystRL geschuldet.[555] Mit dem Wettbewerbsgedanken besteht sogar erst die Möglichkeit, die Verletzung der steuerlichen Neutralität teilweise zu beseitigen.

---

552 St. Rspr., siehe nur EuGH v. 16.09.2008 – C-288/07, *Isle of Wight Council u.a.*, EU:C:2008:505, Rn. 64; v. 19.01.2017 – C-344/15, *National Roads Authority*, EU:C:2017:28, Rn. 42.

553 Dagegen nimmt *Zirkl*, Die Neutralität der Umsatzsteuer als europäisches Besteuerungsprinzip, 2015, S. 101, an, dass Art. 13 Abs. 1 Uabs. 2 und 3 MwStSystRL die „Wettbewerbsneutralität" umsetzen würde.

554 So auch *Zirkl*, Die Neutralität der Umsatzsteuer als europäisches Besteuerungsprinzip, 2015, S. 101; ebenso nimmt *Wiesch*, Die umsatzsteuerliche Behandlung der öffentlichen Hand, 2016, S. 311 und 320, einen Widerspruch zum Gebot der gleichmäßigen Besteuerung des privaten Endverbrauchs an.

555 Hervorzuheben ist dabei, dass der EuGH den Grundsatz der steuerlichen Neutralität zwar als Ausprägung des allgemeinen Gleichheitssatzes versteht, diesen jedoch nur als sekundärrechtlich anerkennt und daher Art. 13 Abs. 1 MwStSystRL ohnehin nicht wegen des Grundsatzes der steuerlichen Neutralität in Frage stellen wird. Dabei ist es allerdings zugleich widersprüchlich, dass der EuGH über eine weite Auslegung der Rückausnahme den Verstoß gegen den Grundsatz der steuerlichen Neutralität indirekt doch korrigiert. Zum Verständnis des EuGH vom Grundsatz der steuerlichen Neutralität und dessen Verhältnis zur MwStSystRL, sowie der dahingehend Inkonsequenz, ausführlich unter Teil 1 D, II, 2.

Tatsächlich spricht der Wortlaut der Regelung sogar dafür, dass der Gesetzgeber erst beim Auftreten einer Negativauswirkung für steuerpflichtige Anbieter und nicht schon aufgrund der Gleichartigkeit der Angebote die Steuerpflicht fordert. Die Orientierung am Grundsatz der steuerlichen Neutralität bei der Umsetzung der Wettbewerbsschutzklausel würde daher sogar das vom Gesetzgeber beabsichtigte Ergebnis – der Steuerfreiheit bis zum Bestehen einer konkret potentiellen Wettbewerbsverzerrung – unterlaufen.[556]

Auch an dieser Stelle offenbart sich damit die Systemwidrigkeit der subjektiven Steuerbefreiung und des Regelungskonstrukts des Art. 13 Abs. 1 MwStSystRL.

4. *Konsequenz für die Anwendung der Wettbewerbsschutzklausel*

Bei den Vorgaben zur Umsetzung der Wettbewerbsschutzklausel hat der Europäische Gerichtshof augenscheinlich auf den Grundsatz der steuerlichen Neutralität abgestellt.[557] Dabei merkt der Gerichtshof selbst an, dass die Abweichungen durch die normierten Steuerbefreiungen „bis zu einem gewissen Grad mit der Anwendung des Grundsatzes der steuerlichen Neutralität kollidieren [können]".[558] Insofern sei „diese Auswirkung [...] der Existenz von Ausnahmen vom Mehrwertsteuersystem eigen".[559] Die Vorgabe des Gerichtshofs, die „Abweichung so auszulegen, dass der genannte Grundsatz so wenig wie möglich beeinträchtigt wird",[560] ist zwar grundsätzlich nicht zu beanstanden. Im Falle der Wettbewerbsschutzklausel führt die Rückbesinnung auf den Grundsatz der gleichen Besteuerung gleichartiger Leistung jedoch zugleich zur weitgehenden Bedeutungslosigkeit des Wettbewerbsgedankens. Durch eine tätigkeitsbezogene Beurteilung würde die vom Gesetzgeber gewollte und bezweckte Ausnahme – bis auf in Fällen rechtlicher Unmöglichkeit des zeitgleichen Tätigwerdens begünstigter und nicht begünstigter Anbieter – immer aufgehoben werden. Die gewollte Ausnahme vom Grundsatz würde durch die Orientierung am Grundsatz annulliert werden. Eine von der konkret individuellen Komplexität des Wettbewerbs enthobene Beurteilung des Wettbewerbsverhältnisses und der

556 Vgl. bereits die Ausführungen unter Teil 1 C, II, 1 a) aa) (2).

557 EuGH v. 16.09.2008 – C-288/07, *Isle of Wight Council u.a.*, EU:C:2008:505, Rn. 43 ff.

558 EuGH v. 02.06.2005 – C-378/02, *Waterschap Zeeuws Vlaanderen*, EU:C:2005:335, Rn. 43; ausdrücklich bezogen auf die Steuerpflichtigkeit der öffentlichen Hand EuGH v. 16.09.2008 – C-288/07, *Isle of Wight Council u.a.*, EU:C:2008:505, Rn. 44.

559 EuGH v. 02.06.2005 – C-378/02, *Waterschap Zeeuws Vlaanderen*, EU:C:2005:335, Rn. 43.

560 EuGH v. 16.09.2008 – C-288/07, *Isle of Wight Council u.a.*, EU:C:2008:505, Rn. 44.

Wettbewerbsverzerrung lässt sich daher nicht begründen. Mit der Umsetzung unter Orientierung am Grundsatz der steuerlichen Neutralität würde nicht nur der dem Normzweck zugrunde liegende Wettbewerbsgedanke, sondern auch die gewollte begünstigende Ausnahme der Steuerbefreiung verfehlt werden. Die steuerliche Neutralität als gegenüber dem Wettbewerbsgedanken generalisierender Grundsatz kann daher bei der Anwendung und Auslegung der wettbewerbsorientierten Merkmale sinnvollerweise allenfalls bedingt berücksichtigt werden.

IV. Notwendige Umsetzung des Wettbewerbsschutzes

Daraus folgt, dass die Umsetzung der Wettbewerbsschutzklausel nicht durch den Grundsatz der steuerlichen Neutralität beeinflusst wird. Die relevanten Kriterien müssen daher allein am Wettbewerbsgedanken orientiert werden, weshalb auch an dieser Stelle die wettbewerbsrechtlichen Vorgaben, die schon bei § 65 Nr. 3 AO und § 4 KStG angeführt wurden, übertragen werden können.

1. Notwendigkeit der Bestimmung eines Wettbewerbsverhältnisses

Anstelle einer tätigkeitsbezogenen Bestimmung des Wettbewerbsverhältnisses anhand der Gleichartigkeit der Leistungen[561] sollte zur Umsetzung des Wettbewerbsschutzes ein Wettbewerbsverhältnis über die Beurteilung einer Konkurrenzsituation auf dem zuvor als sachlich und räumlich relevant bestimmten Markt ermittelt werden. Unter Berücksichtigung dessen können für die Anwendung der Schutzklausel folgende Vorgaben und Grundsätze aufgestellt werden:

a) Sachlich und räumlich relevanter Markt

Der sachlich und räumlich relevante Markt muss danach bestimmt werden, ob die Nachfrager die angebotenen Leistungen bezogen auf den Preis, die Qualität, die Eigenschaften und den vorgesehenen Verwendungszweck hinsichtlich der Bedarfsbefriedigung und der räumlichen Entfernung als austauschbar ansehen.

561 EuGH v. 16.09.2008 – C-288/07, *Isle of Wight Council u.a.*, EU:C:2008:505, Rn. 44 f., wo eine Verzerrung des Wettbewerbs bei der ungleichen Besteuerung von Dienstleistungen angenommen wird, die im Wesentlichen die gleichen sind; ausdrücklich EuGH v. 10.11.2011 – C-259/10 u.a., *The Rank Group*, EU:C:2011:719, Rn. 33 und 36; BMF v. 16.12.2016 – III C 2-S 7107/16/10001, BStBl I 2016, 1451, Rn. 24; siehe aus der Literatur nur *Wiesch*, Die umsatzsteuerliche Behandlung der öffentlichen Hand, 2016, S. 110; *Treiber*, in: Sölch/Ringleb, UStG, § 2b UStG Rn. 51 f. (Stand 10.2020).

Über das Bedarfsmarktkonzept oder indiziell den SSNIP-Test[562] muss demnach beurteilt werden, ob die Anbieter hinsichtlich ihres Verhaltens am Markt einen wechselseitigen Druck aufeinander ausüben.[563]

b) Klarstellung zur Maßgeblichkeit des „lokalen Marktes“

Wie bereits dargestellt, hat der Europäische Gerichtshof die Aussage getroffen, dass die Beurteilung der größeren Wettbewerbsverzerrung „unabhängig von den Wettbewerbsbedingungen, die auf einem bestimmten lokalen Markt herrschen“,[564] vorgenommen werden soll. Dadurch soll die schwierige Ermittlung lokaler Märkte vermieden werden.[565] Der „lokale Markt“ wurde dabei als Tätigkeitsbereich der juristischen Person des öffentlichen Rechts angesehen.

Diese Aussage wurde daraufhin teilweise so eingeordnet, dass bereits bei der Bestimmung des Wettbewerbsverhältnisses räumliche Kriterien grundsätzlich keine Rolle spielen sollen. Vielmehr müsse das gesamte Bundesgebiet oder aber das Gebiet der Mitgliedsstaaten als räumlich relevanter Markt angesehen werden, sofern nicht durch eine rechtliche Beschränkung ein „räumlich relevanter Markt“ vorgegeben sei.[566]

Die Vorgabe der Irrelevanz des „lokalen Marktes“ ist dabei weder sinnvoll noch sachgerecht. Aufgrund der Tatsache, dass der räumlich relevante Markt ein

562 Bei diesem wird eine hypothetische Betrachtung vorgenommen, ob die Nachfrager bei leichten Preiserhöhungen auf die Waren oder Leistungen anderer Anbieter ausweichen würden, vgl. dazu ausführlich Teil 1 A, II, 1 b) bb).

563 Vgl. zur Marktabgrenzung bereits Teil 1 A, II, 1 b); dagegen mit der Anknüpfung an das UWG bei der Bestimmung des Wettbewerbsverhältnisses *Häck*, Die öffentliche Hand im Körperschaft- und Umsatzsteuerrecht, 2004, S. 245; *Seer/Klemke,* BB 2010, S. 2015 (2017).

564 EuGH v. 16.09.2008 – C-288/07, *Isle of Wight Council u.a.*, EU:C:2008:505, Rn. 46; v. 19.01.2017 – C-344/15, *National Roads Authority,* EU:C:2017:28, Rn. 41.

565 Siehe nur EuGH v. 16.09.2008 – C-288/07, *Isle of Wight Council u.a.*, EU:C:2008:505, Rn. 49.

566 *Wiesch*, Die umsatzsteuerliche Behandlung der öffentlichen Hand, 2016, S. 112 ff.; wohl auch *Heckhausen,* Die Umsatzbesteuerung der öffentlichen Hand, 2017, S. 51; ohne die Bezeichnung „lokaler Markt“ aber mit der Ansicht der alleinigen Relevanz räumlicher Kriterien bei rechtlichem Abnahme- oder Annahmezwang *Hammerl/Fietz,* MwStR 2017, S. 56 (58); dagegen mit dem Verständnis der Maßgeblichkeit des Marktes in Bezug auf jede einzelne Tätigkeit *Häck*, Die öffentliche Hand im Körperschaft- und Umsatzsteuerrecht, 2004, S. 250 f.; ebenso mit dem richtigen Verständnis zur Marktabgrenzung, aber der Vorgabe des Grundsatzes der Irrelevanz des lokalen Marktes *Sterzinger*, UR 2015, S. 655 (662).

selbstständiger Bereich individuell für jede Leistung oder Tätigkeit ist[567], macht es keinen Sinn die Irrelevanz eines „lokalen Marktes" hervorzuheben, oder den Grundsatz eines „nationalen Marktes" oder den des Gebiets der Mitgliedsstaaten aufzustellen. Der räumlich relevante Markt kann nicht pauschal festgelegt werden. Zugleich wird ein aufgestellter Grundsatz gegenstandslos, wenn in jedem Fall eine eigenständige Wertung zur sachgerechten Anwendung vorgenommen werden muss. Es hätte genauso die Aussage getroffen werden können, dass es grundsätzlich nicht auf den „nationalen Markt" ankommt. Zwar gibt es beispielhaft in jeder größeren Stadt eine Apotheke, dennoch wird niemals ein Nachfrager aus München nach Berlin fahren, um sich dort mit Medikamenten einzudecken. Und zwar unabhängig davon, wie viel günstiger diese dort sein dürften. Zwischen einer Apotheke in München und einer solchen in Berlin besteht damit auch kein Wettbewerbsverhältnis. Die wenigsten Leistungen und Waren dürften aus Nachfragersicht den räumlich relevanten Markt in der Größe der Bundesrepublik haben.[568]

Die Aussage der Irrelevanz des „lokalen Markts", unabhängig der fehlenden Vorgaben, wie dieser nun aber seinerseits genau abgegrenzt werden soll, ist allerdings insofern korrekt, als dass allein der räumlich relevante Markt, als Ergebnis der Marktabgrenzung, maßgeblich ist. Dieser kann dabei mit dem „lokalen Markt" als Tätigkeitsbereich identisch sein.[569]

Wegen der Unvorhersehbarkeit und Individualität des räumlich relevanten Marktes ist sowohl die Betonung der Irrelevanz eines bestimmten „Marktes", welcher nämlich insofern keinen Markt, sondern nur ein willkürlich festgelegtes räumliches Gebiet darstellt, vollkommen überflüssig. Das gilt auch für die Bestimmung eines Gebietes als grundsätzlich räumlich relevanter Markt und damit ebenso willkürlich bestimmter „Markt". Dies verleitet allein zu der Annahme, dass es auf eine Marktabgrenzung, mit der Ausnahme eines rechtlichen Abnahme- oder Benutzungszwangs,[570] die zugleich durch den Ausschluss

---

567 Ausführlich Teil 1 A, II, 1 b).

568 So ist der räumliche Markt für Leistungen des täglichen Gebrauchs regelmäßig örtlich begrenzt, wohingegen für hochpreisige Produkte, wie etwa Gebrauchtwagen, das gesamte Bundesgebiet relevant sein dürfte: vgl. BGH v. 05.03.1998 – I ZR 229/95, GRUR, 1998, 1039, Rn. 22; v. 24.05.2000 – I ZR 222/97, GRUR 2001, 78, Rn. 13; v. 29.04.2010 – I ZR 99/08, GRUR 2011, 82, Rn. 20; so auch *Keller*, in: Harte-Bavendamm/Henning-Bodewig, UWG^4, 2016, § 2 UWG Rn. 138.

569 Dahingehend auch *Heidner*, UR 2016, S. 45 (47 f.).

570 Siehe nur *Hammerl/Fietz*, MwStR 2017, S. 56 (58); *Wiesch*, Die umsatzsteuerliche Behandlung der öffentlichen Hand, 2016, S. 115 ff.

der Substituierbarkeit selbst den räumlich relevanten Markt vorgeben können,[571] nicht ankäme.

Genauso wenig kann es darauf ankommen, ob zwar nicht auf dem „lokalen Markt“, dafür aber auf anderen Märkten Wettbewerber (Konkurrenten) gegeben sind.[572] Maßgeblich ist allein, ob auf dem räumlich relevanten Markt und damit eventuell auch dem „lokalen Markt“ ein Konkurrent unter Berücksichtigung der wirtschaftlichen Verhältnisse hinzutreten kann. Ein Wettbewerbsverhältnis kann nur in Bezug auf einen Markt im Besonderen bestimmt werden.

Jede Begründung eines „nationalen Marktes“ als Grundsatz für die wettbewerbsorientierte Beurteilung des Wettbewerbsverhältnisses oder auch der Wettbewerbsverzerrung könnte zwar die grundsätzlich sinnwidrige Umsatzsteuerbefreiung[573] praktikabel wieder mit dem Grundsatz der steuerlichen Neutralität[574] in Einklang bringen. Diese Vorgehensweise ist jedoch aus wettbewerbsrechtlicher Sicht der falsche Anknüpfungspunkt. Solange die kodifizierte Ausnahme vom Grundsatz der steuerlichen Neutralität ausdrücklich erst bei der Annahme einer größeren Wettbewerbsverzerrung aufgehoben werden soll, darf es bei dieser Beurteilung nur auf die wettbewerbsrechtliche Sichtweise ankommen. Diese kann dann aber auch nicht ihrerseits durch den Grundsatz der steuerlichen Neutralität aufgeladen werden, da es ansonsten „verdeckt“ zur Korrektur der Ausnahme vom Grundsatz durch den Grundsatz selbst kommt.

c) Gegenwärtiges und potentielles Wettbewerbsverhältnis

Nach der Bestimmung des (sachlich und räumlich) relevanten Marktes ist auf diesem die Feststellung zu treffen, ob aus Sicht der Nachfrager ein Konkurrent vorhanden und damit ein gegenwärtiges Wettbewerbsverhältnis gegeben ist.

Erst wenn auf dem ermittelten relevanten Markt keine Konkurrenten ausgemacht werde können, hat die Beurteilung zu erfolgen, ob diesen ein Marktzutritt aufgrund der wirtschaftlichen Verhältnisse überhaupt möglich wäre.[575] Dazu ist gerade auch der räumlich relevante Markt zu berücksichtigen, da nur in Bezug auf diesen bestimmt werden kann, ob ein Marktzutritt neben die juristische

571 Zum gleichgehenden Gedanken Teil 1 B, III, 1.

572 So aber *Stadie*, in: Rau/Dürrwächter, UStG, § 2b UStG Rn. 95 (Stand 10.2017), hinsichtlich der räumlichen Betrachtung bei der Bestimmung der Wettbewerbsverzerrung.

573 Vgl. das Ergebnis unter Teil 1 C, I, 3 c).

574 Siehe nur EuGH v. 16.09.2008 – C-288/07, *Isle of Wight Council u.a.*, EU:C:2008:505, Rn. 41; v. 10.11.2011 – C-259/10 u.a., *The Rank Group*, EU:C:2011:719, Rn. 36.

575 Vgl. die übertragbaren Ausführungen unter Teil 1 A, II, 2 c).

Person des öffentlichen Rechts möglich ist. Die Bestimmung eines potentiellen Wettbewerbsverhältnisses unabhängig von den räumlichen Begebenheiten[576] würde eine abstrakte Prüfung erfordern. Diese würde aber dem Gedanken, dass Wettbewerb als interaktiver Konkurrenzprozess nur auf einzelnen Märkten stattfinden kann, zuwiderlaufen.[577]

d) Irrelevanz einer tätigkeitsbezogenen Beurteilung

Eine rein tätigkeitsbezogene Beurteilung des Wettbewerbsverhältnisses unabhängig vom sachlich und räumlich relevanten Markt ist demnach mit dem Wettbewerbsgedanken unvereinbar.[578] Eine solche Prüfung, die im Ergebnis als abstrakt eingeordnet werden muss, würde dazu führen, dass ein Wettbewerbsverhältnis, bis auf den Fall der rechtlichen Unmöglichkeit des Marktzutritts privater Anbieter, nie ausgeschlossen werden könnte.[579]

---

576 So etwa *Hammerl/Fietz,* MwStR 2017, S. 56 (58); ebenso *Wiesch*, Die umsatzsteuerliche Behandlung der öffentlichen Hand, 2016, S. 112 f., der sich dem Grundsatz eines „nationalen Marktes" anschließt; wohl auch *Hüttemann*, UR 2017, S. 129 (132), der die „abstrakte" Betrachtung des EuGH trotz des Erfordernisses eines realen Marktzutritts nicht ablehnt; dagegen mit der Feststellung, dass der räumlich relevante Markt von der jeweiligen Leistung abhängt *Sterzinger*, UR 2015, S. 655 (662), wobei auch dieser den Grundsatz eines „nationalen Marktes" aufstellen möchte; gegen die unerlässliche Bestimmung des räumlich relevanten Marktes BMF v. 16.12.2016 – III C 2-S 7107/16/10001, BStBl I 2016, 1451, Rn. 27.

577 Siehe auch das gleichgehende Verständnis in Bezug auf § 65 Nr. 3 AO, Teil 1 A, II, 2 c); ebenso hinsichtlich der Bestimmung eines Wettbewerbsverhältnisses im Rahmen des § 65 Nr. 3 AO *Unger*, in: Gosch, AO/FGO, § 65 AO Rn. 26 (Stand 01.2013); ähnlich hinsichtlich § 65 Nr. 3 AO *Schauhoff*, in: GS Walz, 2008, S. 661 (670 f.).

578 Anders dagegen *Heckhausen,* Die Umsatzbesteuerung der öffentlichen Hand, 2017, S. 50 f. und 76, der den Ausschluss eines potentiellen Wettbewerbsverhältnisses verlangt, wohingegen richtigerweise ein solches positiv festgestellt werden muss; *Treiber*, in: Sölch/Ringleb, UStG, § 2b UStG Rn. 51 f. (Stand 10.2020); *Dziadkowski*, UR 2017, S. 416 (419 f.); *Hammerl/Fietz*, MwStR 2017, S. 56 (58), wo der Vorgabe der Irrelevanz räumlicher Kriterien durch das BMF gefolgt wird; *Wiesch*, Die umsatzsteuerliche Behandlung der öffentlichen Hand, 2016, S. 107 f. und insb. S. 110 ff., der insofern von einem „nationalen Markt" als räumlichen Kriterium ausgeht, was im Prinzip zu einer abstrakten Prüfung führt.

579 Siehe auch die gleichgehende Kritik an der abstrakten Prüfung des „potentiellen Wettbewerbs" i.R.d. § 65 Nr. 3 AO unter Teil 1 A, II, 2 d) bb).

2. *Vermutung „größerer Wettbewerbsverzerrungen“*

Ebenso wenig ist beim Merkmal der „größeren Wettbewerbsverzerrung“ eine tätigkeitsbezogene Beurteilung maßgeblich.[580] Auch die verzerrende Wirkung der Behandlung als Nichtunternehmer kann nur in Bezug auf die (potentiellen) Konkurrenten, auf dem zuvor als sachlich und räumlich relevant ermittelten Markt, beurteilt werden. Zu fragen wäre dabei, ob sich die Steuerbefreiung im Konkurrenzkampf durch einen „künstlich“ gesteigerten Wettbewerbsdruck über den Preis oder die Produktqualität niederschlägt.[581]

Wegen der Einordnung der Umsatzsteuer als nicht operablen Preisfaktor[582] kann allerdings angenommen werden, dass bei fehlender Steuerpflicht der Endpreis um die Höhe der Umsatzsteuer, vermindert um die Vorsteuerbelastung, gesenkt wird und damit unmittelbar eine wettbewerbsrelevante Auswirkung im Konkurrenzkampf erfolgt.[583] Zwar ist eine tätigkeitsbezogene Beurteilung grundsätzlich ähnlich zu der hiesigen Betrachtung. Es besteht jedoch neben dem zwingenden Erfordernis des Bestehens eines Wettbewerbsverhältnisses für die Annahme der größeren Wettbewerbsverzerrung[584] die Besonderheit, dass die juristische Person des öffentlichen Rechts, anders als bei einer tätigkeitsbezogenen Beurteilung, das Vorliegen der größeren Wettbewerbsverzerrung widerlegen kann. Erbringt diese den Nachweis, dass sie den gleichen Preis, wie unter Einbeziehung der Umsatzsteuer und damit einen ähnlichen Preis zu dem der Konkurrenz auf dem räumlich relevanten Markt verlangt, muss die Aufhebung der Steuerbefreiung aus Sicht des Wettbewerbsgedankens ausbleiben.[585]

---

580 Anders die ganz überwiegende Ansicht in der Rechtsprechung und Literatur zur Bestimmung der Wettbewerbsverzerrung, vgl. nur EuGH v. 16.09.2008 – C-288/07, *Isle of Wight Council u.a.*, EU:C:2008:505, Rn. 40; v. 19.01.2017 – C-344/15, *National Roads Authority*, EU:C:2017:28, Rn. 41; BFH v. 10.02.2016 – XI R 26/13, BFH/NV 2016, 865, Rn. 55; statt vieler nur *Korn*, in: Bunjes, Umsatzsteuergesetz[19], 2020, § 2b UStG Rn. 30; *Stadie*, in: Rau/Dürrwächter, UStG, § 2b UStG Rn. 94 (Stand 10.2017).

581 Vgl. bereits ausführlich Teil 1 C, II, 1 c) bb) (1).

582 Vgl. Teil 1 C, I, 3 b) bb) (1).

583 Ausführlich bereits unter Teil 1 C, II, 1 c) bb) (2); zur Möglichkeit der Anwendung eines Erfahrungsgrundsatzes im Rahmen der Beweiswürdigung noch ausführlich unter Teil 2 A, II.

584 Zur bestehenden Divergenz gegenüber der Rechtsprechung des EuGH bereits Teil 1 C, II, 1 c) bb) (3).

585 Auch wenn dann die Sinnhaftigkeit der Steuerbefreiung in Frage gestellt werden muss, welche schließlich dem Verbraucher als intendierten Steuerträger zugutekommen soll.

Daneben darf es hinsichtlich des Mehrerlöses aber auch zu keiner Reinvestition bezüglich der in Rede stehenden wirtschaftlichen Tätigkeit kommen.[586]

V. Sachgerechtigkeit der Umsetzung durch § 2b UStG

Unter Heranziehung der dargelegten Erkenntnisse stellt sich die Frage nach der Sachgerechtigkeit der nationalen Umsetzung. Zwar hat der Gesetzgeber in § 2b UStG keine Definition des Merkmals der „größeren Wettbewerbsverzerrung" vorgenommen,[587] dafür jedoch Ausnahmetatbestände geschaffen, bei deren Vorliegen eine größere Wettbewerbsverzerrung ausgeschlossen sein soll.

Bereits diese Umsetzung ist in der Literatur auf Kritik gestoßen, da es sich beim Merkmal der „größeren Wettbewerbsverzerrung" um einen autonomen Begriff des Gemeinschaftsrechts handle, der durch nationale Vorschriften nicht geregelt werden dürfe.[588] Allerdings wurde der Begriff in Art. 13 Abs. 1 Uabs. 2 MwStSystRL nicht definiert, sondern allein bei der Auslegung im Gesamtkontext der Richtlinie dahingehend konkretisiert, dass die Wettbewerbsverzerrung mehr als „unbedeutend" sein müsse.[589] Dies ist aber seinerseits wertungsbedürftig.[590] Auch nach der Einschätzung des Europäischen Gerichtshofs ist es daher den Mitgliedstaaten selbst überlassen, wie der Pflicht zur Auferlegung der Steuerpflicht im Falle einer „größeren Wettbewerbsverzerrung" entsprochen wird. Es bestünde kein Zwang zu „quantitative[n] Grenzen für die Behandlung als Nichtsteuerpflichtige", solange die Steuerpflicht bei größeren Wettbewerbsverzerrungen erfolge.[591] Im Umkehrschluss müssten solche aber gerade auch zulässig sein. Mit anderen Worten ist die Umsetzung selbst nebensächlich, wenn richtigerweise die Steuerpflicht bei größeren Wettbewerbsverzerrungen auferlegt wird.

---

586 Zur durch diese Umstände begründeten Wettbewerbsverzerrung unter Teil 1 C, II, 1 c) bb) (1).

587 Wohl auch *Stadie*, in: Rau/Dürrwächter, UStG, § 2b UStG Rn. 199 (Stand 10.2017); anders *Dziadkowski*, UR 2017, S. 416 (418), wonach die Kernidee von § 2b UStG die Definition der „größeren Wettbewerbsverzerrung" gewesen sei; von einer „Definition größerer Wettbewerbsverzerrungen" spricht auch *Müller*, UR 2017, S. 8 (11 f. und 17).

588 *Heidner*, UR 2016, S. 45 (49); zweifelnd auch *Widmann*, MwStR 2015, S. 883 (887); jedoch relativierend *ders.*, UR 2015, S. 5 (8).

589 EuGH v. 16.09.2008 – C-288/07, *Isle of Wight Council u.a.*, EU:C:2008:505, Rn. 72 ff.

590 *Hüttemann*, UR 2017, S. 129 (133), spricht von einer „wenig hilfreichen, weil letztlich tautologischen" Aussage.

591 EuGH v. 17.10.1989 – C-231/87 u.a., *Comune di Carpaneto Piacentino u.a.*, EU:C:1989:381, Rn. 23; v. 14.12.2000 – C-446/98, *Fazenda Publica*, EU:C:2000:691, Rn. 31.

Die Zulässigkeit der Regelung der „größeren Wettbewerbsverzerrung“ des § 2b Abs. 2 und Abs. 3 UStG ist daher keine Frage des „Ob“, sondern allein des „Wie“. Es dürfte keine Regelung getroffen worden sein, welche die Behandlung als Nichtunternehmer erlaubt, obwohl größere Wettbewerbsverzerrungen vorliegen.[592] Umgekehrt darf aber auch die Steuerpflicht nicht begründet werden, obwohl keine größere Wettbewerbsverzerrung vorliegt.[593] Eine nationalrechtliche Konkretisierung unter Beachtung der Vorgaben des Art. 13 Abs. 1 Uabs. 2 MwStSystRL ist damit zunächst zulässig.[594]

Im Folgenden soll daher die einzelnen Regelungen hinsichtlich deren Sachgerechtigkeit und vor allem auch deren Richtlinienkonformität untersucht werden.

1. Unmöglichkeit der Wettbewerbsverzerrung nach § 2b Abs. 2 UStG

In § 2b Abs. 2 UStG hat der Gesetzgeber Fälle geregelt, bei denen „insbesondere“ nicht vom Vorliegen einer größeren Wettbewerbsverzerrung auszugehen sei.[595]

a) Bedenken an der Umsatzgrenze des § 2b Abs. 2 Nr. 1 UStG

Nach § 2b Abs. 2 Nr. 1 UStG liegen größere Wettbewerbsverzerrungen nicht vor, wenn der „im Kalenderjahr aus gleichartigen Tätigkeiten erzielte Umsatz voraussichtlich 17500 Euro jeweils nicht übersteigen wird“. Für die Frage der Zulässigkeit einer solchen Umsatzgrenze kommt es nach dem zuvor Gesagten nicht darauf an, ob für den Rückgriff auf den Grenzbetrag der Kleinunternehmerregelung des

---

592 Zur zwingenden Auferlegung der Steuerpflicht bei der Vorgängernorm EuGH v. 17.10.1989 - C-231/87 u.a., *Comune di Carpaneto Piacentino u.a.*, EU:C:1989:381, Rn. 23; v. 14.12.2000 - C-446/98, *Fazenda Publica*, EU:C:2000:691, Rn. 31.

593 Zur Vorgängernorm EuGH v. 17.10.1989 - 231/87 u.a., *Comune di Carpaneto Piacentino u. a.*, EU:C:1989:38, Rn. 17.

594 So auch *Hüttemann*, UR 2017, S. 129 (131); *Stadie*, in: Rau/Dürrwächter, UStG, § 2b UStG Rn. 199 und 205 (Stand 10.2017); *Wiesch*, Die umsatzsteuerliche Behandlung der öffentlichen Hand, 2016, S. 231 f.; *Heckhausen*, Die Umsatzbesteuerung der öffentlichen Hand, 2017, S. 77.

595 Dagegen spricht *Meurer*, UStB 2016, S. 14 (18 f.), fälschlicherweise davon, dass nach diesen Fiktionen „keine Wettbewerbssituation“, oder auch „kein Wettbewerb“ bestünde. Dies trifft aber nicht zu. Vielmehr wurde die Regelung getroffen, dass allein die Verzerrung eines weiterhin möglichen Wettbewerbsverhältnisses nicht vorliegt. Es wurden nämlich gerade unter Nr. 2 ein Fall geregelt, bei dem ein Wettbewerbsverhältnis augenscheinlich nicht schon durch einen rechtlich unmöglichen Marktzutritt ausgeschlossen ist.

§ 19 UStG eine hinreichende Vergleichbarkeit besteht,[596] sondern allein darauf, ob diese dazu führt, dass eine Behandlung als Nichtunternehmer trotz Vorliegens einer größeren Wettbewerbsverzerrung tatsächlich ausgeschlossen ist.

Zwar kann vom Umfang der Tätigkeit, für welche die Umsatzhöhe als Indiz herangezogen werden kann, auf die Größe der Wettbewerbsverzerrung geschlossen werden.[597] Denn mit steigender Umsatzhöhe kann zugleich von einer Zunahme der Nachfrager bei der juristischen Person des öffentlichen Rechts und damit auch einer Abnahme selbiger bei privaten Anbietern ausgegangen werden. Dennoch hat diese Beurteilung reinen Indizcharakter. Die Zunahme an Nachfragern – belegt durch die Zunahme des Umsatzes – muss nicht zwingend durch den vergünstigten Preis begründet sein. Daneben muss diese nicht zwangsläufig auch einen Abgang an Nachfragern bei privaten Anbietern zur Folge haben. Es lässt sich nicht ohne Weiteres sagen, ob die Verzerrung auf die Beeinträchtigung der Ausgangslage zurückzuführen ist. Im ersten Fall (Umsatzhöhe wird nicht durch einen vergünstigten Preis bedingt) wäre die „Verzerrung" nicht durch die Behandlung als Nichtunternehmer begründet. Im zweiten Fall (kein Abgang an Nachfragern beim Konkurrenten) mangels befreiungsbedingter Steigerung des Wettbewerbsdrucks[598] überhaupt nicht gegeben. Zugegebenermaßen wird die Regelung des § 2b Abs. 2 Nr. 1 UStG in der weit überwiegenden Zahl der Fälle zu einem sachgerechten Ergebnis führen, ohne dass es auf die aufwendige Abgrenzung des relevanten Marktes in sachlicher und räumlicher Hinsicht mit anschließender Bestimmung eines gegenwärtigen oder potentiellen Wettbewerbsverhältnisses ankommt. Dennoch ist diese Formulierungsweise bedenklich.

Eine unwiderlegliche Vermutung, dass größere Wettbewerbsverzerrungen bei einer gewissen Umsatzhöhe nicht vorliegen, ist richtlinienwidrig.[599] Der Ausschluss einer größeren Wettbewerbsverzerrung allein wegen der Umsatzhöhe

---

596 Unter diesem Gesichtspunkt aber *Wiesch*, Die umsatzsteuerliche Behandlung der öffentlichen Hand, 2016, S. 233 f.

597 Vgl. bereits Teil 1 C, II, 1 c) bb) (2).

598 Dazu ausführlich unter Teil 1 C, II, 1 c) bb) (1).

599 A.A. ausdrücklich *Wiesch*, Die umsatzsteuerliche Behandlung der öffentlichen Hand, 2016, S. 234; *Hüttemann*, UR 2017, S. 129 (133 f.); *Englisch*, in: Tipke/Lang, Steuerrecht[24], 2020, § 17 Rn. 58; demgegenüber zumindest kritisch ob der Zulässigkeit des Negativkatalogs des § 2b Abs. 2 bis 3 UStG *Hidien/Schwarz*, UR 2017, S. 338 (343), „Insoweit scheint der deutsche Gesetzgeber seine Möglichkeiten zu überreizen [...]"; *Stadie*, in: Rau/Dürrwächter, UStG, § 2b UStG Rn. 199 und 205 (Stand 10.2017); *Droege*, Zur Besteuerung der öffentlichen Hand, 2018, S. 42.

führt dazu, dass es zwingend zu einer Behandlung als Nichtunternehmer kommen kann, obwohl größere Wettbewerbsverzerrungen sowohl zu Lasten der nicht begünstigten Konkurrenz, oder der juristischen Person des öffentlichen Rechts bestehen können. Art. 13 Abs. 1 Uabs. 2 MwStSystRL fordert in diesem Fall aber das gegenteilige Ergebnis, nämlich die Behandlung als steuerpflichtigen und zugleich vorsteuerabzugsberechtigten Unternehmer. Eine vom Gesetzgeber bezweckte unwiderlegliche Vermutung ist mit der zwingenden Besteuerungspflicht bei größeren Wettbewerbsverzerrungen unvereinbar.

Die Unionsrechtswidrigkeit ergibt sich dabei jedoch nicht aus der Verknüpfung der Umsatzgrenze mit gleichartigen Tätigkeiten, wodurch diese anders als die unternehmensbezogene Kleinunternehmer-Freigrenze mehrfach „in Anspruch genommen" werden kann[600]. Dies ist nur konsequent, da die Wettbewerbsverzerrung nur in Bezug auf jede einzelne Tätigkeit und nicht in Bezug auf ein Tätigkeitsbündel beurteilt werden kann. Für jede Ware oder Leistung ergibt sich unter Umständen ein eigener relevanter Markt, weshalb nicht alle Tätigkeiten, die dem gleichen Berufs- oder Gewerbezweig angehören, als gleichartig zusammengefasst werden können.[601] Beispielweise dürfte sich für Elektrofahrräder in räumlicher Hinsicht ein größerer relevanter Markt als für Kinderfahrräder ergeben, obwohl beide dem Gewerbezweig Fahrradhandel unterfallen. Gleichartige Leistungen sind daher solche, die zusammen in einem Wettbewerbsverhältnis zu Leistungen privater Anbieter stehen.[602] Das Wettbewerbsverhältnis kann aber nur in Bezug auf eine einzelne Tätigkeit bestimmt werden. Die Unionsrechtswidrigkeit ergibt sich dagegen vielmehr aus der unwiderleglichen Vermutung. Diese eröffnet die Möglichkeit, eine Behandlung als Nichtunternehmer vorzunehmen, obwohl die juristische Person des öffentlichen Rechts, oder ein nicht begünstigter Konkurrent, das Vorliegen größerer Wettbewerbsverzerrungen nachweist.[603] Das gleich gilt hinsichtlich möglicher Wettbewerbsverzerrungen. Dadurch würde der Verpflichtung zur zwingenden Auferlegung

---

600 Mit dieser Argumentation zur Begründung der Unionsrechtswidrigkeit aber *Meurer*, UStB 2016, S. 14 (19); *Sterzinger*, UR 2015, S. 655 (662); „bedenklich", *ders.*, UR 2016, 1 (5); *Widmann*, UR 2015, S. 5 (8); *Hammerl/Fietz*, MwStR 2017, S. 56 (59).

601 So aber wohl *Stadie*, in: Rau/Dürrwächter, UStG, § 2b UStG Rn. 207 (Stand 10.2017).

602 Ähnlich *Wiesch*, Die umsatzsteuerliche Behandlung der öffentlichen Hand, 2016, S. 231, der darauf abstellt, ob die Leistungen aus Sicht eines Durchschnittsverbrauchers dieselben Bedürfnisse befriedigen. Was nach hiesiger Auffassung jedoch noch nicht zu einem Wettbewerbsverhältnis führt, vgl. Teil 1 C, III, 1.

603 Dies erkennt auch *Stadie*, in: Rau/Dürrwächter, UStG, § 2b UStG Rn. 212 (Stand 10.2017).

der Steuerpflicht nach Art. 13 Abs. 1 Uabs. 2 MwStSystRL, trotz des Vorliegens größerer Wettbewerbsverzerrungen,[604] nicht entsprochen werden. Zwar hat der Europäische Gerichtshof im gleichen Atemzug, mit der Betonung der zwingenden Steuerpflicht beim Vorliegen größerer Wettbewerbsverzerrungen, angeführt, dass die Mitgliedstaaten „nicht verpflichtet [sind], [...] quantitative Grenzen für die Behandlung als Nicht-Steuerpflichtige festzulegen".[605] Woraus zunächst der Schluss gezogen werden könnte, es stünde den Mitgliedstaaten auch nach dem Verständnis des Europäische Gerichtshofs offen, eine Regelung quantitativer Grenzen zu treffen.[606] Eine solche „Konkretisierung", die in der Folge dem angeordneten Ergebnis des Art. 13 Abs. 1 Uabs. 2 MwStSystRL völlig zuwiderlaufen kann, lässt sich aber weder mit dem Wortlaut noch dem Zweck der Regelung – Negativauswirkung durch die Nichtbesteuerung der öffentlichen Hand zu vermeiden – vereinbaren. In dem Moment, wo dem Gesetzgeber die Möglichkeit zuerkannt wird, die größere Wettbewerbsverzerrung gesetzlich pauschal auszuschließen, wird diesem zugleich die Unternehmereigenschaft der öffentlichen Hand nach Belieben anheimgestellt. Und zwar unter völligem Ausschluss der Erkennbarkeit der Negativauswirkungen für die öffentliche Hand und die nicht begünstigten Konkurrenten. Dagegen steht dem nationalen Gesetzgeber aber allein die Umsetzung zur Herbeiführung des Ergebnisses der Steuerpflicht beim Vorliegen einer Wettbewerbsverzerrung, nicht aber das Ergebnis deren Vorliegens selbst frei.

Bei der derzeitigen Ausgestaltung des § 2b Abs. 2 Nr. 1 UStG ist das Ergebnis der Steuerpflicht beim Vorliegen größerer Wettbewerbsverzerrungen aber gerade nicht in jedem Fall und darüber hinaus wegen der unwiderleglichen Vermutung sogar trotz dahingehender Nachweise und Anhaltspunkte nicht gewährleistet. Trotzdem wird es bei der geringen Umsatzhöhe nach § 2b Abs. 2 Nr. 1 UStG wohl zu keinem Konflikt kommen. Bei der Summe von 17.500 Euro kann kaum von einer „*größeren* Wettbewerbsverzerrung" gesprochen werden. Die Regelung darf aber nicht zu dem Trugschluss führen, dass es dem Gesetzgeber offen stünde, in

604 Zur Auferlegungspflicht der Steuerpflicht nach der Vorgängervorschrift EuGH v. 17.10.1989 – C-231/87 u.a., *Comune di Carpaneto Piacentino u.a.*, EU:C:1989:381, Rn. 23; v. 14.12.2000 – C-446/98, *Fazenda Publica*, EU:C:2000:691, Rn. 31.

605 EuGH v. 17.10.1989 – C-231/87 u.a., *Comune di Carpaneto Piacentino u.a.*, EU:C:1989:381, Rn. 23 f.

606 So etwa *Droege*, Zur Besteuerung der öffentlichen Hand, 2018, S. 42.

der Wettbewerbsschutzklausel eine unwiderlegliche Vermutung zu regeln. Bei einer höheren Summe wäre dieses Konstrukt unzweifelhaft richtlinienwidrig.

§ 2b Abs. 2 Nr. 1 UStG ist die Ausnahme einer grundsätzlich unzulässigen Konstruktion.

b) Allein klarstellender Charakter des § 2b Abs. 2 Nr. 2 UStG

Nach § 2b Abs. 2 Nr. 2 UStG liegen größere Wettbewerbsverzerrungen auch dann nicht vor, wenn „vergleichbare, auf privatrechtlicher Grundlage erbrachte Leistungen ohne Recht auf Verzicht (§ 9) einer Steuerbefreiung unterliegen".

Im Lichte des Art. 13 Abs. 1 Uabs. 2 MwStSystRL muss auch § 2b Abs. 2 Nr. 2 UStG allein gewährleisten, dass in jedem Fall eine Behandlung als Nichtunternehmer bei größeren Wettbewerbsverzerrungen ausgeschlossen ist.

Sofern allerdings auch private Anbieter durch den Ausschluss der Option nach § 9 UStG zwingend einer Umsatzsteuerbefreiung unterliegen, kann die Behandlung als Nichtunternehmer in der Tat keine Wettbewerbsverzerrung begründen.[607] Denn auch die privaten Anbieter verlieren gem. § 15 Abs. 2 Nr. 1 UStG das Recht auf den Vorsteuerabzug. Sowohl die juristische Person des öffentlichen Rechts, als auch ein konkurrierender privater Anbieter erhalten weder die Vorsteuer, noch besteht durch eine Umsatzsteuerbefreiung einiger Konkurrenten ein gesteigerter Konkurrenzdruck durch die Möglichkeit verbilligter Angebote im Preiskampf.[608] Sofern für alle Leistungen im (potentiellen) Wettbewerbsverhältnis die Vorsteuer ausgeschlossen ist und keine Umsatzsteuerpflicht besteht, kann auch die Umsatzsteuerbefreiung der öffentlichen Hand zu keiner Wettbewerbsverzerrung führen.

Nach der Gesetzesbegründung wollte der Gesetzgeber durch die Regelung sicherstellen, dass die Nichtbesteuerung von Leistungen privater Unternehmer mit Optionsmöglichkeit, nicht zu größeren Wettbewerbsverzerrungen zu Lasten der öffentlichen Hand führt.[609] Diese Begründung geht fehl.[610] Wenn Leistungen privater Unternehmer trotz Optionsmöglichkeit nicht besteuert werden, kann

---

607 So auch *Wiesch*, Die umsatzsteuerliche Behandlung der öffentlichen Hand, 2016, S. 226 ff.; *Stadie*, in: Rau/Dürrwächter, UStG, § 2b UStG Rn. 214 (Stand 10.2017).

608 Siehe zur Wirkung der teilweisen Befreiung von der Umsatzsteuer bereits unter Teil 1 C, II, die übertragbaren Gedanken in Bezug auf die Umsatzsteuerbefreiung der öffentlichen Hand.

609 BT-Drs. 18/6094, S. 91.

610 Ebenso kritisch gegenüber der Gesetzesbegründung *Stadie*, in: Rau/Dürrwächter, UStG, § 2b UStG Rn. 214 ff. (Stand 10.2017).

bereits keine Wettbewerbsverzerrung zu Lasten der öffentlichen Hand eintreten. Denn diese wird auch nicht besteuert. Möglich ist allein der Fall, dass nur von einigen Anbietern von der Option Gebrauch gemacht wurde. Dann tritt die Frage auf, ob die öffentliche Hand nun als Nichtunternehmer behandelt werden muss oder nicht. Zu Lasten der optierenden Anbieter begründet die Behandlung der öffentlichen Hand als Nichtunternehmer nämlich möglicherweise eine größere Wettbewerbsverzerrung. Wird die öffentliche Hand daraufhin der Umsatzsteuer unterworfen, könnte aber wiederrum diese gegenüber privaten Anbietern, die von der Option keinen Gebrauch gemacht haben, schlechter gestellt sein. Dies ist jedoch aus zwei Gründen irrelevant. Zum einen greift die Steuerbefreiung mit Optionsmöglichkeit zugleich auch für die nun als Unternehmer tätige öffentliche Hand. Zum anderen ergibt sich die Wettbewerbsverzerrung dann gerade nicht aus der Behandlung als Nichtunternehmer. Daher ist zumindest in Hinblick auf Art. 13 MwStSystRL die möglicherweise entstehende größere Wettbewerbsverzerrung zu Lasten der öffentlichen Hand irrelevant. Sofern also, wenn auch nur teilweise, von der Option gebraucht gemacht wurde, muss die öffentliche Hand bei größeren Wettbewerbsverzerrungen besteuert werden, um eine Wettbewerbsverzerrung zulasten der optierenden Anbieter zu verhindern. Die Beschränkung auf Fälle ohne Optionsmöglichkeit ist anders als nach der Gesetzesbegründung allein zum Schutz der optierenden Anbieter relevant. Überdies dürfte allein die Option im Falle der Steuerbefreiung nach § 4 Nr. 19 UStG relevant sein. In den übrigen Fällen ist bereits eine Behandlung als Nichtunternehmer nach § 2b Abs. 1 S. 1 UStG wegen des Tätigwerdens auf privatrechtlicher Grundlage ausgeschlossen.[611] Einzig bei Umsätzen nach § 4 Nr. 19 UStG kann wohl eine Austauschbarkeit aus Nachfragersicht gegenüber Leistungen der öffentlichen Hand bestehen, obwohl diese nicht auf privatrechtlicher Grundlage erbracht werden.

Die Begründung des Gesetzgebers kann daher nicht überzeugen.

Dies gilt auch für den Blickpunkt der Ungleichbehandlung beim Vorsteuerabzug. Zwar ist es möglich, dass die öffentliche Hand im Falle der Steuerpflicht teilweise den Vorsteuerabzug weiterhin erhält während bei einem privaten Anbieter der Vorsteuerabzug aber nach § 15 Abs. 2 UStG ausgeschlossen ist. Beispielsweise weil die Steuerbefreiung gem. § 4 Nr. 21 Buchst. a UStG auf diese dem Wortlaut nach nicht anwendbar ist.[612] Doch zum einen steht dem „Wettbewerbsvorteil"

---

611 *Stadie*, in: Rau/Dürrwächter, UStG, § 2b UStG Rn. 218 (Stand 10.2017).

612 Darauf verweist auch *Heckhausen,* Die Umsatzbesteuerung der öffentlichen Hand, 2017, S. 77.

(Vorsteuerabzug) der öffentlichen Hand der Nachteil der Steuerpflicht gegenüber. Während die private Konkurrenz trotz Vorsteuerbelastung aber mangels Umsatzsteuerpflicht insgesamt dennoch einen günstigeren Preis anbieten kann. Zum anderen ergibt sich eine mögliche Belastung beziehungsweise ein möglicher „Wettbewerbsnachteil" der öffentlichen Hand nicht aus der Behandlung als Nichtunternehmer. Daher ist erneut die Anknüpfung an die größere Wettbewerbsverzerrung als Bezugspunkt im Zusammenhang mit § 2b UStG verfehlt. Dass der öffentlichen Hand die Steuerbefreiung nicht zusteht ist kein Umstand, der über § 2b UStG korrigiert werden muss und darf.

Demnach greift § 2b Abs. 2 Nr. 2 UStG nur wenn sämtliche Leistungen, die in einem Wettbewerbsverhältnis stehen, nicht der Umsatzsteuer unterliegen. § 2b Abs. 2 Nr. 2 UStG findet zudem nur Anwendung, wenn die öffentliche Hand eine Tätigkeit ausübt, die dieser im Rahmen der öffentlichen Gewalt obliegt. Damit liegt auch kein Fall der Option des Art. 13 Abs. 2 MwStSystRL vor, wonach der Gesetzgeber einige steuerbefreite Tätigkeiten als im Rahmen der öffentlichen Gewalt obliegend behandeln kann.[613] Schließlich geht es um die nachgehende Frage, ob eine solche Tätigkeit eine größere Wettbewerbsverzerrung begründet. Dies kann jedoch in den Fällen des § 2b Abs. 2 Nr. 2 UStG nach dem zuvor Gesagten ausgeschlossen werden. Daher besteht keine Gefahr der Behandlung als Nichtunternehmer trotz größerer Wettbewerbsverzerrungen weshalb auch die Vorgabe des Art. 13 MwStSystRl zutreffend umgesetzt wird. Dementsprechend bestehen auch an der Richtlinienkonformität keine Zweifel.[614]

Im Ergebnis behandelt § 2b Abs. 2 Nr. 2 UStG damit jedoch nur einen Fall, den schon § 2b Abs. 1 S. 2 UStG nicht erfasst. Die Begründung des Nichtvorliegens größerer Wettbewerbsverzerrungen ist damit rein klarstellender Natur.[615]

2. *Bedeutungslosigkeit des § 2b Abs. 3 UStG*

Mit der Regelung des § 2b Abs. 3 UStG bezweckt der Gesetzgeber die Zusammenarbeit öffentlicher Einrichtungen bei hoheitlichen Tätigkeiten durch die Befreiung der interkommunalen Zusammenarbeit von der Umsatzsteuer.[616]

---

613 So aber *Heckhausen*, Die Umsatzbesteuerung der öffentlichen Hand, 2017, S. 78; ähnlich *Heidner*, UR 2016, 45 (48 f); *ders.*, DB 2019, S. 1049 (1055).

614 A.A. *Heckhausen*, Die Umsatzbesteuerung der öffentlichen Hand, 2017, S. 78.

615 Mit demselben Ergebnis *Wiesch*, Die umsatzsteuerliche Behandlung der öffentlichen Hand, 2016, S. 227.

616 BT-Drs. 18/6094, S. 91 f.

Vor dem Hintergrund, dass die Vermeidung größerer Wettbewerbsverzerrungen durch die Behandlung der öffentlichen Hand als Nichtunternehmer bezweckt wird, geht auch die Gesetzesbegründung zur Regelung des § 2b Abs. 3 UStG fehl. Danach soll im Ergebnis eine Steuerbefreiung für die interkommunale Zusammenarbeit erfolgen, weil juristische Personen des öffentlichen Rechts „[a]ufgrund des demografischen Wandels und der bestehenden Notwendigkeit von Einsparungen [...] in immer größerem Umfang zur Zusammenarbeit gezwungen" seien. Die Zusammenarbeit würde jedoch nicht marktorientiert, „sondern allein im öffentlichen Interesse bei der Erfüllung hoheitlicher Aufgaben bzw. Leistungen der Daseinsvorsorge" erfolgen. Sie stünde daher „nicht im Wettbewerb mit Leistungen, die auf dem freien Markt angeboten werden".[617] Eine Besteuerung könne daher „zu einer Verteuerung öffentlicher Leistungen und zu unerwünschten Belastungen der Bürgerinnen und Bürger führen".[618]

Zunächst ist festzuhalten, dass § 2b Abs. 3 UStG nur dann Anwendung finden kann, wenn die Leistung einer juristischen Person des öffentlichen Rechts an eine andere juristische Person des öffentlichen Rechts ersterer im Rahmen der öffentlichen Gewalt obliegt, da ansonsten bereits die Ausnahmeregelung nach § 2b Abs. 1 S. 1 UStG nicht vorliegt.[619] Für die Unternehmereigenschaft nach § 2b Abs. 1 S. 2 UStG kommt es nur darauf an, ob die Möglichkeit größerer Wettbewerbsverzerrungen besteht. Es ist nicht nachvollziehbar, wieso die Verteuerung von öffentlichen Leistungen zulasten der Bürger – vor dem Hintergrund der Vermeidung von Wettbewerbsverzerrungen gegenüber steuerpflichtigen Anbietern oder den juristischen Personen des öffentlichen Rechts – von Relevanz sein sollte.[620] Sofern die Belastung der Bürger verhindert werden soll, müsste vielmehr die Leistung an diese, nicht aber die an eine juristische Person des öffentlichen Rechts von der Umsatzsteuer befreit werden.[621]

---

617 BT-Drs. 18/6094, S. 91.

618 BT-Drs. 18/6094, S. 91.

619 Darauf weist richtigerweise auch *Stadie*, in: Rau/Dürrwächter, UStG, § 2b UStG Rn. 331 f. (Stand 10.2017), hin.

620 So auch *Hüttemann*, UR 2017, S. 129 (134); *Stadie*, in: Rau/Dürrwächter, UStG, § 2b UStG Rn. 24 und 338 (Stand 10.2017).

621 Ähnlich *Stadie*, in: Rau/Dürrwächter, UStG, § 2b UStG Rn. 20 (Stand 10.2017).

a) § 2b Abs. 3 Nr. 1 UStG: Kein Wettbewerbsverhältnis bei rechtlichem Monopol

Nach § 2b Abs. 3 Nr. 1 UStG sollen nun größere Wettbewerbsverzerrungen ausscheiden, wenn die Leistungen einer juristischen Person des öffentlichen Rechts gegenüber einer anderen aufgrund gesetzlicher Bestimmungen nur durch diese erbracht werden dürfen.

Dies ist vom Ergebnis her korrekt. Wobei schon durch das rechtliche Monopol die Austauschbarkeit aus Nachfragersicht ausgeschlossen ist und damit bereits ein (potentielles) Wettbewerbsverhältnis unmöglich wird.[622] Des Ausschlusses größerer Wettbewerbsverzerrungen bedarf es daher nicht. Die Vorschrift ist rein deklaratorisch.[623] Überdies gilt der Ausschluss eines Wettbewerbsverhältnisses bei rechtlichem Monopol nicht nur bei Leistungen gegenüber einer anderen juristischen Person des öffentlichen Rechts, sondern auch bei Leistungen gegenüber privaten Nachfragern.[624] Deshalb kann die ausdrückliche Hervorhebung in § 2b Abs. 3 Nr. 1 UStG missverständlich wirken.[625]

Dadurch, dass die Behandlung als Nichtunternehmer bei einem rechtlichen Monopol bereits mangels (potentiellen) Wettbewerbsverhältnisses überhaupt nicht zu einer größeren Wettbewerbsverzerrung führen kann, bestehen trotz oder eher gerade wegen des deklaratorischen Charakters der Regelung des § 2b Abs. 3 Nr. 1 UStG keine unionsrechtlichen Bedenken.[626]

---

622 Hinsichtlich des Ausschlusses eines potentiellen Wettbewerbsverhältnisses auch *Heckhausen*, Die Umsatzbesteuerung der öffentlichen Hand, 2017, S. 79; *Wiesch*, Die umsatzsteuerliche Behandlung der öffentlichen Hand, 2016, S. 239 f.; *Hammerl/Fietz*, MwStR 2017, S. 56 (60); *Küffner/Rust*, DStR 2016, S. 1633 (1641); *dies.*, in: Hidien/Jürgens, Die Besteuerung der öffentlichen Hand, 2017, § 9 Rn. 344; *Treiber*, in: Sölch/Ringleb, UStG, § 2b UStG Rn. 81 (Stand 03.2017); dabei befürchtet *Sterzinger*, UR 2017, S. 299 (230), die Missbrauchsgefahr durch eine Satzungsregelung, die ein Monopol begründet.

623 So auch *Treiber*, in: Sölch/Ringleb, UStG, § 2b UStG Rn. 81 (Stand 10.2020); *Wiesch*, Die umsatzsteuerliche Behandlung der öffentlichen Hand, 2016, S. 239; *Hüttemann*, UR 2017, S. 129 (134); *Filtzinger*, in: Schwarz/Widmann/Radeisen, UStG, § 2b UStG Rn. 50 (Stand 06.2020); relativierend ebenso *Müller*, UR 2017, S. 8 (12); *Heidner*, UR 2018, S. 736 (742); a.A. *Sterzinger*, UR 2017, S. 299 (230).

624 EuGH v. 13.12.2007 – C-408/06, *Götz*, EU:C:2007:789, Rn. 44; v. 19.01.2017 – C-344/15, *National Roads Authority*, EU:C:2017:28, Rn. 45 ff.

625 *Hüttemann*, UR 2017, S. 129 (132).

626 Mit demselben Ergebnis *Treiber*, in: Sölch/Ringleb, UStG, § 2b UStG Rn. 81 (Stand 10.2020); *Hammerl/Fietz*, MwStR 2017, S. 56 (60); *Küffner/Rust*, DStR 2016, S. 1633 (1641).

Dagegen muss aber gerade aus einem anderen Grund die Sinnhaftigkeit der Regelung in Frage gestellt werden. Entsprechend Art. 13 Abs. 1 MwStSystRL werden juristische Personen des öffentlichen Rechts nach § 2b Abs. 1 S. 1 UStG nur bei der Ausübung von Tätigkeiten, die ihnen im Rahmen der öffentlichen Gewalt obliegen als Nichtunternehmer behandelt. Dies bedeutet zugleich, dass die Leistung einer juristischen Person des öffentlichen Rechts an eine andere als im Rahmen der öffentlichen Gewalt obliegend eingeordnet werden können muss. Dahingehend muss dem Einwand von *Stadie* gefolgt werden, dass eine juristische Person des öffentlichen Rechts gegenüber einer anderen keine Tätigkeit im Rahmen der öffentlichen Gewalt ausüben kann. Sondern allenfalls von den zusammenarbeitenden juristischen Personen gemeinsam eine hoheitliche Leistung gegenüber dem Bürger erbracht wird.[627] Dies führt allerdings nicht dazu, dass auch die Leistungen zwischen den juristischen Personen des öffentlichen Rechts als im Rahmen der öffentlichen Gewalt obliegend angesehen werden können.

b) Irrelevanz der Zusammenarbeit trotz § 2b Abs. 3 Nr. 2 UStG

Derselbe Einwand besteht auch hinsichtlich § 2b Abs. 3 Nr. 2 UStG. Danach sollen größere Wettbewerbsverzerrungen nicht vorliegen, wenn die Zusammenarbeit öffentlicher Einrichtungen durch gemeinsame spezifische öffentliche Interessen bestimmt wird. Sofern die Buchstaben a bis d des § 2b Abs. 3 Nr. 2 UStG vorlägen, sei regelmäßig davon auszugehen, „dass die Zusammenarbeit der öffentlichen Einrichtungen durch solche Interessen bestimmt wird und die entsprechenden Tätigkeiten der leistenden jPöR nicht der Umsatzbesteuerung unterliegen".[628]

Die Regelung des § 2b Abs. 3 Nr. 2 UStG kann nicht darüber hinweghelfen, dass die Tätigkeit einer juristischen Person des öffentlichen Rechts an eine andere erster nicht im Rahmen der öffentlichen Gewalt obliegt. Dies gilt unabhängig davon, dass der vom Gesetzgeber beabsichtigten Rückanknüpfung an das Vergaberecht[629] bei der Anwendung des § 2b Abs. 3 Nr. 2 UStG wohl bereits wegen der divergierenden Zielsetzungen und zwingenden Umsetzung des Art. 13 MwStSystRL nicht gefolgt werden kann.[630] Zudem genügt für die Ausübung

627 Ähnlich *Stadie*, in: Rau/Dürrwächter, UStG, § 2b UStG Rn. 348 (Stand 10.2017).

628 BT-Drs. 18/6094, S. 92.

629 BT-Drs. 18/6094, S. 92.

630 Dazu *Hüttemann*, UR 2017, S. 129 (135 ff.); ebenso *Wiesch*, Die umsatzsteuerliche Behandlung der öffentlichen Hand, 2016, S. 259; zur gebotenen engen Auslegung *Filtzinger*, in: Schwarz/Widmann/Radeisen, UStG, § 2b UStG Rn. 60 ff. (Stand 06.2020);

öffentlicher Gewalt allein nicht, dass die juristische Person des öffentlichen Rechts nicht auf privatrechtlicher Grundlage tätig wird.[631] Stattdessen müsste die leistende juristische Person des öffentlichen Rechts gerade auch gegenüber der leistungsempfangenden juristischen Person des öffentlichen Rechts hoheitliche Befugnisse ausüben können. Dies ist bei öffentlich-rechtlichen „Vereinbarungen", die nach § 2b Abs. 3 Nr. 2 lit. a UStG aber zwingende Voraussetzung sind, nur schwer vorstellbar.[632] Damit liegt bereits die Grundvoraussetzung von Art. 13 Abs. 1 MwStSystRL und § 2b Abs. 1 S. 1 UStG nicht vor. Deshalb kann es gar nicht erst zu der Anwendung des § 2b Abs. 3 Nr. 2 UStG kommen. Die Regelung läuft damit tatsächlich leer.[633] Selbiges gilt auch für die Fälle der Amtshilfe. Schließlich obliegt allenfalls die „gemeinsame Tätigkeit" gegenüber dem Bürger, nicht aber die Tätigkeit der leistenden juristischen Person des öffentlichen Rechts gegenüber der anderen im Rahmen der öffentlichen Gewalt.[634] Sofern es sich um eine Leistung handelt, die auf privatrechtlicher Grundlage gegenüber einer anderen juristischen Person des öffentlichen Rechts erbracht wird, oder aber eine Leistungserbringung durch private Anbieter nicht rechtlich ausgeschlossen ist, hat demnach eine Behandlung als Unternehmer und damit auch die Steuerpflicht zu erfolgen.[635] Damit bleibt es richtigerweise bei der alleinigen Berücksichtigung eines rechtlichen Monopols,[636] wodurch aber bereits § 2b Abs. 1 S. 2 UStG nicht greift und § 2b Abs. 3 Nr. 2 UStG keine eigenständige Bedeutung hat.[637] Der Versuch, eine Steuerfreiheit der interkommunalen Zusammenarbeit zu erreichen, ist fehlgegangen.

Treiber, in: Sölch/Ringleb, UStG, § 2b UStG Rn. 85 (Stand 10.2020); ähnlich *Gohlke/Schmitz,* MwStR 2016, S. 780 (784); grundsätzlich auch *Droege*, Zur Besteuerung der öffentlichen Hand, 2018, S. 48 ff.; zur Europarechtskonformität auch *Küffner/Rust*, in: Hidien/Jürgens, Die Besteuerung der öffentlichen Hand, 2017, § 9 Rn. 312 ff.

631 So aber *Treiber*, in: Sölch/Ringleb, UStG, § 2b UStG Rn. 86 (Stand 10.2020); *Wiesch*, Die umsatzsteuerliche Behandlung der öffentlichen Hand, 2016, S. 242.

632 Tendenziell auch *Stadie*, in: Rau/Dürrwächter, UStG, § 2b UStG Rn. 347 (Stand 10.2017).

633 Vgl. *Stadie*, in: Rau/Dürrwächter, UStG, § 2b UStG Rn. 390 (Stand 10.2017).

634 Ähnlich *Stadie*, in: Rau/Dürrwächter, UStG, § 2b UStG Rn. 349 (Stand 10.2017).

635 Ähnlich BFH v. 10.12.2014 – V R 41/10, BFH/NV 2012, 670, Rn. 24 ff.; *Stadie*, in: Rau/Dürrwächter, UStG, § 2b UStG Rn. 336 (Stand 10.2017).

636 Dazu bereits unter Teil 1 C, V, 2 a).

637 Zumal nunmehr auch die Finanzverwaltung im Falle des Vorliegens des § 2b Abs. 3 Nr. 2 UStG zusätzlich aufgrund einer unionsrechtskonformen Anwendung noch die Wettbewerbsprüfung nach § 2b Abs. 1 S. 2 UStG fordert, BMF, Schr. v. 14.11.2019 – III C 2 - S 7107/19/10005 :011.

c) Folge: Steuerpflicht trotz interkommunaler Zusammenarbeit

Im Ergebnis ist die Beurteilung als Zusammenarbeit zwischen juristischen Personen des öffentlichen Rechts für die Steuerpflicht irrelevant. Es kommt nur darauf an, ob die Leistung bei der Zusammenarbeit auf öffentlich-rechtlicher Grundlage erbracht wird und werden darf.[638]

Zwar wird zur Begründung für die im Ergebnis entfallende Steuerpflicht auf eine mögliche Verteuerung öffentlicher Leistungen und eine unerwünschte Belastung der Bürger abgestellt.[639] Dies ist jedoch für die Auferlegung der Steuerpflicht zwecks Wettbewerbsschutzes irrelevant.[640] Der zunehmende Druck zur kostensparenden Zusammenarbeit[641] kann nur dann für die Steuerpflicht relevant werden, wenn die Steuerlast die öffentliche Hand selbst treffen würde und nicht auf den privaten Letztverbraucher überwälzt werden kann. Auch wenn öffentliche Leistungen für den Nachfrager teurer werden, kann dies nicht dazu führen, dass trotz einer Tätigkeit gegenüber der öffentlichen Hand die Steuerpflicht ausbleibt. Dieses Ergebnis wäre mit Art. 13 Abs. 1 MwStSystRL unvereinbar.[642]

Ein widersinniges Ergebnis durch die Steuerpflicht besteht dagegen gerade in den Fällen, wo keine Leistungen an den Bürger erbrachten werden, sondern die juristische Person des öffentlichen Rechts als Letztverbraucher auftritt. Durch die Besteuerung des Staates durch sich selbst, mit der anschließenden Umverteilungswirkung, führt die Steuerpflicht zu einem Minusgeschäft für den Staat.[643] Dadurch kommt es auch in dem Fall, in dem tatsächlich eine Umsatzsteuerbefreiung aus Gründen des Wettbewerberschutzes geboten wäre, zur Steuerpflicht. Und zwar unabhängig davon, dass mit der leistungsempfangenden juristischen Person des öffentlichen Rechts nur ein Nachfrager „vom Markt genommen“ wird und die leistungserbringende juristische Person des öffentlichen Rechts wohlmöglich nur dieser gegenüber eine solche Tätigkeit ausführt. Dieses Ergebnis durch Art. 13 Abs. 1 MwStSystRL und § 2b Abs. 1 S. 1 UStG kann aber auch § 2b Abs. 3 Nr. 2 UStG nicht korrigieren. Dass Leistungen zwischen juristischen

---

638 Ähnlich *Stadie*, in: Rau/Dürrwächter, UStG, § 2b UStG Rn. 336 (Stand 10.2017).

639 Vgl. BT-Drs. 18/6094, S. 91.

640 Dazu bereits unter Teil 1 C, V, 2.

641 Vgl. BT-Drs. 18/6094, S. 91.

642 Bereits Teil 1 C, V, 2 a) und b); auch *Stadie*, in: Rau/Dürrwächter, UStG, § 2b UStG Rn. 277 (Stand 05.2017), lehnt eine „verkappte Steuerbefreiung bei Leistungen einer jPdöR an eine andere jPdöR“ wegen Art. 13 Abs. 1 MwStSystRl ab.

643 Dazu Teil 1 C, I, 3 b) bb).

Personen des öffentlichen Rechts, welche an sich gerade nicht „marktfern" erfolgen, nicht besteuert werden, kann nicht ohne Richtlinienverstoß erfolgen. Die Steuerpflichtigkeit, trotz leistungsempfangender juristischer Person des öffentlichen Rechts als Letztverbraucher, kann nur durch den Richtliniengeber korrigiert werden.

Die Einordnung der Tätigkeit als Zusammenarbeit ist für die Frage der Steuerpflicht irrelevant.[644] Bei richtiger Anwendung des § 2b Abs. 1 S. 1 UStG läuft § 2b Abs. 3 UStG leer.[645]

3. *Richtlinienwidrigkeit des § 2b Abs. 4 UStG*

In § 2b Abs. 4 UStG sind abschließend Tätigkeiten aufgeführt, bei deren Ausübung juristische Personen des öffentlichen Rechts grundsätzlich als Unternehmer gelten. Damit wird die Befreiung durch § 2b Abs. 1 S. 1 UStG aufgehoben.

Problematisch ist allerdings, dass es zu einer Steuerpflicht von Tätigkeiten kommen kann, die der öffentlichen Hand im Rahmen der öffentlichen Gewalt obliegen. Schließlich soll die Behandlung als Unternehmer nach § 2b Abs. 4 UStG ausdrücklich sogar dann erfolgen, „wenn die Voraussetzungen des Absatzes 1 Satz 1 gegeben sind" und damit die Ausübung der Tätigkeit in diesem Fall gerade im Rahmen der öffentlichen Gewalt obliegt. Wohingegen nach Art. 13 Abs. 1 MwStSystRL „Einrichtungen des öffentlichen Rechts [...] nicht als Steuerpflichtige [gelten], soweit sie die Tätigkeiten ausüben oder Umsätze bewirken, die ihnen im Rahmen der öffentlichen Gewalt obliegen". Damit wird aber ein Grundsatz entgegen § 2b Abs. 4 UStG aufgestellt. Zwar könnte man die Regelung des Art. 13 Abs. 1 MwStSystRL auch so verstehen, dass der Auferlegung der Steuerpflicht bei größeren Wettbewerbsverzerrungen durch einen Katalog mit Tätigkeiten, bei denen eine größere Wettbewerbsverzerrung vermutet wird, entsprochen werden kann. Allerdings besteht nicht nur eine Ergebnispflicht hinsichtlich der Steuerpflicht bei größeren Wettbewerbsverzerrungen. Daneben besteht selbige auch zur Behandlung als nicht steuerpflichtig bei Tätigkeiten, die der juristischen Person des öffentlichen Rechts im Rahmen der öffentlichen Gewalt obliegen.[646] Aus dieser Ergebnispflicht folgte bereits für

---

644 Ähnlich *Stadie*, in: Rau/Dürrwächter, UStG, § 2b UStG Rn. 337 f. (Stand 10.2017).

645 *Stadie*, in: Rau/Dürrwächter, UStG, § 2b UStG Rn. 390 (Stand 10.2017).

646 Vgl. zur Vorgängervorschrift EuGH v. 17.10.1989 – 231/87 u.a., *Comune di Carpaneto Piacentino u. a.*, EU:C:1989:38, Rn. 17, „[was] die Umsetzung der Regel des Artikels 4 Absatz 5 Unterabsatz 1 in das nationale Recht betrifft, so ist daran zu erinnern, daß, da es sich um eine durch eine Richtlinie auferlegte Ergebnispflicht handelt, es gemäß

die Vorgängervorschrift des Art. 13 MwStSystRL, dass „die Mitgliedstaaten [...] dafür zu sorgen haben, daß die Tätigkeiten oder Leistungen, die die öffentlichen Einrichtungen im Rahmen der öffentlichen Gewalt ausüben oder erbringen, nicht der Mehrwertsteuer unterliegen, sofern sie nicht unter die Ausnahmen der Unterabsätze 2 und 3 fallen", auch wenn „sie [...] zu diesem Zweck die Rechtsetzungstechnik wählen können, die ihnen am geeignetsten erscheint".[647] In den Fällen des § 2b Abs. 4 UStG – in denen die Voraussetzungen des § 2b Abs. 1 S. 1 UStG vorliegen – kommt es aber gerade nicht zu dem zwingenden Ergebnis der Behandlung als nicht steuerpflichtig. Stattdessen kommt es durch die Behandlung als Unternehmer zu dem gegenteiligen Ergebnis. Und zwar auch dann, wenn die vermutete Wettbewerbsverzerrung durch die genannten Tätigkeiten überhaupt nicht gegeben ist. Auch wenn ein Großteil der Tätigkeiten bereits nicht im Rahmen der öffentlichen Gewalt ausgeübt werden sollten[648] und einzelne Regelungen des § 2b Abs. 4 UStG keinen Anwendungsbereich mehr haben dürften,[649] ist die derzeitige Ausgestaltung des § 2b Abs. 4 UStG wegen der ausdrücklichen Abweichung zu § 2b Abs. 1 S. 1 UStG richtlinienwidrig.[650] Denn damit wird die Ergebnispflicht nach Art. 13 Abs. 1 MwStSystRL nicht umgesetzt, da eine größere Wettbewerbsverzerrung nur vermutet, nicht aber festgestellt wurde.

Überdies offenbart sich durch § 2b Abs. 4 Nr. 3 UStG ein Widerspruch zur Handhabung im Rahmen des Körperschaftsteuerrechts. Danach soll „die Leistungen der Vermessungs- und Katasterbehörden bei der Wahrnehmung von Aufgaben der Landesvermessung und des Liegenschaftskatasters mit Ausnahme der Amtshilfe" zwingend zu einer Behandlung als Unternehmer führen. Dagegen hat der Bundesfinanzhof bei § 4 KStG gerade auch in Bezug auf Aufgaben der Landesvermessung hoheitliche Aufgaben angenommen[651] und damit solche,

---

Artikel 189 Absatz 3 EWG-Vertrag Sache jedes Mitgliedstaats ist, die Form und die Mittel zu wählen, die zur Erreichung des Ergebnisses geeignet sind".

647 EuGH v. 17.10.1989 – 231/87 u.a., *Comune di Carpaneto Piacentino u. a.*, EU:C:1989:38, Rn. 18.

648 *Stadie*, in: Rau/Dürrwächter, UStG, § 2b UStG Rn. 395 (Stand 10.2017).

649 Dazu *Sterzinger*, UR 2016, 1 (7), wonach § 2b Abs. 4 Nr. 1, Nr. 2 und Nr. 4 UStG gegenstandslos sind oder bereits durch § 2b Abs. 4 Nr. 5 UStG erfasst werden; mit gleicher Ansicht wohl auch *Treiber*, in: Sölch/Ringleb, UStG, § 2b UStG Rn. 101 (Stand 10.2020).

650 A.A. wohl *Wiesch*, Die umsatzsteuerliche Behandlung der öffentlichen Hand, 2016, S. 222 ff.

651 BFH v. 25.01.2005 – I R 63/03, BStBl II 2005, 501, Rn. 13 ff.

die der öffentlichen Hand im Rahmen der öffentlichen Gewalt obliegen. Sofern dies durch die landesrechtliche Regelung[652] auch für die im Umsatzsteuerrecht zu beurteilende Tätigkeit gelten sollte, würde erneut die nach § 2b Abs. 4 UStG und in diesem Fall nach Nr. 3 angeordnete zwingende Behandlung als Unternehmer im Widerspruch zu der Ergebnispflicht des Art. 13 Abs. 1 MwStSystRL stehen. Denn eine größere Wettbewerbsverzerrung fehlt gerade.

Vor dem Wettbewerbsgedanken verbieten sich jegliche Festlegungen wettbewerbsverzerrender Tätigkeiten, da diese nur bezogen auf den relevanten Markt beurteilt werden können. Zugleich gibt die Richtlinie zwingend eine Steuerbefreiung vor, bis die Ausnahme des Uabs. 2 oder 3 eingreifen. Dies lässt sich im Hinblick auf Uabs. 2 aber gerade nicht vorweggehend bestimmen.

Im Ergebnis scheint daher allein die Regelung des § 2b Abs. 4 Nr. 5 UStG, welche der Vorgabe des Art. 13 Abs. 1 Uabs. 3 MwStSystRL entspricht, nicht an einer bestehenden Gegenstandslosigkeit oder sogar Richtlinienwidrigkeit zu kranken. Gerade in diesem Fall muss aber durch die Einschränkung, dass der Umfang dieser Tätigkeiten nicht unbedeutend sein darf, dennoch eine Prüfung vorgenommen werden. Der Vereinfachungszweck des § 2b Abs. 4 UStG wird damit nicht vollständig umgesetzt. Ganz im Gegenteil dürfte dies sogar Schwierigkeiten bereiten, da insofern zu klären ist, wann der Umfang einer Tätigkeit nur unbedeutend ist.[653] Auch dahingehend wird vertreten, nicht auf die Bedingungen auf dem sachlich und räumlich relevanten Markt abzustellen, da ebenso Art. 13 Abs. 1 Uabs. 3 MwStSystRL allein auf den Umfang der Tätigkeit abstellt.[654] Dann stellt sich allerdings die Frage, woran die „Bedeutung" des Umfangs beurteilt werden soll und wofür gerade eine „Bedeutung" bestehen soll. Um das anscheinend vermutete Vorliegen größerer Wettbewerbsverzerrungen durch einen geringen Umfang zu widerlegen, kann daher wohl nur auf die Umsatzhöhe abgestellt werden. Sofern dies der Fall sein sollte, müsste aber auch eine etwaige Umsatzgrenze sachgerechter Weise im Verhältnis zum Preis der Tätigkeit stehen, da der Umfang nur relativ im Verhältnis zur Umsatzhöhe steht. Damit würde sich zugleich eine feste Umsatzgrenze verbieten.

---

652 Beispielsweise durch das nach wie vor geltende VermKatG NRW vom 01.03.2005.

653 So auch *Wiesch*, Die umsatzsteuerliche Behandlung der öffentlichen Hand, 2016, S. 223.

654 Vgl. zur Vorgängervorschrift EuGH v. 16.09.2008 – C-288/07, *Isle of Wight Council u.a.*, EU:C:2008:505, Rn. 35; *Wiesch*, Die umsatzsteuerliche Behandlung der öffentlichen Hand, 2016, S. 223.

4. *Ergebnis: Missglückte Ausgestaltung des § 2b UStG*

Im Ergebnis lässt sich festhalten, dass die Regelung des § 2b Abs. 4 UStG in der derzeitigen Form teilweise richtlinienwidrig ist. § 2b Abs. 2 Nr. 1 UStG ist zugleich nur wegen der geringen Umsatzgrenze nicht richtlinienwidrig, dennoch aber ein unzulässiges Konstrukt.[655] Daneben läuft die gesamte Regelung des § 2b Abs. 3 UStG leer.[656] § 2b Abs. 3 Nr. 1 UStG begründet sogar die Gefahr des Missverständnisses, dass allein bei der Zusammenarbeit von juristischen Personen des öffentlichen Rechts ein rechtliches Monopol zu berücksichtigen sei.[657] Überdies haben dieser und § 2b Abs. 2 Nr. 2 UStG allein klarstellenden Charakter zu § 2b Abs. 1 S. 2 UStG.[658] Insgesamt lässt sich daher von einer missglückten Norm sprechen.

Die Ausgestaltung des § 2b UStG wird damit dem Wettbewerbsgedanken und in Teilen auch der MwStSystRL nicht gerecht.

VI. Gesamtergebnis: Fortbestehender Widerspruch zwischen Ideal und Wirklichkeit

Auch die Wettbewerbsprüfung im Zuge der Anwendung des § 2b Abs. 1 S. 2 UStG wird durch eine teilweise oder sogar vollständig abstrakte Beurteilung ad absurdum geführt. Die Schwierigkeiten der Rechtsanwender zeigen sich gerade durch die in sich widersprüchlichen Vorgaben der Literatur und Finanzverwaltung und die uneindeutigen Ausführungen sogar des Europäischen Gerichtshofs. Und das obwohl mit den abstrakten Vorgaben unabhängig vom

---

655 Weitergehend sieht *Heidner*, DB 2019, S. 1049 (1055), § 2b Abs. 2 Nr. 1 und § 2b Abs. 3 Nr. 2 UStG im Ergebnis wegen der darin vorgenommenen „wie auch immer geartete[n] nationale[n] Definitionen“ autonomer Begriffe des Unionsrechts sogar für richtlinienwidrig an.

656 *Stadie*, in: Rau/Dürrwächter, UStG, § 2b UStG Rn. 390 (Stand 10.2017), der tendenziell auch grundsätzlich Bedenken an der Richtlinienkonformität des Abs. 2 und 3 anklingen lässt, vgl. Rn. 199; kritisch gegenüber der unionsrechtlichen Zulässigkeit der Ausgestaltung des § 2b Abs. 3 UStG auch *Hidien/Schwarz*, UR 2017, S. 338 (342 f.); ausführlich unter Teil 1 C, V, 2.

657 So auch *Hüttemann*, UR 2017, S. 129 (132).

658 Mit demselben Ergebnis zu § 2b Abs. 2 Nr. 2 UStG *Wiesch*, Die umsatzsteuerliche Behandlung der öffentlichen Hand, 2016, S. 227; zu § 2b Abs. 3 Nr. 1 UStG ebenso *Treiber*, in: Sölch/Ringleb, UStG, § 2b UStG Rn. 81 (Stand 10.2020); *Wiesch*, Die umsatzsteuerliche Behandlung der öffentlichen Hand, 2016, S. 239; *Hüttemann*, UR 2017, S. 129 (134); *Filtzinger*, in: Schwarz/Widmann/Radeisen, UStG, § 2b UStG Rn. 50 (Stand 06.2020).

relevanten Markt bereits eine unzureichende Umsetzung des Wettbewerbsgedankens erfolgt. Zudem ist auch der Negativkatalog des § 2b Abs. 2 UStG – wegen der überwiegend richtlinienwidrigen und rein klarstellenden Regelungen – allenfalls bedingt dazu geeignet, die Rechtsanwender von der aufwendigen Wettbewerbsprüfung zu entlasten. Auch weiterhin muss nämlich eine am Wettbewerbsgedanken orientierte konkrete Beurteilung eines potentiellen oder tatsächlichen Wettbewerbsverhältnisses erfolgen. Wegen der Abhängigkeit des § 2b UStG von Art. 13 MwStSystRL lässt sich das Problem der praktischen Realisierbarkeit dabei auch nicht durch eine allein nationale abstrakt generelle Regelung de lege ferenda lösen. Der Wettbewerbsschutz über § 2b UStG bleibt daher wegen des richtlinienkonform zwingend konkret individuellen Wortlauts und auch dem Regelungszweck zu einer nicht sachgerecht realisierbaren Umsetzung verdammt. Die Bestätigung der Ausgangsthese vom Widerspruch zwischen der de lege lata wenigstens erforderlichen Umsetzung des Wettbewerbsgedankens als Ideal und der tatsächlich erfolgenden Umsetzung der Wettbewerbsprüfung in der Wirklichkeit zieht sich damit normübergreifend durch die steuerrechtlichen Wettbewerbsschutzklauseln.

Daneben lässt sich bereits der Beweggrund für die partielle Steuerpflicht der öffentlichen Hand, nämlich die vermutete Belastung durch die Umsatzsteuer, wegen der Ausgestaltung als indirekte Verbrauchsteuer nicht nachvollziehen.[659] Tatsächlich wird durch die subjektive Steuerbefreiung sogar der Grundsatz der steuerlichen Neutralität – in Form der gleichmäßigen Belastung entsprechend der Leistungsfähigkeit – durchbrochen.[660] Die subjektive Steuerbefreiung der

---

659 So auch *Stadie*, in: Rau/Dürrwächter, UStG, § 2b UStG Rn. 15 ff. (Stand 10.2017); ebenso kritisch *Ismer/Baur-Rückert*, MwStR 2016, S. 740 (745 f.); gleichfalls mit der Annahme, dass die Steuerpflicht der öffentlichen Hand grundsätzlich nicht zu einem Minusgeschäft für den Staat führt *Wiesch*, Die umsatzsteuerliche Behandlung der öffentlichen Hand, 2016, S. 318 f.; a.A. *Heckhausen*, Die Umsatzbesteuerung der öffentlichen Hand, 2017, S. 40, der jedoch einen Verkehrsteuercharakter zugrunde legt; bereits mit der Forderung der Aufhebung der subjektiven Steuerbefreiung *Söhn*, StuW 1976, S. 1 (11); *Bader*, Hoheitsbetrieb und Betrieb gewerblicher Art im Umsatz- und Körperschaftsteuerrecht, 1997, S. 174; vgl. auch *P. Kirchhof*, DStR 2008, S. 1 (7), wonach die öffentliche Hand als Unternehmer die Steuerlast nicht trage und dieser daher „in der Umsatzbesteuerung keine Sonderstellung zu gewähren" sei.

660 Dazu unter Teil 1 C, III, 3; ebenso *Zirkl*, Die Neutralität der Umsatzsteuer als europäisches Besteuerungsprinzip, 2015, S. 101; mit diesem Ergebnis sowohl hinsichtlich der Ausgangsleistungen als auch der Eingangsleistungen ausführlich *Wiesch*, Die umsatzsteuerliche Behandlung der öffentlichen Hand, 2016, S. 311 ff. und 325 ff.

öffentlichen Hand und damit genauer Art. 13 Abs. 1 MwStSystRL sollte aufgehoben werden.

D. Die Wettbewerbsschutzklausel des Art. 134 Buchst. b MwStSystRL

Nachdem im Zuge der bisherigen Untersuchung zwar bereits festgestellt worden ist, dass auch im Bereich der Mehrwertsteuer eine abweichende Umsetzung der Wettbewerbsschutzklauseln nicht angezeigt ist, wird dennoch eine ausführlichere Überprüfung der Regelung des Art. 134 Buchst. b MwStSystRL erforderlich. Grund dafür ist eine normierte Beschränkung des Anwendungsbereichs, die zudem durch den Europäischen Gerichtshof und den Bundesfinanzhof uneinheitlich angewendet wird. Bereits die Beschränkung des Anwendungsbereichs könnte dem Wettbewerbsgedanken oder gar dem Grundsatz der steuerlichen Neutralität widersprechen, dabei aber dennoch zu einer zulässigen Entlastung von der Wettbewerbsprüfung führen. Im Folgenden sollen daher der Anwendungsbereich und die in diesem Zusammenhang maßgeblichen Kriterien festgelegt und das Vorgehen in der Rechtsprechung kritisch eingeordnet werden (I.). Daraufhin soll die grundsätzliche Zulässigkeit der Anwendungsbeschränkung hinterfragt werden (II.). Sodann sollen kurz die Vorgaben für die Umsetzung des verbleibenden Anwendungsbereichs des Wettbewerbsschutzes aufgestellt werden (III.), die sich jedoch an den bisherigen Erkenntnissen der Arbeit orientieren.

I. Anwendungsbereich des Art. 134 Buchst. b MwStSystRL

Art. 134 Buchst. b MwStSystRL enthält einen Ausschluss der Steuerbefreiung für die Lieferung von Gegenständen sowie Dienstleistungen nach Art. 132 Abs. 1 Buchst. b, g, h, i, l, m und n MwStSystRL, die in unmittelbarem Wettbewerb mit Umsätzen von der Mehrwertsteuer unterliegenden gewerblichen Unternehmen bewirkt werden. Dabei handele es sich bei der Wettbewerbsschutzklausel unstrittig um eine spezifische Ausprägung des Grundsatzes der steuerlichen Neutralität.[661] Die Besonderheit der Wettbewerbsschutzklausel des Art. 134 Buchst. b MwStSystRL besteht darin, dass nur die ausdrücklich genannten

---

661 EuGH v. 14.06.2007 – C-434/05, *Horizon College*, EU:C:2007:343, Rn. 43; v. 04.05.2017 – C-699/15, *Brockenhurst College*, EU:C:2017:344, Rn. 35; *Dodos*, MwStR 2017, S. 9 (10 f.); zur „Wettbewerbsneutralität" nach dem Grundsatz der steuerlichen Neutralität i.S.d. MwStSystRL bereits unter Teil 1 C, III, 1.

Steuerbefreiungen einer Überprüfung durch den Wettbewerbsgedanken unterstellt werden. Zudem legt die Systematik des Art. 134 MwStSystRL die Annahme nahe, dass das Wettbewerbskorrektiv nicht auf sämtliche Umsätze der genannten Befreiungen Anwendung finden soll.

Bezüglich des Geltungsbereichs der Wettbewerbsschutzklausel wird daher zunächst zu untersuchen sein, ob diese ausnahmslos für alle steuerbefreiten Umsätze nach Art. 132 Abs. 1 Buchst. b, g, h, i, l, m und n MwStSystRL Anwendung findet, oder nur eingeschränkt zur Anwendung kommen. Sofern keine umfassende Überprüfung sämtlicher befreiter Umsätze hinsichtlich der damit zusammenhängenden Auswirkungen auf „den Wettbewerb" geboten sein sollte, muss zudem beurteilt werden, ob dennoch dem Grundsatz der steuerlichen Neutralität entsprochen wird. Weitergehend könnte der Grundsatz der Wettbewerbsneutralität sogar hinter der gesetzgeberischen Wertung zurücktreten müssen.

1. Keine Anwendung auf den Kernbereich steuerbefreiter Tätigkeiten

In der Rechtsprechung besteht, wenn auch mit unterschiedlicher Begründung, Einigkeit, dass Art. 134 Buchst. b MwStSystRL keine Anwendung auf Tätigkeiten im *Kernbereich* der Steuerbefreiung des Art. 132 Abs. 1 Buchst. b, g, h, i, l, m und n MwStSystRL finden soll.[662]

a) Herleitung des Merkmals des Kernbereichs durch die Rechtsprechung

Der Bundesfinanzhof bedient sich für die Ausklammerung des Kernbereichs aus dem Anwendungsbereich der Wettbewerbsschutzklausel in ständiger Rechtsprechung eines eher einfachen Argumentes. Danach liefe die Befreiung leer, wenn die Wettbewerbsschutzklausel auch auf Tätigkeiten, welche den Kernbereich der Steuerbefreiung beträfen, angewendet würde.[663] Eine weitergehende Begründung wurde zu keinem Zeitpunkt vorgenommen.

662 Erstmals mit der ausdrücklichen Berücksichtigung des Kernbereichs EuGH v. 28.11.2013 – C-319/12, *MDDP*, EU:C:2013:778, Rn. 32; auf nationaler Ebene schon früher BFH v. 03.04.2008 – V R 74/07, BFH/NV 2008, 1631, Rn. 39.

663 BFH v. 03.04.2008 – V R 74/07, BFH/NV 2008, 1631, Rn. 39; v. 30.07.2008 – XI R 61/07, BStBl II 2009, 68, Rn. 17; v. 02.03.2011 – XI R 21/09, BFH/NV 2011, 1456, Rn. 35; v. 10.07.2012 – V B 33/12, BFH/NV 2012, 1676, Rn. 39; v. 24.09.2014 – V R 19/11, BStBl II 2016, 781, Rn. 40; v. 10.08.2016 – V R 14/15, BFH/NV 2017, 63, Rn. 27; kritisch gegenüber dieser Argumentation *Unger*, SteuK 2012, S. 420.

Auch der Europäische Gerichtshof ist hinsichtlich des Begründungsumfangs zur Unanwendbarkeit des Art. 134 Buchst. b MwStSystRL auf Umsätze im Kernbereich zurückhaltend. Besonders hervorzuheben ist allerdings bereits, dass die Ausführungen nicht auf Art. 134 Buchst. b MwStSystRL beschränkt sind, sondern einheitlich auf den gesamten Art. 134 MwStSystRL bezogen werden. Bei der erstmaligen Bezugnahme auf die im Kernbereich befreiten und daneben „eng verbundenen" Umsätze[664] verweist der Gerichtshof auf zwei vorhergehende Entscheidungen.[665] In diesen soll der Gedanke der alleinigen Anwendbarkeit bei Umsätzen außerhalb des Kernbereichs bereits sinngemäß zum Ausdruck kommen.[666] Dies ist insofern verwunderlich, als dass in der einen Entscheidung lediglich herausgestellt wurde, dass die zwingenden Vorgaben zum Ausschluss der Steuerbegünstigung nach der wortlautgleichen Vorgängervorschrift zu Art. 134 Buchst. b MwStSystRL bei der Auslegung der Befreiungsfälle und damit auch bei der Auslegung der „eng verbundenen" Tätigkeiten – wie sie im Wortlaut des Artikel 13 Teil A Absatz 1 Buchstabe b 6. EG-Richtlinie (RL 77/388/EWG) gefordert wurden – zu berücksichtigen seien.[667] Eine Beschränkung der Anwendung des Art. 134 Buchst. b MwStSystRL auf „eng verbundene" Tätigkeiten ergibt sich allein daraus jedoch noch nicht. Selbiges gilt für die andere angeführte Entscheidung, in der die Bestimmung einer „eng verbundenen" Tätigkeit offengelassen wurde, da die Tätigkeit jedenfalls unerlässlich im Sinne der Vorgängervorschrift zu Art. 134 Buchst. a MwStSystRL sein müsse.[668] Worin dabei der Gedanke zur

---

664 EuGH v. 28.11.2013 – C-319/12, *MDDP*, EU:C:2013:778.

665 EuGH v. 01.12.2005 – C-394/04, *Ygeia*, EU:C:2005:734, Rn. 26; v. 09.02.2006 – C-415/04, *Stichting Kinderopvang Enschede*, EU:C:2006:95, Rn. 22 und 25.

666 EuGH v. 28.11.2013 – C-319/12, *MDDP*, EU:C:2013:778, Rn. 32.

667 Bezogen auf die Vorgängervorschrift EuGH v. 01.12.2005 – C-394/04, *Ygeia*, EU:C:2005:734, Rn. 26; deutlicher beim Schlussantrag des Generalanwalts *Léger* v. 15.09.2005 – C-394/04, *Ygeia*, EU:C:2005:560, Rn. 30 ff., auf den durch das Gericht ausdrücklich Bezug genommen wird. Dieser hebt hervor, dass der Ausschluss der Steuerbefreiung „den Mitgliedstaaten zwei Verpflichtungen auferlegt, die sie für die ausdrücklich genannten, d. h., die in Artikel 13 Teil A Absatz 1 Buchstaben b, g, h, i, l, m und n angeführten Steuerbefreiungsfälle jeweils beachten müssen", weshalb „die darin aufgestellten Bedingungen bei der Auslegung des Wortlauts der in dieser Bestimmung genannten Steuerbefreiungsfälle, d. h. der in Artikel 13 Teil A Absatz 1 Buchstaben b, g, h, i, l, m und n vorgesehenen Fälle, zu berücksichtigen [sind]".

668 Bezogen auf die Vorgängervorschrift EuGH v. 09.02.2006 – C-415/04, *Stichting Kinderopvang Enschede*, EU:C:2006:95, Rn. 25.

Beschränkung des Anwendungsbereichs zum Ausdruck kommen soll, ist nicht erkennbar.

Daneben verweist der Europäische Gerichtshof jedoch auch auf den Schlussantrag der Generalanwältin *Kokott*.[669] Diese hebt für die Begründung der Anwendungsbeschränkung – auf mit der steuerbefreiten Tätigkeit „eng verbundene" Tätigkeiten – die „innere Logik" des Art. 134 MwStSystRL, insbesondere die Bedingungen des Buchst. a, wonach die Umsätze zugleich unerlässlich sein müssen, hervor. Demnach sei die Anwendung auf die im Kernbereich befreiten Umsätze ausgeschlossen. Bei der nachfolgenden Untersuchung der Richtigkeit der Anwendungsbeschränkung wird auf diese Argumentation zurückzukommen sein.

b) Herleitung aus der Mehrwertsteuersystemrichtlinie

Wegen der spärlichen Begründung der Anwendungsbeschränkung in der Rechtsprechung ist es erforderlich, zu untersuchen, ob sich diese der Mehrwertsteuersystemrichtlinie tatsächlich entnehmen lässt.

In der Tat lässt schon der Wortlaut des Art. 134 MwStSystRL den Schluss zu, dass die zwingenden Befreiungsausschlüsse nur „Nebenleistungen", nicht aber Umsätze aus dem „Kernbereich" der befreiten Tätigkeiten betreffen sollen. Die Wettbewerbsklausel soll nämlich nur solche Lieferungen und Dienstleistungen erfassen, die „im Wesentlichen dazu bestimmt [sind], der Einrichtung zusätzliche Einnahmen [...] zu verschaffen". Damit kommt zum Ausdruck, dass der Richtliniengeber anscheinend zwischen Umsätzen aus der steuerbefreiten Tätigkeit und solchen, die vordergründig nur zur Finanzierung der Einrichtung bewirkt werden, differenziert.[670] Nur bei Letzteren, nämlich „zusätzlichen", soll

669 Schlussantrag der Generalanwältin *Kokott* v. 20.06.2013 – C-319/12, *MDDP*, EU:C:2013:421, Rn. 32.

670 Bezogen auf die Steuerbefreiung nach Art. 132 Abs. 1 Buchst. m MwStSystRL so auch *Dudde*, Die Umsatzbesteuerung gemeinnütziger Sportvereine, 2010, S. 466, wonach „der Begriff [...] impliziere, dass die Einschränkung der Steuerbefreiung nur für solche Einnahmen des Sportvereins greifen soll, die neben der eigentlichen Betätigung des Sportvereins erwirtschaftet werden"; *Lenz*, Mitgliedsbeiträge privatrechtlicher Vereinigungen im Umsatzsteuerrecht, 2012, S. 160 ff., spricht von „Sonderleistungsentgelten"; bei diesem Verständnis des Richtliniengebers bestünde auch eine Parallele zum Verständnis des nationalen Gesetzgebers zur Berücksichtigung des Wettbewerbsgedankens beim Zweckbetrieb nach § 65 Nr. 3 AO, wo ein Vorteil durch die Steuerbefreiung verhindert werden soll, wenn nur die Gewinne, nicht aber die Tätigkeit selbst den gemeinnützigen Zweck fördern, vgl. BT-Drs. 7/4292, S. 21.

es zu einer zwingenden Berücksichtigung des Wettbewerbsgedankens kommen. Die Einnahmen aus der „Kerntätigkeit" sind zwangsläufig primär und damit nie zusätzlich erzielt.

Für dieses Verständnis spricht auch die Systematik innerhalb der Steuerbefreiungen der Mehrwertsteuersystemrichtlinie. So gibt auch Art. 132 Abs. 1 Buchst. o MwStSystRL vor, dass die Steuerbefreiung auch für Umsätze aus „Dienstleistungen und Lieferungen von Gegenständen bei Veranstaltungen von Einrichtungen, deren Umsätze nach den Buchstaben b, g, h, i, l, m und n befreit sind, zu gewähren ist, wenn die Veranstaltungen dazu bestimmt sind, den Einrichtungen finanzielle Unterstützung zu erbringen und ausschließlich zu ihrem Nutzen durchgeführt werden, *vorausgesetzt*, dass diese Befreiung nicht zu einer Wettbewerbsverzerrung führt" (Herv. durch den Verf.). Auch dort wird der Wettbewerbsgedanke also allein wegen der primären Finanzierungsabsicht herangezogen.

Die Annahme von steuerbefreiten Hauptleistungen im Kernbereich und danebenstehenden Leistungen ergibt sich zudem auch aus einer Gesamtschau des Art. 134 MwStSystRL. In Buchst. a bestimmt dieser, dass die zu beurteilenden Lieferungen von Gegenständen und Dienstleistungen für die Umsätze, für die die Steuerbefreiung gewährt wird, unerlässlich sein müssen. Mit anderen Worten soll die Ausschlussklausel anscheinend nur für solche Umsätze greifen, die *neben* den schon „im Kern" befreiten Umsätzen stehen.[671]

Auch die optionale Wettbewerbsklausel nach Art. 133 Buchst. d MwStSystRL lässt einen Rückschluss auf den Anwendungsbereich des Art. 134 Buchst. b MwStSystRL zu. Nach dieser steht es den Mitgliedstaaten frei, die Steuerbefreiung von der Bedingung abhängig zu machen, dass diese nicht zu einer Wettbewerbsverzerrung zum Nachteil von der Mehrwertsteuer unterliegenden gewerblichen Unternehmen führen dürfen. Sofern die zwingende Rückausnahme des Art. 134 Buchst. b MwStSystRL sämtliche Umsätze, für die eine Steuerbefreiung durch die Regelungen des Art. 132 Abs. 1 Buchst. b, g, h, i, l, m und n MwStSystRL gewährt wurde, erfassen würde, wäre aber die optionale Möglichkeit zum Erlass einer Wettbewerbsschutzklausel überflüssig.[672] Die Feststellung

671 Dahingehend muss auch die Ausführung der Generalanwältin *Kokott* v. 20.06.2013 – C-319/12, *MDDP*, EU:C:2013:421, Rn. 32, in ihrem Schlussantrag verstanden werden, wenn sie darauf abstellt, dass die Bestimmung des Art. 134 MwStSystRL „ihrer inneren Logik nach – insbesondere aufgrund der in Buchst. a genannten Bedingung – nur auf (eng verbundene) Umsätze anwendbar" sein soll.

672 So auch *Dudde*, Die Umsatzbesteuerung gemeinnütziger Sportvereine, 2010, S. 467.

einer Wettbewerbsverzerrung zum Nachteil der bestehenden Konkurrenten (Art. 133 Buchst. d MwStSystRL) – durch die Notwendigkeit der Nachteilsbestimmung[673] – geht über die Bestimmung eines „unmittelbaren Wettbewerbs" (Art. 134 Buchst. b MwStSystRL) hinaus.[674] Und zwar ungeachtet der Frage, wie ein „unmittelbarer Wettbewerb" im Sinne des Art. 134 Buchst. b MwStSystRL zu bestimmen ist. Aus diesem Grund kann die Bedingung des Art. 133 Buchst. d MwStSystRL auch gerade nicht als Verschärfung, sondern nur als Abschwächung gegenüber Art. 134 Buchst. b MwStSystRL angesehen werden.

Im Gegenteil deutet der Wortlaut des Art. 133 Buchst. d MwStSystRL im Vergleich zum Wortlaut des Art. 134 Buchst. b MwStSystRL sogar auf die Trennung von Hauptleistungen im Kernbereich der Befreiung und Nebenleistungen unter Wettbewerbsvorbehalt hin. So spricht Art. 133 Buchst. d MwStSystRL ausdrücklich von der Beschränkbarkeit der „Gewährung der Befreiungen nach Artikel 132 Absatz 1 Buchstaben b, g, h, i, l, m und n". Wohingegen Art. 134 Buchst. b MwStSystRL allein die Steuerbefreiung der „Lieferungen von Gegenständen und Dienstleistungen [...] des Artikels 132 Absatz 1 Buchstaben b, g, h, i, l, m und n" betrifft. Die notwendige Folge dieser Unterscheidung wird umso deutlicher, als dass die betroffenen Steuerbefreiungen nach Art. 132 Abs. 1 MwStSystRL nahezu vollständig zwischen einer Tätigkeit und den damit „eng verbundenen" Dienstleistungen und Lieferungen von Gegenständen unterscheiden. Mit Ausnahme des Buchst. b, lässt der Wortlaut der Befreiungen erkennen, dass der Richtliniengeber zwischen der „Kerntätigkeit", die in der Regel selbst eine Dienstleistung ist, und den zusätzlichen Dienstleistungen und Lieferungen einen Unterschied macht.[675] Dies wird insbesondere bei den Befreiungen nach Art. 132 Abs. 1

---

673 Zur Bestimmung der Wettbewerbsverzerrung nach § 2b UStG bereits unter Teil 1 C, II, 1 c) bb).

674 Ähnlich *Dudde,* Die Umsatzbesteuerung gemeinnütziger Sportvereine, 2010, S. 467, die dabei von einem „abstrakten Wettbewerb" und einer „konkreten Wettbewerbsverzerrung" spricht, wobei nicht eindeutig zwischen einem Wettbewerbsverhältnis, einer Wettbewerbsverzerrung und dem Wettbewerb als Wirkmechanismus unterschieden wird, weshalb wohl ein Wettbewerbsverhältnis als „abstrakter Wettbewerb" und eine Wettbewerbsverzerrung als „konkreter Wettbewerb" angesehen werden; a.A. *Hüttemann/Schauhoff,* MwStR 2013, S. 426 (430), wonach ein „unmittelbarer" Wettbewerb „bereits nach dem Wortlaut mehr erfordert, als eine bloße „Wettbewerbsverzerrung" i.S. des Art. 133 Buchst. d MwStSystRL".

675 A.A. wohl *Fellner,* Sport und Gemeinnützigkeit in der Umsatzsteuer, 2014, S. 66, der bereits die Abgrenzung von Haupt- und Nebenleistung bei Art. 132 Abs. 1 Buchst. m MwStSystRL mangels befreiter Hauptleistung ablehnt. Dass die Kerntätigkeit keine steuerfreie Hauptleistung ist ändert aber nichts an der hier getroffenen Einordnung.

Buchst. g, h, i MwStSystRL deutlich. Zudem sprechen auch die Befreiungen nach den Buchst. l, m und n zumindest entweder von „eng verbundenen" Lieferungen oder „eng verbundenen" Dienstleistungen als Zusatz zu der steuerbefreiten Tätigkeit.

Zugleich hat der Richtliniengeber in Art. 132 Abs. 1 Buchst. l MwStSystRL die ausdrücklich befreite Dienstleistung und damit eng verbundene Lieferungen unter den Vorbehalt einer Wettbewerbsverzerrung gestellt. Sofern daher nicht zwischen Umsätzen im Kernbereich der Befreiung und Nebenleistungen unterschieden werden sollte, wäre die Aufzählung des Buchst. l in Art. 134 MwStSystRL überflüssig gewesen, da das Korrektiv in Art. 134 Buchst. b MwStSystRL, wie bereits dargelegt, eher erfüllt ist als das Merkmal einer Wettbewerbsverzerrung. Die Voraussetzung fehlender Wettbewerbsverzerrungen auch für „eng verbundene" Lieferungen nach Art. 132 Abs. 1 Buchst. l MwStSystRL, für die der geringere Anforderungen stellende Art. 134 Buchst. b MwStSystRL Anwendung findet, ist dabei wohl so zu verstehen, dass es sich um solche Lieferungen handelt, die nicht der Erzielung „zusätzlicher Einnahmen" dienen.

Aufgrund dieser Erwägungen ist die Annahme gerechtfertigt, dass die optionale Wettbewerbsschutzklausel nach Art. 133 Buchst. d MwStSystRL sämtliche steuerbefreite Umsätze und damit auch solche im Kernbereich der Befreiung betrifft.[676] Dagegen findet Art. 134 Buchst. b MwStSystRL nur auf alle weiteren Umsätze in deren Zusammenhang Anwendung.

Die Anwendungsbeschränkung des Art. 134 Buchst. b MwStSystRL ergibt sich damit tatsächlich bereits aus dem Wortlaut und der Systematik der Mehrwertsteuersystemrichtlinie.

2. Umsetzung der Beschränkung des Anwendungsbereichs

Der Anwendungsbereich des Art. 134 Buchst. b MwStSystRL beschränkt sich damit auf „Nebenleistungen" der unbeschränkt befreiten Kernbereichsumsätze. Unter kritischer Würdigung der Rechtsprechung sollen daher nachfolgend die Kriterien des Kernbereichs und der Nebenleistungen festgelegt werden. Überdies sollen das Verhältnis zum Merkmal der „Unerlässlichkeit" nach Art. 134 Buchst. a MwStSystRL bestimmt werden.

676 So nimmt etwa auch *Dodos*, MwStR 2017, S. 9 (14), ohne weitere Begründung eine Anwendbarkeit des Art. 133 Buchst. d MwStSystRL auf kernbereichsrelevante Umsätze als selbstverständlich an.

a) Bestimmung der Kernbereichsrelevanz in der Rechtsprechung

aa) Bundesfinanzhof: Alleinige Festlegung der Kernbereichsrelevanz

Auffällig ist zunächst, dass der Bundesfinanzhof die Kriterien zur Kernbereichsbestimmung in der überwiegenden Zahl der Entscheidungen nicht offengelegt hat. Stattdessen wurde das Vorliegen der Kernbereichsrelevanz einfach bestimmt.[677] Teilweise lassen die Entscheidungen zugleich zumindest den Schluss zu, dass der Bundesfinanzhof entsprechend dem Europäischen Gerichtshof jedenfalls die ausdrücklich genannten Befreiungen dem Kernbereich zuordnet.[678] In diesen Fällen ist es nur konsequent eine Kernbereichsrelevanz anzunehmen, da die ausdrücklich genannten Tätigkeiten eben jene sind, die steuerfrei gestellt werden sollen.

In jüngeren Entscheidungen hat das Gericht zumindest mittelbar Kriterien zur Abgrenzung aufgestellt. Danach soll der Kernbereich betroffen sein, wenn die Tätigkeit direkt und unmittelbar der Ausübung derjenigen Tätigkeit dient, die in der Steuerbefreiung genannt wird.[679]

bb) Europäischer Gerichtshof: Divergierende Bestimmung

Bei der Beurteilung der Kernbereichsrelevanz durch den Bundesfinanzhof zeigt sich jedoch zugleich eine deutliche Abweichung gegenüber der Beurteilung durch den Europäischen Gerichtshof. Der Bundesfinanzhof hat nämlich teilweise das Vorliegen eines Umsatzes im Kernbereich angenommen, obwohl

---

677 BFH v. 03.04.2008 – V R 74/07, BFH/NV 2008, 1631, Rn. 36; v. 30.07.2008 – XI R 61/07, BStBl II 2009, 68, Rn. 17; v. 07.10.2010 – V R 12/10, BStBl II 2011, 303, Rn. 21 f.; v. 02.03.2011 – XI R 21/09, BFH/NV 2011, 1456, Rn. 35; v. 10.07.2012 – V B 33/12, BFH/NV 2012, 1676, Rn. 39; mit diesem Ergebnis auch *Dodos*, MwStR 2017, S. 9 (12); kritisch wegen fehlender Abgrenzungskriterien schon *Unger*, SteuK 2012, S. 420.

678 BFH v. 07.10.2010 – V R 12/10, BStBl II 2011, 303, Rn. 21 f., wo es um Seminarleistung als „Aus- und Fortbildung" im Sinne des Art. 13 Teil A Abs. 1 Buchst. i der Richtlinie 77/388/EWG ging; deutlich BFH v. 10.07.2012 – V B 33/12, BFH/NV 2012, 1676, Rn. 39, wonach der Kernbereich bei Kursen vorläge, bei denen es sich um „Schul- oder Hochschulunterricht" nach Art. 132 Abs. 1 Buchst. i MwStSystRL handele.

679 So für Leistungen die unmittelbaren der Krankenhausbehandlungen und ärztliche Heilbehandlungen dienen BFH v. 24.09.2014 – V R 19/11, BStBl II 2016, 781, Rn. 41; ebenso hinsichtlich Tätigkeiten die direkt und unmittelbar die Ausübung des Sports betreffen BFH v. 10.08.2016 – V R 14/15, BFH/NV 2017, 63, Rn. 29; in eine ähnliche Richtung deutete bereits BFH v. 04.05.2011 – XI R 44/08, BStBl II 2014, 200, Rn. 31 ff., wo die fehlende Kernbereichsrelevanz zumindest damit begründet wurde, dass es sich um einen untypischen Umsatz handele.

dieser zuvor bestimmt hatte, dass es sich um einen „eng verbundenen Umsatz“ oder einen Umsatz im „engen Zusammenhang“ zu der ausdrücklich befreiten Tätigkeit handelt.[680] In diesen Fällen ist nach der Rechtsprechung des Europäischen Gerichtshofs der Kernbereich der Befreiung aber gerade nicht betroffen. Dadurch liegt zugleich entgegen der Entscheidung des Bundesfinanzhofs der Anwendungsfall des Art. 134 MwStSystRL vor.[681] Zwar hat der Bundesfinanzhof in einer jüngeren Entscheidung die zwingenden Ausschlussgründe des Art. 134 MwStSystRL ebenso bei einem „eng verbundenen“ Umsatz angewendet.[682] Dies ist jedoch wohl nur darauf zurückzuführen, dass eine Kernbereichsrelevanz aus Sicht des Bundesfinanzhofs fern lag.

Die Divergenz zur Auffassung des Europäischen Gerichtshofs ergibt sich dabei wohl daraus, dass der Bundesfinanzhof die Zuständigkeit für die Bestimmung des Umfangs des Kernbereichs bei sich selbst sieht.[683] Aus diesem Grund wird anscheinend die Abweichung zum Gerichtshof, durch die fehlende Differenzierung zwischen „eng verbundenen“ Umsätzen und Umsätzen im Kernbereich, nicht weiter berücksichtigt.

Der Europäische Gerichtshof erkennt damit anders als der Bundesfinanzhof nur die ausdrücklich befreite Tätigkeit als Hauptleistung und als dem Kernbereich der Befreiung zugehörig an. Es kommt für diesen damit nur auf die Frage an, aus welchen Umsätzen sich die ausdrücklich befreite Tätigkeit typischerweise ergibt. Der Bundesfinanzhof untersucht hingegen sämtliche Umsätze, die mit der befreiten Tätigkeit zusammenfallen können und damit auch bereits allein

---

680 BFH v. 30.07.2008 – XI R 61/07, BStBl II 2009, 68, Rn. 10 ff. und 17; v. 02.03.2011 – XI R 21/09, BFH/NV 2011, 1456, Rn. 32 f. und 35; v. 24.09.2014 – V R 19/11, BStBl II 2016, 781, Rn. 26 und 40 f.

681 Vgl. EuGH v. 14.06.2007 – C-434/05, *Horizon College*, EU:C:2007:343, Rn. 38 ff.; v. 28.11.2013 – C-319/12, *MDDP*, EU:C:2013:778, Rn. 32, wonach Art. 134 MwStSystRL „nur auf Umsätze anwendbar [ist], die mit den befreiten Bildungsdienstleistungen [...] eng verbunden sind, also nicht auf die im Kernbereich befreiten Umsätze“; ähnlich v. 04.05.2017 – C-699/15, *Brockenhurst College*, EU:C:2017:344, Rn. 35, „[insoweit] hängt die Befreiung für mit der Unterrichtsleistung „eng verbundene“ Umsätze jedenfalls von drei Voraussetzungen ab [...]: [...] Drittens dürfen diese Dienstleistungen nicht im Wesentlichen dazu bestimmt sein, den Einrichtungen zusätzliche Einnahmen durch einen Umsatz zu verschaffen, der in unmittelbarem Wettbewerb mit der Mehrwertsteuer unterliegenden gewerblichen Unternehmen bewirkt wird“.

682 BFH v. 16.12.2015 – XI R 52/13, BFH/NV 2016, 700, Rn. 23 ff.; BFH v. 10.08.2016 – V R 14/15, BFH/NV 2017, 63, Rn. 22 ff., wobei auch dort die Kernbereichsrelevanz abgelehnt wurde, vgl. Rn. 29.

683 Deutlich bei BFH v. 10.08.2016 – V R 14/15, BFH/NV 2017, 63, Rn. 30.

„eng verbundene“ Umsätze hinsichtlich ihrer Kernbereichsrelevanz. Aus diesem Grund kann es durch die divergierende Heranziehung des Art. 134 MwStSystRL zwischen den Gerichten zu unterschiedlichen Ergebnissen kommen.

b) Bestimmung der „eng verbundenen“ Tätigkeit als Nebenleistung

Bezogen auf die Bestimmung der „eng verbundenen“ Tätigkeit als Nebenleistung[684] ziehen der Bundesfinanzhof und der Europäische Gerichtshof dieselben Kriterien heran. Tatsächlich greift der Bundesfinanzhof sogar ausdrücklich auf die zugrunde gelegten Bedingungen des Europäischen Gerichtshofs zurück.[685] Demnach soll es sich immer dann um eine Nebenleistung in Form einer „eng verbundenen“ Tätigkeit handeln, wenn diese für die Hauptleistung „unverzichtbar“ ist.[686] Genauer kommt es nach dem Gerichtshof darauf an, dass durch die in Rede stehende Dienstleistung oder Lieferung kein eigenständiger Zweck verfolgt wird, sondern diese nur ein Mittel darstellt, um die Hauptleistung unter den bestmöglichen Bedingungen zu erhalten.[687] Aufgrund dieser Präzisierung ist die „Unverzichtbarkeit“ nicht dahingehend zu verstehen, dass die Nebenleistung die Hauptleistung bedingen muss. Es genügt vielmehr, wenn diese die Hauptleistung bei deren Zweckverfolgung fördert. Die reine Nützlichkeit der Nebenleistung genügt dagegen noch nicht.[688]

---

684 Mit der Bezeichnung als Nebenleistung EuGH v. 01.12.2005 – C-394/04, *Ygeia*, EU:C:2005:734, Rn. 31; v. 14.06.2007 – C-434/05, *Horizon College*, EU:C:2007:343, Rn. 28; v. 04.05.2017 – C-699/15, *Brockenhurst College*, EU:C:2017:344, Rn. 24; ebenso, wenn auch nur vereinzelt der BFH, vgl. BFH v. 07.10.2010 – V R 12/10, BStBl II 2011, 303, Rn. 24; v. 24.09.2014 – V R 19/11, BStBl II 2016, 781, Rn. 22.

685 Vgl. BFH v. 07.10.2010 – V R 12/10, BStBl II 2011, 303, Rn. 24 f.; v. 24.09.2014 – V R 19/11, BStBl II 2016, 781, Rn. 22 f.; anders noch BFH v. 30.07.2008 – XI R 61/07, BStBl II 2009, 68, Rn. 17, wo zur Bestimmung eines „eng verbundenen“ Umsatzes direkt auf das Merkmal der Unerlässlichkeit abgestellt wird.

686 EuGH v. 20.06.2002 – C-287/00, *Kommission/Deutschland*, EU:C:2002:388, Rn. 48; v. 01.12.2005 – C-394/04, Ygeia, EU:C:2005:734, Rn. 25; v. 09.02.2006 – C-415/04, *Stichting Kinderopvang Enschede*, EU:C:2006:95, Rn. 24; BFH v. 07.10.2010 – V R 12/10, BStBl II 2011, 303, Rn. 26.

687 EuGH v. 01.12.2005 – C-394/04, *Ygeia*, EU:C:2005:734, Rn. 31; v. 14.06.2007 – C-434/05, *Horizon College*, EU:C:2007:343, Rn. 29; v. 04.05.2017 – C-699/15, *Brockenhurst College*, EU:C:2017:344, Rn. 25.

688 EuGH v. 09.02.2006 – C-415/04, *Stichting Kinderopvang Enschede*, EU:C:2006:95, Rn. 24.

c) *Verhältnis zur „Unerlässlichkeit" nach Art. 134 Buchst. a MwStSystRL*

Es ist allerdings hervorzuheben, dass bei diesem Verständnis des Europäischen Gerichtshofs von einer „eng verbundenen" Tätigkeit auf den ersten Blick nur ein geringer Unterschied zum Merkmal der „Unerlässlichkeit" nach Art. 134 Buchst. a MwStSystRL ausgemacht werden kann. Für die „Unerlässlichkeit" soll aus Sicht des Europäischen Gerichtshofs nämlich erforderlich sein, dass ohne diese Tätigkeit eine Gleichwertigkeit der Hauptleistung nicht mehr gegeben ist.[689] Bei genauerer Betrachtung kommt es aber für die „Unerlässlichkeit" darauf an, ob die jeweilige Nebenleistung wegen ihrer Art oder Qualität nicht ohne Qualitätsverlust austauschbar ist[690] oder entfallen kann[691].

Das Verhältnis von einem rein „eng verbundenen" Umsatz zu einem unerlässlichen „eng verbundenen" Umsatz kann daher so beschrieben werden, dass zwar beide den von der Hauptleistung verfolgten Zweck fördern, aber der unerlässliche Umsatz überdies den Qualitätsstand der Hauptleistung alternativlos bedingt.

d) *Bundesfinanzhof: Inkonsequente Heranziehung des Art. 134 MwStSystRL*

Neben der abweichenden Bestimmung des Kernbereichs zieht der Bundesfinanzhof, anders als der Europäischen Gerichtshof, teilweise auch Art. 134 Buchst. a MwStSystRL und Art. 134 Buchst. b MwStSystRL uneinheitlich heran.

Der Beurteilung einer „eng verbundenen" Tätigkeit nachgehend wendet dagegen der Europäische Gerichtshof dem Wortlaut und der Systematik der Mehrwertsteuersystemrichtlinie entsprechend[692] zwingend die Kriterien des Art. 134 Buchst. a und b MwStSystRL an.[693] Zwar trennt auch der Bundesfinanzhof die Bestimmung der „Nebentätigkeit" von der Prüfung der „Unerlässlichkeit"

689 EuGH v. 09.02.2006 – C-415/04, *Stichting Kinderopvang Enschede*, EU:C:2006:95, Rn. 27 f.; v. 14.06.2007 – C-434/05, *Horizon College*, EU:C:2007:343, Rn. 39; v. 04.05.2017 – C-699/15, *Brockenhurst College*, EU:C:2017:344, Rn. 28.

690 Dies wird insbesondere bei EuGH v. 14.06.2007 – C-434/05, *Horizon College*, EU:C:2007:343, Rn. 40, deutlich, wo darauf abgestellt wurde, ob mit dem Rückgriff auf vergleichbare gewerbliche Leistungen ein Qualitätsverlust einherginge.

691 EuGH v. 04.05.2017 – C-699/15, *Brockenhurst College*, EU:C:2017:344, Rn. 29.

692 Vgl. das Ergebnis unter Teil 1 D, I, 1 b).

693 EuGH v. 09.02.2006 – C-415/04, *Stichting Kinderopvang Enschede*, EU:C:2006:95, Rn. 25 und 29 f.; v. 14.06.2007 – C-434/05, *Horizon College*, EU:C:2007:343, Rn. 38 und 42; v. 28.11.2013 – C-319/12, *MDDP*, EU:C:2013:778, Rn. 32; v. 04.05.2017 – C-699/15, *Brockenhurst College*, EU:C:2017:344, Rn. 28 und 35.

nach Art. 134 Buchst. a MwStSystRL.[694] Allerdings wendet das Gericht in einer Vielzahl der Entscheidungen den Ausschlussgrund des Art. 134 Buchst. a MwStSystRL auf solche Umsätze an, die es anschließend als kernbereichsrelevant einordnet, weshalb daraufhin die Anwendbarkeit des Art. 134 Buchst. b MwStSystRL verneint wird.[695] Ohne weitere Begründung der nur teilweisen Heranziehung wird zwischen der Anwendbarkeit der alternativen Ausschlussgründe unterschieden.[696]

Besonders deutlich wird dies bei einer Entscheidung zu Dienstleistungen, die in engem Zusammenhang mit Sport und Körperertüchtigung nach Art. 132 Abs. 1 Buchst. m MwStSystRL stehen. Dazu hat der Gerichtshof klargestellt, dass zwingend die „Unerlässlichkeit" nach Buchst. a *und* die Wettbewerbsschutzklausel nach Buchst. b anzuwenden sind.[697] Dagegen hat der Bundesfinanzhof das Kriterium der „Unerlässlichkeit" angewendet, dann aber die Wettbewerbsklausel wegen einer nicht weiter begründeten Kernbereichsrelevanz ausgeschlossen.[698]

---

694 Vgl. BFH v. 07.10.2010 – V R 12/10, BStBl II 2011, 303, Rn. 26 und 29; v. 02.03.2011 – XI R 21/09, BFH/NV 2011, 1456, Rn. 30 ff.; v. 16.10.2013 – XI R 34/11, BFH/NV 2014, 460, Rn. 47 ff. und Rn. 52.

695 BFH v. 03.04.2008 – V R 74/07, BFH/NV 2008, 1631, Rn. 35 ff.; zwar nicht ausdrücklich unter Bezug auf Art. 134 Buchst. a MwStSystRL, bzw. deren Vorgängernorm, aber dennoch unter Heranziehung der Unerlässlichkeit, nicht aber der Wettbewerbsklausel, wegen der Annahme der Kernbereichsrelevanz BFH v. 30.07.2008 – XI R 61/07, BStBl II 2009, 68, Rn. 12 und 17; v. 02.03.2011 – XI R 21/09, BFH/NV 2011, 1456, Rn. 31 ff. und 35; v. 16.10.2013 – XI R 34/11, BFH/NV 2014, 460, Rn. 44, wo uneingeschränkt die „Unerlässlichkeit" (Buchst. a) geprüft wurde, für die Anwendbarkeit der Wettbewerbsschutzklausel (Buchst. b) aber auf die Maßgeblichkeit des Merkmals der Kernbereichsrelevanz hingewiesen wurde.

696 Dagegen mit der vollständigen Anwendung des Art. 134 MwStSystRL BFH v. 16.12.2015 – XI R 52/13, BFH/NV 2016, 700, Rn. 28 ff., wobei davon auszugehen ist, dass das Gericht die Kernbereichsrelevanz für offensichtlich nicht gegeben hielt; zuletzt hat der BFH v. 10.08.2016 – V R 14/15, BFH/NV 2017, 63, Rn. 22 ff., die Alternativität der Ausschlussgründe erkannt und diese nebeneinander angewendet, wobei aber auch dort die Kernbereichsrelevanz abgelehnt wurde (Rn. 29).

697 Ausdrücklich EuGH v. 16.10.2008 – C-253/07, *Canterbury Hockey Club*, EU:C:2008:571, Rn. 34; v. 19.12.2013 – C-495/12, *The Bridport and West Dorset Golf Club*, EU:C:2013:861, Rn. 23.

698 BFH v. 03.04.2008 – V R 74/07, BFH/NV 2008, 1631, Rn. 35 ff.; v. 02.03.2011 – XI R 21/09, BFH/NV 2011, 1456, Rn. 29 ff.; ähnlich nimmt auch *Fellner*, Sport und Gemeinnützigkeit in der Umsatzsteuer, 2014, S. 79, hinsichtlich Art. 132 Abs. 1 Buchst. m MwStSystRL bei unerlässlichen Dienstleistungen den Ausschluss der Wettbewerbsschutzklausel an.

Nach der Einordnung des Gerichtshofs kann es in diesem Fall aber keine Umsätze im Kernbereich der Befreiung geben, da die Sporttätigkeit selbst kein steuerbarer Umsatz ist. Das Verständnis des Bundesfinanzhofs widerspricht nicht nur dem des Gerichtshofs, sondern lässt sich auch mit Art. 134 MwStSystRL, wonach die Ausschlussgründe nebeneinanderstehen,[699] nicht vereinbaren.

Wegen der Aufspaltung des Art. 134 MwStSystRL liegt die Annahme nahe, dass der Bundesfinanzhof unter dem Vorwand der weitgehenden Sicherung der Steuerbefreiung versucht, der aufwendigen Prüfung der Wettbewerbsschutzklausel zu entgehen. Schließlich begründet auch die „Unerlässlichkeit" nach Buchst. a eine erhebliche Einschränkung für den Umfang an steuerbefreiten Tätigkeiten.

e) Notwendigkeit der vollständigen Anwendung des Art. 134 MwStSystRL

Richtigerweise sind die Ausschlussgründe des Art. 134 MwStSystRL nach Wortlaut und Systematik[700] zwar nur auf Leistungen außerhalb des Kernbereichs anwendbar. Der Kernbereich beschränkt sich dabei aber nur auf die ausdrücklich in den Befreiungen genannten (Haupt-)Tätigkeiten und gerade nicht auf damit „eng verbundene" oder in „engem Zusammenhang" bewirkte Umsätze.[701] Es sind daher zugleich immer beide Ausschlussgründe des Art. 134 MwStSystRL anzuwenden.[702] Aus diesem Grund ist beispielsweise bei der Befreiung nach Art. 132 Abs. 1 Buchst. m MwStSystRL zwingend der Ausschlussgrund des Buchst. a, aber zudem auch der des Buchst. b anzuwenden.[703]

---

699 Das Alternativverhältnis heben auch *Gerisch/Rupp*, DStR 2011, S. 2378 (2379), hervor.

700 Vgl. das Ergebnis unter Teil 1 D, I, 1 b).

701 So auch das Verständnis des EuGH v. 14.06.2007 – C-434/05, *Horizon College*, EU:C:2007:343, Rn. 38 ff.; v. 28.11.2013 – C-319/12, *MDDP*, EU:C:2013:778, Rn. 32; v. 04.05.2017 – C-699/15, *Brockenhurst College*, EU:C:2017:344, Rn. 35; wohl auch *Hüttemann*, UR 2014, S. 45 (56).

702 Mit diesem Verständnis wohl auch *Musil*, UR 2015, S. 533 (537 f.), der jedenfalls nicht zwischen der Anwendbarkeit der Ausschlussgründe differenziert; richtigerweise ohne Differenzierung auch *Hüttemann*, UR 2014, S. 45 (56); ebenso *Wagner/Raudszus*, UStB 2007, S. 283 (284 und 291).

703 A.A. *Dudde*, Die Umsatzbesteuerung gemeinnütziger Sportvereine, 2010, S. 469, wonach Art. 134 Buchst. b MwStSystRL „im Hinblick auf die Leistungen des Sportvereins keine eigenständige Bedeutung mehr zukommen sollte". Wie von *Dudde* vorgeschlagen auf die Verfolgung des Satzungszwecks abzustellen lässt sich mit dem Wortlaut des Art. 134 MwStSystRL jedoch nicht vereinbaren; dennoch ebenso *Fellner*, Sport und Gemeinnützigkeit in der Umsatzsteuer, 2014, S. 79; ähnlich *Lenz*,

Daher lässt sich auch nicht von der Unerlässlichkeit auf die Kernbereichsrelevanz schließen.[704] Zwar könnte angedacht werden, dass der Kernbereich stets unerlässlich ist und sein muss. Allerdings ist dies nicht korrekt. Bezogen auf den Wortlaut des Art. 134 Buchst. a MwStSystRL müssen nämlich nur die in Rede stehenden Umsätze für die (*im Kernbereich*) befreiten Umsätze unerlässlich sein. Daneben kann ein Umsatz im Kernbereich der Befreiung bereits logisch für sich selbst weder erlässlich noch unerlässlich sein.

Ungeachtet der nicht überzeugenden Beurteilung des Kernbereichs lässt sich nicht erklären, wieso nach der Auffassung des Bundesfinanzhofs die Kernbereichsrelevanz nur Art. 134 Buchst. b MwStSystRL ausschließen soll, nicht aber Art. 134 Buchst. a MwStSystRL. Stattdessen bedarf es einer einheitlichen Heranziehung.

3. *„Zusätzliche Einnahmen" nach Art. 134 Buchst. b MwStSystRL*

Der Anwendungsbereich der Wettbewerbsschutzklausel scheint zudem dadurch eingeschränkt zu sein, dass nur solche Lieferungen und Dienstleistungen überprüft werden sollen, die im Wesentlichen dazu bestimmt sind, der Einrichtung zusätzliche Einnahmen zu verschaffen. Bei diesen muss es sich zudem bereits um Nebenleistungen außerhalb des Kernbereichs handeln.

Die Formulierung, dass die Tätigkeiten im Wesentlichen zur zusätzlichen Einnahmenerzielung bestimmt sein müssen, legt zumindest den Schluss nahe, dass die „wesentliche Bestimmung" primär eine Gewinnerzielungsabsicht erfordert.[705] Für diese Annahme würde auch eine Gesamtschau mit Art. 133 Buchst. c MwStSystRL sprechen. Danach kann die Steuerbefreiung, sogar für Umsätze im Kernbereich von der Preisgestaltung abhängig gemacht werden. Diese Regelung bringt die Auffassung des Richtliniengebers zum Ausdruck, dass die Steuerbefreiung nicht zu einer Gewinnsteigerung, sondern allein zur Vergünstigung der Preise zu Gunsten des Verbrauchers genutzt werden können soll. Dies ist auch nur konsequent, da die Steuerbefreiung im Ergebnis den Verbraucher besserstellen

---

Mitgliedsbeiträge privatrechtlicher Vereinigungen im Umsatzsteuerrecht, 2012, S. 159 ff.

704 So aber *Dodos,* MwStR 2017, S. 9 (14 ff.), bezogen auf die Befreiung nach Art. 132 Abs. 1 Buchst. m MwStSystRL; umgekehrt hat auch der BFH v. 04.05.2011 – XI R 44/08, BStBl II 2014, 200, Rn. 33, fehlerhaft von der fehlenden Kernbereichsrelevanz auf die „Erlässlichkeit" geschlossen.

705 Auf diese Interpretationsmöglichkeit weisen auch *Hüttemann/Schauhoff,* MwStR 2013, S. 426 (430), hin.

soll. Auch der Gerichtshof scheint für das Merkmal der zusätzlichen Einnahmen auf eine Gewinnerzielung abzustellen. So hat dieser erst kürzlich das Vorliegen zusätzlicher Einnahmen wegen einer Preisgestaltung unterhalb der Kostendeckung abgelehnt.[706] Bei diesem Verständnis würde jedoch in Fällen von Preisen oberhalb der alleinigen Kostendeckung ein Konflikt zu den Anforderungen des Gerichtshofs für die Annahme einer Nebenleistung vorliegen. Diese sollen schließlich keinen eigenständigen Zweck verfolgen, sondern nur ein Mittel zum bestmöglichen Erhalt der Hauptleistung darstellen.[707] Die geforderte ausschließlich dienende Funktion gegenüber der Hauptleistung im Kernbereich würde nämlich bei einer eigenständigen primären Einnahmefunktion entfallen. Dabei wäre im Umkehrschluss wegen der Annahme einer Nebenleistung zugleich Art. 134 Buchst. b MwStSystRL, der jedoch überhaupt nur auf diese Anwendung finden soll, mangels Bestimmung zur Einnahmeerzielung nicht anwendbar. Art. 134 Buchst. b MwStSystRL käme damit nie zur Anwendung, da sich eine Nebenleistung und der Zweck der Gewinnerzielung ausschließen würden. Zwar wäre dieser Konflikt durch die Vorgaben der Rechtsprechung selbst und nicht durch die Regelung der Art. 132 ff. MwStSystRL begründet und würde damit sogar eher gegen die Sachgerechtigkeit der Bedingungen des Gerichtshofs hinsichtlich der Nebentätigkeit sprechen. Die Forderung einer Gewinnerzielungsabsicht oder auch die Forderung eines Preises über dem der reinen Kostendeckung als Kriterium für die Anwendung der Wettbewerbsschutzklausel des Art. 134 Buchst. b MwStSystRL, verbietet sich aber zugleich vor dem Wettbewerbsgedanken. Die Steuerbefreiung ist aufzuheben, wenn ihr Zweck der Nachfragerbegünstigung in Rede steht. Genauer wenn die Steuerbefreiung zweckwidrig zur Gewinnmaximierung genutzt wird. Dies kann aber nicht das ausschlaggebende Merkmal zur Anwendbarkeit der Wettbewerbsschutzklausel sein. Andernfalls scheidet die Wettbewerbsschutzklausel gerade aus, wenn es verstärkt zu einer Beeinträchtigung der nicht begünstigten Konkurrenten kommt. Gerade ein kostendeckendes Wirtschaften oder gar Preise unterhalb der Kostendeckung führen ohnehin zu einem gesteigerten Wettbewerbsdruck für die bestehenden Konkurrenten. Diesen ist das Anbieten vergleichbarer Preise im Preiskampf um die Nachfrager auf Dauer aber nicht möglich.[708]

---

706 EuGH v. 04.05.2017 – C-699/15, *Brockenhurst College*, EU:C:2017:344, Rn. 40, wobei es dort im Ergebnis auch nicht mehr auf dieses Kriterium ankam.

707 EuGH v. 14.06.2007 – C-434/05, *Horizon College*, EU:C:2007:343, Rn. 29; v. 04.05.2017 – C-699/15, *Brockenhurst College*, EU:C:2017:344, Rn. 25.

708 Zur Wettbewerbsschädlichkeit kostendeckender Entgelte bezogen auf die Entgeltbeschränkung nach § 4 Nr. 18 Buchst. c UStG auch *Hüttemann*, UR 2006, S. 441

Das Merkmal der zusätzlichen Einnahme muss daher eher dahingehend verstanden werden, dass diese „neben" den mit der als Hauptleistung befreiten „herkömmlichen" Einnahmen erwirtschaftet werden.[709] Das Ziel der Wettbewerbsschutzklausel ist nicht die Zweckerhaltung der Steuerbefreiung zu Gunsten der Nachfrager, sondern der Schutz der nicht begünstigten Konkurrenten. Andernfalls wäre auch das Ergebnis der Steuerpflichtigkeit unsinnig. Denn gerade solche Leistungen oder Lieferungen würden durch die Steuerpflicht entgegen dem Befreiungszweck (zusätzlich) verteuert, die ohnehin schon durch den Preis über der Kostendeckung „verteuert" sind. Die unerwünschte Belastung des Verbrauchers würde sogar noch intensiviert werden. Allein vor diesem Hintergrund kann es nur auf die nicht begünstigte Konkurrenz am Markt ankommen. Für diese ist aber eine kostendeckende Preispolitik oder ein noch geringerer Preis erst recht schädlich.

Anstelle der Frage nach der Gewinnerzielungsabsicht muss vielmehr die Frage gestellt werden, ob die Entlastung des Verbrauchers auch zu Lasten der nicht begünstigten Konkurrenten gewährt werden kann. Dies wird man bei lediglich „eng verbundenen" Umsätzen, die die Hauptleistung und deren Zweck nur fördern, nicht aber bedingen,[710] nicht annehmen können, und zwar unabhängig von der Preispolitik des Leistungserbringers. Dies gilt auch für den Fall unerlässlicher „eng verbundener" Leistungen und Lieferungen nach Art. 134 Buchst. a MwStSystRL, da die Nebenleistungen allein die Qualität der Hauptleistung, nicht aber die Zweckerreichung an sich alternativlos bedingen müssen.[711]

An das Kriterium der „zusätzlichen Einnahme" dürfen daher keine hohen Anforderungen gestellt werden. Ansonsten würde der Wettbewerbsgedanke durch den Ausschluss der Schutzklausel in den Fällen, in denen es gerade zu einer stärkeren Beeinträchtigung der Konkurrenten kommt, *ad absurdum*

(444 f.); ebenso zur Wettbewerbsschutzklausel des § 65 Nr. 3 AO siehe nur *ders.*, Wirtschaftliche Betätigung und steuerliche Gemeinnützigkeit, 1991, S. 186; *Unger*, in: Gosch, AO/FGO, § 65 AO Rn. 36 (Stand 01.2013); *Wunsch*, Die Wettbewerbsklausel des § 65 Nr. 3 AO, 2002, S. 115; zu § 4 KStG vgl. *Märtens*, in: Gosch, $KStG^4$, 2020, § 4 KStG Rn. 2.

709 In diese Richtung deutet auch EuGH v. 19.12.2013 – C-495/12, *The Bridport and West Dorset Golf Club*, EU:C:2013:861, Rn. 29 ff.; dagegen stellt der BFH v. 16.12.2015 – XI R 52/13, BFH/NV 2016, 700, Rn. 32, darauf ab, dass es sich um Einnahmen „neben den Einnahmen aus Pflegesätzen" handle.

710 Vgl. Ergebnis unter Teil 1 D, I, 2 b).

711 Vgl. dazu das Ergebnis unter Teil 1 D, I, 2 c).

geführt. Es genügt damit jedes Entgelt, dass neben dem Entgelt der Hauptleistung erhoben wird.[712]

4. Ergebnis: Begrenzter Anwendungsbereich

Insgesamt verbleibt es jedoch dabei, dass durch die Kernbereichsrechtsprechung des Europäischen Gerichtshofs[713] – die in den Art. 132 ff. MwStSystRL eine Stütze findet[714] – und die weitergehende Erstreckung des Kernbereichs auch auf eng verbundene Umsätze seitens des Bundesfinanzhofs[715] der Anwendungsbereich des Art. 134 Buchst. b MwStSystRL erheblich eingeschränkt ist.

II. Zulässigkeit der Anwendungsbeschränkung auf den Kernbereich

Aufgrund der bereits durch die Mehrwertsteuersystemrichtlinie aufgestellten Anwendungsbeschränkung auf den Kernbereich stellt sich daher die Frage nach deren grundsätzlicher Systemkonformität. Dabei sollen neben dem Wettbewerbsgedanken vor allem der Gleichheitssatz und Grundsatz der steuerlichen Neutralität sowie das System der Mehrwertsteuer in die Betrachtung einbezogen werden.

1. Vereinbarkeit mit dem Wettbewerbsgedanken

Vor dem Wettbewerbsgedanken ist die Differenzierung zwischen Kern- und Nebenbereich bei der Anwendung der Wettbewerbsschutzklausel unbillig. Gerade die unterschiedliche Gewährung von Steuerbefreiungen im Bereich der Umsatzsteuer wirkt sich unmittelbar auf die nicht begünstigte Konkurrenz am Markt aus.[716] Dadurch kann es zu einer Beeinträchtigung der Freiheits- und Gleichheitsrechte der Konkurrenten kommen und durch eine mögliche

---

712 Kritisch *Hüttemann/Schauhoff*, MwStR 2013, S. 426 (430); a.A. *Dudde*, Die Umsatzbesteuerung gemeinnütziger Sportvereine, 2010, S. 466 f., die eine Einnahmeerzielungsabsicht als primäres Ziel fordert; ebenso *Dodos*, MwStR 2017, S. 9 (17); in einer jüngeren Entscheidung hat auch der BFH die Wettbewerbsschutzklausel geprüft, ohne das Merkmal der „zusätzlichen Einnahme" zu thematisieren, vgl. BFH v. 10.08.2016 – V R 14/15, BFH/NV 2017, 63, Rn. 24 ff.

713 Dazu Teil 1 D, I, 2 a) bb).

714 Vgl. das Ergebnis unter Teil 1 D, I, 1 b).

715 Dazu Teil 1 D, I, 2 d).

716 Vgl. die ausführliche Argumentation unter Teil 1 C, II, 1 c) bb) (2).

Verdrängung der Konkurrenten auch der wohlfahrtssteigernde Wirkmechanismus [717] des Wettbewerbs aufgehoben werden. Dabei ist es nur logisch, dass sich jegliche einseitige Einwirkung in den für den Wettbewerb notwendigen Rivalitätsprozess[718] zu Lasten der Absatzbemühung der Konkurrenten und bei einer umfassenden Beeinträchtigung auch auf Art und Umfang der Gesamtversorgung des Marktes auswirkt. Der Wettbewerbsgedanke kann mangels verfassungsrechtlicher Gewährleistung „des Wettbewerbs“[719] jedoch nur dort unmittelbar Geltung entfalten, wo dieser eine einfachgesetzliche Ausprägung erfährt. Da es aber gerade an dieser einfachgesetzlichen Ausprägung im Zusammenhang mit Umsätzen im Kernbereich der Befreiung mangelt, kann deren Zulässigkeit nur anhand der bestehenden verfassungsrechtlichen Postulate überprüft werden. Damit kann die Notwendigkeit eines umfassenden Wettbewerbsschutzes allenfalls mittelbar über die geschützten Grundrechtspositionen der nicht begünstigen Konkurrenten begründet und eingefordert werden. Der

---

717 Gemeint ist die effizienzsteigernde Wirkung des interaktiven Konkurrenzprozesses hinsichtlich Allokation und Innovation, vgl. *Kerber/Schwalbe,* in: MünchKomm EUWettbewerbsrecht[2], 2015, Einl. Rn. 132 ff.; mit dieser Unterscheidung auch *Magen*, in: Öffentliches Wettbewerbsrecht, 2014, § 2 Rn. 27 ff. (m.w.N.) und Rn. 42; wobei diese Befürchtung nur hinsichtlich der Innovationseffizienz überzeugen kann, da schließlich günstigere Preise als unter bestehendem Wettbewerb angeboten werden und eine Preissteigerung zur Gewinnmaximierung bei den befreiten Einrichtungen nicht zu erwarten ist, vgl. denselben Gedanken ausführlich unter Teil 1 A, III, 3 a) bb) (1).

718 Dazu statt vieler *Kerber/Schwalbe,* in: MünchKomm EUWettbewerbsrecht[2], 2015, Einl. Rn. 37.

719 Das Grundgesetzt gewährleistet weder „den Markt“ noch „den Wettbewerb“ institutionell, sondern allein mittelbar als Ergebnis der individuellen grundrechtlichen Freiheiten, statt vieler *Kersten*, in: VDDStRL 69 (2010), S. 288 (292 f.) (m.w.N.); *Scholz,* in: Maunz/Dürig, GG, Art. 12 GG Rn. 88 (Stand 06.2006), „Weder Art. 12 noch Art. 14 (und ebenso wenig Art. 2 Abs. 1) garantieren den Wettbewerb als (objektive) Institution; der Wettbewerb wird lediglich über die individuellen Wirtschaftsfreiheiten der einzelnen Teilnehmer im wirtschaftlichen Prozess geschützt“; dies ist vor allem unter dem Gesichtspunkt konsequent, als dass auch bei einer erheblichen staatlichen Intervention „ein Wettbewerb“ bestehen würde, auch wenn dieser ein andere als unter weitgehender Gewährleistung von Freiheiten wäre. Der Wettbewerb selbst ist nur ein Prozess, dessen Ergebnis durch die Freiheiten der Akteure bedingt ist. Tatsächlich ist „der Wettbewerb“ nicht einmal vom Recht abhängig, vgl. *Klement*, Wettbewerbsfreiheit, 2015, S. 75 f.

Wettbewerbsgedanke allein kann nicht zu einer Erweiterung des Anwendungsbereichs der Wettbewerbsschutzklausel führen.

2. *Vereinbarkeit mit der steuerlichen Neutralität und dem Gleichheitssatz*

Demnach stellt sich die Frage, ob nicht die Handhabung der Wettbewerbsschutzklausel, sondern schon die Differenzierung zwischen den im Kernbereich befreiten Umsätzen und „Nebenleistungen" beim Anwendungsbereich des Art. 134 Buchst. b MwStSystRL selbst mit dem Grundsatz der steuerlichen Neutralität und dem unionsrechtlichen Gleichheitssatz zu vereinbaren ist.

a) *Verhältnis des Grundsatzes der steuerlichen Neutralität zur MwStSystRL*

Grundsätzlich erkennt der Europäische Gerichtshof dem Grundsatz der steuerlichen Neutralität die Funktion der Gleichheitsgewährleistung „im Wettbewerb" zu.[720] Genauer soll es sich bei diesem Grundsatz um eine bereichsspezifische Ausprägung des unionsrechtlichen Gleichbehandlungsgrundsatzes handeln.[721] Insofern ist es zwar konsequent bei der als Konkretisierung des Gleichheitssatzes verstandenen Wettbewerbsgleichheit bzw. Wettbewerbsneutralität allein die mehrwertsteuerliche Behandlung von konkurrierenden Leistungen am Grundsatz der steuerlichen Neutralität messen zu wollen.[722] Allerdings kommt der derzeitigen abstrakten Beurteilung des Wettbewerbsverhältnisses durch den Europäischen Gerichtshof[723] keine gegenüber dem Gleichheitssatz präzisierende Bedeutung zu.[724] Zudem ist es inkonsequent, dem Grundsatz der steuerlichen Neutralität den Verfassungsrang abzusprechen und diesen in die

---

720 Siehe nur EuGH v. 10.04.2008 – C-309/06, *Marks & Spencer,* EU:C:2008:211, Rn. 47; v. 10.11.2011 – C-259/10 u.a., *The Rank Group,* EU:C:2011:719, Rn. 34 (m.w.N.); v. 11.09.2014 – C-219/13, *K Oy,* EU:C:2014:2207, Rn. 24 ff.

721 EuGH v. 07.12.2006 – C-240/05, *Eurodental,* EU:C:2006:763, Rn. 55; v. 10.11.2011 – C-259/10 u.a., *The Rank Group,* EU:C:2011:719, Rn. 61; v. 31.01.2013 – C-643/11, *LVK-56,* EU:C:2013:55, Rn. 55; so auch *Zirkl,* Die Neutralität der Umsatzsteuer als europäisches Besteuerungsprinzip, 2015, S. 173.

722 Siehe nur EuGH v. 10.04.2008 – C-309/06, *Marks & Spencer,* EU:C:2008:211, Rn. 47; v. 10.11.2011 – C-259/10 u.a., *The Rank Group,* EU:C:2011:719, Rn. 32; dem folgend *Heber,* UR 2014, S. 957 (964).

723 Vgl. die allgemeinen Ausführungen zur Bestimmung des Wettbewerbsverhältnisses durch den EuGH im Bereich der MwStSystRL unter Teil 1 C, II, 1 a) aa).

724 Dazu bereits ausführlich unter Teil 1 C, III, 1.

Ausgestaltungshoheit des einfachen europäischen Gesetzgebers zu stellen,[725] wenn dieser zugleich eine Ausprägung des unionsrechtlichen Gleichheitssatzes ist. Denn selbst wenn der Grundsatz der steuerlichen Neutralität der Ausgestaltungshoheit des einfachen europäischen Gesetzgebers unterstehen sollte, gilt dies zweifelsfrei nicht für den unionsrechtlichen Gleichheitssatz. Dieser muss aber zwingend bei einer Verletzung der steuerlichen Neutralität, wenn auch mit der Möglichkeit zur Rechtfertigung des Eingriffs,[726] berührt sein. Aus diesem Grund entfaltet der Grundsatz der steuerlichen Neutralität nicht erst innerhalb der getroffenen Systematik der Mehrwertsteuersystemrichtlinie Geltung, sondern schon die Mehrwertsteuersystemrichtlinie selbst muss am Grundsatz der steuerlichen Neutralität gemessen werden.[727] Der Europäische Gerichtshof wird dagegen wohl eine Ungleichbehandlung allein über den Grundsatz der steuerlichen Neutralität im Rahmen der Auslegung der getroffenen Steuerbefreiungen berücksichtigen,[728] nicht aber die Regelungen selbst bezüglich ihrer Vereinbarkeit mit dem Gleichheitssatz überprüfen.

b) Keine zwingende Steuerpflichtigkeit gleichartiger Ausgangsleistungen

Ungeachtet dessen, ob nun der Grundsatz der steuerlichen Neutralität erst innerhalb des Mehrwertsteuersystems Geltung erlangt, muss jedenfalls auch der Unionsgesetzgeber nach Art. 51 Abs. 1 S. 1 GRCh beim Erlass der Bestimmungen der

725 EuGH v. 29.10.2009 – C-174/08, *NCC Construction Danmark*, EU:C:2009:669, Rn. 41 f.; zuletzt v. 13.03.2014 – C-204/13, *Malburg*, EU:C:2014:147, Rn. 43, „der Grundsatz der steuerlichen Neutralität [ist] keine Regel des Primärrechts, sondern ein Auslegungsgrundsatz"; umfassende Kritik bei *Englisch*, in: European Tax Integration, 2010, S. 231 (239 ff.); dahingehend spricht *ders.*, in: Tipke/Lang, Steuerrecht[24], 2020, § 17 Rn. 24, von einem „erschreckendem Mangel an grundrechtsdogmatischer Stringenz".

726 Wohingegen der EuGH bei einer Verletzung des Grundsatzes der steuerlichen Neutralität keine Rechtfertigung erwägt, sondern immer direkt von einer Verletzung spricht, vgl. nur EuGH v. 10.04.2008 – C-309/06, *Marks & Spencer*, EU:C:2008:211, Rn. 47; v. 11.09.2014 – C-219/13, *K Oy*, EU:C:2014:2207, Rn. 24; so auch *Hoffsümmer*, Steuerbefreiungen für Inlandsumsätze, 2009, S. 51.

727 A.A. *Engler*, Steuerverfassungsrecht im Mehrebenensystem, 2014, S. 268; *Hüttemann/Schauhoff*, MwStR 2013, S. 426 (429); ähnlich *Heber*, UR 2014, S. 957 (964); für eine stärkere Rückbindung an das Primärrecht *Hoffsümmer*, Steuerbefreiungen für Inlandsumsätze, 2009, S. 54 f.

728 Exemplarisch EuGH v. 10.06.2010 – C-262/08, *CopyGene*, EU:C:2010:328, Rn. 64 ff.; v. 11.09.2014 – C-219/13, *K Oy*, EU:C:2014:2207, Rn. 29; v. 13.03.2014 – C-204/13, *Malburg*, EU:C:2014:147, Rn. 43.

Mehrwertsteuersystemrichtlinie den Gleichheitssatz des Art. 20 GRCh berücksichtigen.[729] Insofern könnte die Differenzierung anhand der Anerkennung der leistenden Einrichtung als ordnungsgemäß (Buchst. b), mit sozialem Charakter (Buchst. g und h), kulturell (Buchst. n), ohne Gewinnstreben (Buchst. m) oder mit der Zielsetzung der Einrichtungen des öffentlichen Rechts vergleichbar (Buchst. i) für die Gewährung der Steuerbefreiung gleichheitswidrig sein. Dies wäre der Fall, wenn sich die Differenzierung zwischen Leistungen wegen Eigenschaften der Leistungserbringer nicht mit Art. 20 GRCh vereinbaren ließe. Da die ungleiche Besteuerung gleichartiger Ausgangsumsätze aus einer möglichen Ungleichbehandlung der Leistungserbringer erfolgt und nicht an den Leistungen als solchen ein Differenzierungsmerkmal festgemacht wird, muss dabei eine mögliche Ungleichbehandlung der Leistungserbringer untersucht werden. Ist diese zulässig, ist auch die ungleiche Besteuerung gleichartiger Leistungen aus Sicht der Nachfrager nur die konsequente Folge.

Erforderlich ist zunächst, dass zwischen den anerkannten und den nicht anerkannten Einrichtungen zwei vergleichbare Sachverhalte liegen und die steuerliche Differenzierung damit zu einer Ungleichbehandlung führt.[730] Der Europäische Gerichtshof stellt dabei uneinheitliche Anforderungen an den Nachweis eines vergleichbaren Sachverhalts.[731] Im Bereich der Mehrwertsteuersystemrichtlinie hat der Europäische Gerichtshof darauf bezogen bereits entschieden, dass „[...] es der Grundsatz der Gleichbehandlung, der im Mehrwertsteuerbereich im Grundsatz der steuerlichen Neutralität zum Ausdruck kommt, nach gefestigter Rechtsprechung insbesondere nicht zu[lässt], gleichartige und deshalb miteinander in Wettbewerb stehende Waren oder Dienstleistungen hinsichtlich der Mehrwertsteuer unterschiedlich zu behandeln“.[732] Wobei eigentlich auch dort die Einschränkung getroffen werden müsste, dass die Ungleichbehandlung „objektiv gerechtfertigt“ werden kann.[733] Diesen Schluss zieht der

---

729 *Englisch*, in: Zukunftsfragen des deutschen Steuerrechts, 2009, S. 39 (57); *Kokott/Dobratz*, in: Grundfragen des Europäischen Steuerrechts, 2015, S. 25 (26 f.).

730 St. Rspr., vgl. nur EuGH v. 22.05.2014 – C-356/12, *Glatzel*, EU:C:2014:350, Rn. 43 (m.w.N.); v. 09.03.2017 – C-406/15, *Milkova*, EU:C:2017:198, Rn. 55 (m.w.N.).

731 *Hölscheidt*, in: Meyer, GRCh[4], 2014, Art. 20 Rn. 20; *Jarass*, in: ders., GRCh[4], 2020, Art. 20 Rn. 8; *Rossi*, in: Calliess/Ruffert, EUV/AEUV[5], 2016, Art. 20 GRC Rn. 20.

732 EuGH v. 19.07.2012 – C-250/11, *Lietuvos geležinkeliai*, EU:C:2012:496, Rn. 45 (m.w.N.).

733 Wobei der EuGH anscheinend zwischen der Ungleichbehandlung mit objektiver Rechtfertigung und einer Ungleichbehandlung von gleichartigen Leistungen in einem Wettbewerbsverhältnis unterscheidet, vgl. EuGH v. 19.07.2012 – C-250/11, *Lietuvos*

Europäische Gerichtshof dagegen nicht.[734] Die Besonderheit bei den genannten Befreiungsvorschriften besteht aber darin, dass nicht aufgrund der Tätigkeiten, sondern aufgrund einer Eigenschaft der leistenden Einrichtung eine Unterscheidung getroffen wird. Bei Wirtschaftsteilnehmern soll ein vergleichbarer Sachverhalt gegeben sein, wenn sie vergleichbare Güter vermarkten.[735] Andererseits hat der Europäische Gerichtshof zwar in Bezug auf den Grundsatz der steuerlichen Neutralität, dabei aber unter Gleichheitsgesichtspunkten entschieden, dass aufgrund rechtlicher Verpflichtungen bestimmter Anbieter eine Vergleichbarkeit zu anderen Anbietern nicht gegeben ist.[736] Diese haben zwar vergleichbare Leistungen erbracht, sind aber von der jeweiligen Verpflichtung nicht erfasst worden. Wegen des Gesamtkontextes könne eine Vergleichbarkeit der Einzelleistungen nicht angenommen werden.[737] Die Beurteilung der Vergleichbarkeit bezog sich dabei zwar auf die Leistungen selbst und nicht auf die Leistungserbringer, allerdings ist der Gedanke an dieser Stelle vergleichbar. So könnte man die Vergleichbarkeit bereits deshalb ablehnen, weil durch die Erfüllung der Voraussetzungen zur Anerkennung als ordnungsgemäß, mit sozialem Charakter, kulturell, ohne Gewinnstreben oder mit der Zielsetzung der Einrichtungen des öffentlichen Rechts vergleichbar, zugleich die anerkannten Leistungserbringer und die von diesen daraufhin erbrachten Leistungen gänzlich andere seien. Auf dieses Verständnis deutet auch die Ausführung des Europäischen Gerichtshofs gerade in Bezug auf die Steuerbefreiungen des Art. 134 Buchst. b, g, h, i, l, m und n MwStSystRL hin. Danach zeige sich durch die Festlegung bestimmter Merkmale für die Befreiungsgewährung, die die Leistenden zu erfüllen haben, dass das „gemeinsame Mehrwertsteuersystem unterschiedliche Wettbewerbsbedingungen für die verschiedenen Wirtschaftsteilnehmer [impliziert]".[738] Nach Maßgabe des Gerichtshofs soll nämlich schon bei der Beurteilung der Vergleichbarkeit auf das Ziel der untersuchten Regelung und die Grundsätze und Ziele des

---

geležinkeliai, EU:C:2012:496, Rn. 44, „zudem"; dies müsste auch bei der Überprüfung rein nationaler Ungleichbehandlungen gelten, vgl. aber dagegen wohl *Lippross*, UR 2013, S. 212 (214 f.), der jedoch nur konsequent die Auffassung des EuGH umsetzt.

734 So auch *Hoffsümmer*, Steuerbefreiungen für Inlandsumsätze, 2009, S. 51 ff.

735 EuGH v. 05.03.2015 – C-463/12, *Bandkopi*, EU:C:2015:144, Rn. 33.

736 EuGH v. 23.04.2009 – C-357/07, *TNT Post UK*, EU:C:2009:248, Rn. 39 und 44 ff.; Schlussantrag der Generalanwältin *Kokott* v. 15.01.2009 – C-357/07, *TNT Post UK*, EU:C:2009:7, Rn. 63.

737 EuGH v. 23.04.2009 – C-357/07, *TNT Post UK*, EU:C:2009:248, Rn. 38 ff.

738 EuGH v. 19.12.2013 – C-495/12, *Bridport and West Dorset Golf Club*, EU:C:2013:861, Rn. 36.

Regelungsbereichs insgesamt abgestellt werden.[739] Allerdings ist zu beachten, dass damit schon bei der Bestimmung der Vergleichbarkeit Wertungen einfließen, die dogmatisch nicht bei der Ungleichbehandlung, sondern deren Rechtfertigung zu verorten sind.[740] Ungeachtet dessen dürfte es im Ergebnis keinen Unterschied machen, ob nun die Vergleichbarkeit oder das Fehlen eines objektiven Rechtsfertigungsgrundes im Hinblick auf das Ziel der Regelung oder das des Regelungsbereichs abgelehnt werden. Wegen der Erbringung gleichartiger Leistungen ist daher zwischen den Leistungserbringern trotz divergierender Anerkennung dennoch ein vergleichbarer Sachverhalt gegeben. Unabhängig davon, ob sich aus der Ungleichbehandlung eine Benachteiligung ergeben muss oder nicht,[741] ist diese jedenfalls bei der unterschiedlichen Mehrwertsteuerpflicht gegeben. Denn diese wirkt sich wegen der fehlenden Notwendigkeit zur Weitergabe des Steuervorteils auch unmittelbar aus.[742] Anders gewendet schlägt die fehlende Anerkennung auch nicht auf die Gleichartigkeit der Leistungen durch.

Allerdings liegt gerade ein objektiver Rechtfertigungsgrund [743] für die Ungleichbehandlung vor. Die unterschiedliche Behandlung ist nämlich gerechtfertigt, „wenn sie auf einem objektiven und angemessenen Kriterium beruht, d. h., wenn sie im Zusammenhang mit einem rechtlich zulässigen Ziel steht, das mit der in Rede stehenden Regelung verfolgt wird".[744] Das verfolgte zulässige Ziel liegt in den befreiten Fällen gerade im Zweck der Steuerbefreiung selbst. Die in Rede stehenden Steuerbefreiungen betreffen entweder soziale Leistungen (Buchst. g, h, i und n) und Leistungen im Gesundheitsbereich (Buchst. b) oder erfordern ein fehlendes Gewinnstreben (Buchst. l und m). Die betroffenen Befreiungen lassen den Schluss zu, dass sich der Zweck der Steuerbefreiung, wie auch der Europäische Gerichtshof bereits bei der Entscheidung zu Art. 132 Buchst. a MwStSystRL herausgestellt hat,[745] nicht allein in der Besserstellung des

739 EuGH v. 16.12.2008 – C-127/07, *Arcelor Atlantique et Lorraine u. a.*, EU:C:2008:728, Rn. 26; v. 12.05.2011 – C-176/09, *Luxemburg/Parlament und Rat*, EU:C:2011:290, Rn. 32; v. 26.09.2013 – C-195/12, *IBV & Cie*, EU:C:2013:598, Rn. 52; v. 15.05.2014 – C-135/13, *Szatmári*, EU:C:2014:327, Rn. 67.

740 *Rossi*, in: Calliess/Ruffert, EUV/AEUV[5], 2016, Art. 20 GRC Rn. 21.

741 Dazu *Rossi*, in: Calliess/Ruffert, EUV/AEUV[5], 2016, Art. 20 GRC Rn. 22.

742 Vgl. bereits den gleichgehenden Gedanken unter Teil 1 C, I, 3 b) bb) (1) und II, 1 c) bb) (2).

743 EuGH v. 22.05.2014 – C-356/12, *Glatzel*, EU:C:2014:350, Rn. 43; v. 05.03.2015 – C-463/12, *Bandkopi*, EU:C:2015:144, Rn. 32; v. 09.03.2017 – C-406/15, *Milkova*, EU:C:2017:198, Rn. 55.

744 EuGH v. 09.03.2017 – C-406/15, *Milkova*, EU:C:2017:198, Rn. 55 (m.w.N.).

745 EuGH v. 23.04.2009 – C-357/07, *TNT Post UK*, EU:C:2009:248, Rn. 32.

Verbrauchers durch ein vergünstigtes Angebot erschöpft. Darüber hinaus wird ein zusätzlicher Zweck verfolgt. Dies ergibt sich auch aus dem Gesamtkontext der Regelungen. Diese wurden in Titel IX Kapitel 2 („Steuerbefreiungen für bestimmte, dem Gemeinwohl dienende Tätigkeiten") der Richtlinie normiert.[746] Zwar kann allein damit die Ungleichbehandlung gleichartiger Leistungen, die damit nämlich gleichermaßen das Gemeinwohl fördern, nicht gerechtfertigt werden. Allerdings legt die Anknüpfung an den Leistungserbringer einen zusätzlichen Zweck zur Gemeinwohlförderung nahe. Ähnlich zum Zweck der Sicherstellung eines flächendeckenden, aber dennoch erschwinglichen Angebots nach Art. 132 Buchst. a MwStSystRL[747] dürfte auch bei den vorliegenden Befreiungen die Sicherung eines qualitativen Standards zu erschwinglichen Preisen bezweckt sein. Sowohl die Bereiche der Gesundheits- und Sozialfürsorge als auch die Kinder und Jugendbetreuung und Ausbildung bedürfen eines gewissen Mindeststandards und umfassenden Angebots. Ein solches darf wegen der Notwendigkeit, die Angebote für die gesamte Bevölkerung anbieten zu können aber nicht zu einer Kostenzunahme führen. Aus diesem Grund ist es gerechtfertigt, solche Einrichtungen, die durch die Erfüllung der zur Anerkennung notwendigen Voraussetzungen nachweislich diesem Zweck dienen, durch die Steuerbefreiung vom Preisdruck im Wettbewerb zu befreien oder jedenfalls selbigen durch die Steuerbefreiung abzuschwächen. Als Anknüpfungspunkt zur Herstellung dieses Zwecks kann aber nur an die Eigenschaft des Leistenden und gerade nicht an die Einzelleistungen angeknüpft werden.

Zwar kann hinsichtlich einzelner Leistungen aus Sicht der Verbraucher eine Austauschbarkeit gegeben sein. Dies sagt jedoch nichts über die Qualität der Leistungen aus. In den Bereichen der genannten Steuerbefreiungen sollen ein Qualitätsverlust und die Einbuße eines gesicherten und umfassenden Angebots vermieden werden und zugleich erschwingliche Preise gerade für sozialschwächere Schichten sichergestellt werden. Zweck ist also nicht die alleinige finanzielle Besserstellung des Verbrauchers, sondern zusätzlich die Wahrung eines „Gesamtstandards". Daher ist in diesen Fällen trotz der Austauschbarkeit

---

746 Auch wenn *Hidien*, EWS 2003, S. 343 (344), darin zu zustimmen ist, dass dieser Begriff nur eine „unscharfe Floskel" darstellt. Aus diesem Grund ist er zur weitergehenden Auslegung ohne Konkretisierung durch den EuGH nur bedingt tauglich; dem folgend lehnt *Hoffsümmer*, Steuerbefreiungen für Inlandsumsätze, 2009, S. 93 f., die Möglichkeit für Rückschlüsse auf das Ziele der Steuerbefreiungen ab.

747 EuGH v. 23.04.2009 – C-357/07, *TNT Post UK*, EU:C:2009:248, Rn. 32 ff.

einzelner Leistungen eine steuerliche Ungleichbehandlung zur Zweckerreichung objektiv gerechtfertigt.

Selbiges gilt für Einrichtungen ohne Gewinnstreben (Buchst. l und m). Denn dort ist die Annahme berechtigt, dass durch ein vergünstigtes Angebot auch sozialschwachen Nachfragern der Zugang zu Leistungen ermöglicht wird, in deren Genuss sie sonst nicht kommen würden.[748]

Der unionsrechtliche Gleichheitssatz des Art. 20 GRCh erfordert daher in diesen Fällen gerade nicht die Gleichbehandlung vergleichbarer Ausgangsleistungen, da die vorhergehende Ungleichbehandlung der Leistungserbringer gerechtfertigt ist. Der Anwendungsausschluss für die im Kernbereich befreiten Umsätze führt somit grundsätzlich nicht zu einer ungerechtfertigten Ungleichbehandlung gegenüber nicht befreiten Anbietern vergleichbarer Leistungen.

3. *Systemgerechtigkeit der teilweisen Steuerbefreiung*

Zudem zeigt sich auf den ersten Blick ein Widerspruch zum System der Mehrwertsteuer als Verbrauchsteuer.[749] Trotz der Besteuerung nach der Leistungsfähigkeit[750] kommt es in den Fällen der in Rede stehenden Steuerbefreiungen dazu, dass gleichartige Leistungen unterschiedlich besteuert werden (können), obwohl sich hinsichtlich der Aufwendungen der Verbraucher keine abweichende Steuerwürdigkeit ergibt.[751] Für Nachfrager gleichartiger Leistungen kann es daher je nachdem bei welchem Anbieter sie die Leistung beziehen zu einer Besteuerung kommen oder selbige gerade unterbleiben. Dies gilt ungeachtet der gleichgehenden Leistungsfähigkeit der Nachfrager, welche sich in ihren Aufwendungen für identische oder gleichartige Leistungen zeigt. Auch wenn der Europäische Gerichtshof das Leistungsfähigkeitsprinzip noch in keiner

---

748 Vgl. den gleichgehenden Gedanken von *Hüttemann*, Wirtschaftliche Betätigung und steuerliche Gemeinnützigkeit, 1991, S. 186 ff., im Rahmen des Merkmals der Unvermeidbarkeit nach § 65 Nr. 3 AO; dazu ausführlich unter Teil 1 A, III, 1 und 2; vgl. auch die darauffolgende Kritik unter Teil 1 A, III, 3 a) bb) (2).

749 Zum Verbrauchsteuercharakter bereits unter Teil 1 C, I, 3 a).

750 Dazu ausführlich *Zirkl*, Die Neutralität der Umsatzsteuer als europäisches Besteuerungsprinzip, 2015, S. 26 ff.; wobei das Leistungsfähigkeitsprinzip im Bereich der Umsatzsteuer durch das Neutralitätsprinzip konkretisiert wird, vgl. *Englisch*, in: Tipke/Lang, Steuerrecht[24], 2020, § 17 Rn. 13.

751 Zur Möglichkeit von Gleichheitsverstößen wegen unterschiedlicher Steuerbelastungen trotz gleicher Steuerwürdigkeit *Englisch*, in: Zukunftsfragen des deutschen Steuerrechts, 2009, S. 39 (61 ff.).

grundrechtlichen Entscheidung angeführt hat,[752] besteht wegen der unterschiedlichen Verbrauchsbesteuerung damit eine Ungleichbehandlung.

Anders als bei der Rechtsformneutralität,[753] wo es wegen der alleinigen Differenzierung nach der Rechtsform, die über die Steuerwürdigkeit in der Tat nichts aussagt, keinen objektiven Rechtfertigungsgrund gab, ist vorliegend der zusätzlich mit den Steuerbefreiungen verfolgte Zweck (die Sicherungen eines „Gesamtstandards") auch für die Ungleichbehandlung der Verbraucher anzuerkennen. Dies muss sogar erst recht gelten, zumal die Verbraucher durch ihre Auswahlfreiheit oftmals die Mehr- oder Minderbelastung selbst beeinflussen können.

Mangels Verstoßes gegen den Gleichbehandlungsgrundsatz kann auch nicht von einem Systembruch gesprochen werden. Als zulässige Ungleichbehandlung ist die Ausgestaltung der Steuerbefreiungen vielmehr Teil des vom Richtliniengeber ausgewählten Systems.[754]

4. *Fortbestehende Bedenken an der Ausgestaltung der Steuerbefreiungen*

Trotz der grundsätzlichen Zulässigkeit der Regelung bestehen dennoch Bedenken hinsichtlich eines umfassenden Grundrechtsschutzes. Bei der derzeitigen Ausgestaltung kann nicht ausgeschlossen werden, dass im Einzelfall die Gewährung der Steuerbegünstigung gegenüber einer anerkannten Einrichtung zu einem mittelbar faktischen Eingriff in die Wettbewerbsfreiheit eines nicht begünstigten Konkurrenten führt,[755] die nicht mehr als verhältnismäßig anerkannt werden kann. Im Einzelfall kann es nämlich dazu kommen, dass das mit der Steuerbegünstigung verfolgte Interesse[756] wegen einer erheblichen Auswirkung der Steuerbefreiung auf die Konkurrenten im Rahmen der Abwägung gegenüber deren Wettbewerbsfreiheit zurücktreten muss. In diesem Moment entspricht die

752 *Engler,* Steuerverfassungsrecht im Mehrebenensystem, 2014, S. 273 f.; *Hoffsümmer*, Steuerbefreiungen für Inlandsumsätze, 2009, S. 69.

753 Zum Gleichheitsverstoß bei der Differenzierung nach der Rechtsform, vgl. nur EuGH v. 07.09.1999 - C-216/97, *Gregg*, EU:C:1999:390, Rn. 20; v. 06.11.2003 - C-45/01, *Dornier*, EU:C:2003:595, Rn. 21; v. 08.06.2006 - C-106/05, *L.u.P.*, EU:C:2006:380, Rn. 50; dazu auch *Nieuwenhuis*, UR 2013, S. 663 (667 ff.); *Rosenthal*, DStR 2013, S. 443 (445 f.).

754 Mit der Einschätzung, dass ein vermeintlicher Systembruch nur im Falle eines Gleichheitsverstoßes „rechtliche Relevanz" gewinnt, bereits *Stadie*, in: DStJG 32 (2009), S. 143 (151).

755 Dazu ausführlich unter Teil 3 B, II, 3 a) bb).

756 Zum Zweck des Erhalts eines „Gesamtstandards" bereits unter Teil 1 D, II, 2 b).

Gewährung der Steuerbefreiung zwar den steuerrechtlichen Regelungen, ist aber verfassungswidrig. Es ist nicht auszuschließen, dass die Finanzverwaltung eine rechtmäßige Steuerbegünstigung gewährt, die aber zugleich trotz der unmittelbaren Bindung der Finanzverwaltung an die Verfassung[757] mangels Verhältnismäßigkeit der Drittbeeinträchtigung nicht als verfassungswidrig erkannt wird.

Zwar ist davon auszugehen, dass der Europäische Gerichtshof Art. 134 Buchst. b MwStSystRL als drittschützend auslegen dürfte und damit dem konkurrierenden Wettbewerber eine Klagemöglichkeit einräumen wird.[758] Allerdings wird dies dem Bedürfnis nach einer vollständigen Gewähr der Freiheitsrechte der Konkurrenten nur teilweise gerecht. Denn neben der Frage, ob die Regelung drittschützend ist,[759] dürfte eine negative Konkurrentenklage dem Interesse des nicht begünstigten Konkurrenten nur bedingt entsprechen. Auch wenn die individualschützend ausgeprägte Wettbewerbsschutzklausel zwingend als drittschützend anerkannt werden muss, jedenfalls aber die Wettbewerbsfreiheit des Konkurrenten diesem als „Dritten" einen Individualschutz ermöglicht.[760] Dennoch trifft den Konkurrenten bei der Klagebefugnis die Darlegungslast für das Vorliegen eines Wettbewerbsverhältnisses und einer möglichen Wettbewerbsrelevanz[761]

757 Zur Bindung der Exekutive an die Verfassung, nur *Grzeszick,* in: Maunz/Dürig, GG, Art. 20 Abs. 3 GG Rn. 19 (Stand 12.2007).

758 So hat der EuGH v. 08.06.2006 – C-430/04, *Feuerbestattungsverein Halle*, EU:C:2006:374, Rn. 32, auch bei Art. 4 Abs. 5 Uabs. 2 der Sechsten Richtlinie 77/388/EWG (nun Art. 13 MwStSystRl) entschieden, dass „sich ein Einzelner, der mit einer Einrichtung des öffentlichen Rechts im Wettbewerb steht und der geltend macht, diese Einrichtung werde [...] nicht oder zu niedrig zur Mehrwertsteuer herangezogen, im Rahmen eines Rechtsstreits [...] auf Artikel 4 Absatz 5 Unterabsatz 2 der Sechsten Richtlinie berufen kann".

759 Den drittschützenden Charakter des Art. 134 Buchst. b MwStSystRL nehmen wohl auch *Sinewe/Frase*, BB 2011, S. 1567 (1570) an; daneben wurde bereits überwiegend die Wettbewerbsschutzklausel des § 2 Abs. 3 UStG a.F. als drittschützend anerkannt, vgl. BFH v. 05. 10. 2006 – VII R 24/03, BFHE 215, 32, Rn. 21; ebenso bereits *Seer*, Verständigungen in Steuerverfahren, 1998, S. 263 f.; *Englisch*, StuW 2008, S. 43 (46 f.); hinsichtlich des Drittschutzes in der MwStSystRL wohl auch *Grimm*, Die negative Konkurrentenklage im Steuerrecht, 2011, S. 42 f.; a.A. *Reiß*, IStR 2005, S. 53 (55).

760 *Seer,* in: Tipke/Kruse, AO/FGO, § 40 FGO Rn. 83 (Stand 10.2014); *Grimm*, Die negative Konkurrentenklage im Steuerrecht, 2011, S. 73 ff.; *Englisch*, StuW 2008, S. 43 (51); *Stadie*, in: Rau/Dürrwächter, UStG, § 2b UStG Rn. 227 (Stand 10.2017).

761 Wobei zumindest im Falle einer drittschützenden Wettbewerbsklausel eine Vermutung hinsichtlich der Wettbewerbsrelevanz, sprich der Beeinträchtigung durch die Begünstigung des Konkurrenten, aufgestellt werden kann, vgl. *Englisch*, StuW 2008,

sowie das Prozessrisiko.[762] Überdies kann die Möglichkeit zur Konkurrentenklage eine umfängliche Berücksichtigung der Verfassungskonformität der Befreiungsgewährung im Vorfeld der Gewährung nicht garantieren. Dies gilt umso mehr, als dass die Regelung eine Prüfung der Wettbewerbsrelevanz im Kernbereich der Steuerbefreiung überhaupt nicht zulässt,[763] obwohl auch dort im Einzelfall eine unverhältnismäßige begünstigungsbedingte Beeinträchtigung vorliegen kann.

Um diese Problematik aufzulösen, könnte zunächst daran gedacht werden, die Finanzverwaltung zu einer stärker einzelfallabhängigen Beurteilung anzuleiten. Dies könnte über eine Regelung, vergleichbar zum abwägungsbedürftigen Kriterium der Unvermeidbarkeit nach § 65 Nr. 3 AO, erfolgen.[764] Allerdings ließe sich eine solche Regelung auch an dieser Stelle nicht mit dem der ressourcenbedingten Handlungslimitierung im Massenverfahren vereinbaren, weshalb der Konflikt durch die Problematik der praktischen Realisierbarkeit weiter fortbestehen würde. Der Widerspruch zwischen dem Förderinteresse und den im Einzelfall möglicherweise überwiegenden Individualinteressen lässt sich daher, für den Fall der fehlenden Tauglichkeit und Zulässigkeit einer vereinfachenden Anwendung,[765] nur abschließend durch den Gesetzgeber auflösen.

III. Handhabung des (verbleibenden) Wettbewerbsschutzes

Abschließend soll kurz die erfolgende Umsetzung der Wettbewerbsschutzklausel dargestellt werden und hinsichtlich ihrer Sachgerechtigkeit überprüft werden. Dabei besteht die Befürchtung, dass im Gleichlauf zu Art. 13 MwStSystRL eine grundsätzlich abstrakte Beurteilung erfolgt. Daneben soll untersucht werden, ob das Merkmal des „unmittelbaren Wettbewerbs" die Berücksichtigung eines potentiellen Wettbewerbsverhältnisses ausschließt oder ob es sich lediglich um ein redaktionelles Versehen handelt.

S. 43 (48); ebenso *Seer,* in: Tipke/Kruse, AO/FGO, § 40 FGO Rn. 83 (Stand 10.2014); *Grimm*, Die negative Konkurrentenklage im Steuerrecht, 2011, S. 49.

762 Fehlt eine drittschützende Wettbewerbsklausel kann die Wettbewerbsrelevanz nicht vermutet werden, vgl. *Englisch*, StuW 2008, S. 43 (53); *Seer,* in: Tipke/Kruse, AO/FGO, § 40 FGO Rn. 84 (Stand 10.2014).

763 Vgl. das Ergebnis unter Teil 1 D, I, 1 b).

764 Dazu ausführlich Teil 1 A, III, 3.

765 Dazu unter Teil 2.

1. *Derzeitige Beurteilung des Wettbewerbsverhältnisses*

a) *Vorgaben des Europäischen Gerichtshofs*

Der Europäische Gerichtshof sieht im Ausschluss des Art. 134 Buchst. b MwStSystRL eine spezifische Ausprägung des Grundsatz der steuerlichen Neutralität.[766] Hinsichtlich des Kriteriums, dass die Tätigkeiten in „unmittelbarem Wettbewerb“ mit nicht befreiten Umsätzen bewirkt werden müssen, führt der Gerichtshof zunächst nur aus, dass nach dem Grundsatz der steuerlichen Neutralität gleichartige Dienstleistungen allein wegen ihrer Gleichartigkeit in einem „Wettbewerb“ stünden.[767] Besondere Vorgaben zur Ermittlung des unmittelbaren Wettbewerbs werden dabei an keiner Stelle getroffen. Es ist daher davon auszugehen, dass der Gerichtshof, wie schon im Rahmen des Art. 13 MwStSystRL,[768] für die Bestimmung eines Wettbewerbsverhältnisses aufgrund der Anknüpfung an den Grundsatz der steuerlichen Neutralität eine abstrakte Beurteilung der Gleichartigkeit, losgelöst vom relevanten Markt, genügen lässt. Dies bestätigt sich auch in einer jüngeren Entscheidung, in der der Gerichtshof für die Bestimmung des Wettbewerbsverhältnisses, im Rahmen des Art. 134 Buchst. b MwStSystRL, allein auf die Gleichartigkeit der Tätigkeit und damit darauf abstellt hat, ob die Leistungen tatsächlich dieselben Bedürfnisse der Verbraucher befriedigen.[769] Eine Marktabgrenzung wird völlig außenvorgelassen und stattdessen werden neben der Austauschbarkeit aus Nachfragersicht auch andere Gesichtspunkte gewertet.[770] Wie schon bei der Beurteilung im Rahmen des Art. 13 MwStSystRL kritisiert,[771] führt dieses abstrakte Verständnis jedoch zu einer Verkürzung der Voraussetzungen des Wettbewerbsverhältnisses, die den Eigenarten und Bedingungen des Phänomens „Wettbewerb“ nicht gerecht wird. Da die Wettbewerbskräfte nur auf einzelnen relevanten Märkten wirken, verbietet sich jegliche abstrakte Beurteilung eines Wettbewerbsverhältnisses, die über die Möglichkeit zu wechselseitig beeinflussenden Handlungen im

---

766 EuGH v. 14.06.2007 – C-434/05, *Horizon College*, EU:C:2007:343, Rn. 43; v. 04.05.2017 – C-699/15, *Brockenhurst College*, EU:C:2017:344, Rn. 35.

767 EuGH v. 14.06.2007 – C-434/05, *Horizon College*, EU:C:2007:343, Rn. 43; v. 04.05.2017 – C-699/15, *Brockenhurst College*, EU:C:2017:344, Rn. 35.

768 Ausführlich unter Teil 1 C, II, 1 a) aa).

769 EuGH v. 04.05.2017 – C-699/15, *Brockenhurst College*, EU:C:2017:344, Rn. 35 ff.

770 Etwa die „Situation“ unter der die tätigen Personen die Leistung erbringen, vgl. EuGH v. 04.05.2017 – C-699/15, *Brockenhurst College*, EU:C:2017:344, Rn. 38, was hingegen für den Nachfrager weder ersichtlich noch relevant sein dürfte.

771 Dazu Teil 1 C, II, 1 a) aa) (2).

Rivalitätsprozess nichts aussagt.[772] Daneben kann dieses abstrakte Verständnis auch den Interessen der befreiten Einrichtungen nicht gerecht werden. Denn die Möglichkeit einer gleichartigen Leistung dürfte nur in den seltensten Fällen ausgeschlossen sein.[773] Die Wettbewerbsschutzklausel würde einem Regelausschluss gleichkommen.

b) Abweichende Umsetzung durch den Bundesfinanzhof

Durch das abzulehnende weite Verständnis des Bundesfinanzhofs vom Kernbereich[774] kommt dieser nur selten zur Prüfung der Schutzklausel des Art. 134 Buchst. b MwStSystRL.[775]

Überraschenderweise weicht der Bundesfinanzhof in seinen Entscheidungen bei der Anwendung des Art. 134 Buchst. b MwStSystRL zudem noch von den Vorgaben des Europäischen Gerichtshofs zur Ermittlung eines Wettbewerbs(-verhältnisses) ab. Zunächst gibt der Bundesfinanzhof zwar das Verständnis des Europäischen Gerichtshofs vom Merkmal des „unmittelbaren Wettbewerbs“ als spezifische Ausprägung des Grundsatzes der steuerlichen Neutralität ausdrücklich wieder. Für einen „Wettbewerb“ solle daher genügen, dass die Leistungen aus Sicht der Verbraucher denselben Bedürfnissen dienen.[776] Daraufhin setzt das Gericht jedoch die Vorgaben des Europäischen Gerichtshofs zur abstrakten Beurteilung des Wettbewerbsverhältnisses nicht um. Stattdessen verlangt der Bundesfinanzhof die Feststellung, dass in räumlicher Nähe zum Leistungserbringer vergleichbare Leistungen angeboten werden müssten.[777] Dieses Verständnis

---

772 Ausführliche Nachweise zur Notwendigkeit des Konkurrenzdrucks unter Teil 1 C, II, 1 a) aa) (2).

773 Zu § 65 Nr. 3 AO ähnlich *Hüttemann* im Rahmen der 60. Berliner Steuergespräche „Gemeinnützigkeit“, *Richter/Welling*, FR 2016, S. 981 (983); *Wunsch*, Die Wettbewerbsklausel des § 65 Nr. 3 AO, 2002, S. 98.

774 Vgl. Teil 1 D, I, 2 a) und Teil 1 D, I, 2 e).

775 BFH v. 25.01.2006 – V R 46/04, BStBl II 2006, 481, Rn. 30, wobei dieser dort an die Feststellungen der Vorinstanz gebunden war; v. 16.10.2013 – XI R 34/11, BFH/NV 2014, 460, Rn. 58 ff.; v. 16.12.2015 – XI R 52/13, BFH/NV 2016, 700, Rn. 31 ff.; v. 10.08.2016 – V R 14/15, BFH/NV 2017, 63, Rn. 25 ff.

776 BFH v. 16.10.2013 – XI R 34/11, BFH/NV 2014, 460, Rn. 58; v. 10.08.2016 – V R 14/15, BFH/NV 2017, 63, Rn. 25.

777 BFH v. 16.10.2013 – XI R 34/11, BFH/NV 2014, 460, Rn. 62; v. 10.08.2016 – V R 14/15, BFH/NV 2017, 63, Rn. 26.

führt zugleich auch zu einer Abweichung gegenüber der Ermittlung eines Wettbewerbsverhältnisses im Rahmen des § 2b UStG.[778]

Ohne direkten Bezug und ebenso ohne weitere Begründung scheint das Gericht, in Abweichung vom Europäischen Gerichtshof, zur Ermittlung eines Wettbewerbsverhältnisses neben dem sachlich relevanten Markt (ermittelt durch die Austauschbarkeit der Leistungen, die jedoch mit der Vergleichbarkeit aus Nachfragersicht übereinstimmt) auch auf den räumlich relevanten Markt abzustellen.[779] Eine Rückanknüpfung an das Wettbewerbsrecht, wo mit Hilfe verschiedentlicher Verfahren im Einzelfall ermittelt wird, im welchem räumlichen Bereich der Wettbewerbsdruck wirkt und damit bestehende Konkurrenten zu ermitteln sind,[780] fehlt aber. Dies ist wohl auch der Grund dafür, dass weder offengelegt wurde, wieso der „Einzugsbereich“ genau die zugrunde gelegte Entfernung erfasste,[781] noch anhand welcher Vorgaben dieser grundsätzlich ermittelt werden kann.[782] Vereinzelt wurde sogar ein Wettbewerbsverhältnis ohne Weiteres festgestellt.[783] Überdies werden keine Vorgaben zur Berücksichtigung des „potentiellen Wettbewerbs“ getroffen.[784] Anders ist dies in der untergerichtlichen Rechtsprechung. Wobei dort die Fehlvorstellung herrscht, dass ein „potentieller Wettbewerb“ losgelöst von den „lokalen Begebenheiten“ und damit auch losgelöst vom räumlich relevanten Markt bestimmt werden könnte.[785] Das Konstrukt des potentiellen Wettbewerbsverhältnisses kann aber nur über fehlende Konkurrenten, nicht aber die Marktabgrenzung hinweghelfen.[786]

Damit wird der Bundesfinanzhof aber wie schon bei der Anwendung der Wettbewerbsschutzklausel des § 65 Nr. 3 AO dem Wettbewerbsgedanken nicht

778 Zur Vorgabe des EuGH hinsichtlich der Wettbewerbsprüfung im Rahmen der vorrangigen MwStSystRL bereits Teil 1 C, II, 1 a).

779 Zur Substituierbarkeit und zum räumlich relevanten Markt ausführlich unter Teil 1 A, II, 1 b) bb).

780 Zum sog. SSNIP-Test und dem Bedarfsmarktkonzept, ebenda.

781 BFH v. 10.08.2016 – V R 14/15, BFH/NV 2017, 63, Rn. 26, wobei auch dieser an die Feststellungen der Vorinstanz gebunden war.

782 BFH v. 16.10.2013 – XI R 34/11, BFH/NV 2014, 460, Rn. 62.

783 BFH v. 16.12.2015 – XI R 52/13, BFH/NV 2016, 700, Rn. 33, der die Substituierbarkeit nicht besonders thematisiert.

784 So auch *Meurer*, MwStR 2017, S. 29 (33).

785 FG Rheinland-Pfalz v. 07.08.2014 – 6 K 1387/11, EFG 2014, 2090, Rn. 146 ff.; FG Münster v. 25.09.2014 – 5 K 3700/10 U, EFG 2014, 2177, Rn. 41, wenn auch in Bezug auf den nicht umgesetzten Art. 133 Buchst. d MwStSystRL.

786 Vgl. die übertragbare Argumentation unter Teil 1 A, II, 2 c).

in letzter Konsequenz[787] gerecht. Anders als beim Europäischen Gerichtshof, der diesen Umstand sachwidrig außenvorlässt,[788] wird aber erkannt, dass ein „Wettbewerb“ nur zwischen Anbietern bestehen kann, die vom Nachfrager auch in räumlicher Hinsicht als Alternative angesehen werden.

c) Auffassung der Literatur

In der Literatur hat eine Auseinandersetzung mit dem Merkmal des Wettbewerbsverhältnisses im Rahmen des Art. 134 Buchst. b MwStSystRL noch nicht umfassend stattgefunden. Stattdessen schließen sich einzelne Stimmen ohne weitere Begründung der konkreten Betrachtung des Bundesfinanzhofs an,[789] oder übernehmen die Vorgabe des Europäischen Gerichtshofs, ein Wettbewerbsverhältnis allein über die Gleichartigkeit der Leistungen zu bestimmen.[790]

2. Merkmal des „unmittelbaren Wettbewerbs“

Hinsichtlich des Wortlauts stellt sich allerdings in der Tat die Frage, ob für einen „unmittelbaren Wettbewerb“ ein tatsächliches Wettbewerbsverhältnis gefordert werden muss oder auch ein potentielles Wettbewerbsverhältnis ausreicht.

In einem tatsächlichen Wettbewerbsverhältnis[791] können sich die Handlungen der Anbieter direkt und damit unmittelbar auf die Absatzbemühungen des Konkurrenten auswirken. In einem potentiellen Wettbewerbsverhältnis besteht ein Wettbewerbs- oder Konkurrenzdruck dagegen nur in der Gestalt, dass der Monopolist ab einer gewissen Preispolitik mit dem Zutritt konkurrierender Anbieter, oder aber dem Abgang der Nachfrager rechnen muss, da diese auch die Leistungen von Anbietern in einer größeren räumlichen Entfernung als austauschbar ansehen werden und damit indirekt (mittelbar) ein „Wettbewerb“

---

787 So werden oftmals die erforderlichen Feststellungen nicht getroffen, sondern das Bestehen eines Wettbewerbsverhältnisses schlicht festgelegt, vgl. Teil 1 A, II, 1 a) bb).

788 Dazu Teil 1 D, III, 1 a).

789 *Dodos*, MwStR 2017, S. 9 (13) Fn. 40.

790 So etwa *Rosenthal*, DStR 2013, S. 443 (446); *Engler*, Steuerverfassungsrecht im Mehrebenensystem, 2014, S. 265 f.; *Hoffsümmer*, Steuerbefreiungen für Inlandsumsätze, 2009, S. 51 ff.; *Erdbrügger*, MwStR 2014, S. 187 (190); *Dudde*, Die Umsatzbesteuerung gemeinnütziger Sportvereine, 2010, S. 467 f., die anscheinend ein Wettbewerbsverhältnis als abstrakt und eine Wettbewerbsverzerrung als konkret versteht.

791 Zur erforderlichen Marktabgrenzung zur Ermittlung eines Wettbewerbsverhältnisses unter Teil 1 A, II, 1 b) bb); zur Ermittlung eines potentiellen Wettbewerbsverhältnisses unter Teil 1 A, II, 2 c).

besteht. Daher könnte das Erfordernis der Unmittelbarkeit des Wettbewerbs als Synonym für den unmittelbaren wechselseitigen Druck im Prozess Wettbewerb[792] angesehen werden. Danach wäre allein ein tatsächliches Wettbewerbsverhältnis schädlich.

Vor dem Zweck der Wettbewerbsschutzklausel muss jedoch davon ausgegangen werden, dass es sich nur um ein redaktionelles Versehen handelt. Wie schon die bisher untersuchten Wettbewerbsschutzklauseln[793] hat auch Art. 134 Buchst. b MwStSystRL den vorrangigen Zweck, eine Negativauswirkung der Steuerbefreiung auf Konkurrenten – durch den künstlich gesteigerten Preisdruck[794] – zu verhindern. Es wäre dabei schlicht widersinnig, bestehende Konkurrenten zu schützen, dagegen die Monopolstellung derjenigen Anbieter, für die im Zeitpunkt der Befreiungsgewährung zufälligerweise noch kein Konkurrent vorherrscht, zu festigen und dadurch mögliche künftige Konkurrenten dauerhaft vom Markt fernzuhalten. Neben der in gleicher Weise schützenswerten potentiellen Konkurrenz muss allein zum Erhalt der gemeinwohlfördernden Wirkung des Wettbewerbsmechanismus (Innovationssteigerung[795]) möglichen Konkurrenten der Zutritt zum Markt offengehalten werden. Dies gilt natürlich nur, wenn entsprechend den wirtschaftlichen Begebenheiten auf dem räumlich relevanten Markt ein Zutritt beim Ausschluss der Steuerbefreiung rentabel wäre.

Aus diesem Grund muss zugleich auch der unmittelbare Wettbewerb – als Synonym für ein einfaches Wettbewerbsverhältnis – grundsätzlich als gegenüber einer Wettbewerbsverzerrung gem. Art. 133 Buchst. d MwStSystRL weiter gefasstes Merkmal angesehen werden.[796] Wobei darauf hinzuweisen ist, dass nach hiesigem Verständnis die Steuerbefreiungen im Bereich der Mehrwertsteuer unmittelbar den Wettbewerbsdruck verschärfen, weshalb bei einem

792 Zum Einordnung des Wettbewerbs als interaktiven und durch Konkurrenz geprägten Prozess siehe die ausführlichen Nachweise Einleitung A, II, 1.

793 Vgl. zu § 65 Nr. 3 AO Teil 1 A, III, 3 a) bb), zu § 4 KStG Teil 1 B, IV, 2 b) aa) (1) und zu § 2b UStG Teil 1 C, II, 1 c) bb).

794 Dieser ergibt sich daraus, dass bei der Mehrwertsteuer die Steuerbefreiung unweigerlich zu einer Preissenkung und damit zu einer Zunahme des Wettbewerbsdrucks durch eine äußerliche Einwirkung führt, vgl. den gleichgehenden Gedanken unter Teil 1 C, II, 1 c) bb).

795 Vgl. dazu und zur Irrelevanz einer Steuerbefreiung für die Allokationseffizienz die übertragbaren Ausführungen unter Teil 1 A, III, 3 a) bb) (1).

796 A.A. *Hüttemann/Schauhoff*, MwStR 2013, S. 426 (430), wonach ein „unmittelbarer" Wettbewerb bereits nach dem Wortlaut mehr erfordere als eine bloße „Wettbewerbsverzerrung".

Wettbewerbsverhältnis zugleich auf eine Wettbewerbsverzerrung geschlossen werden kann.[797]

Für die Ermittlung eines Wettbewerbsverhältnisses gelten dabei die am Kartellrecht orientierten Vorgaben zur Bestimmung des sachlich und räumlich relevanten Marktes. Erforderlich ist dazu jedenfalls die Beurteilung der Austauschbarkeit aus Nachfragersicht über die Anwendung des sog. Bedarfsmarktkonzeptes.[798]

IV. Gesamtergebnis: Art. 134 Buchst. b MwStSystRL zwischen generellem Befreiungsausschluss und Bedeutungslosigkeit

Der Wettbewerbsschutzklausel des Art. 134 Buchst. b MwStSystRL kommt damit eine widersprüchliche Bedeutung zu.

Durch den Ausschluss der Leistungen „im Kern der Befreiung" kann Art. 134 Buchst. b MwStSystRL den notwendigen Schutz der nicht begünstigten Konkurrenten nicht umsetzen. Der Anwendungsausschluss für den „Kernbereich" erfolgt dabei jedoch nicht erst durch die Rechtsprechung, sondern ist durch die Ausgestaltung der Art. 132 ff. MwStSystRL bereits in der Mehrwertsteuersystemrichtlinie angelegt.[799] Die über die ausdrücklich genannten Leistungen hinausgehende Anwendungsbeschränkung hinsichtlich „eng verbundener" Umsätze – für die damit ebenfalls eine Kernbereichsrelevanz angenommen wird – durch den Bundesfinanzhof ist weder mit dem Schutzzweck noch dem Wortlaut und der Systematik vereinbar.[800]

Daneben kommt das abstrakte Verständnis des Europäischen Gerichtshofs zur Bestimmung eines Wettbewerbsverhältnisses im Falle der Anwendbarkeit einem generellen Befreiungsausschluss gleich.[801] Die Beurteilung durch den Bundesfinanzhof erfolgt zwar sachgerechter, wenn auch nicht in letzter Konsequenz entsprechend dem wettbewerbsrechtlichen Bedürfnis.[802] Daneben führt diese zugleich zu einer Abweichung gegenüber der Ermittlung eines Wettbewerbsverhältnisses im Rahmen des § 2b UStG.[803] Diese wird daher nicht zu einer

---

797 Vgl. dazu bereits Teil 1 C, II, 1 c) bb) (2).

798 Dazu bereits ausführlich unter Teil 1 A, II, 1 b) bb) und II, 2 c) bb).

799 Dazu Teil 1 D, I, 1 b).

800 Vgl. Teil 1 D, I, 2 d) und e).

801 Vgl. Teil 1 D, III, 1 a).

802 Zur notwendigen Marktabgrenzung und den erforderlichen Feststellungen schon Teil 1 A, II, 1 b).

803 Zur Vorgabe des EuGH hinsichtlich der Wettbewerbsprüfung im Rahmen der vorrangigen MwStSystRL bereits Teil 1 C, II, 1 a).

Zunahme der Verständlichkeit bei der Anwendung von steuerrechtlichen Wettbewerbsschutzklauseln führen.[804] Zudem zeigt sich auch hier, dass das Gericht entweder ohne Offenlegung der angewendeten Methode zur Bestimmung des „Einzugsbereichs“ oder offenkundig pauschal ein Wettbewerbsverhältnis annimmt. Damit zeigt sich wegen des Auseinanderfallens von Ideal und Wirklichkeit - durch die Umgehung der eigens von der Rechtsprechung aufgestellten Kriterien - erneut die Untauglichkeit einer einzelfallabhängigen Ausgestaltung des Steuerrechts als Teil des Wettbewerbsrechts.

E. Übertragbarkeit der aufgestellten Grundsätze

Zuletzt sollen die Wettbewerbsschutzklauseln des § 12 Abs. 2 Nr. 8 Buchst. a S. 3 Alt. 1 UStG und des § 5 Abs. 1 Nr. 22 S. 1 KStG in den Blick genommen werden. Aufgrund der gewonnenen Erkenntnis, dass die aufgestellten Kriterien normübergreifend auf die Wettbewerbsschutzklauseln übertragbar sind, soll sich die Untersuchung auf die Sachgerechtigkeit der erfolgenden Umsetzung beschränken.

I. Die Wettbewerbsschutzklausel des § 12 Abs. 2 Nr. 8 Buchst. a S. 3 Alt. 1 UStG

Nach § 12 Abs. 2 Nr. 8 Buchst. a S. 1 UStG fällt für Leistungen gemeinnütziger Körperschaften nach den §§ 51 bis 68 AO nur der ermäßigte Steuersatz an. Dieser soll aber nur für Leistungen im Rahmen eines Zweckbetriebs (§ 12 Abs. 2 Nr. 8 Buchst. a S. 2 UStG) gelten, „wenn der Zweckbetrieb nicht in erster Linie der Erzielung zusätzlicher Einnahmen durch die Ausführung von Umsätzen dient, die in unmittelbarem Wettbewerb mit dem allgemeinen Steuersatz unterliegenden Leistungen anderer Unternehmer ausgeführt werden [...]“, § 12 Abs. 2 Nr. 8 Buchst. a S. 3 Alt. 1 UStG. Die Formulierung der Wettbewerbsschutzklausel orientiert sich am Wortlaut der ähnlich lautenden Vorgängervorschrift zu Art. 134 Buchst. b MwStSystRL, wonach die Steuerbefreiung für bestimmte Dienstleistungen oder Lieferungen ausgeschlossen ist, wenn „sie im Wesentlichen dazu bestimmt sind, der Einrichtung zusätzliche Einnahmen durch Tätigkeiten zu verschaffen, die in unmittelbarem Wettbewerb mit Tätigkeiten von der Mehrwertsteuer unterliegenden gewerblichen Unternehmen durchgeführt

---

804 Den Widerspruch zur Bestimmung des Wettbewerbsverhältnisses gegenüber der Ermittlung i.R.d. § 2b UStG erkennt auch *Meurer*, MwStR 2014, S. 137 (138); *ders.*, MwStR 2017, S. 29 (33).

werden".[805] Hier wie dort wird die steuerliche Begünstigung von den Kriterien der „zusätzlichen Einnahme" und des „unmittelbaren Wettbewerbs" zu (voll-) steuerpflichtigen Anbietern abhängig gemacht.

1. *Wettbewerbsschutzklausel als Begünstigungskorrektiv*

Die Wettbewerbsschutzklausel nach S. 3 wurde erst nachträglich mit dem Steueränderungsgesetz 2007 in § 12 Abs. 2 Nr. 8 Buchst. a eingefügt.[806] Nach der Gesetzesbegründung dient die in S. 3 aufgenommene Bedingung „der Vermeidung von ungerechtfertigten Steuer- und weitreichenden Wettbewerbsvorteilen durch Gestaltungsmodelle, die in erster Linie der Erzielung von Steuervorteilen und weniger der Förderung des steuerbegünstigten Zwecks dienen".[807] Neben der Verhinderung des Vorteilsmissbrauchs ging es damit auch maßgeblich darum, Befreiungen aufzuheben, die „zu einem nicht mehr hinnehmbaren Wettbewerbsnachteil für Unternehmer führt, deren Leistungen dem allgemeinen Steuersatz unterliegen".[808] Auf den ersten Blick dient das Kriterium der „zusätzlichen Einnahme" dabei dem Zweck, einen Missbrauch durch den Ausschluss von Geschäftsmodelle, die „in erster Linie der Erzielung von Steuervorteilen und weniger der Förderung des steuerbegünstigten Zwecks dienen", zu verhindern.[809] Das Kriterium des „unmittelbaren Wettbewerbs" dient sodann daneben dem Konkurrentenschutz. Bei sachgerechter Beurteilung der „zusätzlichen Einnahmen" wird aber wohl auch dieses Kriterium nicht losgelöst vom Wettbewerbsgedanken angewendet werden können.[810] Es wird sich zeigen, dass auch bei der „zusätzlichen Einnahme" zwingend Aspekte des Wettbewerbsschutzes einfließen müssen.

---

805 Vgl. Art. 13 Teil A Abs. 2 Buchst. b 6. EG-Richtlinie (RL 77/388/EWG) zweiter Gedankenstrich; ausführlich zu Art. 134 Buchst. b MwStSystRL unter Teil 1 D.

806 Zur zeitlichen Entwicklung der Vorschrift *Hummel*, in: Rau/Dürrwächter, UStG, § 12 Abs. 2 Nr. 8 UStG Rn. 21 ff. (Stand 04.2015); *Hüttemann*, MwStR 2014, S. 115 (116).

807 BT-Drs. 16/2712, S. 75.

808 Vgl. BT-Drs. 16/3036, S. 15.

809 Vgl. BT-Drs. 16/3036, S. 14.

810 Vgl. dahingehend bereits die wettbewerbsorientierte Betrachtung der „zusätzlichen Einnahmen" im Rahmen des Art. 134 Buchst. b MwStSystRL unter Teil 1 D, I, 3.

2. Umsetzung des Wettbewerbsschutzes

Vor dem bezweckten Schutz steuerpflichtiger Konkurrenten stellt sich die Frage, ob die Kriterien der „zusätzlichen Einnahme“ und des „unmittelbaren Wettbewerbs“ eine sachgerechte Umsetzung erfahren.

a) Bestehendes Verständnis zur Bestimmung des „unmittelbaren Wettbewerbs“

aa) Rechtsprechung: Keine direkte Vorgabe für die Wettbewerbsprüfung

Eine direkte Vorgabe, ob die Prüfung des Wettbewerbsverhältnisses entsprechend der Beurteilung des Europäischen Gerichtshofs abstrakt anhand der Tätigkeit als solcher[811] beurteilt werden soll, lässt sich nicht finden. Ebenso wurde aber auch keine konkrete Bestimmung anhand der „lokalen Verhältnisse“ – in Abweichung zur Vorgabe des Europäischen Gerichtshofs zu Art. 134 Buchst. b MwStSystRL und vergleichbar der ursprünglichen Vorgabe zu § 65 Nr. 3 AO –[812] vorgegeben.

Teilweise bedurfte es einer gesonderten Wettbewerbsprüfung aber auch nicht.[813] Eine jüngere Entscheidung gibt zumindest mittelbar Aufschluss über das wohl vorherrschende Verständnis des Bundesfinanzhofes. Im Urteil heißt es, dass es für die Bestimmung des „unmittelbaren Wettbewerbs“ entscheidend darauf ankomme, „ob der Kläger mit den Leistungen seines Zweckbetriebs in Wettbewerb zu anderen Unternehmern tritt, die vergleichbare Leistungen ohne Anspruch auf Ermäßigung am Markt anbieten“.[814] Der Bundesfinanzhof lässt damit grundsätzlich das Verständnis von der Maßgeblichkeit der konkreten Verhältnisse erkennen, auch wenn das Gericht nicht weiter ausführt, auf welche Weise die Vergleichbarkeit der Leistungen oder gar der „Markt“ zu bestimmen sei. Und das, obwohl sich dies wegen der fehlenden Feststellung der Vorinstanz angeboten hätte. Das zugrunde gelegte Verständnis stünde jedenfalls auch mit dem Verständnis einer Beurteilung anhand der konkreten Verhältnisse in Einklang.

---

811 Dazu ausführlich Teil 1 C, II, 1 a).

812 Zu § 65 Nr. 3 AO unter Teil 1 A, II, 1 a) bb) (1); und zur konkreten Vorgabe hinsichtlich Art. 134 Buchst. b MwStSystRL in Abweichung zur Vorgabe des Europäischen Gerichtshofs, vgl. Teil 1 D, III, 1 b).

813 Vgl. BFH v. 08.03.2012 – VR 14/11, BStBl II 2012, 630, Rn. 31, wo das Gericht lediglich anführte, dass die Vorinstanz einen unmittelbaren Wettbewerb festgestellt habe.

814 BFH v. 21.06.2017 – VR 34/16, BStBl II 2018, 55, Rn. 33.

bb) Überwiegend sachgerechtes Verständnis in der Literatur

Konkreter ist dagegen das Verständnis der Literatur. Teilweise werden die Vorgaben des Bundesfinanzhofs zur Feststellung eines „Wettbewerbs" im Rahmen des § 65 Nr. 3 AO durch die verkürzte lauterkeitsrechtliche Formel des „gleichen Leistungsangebots" an den „gleichen Kundenkreises" im „gleichen Einzugsgebiet"[815] übernommen.[816] Dadurch wird zumindest dem Gedanken nach auch auf den sachlich und räumlich relevanten Markt[817] abgestellt, auch wenn weitere Vorgaben für die Bestimmung der Gleichartigkeit und des Einzugsgebietes fehlen. Die daraufhin getroffene Vorgabe, dass eine „abstrakte und potentielle Wettbewerbsbeeinträchtigung" ausreichend sein soll[818] kann dagegen nicht überzeugen. Ungeachtet der Frage, ob es für die Anwendung des § 12 Abs. 2 Nr. 8 Buchst. a S. 3 Alt. 1 UStG überhaupt auf die Feststellung einer Wettbewerbsbeeinträchtigung ankommt, wurde bereits dargelegt, dass weder eine solche noch ein (potentielles) Wettbewerbsverhältnis sachgerechter Weise abstrakt beurteilt werden können. Mit Ausnahme der Fälle eines rechtlichen Annahme- oder Benutzungszwangs ist es losgelöst von den konkreten Umständen nahezu niemals ausgeschlossen, dass eine Auswirkung bestehen könnte. Daneben würde der Zweck der Wettbewerbsschutzklauseln (Negativauswirkung für steuerpflichtige Konkurrenten zu verhindern) übersteigert. Eine nicht bestehende, sondern allein mögliche (und damit eben abstrakte) Negativauswirkung kann nicht aufgehoben werden und erfordert dies damit zugleich auch nicht.

Daneben wird richtigerweise sogar ausdrücklich vom „räumlich bedeutsamen Markt" gesprochen und gefordert, dass auch ein potentieller Wettbewerb

---

815 Zur Umsetzung dessen und der fehlenden Präzision dieser Formel Teil 1 A, II, 1 a) und c).

816 *Hummel*, in: Rau/Dürrwächter, UStG, § 12 Abs. 2 Nr. 8 UStG Rn. 248 (Stand 04.2015), auch wenn dieser die Vorgaben auf § 65 Nr. 3 AO bezieht, gibt er dahingehend keine abweichenden Vorgaben hinsichtlich § 12 Abs. 2 Nr. 8 Buchst. a S. 3 Alt. 1 UStG vor (vgl. Rn. 321 ff.), weshalb wohl die gleichen Maßstäbe gelten sollen; ähnlich *Heuermann* in: Sölch/Ringleb, UStG, § 12 UStG Rn. 632 und 640 (Stand 06.2019).

817 Dazu ausführlich unter Teil 1 A, II, 1 b) bb).

818 *Hummel*, in: Rau/Dürrwächter, UStG, § 12 Abs. 2 Nr. 8 UStG Rn. 248 (Stand 04.2015); zumal die dortigen Nachweise sich teilweise sogar nicht auf eine Wettbewerbsbeeinträchtigung, sondern eine Wettbewerbssituation beziehen, vgl. etwa *Hüttemann*, GemSpR[4], 2018, Tz. 6.190 und FG Bremen v. 12.11.2008 – 2 K 28/08 (1), EFG 2010, 527, Rn. 53, und diese dabei auch kein abstraktes, sondern ein konkretes (potentielles) Wettbewerbsverhältnis fordern, vgl. *ders.*, GemSpR[4], 2018, Tz. 6.191.

auf eben diesem „überhaupt möglich ist“.[819] An anderer Stelle wird auch die konkrete Wettbewerbssituation vor Ort als maßgeblich benannt.[820] Allerdings werden auch hier keine konkreten Vorgaben zur Bestimmung der Austauschbarkeit und der Marktanalyse aufgestellt.[821]

b) Sachgerechte Umsetzung der wettbewerbsorientierten Kriterien

§ 12 Abs. 2 Nr. 8 Buchst. a S. 3 Alt. 1 UStG dient zwar nicht der Umsetzung des Art. 134 Buchst. b MwStSystRL, weshalb die dort getroffenen Vorgaben nicht verbindlich sind. Wegen des sehr ähnlichen Wortlauts und derselben maßgeblichen Kriterien stellen sich jedoch ähnliche Fragen bei der Umsetzung dieser Merkmale. Zugleich lassen sich vor dem identischen Schutzzweck der Regelungen die dort getroffenen Aussagen zumindest teilweise übertragen.

aa) Merkmal des „unmittelbaren Wettbewerbs“

(1) Bestimmung des maßgeblichen Wettbewerbsverhältnisses

Für die Bestimmung des durch die Literatur und wohl auch durch den Bundesfinanzhof richtigerweise als von den konkreten Umständen abhängig verstandenen Merkmals des unmittelbaren Wettbewerbs(-verhältnisses)[822] kommt es damit zunächst maßgeblich auf die Analyse des sachlich und räumlich relevanten Marktes an.[823] Es wurde auch schon gezeigt, dass auch für den Bereich der Umsatzsteuer keine abweichende Beurteilung geboten ist.[824] Zudem muss wegen

---

819 *Heuermann* in: Sölch/Ringleb, UStG, § 12 UStG Rn. 636 (Stand 06.2019), wobei sich diese Ausführungen ebenfalls auf § 65 Nr. 3 AO beziehen und hinsichtlich § 12 Abs. 2 Nr. 8 Buchst. a S. 3 Alt. 1 UStG die Zweckbetriebseigenschaft „umsatzsteuerlich zu bestimmen“ sei (Rn. 640).

820 *Sterzinger*, UR 2014, S. 381 (388).

821 Wobei zumindest *Wäger*, UR 2013, S. 81 (100), Kriterien vorgibt, anhand derer eine Gleichartigkeit und ein Nachfragerkreis zumindest bestimmbar erscheinen.

822 Vgl. Teil 1 E, I, 2 a).

823 Zur Bestimmung ausführlich unter Teil 1 A, II, 1 b) bb).

824 Weder das Gebot der Neutralität der Umsatzsteuer noch der Grundsätze der weiten Auslegung von Abweichungen dieses Gebots vermögen die vor dem Schutzzweck der Wettbewerbsschutzklauseln erforderliche konkrete Ermittlung der im einzelnen „bedrohten“ Konkurrenten am Markt zu beeinflussen, vgl. zur überhaupt erst durch die Steuerbegünstigung ermöglichten Auswirkung auf „den Wettbewerb“ durch die Abweichung vom Grundsatz der steuerlichen Neutralität Teil 1 C, III. Jegliche weniger präzise Beurteilung würde den Sinn der wettbewerblichen Anknüpfung aufheben und zu einer nahezu generellen Korrektur der gewollten Ausnahme vom Grundsatz der steuerlichen Neutralität führen. Wieso es dann überhaupt die Ausnahme geben sollte,

des Schutzzwecks entgegen des Wortlauts „unmittelbaren Wettbewerb“ auch ein potentielles Wettbewerbsverhältnis anerkannt werden.[825]

Eine Besonderheit gerade auch gegenüber Art. 134 Buchst. b MwStSystRL besteht aber darin, dass im Rahmen des § 12 Abs. 2 Nr. 8 Buchst. a S. 3 Alt. 1 UStG nicht die in Rede stehende Leistung selbst in einem Wettbewerbsverhältnis ausgeführt werden muss. Vielmehr müssen die vom Zweckbetrieb ausgeführten Umsätze zur Erzielung zusätzlicher Einnahmen in einem unmittelbaren Wettbewerb mit dem allgemeinen Steuersatz unterliegenden Leistungen ausgeführt werden. Dient der Zweckbetrieb nicht *in erster Linie* der Erzielung zusätzlicher Einnahmen, kommt es auch nicht darauf an, ob die Umsätze des Zweckbetriebs in einem Wettbewerbsverhältnis erzielt wurden. Dient der Zweckbetrieb dagegen *in erster Linie* der Erzielung zusätzlicher Einnahmen durch die Ausführung der Umsätze, müssen eben diese Umsätze in einem Wettbewerbsverhältnis stehen. Die Höhe des Steuersatzes für die in Rede stehende Leistung steht und fällt damit nicht mit ihrer Wettbewerbsrelevanz, sondern mit der Prägung des Zweckbetriebs. An dieser Stelle zeigt sich, dass der Regelung nicht nur der Konkurrentenschutz, sondern auch der Zweck der Missbrauchsbekämpfung zugrunde liegt.[826]

(2) Kein Erfordernis einer Wettbewerbsbeeinträchtigung oder -verzerrung

Während teilweise die Kriterien der Wettbewerbsbeeinträchtigung[827] und Wettbewerbsverzerrung[828] mit in die Betrachtung einbezogen werden, kommt es auf solche quantitativen Elemente ausweislich des Wortlautes überhaupt nicht an. Vor dem Normzweck, nicht begünstigte Konkurrenten vor den

---

erklärt sich nicht, vgl. bereits Teil 1 C, III, 4. Die Begünstigung lässt sich nur so lange sinnvollerweise halten, als dass diese bei der Unmöglichkeit oder dem Fehlen eines Wettbewerbsverhältnisses gewährt wird.

825 Vgl. die übertragbare ausführlichere Darstellung unter Teil 1 D, III, 2.

826 BT-Drs. 16/2712, S. 75; *Hummel*, in: Rau/Dürrwächter, UStG, § 12 Abs. 2 Nr. 8 UStG Rn. 302 (Stand 04.2015); *Hüttemann*, MwStR 2014, S. 115 (116).

827 So wohl *Hummel*, in: Rau/Dürrwächter, UStG, § 12 Abs. 2 Nr. 8 UStG Rn. 299 und 322 (Stand 04.2015); mit der Forderung eines quantitativen Elements wohl auch *Hüttemann*, MwStR 2014, S. 115 (117), der hervorhebt, dass die Voraussetzung des § 12 Abs. 2 Nr. 8 Buchst. a S. 3 Alt. 1 UStG bereits in § 65 Nr. 3 AO enthalten sei, da der „Wettbewerb zu nicht steuerbegünstigten Betrieben [...] auf ein unvermeidbares Maß beschränkt“ sei; ähnlich *Berg/Schnabelrauch*, UR 2018, S. 225 (226 f.).

828 *Wäger*, UR 2013, S. 81 (100); ähnlich *Heuermann* in: Sölch/Ringleb, UStG, § 12 UStG Rn. 636 und 640 (Stand 06.2019).

Negativauswirkungen der Steuerbegünstigung zu schützen, wäre ein solches Kriterium zwar in der Tat sachgerecht, denn das alleinige Bestehen eines Wettbewerbsverhältnisses sagt über die zu verhindernde Negativauswirkung nichts aus. Dennoch lässt sich im Bereich der Umsatzsteuer gerade die Annahme begründen, dass die Steuerbegünstigung ohnehin zu einer künstlichen Steigerung des Wettbewerbsdrucks führt, weshalb es eines dahingehenden Kriteriums nicht zwingend bedarf.[829] Auf die Feststellung des Bestehens einer Wettbewerbsbeeinträchtigung oder -verzerrung kommt es daher weder nach Wortlaut noch Normzweck an.

bb) Merkmal der „zusätzlichen Einnahmen"

Das Merkmal der „zusätzlichen Einnahmen" wird in der Rechtsprechung dahingehend konkretisiert, dass solche Einnahmen umfasst sein sollen, die aus Leistungen herrühren, die für die Verwirklichung des steuerbefreiten Satzungszwecks nicht *unerlässlich* sind.[830] Dabei sollen ausdrücklich die Vorgaben, welche zu § 4 Nr. 22 Buchst. a UStG getroffen wurden, für die Beurteilung der Unerlässlichkeit maßgeblich sein.[831] Hinsichtlich dieses Merkmals hatte der Bundesfinanzhof die Vorgaben des Europäischen Gerichtshofs zu Art. 13 Teil A Abs. 2 Buchst. b der Richtlinie 77/388/EWG (jetzt Art. 134 Buchst. b MwStSystRL) übernommen.[832] Wie bereits dargelegt wurde, sollte die Unerlässlichkeit danach bestimmt werden, ob die Leistung den Hauptzweck nicht nur fördert, sondern deren Qualitätsstand alternativlos bedingt.[833]

Überzeugend ist der Verweis auf die Vorgaben des Europäischen Gerichtshofs jedoch nicht. Art. 13 Teil A Abs. 2 Buchst. b der Richtlinie 77/388/EWG (jetzt Art. 134 Buchst. b MwStSystRL) enthält zwei Gedankenstriche. Dabei führt der erste Gedankenstrich das Kriterium der Unerlässlichkeit an und der zweite Gedankenstrich das Kriterium der zusätzlichen Einnahmen im unmittelbaren Wettbewerb. Würde man nun fordern, dass zusätzliche Einnahmen nur solche sind, die nicht unerlässlich sind, würde der zweite Gedankenstrich leerlaufen, da bereits die Voraussetzung des ersten Gedankenstrichs nicht erfüllt wäre. Die Unerlässlichkeit sagt über die Einordnung einer Leistung als zusätzlicher

---

829 Vgl. schon Teil 1 C, IV, 2.

830 BFH v. 08.03.2012 – VR 14/11, BStBl II 2012, 630, Rn. 29.

831 BFH v. 08.03.2012 – VR 14/11, BStBl II 2012, 630, Rn. 29.

832 Vgl. nur BFH v. 02.10.2010 – VR 12/10, BStBl II 2011, 303, Rn. 27 f.

833 So das Ergebnis bei der Unterscheidung zur eng verbundenen Tätigkeit, Teil 1 D, 1, 2 b) und c).

Einnahme nichts aus.[834] Wegen der fehlenden Anordnung des Merkmals der Unerlässlichkeit in § 12 Abs. 2 Nr. 8 Buchst. a S. 3 Alt. 1 UStG kommt es auf dieses Merkmal hinsichtlich der Anwendung des ermäßigten Steuersatzes überhaupt nicht an.

Das Kriterium der „zusätzlichen Einnahme“ muss im Gleichlauf zu der Einordnung im Rahmen des Art. 134 Buchst. b MwStSystRL vielmehr sämtliche Einnahmen betreffen, die „neben“ der im Kern befreiten Tätigkeit erzielt werden.[835] Denn entsprechend dem Wortlaut und den Gesetzgebungsmaterialien beziehen sich Alt. 1 und Alt. 2 in Gesamtschau ohnehin nur auf Umsätze, die den steuerbegünstigten Satzungszweck lediglich mittelbar verwirklichen.[836] Darüberhinausgehende Anforderungen sind an das Kriterium der zusätzlichen Einnahmen nicht zu stellen. Zwar könnte man die Ausführung in den Gesetzgebungsmaterialien so verstehen, dass zusätzliche Einnahmen solche sind, die auch durch Leistungen nicht begünstigter Unternehmer erzielt werden könnten.[837] Dort heißt es nämlich, dass „der Zweckbetrieb nicht in erster Linie dazu bestimmt [sein darf], der Körperschaft zusätzliche Einnahmen durch solche Leistungen zu verschaffen, die auch andere, nicht steuerbegünstigte Unternehmer ausführen können, ohne dafür die Steuerermäßigung in Anspruch nehmen zu können“.[838] Tatsächlich kann sich diese Aussage jedoch nur auf den konkurrentenschützenden Aspekt der Regelung und nicht auf die Qualifizierung der zusätzlichen Einnahmen beziehen. Die Leistungserbringung durch nicht steuerbegünstigte Unternehmer ist für die Förderung des steuerbegünstigten Zwecks und damit

834 So wohl auch der Verständnis des zitierten EuGH Urteils, wonach die Steuerbefreiung nur gewährt werden kann, wenn die Leistungen zur Zweckerreichung „unerlässlich sind *und* nicht im Wesentlichen dazu bestimmt sind, ihrem Erbringer zusätzliche Einnahmen durch die Erzielung von Umsätzen zu verschaffen, die in unmittelbarem Wettbewerb [...] getätigt werden“, vgl. EuGH v. 01.12.2005 – C-394/04, *Ygeia*, EU:C:2005:734, Rn. 35; ebenso wohl BFH v. 02.10.2010 – VR 12/10, BStBl II 2011, 303, Rn. 28 ff.

835 Vgl. dazu das Ergebnis unter Teil 1 D, I, 3; ähnlich *Strahl*, FR 2006, S. 1012 (1013).

836 Vgl. BT-Drs. 16/2712, S. 75, wo hinsichtlich des Anwendungsbereichs von § 12 Abs. 2 Nr. 8 Buchst. a S. 3 Alt. 1 UStG ergänzt wird, dass dieser ohnehin nur berührt ist, „sofern mit den im Rahmen des Zweckbetriebs ausgeführten Umsätzen die steuerbegünstigten satzungsmäßigen Zwecke der Körperschaft nicht bereits unmittelbar verwirklicht werden“.

837 So etwa *Strahl*, FR 2006, S. 1012 (1013); wohl auch FG Münster v. 15.03.2011 – 15 K 3840/08 U, EFG 2011, 1574, Rn. 20.

838 BT-Drs. 16/2712, S. 75.

für die Frage der „Zusätzlichkeit" der Einnahmen irrelevant. Die zusätzlichen Einnahmen müssen lediglich überdies in einem Wettbewerbsverhältnis mit nicht steuerbegünstigten Anbietern erzielt werden. Das Wettbewerbsverhältnis selbst ist aber für die Einordnung als zusätzliche Einnahme irrelevant.[839]

cc) Relevanz der Prägung des Zweckbetriebs „in erster Linie"

Eine Besonderheit gegenüber Art. 134 Buchst. b MwStSystRL ergibt sich aber daraus, dass die Gewährung der Steuerbegünstigung nach § 12 Abs. 2 Nr. 8 Buchst. a S. 3 Alt. 1 UStG für eine Leistung nicht von dieser, sondern der Prägung des Zweckbetriebs abhängig gemacht wird. Dahingehend bedarf es der zusätzlichen Einordnung, wann der Zweckbetrieb *in erster Linie* der Erzielung zusätzlicher Einnahmen dient. Selbst eine Leistung, die als zusätzliche Einnahme im unmittelbaren Wettbewerb hätte eingeordnet werden müssen, kann aufgrund der Prägung des Zweckbetriebs dennoch mit dem ermäßigten Steuersatz besteuert werden. Maßgeblich ist, dass der Zweckbetrieb *in erster Linie* zusätzliche Einnahmen in einem Wettbewerbsverhältnis mit nicht begünstigten Anbietern erzielt.

Für die Frage der Prägung des Zweckbetriebs stellt die Finanzverwaltung und der wohl überwiegende Teil der Literatur darauf ab, dass der Zweckbetrieb mehr als 50 % seiner gesamten steuerpflichtigen Umsätze durch derartige zusätzliche und wettbewerbsrelevante Leistungen erzielt.[840] Diese Regelung erscheint nicht völlig unsachgemäß, auch wenn die Formulierung „in erster Linie" und der Gesetzeszweck der Missbrauchsbekämpfung[841] für eine mehr als nur überwiegende Zweckdienlichkeit sprechen dürften.

3. Verhältnis des § 12 Abs. 2 Nr. 8 Buchst. a UStG zu § 65 Nr. 3 AO

Abschließend stellt sich die Frage, ob sich aus dem Verweis des § 12 Abs. 2 Nr. 8 Buchst. a UStG auf § 65 Nr. 3 AO Besonderheiten für deren Anwendung ergeben.

---

839 So wohl auch BMF v. 13.12.2017, Abschnitt 12.9 UStAE, Abs. 11 S. 3, „zusätzliche *und* wettbewerbsrelevante" Leistungen (Herv. durch den Verf.); ebenso *Wallenhorst*, UStB 2014, S. 167.

840 BMF v. 13.12.2017, Abschnitt 12.9 UStAE, Abs. 11 S. 3; *Wallenhorst*, UStB 2014, S. 167; *Hummel*, in: Rau/Dürrwächter, UStG, § 12 Abs. 2 Nr. 8 UStG Rn. 325 (Stand 04.2015); *Berg/Schnabelrauch*, UR 2017, S. 213 (217 f.); *Kirchhain*, UR 2011, S. 787 (790).

841 Vgl. die Nachweise dazu unter Teil 1 E, I, 1 und 2 b) aa) (1).

a) *Keine Anwendbarkeit auf Zweckbetriebe nach § 65 AO*

Neben der Umsetzung der genannten Kriterien stellt sich zudem die Frage, ob § 12 Abs. 2 Nr. 8 Buchst. a S. 3 Alt. 1 UStG auch dann zur Anwendung kommen soll, wenn es sich um einen Zweckbetrieb nach § 65 AO[842] oder einen solchen nach den §§ 66 bis 68 AO handelt, bei dem jedoch zugleich die Voraussetzungen des § 65 AO vorliegen.[843] Der Gesetzesbegründung lässt sich die Absicht entnehmen, dass eine solche Anwendung auf Zweckbetriebe nach § 65 AO gerade nicht erfolgen soll. Dort werden Bedenken daran geäußert, dass die Regelung wegen der unbestimmten Rechtsbegriffe auch solche Fälle betreffen könnte, die „bereits nach § 65 AO (nach dieser Vorschrift ist die Auswirkung auf den Wettbewerb zu prüfen) Zweckbetriebe sind".[844] Auch die Begründung, wonach „die Klarstellung [...] der Vermeidung von ungerechtfertigten Steuer- und weit reichenden Wettbewerbsvorteilen durch Gestaltungsmodelle, die in erster Linie der Erzielung von Steuervorteilen und weniger der Förderung des steuerbegünstigten Zwecks dienen, [dient]",[845] lässt schon Zweifel daran aufkommen, dass sich die Regelung auf Zweckbetriebe nach § 65 AO beziehen soll, bei denen der primäre Zweck der Erzielung von Steuervorteilen wegen der Voraussetzung nach § 65 Nr. 1 AO ohnehin nur schwer vorstellbar ist.[846] Vor diesem Hintergrund sieht auch die Finanzverwaltung den ermäßigten Steuersatz bei einem Zweckbetrieb nach § 65 AO ohne weitere Prüfung als anwendbar an.[847]

Die Intention des Gesetzgebers, eine Anwendung auf Zweckbetriebe nach § 65 AO auszuschließen, ergibt sich zwar nicht direkt aus dem Wortlaut des § 12 Abs. 2 Nr. 8 UStG.[848] Ein solcher Ausschluss lässt sich aber dennoch in

---

842 Dagegen *Hummel*, in: Rau/Dürrwächter, UStG, § 12 Abs. 2 Nr. 8 UStG Rn. 299 (Stand 04.2015); *Hüttemann*, MwStR 2014, S. 115 (116 f.); *Stadie*, UStG^3, 2015, § 12 UStG Rn. 85; *Kirchhain*, npoR 2012, S. 123 (126 f.); ausdrücklich a.A. *Berg/Schnabelrauch*, UR 2017, S. 213 (218); dafür *Wäger*, DStR 2014, S. 1517 (1525); wohl auch *Theobald/Klaßmann*, npoR 2016, S. 201 (205).

843 Gegen eine Anwendbarkeit wohl *Leisner*, DB 2007, 1047 (1052); wohl auch *Schauhoff/Kirchhain*, DStR 2015, S. 2102 (2110); *Sterzinger*, UR 2014, S. 381 (383).

844 BR-Drs. 16/3036, S. 15.

845 BT-Drs. 16/2712, S. 75.

846 *Hüttemann*, MwStR 2014, S. 115 (116 f.), hält insofern eine Kollision der Normen wohl ohnehin schon für ausgeschlossen und sieht die Ausklammerung der Zweckbetriebe nach § 65 AO daher zugleich als Ergebnis der teleologischen Betrachtung an.

847 BMF v. 13.12.2017, Abschnitt 12.9 UStAE, Abs. 9 S. 2.

848 So die Argumentation von *Berg/Schnabelrauch*, UR 2017, S. 213 (218), gegen eine teleologische Auslegung unter diesem Gesichtspunkt.

teleologischer Hinsicht begründen. Oftmals wird darauf abgestellt, dass „Zweckbetriebe i.S.d. § 65 AO [...] aufgrund der Vorgabe des § 65 Nr. 3 AO immer die Voraussetzungen des § 12 Abs. 2 Nr. 8 Buchst. a Satz 3 Alt. 1 UStG [erfüllen], so dass der ermäßigte Steuersatz zur Anwendung kommt".[849] Dem kann jedoch nicht zugestimmt werden. § 65 Nr. 3 AO lässt schließlich einen Wettbewerb zwischen wirtschaftlichen Geschäftsbetrieben und sonstigen Anbietern zu, solange das Kriterium der Unvermeidbarkeit nicht überschritten wurde. Ein solches quantitatives Element enthält § 12 Abs. 2 Nr. 8 Buchst. a S. 3 Alt. 1 UStG aber nicht.[850] Bei der dortigen Prüfung kommt es weder auf eine Wettbewerbsverzerrung noch ein sonstiges über das reine Wettbewerbsverhältnis hinausgehendes Kriterium an.[851] Die Regelung des § 12 Abs. 2 Nr. 8 Buchst. a S. 3 Alt. 1 UStG ist damit nicht präziser als die Wettbewerbsklausel des § 65 Nr. 3 AO,[852] sondern deutlich strenger. Und zwar so streng, dass sämtliche Zweckbetriebe, bei denen die Unvermeidbarkeit bejaht wurde, immer am Kriterium des unmittelbaren Wettbewerbs nach § 12 Abs. 2 Nr. 8 Buchst. a S. 3 Alt. 1 UStG scheitern werden. Denn dort reicht „der Wettbewerb" zu sonstigen Anbietern, der im Rahmen des § 65 Nr. 3 AO gerade als unvermeidbar angesehen wurde, bereits zur Begünstigungsversagung aus. Und zwar unabhängig von deren Unvermeidbarkeit. Einzig dann, wenn über die Hälfte der Umsätze des Zweckbetriebs nicht in einem unmittelbaren Wettbewerb(-sverhältnis) erzielt werden,[853] käme eine Anwendung des ermäßigten Steuersatzes in Betracht. Dabei wäre es schlichtweg sinnwidrig, Zweckbetriebe, deren Zwecke sogar als gegenüber den Interessen der nicht begünstigten Konkurrenten höher gewichtet und als besonders förderwürdig eingeordnet wurden[854], letztendlich doch am alleinigen

---

849 *Sterzinger*, UR 2014, S. 381 (383); *Huschens*, in: Schwarz/Widmann/Radeisen, UStG, § 12 Abs. 2 Nr. 8 UStG Rn. 15 und 169 (Stand 08.2020); ähnlich *Hüttemann*, MwStR 2014, S. 115 (117); *Kirchhain*, UR 2011, S. 787 (791); wohl auch das LG Köln v. 20.08.2015 – 10 K 3553/13, EFG 2015, 1781, Rn. 46 (aufgehoben durch BFH v. 30.11.2016 – V R 53/15, BStBl II 2017, 1224, wo die Zweckbetriebseigenschaft nach § 65 AO verneint wurde, Rn. 19).

850 Vgl. bereits Teil 1 E, I, 2 b) aa) (2); a.A. *Heuermann* in: Sölch/Ringleb, UStG, § 12 UStG Rn. 640 (Stand 06.2019); auch wenn die Verhinderung von Wettbewerbsverzerrungen im Gesetzeszweck begründet liegt, dazu *Hummel*, in: Rau/Dürrwächter, UStG, § 12 Abs. 2 Nr. 8 UStG Rn. 298 (Stand 04.2015).

851 A.A. *Wäger*, UR 2013, S. 81 (100); *Heuermann* in: Sölch/Ringleb, UStG, § 12 UStG Rn. 640 (Stand 06.2019).

852 So aber *Wäger*, UR 2013, S. 81 (100).

853 Zu diesem Verständnis vom Merkmal „in erster Linie" bereits unter Teil 1 E, I, 2 b) cc).

854 So das Ergebnis zum Kriterium der „Unvermeidbarkeit" unter Teil 1 A, III, 3 c).

Wettbewerbsverhältnis zu den nicht begünstigten Konkurrenten scheitern zu lassen. Zwar könnte man die Interessen der Konkurrenten im Bereich der Umsatzsteuer insofern als schutzwürdiger gegenüber der im Rahmen der Abgabenordnung getroffenen Wertung anerkennen, als dass die Begünstigung bei der Umsatzsteuer als nicht operabler Preisfaktor unmittelbar zu einer künstlichen Steigerung des Wettbewerbsdrucks führt und damit eine Anpassungshandlung der Konkurrenten zweifelsfrei erforderlich macht.[855] Doch auch bei der Beurteilung der Unvermeidbarkeit kann eine solche dann angenommen werden, wenn der Steuervorteil am Markt weitergegeben wird.[856] In diesen Fällen bestehen damit keine über die bei der Unvermeidbarkeit erwogenen hinausgehenden Interessen.

Würde man die Anwendbarkeit des § 12 Abs. 2 Nr. 8 Buchst. a Satz 3 Alt. 1 UStG auf Zweckbetriebe, bei denen die Unvermeidbarkeit nach § 65 Nr. 3 AO vorliegt, zulassen, kämen diese niemals in den Genuss der Begünstigung nach § 12 Abs. 2 Nr. 8 Buchst. a. Eine solche Anwendbarkeit ist daher abzulehnen.

b) *Keine abweichende Anwendung des § 65 Nr. 3 AO wegen § 12 Abs. 2 Nr. 8 Buchst. a S. 1 UStG*

Der Bundesfinanzhof und der Europäische Gerichtshof sind der Ansicht, dass Steuerbefreiungen grundsätzlich eng auszulegen seien.[857] Überdies gibt der Bundesfinanzhof bereits vor, dass die Zweckbetriebseigenschaft im Sinne von Satz 3 Alternative 1 „nicht abgabenrechtlich, sondern umsatzsteuerrechtlich zu bestimmen sei".[858] Vor diesem Hintergrund scheint es zumindest nicht fernliegend, dass die Grundsätze des Europäischen Gerichtshofs zur Bestimmung „des Wettbewerbs" im Mehrwertsteuerrecht möglicherweise auch im Falle des § 12 Abs. 2 Nr. 8 Buchst. a S. 1 UStG auf die Wettbewerbsprüfung des § 65 Nr. 3 AO

---

855 Dazu bereits Teil 1 C, I, 3 b) bb) (1) und II, 1 c) bb) (2).

856 Vgl. Teil 1 A, III, 3 a) bb) (2).

857 Vgl. nur EuGH v. 13.03.2014 – C-366/12, *Klinikum Dortmund,* EU:C:2014:143, Rn. 26 ff.; BFH v. 28.08.2014 – V R 24/13, BStBl II 2015, 194, Rn. 20 ff.; bezogen auf § 12 Abs. 2 UStG: BFH v. 29.01.2009 - V R 46/06, BStBl. II 2009, 560, Rn. 33; ablehnend *Hummel,* in: Rau/Dürrwächter, UStG, § 12 Abs. 2 Nr. 8 Buchst. a UStG Rn. 12 und 301 (Stand 04.2015); *Hüttemann,* MwStR 2014, S. 115 (119); *Stadie,* UStG^2, 2012, Vor §§ 4-9 UStG Rn. 15 ff.

858 BFH, v. 08.03.2012 – V R 14/11, BStBl. II 2012, 630, Rn. 27; ebenso *Michel,* DB 2012, S. 2007 (2010).

übertragen werden könnten.[859] Die Maßgeblichkeit der Grundsätze des Europäischen Gerichtshofs[860] würde dazu führen, dass die Prüfung eines Wettbewerbsverhältnisses nicht mehr konkret individuell, sondern abstrakt tätigkeitsbezogen erfolgen müsste.[861] Die divergierende Anwendung würde sich jedoch zugleich allein aus den bereits als unsachgemäß dargestellten Vorgaben des Europäischen Gerichtshofs ergeben.[862] Bei zutreffender Anwendung der Wettbewerbsklauseln auf der Ebene des Unionsrechts würde sich keine abweichende Beurteilung gegenüber der nationalen Anwendung ergeben und auch ein derartiger Durchschlag wäre ohnehin nicht weiter von Bedeutung. Andernfalls wäre die Anwendung der Grundsätze des Europäischen Gerichtshofs in jedem Fall verfehlt.

4. Ergebnis: Vorgaben zur Umsetzung der Wettbewerbsschutzklausel

Hinsichtlich der Kriterien des „unmittelbaren Wettbewerbs" und der „zusätzlichen Einnahmen" lassen sich die bereits getroffenen Einordnungen übertragen. Eine Besonderheit des § 12 Abs. 2 Nr. 8 Buchst. a S. 3 Alt. 1 UStG gegenüber der Wettbewerbsschutzklausel des Art. 134 Buchst. b MwStSystRL ergibt sich jedoch daraus, dass es nicht auf die Wettbewerbsrelevanz der einzelnen Leistung, sondern auf die Prägung des Zweckbetriebs ankommt. Daneben ist aber gerade ein quantitatives Element nicht erforderlich. Hinsichtlich der Umsetzung der Wettbewerbsschutzklausel bedarf es allein der Verdeutlichung, dass die Beurteilung des Wettbewerbsverhältnisses von der Austauschbarkeit aus Nachfragersicht abhängt.

II. Die Wettbewerbsschutzklausel des § 5 Abs. 1 Nr. 22 S. 1 KStG

Für die Wettbewerbsschutzklausel des § 5 Abs. 1 Nr. 22 S. 1 KStG lassen sich die bereits getroffenen Ausführungen zu § 65 Nr. 3 AO übertragen.

Nach § 5 Abs. 1 Nr. 22 S. 1 KStG gilt die Befreiung von der Körperschaftsteuer für gemeinsame Einrichtungen der Tarifvertragsparteien nur, wenn die Einrichtung „zu nicht steuerbegünstigten Betrieben derselben oder ähnlicher

859 Wenn auch derzeit abgelehnt durch BFH v. 18.08.2011 – V R 64/09, HFR 2012, 784, Rn. 35; ebenso *Hüttemann*, GemSpR[4], 2018, Tz. 6.192; wohl auch *Weitemeyer/Klene*, DStR 2016, S. 937 (939).

860 Mit diesem Verständnis wohl *Heidner*, in: Bunjes, Umsatzsteuergesetz[19], 2020, § 12 UStG Rn. 151 b; und auch *Heuermann* in: Sölch/Ringleb, UStG, § 12 UStG Rn. 636 (Stand 06.2019).

861 Dazu ausführlich unter Teil 1 C, II, 1 a) und D, III, 1 a).

862 Ausführlich unter Teil 1 C, II, 1 a) und IV, 1.

Art nicht in größerem Umfang in Wettbewerb treten, als es bei Erfüllung ihrer begünstigten Aufgaben unvermeidlich ist". Der Wortlaut unterscheidet sich dabei zwar leicht von dem des § 65 Nr. 3 AO. So wird etwa von unvermeidlichen begünstigten Aufgaben statt von unvermeidbaren steuerbegünstigten Zwecken gesprochen. Eine Abweichung hinsichtlich der Umsetzung der Wettbewerbsschutzklausel lässt sich daraus jedoch nicht entnehmen. Auch die Gesetzgebungsmaterialien deuten nicht auf eine abweichende Umsetzung hin.[863] Daher gelten die gleichen Voraussetzungen wie für § 65 Nr. 3 AO.[864] Die Vorgaben zur Bestimmung des Wettbewerbsverhältnisses[865] und der Unvermeidbarkeit[866] können insofern übertragen werden.

F. Gesamtergebnis: Wettbewerbsschutz im Steuerrecht als Widerspruch zwischen Ideal und Wirklichkeit

Für die Untersuchung der steuerrechtlichen Wettbewerbsschutzklauseln lässt sich damit ein einheitliches Ergebnis formulieren.

I. Fehlerhafte Umsetzung trotz Hervorhebung des Wettbewerbsgedankens

Es hat sich gezeigt, dass normübergreifend das Erfordernis der wortlautgetreuen konkret individuellen Anwendung der Wettbewerbsschutzklauseln durch die Rechtsprechung und Finanzverwaltung nicht erreicht wird. Anstelle der lauterkeitsrechtlichen Rückanknüpfung für die Wettbewerbsprüfung oder gar Versuchen, eine abstrakte Beurteilung zu etablieren, müssen zur sachgerechten und präzisen Anwendung der Wettbewerbsschutzklausel die kartellrechtlichen Kriterien herangezogen werden. Andernfalls lassen sich die einheitlichen Normzwecke – eine Steuerbegünstigung nur für den Fall einer tatsächlichen Negativauswirkung auf (potentielle) Konkurrenten zu verhindern – wegen einer übereilten Aufhebung der Steuerpflicht nicht umsetzen. Umgekehrt kann es auch zum Fortbestand der Steuerbegünstigung kommen, obwohl eine

863 Vgl. BT-Drs. 13/5359, S. 127; BT-Drs. 13/5952, S. 53.

864 *Märtens*, in: Gosch, KStG^4, 2020, § 5 KStG Rn. 346; *Kruschke/Mager*, in: Herrmann/Heuer/Raupach, EStG/KStG, § 5 KStG Rn. 325 (Stand 05.2015); *Böwing-Schmalenbrock*, in: Blümich, EStG/KStG/GewStG, § 5 KStG, Rn. 278 (Stand 07.2020).

865 Vgl. dazu das zusammenfassende Ergebnis unter Teil 1 A, II, 3.

866 Dazu Teil 1 A, III, 3; mit Ausnahme des Rückschlusses auf die §§ 66 bis 68 AO unter Teil 1 A, III, 3 b).

Beeinträchtigung der Konkurrenten vorliegt, die jedoch nicht ermittelt wurde. Insgesamt können und müssen die kartellrechtlichen Kriterien de lege lata damit im Ergebnis sowohl in der Abgabenordnung als auch im Körperschaftsteuergesetz, im Umsatzsteuergesetz und in der Mehrwertsteuersystemrichtlinie für die Umsetzung der Wettbewerbsklauseln herangezogen werden.

II. Zwingender Widerspruch zwischen sachgerechter Umsetzung und praktischer Realisierbarkeit

Mit der Vornahme der erforderlichen präzisen Anwendung intensiviert sich dabei zugleich aber normübergreifend der Widerspruch der Anwendungsvorgaben gegenüber der ressourcenbedingten Handlungslimitierung der Finanzverwaltung. Daneben werden auch die Finanzgerichte mit der Wettbewerbsprüfung überlastet. Normübergreifend konnte nachgewiesen werden, dass sowohl die Finanzverwaltung als auch die Rechtsprechung entgegen der Ratio der Normen versuchen, der umfangreichen Wettbewerbsprüfung durch eine abstrakte generelle Beurteilung Herr zu werden, oder diese vollständig zu umgehen. Dabei hat sich zugleich gezeigt, dass nicht nur die hier geforderte (an der kartellrechtlichen Methode) orientierte Umsetzung, sondern schon die von der Rechtsprechung selbst aufgestellte (weitere) Umsetzung, anhand der lauterkeitsrechtlichen Methoden in der überwiegenden Zahl der Fälle nicht konsequent umgesetzt wird. Damit wird schon das zumindest im Ansatz korrekte Verständnis der Rechtsprechung von der Wettbewerbsprüfung als konkret individuelle Beurteilung im Besteuerungsverfahren nicht erreicht. Wegen des der Anwendung aller Wettbewerbsschutzklauseln zugrunde liegenden Widerspruchs zwischen der zwingend konkret individuellen Umsetzung als Ideal gegenüber der praktischen Realisierbarkeit kann damit zugleich festgehalten werden, dass der Wettbewerbsschutz im Steuerrecht nicht mit dem Steuervollzug vereinbar ausgestaltet wurde. Die eingangs aufgestellte These, dass sich die Ausgestaltung des Steuerrechts als Teil des Wettbewerbsrechts wegen der normierten aber zugleich nicht praktikablen konkret individuellen Umsetzung des Wettbewerbsgedankens verbietet, konnte mit Blick auf die tatsächliche Umsetzung des Wettbewerbsschutzes bestätigt werden. Der Wettbewerbsgedanke lässt sich im Steuerrecht durch Regelungen, die sich an den konkret individuellen Regelungen orientieren, nicht zugleich sachgerecht und praktikabel umsetzen. Der Konflikt zwischen den Individualinteressen der Konkurrenten und dem Förderinteresse, beziehungsweise der fehlenden Steuerwürdigkeit der öffentlichen Hand, lässt sich daher anscheinend allenfalls durch den parlamentarischen Gesetzgeber über abstrakt generelle Regelungen realisieren.

Aus diesem Grund ist es notwendig, im zweiten Teil der Arbeit zu untersuchen, ob der Erhalt des Steuerrechts als Teil des Wettbewerbsrechts durch eine weniger aufwendige aber dennoch gleich präzise Anwendung der Wettbewerbsschutzklausel zulässig ist.

Zweiter Teil Steuerrechtlicher Wettbewerbsschutz und Pragmatismus

Nachdem im ersten Teil bei der Untersuchung der derzeitigen Anwendung von steuerrechtlichen Wettbewerbsschutzklauseln die These der fehlenden praktischen Realisierbarkeit bestätigt wurde,[867] soll im folgenden Teil ermittelt werden, ob der Wettbewerbsschutz de lege lata dennoch einer sachgerechten und zugleich praktikablen Umsetzung zugänglich sind. Durch die teilweise unzureichende Beurteilung in der Rechtsprechung[868] und die zudem oftmals fehlenden erforderlichen Feststellungen durch die Finanzverwaltung[869] wird bereits bei der derzeitigen verknappten Anwendung eine Überforderung der Rechtsanwender deutlich. Die meist vorgenommene abstrakte Beurteilung legt den Schluss nahe, dass die Finanzverwaltung sowie die Rechtsprechung der drohenden zeitlichen Überforderung entgegenwirken wollen. Aus diesem Grund soll nachfolgend ermittelt werden, ob Wettbewerbsschutzklauseln mit dem Besteuerungsverfahren als Massenverfahren vereinbar sind oder erforderlichenfalls vereinbar ausgestaltet werden können. Dazu soll zunächst die Möglichkeit etwaiger Entlastungen durch die Mitwirkungspflichten der Steuerpflichtigen untersucht werden (A.). Daraufhin soll die Zulässigkeit eines vereinfachenden Vollzugs der derzeitigen Regelungen (B.) und abschließend die Frage überprüft werden, ob

---

867 Vgl. die Ergebnisse zum Widerspruch zwischen dem Ideal der wortlautgetreuen Umsetzung und der Wirklichkeit des Normvollzugs unter Teil 1 A, II, 4 und IV; Teil 1 B, III, 4; Teil 1 C, II, 2 und VI.

868 So wird normübergreifend wiederkehrend eine abstrakte Beurteilung vorgenommen oder gar das Merkmal des potentiellen Wettbewerbsverhältnisses zweckentfremdet, vgl. Teil 1 A, II, 1 a) bb) (3); Teil 1 B, III, 3; Teil 1 C, II, 1 a) dd) und Teil 1 D, III, 1 a).

869 Dies ist dabei wohl maßgeblich auf die Verwaltungsvorschriften zu den einzelnen Wettbewerbsschutzklauseln zurückzuführen, die normübergreifend eine abstrakte Beurteilung anhand der Tätigkeit oder aber eine Beurteilung losgelöst von den „Verhältnissen vor Ort" vorgeben. Vgl. etwa für § 65 Nr. 3 AO AEAO zu § 65 AO, Nr. 4 S. 4 (Fassung v. 19.02.2016) und AEAO zu § 67a AO Nr. 12 (Fassung vom 31.01.2019), für § 4 KStG BMF v. 11.12.2009 – IV C 7-S 2706/07/10006, BStBl I 2009, 1597 und für § 2b UStG BMF v. 16.12.2016 – III C 2-S 7107/16/10001, BStBl I 2016, 1451; ausführlich dazu unten Teil 2 B, III, 1.

der Wettbewerbsschutz einer umfassenden Neuregelung vorhergehend durch geringfügige Neuregelungen vereinfacht werden kann (C.).

A. Wettbewerbsschutzklauseln als Widerspruch zum Massenverfahren

Vor dem Hintergrund der Fülle an fehlerhaften Beurteilungen des Wettbewerbsverhältnisses[870] sowie der Großzahl an Fällen, in denen die entscheidungserheblichen Tatsachen durch die Vorinstanz nicht einmal ermittelt worden sind,[871] wird bereits die Untauglichkeit der Wettbewerbsschutzklausel für ein Massenverfahren deutlich. Diese Einschätzung bestätigt sich bei Betrachtung des üblichen Zeitrahmens, der einem Sachbearbeiter zur Verfügung steht.[872] Der Sachbearbeiter muss bei einer Wettbewerbsschutzklausel – selbst für den Fall, dass der Steuerpflichtige bereits den Preis, das Einzugsgebiet seiner Tätigkeit, die eigenen Zutrittskosten und sofern bestimmbar der Warenwert orientiert an der Produktqualität mitgeteilt hat –[873] weitergehende Feststellungen treffen, um den relevanten Markt bestimmen zu können. Ohne die Festlegung des räumlich relevanten Marktes mit einer anschließenden Recherche, ob in diesem Umkreis bereits vergleichbare Anbieter agieren, lässt sich ein Wettbewerbsverhältnis nicht ermitteln.[874] Und dies gilt bereits unter der Einschränkung, dass die Austauschbarkeit zweier Produkte aus Nachfragersicht oder deren hypothetische Reaktion auf eine hypothetische Preiserhöhung nicht von weiteren empirischen Erhebungen abhängig gemacht, sondern zu Lasten einer präzisen Ermittlung der Wirklichkeit durch den Rechtsanwender beurteilt werden.[875] Auch im Falle der darauffolgenden Prüfung eines potentiellen Wettbewerbsverhältnisses müssen die durchschnittlichen Marktzutrittskosten und die Wirkung der Steuerbefreiung auf den erfolgten „Marktzutritt" beurteilt werden.[876] Ungeachtet des hohen

---

870 Dazu ausführlich zu § 65 Nr. 3 AO Teil 1 A, II, 1 a) bb) (2); zu § 4 KStG Teil 1 B, III, 3; zu § 2b UStG Teil 1 C, II, 1; zu Art. 134 Buchst. b MwStSystRL Teil 1 D, III, 1 a).

871 BFH v. 30.03.2000 – V R 30/99, BStBl II 2000, 705, Rn. 41; v. 19.02.2004 – V R 39/02, BStBl II 2004, 672, Rn. 38; v. 18.03.2004 – V R 101/01, BStBl II 2004, 798, Rn. 59; v. 27.04.2006 – V R 53/04, BStBl II 2007, 16, Rn. 44; v. 17.02.2010 – I R 2/08, BStBl II 2010, 1006, Rn. 31; v. 13.06.2012 – I R 71/11, BFH/NV 2013, 89, Rn. 19.

872 Dazu bereits in der Einleitung A, III.

873 Zu diesen Mindestvoraussetzungen der Bestimmung des sachlich relevanten Marktes Teil 1 A, II, 1 b).

874 Dazu bereits übertragbar unter Teil 1 A, II, 1 b).

875 Vgl. dazu bereits die Ausführungen und Nachweise unter Teil 1 A, II, 1 b) aa).

876 Dazu generalisierbar Teil 1 A, II, 2 c) bb).

subjektiven Beurteilungsaufwands bei der Marktermittlung trifft den Sachbearbeiter damit zusätzlich ein Rechercheaufwand, der sich nicht auf die alleinige Überprüfung der Erklärungen des Steuerpflichtigen beschränkt. So wie die Summe des Aufwands im Missverhältnis zur Massenverwaltung stehen kann, widersprechen daher auch die Wettbewerbsschutzklauseln – als gesteigert ermittlungsbedürftige Tatbestände – der Handlungslimitierung der Finanzverwaltung.

Es liegt daher nahe, diesem Umstand durch eine Normvereinfachung oder eine vereinfachende Gesetzesanwendung Herr zu werden. Dennoch soll zunächst die Frage behandelt werden, ob der vor dem Normzweck notwendigen Anwendung nicht schon durch die Mitwirkung des Steuerpflichtigen (I.) oder im Zuge der Beweiswürdigung (II.) entsprochen werden kann. Zugleich könnte den zeitlich überfordernden Merkmalen auch zweckwidrig, aber dennoch zulässig durch eine teilweise erfolgende verkürzte Umsetzung entgegengewirkt werden können (III.).

I. Teilweise Entlastungsmöglichkeit durch Mitwirkungspflichten

Eine Entlastung der Finanzverwaltung könnte bereits in den Mitwirkungspflichten des steuerbefreiten oder zumindest steuerbegünstigten Betriebs oder Unternehmers bei der Sachverhaltsermittlung liegen. Dazu müsste dieser und nicht die Finanzverwaltung das Bestehen beziehungsweise Nichtbestehen eines Wettbewerbsverhältnisses nachweisen müssen.

1. Mitwirkungspflichten

Grundsätzlich sind die Finanzbehörden nach § 88 Abs. 1 S. 1 AO zur Sachverhaltsermittlung verpflichtet.[877] Etwas anderes gilt nur, sofern dem Steuerpflichtigen ausnahmsweise ausdrücklich eine subjektive Beweisführungslast durch die Abgabenordnung auferlegt wird.[878] Die Anwendung der Wettbewerbsschutzklauseln dient entweder als Korrektiv zur Gewährung einer Steuerbegünstigung oder -befreiung, so etwa bei § 65 Nr. 3 AO und Art. 134 Buchst. b MwStSystRL, oder führt überhaupt erst zur Begründung der Steuerpflicht, vgl. § 2b UStG und § 1 Abs. 1 Nr. 6 i.V.m. § 4 Abs. 1 und Abs. 5 KStG. Dennoch wird die Begünstigungsgewährung nicht von Nachweisen der tätig werdenden Person oder Körperschaft hinsichtlich der wettbewerbsrechtlichen Aspekte abhängig gemacht.

877 Dazu *Spilker*, Behördliche Amtsermittlung, 2015, S. 69 ff.

878 Statt vieler *Söhn*, in: Hübschmann/Hepp/Spitaler, AO/FGO, § 88 AO Rn. 348 ff. (Stand 03.2010); *Seer*, in: Tipke/Kruse, AO/FGO, § 88 AO Rn. 44 (Stand 01.2017).

Die Folgen einer fehlenden Sachverhaltsaufklärung zum tatsächlichen oder potentiellen Wettbewerbsverhältnis richten sich daher allein nach der Sphärenverantwortlichkeit im Rahmen der kooperativen Arbeitsteilung zwischen der Finanzverwaltung und dem (potentiell) Steuerpflichtigen.[879] Dabei soll die Beweislastentscheidung allgemein zu Lasten des Steuerpflichtigen ergehen, wenn die steueraufhebenden oder -entlastenden Tatsachen aufgrund seiner fehlenden Mitwirkung unaufgeklärt bleiben.[880] Eine Belastungswirkung tritt dabei jedoch nur insofern ein, als dass das Regelbeweismaß der an Sicherheit grenzenden Wahrscheinlichkeit aufrechterhalten wird und die Unaufklärbarkeit des Sachverhalts damit die Anwendung des begünstigenden Tatbestandes ausschließt.[881] Entscheidend ist somit, ob eine Mitwirkungspflicht der (potentiell) Steuerpflichtigen besteht, wie weit diese reicht und welche Nachweise diese erfasst. In Bezug auf die Wettbewerbsschutzklauseln lässt sich aber bereits eine Einordnung als belastende Tatbestände treffen. Zu § 2b UStG lässt sich feststellen, dass es sich nicht um ein steuerentlastendes Merkmal handelt, sondern durch die Ausgestaltung als Korrektiv der Ausnahme von der Unternehmereigenschaft vielmehr um ein belastendes. Ähnlich verhält es sich im Fall des § 1 Abs. 1 Nr. 6 i.V.m. § 4 Abs. 1, 5 KStG, wo das Kriterium des „Wettbewerbs" als Korrektiv der Einordnung einer Tätigkeit als hoheitlich nach § 4 Abs. 5 KStG dient. In beiden Fällen wirkt das Kriterium damit belastend, weshalb die Beweislastentscheidung hinsichtlich fehlender Feststellungen von vornherein nicht zu Lasten der juristischen Person des öffentlichen Rechts oder deren Betriebe ergehen kann. Genauso verhält es sich im Fall des Art. 134 Buchst. b MwStSystRL, wo das Merkmal des „unmittelbaren Wettbewerbs" ebenfalls als Korrektiv zur Aufhebung der zunächst gewährten Befreiung führt. Auch bei § 65 Nr. 3 AO gestaltet sich das Wettbewerbskriterium als Negativmerkmal, da in diesem Fall die begünstigende Einordnung als Zweckbetrieb versagt wird. Normübergreifend handelt es sich bei dem Wettbewerbskriterium daher um ein belastendes Merkmal für den Steuerpflichtigen. Mit Blick auf die Sphärenverantwortlichkeit

879 Dazu *Seer*, Verständigungen in Steuerverfahren, 1996, S. 175 ff.; *ders.*, in FS Kirchhof (Bd. II), 2013, § 163 Rn. 11; *ders.*, in: Tipke/Kruse, AO/FGO, § 88 AO Rn. 44 (Stand 01.2017); *Drüen*, in: Zukunftsfragen des deutschen Steuerrechts, 2009, S. 1 (19); *ders.*, FR 2011, S. 101 (103 ff.); zur Kooperation zwischen Behörde und Beteiligtem auch schon *Isensee*, Die typisierende Verwaltung, 1976, S. 103 f.

880 *Söhn*, in: Hübschmann/Hepp/Spitaler, AO/FGO, § 88 AO Rn. 364 (Stand 03.2010); *Seer*, in: Tipke/Kruse, AO/FGO, § 88 AO Rn. 41 ff. (Stand 01.2017).

881 Zum Beweismaß mit Blick auf die Sphären des Beweisrisikos vgl. nur *Seer*, in: Tipke/Kruse, AO/FGO, § 88 AO Rn. 43 (Stand 01.2017).

ist damit aber auch eine belastende Wirkung des Aufklärungsdefizits möglich, da im Falle der Unaufklärbarkeit steuerbegründender oder -erhöhender Tatsachen das erforderliche Beweismaß reduziert werden kann.[882] Um feststellen zu können, wann es aus Sicht der Finanzverwaltung über die Beweismaßreduzierung[883] überhaupt zu einer Entlastung bei der Anwendung der Wettbewerbsschutzklauseln kommen kann, müssen zunächst die notwendigen Mitteilungen des Steuerpflichtigen als Teil seiner Mitwirkungspflicht bestimmt werden.

a) *Mitteilung von Tatsachen*

Die Mitwirkungspflicht des Steuerpflichtigen umfasst nach § 90 Abs. 1 S. 2 AO die Offenlegung der für die Besteuerung erheblichen Tatsachen. § 90 Abs. 1 AO stellt zwar keine eigenständige Rechtsgrundlage dar, fasst aber zugleich die Art des Inhalts der Mitteilung entsprechend den im Einzelnen geregelten Mitwirkungspflichten zusammen.[884] So betrifft etwa auch die Auskunftspflicht nach § 93 Abs. 1 S. 1 AO allein die Mitteilung von Tatsachen.[885] Tatsachen sind solche äußeren und inneren Vorgänge und Ereignisse, die sinnlich wahrgenommen werden können, d.h. der Überprüfung durch Dritte offenstehen und dabei den Tatbestand des anzuwendenden Steuerrechtssatzes ergeben.[886] Keine Tatsachen sind dagegen Schlussfolgerungen jeglicher Art, worunter auch juristische

882 *Seer*, in: Tipke/Kruse, AO/FGO, § 88 AO Rn. 43 (Stand 01.2017).

883 Dazu noch ausführlich unter Teil 2 A, III.

884 Zu den die allgemeine Mitwirkungspflicht konkretisierenden Normen BFH v. 11.10.1989 - I R 101/87, BStBl. II 1990, 280, Rn. 16 f.; *Seer*, Verständigungen in Steuerverfahren, 1996, S. 176; *ders*, in: Tipke/Kruse, AO/FGO, § 90 AO Rn. 3 (Stand 10.2017).

885 Vgl. bereits BFH v. 17.12.1963 – VII 182/60 U, BStBl III 1964, 88, Rn. 12; statt vieler *Schuster*, in: Hübschmann/Hepp/Spitaler, AO/FGO, § 93 AO Rn. 6 (Stand 11.2017); *Seer*, in: Tipke/Kruse, AO/FGO, § 93 AO Rn. 6 (Stand 02.2018).

886 In der Rechtsprechung ist eine Tatsache alles, „was Merkmal oder Teilstück eines gesetzlichen Steuertatbestandes sein kann. Dies meint Zustände, Vorgänge, Beziehungen und Eigenschaften materieller oder immaterieller Art“, vgl. nur BFH v. 09.03.2016 – X R 10/13, BFH/NV 2016, 1665, Rn. 18 (m.w.N.); *Seer*, in: Tipke/Kruse, AO/FGO, § 88 AO Rn. 20 (Stand 01.2017); *Söhn*, in: Hübschmann/Hepp/Spitaler, AO/FGO, § 88 AO Rn. 31 (Stand 03.2010); *Schuster*, in: Hübschmann/Hepp/Spitaler, AO/FGO, § 93 AO Rn. 6 f. (Stand 11.2017); *Schaumburg/Schaumburg*, in: FS Streck, 2011, S. 369 (372), „§ 90 Abs. 1 AO [...] begründe[t] im Kern nur eine Mitwirkungspflicht bei der Ermittlung des Sachverhaltes“.

Subsumtionen gezählt werden müssen.[887] Der Steuerpflichtige kann die Erklärung über Tatsachen im Rahmen der Steuererklärung oftmals aber nur vornehmen, wenn zunächst eine rechtliche Einordnung in Form einer Subsumtion erfolgt ist. Daher geht die Mitwirkung rein tatsächlich über die bloße Offenlegung von Tatsachen hinaus.[888] Dennoch zeigt sich ein erheblicher Unterschied zwischen der Zuordnung einer Tatsache zum Steuervordruck gegenüber der Mitteilung des relevanten Marktes und der daran anknüpfenden Bestimmung eines Wettbewerbsverhältnisses.

Während die Vorgaben zur Mitwirkung bei der Anwendung von Wettbewerbsschutzklauseln weitgehend fehlen, umfasst die Mitwirkungspflicht nach der überwiegenden Ansicht zu § 65 Nr. 3 AO, dass die gemeinnützige Körperschaft auch Feststellungen zum Bestehen beziehungsweise Nichtbestehen von Mitbewerbern und damit auch die Mitteilung über das Vorliegen eines Wettbewerbsverhältnisses trifft.[889] Zum Teil werden sogar Mitteilungen über die Einschätzung der Körperschaft, ob und warum ein „Konkurrent" als nicht

---

887 St. Rspr. vgl. nur BFH v. 24.07.1984 – VIII R 304/81, BStBl II 1984, 785, Rn. 20; v. 09.03.2016 – X R 10/13, BFH/NV 2016, 1665, Rn. 18; *Söhn*, in: Hübschmann/Hepp/Spitaler, AO/FGO, § 90 AO Rn. 49 (Stand 04.2020).

888 *Schaumburg/Schaumburg*, in: FS Streck, 2011, S. 369 (372); *Seer*, in: Tipke/Kruse, AO/FGO, Vor § 149 AO Rn. 9 (Stand 04.2017); *Schindler*, in: Gosch, AO/FGO, § 149 AO Rn. 9 (Stand 12.2016); wobei Rechtsauffassung und vorgetragene Tatsache zu unterscheiden sind *Flore*, in: *ders./Tsambikakis*, Steuerstrafrecht[2], 2016, § 370 AO Rn. 133.

889 Das Fehlen von Mitbewerbern ist nach *Herbert*, Der wirtschaftliche Geschäftsbetrieb des gemeinnützigen Vereins, 1988, S. 155, eine den Verein begünstigende Tatsache, für welche dieser demnach auch die Feststellungslast trägt; ähnlich sieht wohl auch *Schauhoff*, Handbuch der Gemeinnützigkeit[3], 2010, § 7 Rn. 88, die Beweislast bei der gemeinnützigen Körperschaft, wenn er für die Ablehnung eines schädlichen Wettbewerbs darauf abstellt, dass die Körperschaft darlegen kann, dass einem gewinnorientierten Unternehmer trotz des entgeltlichen Tätigwerdens aufgrund der wirtschaftlichen Begebenheiten keine Existenzgrundlage hätte; vergleichbar spricht *Mack*, DStR 1984, S. 187 (190), von einer widerlegbaren Vermutung, dass bei einem wirtschaftlichen Tätigwerden grundsätzlich auch Konkurrenz bestünde; auch *Wunsch*, Die Wettbewerbsklausel des § 65 Nr. 3 AO, 2002, S. 109 f., geht im Ergebnis von einer Vermutung eines potentiellen Wettbewerbs zu Lasten der gemeinnützigen Körperschaft aus; dagegen sieht *Hüttemann*, GemSpR[4], 2018, Tz. 6.205, wohl nur die Darlegungs- und Beweislast hinsichtlich der Umstände, die die Unvermeidbarkeit belegen, nicht aber schon hinsichtlich des Wettbewerbsverhältnisses bei der gemeinnützigen Körperschaft.

auf demselben sachlich und räumlich relevanten Markt tätig angesehen wird, gefordert.[890]

Die Verpflichtung zur Mitteilung solch weitreichender Feststellungen würde den Ermittlungsaufwand der Finanzbehörde im Einzelfall zweifelsfrei erheblich verringern. Diese solle nämlich nur bei auftretenden Zweifeln am Vorliegen oder Nichtvorliegen eines „Wettbewerbs" in eine intensivere Einzelfallprüfung eintreten.[891] Fraglich ist aber, ob das Bestehen eines tatsächlichen oder potentiellen Wettbewerbsverhältnisses überhaupt eine Tatsache oder nicht vielmehr das Ergebnis einer Beurteilung der konkreten Verhältnisse anhand der wettbewerbsrechtlichen Methoden darstellt. Schließlich hat sich schon bei der vergleichenden Betrachtung zur Marktabgrenzung im Lauterkeits- und Kartellrecht gezeigt, dass aufgrund der verschiedenen Betrachtungsweisen unterschiedliche sachlich und räumlich relevante Märkte ermittelt werden können.[892] Es stellt sich bei der Anwendung der Wettbewerbsschutzklauseln daher normübergreifend die Frage, ob es sich beim Wettbewerbsverhältnis oder gar den Kriterien der Wettbewerbsbeeinträchtigung (§ 4 KStG),[893] -verzerrung (§ 2b UStG)[894] oder Vermeidbarkeit des Umfangs des Wettbewerbs (§ 65 Nr. 3 AO)[895] nicht um Tatsachen, sondern vielmehr um Schlussfolgerungen als Ergebnis einer wertenden Betrachtung handelt.

aa) Wettbewerbsverhältnis als Wertungsfrage

Bei der Ermittlung des sachlich und räumlich relevanten Marktes und der Bestimmung eines Wettbewerbsverhältnisses handelt es sich nicht um eine Tatsache aus der Sphäre des Steuerpflichtigen. Die Festlegung des relevanten Marktes ist lediglich die Folge einer Beurteilung des Rechtsanwenders in Form der Marktanalyse. Anders gewendet das Ergebnis einer rechtlichen Bewertung über ein methodisches Verfahren.[896] Beim Grundfall der Mitwirkungspflicht muss

---

890 *Wunsch,* Die Wettbewerbsklausel des § 65 Nr. 3 AO, 2002, S. 105.

891 So ausdrücklich *Wunsch,* Die Wettbewerbsklausel des § 65 Nr. 3 AO, 2002, S. 105; demgegenüber fordert *Herbert,* Der wirtschaftliche Geschäftsbetrieb des gemeinnützigen Vereins, 1988, S. 154 f., dass sich die Finanzbehörde selbst über die Konkurrenz im Einzugsbereich sachkundig machen muss, die Unmöglichkeit oder Unzulänglichkeit von Beweismitteln jedoch zu Lasten der gemeinnützigen Körperschaft wirkt.

892 Dazu Teil 1 A, II, 2 c).

893 Vgl. zu diesem Merkmal ausführlich Teil 1 B, IV, 2.

894 Zu diesem Merkmal bereits ausführlich Teil 1 C, II, 1 c) und IV, 2.

895 Dazu bereits ausführlich Teil 1 A, III, 3.

896 Nach *Hoppmann,* in: Wirtschaftsordnung und Wettbewerb, 1988, S. 504 (507 f.), ist der relevante Markt dem Rechtsanwender nicht vorgegeben, sondern wird gerade erst

hingegen eine bestehende Tatsache lediglich dem Steuervordruck entsprechend zugeordnet werden. Der relevante Markt und dem folgend auch das Konkurrenzverhältnis sind jedoch bis zur rechtlichen Würdigung nicht „existent“ und können damit nicht ohne Weiteres „entdeckt“ oder „offengelegt“ werden.[897] Selbst wenn für die Bestimmung der Austauschbarkeit aus Nachfragersicht oder der Beurteilung des Ausweichverhaltens aufgrund hypothetischer Preiserhöhungen auf empirische Daten zurückgegriffen wird,[898] handelt es sich selbst in diesem Fall um eine wertende Einordnung eben dieser Daten durch die der relevante Markt festgelegt wird.[899] Bei der wertungsbedürftigen Beurteilung der konkreten Umstände des Sachverhalts geht es nicht um die sachgerechte Zuordnung einer Tatsache. Es wird vielmehr eine rechtliche Würdigung von Tatsachen innerhalb und außerhalb der Sphäre des Steuerpflichtigen mit dem Ergebnis des subjektiv festgelegten Tatbestandsmerkmals des „Inwettbewerbtretens“ vorgenommen. Der Steuerpflichtige wird zudem gerade bei der sachgerechten Beurteilung eines potentiellen Wettbewerbsverhältnisses an die Grenzen der subjektiven Erfüllbarkeit stoßen.[900] So sind dem Steuerpflichtigen zwar die

---

durch diesen bestimmt; *Engel*, in: FS Immenga, 2004, S. 127, spricht vom Markt als einer „soziale[n] Konstruktion“; daran anschließend *Dreher/Kulka*, Wettbewerbs- und Kartellrecht^{10}, 2018, Rn. 752; ähnlich *Füller*, in: MünchKomm EUWettbewerbsrecht^{2}, 2015, Einl. Rn. 1033, wonach der relevante Markt einen normativen Zweckbegriff bildet; *Albach*, WuW 1978, S. 537 (547); *Klement*, Wettbewerbsfreiheit, 2015, S. 70 f., spricht bei der Bestimmung eines Wettbewerbs von einer „Interpretationsleistung des Rechts(anwenders)“.

897 Die Kommission spricht dahingehend auch von der Abgrenzung (räumlich) relevanter Märkte durch Auswertung der gesammelten Nachweise über die maßgeblichen Faktoren, wobei „in der Praxis Nachweise über einige dieser Faktoren häufig aus[reichen], um zu einem Ergebnis kommen zu können“, Bekanntmachung der Komm. über die Definition des relevanten Marktes, ABl.EG 1997 C 372, 5, Rn. 51 f. Dadurch wird deutlich, dass es sich trotz der Empirie dennoch um eine wertende Betrachtung handelt.

898 Vgl. dazu bereits Teil 1 A, II, 1 b) bb).

899 So handelt es sich sowohl beim Durchschnittsverbraucher und als auch beim Verbraucher im Rahmen des SSNIP-Tests letztendlich um eine „fiktive Figur“, vgl. nur *Emmerich*, in: Immenga/Mestmäcker, EU-Wettbewerbsrecht Bd. 1^{5}, 2012, Art. 101 I AEUV Rn. 160. Die Beurteilung der Austauschbarkeit aus Nachfragersicht und auch das hypothetische Ausweichverhalten der Nachfrager bleibt damit ein „gedankliches Experiment“ und somit eine Wertungsfrage auf Grundlage der empirischen Daten. Bezüglich des SSNIP-Tests so auch Bekanntmachung der Komm. über die Definition des relevanten Marktes, ABl.EG 1997 C 372, 5, Rn. 15, S. 1.

900 Gemeint sind damit Fälle, in denen der Steuerpflichtige keine Kenntnis hat oder haben kann und damit auch nicht zur Mitwirkung verpflichtet ist, vgl. *Seer*, in: Tipke/

eigenen Marktzutrittskosten bekannt, nicht aber die Zutrittskosten eines Newcomers. Dieser muss zu einem rentablen Tätigwerden wegen seiner individuellen Produktionskosten eventuell abweichende Gewinne erwirtschaften.[901] Ohne diese Feststellungen kann der Steuerpflichtige aber auch nicht beurteilen, ob unter dem so entstehenden Preis die Leistung aus Nachfragersicht tatsächlich als austauschbar angesehen werden würde. Dabei muss vor allem auch die steuerliche Belastung eines privaten Anbieters hinzugedacht werden. Andernfalls würde orientiert an den Kosten des zunächst nicht Steuerpflichtigen oder des zumindest Steuerbegünstigten eventuell eine Rentabilität erwogen werden, welche wegen der Erhöhung des Preises durch die Steuerlast tatsächlich nicht gegeben wäre. Solche Erwägungen, ob und in welcher Höhe eine Steuer anfallen würde und wie sich dies auf die Preisbildung auswirkt, können vom in Rede stehenden Betrieb oder Unternehmer aber nur schwerlich zutreffend berücksichtigt werden. Zwar dürfte die Beurteilung der Rentabilität für die Finanzverwaltung nicht weniger aufwendig sein. Allerdings können dahingehende Untersuchungen wohl kaum der Sphäre des (potentiell) Steuerpflichtigen zugeordnet werden. Dieser würde nicht bekannte „Tatsachen“ für die Finanzverwaltung offenbaren, sondern selbige mit hohem Aufwand für diese ermitteln. Und das, obwohl dieser den „Tatsachen“ nicht nähersteht, als die Finanzbehörde selbst.[902]

Hinsichtlich des Bestehens eines Wettbewerbsverhältnisses, als Ergebnis der reinen Beurteilung, beziehungsweise Ermittlung, ob auf dem sachlich und räumlich relevanten Markt ein Konkurrent gegeben ist, könnte dagegen von der Mitteilung einer Tatsache gesprochen werden. Ob auf dem sachlich und räumlich relevanten Markt ein Konkurrent besteht, ist keine Wertungsfrage, sondern eine reine Recherchearbeit. Festzuhalten ist aber, dass die Ermittlung potentieller Konkurrenten oftmals Teil der Bestimmung des relevanten Marktes ist. Und zwar dann, wenn die Frage nach der Austauschbarkeit und dem Ausweichverhalten der Nachfrager gestellt wird.[903] Jedenfalls lässt sich diese Feststellung aber

---

Kruse, AO/FGO, § 90 AO Rn. 12 (Stand 01.2017); *Söhn*, in: Hübschmann/Hepp/Spitaler, AO/FGO, § 90 AO Rn. 80 (Stand 04.2020).

901 Es ist nicht ersichtlich, wieso in diesem Fall etwas anderes gelten sollte, als im Falle des Vergleichs von Produktionskosten, bei welchem eine subjektive Unmöglichkeit des Beteiligten angenommen wird, weil dieser „nicht in der Lage [ist], die Einkaufs- und Verkaufspolitik seiner Konkurrenten in Erfahrung zu bringen“, vgl. *Söhn*, in: Hübschmann/Hepp/Spitaler, AO/FGO, § 90 AO Rn. 80 (Stand 04.2020) (m.w.N.).

902 Zur Ermittlungspflicht der Finanzverwaltung hinsichtlich Tatsachen außerhalb der Sphäre des Beteiligten *Spilker*, Behördliche Amtsermittlung, 2015, S. 278.

903 Vgl. dazu Teil 1 A, II, 1 b) bb).

nur anschließend an die Wertungsfrage des relevanten Marktes treffen. Die Entlastungswirkung bei einer Ermittlung durch den Steuerpflichtigen, im Anschluss an die Bekanntgabe des als relevant bestimmten Marktes durch die Finanzverwaltung, wäre überaus gering, wenn nicht sogar vor dem zusätzlichen Zeitaufwand als zu vernachlässigen anzusehen. Ohnehin dürfte dieser Umstand schon nicht der Sphäre des Steuerpflichtigen zuzuordnen sein.

bb) Folge: Begrenzte Mitwirkungspflicht beim „Wettbewerbsverhältnis"

Dem vorhergehenden entsprechend kann daher nur die Bekanntgabe vom Preis der Ware oder Dienstleistung, des Kundenkreises und des Einzugsbereichs, sowie der eigenen Zutrittskosten und sofern bestimmbar des Warenwertes, orientiert an der Produktqualität, Inhalt der Mitwirkungspflicht des (potentiell) Steuerpflichtigen sein.[904] Jegliche über diese Tatsachen hinausgehenden Forderungen übersteigen das mögliche Maß an Mitwirkungspflichten. Die Erklärungspflicht richtet sich dabei nach deren Notwendigkeit für den Vollzug des Steuergesetzes.[905] Mit Blick auf die Umsetzung der Wettbewerbsschutzklauseln handelt es sich bei den vorgenannten Kriterien, wegen deren Erforderlichkeit für die Bestimmung eines Wettbewerbsverhältnisses als Teilbedingung der Aufhebung der Steuerbegünstigung oder der Begründung der Steuerpflicht, jedenfalls um aufklärungsbedürftige steuererhebliche Tatsachen. Diese werden daher auch durch die Mitwirkungspflichten erfasst. Dagegen ist die Bestimmung des relevanten Marktes wegen der Beurteilung anhand der konkreten Umstände aus Nachfragersicht keine Tatsache. Als Folgebeurteilung dieser Feststellung kann aber auch die Ermittlung tatsächlicher und potentieller Konkurrenz nicht als Offenlegung von Informationen, die in der Sphäre des Steuerpflichtigen liegen, angesehen werden. Denn über die genannten mitteilungspflichtigen Tatsachen hinausgehend hat die Finanzbehörde, ungeachtet des Erfordernisses einer empirischen Fundierung, die Anwendung des Bedarfsmarktkonzepts und eventuell des SSNIP-Tests und der Kreuzpreiselastizität vorzunehmen. Selbiges gilt für die Beurteilung der in Betracht kommenden (bestehenden) privaten Anbieter, sowie

904 Hinsichtlich der Mitteilung des Kunden- und Einzugsbereichs ebenso *Wunsch,* Die Wettbewerbsklausel des § 65 Nr. 3 AO, 2002, S. 105.

905 Vgl. beispielhaft für den zulässigen Umfang der Auskunftspflicht und die Zulässigkeit der Fragen in den Steuervordrucken: *Schuster*, in: Hübschmann/Hepp/Spitaler, AO/FGO, § 93 AO Rn. 9 (Stand 11.2017); *Seer*, in: Tipke/Kruse, AO/FGO, § 150 AO Rn. 37 (Stand 04.2017); *Heuermann,* in: Hübschmann/Hepp/Spitaler, AO/FGO, § 150 AO Rn. 6 (Stand 08.2010).

Fragen, welche die Wirtschaftlichkeit oder Rentabilität eines Marktzutritts durch private Anbieter betreffen. Es ist nicht ersichtlich, wieso dabei vom Grundsatz der Amtsermittlungspflicht zulasten der (potentiell) Steuerpflichtigen abgewichen werden sollte.

Etwas anderes gilt nur dann, wenn dem (potentiell) Steuerpflichtigen ein Konkurrent bereits bekannt ist. Denkbar wäre, dass sich wegen der bestehenden Wettbewerbskräfte bereits eine Wechselbeziehung zwischen dem Absatz des einen Betriebs und der Handlungen des anderen Betriebs bemerkbar gemacht hat. Die Ermittlung unbekannter Konkurrenten ist dagegen nicht von der Mitteilungspflicht erfasst. Andernfalls würde der Zweck der Mitwirkungspflicht, der Behörde Einblicke zu verschaffen, die ansonsten verschlossen blieben oder nur unter erschwerten Anstrengungen möglich wären,[906] umgekehrt. Mögliche Konkurrenten sind für die Finanzbehörde weder nicht erkennbar noch deren Ermittlung mit einem höheren Aufwand als für den Steuerpflichtigen verbunden. Solange dieser Umstand nicht der Sphäre des Steuerpflichtigen nähersteht, muss es beim Grundsatz der Amtsermittlungspflicht bleiben.

b) Wettbewerbsverhältnis: Feststellungspflicht der Finanzverwaltung

Gegen die Feststellungspflicht der Finanzverwaltung könnte allenfalls die Untauglichkeit der aufgestellten Kriterien sprechen. Dass dieser die Feststellung der ihr obliegenden Kriterien gänzlich unmöglich wird, ist aber nur bedingt vorstellbar. So handelt es sich zwar auf der einen Seite um eine wertende Betrachtung, die mit zunehmendem Umfang an zur Verfügung stehenden Daten an Präzision gewinnt. Auf der anderen Seite lässt sich die Beurteilung aber prinzipiell schon über die objektiven Merkmale des Preises und der Eignung zur Erfüllung des Verwendungszwecks treffen. Zudem wird die Finanzbehörde jedenfalls in Härtefällen beispielsweise auf Branchenfernsprechbücher, Auskünfte der Industrie- und Handelskammer oder Marktforschungsuntersuchungen zurückgreifen können.[907] Diese lassen, wenn auch nicht in jedem Einzelfall, einen Rückschluss auf die Austauschbarkeit zweier Leistungen oder die Reaktion der Nachfrager zu. Zumindest teilweise wird aber auch die Ermittlung eines potentiellen Wettbewerbsverhältnisses an den wirtschaftlichen Umständen

906 *Spilker*, Behördliche Amtsermittlung, 2015, S. 276.

907 So schon *Herbert*, Der wirtschaftliche Geschäftsbetrieb des gemeinnützigen Vereins, 1988, S. 154 f.; a.A. *Wunsch*, Die Wettbewerbsklausel des § 65 Nr. 3 AO, 2002, S. 106.

des Steuerpflichtigen orientiert werden können.[908] Daneben kann die Ermittlung des relevanten Marktes, als Beurteilung durch den Rechtsanwender, ohnehin nur von der Behörde selbst vorgenommen werden. Daraus ergibt sich aber auch, dass der Steuerpflichtige nicht die Vermutung eines „potentiellen Wettbewerbs" widerlegen muss.[909] Im Gegenteil muss die Finanzbehörde das Vorliegen eines potentiellen Wettbewerbsverhältnisses zunächst anhand von Tatsachen begründen. Doch selbst dann, wenn der Steuerpflichtige die ihm obliegenden Tatsachen[910] nicht offenlegt und die Ermittlung des Wettbewerbsverhältnisses deshalb scheitert, kann das erforderliche Beweismaß, wegen der Einordnung als belastendes oder gar steuerbegründendes Merkmal, zugunsten des Ermittlungsaufwands der Finanzbehörde nur auf eine größtmögliche Wahrscheinlichkeit abgesenkt werden.

Daher kann aber nicht schon bei fehlenden Angaben zu bestehenden oder möglichen Konkurrenten die Vermutung eines „potentiellen Wettbewerbs" aufgestellt werden.[911] Zu einer solchen Beurteilung ist der Steuerpflichtige mangels Mitwirkungspflicht nicht verpflichtet. Zudem kann auch die größtmögliche Wahrscheinlichkeit nicht vollständig ohne etwaige Feststellungen erreicht werden. Der Annahme, dass die Behörde wegen der objektiven Beweislast des Steuerpflichtigen im Zweifel von einem potentiellen Wettbewerbsverhältnis ausgehen darf,[912] kann daher nicht gefolgt werden. Auch das potentielle Wettbewerbsverhältnis ist keine weniger aufwändige Alternative zu einem tatsächlichen Wettbewerbsverhältnis, sondern bedarf Feststellungen zur Marktzutrittsmöglichkeit anhand der konkret wirtschaftlichen Begebenheiten.

Die Ermittlung des Wettbewerbsverhältnisses kann nicht auf den Steuerpflichtigen übertragen und damit auch nicht auf eine Plausibilitätskontrolle durch die Finanzbehörde abgesenkt werden. Die überwiegende Feststellungs- und Anwendungslast liegt somit bei der Finanzverwaltung.

---

908 Vgl. dazu erneut FG Bremen v. 12.11.2008 – 2 K 28/08, EFG 2010, 527, Rn. 65, wo die Rentabilität des Marktzutritts entsprechend der Kosten und Gewinne des wirtschaftlichen Zweckbetriebs beurteilt wurde.

909 So aber *Wunsch,* Die Wettbewerbsklausel des § 65 Nr. 3 AO, 2002, S. 106, in Bezug auf den gemeinnützigen Betrieb; ähnlich *Mack,* DStR 1984, S. 187 (190).

910 Vgl. Teil 2 A, I, 1 a) bb).

911 So aber *Wunsch,* Die Wettbewerbsklausel des § 65 Nr. 3 AO, 2002, S. 105 f.

912 Bezogen auf die gemeinnützigen Körperschaft *Wunsch,* Die Wettbewerbsklausel des § 65 Nr. 3 AO, 2002, S. 109 f.; *Mack,* DStR 1984, S. 187 (190); wohl auch *Herbert,* Der wirtschaftliche Geschäftsbetrieb des gemeinnützigen Vereins, 1988, S. 155.

Die festgestellte Mitwirkungspflicht der (potentiell) Steuerpflichtigen hilft dabei auch nur begrenzt. Denn zum einen fehlen in den Steuervordrucken Vorgaben für die Mitteilung der einzelnen Preise, des Kundenkreises, der Qualität (ungeachtet der Frage, wie diese überhaupt objektiv bestimmt werden sollte) und der eigenen Marktzutrittskosten. Und zum anderen fehlt auf Seiten der Steuerpflichtigen, aber auch auf Seiten der Finanzverwaltung, das Bewusstsein, dass es maßgeblich auf die genannten Tatsachen als Grundlage der Umsetzung der Wettbewerbsschutzklauseln ankommt.[913] Die relevanten Tatsachen sind dabei auch nicht aus der Bilanz entsprechend der Buchführungspflicht nach §§ 140 ff. AO erkennbar. Zwar müssen die Aufzeichnungen nach § 144 Abs. 3 Nr. 4 AO den Preis der Waren beinhalten, allerdings gilt dies nach § 144 Abs. 1 AO nur bei einer Lieferung an gewerbliche Unternehmer. Für den Hauptfall der Lieferung an den Verbraucher lässt sich der Preis für einzelne Leistungen den Aufzeichnungen damit nicht entnehmen. Auch aus der Bilanz, in der im Umlaufvermögen auch die fertiggestellten Erzeugnisse und Waren aufgegliedert werden, lässt sich der Preis nicht feststellen. Die Waren werden dort nach § 141 Abs. 1 S. 2 AO i.V.m. § 253 Abs. 1 HGB nur mit den Anschaffungs- oder den Herstellungskosten, nicht aber dem erzielten beziehungsweise beabsichtigten Preis angesetzt. Theoretisch könnte man zwar aus der Gewinn- und Verlustrechnung[914] den Preis für eine einzelne Ware errechnen (Gewinn durch Stückzahl), allerdings scheitert dieses Gedankenspiel, sobald nicht nur eine Ware, sondern mehrere verschiedene Waren der gleichen Gattung mit verschiedenen Preisen veräußert wurden. Diese oberflächliche Berechnung wäre für den notwendigen Einzelpreis einer Ware im Rahmen der Marktanalyse untauglich. Der Preis lässt sich demnach aus den erforderlichen Angaben des Steuerpflichtigen nicht entnehmen. Dasselbe gilt auch für die Produktqualität und den Einzugsbereich. Darüber hinaus dürfte der Einzugsbereich dem Steuerpflichtigen selbst unbekannt sein.

c) Ergebnis: Keine Abhilfe durch Mitwirkungspflichten

Damit bleibt es dabei, dass die sachgerechte Anwendung der Wettbewerbsschutzklauseln – trotz der Mitwirkungspflichten der Steuerpflichtigen – im Widerspruch zur ressourcenbedingten Handlungslimitierung der Finanzverwaltung steht. Die Problematik der fehlenden praktischen Realisierbarkeit besteht daher fort.

---

913 Dies wird zugleich durch die oftmals fehlenden Feststellungen im Zuge der gerichtlichen Verfahren deutlich, vgl. dazu die Nachweise in der Einleitung unter Teil 2 A.

914 Die Mitteilungspflicht richtet sich dabei nach § 5b EStG.

2. *Mitwirkungspflicht hinsichtlich der Negativauswirkungen*

Bis auf Art. 134 Buchst. b MwStSystRL verlangen die Wettbewerbsschutzklauseln normübergreifend neben dem reinen Vorliegen eines „Wettbewerbs" eine zusätzliche Komponente.[915] Unter Berücksichtigung der jeweiligen Normzwecke (die Negativauswirkung der Steuerbegünstigung oder -befreiung zu verhindern)[916] bedarf es zu deren sachgerechter Umsetzung der Feststellung, dass eine Beeinträchtigung der steuerpflichtigen Konkurrenten vorliegt oder aber zumindest die Weitergabe oder Ausnutzung der Steuerbegünstigung erfolgt.[917] Unter den Begriffen der „Wettbewerbsbeeinträchtigung" und der „Wettbewerbsverzerrung" wird dabei sprachlich derselbe Umstand zusammengefasst.[918] Es wurde bereits dargelegt, dass sich die Merkmale – aufgrund der Erkenntnis, dass einer Negativauswirkung auf den wohlfahrtssteigernden Mechanismus des Wettbewerbs (gemeint sind die Steigerung der Allokations- und Innovationseffizienz)[919] zwingend eine Negativauswirkung auf die nicht begünstigten Konkurrenten vorausgehen muss –[920] dem Schutzzweck entsprechend nicht institutionell auf den Wirkmechanismus, sondern individuell auf die steuerpflichtigen Konkurrenten beziehen.[921] Dasselbe gilt auch für das Kriterium der Unvermeidbarkeit des Umfangs nach § 65 Nr. 3 AO. Die dort erforderliche Abwägung kann wegen der weitgehenden Unbeachtlichkeit hinsichtlich der Allokations- und Innovationseffizienz bereits gedanklich nur zwischen dem Förderzweck und dem Interesse der nicht begünstigten Konkurrenten – nicht durch wettbewerbsexterne Einflüsse zu Anpassungshandlungen gezwungen oder vom Markt verdrängt zu werden – vorgenommen werden.[922] Der Abwägung muss

---

915 Zu den jeweiligen Kriterien Teil 1 A, III; Teil 1 B, IV, 2 b) sowie Teil 1 C, II, 1 c) und IV, 2.

916 Vgl. das Ergebnis zu § 65 Nr. 3 AO: Teil 1 A, III, 3 a) bb); zu § 4 KStG: Teil 1 B, IV, 2 b) aa) (1); zu § 2b UStG: Teil 1 C, II, 1 c) bb) und zu Art. 134 MwSystRL: Teil 1 D, III, 2.

917 Ausführlich Teil 1 A, III, 3 a) bb) (1); bezüglich § 4 KStG ließ sich dies zwar nicht schon dem Wortlaut entnehmen, allerdings lässt sich andernfalls die Auferlegung der sinnwidrigen Besteuerung der öffentlichen Hand nicht begründen, vgl. dazu Teil 1 B, IV, 2 b) aa) (2).

918 Zur Wettbewerbsbeeinträchtigung bereits ausführlich Teil 1 B, IV, 2 b); zur Wettbewerbsverzerrung bereits Teil 1 C, II, 1 c) bb) (1) und IV, 2.

919 Dazu bereits Teil 1 A, III, 3 a) bb) (1).

920 Vgl. die Ergebnisse unter Teil 1 A, III, 3 a) bb); Teil 1 B, IV, 2 b) aa).

921 Teil 1 A, III, 3 c); Teil 1 B, IV, 2 b) bb).

922 Dazu auch Teil 1 A, III, 3 c).

daher zunächst die Feststellung der Negativauswirkung, in Form des künstlichen Anpassungszwangs über den begünstigungsbedingt gesteigerten Wettbewerbsdruck und damit denselben Umstand wie bei der Wettbewerbsbeeinträchtigung und Wettbewerbsverzerrung, vorausgehen.

Maßgeblich ist daher immer die Feststellung, dass es durch die Weitergabe des Steuervorteils zu einem künstlich gesteigerten Wettbewerbsdruck kommt. Sei es über einen vergünstigten Preis oder eine gesteigerte Produktqualität.[923]

Abhilfe zugunsten des Anwendungsaufwands der Finanzverwaltung hinsichtlich der festzustellenden Auswirkungen kann im Rahmen der derzeitigen Ausgestaltung wiederum nur die Mitwirkungspflicht der Steuerpflichtigen und die bestehende Beweislast leisten. Dazu kommt es erneut auf die Sphärenverantwortlichkeit im Rahmen der kooperativen Arbeitsteilung zwischen der Finanzverwaltung und dem Steuerpflichtigen an.[924] Allerdings verhält es sich dabei genauso wie bei der Mitwirkungspflicht in Bezug auf die Ermittlung eines Wettbewerbsverhältnisses.[925] Durch die Begrenzung der Mitwirkungspflicht auf die Bekanntgabe von Tatsachen können vom Steuerpflichtigen keine Schlussfolgerungen jeglicher Art und damit auch keine juristische Subsumtionen verlangt werden.[926] Nachfolgend sollen daher das Merkmale der „Unvermeidbarkeit" und das der Wettbewerbsbeeinträchtigung beziehungsweise der Wettbewerbsverzerrung hinsichtlich bestehender Mitwirkungspflichten untersucht werden.

a) Unvermeidbarkeit nach § 65 Nr. 3 AO als Abwägungsauftrag

Auch die Unvermeidbarkeit nach § 65 Nr. 3 AO als Abwägungsauftrag ist keine Zuordnung einer Tatsache unter ein zuordnungsbedürftiges Merkmal, sondern das Ergebnis einer rechtlichen Beurteilung. Die als „Unvermeidbarkeit" besteht nicht im Vorfeld, sondern bedarf ihrerseits einer wertungsbedürftigen Annahme. Ob der Tätigkeit der gemeinnützigen Körperschaft tatsächlich das Individualinteresse eines nicht begünstigten Konkurrenten gegenübersteht, kann die Körperschaft nicht zumutbar beurteilen. Feststellungen, wie etwa das

923 Vgl. bereits Teil 1 A, III, 3 a) bb); Teil 1 B, IV, 2 b) aa) (2) und Teil 1 C, II, 1 c) bb) (1).

924 Vgl. die Ausführungen und Nachweise unter Teil 2 A, I, 1.

925 Vgl. Teil 2 A, I, 1, wo das Wettbewerbsverhältnis als Ergebnis der wertungsbedürftigen Marktabgrenzung nicht als Teil der Mitwirkungspflicht des Steuerpflichtigen anerkannt werden kann.

926 So die Grenze der Mitwirkungspflicht nach ständiger Rechtsprechung vgl. nur BFH v. 24.07.1984 – VIII R 304/81, BStBl II 1984, 785, Rn. 20; v. 09.03.2016 – X R 10/13, BFH/NV 2016, 1665, Rn. 18.

Vorliegen einer Beeinträchtigung konkurrierender Wettbewerber, scheitern nämlich bereits an der fehlenden Pflicht zur Ermittlung des Wettbewerbsverhältnisses. Ohne die Kenntnis dessen kann die gemeinnützige Körperschaft eine von dieser ausgehende Beeinträchtigung aber nicht beurteilen. Der Abwägungsvorgang und damit letztendlich auch die Beurteilung der Unvermeidbarkeit werden daher nicht von der Mitwirkungspflicht erfasst. Diese steigern in jedem Fall den Arbeitsaufwand der Finanzbehörde. Zu fordern sind allerdings Angaben der Körperschaft darüber, welchen Zweck sie verfolgt, ob dazu der Steuervorteil über den Preis oder die Qualität an den Markt weitergegeben wird und ob dies durch die Zweckverfolgung bedingt ist. Problematisch ist dabei jedoch erneut, dass sich diese Angaben nicht aus den abgegebenen Steuererklärungen ergeben und überdies das Bewusstsein für deren Maßgeblichkeit fehlt.[927] Auch für den Fall, dass die Angaben der Körperschaft zu der wirtschaftlichen Situation vor Ort einen potentiellen Wettbewerb nahelegen, beschränkt sich die Mitwirkungspflicht für die Frage der Wettbewerbsbeeinträchtigung auf die Darlegung der Begünstigungsverwendung. Denn auch in diesem Fall muss die Behörde zuerst ein fehlendes tatsächliches Wettbewerbsverhältnis feststellen.[928] Beruht die fehlende Möglichkeit zur Bestimmung der Wettbewerbsbeeinträchtigung aber auf den unzulänglichen Angaben der gemeinnützigen Körperschaft, kann dies im Sinne einer Beweismaßreduzierung zu deren Nachteil gereichen.[929] Ohne die Bekanntgabe der Verwendung der Steuerbegünstigung bei der Preis- und Handlungspolitik ist die fehlende Möglichkeit zur Vornahme der Abwägung dann nämlich der Körperschaft zuzuschreiben. Der Annahme der herrschenden Meinung[930] kann daher nur für die Folge der fehlenden Bekanntgabe der relevanten Informationen aus der Sphäre der gemeinnützigen Körperschaft gefolgt werden. Eine Nachweispflicht über das Bestehen der Unvermeidbarkeit – als Ergebnis des wertungs- und abwägungsbedingten Vorgangs – besteht dagegen nicht. Etwas anders gilt nur, wenn der Körperschaft ein direkter Konkurrent, der dieselben Bedürfnisse befriedigt, bekannt ist und sie somit selbst von einem

---

927 Vgl. bereits Teil 2 A, I, 1 b).

928 Zur Heranziehung des potentiellen Wettbewerbsverhältnis erst nach der Ablehnung eines tatsächlichen Wettbewerbsverhältnisses, vgl. Teil 1 A, II, 2 c) bb).

929 Vgl. die Nachweise unter Teil 2 A, I, 1.

930 *Hüttemann*, GemSpR^4, 2018, Tz. 6.205; *Herbert*, Der wirtschaftliche Geschäftsbetrieb des gemeinnützigen Vereins, 1988, S. 155; *Isensee/Knobbe-Keuk*, Sondervotum, in: Unabhängige Sachverständigenkommission, Gutachten, 1988, S. 331 (461); *Wunsch*, Die Wettbewerbsklausel des § 65 Nr. 3 AO, 2002, S. 115.

Wettbewerbsverhältnis ausgeht. In diesem Fall muss die Körperschaft mitteilen, aus welchen Gründen sie ihr Tätigwerden zumindest als notwendig ansieht.

Daneben verbleibt der erhöhte Anwendungsaufwand jedoch bei der Finanzverwaltung, wodurch auch hier der Widerspruch zum Massenverfahren und der dadurch bestehen ressourcenbedingten Handlungslimitierung fortbesteht.

b) Wettbewerbsbeeinträchtigung und Wettbewerbsverzerrung

Die Merkmale der Wettbewerbsbeeinträchtigung (§ 4 KStG) und der Wettbewerbsverzerrung (§ 2b Abs. 1 S. 2 UStG) bedürfen zwar anders als die Unvermeidbarkeit des Umfangs des Inwettbewerbtretens (§ 65 Nr. 3 AO; zumal auch dort eine Wettbewerbsbeeinträchtigung vorausgehen muss) nur der Feststellung, dass eine Negativauswirkung durch die Steuerbegünstigung vorliegt. Eine Mitwirkungspflicht kann jedoch auch hier nicht uneingeschränkt anerkannt werden. Auch diese Feststellung kann nicht der Sphäre des Steuerpflichtigen zugeordnet werden, weshalb die Finanzbehörde zur Sachverhaltsermittlung verpflichtet bleibt.[931] Der Steuerpflichtige (in diesem Zusammenhang konkret die öffentliche Hand) wird ohnehin nicht nachvollziehen können, ob Konkurrenten Umsatzeinbußen erfahren haben oder zu Anpassungshandlungen gezwungen wurden.

Eine Anwendungserleichterung könnte aber dann bestehen, wenn die erklärungspflichtigen Angaben des Steuerpflichtigen einen Anscheinstatbestand begründen, auf dessen Grundlage die Finanzverwaltung den Anscheinsbeweis vom Vorliegen einer Wettbewerbsbeeinträchtigung oder -verzerrung führen kann. Darauf soll im Folgenden eingegangen werden.

3. Ergebnis: Weit überwiegende Feststellungslast der Finanzverwaltung

Die zwingend erforderliche Bestimmung des Wettbewerbsverhältnisses bleibt damit der Finanzverwaltung vorbehalten. Die Mitwirkungspflichten des Steuerpflichtigen hinsichtlich der relevanten Merkmale können den Beurteilungsaufwand (die Marktanalyse und Ermittlung konkret oder potentieller Konkurrenten) nur bedingt verringern. Die Beurteilung des Wettbewerbsverhältnisses steht daher nach wie vor außer Verhältnis zur Handlungslimitierung im Massenverfahren.

---

931 Zur Begrenzung der Mitwirkungspflicht auf sphärenbezogene Tatsachen nur *Spilker*, Behördliche Amtsermittlung, 2015, S. 278.

II. Teilweise Entlastung durch Anscheinsbeweis

Zumindest bei der Feststellung der Negativauswirkungen der Begünstigung, im Zuge der Merkmale der Wettbewerbsbeeinträchtigung und -verzerrung, kann die Vornahme eines Anscheinsbeweises zu einer Entlastung führen.

1. Möglichkeit eines Anscheinsbeweises

Ebenso wie für den Richter im gerichtlichen Verfahren gilt auch für die Finanzbehörde im behördlichen Verfahren die freie Beweiswürdigung.[932] Der Behörde steht demnach bei der Würdigung der beweiserheblichen Umstände ein Wertungsspielraum, wenn auch begrenzt durch Denkgesetze und Erfahrungssätze zu.[933] Im gerichtlichen Verfahren ist im Zuge der Beweiswürdigung der sogenannte Anscheinsbeweis als Form der mittelbaren Beweiswürdigung gewohnheitsrechtlich anerkannt.[934] Bei diesem Vorgehen wird ein Erfahrungssatz[935] auf einen Anscheinstatbestand angewendet, sodass dem Richter das Vorliegen des

---

932 *Seer*, in: Tipke/Kruse, AO/FGO, § 88 AO Rn. 35 (Stand 01.2017); wohl auch *Schmidt*, Die Problematik der objektiven Beweislast im Steuerrecht, 1998, S. 47 f.; *Müller-Franken*, Maßvolles Verwalten, 2004, S. 308; *Rönitz*, in: DStJG 3 (1980), S. 297 (300).

933 *Seer*, in: Tipke/Kruse, AO/FGO, § 88 AO Rn. 35 (Stand 01.2017).

934 St. Rspr. vgl. nur BFH v. 12.12.1968 - II B 35/68, BStBl III 1969, 173, Rn. 6; v. 13.01.1998 - IX R 58/95, BFH/NV 1998, 1080, Rn. 17; v. 04.02.2004 – X R 24/02, BFH/NV 2004, 787, Rn. 17; v. 07.12.2006 – VIII B 48/05, BFH/NV 2007, 712, Rn. 27; v. 13.04.2010 – IX R 16/09, Rn. 17 ff.; v. 21.04.2010 – VI R 46/08, BStBl II 2010, 848, Rn. 15; v. 04.12.2012 – VIII R 42/09, BFH/NV 2013, 465, Rn. 15 f.; nach *Seer*, in: Tipke/Kruse, AO/FGO, § 96 FGO Rn. 37 ff. (Stand 08.2018), handelt es sich dabei grundsätzlich auch nicht um eine Beweismaßreduzierung oder besondere Beweismaßregel. Dem kann nur gefolgt werden. Anders als bei Typisierungen führt nämlich die Überzeugungskraft des Erfahrungsgrundsatzes dazu, dass die erforderliche Überzeugung vom Vorliegen des Sachverhalts entsprechend des Regelbeweismaßes der an Sicherheit grenzenden Wahrscheinlichkeit gegeben ist, wodurch es auf eine Beweismaßreduzierung nicht ankommt. Eine weitere Sachverhaltsermittlung ist vor der Beweisstärke des Anscheinstatbestandes in Verbindung mit dem Erfahrungsgrundsatz nicht weiter erforderlich. Vgl. dazu auch *Schmidt*, Die Problematik der objektiven Beweislast im Steuerrecht, 1998, S. 311 ff.

935 Dazu bereits BFH v. 09.07.1985 – IX R 53/80, BFH/NV 1986, 217, Rn. 20; *Lange*, in: Hübschmann/Hepp/Spitaler, AO/FGO, § 96 FGO Rn. 110 ff. (Stand 02.2020); *Seer*, in: Tipke/Kruse, AO/FGO, § 96 FGO Rn. 19 ff. (Stand 08.2018); *Müller-Franken*, Maßvolles Verwalten, 2004, S. 275.

Sachverhalts zu seiner vollen Überzeugung vorgegeben ist.[936] Die Anwendung eines Erfahrungssatzes auf einen Anscheinstatbestand lässt sich auch im behördlichen Verfahren bei der Ermittlung einer Wettbewerbsbeeinträchtigung oder -verzerrung begründen.[937]

Ausgehend von den bisherigen Erkenntnissen der Arbeit folgt eine Wettbewerbsbeeinträchtigung oder -verzerrung immer erst auf den Umstand der Weitergabe des Steuervorteils über den Preis oder durch die Reinvestition des (begünstigungsbedingt) erhöhten Gewinns. Dadurch wird der Wettbewerbsdruck künstlich gesteigert.[938] Sobald der Steuerpflichtige den Steuervorteil an den Markt weitergibt, erlangt dieser einen (Preis- oder Qualitäts-) Vorteil, den die Konkurrenten am Markt durch eine Anpassungshandlung oder Innovationssteigerung ausgleichen müssen.[939] Die Tatsache der wechselseitigen Interaktion im Wettbewerb[940] lässt dabei auch den Schluss zu, dass durch den Wettbewerbsmechanismus eine Anpassungshandlung als Folge der begünstigungsbedingten Negativeinwirkung auf die Konkurrenten erzwungen wird. Die Wettbewerbsbeeinträchtigung oder -verzerrung ist daher mehr als ein Reflex der Weitergabe des Steuervorteils. Es fragt sich nicht ob, sondern nur wann die Konkurrenten eine Negativeinwirkung erfahren werden. Trotz der Mannigfaltigkeit des Wettbewerbs[941] ist unzweifelhaft festzuhalten, dass zwischen der Weitergabe des Steuervorteils und der Auswirkung auf die Konkurrenten eine Wechselbeziehung besteht. Andernfalls müsste bereits der Wirkmechanismus des Wettbewerbs geleugnet oder zumindest in Frage gestellt werden. Damit lässt sich zugleich der Erfahrungssatz – und wegen der sehr hohen Wahrscheinlichkeit, aufgrund des wettbewerbsrechtlichen Erkenntnisstandes, jedenfalls in der

936 *Seer*, in: Tipke/Kruse, AO/FGO, § 96 FGO Rn. 37 (Stand 08.2018); zur Anwendung von Erfahrungssätzen im Zuge der richterlichen Beweiswürdigung ausführlich *Anzinger*, Anscheinsbeweis und tatsächliche Vermutung im Ertragsteuerrecht, 2006, S. 159 ff.; *Schmidt*, Die Problematik der objektiven Beweislast im Steuerrecht, 1998, S. 302 ff.; *Völlmeke*, DStR 1996, S. 1070 (1073 ff.).

937 Zur Anwendung des Anscheinsbeweises im behördlichen Verfahren *Rönitz*, in: DStJG 3 (1980), S. 297 (313); *Seer*, in: Tipke/Kruse, AO/FGO, § 88 AO Rn. 35 (Stand 01.2017).

938 Zum Ganzen bereits Teil 1 A, III, 3 a) bb).

939 Zum Ganzen ebenda.

940 Vgl. die ausführlichen Nachweise in der Einleitung A, II, 1.

941 Vgl. die ausführlichen Nachweise in der Einleitung A, II, 1.

Form eines Erfahrungsgrundsatzes[942] („wenn - dann meistens“)[943] – aufstellen, dass der Weitergabe des Steuervorteils nahezu immer auch eine Wettbewerbsbeeinträchtigung oder -verzerrung nachgeht. Mit der Feststellung der Vorteilsweitergabe als Anscheinstatbestand lässt sich darüber der Anscheinsbeweis der Wettbewerbsbeeinträchtigung oder -verzerrung begründen. Die unbestreitbare Kausalität zwischen der Vorteilsweitergabe und einer Wettbewerbsbeeinträchtigung oder -verzerrung lässt, aufgrund deren Überzeugungswirkung, dass eine Wettbewerbsbeeinträchtigung oder -verzerrung mit an Sicherheit grenzender Wahrscheinlichkeit vorliegt,[944] weitere Sachverhaltsermittlungen entbehrlich werden.

2. Anscheinstatbestand als Teil der Mitwirkungspflicht

Die Finanzbehörde kann daher im behördlichen Verfahren tatsächlich auf die Feststellung einer Wettbewerbsbeeinträchtigung oder -verzerrung verzichten und muss nur die (Nicht-)Weitergabe des Steuervorteils feststellen. Der Ermittlungsaufwand bezüglich eben dieser Weitergabe kann der Finanzbehörde auch gerade abgenommen werden. Die Vorteilsweitergabe als steuererhebliche Tatsache kann wie gezeigt der Sphäre des Steuerpflichtigen zugeordnet werden und ist damit auch von dessen Mitwirkungspflicht erfasst. Die Beurteilung der Wettbewerbsbeeinträchtigung oder -verzerrung kann daher zugunsten der Finanzbehörde in eine reine Feststellung der Vorteilsweitergabe, welche durch den Steuerpflichtigen erklärt werden muss, vereinfacht werden. Die Beurteilung ließe sich damit ohne weiteren Ermittlungsaufwand „vom Schreibtisch aus“ vornehmen. Dies gilt aber ausdrücklich nur dann, wenn zuvor ein Wettbewerbsverhältnis positiv festgestellt worden ist.

Vor diesem Hintergrund lässt sich ein gesteigerter Anwendungsaufwand durch die Finanzbehörde und damit auch ein Widerspruch zur ressourcenbedingten Handlungslimitierung bei der Beurteilung der Folgen des von der Begünstigung betroffenen Wettbewerbs verhindern. Erforderlich wäre allein die Sensibilisierung für die Maßgeblichkeit der Erklärung der Weitergabe des Steuervorteils.

---

942 Zum Begriff *Prütting*, Gegenwartsprobleme der Beweislast, 1996, S. 106 ff.; *Anzinger*, Anscheinsbeweis und tatsächliche Vermutung im Ertragsteuerrecht, 2006, S. 163 f.; *Seer*, in: Tipke/Kruse, AO/FGO, § 96 FGO Rn. 21 (Stand 08.2018).

943 *Seer*, in: Tipke/Kruse, AO/FGO, § 96 FGO Rn. 21 (Stand 08.2018).

944 Vgl. die Nachweise zum Regelbeweismaß der an Sicherheit grenzenden Wahrscheinlichkeit unter Teil 2 A, III, 1.

Zugleich verbietet sich ein solches Vorgehen bei der Bestimmung des Vorliegens eines Wettbewerbsverhältnisses, worauf im Folgenden eingegangen werden soll.

III. Unzulässigkeit der Vermutung durch abstrakte Beurteilungen

Normübergreifend wird für die Bestimmung eines Wettbewerbsverhältnisses auch auf eine Vermutung abgestellt. Während bei § 65 Nr. 3 AO[945] und § 4 KStG[946] teilweise ausdrücklich von der Vermutung eines vorliegenden Wettbewerbsverhältnisses gesprochen wird, kommt auch die tätigkeitsbezogene Beurteilung bei Art. 134 Buchst. b MwStSystRL[947] und § 2b UStG[948] einer

---

945 *Mack,* DStR 1984, S. 187 (190), spricht ausdrücklich von einer widerlegbaren Vermutung bestehender Konkurrenz bei wirtschaftlichen Tätigkeiten; ähnlich *Schauhoff,* Handbuch der Gemeinnützigkeit[3], 2010, § 7 Rn. 88; auch *Wunsch,* Die Wettbewerbsklausel des § 65 Nr. 3 AO, 2002, S. 109 f., geht im Ergebnis von der Vermutung eines potentiellen Wettbewerbsverhältnisses aus.

946 Vgl. BMF v. 11.12.2009 - IV C 7-S 2706/10006, BStBl I 2009, 1597, unter I, 1, b), wo bei einem fehlenden Annahmezwang das Bestehen eines Wettbewerbsverhältnisses vermutet wird; ebenso *Küffner*, Umsatzsteuerliche Behandlung von juristischen Personen des öffentlichen Rechts im Lichte der 6. EG-Richtlinie, 2001, S. 89 f. und S. 130 f.

947 Aus der Rechtsprechung siehe nur EuGH v. 14.06.2007 - C-434/05, *Horizon College*, EU:C:2007:343, Rn. 43; v. 04.05.2017 - C-699/15, *Brockenhurst College*, EU:C:2017:344, Rn. 35; dem folgend aus der Literatur: *Rosenthal*, DStR 2013, S. 443 (446); *Engler*, Steuerverfassungsrecht im Mehrebenensystem, 2014, S. 265 f.; *Hoffsümmer*, Steuerbefreiungen für Inlandsumsätze, 2009, S. 51 ff.; *Erdbrügger*, MwStR 2014, S. 187 (190); *Dudde,* Die Umsatzbesteuerung gemeinnütziger Sportvereine, 2010, S. 467 f.

948 Aus der Rechtsprechung siehe nur EuGH v. 16.09.2008 - C-288/07, *Isle of Wight Council u.a.*, EU:C:2008:505, Rn. 40; vgl. BMF v. 16.12.2016 - III C 2-S 7107/16/10001, BStBl I 2016, 1451, Rn. 24, wonach ein Wettbewerbsverhältnis rein tätigkeitsbezogen ermittelt werden soll, aber zugleich das Ergebnis einer (dann gerade nicht erfolgenden) Marktanalyse schädlich sein soll; mit der Forderung einer rein tätigkeitsbezogenen Beurteilung auch *Wiesch*, Die umsatzsteuerliche Behandlung der öffentlichen Hand, 2016, S. 107 f. und insb. S. 110 ff.; *Heckhausen,* Die Umsatzbesteuerung der öffentlichen Hand, 2017, S. 50 f. und 76; *Treiber*, in: Sölch/Ringleb, UStG, § 2b UStG Rn. 51 f. (Stand 10.2020); *Dziadkowski*, UR 2017, S. 416 (419 f.); *Hammerl/Fietz*, MwStR 2017, S. 56 (58); schon zuvor *Siegel*, Der Begriff des „Betriebs gewerblicher Art“ im Körperschaft- und Umsatzsteuerrecht, 1999, S. 288 f., der allein ein abstrakt potentielles Wettbewerbsverhältnisses für praktikabel hält; *Fellner*, Sport und Gemeinnützigkeit in der Umsatzsteuer, 2014, S. 113; *Hidien/Schwarz,* UR 2017, S. 338 (345).

Vermutung gleich. Dass diese Vorgehensweise normübergreifend die Eigenart „des Wettbewerbs" nicht erfassen kann[949] und mit dem teilweise ausdrücklichen Wortlaut,[950] sowie dem Zweck der Regelungen – eine Beeinträchtigung durch die gewährte Steuerbefreiung zu vermeiden[951] – unvereinbar ist, wurde bereits dargestellt.[952] Aufgrund des Amtsermittlungsgrundsatzes ist die Finanzverwaltung aber grundsätzlich zur vollständigen Ermittlung des Sachverhalts verpflichtet.[953] Dazu gehört bei der Anwendung der Wettbewerbsschutzklauseln aber auch die Feststellung eines Wettbewerbsverhältnisses. Die stattfindende vermutende Anschauung umfasst hingegen allein die Ermittlung der Vornahme einer bestimmten Tätigkeit. Unter den Bedingungen einer Massenverwaltung könnte es sich dabei dennoch um eine notwendige und zulässige Vereinfachung handeln, wenn mit der Feststellung der Tätigkeit bereits ein Indiz getroffen wurde, von dem auf das Vorliegen eines Wettbewerbsverhältnisses als Tatsache[954] geschlossen werden kann. Die Zulässigkeit dessen richtet sich danach, ob damit bereits das erforderliche Beweismaß zur Vornahme der Verwaltungsentscheidung erreicht wurde.[955]

Bei der Zulässigkeit der Vermutung eines Wettbewerbsverhältnisses handelt es sich um nichts anderes als um die Frage der Zulässigkeit einer rein abstrakten

---

949 Vgl. die ausführlichen Nachweise zur Unvorhersehbarkeit des Wettbewerbs in der Einleitung A, II, 1.

950 Vgl. § 65 Nr. 3 AO „in Wettbewerb tritt" und Art. 134 Buchst. b MwStSystRL „in unmittelbarem Wettbewerb".

951 Vgl. normübergreifend die Gesetzgebungsmaterialien, die wiederkehrend den Schutz der nicht begünstigten Konkurrenten hervorheben: Für die Besteuerung der öffentlichen Hand BT-Drs. 7/1470, S. 336; ähnlich bereits die Begründung zum Entwurf eines KStG, Verhandlungen des RT, 3. Wahlperiode 1924/25, Bd. 400, Drs. 796, S. 8 ff.; ausdrücklich im Zuge der Begründung zu § 2 Abs. 3 UStG (aF) BT-Drs. 4/1590, S. 36. Sowie für die Besteuerung gemeinnütziger Körperschaften BT-Drs. 7/4292, S. 21.

952 Dazu bereits Teil 1 A, II, 1 d) bb) und 2 c); Teil 1 B, IV, 2 b); Teil 1 C, IV, 1.

953 *Spilker*, Behördliche Amtsermittlung, 2015, S. 130 f.

954 Dabei kann von einem Wettbewerbsverhältnis als Tatsache nur insofern gesprochen werden, als dass der Ermittlung des wertungsbedürftigen Kriteriums des relevanten Marktes nachfolgend das Bestehen vergleichbarer Anbieter auf diesem räumlichen Gebiet sowie eine Interaktion der Anbieter und damit ein Wettbewerbsverhältnis festgestellt werden kann. Vgl. bereits Teil 2 A, I, 1 a) aa); zur Tatsache als sinnlich wahrnehmbares Ereignis vgl. nur *Seer*, in: Tipke/Kruse, AO/FGO, § 88 AO Rn. 20 (Stand 01.2017); *Söhn*, in: Hübschmann/Hepp/Spitaler, AO/FGO, § 88 AO Rn. 31 (Stand 03.2010).

955 Dazu *Spilker*, Behördliche Amtsermittlung, 2015, S. 131 ff.

Beurteilung, weshalb diese Vorgehensweisen einheitlich untersucht werden können. Es geht damit im Folgenden um die Frage, ob mit der Feststellung der Vornahme einer bestimmten Tätigkeit bereits das erforderliche Beweismaß zur Anwendung der Wettbewerbsschutzklausel erreicht wurde.

1. Abstrakte Beurteilung und erforderliches Beweismaß

Die Anforderungen an das zu fordernde Beweismaß werden uneinheitlich gestellt. Ein Teil der Literatur fordert, dass der relevante Sachverhalt mit an Sicherheit grenzender Wahrscheinlichkeit festgestellt werden muss.[956] Andere Stimmen verlangen hingegen nur eine überwiegende Wahrscheinlichkeit.[957] Weit überwiegend wird jedoch ausgehend vom Regelbeweismaß der an Sicherheit grenzenden Wahrscheinlichkeit das Beweismaß flexibel danach bestimmt, ob es sich um eine steuerbegründende oder eine steuerentlastende Tatsache handelt und eine Mitwirkungspflichtverletzung des Steuerpflichtigen vorliegt.[958]

Ungeachtet der im Grundsatz zu fordernden Sachverhaltswahrscheinlichkeit wäre im Falle eines wirtschaftlichen Tätigwerdens jedenfalls die überwiegende Wahrscheinlichkeit notwendig, dass ein Wettbewerbsverhältnis besteht oder entsprechend des „potentiellen Wettbewerbs" zumindest entstehen könnte. Allein anhand der Tätigkeit lässt sich aber nicht bestimmen, ob ein Wettbewerbsverhältnis vorliegt. Man könnte zwar geneigt sein, in gewissen Wirtschaftszweigen von einem bestehenden Wettbewerb auszugehen, dies würde jedoch die hier bestehende Besonderheit der Steuerbegünstigung ausblenden. Durch diese kann gerade ein „Markt" erschlossen werden, der nicht von dem entsprechenden Wirtschaftszweig bedient wird. Selbiges gilt auch für die Umstände der Leistungserbringung,[959] da die Steuerbegünstigungen ausschließlich die öffentliche Hand

---

956 *Müller-Franken,* Maßvolles Verwalten, 2004, S. 277 ff.; dazu auch *Schmidt*, Die Problematik der objektiven Beweislast im Steuerrecht, 1998, S. 42 ff.; *Nierhaus*, Beweismaß und Beweislast, 1989, S. 61 ff.

957 *Martens*, JuS 1978, S. 247 (250); *ders*., StuW 1981, S. 322 (326 f.); ausdrücklich a.A. *Weber-Grellet*, StuW 1981, S. 48 (53).

958 *Seer*, in: Tipke/Kruse, AO/FGO, § 88 AO Rn. 43 (Stand 01.2017); dem schließt sich auch *Spilker*, Behördliche Amtsermittlung, 2015, S. 133 f., an; ähnlich *Söhn*, in: Hübschmann/Hepp/Spitaler, AO/FGO, § 88 AO Rn. 222 ff. (Stand 03.2010); *Lohr*, in: FS Volk, 2009, S. 323 (327 f.).

959 Gemeint ist damit, dass der Rahmen, in dem die Leistung oder die Tätigkeit erbracht wird, zur fehlenden Substituierbarkeit – trotz (isoliert betrachtet) identischer Leistungen oder Tätigkeiten – führen kann. Exemplarisch sei nur auf den Fall der Leistungserbringung durch Behinderte hingewiesen, wo neben den Zweck der

sowie gemeinnützige Körperschaften oder Tätigkeiten betreffen. Daraus kann sich gerade ein abweichender Kundenkreis ergeben. Würde man einer Tätigkeit die überwiegende Wahrscheinlichkeit des Vorliegens eines Wettbewerbsverhältnisses entnehmen, müsste man dies auf einen Erfahrungssatz[960] stützen, der diesen Schluss zulässt. Ein solcher Erfahrungssatz, dass bestimmte Tätigkeiten grundsätzlich in einem Wettbewerbsverhältnis ausgeübt werden besteht aber nicht. Zudem ist es nur schwer möglich, ausgehend von einer Tätigkeit als solcher, überhaupt auf ein bestimmtes Maß an Wahrscheinlichkeit zu schließen, geschweige denn eine überwiegende Wahrscheinlichkeit zu begründen. Die notwendige Regelmäßigkeit, zwischen einer Tätigkeit und der Entstehung eines Wettbewerbs, ist aber gerade nicht gegeben. Im Gegenteil ist diese sogar zwingend durch die Umstände des Einzelfalls bedingt. Mangels Tauglichkeit – die hinreichende Überzeugung vom an Sicherheit grenzenden Vorliegen des Sachverhalts zu begründen – kann die abstrakte Beurteilung das erforderliche Beweismaß daher nicht erreichen. Bei der abstrakten Beurteilung kann es sich daher allenfalls um eine möglicherweise zulässige Beweismaßsenkung handeln.

2. *Abstrakte Beurteilung und Beweismaßabsenkung*

Tatsächlich fordern weder die Gesetz- und Gleichmäßigkeit der Besteuerung noch die §§ 38, 85, 88 AO einen realitätsblinden Gesetzesvollzug.[961] Aus diesem Grund sei eine einzelfallbezogene Beweiserhebung im Massenverfahren überhaupt erst dann erforderlich, wenn sich bei der Verifikation der Erklärung des Steuerpflichtigen Zweifel ergeben. Erst im Zuge dieser notwendig werdenden Beweiserhebung sei sodann auch eine Beweismaßreduzierung möglich.[962] Teilweise werden zwar auch schon Praktikabilitätserwägungen als legitimer Bestandteil der ratio legis zur Begründung einer Beweismaßreduzierung anerkannt, allerdings bezieht sich diese Einordnung bereits nur auf innere Tatsachen, bei

Bedürfnisbefriedigung aus Nachfragersicht durch die reine Leistung noch ein zusätzliches Interesse (Förderung sozialer Projekte) hinzutreten kann.

960 *Söhn*, in: Hübschmann/Hepp/Spitaler, AO/FGO, § 88 AO Rn. 42 (Stand 03.2010); zur Einordnung der Erfahrungssätze als Erkenntnis aus der Beobachtung regelmäßiger Zusammenhänge *Seer*, in: Tipke/Kruse, AO/FGO, § 88 AO Rn. 20 (Stand 01.2017); ausführlich *ders.*, in: Tipke/Kruse, AO/FGO, § 96 FGO Rn. 19 ff. (Stand 08.2018); *Rönitz*, in: DStJG 3 (1980), S. 297 (310 f.); *Müller-Franken*, Maßvolles Verwalten, 2004, S. 275.

961 *Seer*, in: Tipke/Kruse, AO/FGO, § 88 AO Rn. 41 (Stand 01.2017).

962 *Seer*, in: Tipke/Kruse, AO/FGO, § 88 AO Rn. 42 f. (Stand 01.2017).

denen der Sachverhalt weitgehend geklärt ist.[963] Diese Erwägung betrifft damit die Schwierigkeit, Vorgänge in der Sphäre des Steuerpflichtigen ohne erhöhten Aufwand, aber auch ohne stärkere Eingriffe in die Privatsphäre, aufzuklären. Zusätzlich wird eine solche Beweismaßreduzierung überwiegend erst dann als zulässig angesehen, wenn dieser eine Verletzung der Mitwirkungspflicht des Steuerpflichtigen vorausgegangen ist.[964] Im Falle der Wettbewerbsschutzklauseln liegt eine Mitwirkungspflichtverletzung jedoch nicht zwingend vor.[965] Eine unbeschränkt verkürzte Anwendung ließe sich auf Grundlage dessen ohnehin nicht begründen. Der Ermittlungsaufwand der Wettbewerbsschutzklauseln richtet sich vielmehr an die Finanzverwaltung. Daneben geht es nicht um ein inneres Merkmal, sondern um die Beurteilung einer Wechselbeziehung mit der Außenwelt, die dabei sogar objektiv beurteilt werden kann. Durch eine abstrakte Beurteilung – ausgehend von der Tätigkeit als solcher – würde die Finanzverwaltung damit sogar weitergehend das Beweismaß für das Vorliegen eines von ihr zu ermittelnden Umstandes herabsenken. Zur notwendigen Marktabgrenzung als wertungsbedürftige Rechtsfrage und der anschließenden Recherche zum Vorliegen eines Wettbewerbsverhältnisses käme es zwecks Vereinfachung überhaupt nicht. Solange der Steuerpflichtige maßgeblich den Preis und Kundenkreis mitteilt, kann mangels Mitwirkungspflichtverletzung das Beweismaß daher nur dann zulässigerweise abgesenkt werden, wenn das Gesetz selbst ein geringeres Maß an Gewissheit ausreichen ließe.[966] Eine solche Absenkung der Beweismaßanforderungen lässt sich bei den Wettbewerbsschutzklauseln normübergreifend

963 Bei der praktikabilitätsbegründeten Beweismaßreduzierungen sei der Sachverhalt zwar weitgehend geklärt, aber noch nicht im Sinne des Regelbeweismaßes als gesichert anzusehen, vgl. *Anzinger,* Anscheinsbeweis und tatsächliche Vermutung im Ertragsteuerrecht, 2006, S. 172 f.

964 *Seer*, Verständigungen in Steuerverfahren, 1996, S. 194 ff.; *Anzinger,* Anscheinsbeweis und tatsächliche Vermutung im Ertragsteuerrecht, 2006, S. 175; *Spilker*, Behördliche Amtsermittlung, 2015, S. 150; *Ruppel*, BB 1995, S. 750; *Söhn*, in: Hübschmann/Hepp/Spitaler, AO/FGO, § 88 AO Rn. 230 ff. (Stand 03.2010); mit Bezug auf die Schätzung *Lohr*, in: FS Volk, 2009, S. 323 (327 f.); *Crezelius*, IStR 2002, S. 433 (436); vergleichbar fordert auch *Müller-Franken,* Maßvolles Verwalten, 2004, S. 332, eine Mitwirkungspflichtverletzung als Grundlage für die Heranziehung eines Erfahrungssatzes.

965 Vgl. Teil 2 A, I, 1 a).

966 *Nierhaus*, Beweismaß und Beweislast, 1989, S. 63; *Müller-Franken,* Maßvolles Verwalten, 2004, S. 328; *Weber-Grellet*, in: FS Beisse, 1997, S. 551 (567); eine gesetzliche Grundlage fordert *Söhn*, in: Hübschmann/Hepp/Spitaler, AO/FGO, § 88 AO Rn. 230 ff. (Stand 03.2010), bereits bei der Beweismaßreduzierung im Falle der Verletzung einer Mitwirkungspflicht.

aber nicht erkennen. Es wäre auch nicht einleuchtend, wieso eine Wettbewerbsschutzklausel, welche die Aufhebung einer Steuerbegünstigung oder -befreiung aufgrund drohender Negativauswirkung im Einzelfall vorsieht,[967] eine Beweismaßreduzierung und damit eine verbleibende Ungewissheit der Umstände im Einzelfall, ob überhaupt die befürchtete Gefährdung vorliegt, zuließe. Schon der Normzweck impliziert damit nicht, dass das vermutete gesetzgeberische Gebot der umfassenden Vollziehbarkeit im Massenverfahren durch eine Beweismaßreduzierung erreicht werden soll. Mit dem alleinigen Vorliegen einer wirtschaftlichen Tätigkeit (abstrakte Beurteilung) ist das entscheidungserhebliche Beweismaß noch nicht erreicht.

Eine vereinfachende Normanwendung kann daher nur dann zulässigerweise erfolgen, wenn die Vereinfachungsmethode nicht das Beweismaß unterschreitet, sondern im Rahmen der Beweiswürdigung die notwendige Überzeugung vom Vorliegen des Sachverhalts begründet. Exemplarisch wäre eine formelle Typisierung und aufgrund der vergleichbaren Methodik auch eine tatsächliche Vermutung oder ein Anscheinsbeweis[968] dann als zulässig anzusehen, wenn diese die notwendige Überzeugungsgewissheit in der Person des Rechtsanwenders zulassen oder als Ergebnis der Normauslegung als zulässig anerkannt werden könnten.[969]

B. Wettbewerbsschutz und vereinfachender Gesetzesvollzug *de lege lata*

Mangels Zulässigkeit und Sachgerechtigkeit einer abstrakten Beurteilung stellt sich auch bei den Wettbewerbsschutzklauseln die Frage, ob zu deren Umsetzung nicht eine Vereinfachung zulässig ist.

---

967 Schließlich sollen die Wettbewerbsschutzklauseln der Gesetzesbegründung nach stets eine Benachteiligung der steuerpflichtigen Konkurrenten verhindern und knüpfen dazu auch allein an den Umstand der Entstehung von „Wettbewerb“ an, vgl. für § 65 Nr. 3 AO BT-Drs. 7/4292, S. 21, für § 4 KStG BT-Drs. 7/1470, S. 336 und noch ausdrücklich im Zuge der Begründung zu § 2 Abs. 3 UStG (aF) BT-Drs. 4/1590, S. 36.

968 Zu deren methodischer Gleichartigkeit vgl. nur *Schmidt*, Die Problematik der objektiven Beweislast im Steuerrecht, 1998, S. 317 ff.; *Müller-Franken*, Maßvolles Verwalten, 2004, S. 269 ff.; bezüglich der Lebenserfahrung (unter Bezug auf den Anscheinsbeweis) und der typisierenden Betrachtungsweise auch *Rönitz*, in: DStJG 3 (1980), S. 297 (308).

969 *Müller-Franken*, Maßvolles Verwalten, 2004, S. 328 f.

Grundsätzlich wird an mehreren Stellen die Überlegung angestellt, ob auch bei der Normanwendung Praktikabilitätserwägungen angeführt werden dürfen. Gemeint ist damit die Berücksichtigung der Eignung zur Umsetzung des Normbefehls wegen der Vielzahl der Anwendungsfälle.[970] Sowohl Normvereinfachungen als auch eine vereinfachte Gesetzesanwendung werden oftmals von Praktikabilitätserwägungen geleitet. Dies gilt für Typisierungen[971], Pauschalierungen[972], konsensuales Verwaltungshandeln[973], die

970 Nicht nur die Erhebungsregel muss zur Umsetzung einer gesetz- und gleichmäßigen Besteuerung tauglich sein, sondern idealiter auch „das materielle Steuergesetz die Gewähr seiner regelmäßigen Durchsetzbarkeit so weit wie möglich in sich selbst [tragen]", vgl. BVerfG v. 27.06.1991 – 2 BvR 1493/89, BVerfGE 84, 239, Rn. 110.

971 Bezogen auf typisierende Gesetzgebung: BVerfG v. 20.12.1966 – 1 BvR 320/57, u.a., BVerfGE 21, 12, Rn. 59; v. 20.04.2004 – 1 BvR 905/00, u.a., BVerfGE 110, 274, Rn. 58; v. 12.10.2010 – 1 BvL 12/07, BVerfGE 127, 224, Rn. 52; *Pahlke*, DStR-Beih. 2011, S. 66 (68 f.); *Drüen*, in: Tipke/Kruse, AO/FGO, § 3 AO Rn. 51 (Stand 01.2017); *Beckmann/Thiele*, BB 2016, S. 2839 (2842); hinsichtlich Typisierungen durch den Normanwender: *Wernsmann*, DStR-Beih. 2011, S. 71 (73 f.); nach *Isensee*, Die typisierende Verwaltung, 1976, S. 17, „[tritt] in der Typisierung [...] systemhafte Inkongruenz zwischen Verwaltungsnorm und Verwaltungswirklichkeit zu Tage. Praktikabilität streitet wider Legalität"; *Arndt*, Praktikabilität und Effizienz, 1983, S. 56 und 86 ff.; bezogen auf Verwaltungsvorschriften *Erichsen*, in: FS Kruse, 2001, S. 39 (43 f.); zur Typisierung als Methode der Rechtsanwendung zur Ressourcenschonung im Rahmen eines „maßvollen Verwaltens" *Müller-Franken*, Maßvolles Verwalten, 2004, S. 238 ff. Wobei ders. unter dem Begriff der Ressourcenschonung, wenn auch unter einem anderen Blickwinkel, dasselbe Phänomen wie jenes hier unter dem Begriff der Praktikabilität beleuchtet, nämlich die Diskrepanz zwischen notwendigem und tatsächlich realisierbarem Normvollzug.

972 *Wernsmann*, in: Hübschmann/Hepp/Spitaler, AO/FGO, § 4 AO Rn. 452 (Stand 10.2020); *Seer*, in: Tipke/Kruse, AO/FGO, § 162 AO Rn. 10 (Stand 10.2017); nach *Müller-Franken*, Maßvolles Verwalten, 2004, S. 334 f., ist die Pauschalierung sogar lediglich eine Art der Typisierung; zumindest sind Pauschalierung und Typisierung wegen der Berücksichtigung eines „fiktiven Sachverhalt[s]" methodisch gleichartig *Arndt*, Praktikabilität und Effizienz, 1983, S. 52.

973 Nach *Seer*, in: Tipke/Kruse, AO/FGO, Vor § 118 AO Rn. 7 (Stand 10.2015), ist konsensuales Verwaltungshandeln zur Sicherung des Vollzugsauftrags sogar ein „Faktum". Mit anderen Worten konsensuales Verwaltungshandeln Bedingung einer praktikablen Verwaltungswirklichkeit; erkennbar auch bei *Spilker*, Behördliche Amtsermittlung, 2015, S. 115; *Müller-Franken*, Maßvolles Verwalten, 2004, S. 186 ff., lehnt zwar die Zulässigkeit konsensualer Handlungsformen ab, thematisiert diese aber zunächst

Herabsenkung des erforderlichen Überzeugungsgrads[974], sowie grundsätzlich bei der Gesetzesauslegung[975].

Es gilt daher festzustellen, ob ein vereinfachender Gesetzesvollzug bei der Umsetzung der Wettbewerbsschutzklauseln als zulässiges Hilfsmittel herangezogen werden darf. Im Folgenden soll daher die Zulässigkeit einer Anwendungsvereinfachung durch eine Typisierung (I.), eine Pauschalierung (II.) und die Verwendung von Verwaltungsvorschriften (III.) untersucht werden.

I. Wettbewerb und Typisierung

Zur Vereinfachung des Anwendungsaufwands könnte zunächst eine Typisierung des Vorliegens eines Wettbewerbsverhältnisses (und dem daraus resultierenden Wettbewerb als Prozess) dienen.

1. Zulässigkeit einer Typisierung

Eine sog. Typisierung kann bereits durch den Gesetzgeber[976] erfolgen, oder aber durch den Rechtsanwender (Rechtsprechung[977] und Verwaltung[978])

---

unter dem Gesichtspunkt deren Bedürfnisses für einen praktikablen Normvollzug (S. 136 ff.).

974 *Anzinger,* Anscheinsbeweis und tatsächliche Vermutung im Ertragsteuerrecht, 2006, S. 172 f.; *Spilker,* Behördliche Amtsermittlung, 2015, S. 130 f.; *Seer,* FR 1997, S. 553 (555 ff.); *Weber-Grellet*, in: FS Beisse, 1997, S. 551 (567), lehnt eine Beweismaßreduzierung durch den Rechtsanwender grundsätzlich ab.

975 *Schenke,* Die Rechtsfindung im Steuerrecht, 2007, S. 89 f.; *Desens*, Bindung der Finanzverwaltung an die Rechtsprechung, 2011, S. 258 f.; *Drüen,* in: GS Trzaskalik, 2005, S. 95 (102); *ders.*, DStR 1999, S. 1589 (1595).

976 *P. Kirchhof*, in: HStR V³, 2007, § 118 Rn. 97 ff.; *Arndt*, Praktikabilität und Effizienz, 1983, S. 41 ff.; *Wernsmann*, in: Hübschmann/Hepp/Spitaler, AO/FGO, § 4 AO Rn. 451 ff. (Stand 10.2020); *Eckhoff*, Rechtsanwendungsgleichheit im Steuerrecht, 1999, 87 ff.; *Hey*, in: Tipke/Lang, Steuerrecht²⁴, 2020, § 3 Rn. 147 ff.; *Drüen*, in: Tipke/Kruse, AO/FGO, § 3 AO Rn. 51 (Stand 01.2017).

977 Dazu *Pahlke*, DStR-Beih. 2011, S. 66 (70 f.); *Isensee*, Die typisierende Verwaltung, 1976, S. 55 ff.; *Arndt*, Praktikabilität und Effizienz, 1983, S. 44 ff.; *Schenke,* Die Rechtsfindung im Steuerrecht, 2007, S. 131 f.; *Weber-Grellet*, in: FS Beisse, 1997, S. 551 (563 ff.); *Seer,* in: Tipke/Kruse, AO/FGO, § 96 FGO Rn. 77 (Stand 08.2018).

978 Dazu *Osterloh*, Gesetzesbindung und Typisierungsspielräume bei der Anwendung der Steuergesetze, 1992, S. 51 ff.; *Müller-Franken,* Maßvolles Verwalten, 2004, S. 239 ff.; *Wernsmann*, DStR-Beih. 2011, S. 71 (73 f.); *Isensee*, StuW 1994, S. 3 (10 ff.); *Brockmeyer*, in FS Offerhaus, 1999, S. 13 (18 ff.); wobei *Spilker,* Behördliche Amtsermittlung,

vorgenommen werden.[979] Sowohl bei der Gestaltung als Vereinfachungsnorm (Typisierung auf Ebene des materiellen Gesetzes) als auch bei der vereinfachenden Normanwendung (Typisierung bei der Normanwendung) wird die gleiche Methodik verwendet. Zwecks Praktikabilität wird anstelle der wirklichen Verhältnisse im Einzelfall auf die typischen Verhältnisse in gleichgelagerten Fällen abgestellt.[980] Im Zuge vereinfachten Rechtsanwendung durch eine Typisierung wird der Sachverhalt anstelle einer aufwendigen Sachverhaltsermittlung „glattgeschliffen"[981] und seiner Individualität entkleidet.[982] Anstelle des individuellen Sachverhalts wird der subsumtionsfertige typische Sachverhalt (der typische Fall) zugrunde gelegt und damit die individuelle Besonderheit des Einzelfalls vernachlässigt.[983] Während Typisierungen durch den Gesetzgeber als zulässig und teilweise sogar notwendig anerkannt werden,[984] ist eine Typisierung durch den Rechtsanwender nicht schon wegen deren Verhältnismäßigkeit und Wahl des typischen Falls als Leitbild uneingeschränkt zulässig.

Dabei wird noch zwischen der sog. materiellen und der sog. formellen Typisierung unterschieden. Diese unterscheiden sich jedoch nur in ihrer Wirkungsweise nicht aber der grundsätzlichen Anforderungen an ihre Zulässigkeit.[985] Bei

---

2015, S. 130 f., von einem grundsätzlichen Typisierungsverbot der Verwaltung bei der Sachverhaltsermittlung spricht.

979 *Schmidt*, in: FS BFH, 2018, S. 321 (327).

980 *Wernsmann*, DStR-Beih. 2011, S. 71 (73); *Isensee*, Die typisierende Verwaltung, 1976, S. 59 f.; *Müller-Franken*, Maßvolles Verwalten, 2004, S. 270 f. u. 275.

981 *Kruse*, in: FS RFH-BFH, 1993, S. 239 (252); nach *Crezelius*, Steuerrechtliche Rechtsanwendung und allgemeine Rechtsordnung, 1983, S. 215, wird anhand der Lebenserfahrung ein Merkmal aufgestellt, welches die Subsumtion unabhängig der Besonderheiten des Einzelfalls zwanglos möglich macht.

982 *Drüen*, in: Tipke/Kruse, AO/FGO, § 4 AO Rn. 385 (Stand 05.2015).

983 *Arndt*, Praktikabilität und Effizienz, 1983, S. 52; *Isensee*, Die typisierende Verwaltung, 1976, S. 58 ff.; *Wernsmann*, DStR-Beih. 2011, S. 71 (72 ff.); dagegen noch mit der Unterscheidung zwischen der Typisierung als Sachverhaltsfiktion oder als generalisierende Norminterpretation *Schenke*, Die Rechtsfindung im Steuerrecht, 2007, S. 420 ff.

984 BVerfG v. 12.10.2010 – 1 BvL 12/07, BVerfGE 127, 224, Rn. 52 (m.w.N.); v. 07.05.2013 – 2 BvR 909/06, BVerfGE 133, 377, Rn. 86; *P. Kirchhof*, in: HStR V[3], 2007, § 118 Rn. 97 ff.; *Hey*, in: Tipke/Lang, Steuerrecht[24], 2020, § 3 Rn. 145 ff.; *Meyding*, in: DStJG 21 (1998), S. 219 (225); *Wernsmann*, in: Hübschmann/Hepp/Spitaler, AO/FGO, § 4 AO Rn. 451 ff. (Stand 10.2020).

985 Dazu *Hoffmann*, Der maßvolle Gesetzesvollzug im Steuerrecht, 1999, S. 119 ff.; *Drüen*, in: Tipke/Kruse, AO/FGO, § 4 AO Rn. 386 und 393 (Stand 05.2015); *Pahlke*, DStR-Beih. 2011, S. 66 (71), sieht daher die Unterscheidung bezogen auf die Frage der Zulässigkeit schon im Ausgangspunkt als verfehlt an; *Brockmeyer*, in FS Offerhaus, 1999,

der materiellen Typisierung wird der Gegenbeweis, dass im konkreten Einzelfall ein atypischer Fall vorliegt, nicht zu gelassen,[986] weshalb dahingehend auch von einer Fiktion gesprochen wird.[987] Bei der formellen Typisierung wird dem Steuerpflichtigen hingegen die Möglichkeit eingeräumt, die Atypik des Sachverhalts nachzuweisen.[988]

Es besteht mittlerweile Einigkeit darüber, dass Rechtsprechung und Verwaltung nicht eigenmächtig zur vereinfachenden Rechtsanwendung durch eine Typisierung ermächtigt sind. Weder ein „Vollzugsnotstand"[989] noch der allgemeine Gleichheitssatz des Art. 3 Abs. 1 GG, in Form der Rechtsanwendungsgleichheit, können die Verwaltung zu einer gesetzesverkürzenden Anwendung ermächtigen.[990] Eine Typisierung durch den Rechtsanwender ist daher ausschließlich

---

S. 13 (34); *Müller-Franken,* Maßvolles Verwalten, 2004, S. 268; *Arndt*, Praktikabilität und Effizienz, 1983, S. 64.

986 Mit der Unterscheidung zwischen formeller und materieller Typisierung schon *Kleist*, Die steuerrechtliche Typisierungslehre, 1954, S. 18; *Papier*, Die finanzrechtlichen Gesetzesvorbehalte und das grundgesetzliche Demokratieprinzip, 1973, S. 202 ff.; dazu auch *Drüen*, in: Tipke/Kruse, AO/FGO, § 4 AO Rn. 386 (Stand 05.2015); *Jachmann*, StuW 1994, S. 347 (349); kritisch bezüglich der Wortwahl aber identisch in der Sache *Isensee*, Die typisierende Verwaltung, 1976, S. 33.

987 *Rönitz*, in: DStJG 3 (1980), S. 297 (306); *Jachmann*, DStR-Beih. 2011, S. 77 (80); *Papier*, Die finanzrechtlichen Gesetzesvorbehalte und das grundgesetzliche Demokratieprinzip, 1973, S. 204.

988 *Jachmann*, StuW 1994, S. 347 (349); *Osterloh*, Gesetzesbindung und Typisierungsspielräume bei der Anwendung der Steuergesetze, 1992, S. 78 ff.; wenn auch kritisch aber dennoch mit derselben Bezeichnung *Müller-Franken,* Maßvolles Verwalten, 2004, S. 240 und 268 ff.; genauer muss mit *Papier*, Die finanzrechtlichen Gesetzesvorbehalte und das grundgesetzliche Demokratieprinzip, 1973, S. 209, vielmehr ein Erschütterungsbeweis anstelle eines vollen Gegenbeweises gefordert werden, weshalb wohl eine typisierende Betrachtung grundsätzlich nur in den Grenzen eines Anscheinsbeweises anerkannt werden sollte.

989 So der Begründungsversuch von *Isensee,* Die typisierende Verwaltung, 1976, S. 155 ff.

990 *Crezelius,* Steuerrechtliche Rechtsanwendung und allgemeine Rechtsordnung, 1983, S. 213 f.; zwar ist bei der Anwendung von Steuergesetzen vor der Rechtsanwendungsgleichheit zu beachten, dass sich die Sachaufklärung im Einzelfall an der Realisierbarkeit des Gesamtvollzugs ausrichten muss, weshalb ein Vertrauensvorschussprinzip mit anschließender stichprobenartiger Verifikation unerlässlich ist, vgl. bereits *Seer*, Verständigungen in Steuerverfahren, 1996, S. 227 ff. Doch die Finanzverwaltung kann nur dann entlastet werden, wenn den Steuerpflichtigen eine Erklärungs- oder Mitwirkungspflicht trifft. Im Falle einer eigenmächtigen Typisierung wird aber stattdessen der Normbefehl entgegen des Wortlauts verkürzt, wodurch der Rechtsanwender nicht einmal mehr auf das Vorliegen der relevanten Merkmale vertrauen kann, sondern eine

dann zulässig, wenn diese im Gesetz selbst angelegt ist. Es muss dem Gesetz entnommen werden können, dass eine Entscheidung unabhängig von der Sicherstellung des Nichtvorliegens eines atypischen Falls, bei gleichzeitiger Belastung des Steuerpflichtigen mit der Erbringung des Gegenbeweises, oder sogar dem Ausschluss des Gegenbeweises, vorgesehen ist.[991] In jedem Fall verbietet sich eine Typisierung bei einem vereinfachenden Gesetzesvollzug contra legem.

a) Verhältnis zur abstrakten Beurteilung

Mit Blick auf diese Einführung könnte zunächst auch angenommen werden, dass schon mit der dargestellten abstrakten Beurteilung eine Typisierung vorliegen würde. Sowohl bei der abstrakten Beurteilung als auch bei einer Typisierung werden nämlich die konkreten Verhältnisse außenvorgelassen.[992] Dagegen liegt mit der Annahme eines Wettbewerbsverhältnisses als regelmäßige Folge der Vornahme einer wirtschaftlichen Tätigkeit tatsächlich aber keine typisierende Rechtsanwendung vor. Wegen der Ähnlichkeit der Merkmale soll deren Verhältnis nachfolgend kurz dargestellt werden:

> Bei der Typisierung wird ausgehend von einer festgestellten Tatsache nicht der individuelle, sondern der typische Sachverhalt (der typische Fall) zugrunde gelegt.[993]

Auch bei der bereits abgelehnten abstrakten Beurteilung eines Wettbewerbsverhältnisses wird anscheinend, ungeachtet der Umstände des individuellen Sachverhalts, von einer Tatsache (der wirtschaftlichen Tätigkeit) auf das Vorliegen einer weiteren Tatsache (Wettbewerbsverhältnis), die zugleich das rechtliche Merkmal erfüllt, geschlossen. Ausgehend von der wirtschaftlichen Tätigkeit wird auf den Regelfall der Interaktion mit vergleichbaren Anbietern, ungeachtet

---

fehlerhafte Anwendung in Kauf nimmt. Grundsätzlich gegen die Rechtfertigung eines gesetzeswidrig vereinfachenden Normvollzugs *Müller-Franken,* Maßvolles Verwalten, 2004, S. 97 ff.

991 *Weber-Grellet*, in: FS Beisse, 1997, S. 551 (567); *Wernsmann*, DStR-Beih. 2011, S. 71 (73); *Müller-Franken,* Maßvolles Verwalten, 2004, S. 238 ff. und 268; *Pahlke*, DStR-Beih. 2011, S. 66 (71).

992 *Isensee,* Die typisierende Verwaltung, 1976, S. 16, „der Rechtsanwender schiebt zwischen das Gesetz und die Realität die Schablone des Typus".

993 Vgl. erneut *Arndt*, Praktikabilität und Effizienz, 1983, S. 52; *Isensee*, Die typisierende Verwaltung, 1976, S. 58 ff.; *Wernsmann*, DStR-Beih. 2011, S. 71 (72 ff.); dagegen noch mit der Unterscheidung zwischen der Typisierung als Sachverhaltsfiktion oder als generalisierende Norminterpretation *Schenke,* Die Rechtsfindung im Steuerrecht, 2007, S. 420 ff.

der tatsächlichen Umstände, abgestellt. Insofern könnte man die abstrakte Beurteilung irrig als Typisierung verstehen, da der typische Fall – das Vorliegen eines Wettbewerbsverhältnisses bei der Vornahme einer bestimmten wirtschaftlichen Tätigkeit – zugrunde gelegt wird. Demgegenüber gestaltet es sich bei der abstrakten Beurteilung aber anders als bei einer Typisierung durch den Rechtsanwender. Zwar wird in beiden Fällen die Individualität des Sachverhalts zur Vereinfachung außenvorgelassen. Jedoch erfolgt dies methodisch nicht auf die gleiche Art und Weise. Während bei der Typisierung vergröbernd auf einen „anderen" (den typischen) Sachverhalt abgestellt wird,[994] wird bei der abstrakten Wettbewerbsbeurteilung das zu beurteilende Merkmal verkürzt. Zwar werden im Ergebnis beide Male die Notwendigkeit der Sachverhaltsermittlung und Recherche im Einzelfall aufgehoben. Aber dies erfolgt einmal bei der Subsumtion durch die Verwendung des Typus als Schablone[995] und einmal dadurch, dass es durch die Verkürzung des subsumtionsbedürftigen Merkmals nicht mehr auf die Besonderheiten des Einzelfalls ankommt. Es macht dabei auch keinen Unterschied, ob es sich um eine materielle oder eine formelle Typisierung handelt.[996] Denn auch dann, wenn die formelle Typisierung lediglich eine Beweislasttheorie darstellt, wird faktisch nicht der vorliegende Sachverhalt, sondern der widerlegbare typische Sachverhalt zugrunde gelegt. Die Zulässigkeit des Gegenbeweises ändert nichts an der methodischen Vorgehensweise des Rechtsanwenders im

994 Mit der Bezeichnung der materiellen Typisierung als Gesetzesanwendung auf einen fiktiven Sachverhalt, *Strahl,* Die typisierende Betrachtungsweise im Steuerrecht, 1996, S. 21; wohl auch *Wernsmann*, DStR-Beih. 2011, S. 71 (76); exemplarisch wird oftmals die Einordnung eines Lexikons einer Lehrerin als Werbungskosten angeführt. Dabei wird unter Anwendung der Typisierung nicht auf die Verwendung des Lexikons durch die Lehrerin im Einzelfall, sondern generalisierend auf die Verwendung in vergleichbaren Fällen abgestellt. Vgl. *Isensee*, Die typisierende Verwaltung, 1976, S. 16 f.; *Müller-Franken,* Maßvolles Verwalten, 2004, S. 239; vgl. auch die ähnlichen Beispiele bei *Wernsmann*, DStR-Beih. 2011, S. 71 (73); nach *Brockmeyer*, in FS Offerhaus, 1999, S. 13 (28 f. und 34), beschränkt sich die Typisierung dagegen nicht allein auf die Zugrundelegung eines „fiktiven Sachverhalts", sondern kann auch im Zuge der Konkretisierung unbestimmter Rechtsbegriffe auftreten.

995 *Isensee*, Die typisierende Verwaltung, 1976, S. 16; *Arndt*, Praktikabilität und Effizienz, 1983, S. 52 f.

996 Siehe dazu bereits *Kleist*, Die steuerrechtliche Typisierungslehre, 1954, S. 18; *Papier*, Die finanzrechtlichen Gesetzesvorbehalte und das grundgesetzliche Demokratieprinzip, 1973, S. 202 ff.; *Drüen*, in: Tipke/Kruse, AO/FGO, § 4 AO Rn. 386 (Stand 05.2015).

Zuge der Subsumtion.[997] Bei der abstrakten Beurteilung wird dagegen nicht auf den Typus der „wirtschaftlichen Tätigkeit im Wettbewerb", sondern auf eine Vereinfachung der Feststellung eines Wettbewerbsverhältnisses abgestellt.

b) Ergebnis: Keine Übereinstimmung trotz Vergleichbarkeit

Bei der abstrakten Beurteilung handelt es sich daher nicht um eine Typisierung. Teilweise wird zwar auch eine generalisierende und typisierende Norminterpretation, bei der einfach festzustellende Merkmale für die Subsumtion aufgestellt werden, als eine typisierende Betrachtungsweise anerkannt.[998] Genauer handelt es sich zunächst um eine Gesetzesauslegung unbestimmter Rechtsbegriffe unter Praktikabilitätserwägungen, die zusätzlich durch eine anschließende Normkonkretisierung über eine Verwaltungsvorschrift Außenwirkung erhält.[999] Doch auch wenn dies als eine Fallgruppe typisierender Betrachtungsweise anerkannt werden sollte, besteht ein grundlegender Unterschied zur abstrakten Beurteilung eines Wettbewerbsverhältnisses. Zum Zweck der Praktikabilität wurde lediglich die Maßgeblichkeit subjektiver Merkmale, die ausschließlich in der Sphäre des Steuerpflichtigen lagen, durch eine Beurteilung anhand der objektiven Umstände überwunden.[1000] Der Sachverhalt stand insoweit fest und es wurde nur das subjektive Moment durch ein objektives Kriterium beurteilt, anstatt auf die schwer bis gar nicht bestimmbaren individuellen Verhältnisse abzustellen.[1001] Dabei wurden jedoch auch diese objektiven Kriterien derart ausgewählt, dass sich

---

997 Ohne Unterscheidung und mit der Zusammenfassung als Sachverhaltsfiktion auch *Schenke,* Die Rechtsfindung im Steuerrecht, 2007, S. 421 f.

998 *Schenke,* Die Rechtsfindung im Steuerrecht, 2007, S. 139 ff.; *Brockmeyer*, in FS Offerhaus, 1999, S. 13 (28 f. und 34).

999 Vgl. *Schenke,* Die Rechtsfindung im Steuerrecht, 2007, S. 420 f., der die generalisierende Norminterpretation und die Sachverhaltsfiktion als Fallgruppen der typisierenden Betrachtungsweise in der älteren Rechtsprechung bezeichnet.

1000 BFH v. 22.08.1958 – VI 196/57 U, BStBl III 1958, 433, Rn. 7, wobei sich die Bezeichnung als Typisierung dabei wohl auf die Höhe der Werbungskosten und nicht auf die Art der Differenzierung zu deren Anwendung beziehen dürfte; v. 17.09.1953 – IV 119/53 U, BStBl III 1953, 322, Rn. 8; mit dieser Einordnung *Schenke,* Die Rechtsfindung im Steuerrecht, 2007, S. 148 f.

1001 Insofern ist *Schenke,* Die Rechtsfindung im Steuerrecht, 2007, S. 148, zuzustimmen, dass keine Sachverhaltsfiktion direkt erkennbar ist; so wurde etwa die Einordnung von Kosten eines Mittagessens als Werbungskosten statt auf die individuellen Verhältnisse darauf abgestellt, ob die Arbeitszeit des Arbeitnehmers mehr als 12 Stunden betrug, vgl. BFH v. 17.11.1953 – IV 119/53 U, BStBl III 1953, 322, Rn. 8.

danach beurteilen ließ, ob ein Normalfall oder eine davon abweichende Konstellation vorliegt.[1002] Auch bei dieser Ausgestaltung wurde das Ergebnis demnach am „typischen Fall" orientiert. Eine solche Bezugnahme auf einen wie auch immer gearteten Grundfall besteht dagegen bei der abstrakten Beurteilung eines Wettbewerbsverhältnisses nicht. Die reine Möglichkeit der Tätigkeitsvornahme durch andere Anbieter und auch der Schluss von einem Wettbewerbsverhältnis in einem anderen Fall bei gleicher Tätigkeit lassen sich nicht auf Merkmale zurückführen, die die Bestimmung des „typischen Falls" zulassen. Die Gleichartigkeit zweier Tätigkeiten ist zwar notwendige Voraussetzung, um eine Austauschbarkeit aus Nachfragersicht begründen zu können. Dennoch kann die Gleichartigkeit allein die Annahme eines Wettbewerbsverhältnisses nicht stützen. Auch nahezu identische Leistungen können aufgrund unterschiedlicher Preisgestaltung und den Bedingungen der Leistungserbringung zu verschiedenen sachlich und räumlich relevanten Märkten und damit letztendlich auch zum Fehlen eines Wettbewerbsverhältnisses führen.[1003] Beispielsweise wird man zwischen dem Verkauf von Getränken in einem Supermarkt oder Kiosk gegenüber dem in einem Restaurant oder Kino kein Wettbewerbsverhältnis annehmen können. Es ist undenkbar, dass sich ein Nachfrager in einem Restaurant oder Kino, trotz eines teilweise drei bis fünffach höherem Preises, dazu entschließt, sein Bedürfnis nach einem Getränk zwischenzeitlich in einem Kiosk oder Supermarkt zu befriedigen. Allein die Preispolitik macht deutlich, dass insofern trotz des identischen Produkts kein Wettbewerbsverhältnis zwischen

---

1002 Etwa wurde die „12-Stunden-Regelung" damit begründet, dass diese Arbeitnehmer „*außergewöhnlich* lange von ihrer Wohnung entfernt" seien (Herv. durch den Verf.), vgl. BFH v. 17.11.1953 – IV 119/53 U, BStBl III 1953, 322, Rn. 8.

1003 Beispielsweise hat der BFH v. 09.11.1988 – I R 200/85, BFH/NV 1989, 342, Rn. 17, beim Bierzeltbetrieb eines Fußballvereins im Rahmen eines Vereinsjubiläums einen Wettbewerb zum ortsansässigen Gaststättengewerbe angenommen. Vor der Maßgeblichkeit der Substituierbarkeit aus Nachfragersicht ist es dagegen höchst zweifelhaft, ob die Besucher des Jubiläumsfestes tatsächlich Gaststätten außerhalb des Vereinsgeländes als Alternative zur Bedürfnisbefriedigung ansehen. Es ist kaum vorstellbar, dass Besucher das Vereinsgelände bei einer Preisgestaltung ohne die Begünstigung (zumal dies hier nicht einmal festgestellt wurde) verlassen hätten, oder bei einer Preissteigerung verlassen würden. Sollte der BFH dagegen auf einen „Wettbewerb" um den Marktzutritt abgestellt haben, wird dieser ohnehin nicht von der Wettbewerbsschutzklausel erfasst, da es nicht um den Schutz vor Konkurrenten, sondern den Schutz vor einem gesteigerten Wettbewerbsdruck *wegen* der Steuerbegünstigung geht, vgl. bereits Teil 1 B, III, 1.

den genannten Anbietergruppen besteht. Ein solches besteht allenfalls innerhalb der Anbietergruppen. Die Tätigkeit allein lässt einen Schluss auf „den typischen Fall" nicht zu.

Eine Ähnlichkeit zu der genannten typisierenden Betrachtungsweise lässt sich dennoch nicht leugnen. Diese ist gleichermaßen durch eine vereinfachende Gesetzesauslegung unter Praktikabilitätserwägungen geprägt. Selbst wenn die abstrakte Beurteilung daher als Typisierung einzuordnen sein sollte, käme es für beide Vorgehensweisen daher auf die nachfolgend darzustellenden Zulässigkeitsvoraussetzungen einer Typisierung im Fall der Wettbewerbsschutzklauseln an.

2. *Typisierung bei Wettbewerbsschutzklauseln*

Die Zulässigkeit einer typisierenden Rechtsanwendung hängt nicht nur davon ab, dass Merkmale bestimmt werden müssen, durch die ohne weitere Sachverhaltsermittlung auf das Vorliegen des typischen Falls geschlossen werden kann. Es kommt zusätzlich und vor allem vordergründig darauf an, dass den Regelungen der Wettbewerbsschutzklauseln entnommen werden kann, dass eine Entscheidung ergehen darf, ohne dass zuvor eine vollständige Sachverhaltsermittlung stattgefunden hat. Genauer, dass eine Entscheidung ohne den Ausschluss des Vorliegens eines atypischen Falls ergehen darf.[1004] Im Grundsatz kommt es auch nicht darauf an, ob im Zuge dessen dem Steuerpflichtigen die Möglichkeit zum Gegenbeweis eingeräumt wird oder nicht.[1005] Maßgeblich ist allein, ob den Wettbewerbsschutzklauseln die typisierende Vorgehensweise inhärent ist.

a) Fehlende normative Ermächtigung

Die Tatbestände von § 65 Nr. 3 AO, § 5 Abs. 1 Nr. 22 S. 1 KStG, § 12 Abs. 2 Nr. 8 Buchst. A S. 1 UstG und Art. 134 MwStSystRL stellen ausdrücklich das Bestehen eines Wettbewerbs(-verhältnisses) zu steuerpflichtigen Anbietern oder Umsätzen als maßgeblich heraus. Während damit bereits der Wortlaut die Berücksichtigung der konkreten Umstände nahelegt, lässt sich diesem überdies gerade keine Formulierung entnehmen, die es dem Rechtsanwender ermöglicht, auf eine Sachverhaltsermittlung im Einzelfall verzichten zu können. Die

---

1004 *Weber-Grellet*, in: FS Beisse, 1997, S. 551 (567); *Müller-Franken*, Maßvolles Verwalten, 2004, S. 268.

1005 *Isensee*, Die typisierende Verwaltung, 1976, S. 128; *Osterloh*, Gesetzesbindung und Typisierungsspielräume bei der Anwendung der Steuergesetze, 1992, S. 29 und S. 39; *Pahlke*, DStR-Beih. 2011, S. 66 (71); *Müller-Franken*, Maßvolles Verwalten, 2004, S. 268.

Wettbewerbsschutzklauseln enthalten weder verallgemeinernde Begriffe, wie beispielsweise die Bezeichnungen „typische“, „gewöhnliche“ oder sonstige Abstrahierungen, die darauf schließen lassen, dass der Normalfall zugrunde gelegt werden darf.[1006] Selbst der vergleichsweise offene Wortlaut des § 2b UstG, der lediglich die Feststellung fordert, ob die „Behandlung als Nichtunternehmer zu größeren Wettbewerbsverzerrungen führen würde“, lässt eine typisierende Betrachtung nicht zu. Zwar könnte der Bezeichnung „führen würde“ auch ein weites Verständnis in Form einer Prognoseentscheidung zuerkannt werden.[1007] Wäre damit aber bereits eine vereinfachende Anwendung bezweckt, würde sich nicht erklären lassen, wieso zur Vereinfachung und Entlastung in den Folgeabsätzen (Abs. 2 bis 4) Fälle geregelt wurden, bei deren Vorliegen eine größere Wettbewerbsverzerrung ausgeschlossen werden könne.[1008] Der Regelung über die Beurteilung der „größeren Wettbewerbsverzerrung“ lässt sich zugegeben nicht unmittelbar eine Vorgabe für die Feststellung eines Wettbewerbsverhältnisses entnehmen. Anderseits ist es bereits logisch nicht möglich, die Verzerrung eines zuvor nicht bestimmten Verhältnisses auszumachen, geschweige denn die „Größe“ der Verzerrung zu ermitteln.[1009] Zudem muss die typisierende Betrachtung, als Abweichung vom Grundsatz der Sachverhaltsermittlung,[1010] nicht allein wegen des Fehlens der ausdrücklichen Forderung konkreter Feststellungen, sondern nur bei der ausdrücklichen Lockerung des individuellen Sachverhaltsbezugs als zulässig anerkannt werden. Eine solche Aufweichung des Ermittlungserfordernisses ist aber nicht ersichtlich.

b) Fehlende Regelartigkeit des Wettbewerbs

Wegen der fehlenden ausdrücklichen Ermächtigung wäre ein typisierendes Vorgehen daher nur zulässig, wenn die vereinfachende Normanwendung als Ergebnis der Normauslegung erfolgen kann (aa), oder der Rechtsanwender auf einen Erfahrungssatz zurückgreifen könnte, der die hinreichende Überzeugung vom

---

1006 Zu den möglichen Fallgruppen von Rechtsbegriffen, die auf eine Typisierung deuten *Müller-Franken,* Maßvolles Verwalten, 2004, S. 257 ff.

1007 Zumal es sich auch bei der Wettbewerbsrelevanz in gewisser Weise immer um eine Prognoseentscheidung handelt, vgl. *Seer/Wolsztynski*, Steuerliche Gemeinnützigkeit der öffentlichen Hand, 2002, S. 204.

1008 Zur umfassenden Kritik an der Umsetzung des § 2b UStG mit Blick auf den Wettbewerbsgedanken und die MwStSystRL bereits unter Teil 1 C, IV.

1009 Vgl. bereits Teil 1 C, II, 1 a) aa).

1010 *Spilker,* Behördliche Amtsermittlung, 2015, S. 130 f.; *Müller-Franken,* Maßvolles Verwalten, 2004, S. 329 ff.

Vorliegen des Sachverhalts im Rahmen der Beweiswürdigung begründet[1011] (bb). Wegen der methodischen Ähnlichkeit gilt dasselbe auch für die „tatsächliche Vermutung" und den Anscheinsbeweis.[1012]

aa) Typisierung und „teleologische Praktikabilität"[1013]

Oftmals werden wegen der Problematik limitierter Ressourcen im Massenverfahren Praktikabilitätserwägungen bei der Auslegung von Steuergesetzen zugelassen.[1014] Während in der älteren Rechtsprechung teilweise sogar von einem Auslegungsgrundsatz gesprochen wurde,[1015] wird der Gesichtspunkt der Praktikabilität überwiegend als alleiniger Teilaspekt im Rahmen der teleologischen

---

1011 Zumal auch dann vor einer zulässigen Typisierung von Einzelsachverhalten zunächst der Sachverhalt umfassend zu ermitteln wäre, vgl. *Müller-Franken,* Maßvolles Verwalten, 2004, S. 329 ff.; *Rönitz,* in: DStJG 3 (1980), S. 297 (306 ff.).

1012 Dabei unterschieden sich die genannten Handlungsmethoden nur in ihrer Beweisstärke, vgl. *Schmidt,* Die Problematik der objektiven Beweislast im Steuerrecht, 1998, S. 317 ff.; *Müller-Franken,* Maßvolles Verwalten, 2004, S. 269 ff. Dort auch grundsätzlich zu den genannten Methoden (m.w.N.); nach *Papier,* Die finanzrechtlichen Gesetzesvorbehalte und das grundgesetzliche Demokratieprinzip, 1973, S. 209, besteht zwischen der formellern Typisierung und dem Anscheinsbeweis ein Unterschied hinsichtlich der Anforderungen an deren Entkräftung; nach *Völlmeke,* DStR 1996, S. 1070 (1077), unterscheide sich die Typisierung gegenüber der tatsächlichen Vermutung und dem Anscheinsbeweis dagegen nur durch den Erkenntnisgewinn auf Grundlage der Lebenserfahrung. Dort auch zum fehlenden praktischen Nutzen einer begrifflichen Abgrenzung zwischen tatsächlicher Vermutung und Anscheinsbeweis (S. 1075); a.A. *Lambrecht,* in: DStJG 12 (1989), S. 79 (92 f.).

1013 Begriff nach *Arndt,* Praktikabilität und Effizienz, 1983, S. 87.

1014 *Arndt,* Praktikabilität und Effizienz, 1983, S. 86 f.; *Felix,* in: Von der Auslegung und Anwendung der Steuergesetze, 1958, S. 124 (126 ff.); dazu auch *Drüen,* in: GS Trzaskalik, 2005, S. 95 (101 f.); *ders.*, in: Tipke/Kruse, AO/FGO, § 4 AO Rn. 227 ff. (Stand 05.2015); *Desens,* Bindung der Finanzverwaltung an die Rechtsprechung, 2011, S. 259; bezogen auf die Sicherung einer gleichmäßigen Besteuerung auch *Walz,* Steuergerechtigkeit und Rechtsanwendung, 1980, S. 174 f.; wohl auch *Eckhoff,* Rechtsanwendungsgleichheit im Steuerrecht, 1999, S. 513 f.

1015 So etwa BFH, 28.02.1958 – III 125/57 S, BStBl. III 1958, 191, Rn. 12; BFH, 15.03.1973 – VIII R 58/69, BStBl. II 1973, 559, Rn. 8; auch *Desens,* DStZ 2012, S. 142 (147 ff.), schließt sich offenbar der Einordnung als Auslegungsprinzip an; ausdrücklich a.A. BFH v. 20.05.1969 – II 25/61, BStBl. II 1969, 550, Rn. 21.

Auslegung anerkannt.[1016] Praktikabilitätserwägungen können daher nicht das im Zuge der Auslegung gefundene Ergebnis zurücktreten lassen.[1017]

Es ist bereits dargestellt worden, dass die Wettbewerbsschutzklauseln – als Schutzmechanismen zur Verhinderung begünstigungsbedingter Nachteile für die Konkurrenten der steuerbegünstigten Betriebe – einer Beurteilung ungeachtet der besonderen konkreten Begebenheiten nicht zugänglich sind.[1018] Es wäre schlicht sinnwidrig, die bloße Möglichkeit der Gefährdung genügen zu lassen und damit die Wettbewerbsschutzklauseln als Regelausschluss der Befreiung zu generieren. Auf diese Weise würde weder das Interesse an der steuerlichen Begünstigung bestimmter gemeinnütziger Tätigkeiten oder bestimmter Körperschaften gewahrt noch die gewählte Systematik einen Sinngehalt erfahren. Es wäre nicht verständlich, wieso eine ohnehin begrenzte Begünstigung beim Vorliegen eines nahezu nie auszuschließenden Kriteriums[1019] wieder versagt werden sollte und damit der Regelfall (Wettbewerbsverhältnis)[1020] zum Korrektiv wird. Sinnvoller wäre bei diesem Verständnis, einen Regelfall zu schaffen (keine Begünstigungsgewährung), der in nachzuweisenden Ausnahmefällen (kein Wettbewerbsverhältnis) korrigiert wird (Gewähr der Begünstigung). Praktikabilitätserwägungen können dagegen nur dann bei der Normauslegung berücksichtigt werden, wenn die Norm mehrere Auslegungsergebnisse zulässt, da in diesem Fall das ressourcenschonendste und damit praktikablere Auslegungsergebnis dem Willen des Gesetzgebers eher entsprechen wird.[1021] Eine solche Mehrdeutigkeit ergibt sich bei den steuerrechtlichen Wettbewerbsschutzklauseln

---

1016 BFH v. 20.05.1969 – II 25/61, BStBl. II 1969, 550, Rn. 21; so schon *Felix*, in: Von der Auslegung und Anwendung der Steuergesetze, 1958, S. 124 (129); *Arndt*, Praktikabilität und Effizienz, 1983, S. 87; *Drüen*, in: GS Trzaskalik, 2005, S. 95 (102).

1017 Bereits *Felix*, in: Von der Auslegung und Anwendung der Steuergesetze, 1958, S. 124 (127 und 129); „Praktikabilität dominiert die Gesetzesauslegung nicht, sondern prägt sie als ein zu berücksichtigendes Argument […]"; *Desens*, Bindung der Finanzverwaltung an die Rechtsprechung, 2011, S. 260.

1018 Vgl. zu § 65 Nr. 3 AO Teil 1 A, III, 3 a) bb), zu § 4 KStG Teil 1 B, IV, 1 und zu § 2b UStG Teil 1 C, II, 1 c) bb) und IV, 1 b), sowie zu Art. 134 Buchst. b MwStSystRL Teil 1 D, III, 2.

1019 Dazu bereits Teil 1 A, II, 1 d) bb).

1020 Wobei es zumindest bei § 65 Nr. 3 AO und § 2b UStG allerdings zusätzlich noch der Erfüllung eines quantitativen Merkmals, in Form einer Unvermeidbarkeit des Umfangs oder einer größeren Wettbewerbsverzerrung, bedarf.

1021 BFH v. 20.05.1969 – II 25/61, BStBl. II 1969, 550, Rn. 21; ähnlich *Drüen*, DStR 1999, S. 1589 (1595); *Tipke*, StRO III, 1993, S. 1257.

wie gezeigt allerdings nicht. Bereits nach den Wortlauten wird überwiegend die notwendige Berücksichtigung der konkreten Umstände deutlich. So erfordern etwa § 65 Nr. 3 AO und § 5 Abs. 1 Nr. 22 S. 1 KStG, dass die entsprechende Körperschaft „zu nicht begünstigten Betrieben [...] in Wettbewerb tritt". Ebenso deutlich fordern Art. 134 MwStSystRL und § 12 Abs. 2 Nr. 8 Buchst. a S. 3 UStG, dass „zusätzliche Einnahmen [...] die in unmittelbarem Wettbewerb mit Umsätzen von der Mehrwertsteuer unterliegenden gewerblichen Unternehmen bewirkt werden". Auch die Beurteilung im Rahmen des § 2b UStG, dass die „Behandlung als Nichtunternehmer zu größeren Wettbewerbsverzerrungen führen würde", lässt sich nicht allein nach der Art und Weise der Leistungserbringung treffen. Schließlich wird diese Beurteilung ohnehin nur bei Leistungen relevant, die nicht auf privatrechtlicher Grundlage erbracht werden, weshalb es nur maßgeblich auf eine Interaktion zu steuerpflichtigen Anbietern ankommen kann.[1022] Eine solche lässt sich aber nicht losgelöst vom Einzelfall bestimmen. Solange den Praktikabilitätserwägungen nicht schon im Zuge der Auslegung ein überwiegendes Gewicht zuerkannt wird, lässt sich bereits kein abweichendes Auslegungsergebnis neben der Notwendigkeit der konkret individuellen Anwendung finden.

Auch die sachgerechte Berücksichtigung von Praktikabilitätserwägungen kann daher eine abweichende Umsetzung der Wettbewerbsschutzklauseln nicht begründen. Eine dahingehende Vereinfachung scheidet damit aus.

bb) Fehlen einer Sachverhaltsschablone

Wegen der fehlenden normativen Ermächtigung und Möglichkeit der Annahme als Auslegungsergebnis wäre ein typisierendes Vorgehen daher nur noch zulässig, wenn die Regelartigkeit des Geschehens als „Typisierungsschablone"[1023] im Rahmen der Beweiswürdigung herangezogen werden könnte.[1024] Die typisierende Rechtsanwendung von Wettbewerbsschutzklauseln wäre daher allenfalls dann möglich, wenn der Rechtsanwender auf einen Erfahrungssatz zurückgreifen

---

1022 Dies wurde bereits in der Gesetzesbegründung zur Vorgängervorschrift deutlich, wo die Besteuerung einer flächendeckenden Tätigkeit mit dem unstreitigen Wettbewerb zu steuerpflichtigen Unternehmern begründet wurde, vgl. BT-Drs. 4/1590, S. 36.

1023 *Isensee*, Die typisierende Verwaltung, 1976, S. 16; *Arndt*, Praktikabilität und Effizienz, 1983, S. 52 f.

1024 Zur Typisierung als Frage des Beweismaßes *Osterloh*, Gesetzesbindung und Typisierungsspielräume bei der Anwendung der Steuergesetze, 1992, S. 322; *Schmidt*, in: FS BFH, 2018, S. 321 (329).

könnte, der die hinreichende Überzeugung vom Vorliegen des Sachverhalts begründet.[1025] Wegen der methodischen Ähnlichkeit gilt dasselbe auch für die „tatsächliche Vermutung“ und den Anscheinsbeweis.[1026] Dass sich ein solcher Erfahrungssatz bezüglich des Vorliegens eines Wettbewerbs[1027] nicht begründen lässt, wurde bereits dargestellt. Die Maßgeblichkeit der vielseitigen Faktoren, die zum Vorliegen oder Fehlen eines Wettbewerbsverhältnisses führen können, lassen eine abstrahierende Beurteilung nicht zu.[1028] Ebenso wie sich eine Typisierung aufgrund der Vielseitigkeit des Lebenssachverhalts in zunehmendem Maße verbietet,[1029] eignet sie sich genauso wenig für die Beurteilung eines Merkmals, welches maßgeblich durch stattfindende und mögliche Interaktionen sowie verschiedentliche Faktoren[1030] geprägt ist. Daneben lässt sich kein „Mindestmaß“ an Sachverhaltsfeststellung finden, auf deren Grundlagen die typisierende Betrachtung erfolgen könnte. Ein einfacher Erfahrungssatz, geschweige denn ein Erfahrungsgrundsatz, lassen sich mit Blick auf „den Wettbewerb“ nicht begründen und würden das Verständnis vom Vorliegen einzelner Märkte, auf denen Wettbewerb entstehen oder gerade auch fehlen kann, ad absurdum führen.[1031] Der Wettbewerbsgedanken würde seines wesentlichen Inhalts beraubt, wenn er

---

1025 Zumal auch dann vor einer zulässigen Typisierung von Einzelsachverhalten zunächst der Sachverhalt umfassend zu ermitteln wäre, vgl. *Müller-Franken,* Maßvolles Verwalten, 2004, S. 329 ff.; *Rönitz*, in: DStJG 3 (1980), S. 297 (306 ff.).

1026 Vgl. dazu nur *Schmidt*, Die Problematik der objektiven Beweislast im Steuerrecht, 1998, S. 317 ff.; *Müller-Franken,* Maßvolles Verwalten, 2004, S. 269 ff.

1027 So aber exemplarisch die Ansicht des BFH v. 20.03.2014 – V R 4/13, BFH/NV 2014, 1470, Rn. 27, wonach für die Überlassung von Sporthallen festgestellt sei, dass dies in unmittelbarem Wettbewerb mit privaten Anbietern erfolge. Ein Wettbewerbsverhältnis kann aber nicht allein mit dem Verweis auf eine andere Entscheidung, in welcher ein Wettbewerb zwischen verschiedenen Anbietern angenommen wurde, begründet werden.

1028 Vgl. bereits Teil 2 A, III, 1.

1029 *Hey*, in: Tipke/Lang, Steuerrecht^{24}, 2020, § 3 Rn. 149.

1030 Gemeint ist die Abhängigkeit von der Einordnung der Angebote durch die Nachfrager als substituierbar, die durch den Preis, die Qualität, den Verwendungszweck, die räumliche Entfernung der Angebote und sogar rein subjektive Vorlieben geprägt sein kann. Vgl. dazu bereits ausführlich Teil 1 A, II, 1 b).

1031 Bezogen auf eine abstrakte Beurteilung des potentiellen Wettbewerbs(-verhältnisses) so auch *Unger*, in: Gosch, AO/FGO, § 65 AO Rn. 26 (Stand 01.2013), der ein solches „mit der Vorstellung unterschiedlicher räumlicher Märkte [für] kaum vereinbar [...]“ hält. Der Gedanke ist an dieser Stelle derselbe.

seiner situativen Individualität entkleidet würde. Die zwingende Atypik lässt den Schluss auf einen typischen Fall nicht zu.

c) Ergebnis: Unzulässigkeit bei Wettbewerbsschutzklauseln

Eine typisierende Rechtsanwendung lässt sich mit den Wettbewerbsschutzklauseln somit nicht zulässig vereinbaren. Selbiges gilt damit für eine „tatsächliche Vermutung“ oder die Begründung eines Anscheinsbeweises.

II. Wettbewerb und Pauschalierung

Auch der vereinfachende Normvollzug durch eine Pauschalierung kann nicht zu einer Vereinfachung der Anwendung von Wettbewerbsschutzklauseln führen. Zwar kann bei einer Pauschalierung auf die Sachaufklärung im Einzelfall verzichtet werden.[1032] Allerdings geht es dabei allein darum, die rechnerischen Grundlagen eines steuergesetzlichen Tatbestandes zu schematisieren.[1033] Es handelt sich ebenso wie bei der formellen Typisierung um eine Beweismaßreduzierung, jedoch mit Bezug auf die Wertermittlung.[1034] Auch wenn die Finanzverwaltung sogar eigenmächtig zum Erlass von Verwaltungsvorschriften mit Außenrechtsbindung in Gestalt von Bagatellgrenzen und Pauschbeträgen ermächtigt sein sollte,[1035] sind diese untauglich für die Umsetzung der Wettbewerbsschutzklauseln. Bei diesen geht es nicht um die Quantifizierung der Steuerpflicht, sondern allein um die Begründung der Steuerpflicht – so im Falle des § 2b UStG und seines Pendants Art. 13 MwStSystRL sowie § 1 Abs. 1 Nr. 6 i.V.m. § 4 KStG, beziehungsweise bei § 65 Nr. 3 AO, § 5 Abs. 1 Nr. 22 S. 1 KStG, § 12 Abs. 2 Nr. 8 Buchst. a S. 3 UStG und Art. 134 Buchst. b MwStSystRL – um die Aufhebung einer Steuerbegünstigung. Eine Pauschalierung scheidet damit von vornherein aus.

1032 Statt vieler *Seer*, in: Tipke/Kruse, AO/FGO, § 162 AO Rn. 10 (Stand 10.2017).

1033 *Wernsmann*, in: Hübschmann/Hepp/Spitaler, AO/FGO, § 4 AO Rn. 452 (Stand 10.2020); *Hey*, in: Tipke/Lang, Steuerrecht^{24}, 2020, § 3 Rn. 147.

1034 *Seer*, Verständigungen in Steuerverfahren, 1996, S. 199 f.; daher benutzt *Müller-Franken*, Maßvolles Verwalten, 2004 S. 334 f., dahingehend auch die Bezeichnung als formelle Typisierung von Quantitäten.

1035 Dazu *Arndt*, Praktikabilität und Effizienz, 1983, S. 21 f.; kritisch gegenüber der Außenrechtsverbindlichkeit *Seer*, in: Tipke/Kruse, AO/FGO, § 162 AO Rn. 11 (Stand 10.2017).

III. Vereinfachung durch Verwaltungsvorschriften

Eine Vereinfachung der Umsetzung von Wettbewerbsschutzklauseln könnte grundsätzlich auch durch Verwaltungsvorschriften erfolgen. Zu deren Erlass bedarf es keiner besonderen Ermächtigung: Die Zulässigkeit ergibt sich vielmehr bereits aus dem Organisationsrecht und der Geschäftsleitungsbefugnis der Verwaltung.[1036] Eine tatsächliche Vereinfachung durch Verwaltungsvorschriften kann jedoch nur dann erzielt werden, wenn diesen auch eine Bindungswirkung gegenüber der Rechtsprechung entnommen werden kann.[1037] Im Übrigen würde die vereinfachte Annahme des Vorliegens der Wettbewerbsschutzklausel den Anwendungsaufwand lediglich auf die Ebene der Rechtsprechung verlagern, die jedoch ihrerseits um eine Umgehung der konkret individuellen Prüfung des Wettbewerbsverhältnisses bemüht ist.[1038] Daneben würde zudem ein zusätzlicher Aufwand für den klageabhängigen Steuerpflichtigen begründet werden. Es könnte damit allein eine kurzzeitige Entlastung der Finanzverwaltung, nicht aber eine dauerhafte Ressourcenschonung erreicht werden. Ein Praktikabilitätsgewinn bestünde nur auf Seiten der Behörde als Erstanwender.

Die Frage nach der Außenwirkung und damit auch nach der Bindungswirkung der Verwaltungsvorschriften für sämtliche „staatlichen Entscheidungsträger“ ist nach wie vor umstritten.[1039] Dabei wird zwischen den sog. Organisationsvorschriften, norminterpretierenden Verwaltungsvorschriften, normkonkretisierenden Verwaltungsvorschriften, Typisierungsvorschriften und Ermessensrichtlinien unterschieden.[1040] Letztendlich ist für die

---

1036 *Erichsen*, in: FS Kruse, 2001, S. 39 (48); *Drüen*, in: Tipke/Kruse, AO/FGO, § 4 AO Rn. 80 (Stand 05.2015); *Pahlke*, DStR-Beih. 2011, S. 66 (69).

1037 Ähnlich *Müller-Franken*, Maßvolles Verwalten, 2004, S. 359, wonach die bezweckte Vereinfachungswirkung und Vereinheitlichung des Vollzugsauftrags von der Bindungswirkung für sämtliche Rechtsanwender abhängt.

1038 Vgl. die normübergreifenden Ergebnisse unter Teil 1 A, II, 1 a) bb) (3) und 2 a) bb); Teil 1 B, III, 3; Teil 1 C, II, 1 a) dd); Teil 1 D, III, 1 a) und b).

1039 Ausführlich *Müller-Franken*, Maßvolles Verwalten, 2004 S. 359 ff.; *Leisner*, StuW 2007, S. 241 (244).

1040 *Helbich*, Vertrauensschutz in Verwaltungsvorschriften des Steuerrechts, 2015, S. 85 ff.; *Martens*, Verwaltungsvorschriften zur Beschränkung der Sachverhaltsermittlung, 1980, 30 ff.; *Seer*, Verständigungen in Steuerverfahren, 1996, S. 239 ff.; *Drüen*, in: Tipke/Kruse, AO/FGO, § 4 AO Rn. 80 (Stand 05.2015); *Wernsmann*, in: Hübschmann/Hepp/Spitaler, AO/FGO, § 5 AO Rn. 188 (Stand 04.2018); *Erichsen*, in: FS Kruse, 2001, S. 39 (42); *Hey*, Steuerplanungssicherheit, 2002, S. 27 ff.; *Rogmann*, Die Bindungswirkung von Verwaltungsvorschriften, 1998, S. 19 ff.

Bindungswirkung allerdings allein ausschlaggebend, ob mit der Verwaltungsvorschrift, ungeachtet ihrer Zuordnung zu den genannten Gruppen, ein Ermessens- oder Beurteilungsspielraum ausgefüllt und damit eine vom Gesetzgeber gewollte Letztentscheidungskompetenz der Verwaltung wahrgenommen wird.[1041] Aus diesem Grund lässt sich die mögliche vereinfachende Wirkung einer Verwaltungsvorschrift bezüglich der Wettbewerbsschutzklauseln nur mit Blick auf die einzelnen Regelungen treffen.

1. Versuch der Vereinfachung durch Verwaltungsvorschriften

In Bezug auf die untersuchten Wettbewerbsschutzklauseln sind bereits teilweise Verwaltungsvorschriften erlassen worden.[1042] Dies betrifft etwa § 65 Nr. 3 AO[1043], § 4 KStG[1044] und § 2b UStG[1045]. Dabei fällt zunächst auf, dass sowohl hinsichtlich § 65 Nr. 3 AO als auch bezüglich § 2b UStG die bezweckte Vereinfachung durch das teilweise Ausblenden der konkreten Umstände vorgenommen werden soll. Die Beurteilung der „Wettbewerbsrelevanz" im Rahmen des § 2b UStG soll danach „unabhängig davon [erfolgen], ob die betreffenden Einrichtungen auf der Ebene des lokalen Marktes, auf dem sie diese Tätigkeit ausüben, Wettbewerb ausgesetzt sind oder nicht".[1046] Vergleichbar heißt es zu

---

1041 *Schenke,* Die Rechtsfindung im Steuerrecht, 2007, S. 413; *Seer*, Verständigungen in Steuerverfahren, 1996, S. 249 f.; *ders.*, in: BonnKomm GG, Art. 108 GG Rn. 189 (Stand 12.2020); *Wernsmann*, DStR-Beih. 2011, S. 71 (75); zur sog. normativen Ermächtigungslehre, vgl. nur BVerfG v. 31.05.2011 – 1 BvR 857/07, BVerfGE 129, 1, Rn. 73 ff.; dazu auch *Schmidt-Aßmann*, in: Maunz/Dürig, GG, Art. 19 IV GG Rn. 186 (Stand 08.2020); *Pache*, Tatbestandliche Abwägung und Beurteilungsspielraum, 2001, S. 74 ff.

1042 Zur Notwendigkeit der Veröffentlichung des Inhalts eines BMF-Schreibens als eigene Weisung durch die obersten Finanzbehörden der Länder zur Begründung der Bindungswirkung, vgl. nur *Drüen*, in: Tipke/Kruse, AO/FGO, § 4 AO Rn. 81 (Stand 05.2015) (m.w.N.); *Seer*, in: BonnKomm GG, Art. 108 GG Rn. 111 und 177 ff. (Stand 12.2020).

1043 AEAO zu § 65 AO, Nr. 4 S. 4 (Fassung v. 19.02.2016) und ergänzend AEAO zu § 67a AO Nr. 12 (Fassung vom 31.01.2019).

1044 BMF v. 11.12.2009 – IV C 7-S 2706/07/10006, BStBl I 2009, 1597.

1045 BMF v. 16.12.2016 – III C 2-S 7107/16/10001, BStBl I 2016, 1451.

1046 BMF v. 16.12.2016 – III C 2-S 7107/16/10001, BStBl I 2016, 1451, Rn. 24, wobei die Finanzverwaltung an dieser Stelle irrig die Ausführungen des EuGH zur „tätigkeitsbezogenen Bestimmung" der größeren Wettbewerbsverzerrung, die hier offensichtlich umgesetzt werden sollten, schon auf die Bestimmung des „Wettbewerbs" vorverlagert. Damit ist die Finanzverwaltung tatsächlich sogar über die Aussagen

§ 65 Nr. 3 AO, dass die Schutzklausel Anwendung finden soll, „wenn ein Wettbewerb mit steuerpflichtigen Unternehmen lediglich möglich wäre, ohne dass es auf die tatsächliche Wettbewerbssituation vor Ort ankommt".[1047] Man könnte das letztgenannte Schreiben zwar auch so verstehen, dass damit allein hervorgehoben werden soll, dass auch schon ein „potentieller Wettbewerb" genügt. Allerdings handelt es sich auch dabei um eine Wettbewerbssituation vor Ort. Daneben ließe sich dann nicht erklären, wieso ausdrücklich eine Entscheidung abgelehnt wird, in der nicht die fehlende Maßgeblichkeit des „potentiellen Wettbewerbs", sondern allein die Relevanz der konkreten Umstände vor Ort hervorgehoben wurde.[1048] Die Vorgabe kann daher nur gleichgehend mit der Vorgabe bezüglich § 2b UStG als Forderung einer abstrakten Beurteilung verstanden werden.[1049] Auch das BMF-Schreiben zu § 4 KStG offenbart die Absicht der Finanzverwaltung, durch eine abstrakte Beurteilung des Wettbewerbsverhältnisses dem Umsetzungsaufwand des Wettbewerbskorrektivs zu entgehen. Die Besteuerung der öffentlichen Hand wurde maßgeblich mit dem Schutz konkurrierender steuerpflichtiger Konkurrenten begründet.[1050] In Bezug auf das BMF-Schreiben wurde jedoch bereits dargestellt, dass dort der „lokalen Markt" nur ausnahmsweise bei einer örtlichen Beschränkung Berücksichtigung finden soll, weshalb grundsätzlich das Verständnis eines bundesweiten Marktes besteht. Damit soll eine abstrakte Beurteilung anhand der Aufgabenzuweisung

---

des EuGH vereinfachend hinausgegangen. Wobei dieser zuerkannt werden muss, dass die Vorgaben des EuGH ihrerseits nicht eindeutig sind. Zum Ganzen und dem fehlgeschlagenen Versuch eine rein tätigkeitsbezogene Beurteilung mit der Rechtsprechung des EuGH und dem Sinn des Wettbewerbsschutzes in Einklang zu bringen bereits ausführlich unter Teil 1 C, II, 1 b) aa) (1).

1047 AEAO zu § 65 AO, Nr. 4 S. 4 (Fassung v. 19.02.2016).

1048 Zum Ganzen bereits ausführlich unter Teil 1 A, II, 2 b).

1049 Dagegen mit einem anderen Verständnis *Schauhoff/Kirchhain*, DStR 2012, S. 261 (266); ebenso *Köster*, DStZ 2012, S. 195 (202).

1050 Vgl. BT-Drs. 7/1470, S. 336, „Die Besteuerung dieser Betriebe ist unter Wettbewerbsgesichtspunkten gerechtfertigt, weil sie mit den im freien Wettbewerb stehenden steuerpflichtigen Betrieben insofern konkurrieren [...]"; ähnlich bereits die Begründung zum Entwurf eines KStG, Verhandlungen des RT, 3. Wahlperiode 1924/25, Bd. 400, Drs. 796, S. 8 ff., wonach der Grund für die Aufhebung der Steuerbefreiung darin liegt, „dass die öffentlichen Verbände [...] sich am Wirtschaftsleben beteiligen, und dass ihnen durch Ersparung einer so ungeheuer wichtigen Spese wie der Steuer ein [...] nicht zu rechtfertigender Vorsprung vor den privatwirtschaftlichen Betrieben gewährt wird".

und des Annahmezwangs erfolgen.[1051] Auf den ersten Blick werden die konkreten Umstände demnach zwar doch relevant, wenn der Tätigkeitsbereich der juristischen Person des öffentlichen Rechts örtlich beschränkt ist. Mit Blick auf die dem BMF-Schreiben zugrunde liegende Entscheidung[1052] ergibt sich nämlich, dass die Ausführung dahingehend zu verstehen ist, dass sich die „örtliche Beschränkung des Marktes" wohl mit dem Gebiet der ausschließlichen Aufgabenzuweisung an die juristische Person des öffentlichen Rechts decken soll. Diese ist damit aber auf eine Konstellation beschränkt, in der auf dem räumlich relevanten Markt Konkurrenten nicht bestehen können. Eine Berücksichtigung der konkreten Verhältnisse ist dann aber weder notwendig noch möglich, da die steuerbefreite Tätigkeit der juristischen Person des öffentlichen Rechts rein tatsächlich nicht in Interaktion mit steuerpflichtigen Anbietern stehen kann. Tatsächlich kommt es damit aber auch hier zu keiner Beurteilung der konkret wirtschaftlichen Verhältnisse mit der darauffolgenden Bestimmung relevanter Märkte. Stattdessen wird ein „Wettbewerb" schlicht bis zu dessen tatsächlichen Ausschluss im Einzelfall angenommen.

Den Verwaltungsvorschriften ist demnach normübergreifend gemein, dass versucht wird, die Wettbewerbsschutzklauseln, ohne eine Wettbewerbsprüfung durch das Finanzamt umzusetzen. Durch die Irrelevanz der konkreten Umstände wird im Ergebnis eine Beurteilung allein anhand der Tätigkeit als solcher vorgenommen oder aber im Falle des § 4 KStG zusätzlich noch die Rahmenbedingungen (Benutzungszwang) berücksichtigt, wobei auch dort keine zusätzlichen Feststellungen erforderlich sind. Das Interesse der Finanzverwaltung daran, die Entscheidung ohne Weiteres „vom Schreibtisch aus" treffen zu können, ist nachvollziehbar. Der bestehenden zeitlichen Handlungslimitierung kann am effektivsten dadurch begegnet werden, dass eine Beurteilung auf „den ersten Blick" erfolgt. Die Bestimmung eines Wettbewerbsverhältnisses wäre folglich bereits ohne die rechtliche Beurteilung der Marktabgrenzung und demnach auch ohne die anschließende Überprüfung des Bestehens oder zumindest der Möglichkeit des Marktzutritts vorzunehmen. Die Wettbewerbsschutzklauseln wären damit zugleich ihrer aufwendigen Gestalt entkleidet. Der Versuch der Vereinfachung durch die Finanzverwaltung erfolgt dabei im Ergebnis durch eine Verkürzung des Merkmals „Wettbewerb", wodurch der erforderliche Sachverhalt für die Subsumtion weniger umfänglich ermittelt werden muss. Methodisch wird damit das Merkmal des „Wettbewerbs" ohne weitere Begründung verkürzt (weit) ausgelegt.

1051 Vgl. auch bereits die Ausführungen unter Teil 1 B, III, 1 und 2.
1052 BFH v. 29.10.2008 – I R 51/07, BStBl II 2009, 1022.

2. *Verwaltungsvorschriften und Bindungswirkung*

Aus der getroffenen Einordnung ergeben sich auch Konsequenzen für die Bindungswirkung und damit zugleich auch für die Vereinfachungswirkung der Verwaltungsvorschriften. Entgegen der Erkenntnis, dass Verwaltungsvorschriften mangels Rechtsnormqualität nicht Maßstab gerichtlicher Kontrolle sind und damit keine Bindungswirkung gegenüber den Gerichten begründen,[1053] wird diesen teilweise dennoch eine Bindungswirkung zuerkannt. Aus diesem Grund soll die Bindungswirkung von Verwaltungsvorschriften kurz skizziert werden.

a) *Norminterpretierende und normkonkretisierende Verwaltungsvorschriften*

Für die norminterpretierenden Verwaltungsvorschriften ist es anerkannt, dass diesen keine Bindungswirkung zukommt und sie lediglich den gleichen Wert und die Bedeutung einer Stellungnahme in der Literatur aufweisen.[1054] Für normkonkretisierende Verwaltungsvorschriften wird dagegen teilweise eine Bindungswirkung angenommen.[1055] Argumentiert wird dabei damit, dass bei besonders auslegungsbedürftigen Gesetzesbegriffen notwendigerweise die besonderen Erfahrungen und Sachkenntnisse der Verwaltung – ähnlich einem Sachverständigen – bei der gerichtlichen Entscheidung nutzbar gemacht werden müssten.[1056] Dennoch wird die Einschränkung der Rechtsschutzgarantie aus Art. 19 Abs. 4 GG und die Rechtfertigung eines etwaigen Verstoßes gegen die Rechtsanwendungsgleichheit aus Art. 3 Abs. 1 GG nicht mit der besonderen Auslegungsbedürftigkeit an sich begründet. Es wird vielmehr auch in diesem Zusammenhang ein Beurteilungsspielraum entsprechend der normativen

---

1053 BVerfG v. 31.05.1988 – 1 BvR 520/83, BVerfGE 78, 214, Rn. 37; v. 11.08.2009 – 2 BvR 941/08, NJW 2009, 3293, Rn. 19; *Simonek*, in: FS BFH, 2018, S. 275 (287).

1054 So etwa *Tipke*, StRO III, 1993, S. 1170 (m.w.N.); *Seer*, Verständigungen in Steuerverfahren, 1996, S. 248; *Drüen*, in: Tipke/Kruse, AO/FGO, § 4 AO Rn. 84 (Stand 05.2015); *Müller-Franken,* Maßvolles Verwalten, 2004 S. 456; *Pahlke*, DStR-Beih. 2011, S. 66 (69); *Helbich*, Vertrauensschutz in Verwaltungsvorschriften des Steuerrechts, 2015, S. 87 f.

1055 Dazu BVerwG v. 19.12.1985 – 7 C 65/82, BVerwGE 72, 300, Rn. 41; aus der Literatur: *Gerhardt*, NJW 89, S. 2233 (2236 ff.); *Hill*, NVwZ 1989, S. 401 (406 f.); *Wahl*, NVwZ 1991, S. 409 (411); *Ossenbühl*, in: HStR V^3, 2007, § 104 Rn. 73; kritisch *Maurer*, in: ders./Waldhoff, Allgemeines Verwaltungsrecht^{19}, 2017, § 24 Rn. 32 f.

1056 Vgl. nur *Ossenbühl*, in: HStR V^3, 2007, § 104 Rn. 30 ff.; *Hill*, NVwZ 1989, S. 401 (406); *Rogmann*, Die Bindungswirkung von Verwaltungsvorschriften, 1998, S. 200 ff.

Ermächtigungslehre gefordert, der sich jedoch aus der besonderen Auslegungsbedürftigkeit ergebe.[1057] Andernfalls ließe sich die Bindungswirkung auch nicht begründen. Bei einer normkonkretisierenden Verwaltungsvorschrift wird zwar – anders als bei einer norminterpretierenden Verwaltungsvorschrift – der Sachverhalt beziehungsweise ein einzelner Umstand dessen mit besonderer Sachkenntnis gewürdigt und eingeordnet. Daneben wird aber zugleich auch ein zu erfüllendes Kriterium (etwa ein Grenzwert oder ähnliches) festgelegt, bei dessen Vorliegen das gesetzliche Merkmal erfüllt sein soll.[1058] Wo der Unterschied zwischen der Ausfüllung eines Merkmals mit der zeitgleichen Beurteilung dessen durch eine präferierte „Bewertungsregel" und der Auslegung eines Kriteriums entsprechend einer subjektiven Würdigung liegen soll, ist nicht erkennbar. Die Komplexität der Feststellung des wertungsbedürftigen Merkmals kann die Umsetzung dessen nicht verbindlich werden lassen.[1059] Die Bindungswirkung kann nur durch die ausdrückliche oder zweifelsfrei bezweckte Einräumung einer Letztentscheidungskompetenz durch das materielle Gesetz begründet werden.[1060] Ungeachtet des Umstandes, dass im Steuerrecht die Notwendigkeit einer derart besonderen Sachkenntnis nicht besteht,[1061] richtet sich die Frage der Bindungswirkung, als Ergebnis der Annahme einer normkonkretisierenden Verwaltungsvorschrift, nicht anders als bei einer norminterpretierenden Verwaltungsvorschrift, damit allein nach der Annahme der Einräumung einer solchen Letztentscheidungskompetenz.

1057 *Ossenbühl*, in: HStR V³, 2007, § 104 Rn. 72; *Hummel*, MwStR 2016, S. 4 (10); *Hill*, NVwZ 1989, S. 401 (407 f.); *Wahl*, NVwZ 1991, S. 409 (410 f.).

1058 BVerwG v. 19.12.1985 – 7 C 65/82, BVerwGE 72, 300, Rn. 44.

1059 Daher wird zwischen norminterpretierenden und normkonkretisierenden Verwaltungsvorschriften richtigerweise nur ein gradueller Unterschied angenommen, vgl. *Vogel*, in: FS Thieme, 1993, S. 605 (616 f.); *Erichsen*, in: FS Kruse, 2001, S. 39 (51 ff. und 58); ebenso *Seer*, in: BonnKomm GG, Art. 108 GG Rn. 187 (Stand 12.2020); *Wernsmann*, in: Hübschmann/Hepp/Spitaler, AO/FGO, § 5 AO Rn. 197 (Stand 04.2018).

1060 Andernfalls lässt sich auch ein Beurteilungsspielraum, darauf stellen insbesondere *Jachmann*, StuW 1994, S. 347 (352 f.), und *Wernsmann*, DStR-Beih. 2011, S. 71 (75), *ders.*, in: Hübschmann/Hepp/Spitaler, AO/FGO, § 5 AO Rn. 197 (Stand 04.2018) ab, nicht begründen; *Leisner*, StuW 2007, S. 241 (244); *Lambrecht*, in: DStJG 12 (1989), S. 79 (110 f.); *Rogmann*, Die Bindungswirkung von Verwaltungsvorschriften, 1998, S. 200 ff.

1061 *Müller-Franken*, Maßvolles Verwalten, 2004 S. 454; *Drüen*, in: Tipke/Kruse, AO/FGO, § 4 AO Rn. 85 (Stand 05.2015).

b) *Verwaltungsvorschriften zur Sachverhaltsermittlung*

Eine Bindung der Finanzgerichte an Verwaltungsvorschriften, die eine Vereinfachung der Sachverhaltsermittlung begründen sollen, kann ebenso wenig anerkannt werden.[1062] Während die Verwaltungsvorschriften zur Sachverhaltsermittlung in Form von Typisierungs- und Pauschalierungsrichtlinien teilweise sogar schon als norminterpretierende Verwaltungsvorschriften eingeordnet werden,[1063] stoßen diese tatsächlich sogar in zweierlei Hinsicht auf Bedenken. Zum einen kann, wie auch grundsätzlich bei der Typisierung durch den Rechtsanwender, keine allgemeingültige Ermächtigung aus § 162 Abs. 1 und 2 AO abgeleitet werden, da auch hier die für eine Schätzung notwendige Unaufklärbarkeit des Sachverhalts bereits im Vorfeld, ungeachtet ihres Auftretens, ausgeschlossen wird.[1064] Und auch der allgemeine Gleichheitssatz aus Art. 3 Abs. 1 GG gebietet in der Gestalt der Rechtsanwendungsgleichheit nicht die Typisierung durch Verwaltungsvorschriften, da dadurch nicht zwingend Gleiches gleich behandelt wird, sondern lediglich Ungleiches gleich behandelt werden kann.[1065] Zum anderen fehlt es selbst dann an der generellen Bindungswirkung gegenüber der Finanzgerichtsbarkeit. Auch die Vorgabe einer vereinfachten Sachverhaltsermittlung kann nur dann eine verbindliche ausschließliche Konkretisierung durch die Finanzverwaltung unter Einschränkung der richterlichen

---

1062 Dagegen nimmt insbesondere die Rechtsprechung eine solche Bindungswirkung an, vgl. nur BFH v. 05.05.1994 – VI R 6/92, BStBl. II 1994, 534, Rn. 12; v. 14.04.2011 – IV R 46/09, BStBl II 201, 696, Rn. 32; *Osterloh*, Gesetzesbindung und Typisierungsspielräume bei der Anwendung der Steuergesetze, 1992, S. 509 ff.; *dies.*, StuW 1993, S. 342 (350), leitet die Bindungswirkung dabei aus einem Anspruch auf Gesetzanwendungsgleichheit ab; auch *Eckhoff*, Rechtsanwendungsgleichheit im Steuerrecht, 1999, S. 126 ff., insb. S. 131 ff., begründet die Bindungswirkung mit Blick auf Art. 3 Abs. 1 GG, fordert jedoch zugleich eine gesetzliche Ermächtigung für die vereinfachende (und zugleich konkretisierende) Verwaltungsvorschrift (S. 497 ff.); gegen eine Bindungswirkung außerhalb der normativen Ermächtigungslehre auch *Erichsen,* in: FS Kruse, 2001, S. 39 (54 f.); *Jachmann*, StuW 1994, S. 347 (352 f.).

1063 *Trzaskalik*, in: DStJG 5 (1982), S. 315 (328); *Müller-Franken,* Maßvolles Verwalten, 2004 S. 446 f.; kritisch *Osterloh*, StuW 1993, S. 342 (345, Fn. 22).

1064 *Drüen*, in: Tipke/Kruse, AO/FGO, § 4 AO Rn. 91 (Stand 05.2015); dem folgt auch *Schenke,* Die Rechtsfindung im Steuerrecht, 2007, S. 157; anders *Pahlke*, DStR-Beih. 2011, S. 66 (70).

1065 *Drüen*, in: Tipke/Kruse, AO/FGO, § 4 AO Rn. 91 (Stand 05.2015); anders *Osterloh*, StuW 1993, S. 342 (350); *Eckhoff*, Rechtsanwendungsgleichheit im Steuerrecht, 1999, S. 126 ff., insb. S. 131 ff.; *Wernsmann,* in: Hübschmann/Hepp/Spitaler, AO/FGO, § 5 AO Rn. 198 (Stand 04.2018).

Kontrolle nach Art. 19 Abs. 4 GG begründen, wenn eine ausdrückliche gesetzliche Ermächtigung vorliegt.[1066]

3. *Nutzlosigkeit von Verwaltungsvorschriften mangels Bindungswirkung*

Neben der Tatsache, dass die genannten Verwaltungsvorschriften bereits den Zweck der Wettbewerbsschutzklauseln, eine Negativauswirkung der Steuerbegünstigung im Einzelfall zu verhindern, verfehlen,[1067] kommt diesen auch keine Bindungswirkung gegenüber den Gerichten zu. Während die weite Auslegung des Begriffs „Wettbewerb", mit der Folge einer abstrakten Beurteilung allein anhand der Tätigkeit, bereits als norminterpretierende Verwaltungsvorschrift – der unstreitig keine Bindungswirkung zukommt –[1068] eingeordnet werden muss, würde auch eine abweichende Ausgestaltung die bezweckte Vereinfachungswirkung nicht begründen können. Den Wettbewerbsschutzklauseln kann eine Letztentscheidungskompetenz der Verwaltung weder ausdrücklich noch durch Auslegung entnommen werden. Bei den Merkmalen des „unmittelbaren Wettbewerbs",[1069] des „Inwettbewerbtretens"[1070] und der „größeren Wettbewerbsverzerrung"[1071] handelt es sich um unbestimmte Rechtsbegriffe. Diesen kann damit zugleich ein enges oder weites Verständnis der Bestimmung des Wettbewerbsverhältnisses entnommen und zugrunde gelegt werden.[1072] Wegen der

---

1066 *Helbich*, Vertrauensschutz in Verwaltungsvorschriften des Steuerrechts, 2015, S. 97 und 101 f.; *Seer*, Verständigungen in Steuerverfahren, 1996, S. 249 f.; *Pahlke*, DStR-Beih. 2011, S. 66 (70); *Drüen*, in: Tipke/Kruse, AO/FGO, § 4 AO Rn. 91 f. (Stand 05.2015); *Wernsmann*, DStR-Beih. 2011, S. 71 (75); *Schenke*, Die Rechtsfindung im Steuerrecht, 2007, S. 154 f.

1067 So das Ergebnis im Hinblick auf den Zweck der Wettbewerbsschutzklauseln, vor allem auch unter Berücksichtigung der Gesetzgebungsmaterialien, vgl. die Ergebnisse zu § 65 Nr. 3 AO Teil 1 A, III, 3 a) bb), zu § 4 KStG Teil 1 B, IV, 2 b) aa) (2) und zu § 2b UStG Teil 1 C, II, 1 c) bb) sowie zu Art. 134 Buchst. b MwStSystRL Teil 1 D, III, 2.

1068 Vgl. die Nachweise unter Teil 2 B, III, 2.

1069 Vgl. Art. 134 Buchst. b MwStSystRL und § 12 Abs. 2 Nr. 8 Buchst. a S. 3 UStG.

1070 Vgl. § 65 Nr. 3 AO und § 5 Abs. 1 Nr. 22 S. 1 KStG.

1071 Vgl. § 2b UStG.

1072 Dahingehend lassen sich die Ausführungen zur Annahme eines engen oder weiten Verständnisses von der Marktabgrenzung bezüglich § 65 Nr. 3 AO auch auf die anderen Wettbewerbsschutzklauseln übertragen, da es hier wie dort um die Verhinderung einer Negativauswirkung der Steuerbegünstigung auf die steuerpflichtigen Konkurrenten geht, vgl. dazu Teil 1 A, II, 1 c). Die Notwendigkeit einer hinreichend

fehlenden praktischen Realisierbarkeit einer umfangreichen Bestimmung des relevanten Marktes dürfte der Finanzverwaltung bei der Anwendung der Wettbewerbsschutzklauseln – genauer der dadurch erforderlich werdenden subjektiven Beurteilung der Substituierbarkeit – zwar auch ein Gestaltungsspielraum zukommen, der über die grundsätzliche Wertung im Rahmen der Auslegung und Anwendung hinausgeht.[1073] Dieser Umstand ist jedoch nur dem Widerspruch zum Massenverfahren und der daraus folgenden ressourcenbedingten Handlungslimitierung und nicht der Eigenart des unbestimmten Rechtsbegriffs geschuldet. Weder die alleinige Auslegungsfähigkeit[1074] noch die Unbestimmtheit des Rechtsbegriffs, die in der Folge eine wertende und zumal zugleich auch unsachgerechte Beurteilung zulässt, können die Einräumung einer Letztentscheidungskompetenz begründen. Zudem bezieht sich die Wertungsbedürftigkeit ausschließlich auf die Tatbestandsseite, nicht aber die Rechtsfolge,[1075] auch wenn der Finanzverwaltung aufgrund der verkürzten und unsachgemäßen Umsetzung rein faktisch letztendlich doch eine Art Hoheit über Normanwendung – genauer die Gewähr oder die Versagung der Steuerbegünstigung, als Folge des nachgiebigen Rechtsbegriffs – zukommen sollte. Auch die wertende Betrachtung der Substituierbarkeit, für den Fall, dass die Nachfragersicht nicht tatsächlich ermittelt werden kann,[1076] kann der Verwaltung keine abschließende Entscheidungsbefugnis vergleichbar eines Auswahlermessens, als Indikator einer Letztentscheidungskompetenz, zukommen lassen.

---

präzisen Feststellung des möglichen wechselseitigen Konkurrenzdrucks besteht vor den gleichgehenden Gesetzeszwecken normübergreifend.

1073 Dazu noch ausführlich unter Teil 3 A, III, 1.

1074 Würde man diese bereits genügen lassen, müsste man nahezu jedem Rechtsbegriff eine Letztentscheidungskompetenz entnehmen; dazu *Eifert*, ZjS 2008, S. 336 (339); grundsätzlich zum Verhältnis der Auslegung zur Letztentscheidungskompetenz der Verwaltung *Pache*, Tatbestandliche Abwägung und Beurteilungsspielraum, 2001, S. 74 ff., 457 ff.

1075 Die Auslegung kann der Verwaltung kein Ermessen im Sinne eines „Tatbestandsermessens" einräumen, weshalb es dahingehend auch nicht zu einer Einschränkung der richterlichen Kontrolle kommen kann, vgl. *Maurer*, in: ders./Waldhoff, Allgemeines Verwaltungsrecht[19], 2017, § 7 Rn. 55 ff.; zum Verhältnis unbestimmter Rechtsbegriff gegenüber dem Ermessen auch *Drüen*, in: Tipke/Kruse, AO/FGO, § 5 AO Rn. 17 f. (Stand 10.2018); *Wernsmann*, in: Hübschmann/Hepp/Spitaler, AO/FGO, § 5 AO Rn. 59 (Stand 04.2018).

1076 Vgl. dazu bereits Teil 1 A, II, 1 b) bb) (1) und Teil 2 A, I, 1 a) aa).

Bei der Beurteilung des Vorliegens eines Wettbewerbs handelt es sich zwar um die Einordnung eines komplexen Phänomens. Und auch eine Expertise der Finanzverwaltung, vergleichbar zu der der Wettbewerbsbehörden,[1077] wäre zwar wünschenswert. Wieso eine solche Fachkunde, wie sie für eine normkonkretisierende Verwaltungsvorschrift gefordert wird, bei der Bestimmung eines Wettbewerbsverhältnisses aber ausschließlich der Verwaltung, nicht aber den Finanzgerichten zukommen sollte, lässt sich nicht begründen. Nicht die Beurteilung anhand des methodischen Verfahrens, sondern der Aufwand zur Ermittlung der entscheidungserheblichen Kriterien begründet maßgeblich die „Schwierigkeit" der Wettbewerbsschutzklauseln. Die Normen enthalten zwar teilweise neben dem Merkmal des „Wettbewerbs" zugleich die Vorgabe der Feststellung des Ausmaßes der Auswirkung der Steuerbefreiung auf die bestehenden oder möglichen Konkurrenten. Wie etwa durch die Bezeichnung „größeren Wettbewerbsverzerrungen" in § 2b UStG oder „in größerem Umfang in Wettbewerb tritt, als [...] unvermeidbar" nach § 65 Nr. 3 AO. Doch auch dabei handelt es sich nicht um die Vorgabe der technischen Analyse der tatsächlichen Auswirkung in Zahlen, sondern um eine wertende Beurteilung. Dies ergibt sich schon allein daraus, dass sich die Auswirkung der Steuerbefreiung oder -begünstigung wegen der unterschiedlichen Faktoren, die sich auf das Auswahlverhalten der Nachfrager auswirken können (Qualität, Eignung zur Bedarfsbefriedigung, Erreichbarkeit, usw.), isoliert überhaupt nicht feststellen lässt. Diese Beurteilung kann von den Finanzgerichten in gleicher Weise wie durch die Finanzverwaltung vorgenommen werden und bedarf keines besonderen technischen Verfahrens oder einer anspruchsvollen Analyse.[1078] Die Beurteilung der Auswirkungen der Entscheidung auf den Wettbewerb, nicht aber die Bestimmung des Wettbewerbsverhältnisses bedarf einer besonderen Fachkunde. Eine etwaige Kompetenz zum Erlass einer Verwaltungsvorschrift kann daher nicht über die Komplexität der gebotenen Beurteilung begründet werden. Ebenso wenig könnte eine typisierende

---

1077 Für das Planungs- und Regulierungsrecht vgl. nur *Fehling/Ruffert*, in: dies., Regulierungsrecht, 2010, § 23 Rn. 30; *Gärditz*, NJW-Beil. 2016, S. 41 (43 f.); grundsätzlich für die Behörden im Wettbewerbsrecht *ders.*, in: Kompendium Öffentliches Wirtschaftsrecht[4], 2016, § 4 Rn. 37, der „das BKartA, [...] als hoch spezialisierte Fachbehörde" bezeichnet; ähnlich *Chmeis*, NZKart 2016, S. 564 (566); *Budzinski/Eckert*, in: Politik und Wirtschaft, 2018, S. 375 (381 f.).

1078 Zu den Ergebnissen, dass es sich dabei nur um die Feststellung der Weitergabe des Steuervorteils über den Preis oder die Produktqualität handelt, beziehungsweise bei § 65 Nr. 3 AO anschließend eine Abwägung vorgenommen werden muss, vgl. Teil 1 A, III, 3 a) bb) und Teil 1 C, IV, 2.

Verwaltungsvorschrift zum Bestehen eines Wettbewerbsverhältnisses anerkannt werden, da die Feststellung der fehlenden Eignung von Wettbewerbsschutzklauseln für eine typisierende Betrachtungsweise[1079] auch bei einer Verwaltungsvorschrift fortbestehen. Daneben würde bei einer „Typisierung" durch den Schluss von einer Tätigkeit auf das Bestehen eines Wettbewerbsverhältnisses nicht der „Vorbehalt einer amtswegigen Wahrheitserforschung im (atypischen) Einzelfall" gewährleisten werden,[1080] sondern der Einzelfall nahezu komplett ausgeblendet.

Zu einer Anwendungsvereinfachung durch Verwaltungsvorschriften kann es daher nicht kommen. Schon wegen der fehlenden Bindungswirkung würde allenfalls eine Entlastung auf Ebene der Erstanwendung durch die Verwaltung bestehen, der aufgrund der drohenden Fehlerhaftigkeit der vereinfachten Anwendung zugleich die gesteigerte Wahrscheinlichkeit gerichtlicher Verfahren gegenüberstünde. Überdies käme es bei einer vereinfachenden Vorgabe durch eine Verwaltungsvorschrift ohnehin zum Konflikt mit den konkret individuell gefassten und damit einzelfallabhängigen gesetzlichen Vorgaben der Wettbewerbsschutzklauseln.

IV. Ergebnis: Fehlende Möglichkeit vereinfachender Gesetzesanwendung

Weder auf Seiten der materiellen Steuernorm noch bei der Beweiswürdigung im Gerichts- und Verwaltungsverfahren lässt sich eine vereinfachte Anwendung der Wettbewerbsschutzklauseln bei der Bestimmung eines Wettbewerbsverhältnisses begründen. Damit bleibt es dabei, dass in Bezug auf das Wettbewerbskriterium die Bestimmung eines Wettbewerbsverhältnisses vor dem Wortlaut und dem normübergreifenden Zweck der Wettbewerbsschutzklauseln an einem gesteigerten Anwendungsaufwand im Widerspruch zum Massenverfahren und der daraus resultierenden ressourcenbedingten Handlungslimitierung krankt. Mögliche Abhilfe könnte daher, als letztes Mittel, vor einer notwendigen grundlegenden Neuregelung der Wettbewerbsschutzklauseln, allenfalls eine Modifikation der Mitwirkungspflichten der potentiell Begünstigten schaffen, deren Tauglichkeit nachfolgend untersucht werden soll.

1079 Vgl. dazu Teil 2 B, I, 2 b).

1080 *Söhn*, in: Hübschmann/Hepp/Spitaler, AO/FGO, § 88 AO Rn. 185 (Stand 03.2010).

C. Folgerichtige Ausgestaltung zur Bewältigung des Praktikabilitätsproblems *de lege ferenda*

Für eine der ressourcenbedingten Handlungslimitierung im Massenverfahren taugliche Umsetzung der Wettbewerbsschutzklauseln kommt es daher auf die Möglichkeit einer zulässigen Neuerung der Regelungen oder der Mitwirkungspflichten der Steuerpflichtigen an.

I. Fortbestehender Widerspruch zum Massenverfahren

Für das in sämtlichen Schutzklauseln zu ermittelnde Kriterium des Wettbewerbsverhältnisses und das im Rahmen des § 65 Nr. 3 AO erforderliche Kriterium der Unvermeidbarkeit bleibt es demnach bei der Notwendigkeit einer umfassenden wertenden Betrachtung. Eine Verringerung des Anwendungsaufwandes lässt sich weder durch Auslegung noch im Zuge der Beweiswürdigung erreichen. Der Abwägungsvorgang lässt sich dabei auch nicht anders als durch eine abstrakt generelle Regelung durch den parlamentarischen Gesetzgeber vereinfachen. Vergleichbar zu den §§ 66 ff. AO ist daher jedenfalls der Konflikt zwischen den widerstreitenden Interessen der nicht begünstigten und (potentiell) beeinträchtigten Konkurrenten gegenüber dem Interesse an der Förderung der Gemeinnützigkeit abschließend durch den Gesetzgeber aufzulösen.[1081] Eine anderweitige Vereinfachung lässt sich nicht begründen.

Anders gestaltet es sich jedoch hinsichtlich des „Wettbewerbsverhältnisses". Der Feststellungsaufwand bei diesem Merkmal besteht darin, die Komplexität und Individualität des Wettbewerbs – als Zusammenfassung interaktiver Handlungen verschiedener Anbieter – zu ermitteln. Aus diesem Grund wird bereits alternativ über die Marktanalyse beurteilt, zwischen welchen Anbietern aufgrund der Austauschbarkeit aus Nachfragersicht oder deren möglichen Ausweichverhaltens ein Wettbewerbsdruck besteht.[1082] Über diese Kriterien lässt sich beurteilen auf welchem geografischen Gebiet die Handlung eines Anbieters überhaupt Einfluss auf die Handlung eines anderen Anbieters nimmt oder nehmen kann. Ohne die Ermittlung des räumlich relevanten Marktes lässt sich demnach überhaupt nicht beurteilen, ob zwei Anbieter in einem Wettbewerbsverhältnis zueinanderstehen. Eben diese Feststellung ist aber essentiell, um vor

---

1081 Kritisch demgegenüber *Droege*, Gemeinnützigkeit im offenen Steuerstaat, 2010, S. 252, wonach „[dem] Verlust an Flexibilität [...] ein trügerischer Gewinn an Rechtssicherheit gegenüber [stünde]".

1082 Vgl. bereits Teil 1 A, II, 1 b).

dem Gesetzeszweck ermitteln zu können, ob und auf welche Anbieter sich die Steuerbegünstigung überhaupt negativ auswirken kann.[1083] Im gleichen Umfang wie die Marktanalyse zur Ermittlung des räumlich relevanten Marktes damit eine präzise Beurteilung der bestehenden oder fehlenden Notwendigkeit der Aufhebung der Steuerbegünstigung zulässt, erhöht sie auch den Anwendungsaufwand bei der Umsetzung der Wettbewerbsschutzklauseln. Gerade die Feststellung, ob die Nachfrager Angebote als austauschbar ansehen oder diese auf eine hypothetische Preiserhöhung reagieren werden[1084], bedarf nicht nur die Erhebung des Preises, der Produktqualität und der Eignung zur Bedarfsbefriedigung, sondern zusätzlich der Daten, die eine Beurteilung des Nachfragerrückgangs zulassen. So müssten jedenfalls in komplexeren Fällen etwa Fragebögen an die direkten und indirekten Kunden gestellt und ausgewertet werden oder auf Marktforschungs- und Marketingstudien zurückgegriffen werden. Gleiches gilt jedoch bereits für die sichere Beurteilung der Austauschbarkeit aus Nachfragersicht.[1085] Dass die Umsetzung dessen einen enormen Zeitaufwand begründet und der Eignung im Massenverfahren widerspricht, ist offenkundig. Die Ermittlung des räumlich relevanten Marktes ist zwar durchaus berechtigt und sachgerecht, führt aber zugleich zum Anwendungsaufwand im Widerspruch zur ressourcenlimitierten Handlungsmöglichkeit im Massenverfahren.

Vor diesem Hintergrund stellt sich die Frage, ob nicht durch eine modifizierte Umsetzung der Wettbewerbsschutzklauseln Abhilfe geschaffen werden könnte.

II. Abhilfe durch eine Erweiterung der Mitwirkungspflichten

Mit Blick auf den neu eingeführten § 2b Abs. 2 Nr. 1 UStG könnte man zur Reduzierung des Anwendungsaufwandes eine Umsatzgrenze einführen, unterhalb derer ein Wettbewerbsverhältnis oder etwaige Negativauswirkungen durch die Steuerbefreiung nicht festgestellt werden müssten.[1086] Eine präzise Umsetzung würde dadurch aber gerade nicht erreicht, sondern vielmehr lediglich

---

1083 Zu den übereinstimmenden Schutzzwecken der Verhinderung von Negativauswirkungen auf nicht begünstigte Konkurrenten, vgl. Teil 1 A, I, 1; Teil 1 B, I und IV, 2 b) aa) (2); Teil 1 C, I, 2; Teil 1 D, III, 2.

1084 Zum Bedarfsmarktkonzept und dem sog. SSNIP-Test unter Teil 1 A, II, 1 b) bb) und c) cc).

1085 Vgl. die Nachweise unter Teil 1 A, II, 1 b) bb).

1086 Wobei sich gerade hinsichtlich § 2b UStG wegen der notwendigen richtlinienkonformen Ausgestaltung eine solche Konstruktion verbietet, vgl. das Ergebnis unter Teil 1 C, V, 1 a).

ein Teil der Fälle, in denen eine Anwendung gegebenenfalls sogar aus Sicht des Grundrechtsschutzes der nicht begünstigten Konkurrenten erforderlich werden könnte, aus der Betrachtung ausgeschlossen. Daneben werden gerade auch im Bereich der Umsatzsteuer Modelle diskutiert, die eine Ungleichbesteuerung aufgrund der Eigenschaften des Leistungserbringers entbehrlich machen.[1087] Zur Verringerung des Anwendungsaufwandes könnte aber auch eine Erweiterung der Mitwirkungspflicht um eine Ermittlungspflicht dienen. Durch die Auferlegung der Ermittlungs- und Mitteilungspflicht durch das Merkmal des Einzugsbereichs,[1088] das bereits teilweise durch den Bundesfinanzhof geforderten wird, könnte möglicherweise die aufwendige Bestimmung des räumlich relevanten Marktes entbehrlich werden. Der Einzugsbereich könnte dabei durch den Steuerpflichtigen unter (auch aus dessen Perspektive) überschaubarem Aufwand durch die Feststellung der Postleitzahlen der Nachfrager oder des Tätigkeitsbereiches ermittelt werden. Anhand dieser Daten könnte sodann ohne Weiteres der Einzugsbereich bestimmt werden. Die Erhebung der Postleitzahlen wird im Einzelhandel teilweise auch schon zu Marktforschungserhebungen für Werbezwecke oder der Beurteilung der Rentabilität von Expansionen durchgeführt.[1089] Auch bei dem eher geringen Zusatzaufwand stellt sich die Frage nach der Zulässigkeit einer solchen Erweiterung der Mitwirkungspflicht. Daneben muss aber auch die Eignung des Merkmals vom „Einzugsbereich" für die notwendige präzise Feststellung der von der Steuerbegünstigung betroffenen Anbieter ausgemacht werden.

1. *Vergleichbarkeit von Einzugsbereich und räumlich relevantem Markt*

Dazu ist erforderlich, dass der „Einzugsbereich" in gleicher Weise zur Umsetzung des Wettbewerbsgedankens geeignet ist wie der räumlich relevante Markt. Hinsichtlich der Vergleichbarkeit der beiden Kriterien fällt zunächst auf, dass der Einzugsbereich, anders als der räumlich relevante Markt, keine Rückschlüsse auf das Bestehen eines Wettbewerbsdrucks zwischen verschiedenen Anbietern

---

1087 Dazu ausführlich *Wiesch*, Die umsatzsteuerliche Behandlung der öffentlichen Hand, 2016, S. 354 ff. insb. auch S. 470 ff.

1088 Zu § 65 Nr. 3 AO ausdrücklich BFH v. 30.03.2000 – V R 30/99, BStBl II 2000, 705, Rn. 41; v. 19.02.2004 – V R 39/02, BStBl II 2004, 672, Rn. 38; v. 18.08.2011 – V R 64/09, HFR 2012, 784, Rn. 33.

1089 Einsehbar unter www.focus.de/finanzen/news/neugierige-haendler.warum-sie-nach-postleitzahl-und-co-gefragt-werden_id_4382424.html (zuletzt: 29.09.2018).

zulässt.[1090] Tatsächlich wird der Wettbewerbsdruck bei diesem überhaupt nicht abgezeichnet, sondern kann allenfalls bei der anschließenden Ermittlung vergleichbarer Angebote vermutet werden. Zwar wird bei den steuerrechtlichen Wettbewerbsschutzklauseln nicht die Feststellung von Marktmacht, auf die das Bestehen von Wettbewerbsdruck direkte Schlüsse zulässt,[1091] sondern vielmehr der Konkurrentenschutz bezweckt. Dennoch kann anhand des Bestehens von Wettbewerbsdruck gleichfalls die Erkenntnis gewonnen werden, dass sich die Handlungen einzelner Anbieter und damit auch die Verwendung der Steuerbegünstigung auf den Absatz anderer Anbieter auswirken. Durch die Mitteilung des Einzugsbereichs wird damit zwar die Ermittlung bestehender Konkurrenten auf eine räumlich begrenzte Recherchearbeit beschränkt, zusätzlich bedarf es jedoch auch der Feststellung, dass dadurch zugleich eine hinreichend präzise Beurteilung, wie nach der Ermittlung des räumlich relevanten Marktes, erfolgt.

a) Keine hinreichende Vergleichbarkeit

Anhand der Beurteilung nach dem Bedarfsmarktkonzept – ob die Nachfrager die angebotenen Leistungen aufgrund der Entfernung tatsächlich als austauschbar betrachten –[1092] kann präzise bestimmt werden, ob die Handlung eines Anbieters zugleich über den Wettbewerbsmechanismus eine Auswirkung auf die Absatzbemühung eines anderen Anbieters hat. Es lässt sich beurteilen, ob sich die Handlungen der Anbieter im Zuge ihrer Absatzbemühungen wechselseitig beeinflussen. Bezogen auf die steuerrechtlichen Wettbewerbsschutzklauseln lässt dieser Umstand zugleich den Schluss zu, dass den Anbietern, die neben einem steuerbegünstigten Angebot agieren, durch die Steuerbegünstigung ihrer Konkurrenten potentielle Nachfrager vorenthalten werden oder gar Nachfrager verloren gingen. Jedenfalls lässt sich aber feststellen, ob eine Auswirkung zu ihren Lasten ergeht. Selbiges gilt für die Marktbestimmung unter Anwendung des SSNIP-Tests.[1093] Bei der Erkenntnis, dass eben solche Produkte, die ein Ausweichen ermöglichen, vorliegen, ist zugleich davon auszugehen, dass deren

---

1090 Vergleichbar wird das Absatzgebiet nicht mit der Ermittlung des räumlich relevanten Marktes gleichgesetzt, vgl. *Füller*, in: MünchKomm EUWettbewerbsrecht[2], 2015, Einl. Rn. 1075.

1091 Vgl. die Nachweise zum Ziel des Kartellrechts, Marktmacht zu ermitteln, in Teil 1 A, II, 1 b) aa).

1092 Dazu ausführlich unter Teil 1 A, II, 1 b) bb) (2).

1093 Wonach der relevante Markt bei einer preiselastischen Reaktion der Nachfrager auf die hypothetische Preissteigerung um die Produkte erweitert wird, die das Ausweichverhalten der Nachfrager ermöglichen, vgl. die Nachweise unter Teil 1 A, II, 1 b).

Anbieter aufgrund der steuerbegünstigten Konkurrenz Nachfrager verloren haben oder zumindest nicht gewinnen werden. Mit der Ermittlung des räumlich relevanten Marktes ist damit zugleich die Bestimmung etwaiger potentiell beeinträchtigter Konkurrenten sichergestellt.

Dagegen ist die Entdeckung (potentiell schützenswerter) bestehender Konkurrenten, der Ermittlung des Einzugsbereichs nachfolgend, durch die Bestimmung vergleichbarer Angebote anderer Anbieter auf dem ermittelten geografischen Gebiet nicht in gleicher Weise gewährleistet. Die Problematik der alleinigen Heranziehung des Einzugsbereichs wird am ehesten bei einer hypothetischen Betrachtung deutlich. Stellt man sich vereinfachend vor, dass sich zwischen den Städten A und C die Stadt B befindet und nur in den Städten A und C jeweils ein Anbieter für ein bestimmtes Produkt wirbt, kommt es zu folgender Problematik: Unter dem Ideal der identischen Produktqualität und Preise wäre zu erwarten, dass die Nachfrager aus der Stadt B denjenigen Anbieter aus den Städten A und C auswählen, der zu ihnen die geringere Distanz aufweist. Die Stadt B würde demnach räumlich in der Mitte (im Ideal) getrennt auf die Anbieter verteilt werden. Zieht man nun zur Beurteilung des räumlich relevanten Marktes das Bedarfsmarktkonzept heran, ist damit zu rechnen, dass jedenfalls die Nachfrager aus der Stadt B die Angebote auch vor der räumlichen Distanz als austauschbar ansehen werden. Und auch nach dem SSNIP-Test ist bei einer Preiserhöhung um 5-10% durch den Anbieter der Stadt A anzunehmen, dass jedenfalls die Nachfrager aus der Stadt B auf das Angebot des Anbieters aus der Stadt C ausweichen werden. Die Anbieter stehen damit zweifelsfrei in einem Wettbewerbsverhältnis zueinander, das auch zu einem wechselseitigen Wettbewerbsdruck bei der Preisbildung und Innovationssteigerung führt.[1094] Betrachtet man dagegen ausschließlich die jeweiligen Einzugsbereiche der Anbieter aus A und C, so fällt auf, dass weder A noch C im Einzugsbereich des jeweils anderen angesiedelt sind. Die Einzugsbereiche müssen sich nämlich nicht zwingend überschneiden. Denkt man nun den Umstand hinzu, dass exemplarisch der Anbieter der Stadt C eine Steuerbegünstigung erhält, die dieser über den Preis an den Markt weitergibt, ist wie gezeigt damit zu rechnen, dass jedenfalls die Nachfrager aus der Stadt B nicht vor der räumlichen Distanz zurückschrecken werden

1094 Vgl. zur wünschenswerten Folge der wettbewerbsbedingten Ausrichtung an den Bedürfnissen der Nachfrager mit der Folge der Wohlfahrtssteigerung durch die Allokations- und Innovationseffizienz begründenden Wirkung des Wettbewerbs die ausführlichen Nachweise zur Annahme des Wettbewerbsmechanismus unter Teil 1 A, II, 1 b) aa).

und ihren Bedarf ausschließlich bei diesem decken werden. Der Einzugsbereich des Anbieters aus der Stadt C erfasst damit das Gebiet der Städte B und C, während der Einzugsbereich des Anbieters aus der Stadt A allein das Gebiet der Stadt A erfasst. Die Betrachtung des Einzugsbereichs würde nun dazu führen, dass der Anbieter aus A erneut nicht als Konkurrent des Anbieters aus C entdeckt würde und das, obwohl der Anbieter aus C aufgrund der Steuerbegünstigung tatsächlich sogar potentielle oder gar ehemalige Nachfrager des Anbieters aus A versorgen würde. In diesem Fall würde sich die Steuerbegünstigung aber unmittelbar zu Lasten der Absatzbemühung des Anbieters aus A auswirken, während dieser nicht als schützenswert entdeckt werden könnte. Die alleinige Betrachtung des Einzugsbereichs würde damit in einem Teil der Fälle dazu führen, dass der Zweck der Schutzklauseln nicht umgesetzt werden könnte.

Das Verhältnis zwischen dem räumlich relevanten Markt und dem Einzugsbereich kann sich teilweise gerade auch als entgegengesetzt darstellen. Mit Blick auf das Bedarfsmarktkonzept und den SSNIP-Test kann grundsätzlich die Regel aufgestellt werden, dass mit einer Anhebung des Preises der räumlich relevante Markt zunimmt. Durch den so bedingten (hypothetischen) Nachfragerabgang beim preissteigernden Anbieter nimmt zugleich aber auch die Wahrscheinlichkeit zu, dass dessen Einzugsbereich kleiner wird. Wirkt sich die Steuerbegünstigung dagegen durch die Weitergabe an den Markt auf den Preis oder die Produktqualität aus, steigt die Wahrscheinlichkeit der Vergrößerung des Einzugsbereichs, wodurch die Abweichung gegenüber dem räumlich relevanten Markt abnimmt. Eine Übereinstimmung von räumlich relevantem Markt und Einzugsbereich ist allerdings auch in diesem Fall nicht gewährleistet.

Die isolierte Betrachtung des Einzugsbereichs vermag die Analyse des räumlich relevanten Marktes daher nicht zu ersetzen.

b) Mögliche Modifikation des Einzugsbereichs

Wegen der Unzulänglichkeit der alleinigen Betrachtung des Einzugsbereichs, für die Bestimmung bestehender Konkurrenten, bedarf es der Modifikation, um dennoch auf dieses (mit einem erheblich geringeren Aufwand und weniger subjektiv zu ermittelnde) Merkmal zurückgreifen zu können. Um die erreichte Vereinfachung nicht wieder aufzuopfern muss die Modifikation vergleichbar einfach zu handhaben sein wie die Bestimmung des Einzugsbereichs.

Für den Fall, dass bereits kein Konkurrent im Einzugsbereich ausgemacht werden kann, wäre es wenig sinnvoll schließlich doch auf das Bedarfsmarktkonzept oder den SSNIP-Test zurückzugreifen. Mit Blick auf den Anwendungsaufwand könnte es dagegen sachgerecht sein, den Einzugsbereich, genauer den

Radius dessen, zu verdoppeln. Zur Begründung dieser Vorgehensweise kann wieder das oben angeführte Gedankenspiel herangezogen werden.

Stellt man erneut auf die Situation ab, dass die Nachfrager zwischen den Anbietern der Stadt A und der Stadt C wählen können und legt der Überlegung dabei zugrunde, dass die Distanz des Nachfragers „N“ zum Anbieter der Stadt A (im Folgenden A) 100 km und die Distanz zum Anbieter der Stadt C (im Folgenden C) 50 km beträgt, ergäbe sich folgende Betrachtung. Der Einzugsbereich des A beträgt demnach 100 km, wobei C selbst nicht in diesem Bereich angesiedelt ist (sondern weitere 50 Km entfernt ist) und daher nicht als Konkurrent erkannt werden würde. Bei einer Verdopplung des Einzugsbereichs auf 200 km wäre C hingegen auf dem modifizierten Einzugsbereich als Konkurrent erkennbar. Diese Konstellation wäre daher unproblematisch und die Entdeckung des C als Konkurrent, im Rahmen einer Recherche hinsichtlich der Vergleichbarkeit des Angebots, sichergestellt. Etwas anderes könnte sich jedoch dann ergeben, wenn umgekehrt die Distanz des N zum steuerbegünstigten A lediglich 50 km und zum nicht begünstigten C 100 km betragen würde. Bei einer Verdopplung des Einzugsbereichs des A auf 100 km läge C immer noch nicht im modifizierten Einzugsbereich des A (die Distanz zwischen A und C beträgt schließlich 150 km) und wäre daher nicht als Konkurrent des A erkennbar. Dabei ist jedoch zu berücksichtigen, dass bereits die Logik dafür streitet, dass der Nachfrager für ein begünstigtes Angebot ohnehin allenfalls eine größere als eine geringere Distanz auf sich nehmen würde. Legt man bei der Betrachtung daher für den Einzugsbereich die am weitesten entfernten Nachfrager zugrunde, ohne dass es sich dabei lediglich um Ausreißer handelt – sonst könnten etwa Urlauber o.ä. diese Betrachtung verfälschen –, kann die Gefahr ausgeschlossen werden, dass ein Konkurrent deshalb nicht erkannt werden kann, weil die Nachfrager zufälligerweise zusätzlich eine geringere Distanz zum vergünstigten Angebot aufweisen. Auch für den Fall, dass A die Steuerbegünstigung nicht an den Markt weitergeben würde, ist nicht damit zu rechnen, dass die Nachfrager in diesem Fall ihren Bedarf bei C gedeckt hätten, da zu A nach wie vor eine geringere räumliche Distanz besteht. Andernfalls hätte C bei der Verdopplung des Einzugsbereichs und damit der Verdopplung der Distanz von N zu A, erkannt werden müssen. Dieses Ergebnis wäre daher auch vor dem Normzweck nicht zu beanstanden, da es schließlich nicht darum geht, dass A nicht „auf dem Markt“ tätig werden soll, sondern allein die Beeinträchtigung nicht begünstigter Anbieter durch die Steuerbefreiung verhindert werden soll.[1095] Eine begünstigungsbedingte

1095 Vgl. erneut die normübergreifenden Erkenntnisse unter Teil 1 A, I, 1; Teil 1 B, IV, 2

Abwanderung oder Vorenthaltung von Nachfragern ist im genannten Fall nämlich gerade nicht gegeben.

Offen bleibt dagegen die Frage, wie die Möglichkeit zu berücksichtigen ist, dass A ohne die Vergünstigung einen gegenüber C höheren Preis fordern müsste, der dazu führen würde, dass N die räumlich größere Distanz von 100 km zu C auf sich nehmen würde. In diesem Fall bliebe der durch die Begünstigung des A in seinen Absatzbemühungen beeinträchtigte C auch bei einer Verdopplung des Einzugsbereichs unentdeckt. Gerade mit Blick auf Umsatzsteuerbefreiungen oder -begünstigungen kann sich allein aus diesen ein Preisunterschied von 19 oder 12 % bei ansonsten gleichem Nettopreis ergeben. Ein solcher Preisunterschied ist zweifelsfrei dazu geeignet, einen an sich erhöhten Preis, der einen Nachfragerrückgang zu weiter entfernten Anbietern begründen würde, zu verhindern. Problematisch ist dabei nicht schon die Verhinderung des Nachfragerabgangs – die gleichzeitig eine Beeinträchtigung des nicht begünstigten Konkurrenten darstellt –, sondern dass der Konkurrent als solcher auch über den modifizierten Einzugsbereich bereits überhaupt nicht entdeckt werden könnte. Die Betrachtung enthält allerdings insofern einen Logikbruch, als dass nicht zu erwarten ist, dass die Nachfrager bei einem vergünstigten Angebot des A, von ca. 5-10%, lediglich 50 km zurücklegen würden, dann aber im Falle der Versagung der Begünstigung bei einem damit um 2-9% teureren Angebot gegenüber C eine Distanz von 100 km in Kauf nehmen. Realistischer Weise muss eher davon ausgegangen werden, dass der Einzugsbereich des A tatsächlich größer wäre. Sofern keine geografische Besonderheit eine Ausnahme begründet, kann davon ausgegangen werden, dass der Einzugsbereich des vergünstigten Angebots diejenige Distanz beträgt, die die Nachfrager für ein bis zu 19 % günstigeres Angebot auf sich nehmen werden. Im Falle der Aufhebung der Steuerbegünstigung würden diese daher allenfalls die gleiche Distanz zu von vornherein nicht begünstigten Konkurrenten auf sich nehmen. Diese wären durch den modifizierten Einzugsbereich aber bereits erfasst. Die grundsätzliche Möglichkeit der genannten Ausnahme ist aufgrund der Tatsache, dass das Bedarfsmarktkonzept ohne empirische Erhebungen zur Nachfragergewohnheit[1096] und der SSNIP-Test ohnehin keine absolute Gewissheit hinsichtlich des räumlich relevanten Marktes liefern können,[1097] hinzunehmen. Aufgrund der überaus geringen Wahrscheinlichkeit, eine deutlich unterschiedliche Distanz trotz vergleichbarer Preisunterschiede in

b) aa) (2); Teil 1 C, I, 2 sowie Teil 1 D, III, 2.

1096 Vgl. bereits Teil 1 A, II, 1 b) bb) (2).

1097 Vgl. dazu bereits die Kritik unter Teil 1 A, II, 1 c) cc) (2).

Kauf zu nehmen, handelt es sich dabei äußerstenfalls um absolute Ausnahmen. Ein Anwendungsmodell, das jegliche Ausnahmen abdeckt, scheint undenkbar. Der modifizierte Einzugsbereich liefert dagegen grundsätzlich sachgerechte Ergebnisse.

Abgesehen von der hypothetisch möglichen, tatsächlich aber eher unwahrscheinlichen beschriebenen Ausnahmesituation ist der modifizierte Einzugsbereich ein geeignetes Mittel, um den räumlich relevanten Markt bei der Anwendung von Wettbewerbsschutzklauseln zu ersetzen. Dieser ist dazu geeignet, die aufwendige Marktanalyse mit dem Wettbewerbsgedanken vereinbar auf eine reine Recherchearbeit zu verringern.

2. *Zulässigkeit der Erweiterung der Mitwirkungspflicht*

Hinsichtlich der Zulässigkeit der Erweiterung der Mitwirkungspflicht um eine Ermittlungs- und Erklärungspflicht – durch die Bestimmung des Einzugsbereichs mittels Ermittlung der Postleitzahlen der Nachfrager oder des Tätigkeitsbereichs – bestehen mit Blick auf den Grundrechtsschutz keine Bedenken. Die Ermittlungs- und Erklärungspflichten könnten zwar dann wegen des Bestehens eines inneren Zusammenhangs zum Beruf[1098] als ein mittelbarer Eingriff in die Berufsausübungsfreiheit nach Art. 12 Abs. 1 GG angesehen werden, wenn entgegen dem Bundesverfassungsgericht das Erfordernis einer objektiv berufsregelnden Tendenz[1099] abgelehnt würde.[1100] Der bestehende Eingriff wäre jedoch aufgrund der Notwendigkeit der Sicherstellung des gesetz- und gleichmäßigen Steuervollzugs[1101] als gerechtfertigt anzusehen. Dies gilt umso mehr wegen der

---

1098 Dies reicht auch dem BVerfG v. 29.11.1967 – 1 BvR 175/66, BVerfGE 22, 380, Rn. 10; v. 26.05.1981 – 1 BvL 56/78, BVerfGE 57, 139, Rn. 69; v. 05.11.2014 – 1 BvF 3/11, BVerfGE 137, 350, Rn. 69, als Anknüpfungspunkt aus.

1099 St. Rspr. vgl. nur BVerfG v. 30.10.1961 – 1 BvR 833/59, BVerfGE 13, 181, Rn. 23; v. 05.11.2014 – 1 BvF 3/11, BVerfGE 137, 350, Rn. 69.

1100 So auch die überwiegende Ansicht in der Literatur: *Seer*, DStJG 23 (2000), S. 87 (93 f.); ebenso *Manssen,* in: Mangoldt/Klein/Starck, GG[7], 2018, Art. 12 Rn. 75, wonach „kein Grund ersichtlich [ist], sich bei der Dogmatik des Art. 12 Abs. 1 GG von den Erkenntnissen der allgemeinen Grundrechtsdogmatik abzukoppeln“; *Scholz*, in: Maunz/Dürig, GG, Art. 12 Rn. 301 f. (06.2006); *Papier*, Der Staat (1972), S. 483 (493 ff.); wenn auch nicht ausdrücklich wohl auch *Eckhoff*, Der Grundrechtseingriff, 1992, S. 236 ff.; bezogen auf Steuern *Weber/Crezelius*, in GS Klein, 1977, S. 542 (550); mit der Annahme einer objektiv berufsregelnden Tendenz von Steuern *Jachmann*, StuW 1996, S. 97 (101).

1101 Grundsätzlich zur Gesetz- und Gleichmäßigkeit der Besteuerung *Seer*, Verständigungen in Steuerverfahren, 1996, S. 295 ff.; *ders.*, DStJG 31 (2008) S. 7 (9 ff.); *Wernsmann*,

Erkenntnis, dass solche Maßnahmen zum Teil ohnehin schon bei der Verfolgung eigener Zwecke praktiziert werden.[1102] Es handelt sich lediglich um einen geringen Mehraufwand, der aber zugleich die Anwendung der Wettbewerbsschutzklauseln durch den Rechtsanwender erheblich vereinfacht, den Zeitaufwand deutlich verringert und die Bestimmung des Wettbewerbsverhältnisses zumindest hinsichtlich des räumlich relevanten Marktes entsubjektiviert. Auf diese Weise wird auch für den Steuerpflichtigen das Ergebnis der Wettbewerbsprüfung ein Stück weit vorhersehbarer, da es hinsichtlich des Wettbewerbsverhältnisses nur noch auf die Einschätzung der verschiedenen Angebote als austauschbar ankommt.

3. Notwendigkeit der Versubjektivierung des sachlich relevanten Marktes

Die Heranziehung des modifizierten Einzugsbereichs führt allerdings nur dann zu einer Entlastung bei der Anwendung der Wettbewerbsschutzklauseln, wenn auch die Ermittlung des sachlich relevanten Marktes nicht mehr von den tatsächlichen Bedürfnissen und Verhaltensweisen der Nachfrager abhängig gemacht wird. Andernfalls wäre eine Vereinfachung der Bestimmung des räumlich relevanten Marktes widersinnig, da dieser zugleich im Zuge der Befragung zum sachlich relevanten Markt ermittelt werden könnte.[1103] Anstelle der Bestimmung der Austauschbarkeit aus Nachfragersicht oder deren hypothetischen Ausweichverhaltens auf Grundlage der Auswertung empirischer Daten[1104] müssten diese Umstände ausschließlich und vollständig durch den Rechtsanwender beurteilt werden.

a) Beurteilung der Austauschbarkeit durch den Rechtsanwender

Im Rahmen der Beweiswürdigung durch den Finanzbeamten und den Richter[1105] müsste die notwendige Überzeugung der Bestimmung des relevanten Marktes allein anhand der Grundkriterien des Preises, der Qualität sowie objektiven

---

in: Hübschmann/Hepp/Spitaler, AO/FGO, § 3 AO Rn. 203 ff. (Stand 11.2016); *Birk*, StuW 1989, S. 212 (213).

1102 Vgl. bereits unter Teil 2 C, II.

1103 Zur steigenden Präzision des Ergebnisses im Verhältnis zum zunehmenden Umfang der zugrunde liegenden empirischen Daten Teil 1 A, II, 1 b) aa).

1104 Vgl. die Nachweise dazu unter Teil 1 A, II, 1 b) aa) und bb).

1105 Siehe dazu nur *Seer*, in: Tipke/Kruse, AO/FGO, § 88 AO Rn. 35 (Stand 01.2017); *ders.*, in: Tipke/Kruse, AO/FGO, § 96 FGO Rn. 16 ff. (Stand 08.2018).

Eigenschaften der Produkte, die im Zusammenhang mit deren Verwendungszweck auf die Entscheidung der Nachfrager Einfluss haben könnten,[1106] gewonnen werden. Die herangezogenen kartellrechtlichen Methoden zur Analyse des sachlich relevanten Markes würden ausschließlich als gedankliches Experiment angewendet werden.[1107] Ähnlich zum Vorgehen des Bundesgerichtshofs[1108] im Rahmen der Fusionskontrolle wäre wegen der zeitlichen Handlungslimitierung auf repräsentative Umfragen und sonstige empirische Verfahren zu verzichten. Durch die Abgrenzung sachlicher Märkte, allein aus Sicht des Rechtsanwenders, wird die Anwendung der Wettbewerbsschutzklausel zugleich aber auch streitbarer und deren Ergebnis nahezu unvorhersehbar für den Steuerpflichtigen. Die verstärkt subjektivierte Entscheidung würde jedoch dadurch begrenzt werden, dass der modifizierte Einzugsbereich zu einer Orientierung an den konkreten Verhältnissen zwingt. Die Anwendung wäre allein auf die Frage begrenzt, ob das in Rede stehende Angebot durch Angebote nicht begünstigter Anbieter ausgetauscht werden könnte. Dabei wären bei der Bestimmung eines tatsächlichen

1106 So können Besonderheiten der betrachteten Angebote zur Annahme getrennter Märkte führen. So wurden im Kartellrecht etwa exemplarisch getrennte sachliche Märkte für Nass- und Trockenrasurprodukte angenommen, vgl. BKartA v. 23.07.1992 – B 5-387100-U-42/90, AG 1992, 363, Rn. 95. Wie dieses Beispiel veranschaulicht, kann nicht allein auf den Verwendungszweck oder die „objektive Eignung“ des Produkts für die vorgesehene Verwendung abgestellt werden, sondern auch die Umstände oder Besonderheiten der verschiedenen Angebote eine Austauschbarkeit entfallen lassen. Vgl. dazu auch die Beispiele für die Annahme getrennter sachlicher Märkte, trotz objektiv gleicher oder ähnlicher Eignung zur Bedürfnisbefriedigung bei *Emmerich*, in: Immenga/Mestmäcker, EU-Wettbewerbsrecht Bd. 1[5], 2012, Art. 101 I AEUV Rn. 162; *Fuchs/Möschel*, in: Immenga/Mestmäcker, EU-Wettbewerbsrecht Bd. 2[5], 2014, § 18 GWB Rn. 33; *Kühnen*, in: Loewenheim/Meessen/Riesenkampff/u.a., Kartellrecht[4], 2020, § 18 GWB Rn. 36. Solche Besonderheiten, die die Austauschbarkeit trotz ähnlicher Beschaffenheit oder Eignung entfallen lassen, können gerade bei Leistungen von gemeinnützigen Körperschaften oder der öffentlichen Hand vorliegen.

1107 Zwar bezeichnet auch die Kommission selbst den SSNIP-Test als „gedankliches Experiment“, verlangt aber dennoch die Heranziehung von empirischen Daten, auch wenn sie zu deren Erhebung verschiedentliche Verfahren zulässt, auch die Kommission greift dahingehend sämtliche zur Verfügung stehenden empirischen Verfahren, Bekanntmachung der Komm. über die Definition des relevanten Marktes, ABl.EG 1997 C 372, 5, Rn. 15, S. 1 und Rn. 31 ff.

1108 BGH v. 02.02.2010 – KVZ 16/09, WuW/E DE-R 2879, Rn. 42; mit Bezug auf diese Entscheidung mahnend *Steinvorth*, in: Wiedemann, Kartellrecht[4], 2020, § 20 Rn. 23.

Wettbewerbsverhältnisses nur die Angebote als potentiell vergleichbar zu würdigen, die auf dem modifizierten Einzugsbereich bestehen. Eine unzulässige pauschale oder abstrakte Bestimmung des Wettbewerbsverhältnisses wird dadurch zugleich unmöglich gemacht. Es müsste in jedem Fall begründet werden, wieso die ermittelten (recherchierten) potentiell vergleichbaren Angebote als dem sachlichen Markt zugehörig oder nicht zugehörig angesehen werden.

b) Potentieller Wettbewerb

Im Falle des fehlenden Vorliegens substituierbarer Leistungen und Angebote müsste sodann auch ein potentielles Wettbewerbsverhältnis auf dem räumlichen Gebiet des modifizierten Einzugsbereichs beurteilt werden. Zwar ist zur Bestimmung eines potentiellen Wettbewerbsverhältnisses, als Feststellung der tatsächlichen Möglichkeit des Marktzutritts durch eine nicht begünstigten Unternehmer, die Beurteilung vorzunehmen, ob hinsichtlich des Rechtsrahmens, der Kosten eines Markteintritts, der nötigen Mindestgröße für den Markteintritt, die vermutlichen Reaktionen der Konkurrenten und der Marktgegenseite, der Perspektiven der Branche sowie der bisherigen Entwicklung des Marktes ein Marktzutritt für den nicht begünstigten Unternehmer rentabel wäre.[1109] Allerdings ließen sich der Rechtsrahmen und mit Blick auf die Umsätze des ohnehin steuerbegünstigten Betriebs auch die Rentabilität zumindest an diesem orientiert bestimmen.[1110] Damit bliebe die subjektive Beurteilung durch den Rechtsanwender, die zugleich auch durch Tatsachen fundiert werden würde, bestehen. Dennoch bestünde durch die Entlastung von der Festlegung des relevanten Marktes eine erhebliche Anwendungserleichterung gegenüber der derzeit erforderlichen Umsetzung.

1109 Vgl. dazu bereits Teil 1 A, II, 2 c) bb).

1110 Vgl. für die Bestimmung der Rentabilität orientiert an den Umsätzen des begünstigten Geschäftsbetriebs FG Bremen v. 12.11.2008 – 2 K 28/08, EFG 2010, 527, Rn. 65, wo für das Fehlen von steuerpflichtigen Betreibern im Einzugsbereich des wirtschaftlichen Geschäftsbetriebs auf das Verhältnis zwischen den jährlichen betrieblichen Verlusten, mit und ohne die Berücksichtigung von Kapitalkosten, und dem Mehrerlös aus dem durch die Steuerbegünstigung bedingten Preisvorteil abgestellt wurde. Daraus konnte auf eine fehlende Gewinnerzielungsmöglichkeit und somit auch auf die überwiegende Wahrscheinlichkeit gegen den Marktzutritt durch einen privaten Anbieter geschlossen werden.

c) *Umkehr der Herangehensweise bei der Marktbestimmung*

Durch die Bestimmung des relevanten Marktes, ausgehend vom modifizierten Einzugsbereich, kommt es zugleich zu einer Umkehr der Herangehensweise. Während die Abgrenzung des räumlich relevanten Marktes im Wettbewerbsrecht der Abgrenzung des sachlich relevanten Marktes nachfolgt,[1111] wird vorliegend umgekehrt zunächst das Gebiet ermittelt, auf dem überhaupt eine begünstigungsbedingte Negativauswirkung auf nicht begünstigte (mögliche) Konkurrenten bestehen könnte. Die Vorgehensweise im Wettbewerbsrecht liegt wohl darin begründet, dass das räumliche Ausweichverhalten der Nachfrager nur dann sachgerecht beurteilt werden kann, wenn die möglichen alternativen Angebote und Substitute bekannt sind. Die räumliche Marktabgrenzung wird vorliegend aber gerade durch den modifizierten Einzugsbereich ersetzt. Der Ermittlung der Distanz, die die Nachfrager zu erwartender Weise zur Bedarfsbefriedigung in Kauf nehmen, bedarf es daher nicht mehr. Die sachgerechte räumliche Abgrenzung hängt damit nicht mehr von möglichen Substituten ab. Es bedarf ausschließlich der Feststellung, ob auf dem Gebiet des modifizierten Einzugsbereichs Substitute durch nicht begünstigte Anbieter angeboten werden. Wegen der alternativen Bestimmung des räumlich relevanten Gebietes ist die Umkehr der Betrachtungsweise jedoch unschädlich. Eine fehlerhafte Annahme des räumlich relevanten Gebietes wegen der Verkennung substituierbarer Angebote ist nicht zu befürchten.

d) *Bedenken: Fortbestehende Streitanfälligkeit der Wettbewerbsprüfung*

Durch die Berücksichtigung des modifizierten Einzugsbereichs wird zwar der zeitliche Aufwand bei der Wettbewerbsprüfung erheblich reduziert. Wegen der zugleich notwendigen Versubjektivierung der Bestimmung der Substituierbarkeit und damit des sachlich relevanten Marktes bleibt es jedoch bei der Streitanfälligkeit der Wettbewerbsprüfung. Je nachdem, wie die maßgeblichen Faktoren gewichtet werden, kann eine Austauschbarkeit erwogen oder auch verneint werden. Allerdings muss dahingehend nicht davon ausgegangen werden, dass es zu einer Zunahme der Streitanfälligkeit kommt. Zum einen ist die Zahl der Entscheidungen – sofern überhaupt auf vergleichbare Feststellungen zum sachlich und räumlich relevanten Markt abgestellt wurde –, in denen nicht die Distanz des

---

1111 So *Füller*, in: MünchKomm EUWettbewerbsrecht^{2}, 2015, Einl. Rn. 1682, wonach „Jede räumliche Marktabgrenzung [...] eine sachliche Marktabgrenzung voraus[setzt], da das jeweilige Absatzgebiet sinnvoll nur für die sachlich austauschbaren Güter und Dienstleistungen ermittelt werden kann".

räumlichen Marktes,[1112] sondern die Austauschbarkeit tatsächlich angezweifelt wurde,[1113] verhältnismäßig gering.[1114] Und zum anderen wird die Austauschbarkeit, sofern diese überhaupt als entscheidungserheblich erkannt wird, derzeit ohnehin subjektiv durch die Rechtsanwender beurteilt. Es käme durch die Versubjektivierung daher nicht zu einer Abkehr von einer sachgerechten Praxis, sondern nur von der möglichst präzisen Bestimmung durch die Einbeziehung der tatsächlichen Reaktionen und Verhaltensweisen der Nachfrager, als Ideal der kartellrechtlichen Methodik. Zugleich würden auch die gesetzlichen Vorgaben nicht durch eine Verkürzung oder unzulässige Erweiterung des Wettbewerbserfordernisses fehlerhaft umgesetzt. Zu Gunsten der Steigerung der Praktikabilität, ohne vollständige Abkehr von der möglichst präzisen Bestimmung, müsste diese Einschränkung daher als Konsequenz der ressourcenbedingten Handlungslimitierung der Finanzverwaltung hingenommen werden. Das Ideal der Wettbewerbsprüfung würde zwar nicht erreicht aber, eine dennoch deutlich präzisere Umsetzung als durch die derzeitige Vorgehensweise ermöglicht werden.

III. Ergebnis: Modifizierter Einzugsbereich als Lösung der fehlenden Praktikabilität

Durch die Heranziehung des modifizierten Einzugsbereichs wird die Anwendung der Wettbewerbsschutzklauseln erheblich vereinfacht, auch wenn dadurch der erforderliche Aufwand nicht völlig reduziert werden kann. Anstelle der räumlichen Marktanalyse über das Bedarfsmarktkonzept oder den SSNIP-Test, zu denen jeweils Daten erhoben oder herangezogen werden müssen, anhand derer sich das Nachfragerverhalten bestimmen lässt,[1115] müsste fortan nur noch eine reine Recherchearbeit erfolgen. Dadurch bedürfte es zwar lediglich der Beurteilung, ob auf dem vom Steuerpflichtigen mitgeteilten Gebiet ein Anbieter

---

1112 Vgl. dazu BFH v. 18.08.2011 - V R 64/09, HFR 2012, S. 784, Rn. 33 f.; v. 29.10.2008 - I R 51/07, BStBl II 2009, 1022, Rn. 15; v. 16.10.2013 - XI R 34/11, BFH/NV 2014, 460, Rn. 62.

1113 Vgl. dazu etwa BFH v. 27.02.2003 - V R 78/01, BStBl II 2004, 431.

1114 Dies dürfte aber auch darauf zurückzuführen sein, dass die Rechtsprechung oftmals ohne weitere Prüfung eines tatsächlichen Wettbewerbsverhältnisses (unsachgerecht) auf ein potentielles Wettbewerbsverhältnis als Vereinfachungsregel zurückgreift, oder ohnehin abstrakt prüft, wodurch sich die Beurteilung der Substituierbarkeit erübrigt. Vgl. die Ergebnisse unter Teil 1 A, II, 2 a) cc); Teil 1 B, III, 3; Teil 1 C, II, 1 a); Teil 1 D, III, 1 a).

1115 Vgl. die Nachweise unter Teil 1 A, II, 1 b) bb).

tätig wird, dessen Leistungen bezüglich des Preises, der Qualität und der Eignung zur Bedarfsbefriedigung aus Nachfragersicht als substituierbar angesehen werden können. Um die gewonnene Vereinfachung nicht wieder aufzuheben müsste dabei jedoch auf einen Durchschnittsverbraucher (als fiktive Person) aus Sicht des Rechtsanwenders abgestellt werden. Die hinsichtlich der Feststellung des räumlich relevanten Marktes gewonnene Vereinfachung und Entsubjektivierung bedarf daher zugleich der Versubjektivierung der Ermittlung des sachlich relevanten Marktes.

IV. Konsequenz: Steigende Interventionsmöglichkeit der Finanzverwaltung

Durch die Versubjektivierung der Wettbewerbsprüfung zu Gunsten der Anwendungserleichterung könnte, wenn auch in Einklang mit den gesetzlichen Vorgaben der Wettbewerbsschutzklauseln, ein danebenstehendes Problem intensiviert werden. Durch die zunehmende Abhängigkeit von der subjektiven Beurteilung könnte nämlich der befürchtete Umstand, dass der Finanzverwaltung über die Wettbewerbsschutzklauseln eine wettbewerbspolitische Gestaltungsfunktion entgegen dem herkömmlichen steuerrechtlichen Verwaltungsmodell der gesetzesakzessorischen Verwaltung eingeräumt wird,[1116] noch verstärkt werden. Wegen der ausschließlich subjektiven Bestimmung der Substituierbarkeit aus Sicht des Rechtsanwenders obliegt diesem in jedem Einzelfall im Ergebnis nicht nur die Entscheidung über das Vorliegen eines Wettbewerbsverhältnisses, sondern zugleich auch die Gewährleistung des Wettbewerbsschutzes oder auch die Entscheidung über die Versagung oder Gewährung der Steuerbegünstigung und -befreiung, beziehungsweise der Auferlegung der Steuerpflicht. Durch die Lösung des Praktikabilitätsproblems, unter zeitgleichem Erhalt der Schutzklauseln de lege lata, wäre die Problematik der Untauglichkeit des Steuerrechts als Teil des Wettbewerbsrechts im Ergebnis nur zu einem anderen kritischen Aspekt hin verlagert. Sofern sich daher schon grundsätzlich eine relative Offenheit der Wettbewerbsschutzklauseln im Steuerrecht verbieten sollte, wäre damit zugleich die Unzulässigkeit der Versubjektivierung der Wettbewerbsprüfung begründet. Ob mit der Heranziehung des modifizierten Einzugsbereich unter zeitgleicher Versubjektivierung der Bestimmung der Substituierbarkeit daher eine nicht nur praktikable, sondern zugleich auch zulässige Ausgestaltung des

1116 Vgl. die Nachweise in der Einleitung A, IV.

Wettbewerbsschutzes realisiert werden kann, lässt sich somit erst mit Blick auf das Ergebnis des nachfolgenden und abschließenden Teils der Arbeit feststellen.

Für die Aufrechterhaltung des Steuerrechts als Wettbewerbsrechts, unter Umsetzung des Wettbewerbsschutzes durch die Verwendung konkret individueller Regelungen, wird es demnach letztlich zum einen maßgeblich darauf ankommen, ob der Finanzverwaltung entsprechende Gestaltungsmöglichkeiten eröffnet werden, die dem herkömmlichen Steuervollzug zuwiderlaufen, und zum anderen, ob diese der Finanzverwaltung überhaupt eingeräumt werden dürfen. Die Art und Weise der Lösung des Praktikabilitätsproblems wird mithin durch das Ergebnis des folgenden Teils bedingt.

Dritter Teil Steuerrechtlicher Wettbewerbsschutz und Gestaltung

Steuerrechtliche Wettbewerbsschutzklauseln stehen damit wegen der fehlenden Zulässigkeit vereinfachender Rechtsanwendung im Widerspruch zur ressourcenbedingten Handlungslimitierung der Finanzverwaltung. Neben die Problematik der fehlenden praktischen Realisierbarkeit treten zusätzlich noch weitere Bedenken, die im Rahmen der Arbeit bereits angeklungen sind. Dass die Wettbewerbsschutzklauseln in den Bereich des Wettbewerbsrechts fallen und über das Steuerrecht an dieser Stelle wettbewerbspolitische Ziele verfolgt werden, hat sich bereits durch den normübergreifenden Zweck des Erhalts der Wettbewerbsneutralität gezeigt.[1117] Dabei steht dem Gesetzgeber auch im Steuerrecht zweifelsfrei die Gestaltungsfreiheit zur Verfolgung wirtschaftspolitischer Ziele und in diesem Zusammenhang auch die Entscheidung zwischen dem Erhalt des Wettbewerbs und der Förderung der Gemeinnützigkeit zu.[1118]

Durch die Wettbewerbsschutzklauseln kommt es jedoch nicht allein zu einer wirtschaftspolitischen Einwirkung durch den Gesetzgeber, sondern auch die Finanzbehörden werden zu wettbewerbsorientierten Einzelfallentscheidungen veranlasst. Bereits im Zuge der Ermittlung des relevanten Marktes[1119] könnte sich für die Finanzverwaltung die Möglichkeit eines zumindest mittelbar gestalterischen Einflusses auf den betreffenden Wirtschaftsbereich ergeben. Denn durch die Festlegung des relevanten Marktes und den damit einhergehenden Ausschluss eines Wettbewerbsverhältnisses kann unter Umständen fehlerhaft

---

1117 Vgl. dazu Teil 1 A, I, 1; Teil 1 B, IV, 2 b) aa) (1); Teil 1 C, I, 2; sowie die Nachweise unter Teil 1 D, I; grundsätzlich auch *Hey*, in: DStJG 39 (2016), S. 11 (23); *G. Kirchhof*, in: Öffentliches Wettbewerbsrecht, 2014, § 13 Rn. 10 und 27; allgemein *Thiele*, in: Öffentliches Wettbewerbsrecht, 2014, § 5 Rn. 1 ff.

1118 Zur ständigen Rechtsprechung hinsichtlich der gesetzgeberischen Gestaltungsfreiheit bei der Verfolgung wirtschaftspolitischer Ziele und auch der Entscheidung zwischen widerstreitenden Interessen, bei der Förderung durch Subventionen, vgl. nur BVerfG v. 12.02.1964 – 1 BvL 12/62, BVerfGE 17, 210, Rn. 24; v. 17.12.2014 – 1 BvL 21/12, BVerfGE 138, 136, Rn. 124 ff.; v. 10.04.2018 – 1 BvR 1236/11, BStBl II 2018, 303, Rn. 115 f.; *Hey*, in: DStJG 39 (2016), S. 11 (26 f.).

1119 Dazu bereits ausführlich unter Teil 1 A, II, 1 b) bb) und zur Wertungsbedürftigkeit unter Teil 1 A, II, 1 b) bb) (1) und Teil 2 A, I, 1 a) aa).

die notwendige Korrektur einer etwaig wettbewerbsbeeinträchtigenden Steuerbegünstigung bereits im Vorfeld ausgeschlossen werden. Gesteigert wird die Einflussnahmemöglichkeit zusätzlich für den Fall der Auferlegung des Abwägungsauftrags zwischen dem Wettbewerbsschutz und der Förderung gemeinnütziger Zwecke, etwa im Rahmen der Unvermeidbarkeit nach § 65 Nr. 3 AO.[1120] Im Hinblick auf diese Erkenntnis drängt sich jedoch die Frage auf, ob die Finanzbehörde zumindest im Rahmen ihrer Erstentscheidung als wettbewerbspolitischer Gestalter an die Stelle des Gesetzgebers als zentralem Akteur der steuerrechtlichen Wirtschaftspolitik[1121] tritt.

Nachfolgend soll daher untersucht werden, ob und inwieweit der Gesetzgeber die wettbewerbsgestaltende Entscheidung auf die Finanzverwaltung delegiert hat und ob die Grenzen der Zulässigkeit für eine etwaige Delegation in diesem Bereich gewahrt worden sind. Dahingehend soll zunächst festgestellt werden, ob es sich bei der Anwendung der Wettbewerbsschutzklauseln überhaupt um einen Gestaltungsauftrag handelt, der über die herkömmliche Funktion der Finanzverwaltung hinausgeht (A). Anschließend soll die verfassungsrechtliche Zulässigkeit der Verpflichtung der Finanzverwaltung zu einer möglicherweise gesteigerten gestalterischen Wettbewerbsprüfung vor dem Hintergrund vom Bestimmtheitsgrundsatz und den Anforderungen an den Steuertatbestand untersucht werden. Dabei wird es insbesondere auf die Berücksichtigung der Grundrechtsrelevanz der steuerlichen Begünstigungen und der Wettbewerbsprüfungen ankommen (B.).

A. Wettbewerbsschutzklauseln als Anwendungsauftrag und Gestaltungsmöglichkeit der Finanzverwaltung

Mit Blick auf die Erkenntnis, dass die Steuerbehörden unter Beachtung der Gesetzmäßigkeit der Verwaltung aus Art. 20 Abs. 3 GG und durch das Legalitätsprinzip nicht nur zu einem Tätigwerden ermächtigt, sondern auch zum Tätigwerden verpflichtet werden,[1122] ist die Funktion der Finanzverwaltung bereits

---

1120 Dazu bereits ausführlich unter Teil 1 A, III, 3.

1121 Vgl. dazu nur *Hey,* in: DStJG 39 (2016), S. 11 (47 ff.).

1122 Aus der Rechtsprechung nur BVerfG v. 27.06.1991 – 2 BvR 1493/89, BVerfGE 84, 239, Rn. 109; aus der Literatur zum Steuerrecht siehe nur *Lambrecht,* in: DStJG 12 (1989), S. 79; *Tipke,* StRO I², 2000, S. 131 (m.w.N.); *Seer,* in: Tipke/Kruse, AO/FGO, § 85 AO Rn. 8 (Stand 01.2017); mit der Bezeichnung als herrschende Meinung *Söhn,* in: Hübschmann/Hepp/Spitaler, AO/FGO, § 85 AO Rn. 32 (Stand 08.2016); zur grundsätzlichen Gesetzmäßigkeit des Verwaltungshandelns *Ossenbühl,* in: HStR V³, 2007, § 101 Rn. 5.

teilweise vorgezeichnet. Dahingehend traf schon *Otto Mayer* die viel zitierte Aussage, dass die Steuerauflage „dem Wesen der Steuer entsprechend, das einen allgemeinen Maßstab verlangt, rechtssatzmäßig geregelt ist, ohne Zutat irgend welchen freien Ermessens".[1123] Die Finanzverwaltung schien damit zu einer „dienende[n] Rolle als Vollzugsinstrument des allgemeinen Willens"[1124] verdammt zu sein. Auch nach der Auffassung, dass das Steuerrecht von „der primären Entscheidung des Gesetzgebers [...] getragen" sein soll,[1125] kommt der Finanzverwaltung auf den ersten Blick nur eine dem Parlament nachgeordnete und damit auf den Vollzug beschränkte Funktion zu.[1126] Tatsächlich darf die Funktion der Finanzverwaltung aber nicht als derart strikt vorgeprägt verstanden werden. Der Darstellung der Funktion der Finanzverwaltung (I.) nachfolgend soll die Frage nach den Grenzen einer etwaigen Handlungsprogrammierung[1127] (II.) und der Art und Weise deren Bestehens im Fall der Wettbewerbsschutzklauseln bestimmt werden (III.).

I. Finanzverwaltung als gesetzesakzessorischer Rechtsanwender

Der Finanzverwaltung kommt die grundsätzliche Funktion zu, die Steuer nach Maßgabe der sie bindenden Gesetze festzusetzen und zu erheben.[1128] Sie trifft damit die Pflicht, den entscheidungserheblichen Sachverhalt von Amts wegen zu ermitteln[1129] und diesbezüglich den gesetzlichen Steuertatbestand und das

---

1123 *Ders.*, Deutsches Verwaltungsrecht[1], 1924, S. 316.

1124 *Isensee*, Die typisierende Verwaltung, 1976, S. 126.

1125 BVerfG v. 24.01.1962 – 1 BvR 232/60, BVerfGE 13, 318, Rn. 29, unter Bezug auf *Bühler/Strickrodt*, Steuerrecht I[3], 1960, S. 658; dem folgend *Jochum*, in FS Kirchhof (Bd. II), 2013, § 149 Rn. 2; ähnlich *Waldhoff*, in: FS Spindler, 2011, S. 853 (871), wonach die Funktion des Steuertatbestandes darin liege, die „in Rechtsform gegossenen Entscheidungen für die Rechtspraxis anwendbar zu machen".

1126 Mit dieser Einschätzung *Jesch*, Gesetz und Verwaltung, 1961, S. 171 ff.; dazu auch *Hahn*, Die Grundsätze der Gesetzmäßigkeit und der Tatbestandsmäßigkeit der Besteuerung, 1984, S. 79; vgl. gegen ein solches Verständnis eines reinen Gesetzesvollzugsauftrags nur *Jehke*, Bestimmtheit und Klarheit im Steuerrecht, 2005, S. 68 f. und 80.

1127 Vergleichbar spricht *Seer*, Verständigungen in Steuerverfahren, 1996, S. 169, vom Steuerrecht als einem „auf den ersten Blick [...] gesetzlich *durchprogrammierte[m]* Recht".

1128 Einfachgesetzlich kodifiziert in § 85 S. 1 AO; dazu auch *Seer*, in: Tipke/Kruse, AO/FGO, § 85 AO Rn. 1 (Stand 01.2017); *Söhn*, in: Hübschmann/Hepp/Spitaler, AO/FGO, § 85 AO Rn. 31 (Stand 08.2016).

1129 Dazu ausführlich *Spilker*, Behördliche Amtsermittlung, 2015, S. 53 ff.

darin verkörperte Recht anzuwenden.[1130] Hinsichtlich des Rechtsanwendungsauftrags trifft die Finanzverwaltung damit die Stellung als Erstadressat des Steuergesetzes.[1131] In dieser Stellung wird die Finanzverwaltung zugleich auch zum Erstinterpreten des Steuergesetzes.[1132] Dahingehend erscheint aber auch die Vorstellung von der Finanzverwaltung als Subsumtions- oder Vollzugsautomat verfehlt.[1133] Im Bereich des Steuerrechts als „klassischem Eingriffsrechts"[1134] kann sich die Finanzbehörde wegen der dargestellten Gesetzesbindung und -bedürftigkeit zwar nicht vom Steuertatbestand lösen oder sich über diesen hinwegsetzen. Die Finanzverwaltung ist daher insoweit als gesetzesakzessorische Verwaltung anzusehen,[1135] als dass dieser beim Vorliegen des Steuertatbestandes in der Rechtsfolge die Aufgabe einer „punktgenauen Steuerfestsetzung" zukommt.[1136] Dass das Steuergesetz aber hinreichend abstrakt und zugleich

1130 *Tipke*, StRO III, 1993, S. 1233 ff.; mit Bezug auf die Entsprechungsgleichheit *P. Kirchhof*, in: FS RFH/BFH, 1993, S. 285 (299); *Müller-Franken*, Maßvolles Verwalten, 2004, S. 54, „durch Auslegung und Anwendung"; zur Rechtsanwendung im Steuerrecht vgl. nur *Englisch*, in: Tipke/Lang, Steuerrecht^{24}, 2020, § 5 Rn. 46 ff.; allgemein *Huber*, in: IPE V, 2014, § 73 Rn. 44, wonach Hauptaufgabe der öffentlichen Verwaltung der Vollzug von Gesetzen ist.

1131 *P. Kirchhof*, in: FS RFH/BFH, 1993, S. 285 (301); *ders.*, in: FS Heidelberg, 1986, S. 11 (20 f.); ähnlich *Seer*, Verständigungen in Steuerverfahren, 1996, S. 171.

1132 So auch *Seer*, Verständigungen in Steuerverfahren, 1996, S. 226 und 245; dem folgend *Drüen*, AG 2006, S. 707 (711), der jedoch zugleich zurecht darauf hinweist, dass zeitlich tatsächlich zunächst der Steuerpflichtigen im Rahmen seiner Pflicht zur Steuererklärung zum Erstinterpret und Erstanwender des Steuergesetzes wird; ebenso mit der Bezeichnung als Erstinterpret *Hey*, Steuerplanungssicherheit, 2002, S. 590 (m.w.N.); ähnlich *dies.*, DStR 2004, S. 1897, wenn auch mit Bezug auf abstrakte Steuergesetze, wonach nämlich „Gesetzeskonkretisierung [...] durch die Finanzverwaltung [erfolgt]"; *P. Kirchhof*, in: FS RFH/BFH, 1993, S. 285 (301), wonach der „kompetenzrechtliche Gehalt des Gleichheitssatzes [...] den Richter [daran hindert], eine vertretbare Gesetzesauslegung der Finanzverwaltung durch eine ihm richtiger erscheinende zu ersetzen". Die Rechtsprechung sei nur dazu berufen, zu prüfen, ob die von der Finanzverwaltung „bestimmte Belastung rechtlich falsch ist"; *Schmidt*, in: FS BFH, 2018, S. 321 (329).

1133 Ablehnend gegenüber dieser Bezeichnung *Seer*, Verständigungen in Steuerverfahren, 1996, S. 170; ebenso *Hey*, Steuerplanungssicherheit, 2002, S. 588.

1134 Vgl. nur *Wernsmann*, in: Hübschmann/Hepp/Spitaler, AO/FGO, § 3 AO Rn. 186 (Stand 11.2016); *P. Kirchhof*, in: HStR V^{3}, 2007, § 118 Rn. 80.

1135 *Isensee*, Die typisierende Verwaltung, 1976, S. 21; ebenso *Müller-Franken*, Maßvolles Verwalten, 2004, S. 55.

1136 *Reiß*, in: FS Grünwald, 1999, S. 495 (515); *Müller-Franken*, Maßvolles Verwalten, 2004, S. 55.

auch derart eindeutig gefasst ist, dass der konkrete Lebenssachverhalt „mit einem Blick“ dem abstrakten Gesetzestatbestand zugeordnet werden kann[1137] und die angeordnete Rechtsfolge damit nahezu offensichtlich in der durch das Steuergesetz vorgesehenen Art und Weise mit dem verwirklichten Sachverhalt verknüpft ist, muss als utopisches Ideal angesehen werden. Denn selbst bei einem eindeutigen Gesetzesbefehl muss der Sachverhalt oder dessen Zuordnung zum entsprechenden Merkmal des Steuergesetzes nicht mit derselben Eindeutigkeit bestehen.[1138] Die Festsetzung und Erhebung durch die Finanzbehörde ist damit zwar durch das Gesetz vorgegeben und durch selbiges begrenzt. Dies darf jedoch nicht mit einer mechanischen Handlungsweise gleichgesetzt werden, wonach der Finanzbehörde nur noch die Funktion zukommt, die gesetzliche „Wenn-Dann-Aussage“ Realität werden zu lassen.

II. Wertungsbedürftiger Subsumtionsvorgang als „Grenze“ der Gesetzesakzessorietät

Durch die Funktion der Finanzverwaltung – die sich neben der amtsseitigen Sachverhaltsermittlung somit im Kern auf die Anwendung der Steuergesetze beschränkt – ist zugleich der bestehenden Gesetzesakzessorietät eine „faktische Grenze“ gesetzt. Die Finanzverwaltung ist durch das Gesetz in gewisser Weise gesetzlich angeleitet und gebunden. Dies nimmt ihr jedoch auch im Steuerrecht nicht jegliche Wertungs- und (möglicherweise auch) Gestaltungsspielräume.[1139] Vielmehr besteht im Zuge der Rechtsanwendung sogar ein Wertungszwang. Gerade normative Begriffe und unbestimmte Gesetzesbegriffe erfordern eine Wertung durch die Finanzverwaltung.[1140] Selbiges gilt zugleich schon bei der reinen Subsumtion (inhaltlich) bestimmter Gesetzesbegriffe.[1141] Der

---

1137 Zu dieser Betrachtung als Inhalt der Rechtsanwendung nur *Tipke*, StRO III, 1993, S. 1233; vgl. auch schon *Engisch*, Logische Studien zur Gesetzesanwendung^3, 1963, S. 15, der von einem hin und her wandernden Blick zwischen Sachverhalt und Rechtsnorm spricht.

1138 Ähnlich *Seer*, Verständigungen in Steuerverfahren, 1996, S. 169 f.

1139 Wobei die Gestaltungsspielräume wohl auf die Konkretisierung von Wertungsspielräumen begrenzt werden muss und sich nicht aus einer Eigenständigen Stellung der Finanzverwaltung ergibt, vgl. *Hey*, Steuerplanungssicherheit, 2002, S. 588, die von „Gestaltungspotential“ als Folge von Wertungsspielräumen spricht.

1140 *Tipke*, StRO III, 1993, S. 1234; *Hey*, Steuerplanungssicherheit, 2002, S. 588.

1141 So wohl auch *Tipke*, StRO III, 1993, S. 1234, wegen der Aussage „vor allem“; ähnlich *Hey*, Steuerplanungssicherheit, 2002, S. 588, mit Bezug auf *Bleckmann*, JZ 1995,

Subsumtionsvorgang bedarf nämlich eines wertenden Inbeziehungsetzens.[1142] Dabei ist die Vornahme der Subsumtion auch nicht in gleicher Weise durch den Zweck der Ermittlung des Willens des Gesetzgebers geprägt, wie es eine methodische Auslegung erfordern würde.[1143] Der Vergleich von Wirklichkeit und Steuertatbestand durchläuft wegen der Umsetzung durch den Finanzbeamten eine subjektive Instanz.[1144] Zwar ist die Anwendung durch den Gesetzestext vorgezeichnet, der Subsumtionsvorgang ist jedoch eine eigenständige wertende Betrachtung. Der Finanzverwaltung als Erstanwenderin und -interpretin kommt nämlich die eigenständige Bedeutung der (gesetzlich angeleiteten) Einschätzung der Realität zu.[1145] Der wertende Einfluss des Rechtsanwenders steigert sich darüber hinaus bei der Auslegung und Anwendung unbestimmter Gesetzesbegriffe. Durch den Auslegungsvorgang ist die Finanzbehörde als Teil eines mehrstufigen und arbeitsteiligen Rechtsfindungssystems[1146] zu einer wertungsbedürftigen Konkretisierung nicht nur berechtigt, sondern auch verpflichtet.[1147] Über die

---

S. 685 (686), die hervorhebt, dass auch „scheinbar bestimmte Gesetzesbegriffe [...] unterschiedliche Auslegungen zu[lassen]".

1142 *Tipke*, StRO III, 1993, S. 1234; hinsichtlich unbestimmter Wertbegriffe spricht auch *Jehke*, Bestimmtheit und Klarheit im Steuerrecht, 2005, S. 38, davon, dass „im Subsumtionsprozess das Treffen einer Wertung" gefordert sei (m.w.N.).

1143 Zur wertungsjuristischen Methode der Auslegung statt vieler nur *Englisch*, in: Tipke/Lang, Steuerrecht[24], 2020, § 5 Rn. 48 f., unter Bezug auf *Larenz*, Methodenlehre der Rechtswissenschaft[6], 1991, S. 312 ff, wonach auch die Rechtswissenschaft methodisch wert- und wertungsgebunden konzipiert sei.

1144 Ähnlich in Bezug auf die objektive Eindeutigkeit und Richtigkeit durch die Gesetzesbindung *Rupp*, VDDStRL 34 (1976), S. 286 (287 f.), wonach die Gesetzesbindung „mit dem Intellekt des Rechtsanwenders ein individuelles Medium durchlaufen muß"; dem folgend auch *Müller-Franken*, Maßvolles Verwalten, 2004, S. 56.

1145 Ähnlich *Kirchhof*, in: FS Heidelberg, 1986, S. 11 (17), in Bezug auf das Urteil. Allerdings kann auch in diesem Stadium der Rechtsanwendung und damit zugleich auch der Rechtsfindung nichts anderes gelten; ähnlich *Hey*, Steuerplanungssicherheit, 2002, S. 588, wonach sich „Rechtsanwendung [...] nicht stets mit eindeutigen falsch/richtig-Urteilen belegen [lässt]".

1146 *P. Kirchhof*, in: FS RFH/BFH, 1993, S. 285 (301).

1147 Vgl. *Kirchhof*, in: FS Heidelberg, 1986, S. 11 (20 f.), der anführt, dass „der Gesetzesadressat zur Ausformung der unvollständigen gesetzlichen Vorgaben berechtigt und verpflichtet ist" und insofern auch von einer durch den Erstadressaten „entwickelten Lösung" spricht (S. 22); zum Konkretisierungsspielraum bei der Auslegung auch *Seer*, Verständigungen in Steuerverfahren, 1996, S. 170 ff.; *Müller-Franken*, Maßvolles Verwalten, 2004, S. 55; mit Blick auf Planungsgrundlagen auch *Hey*, Steuerplanungssicherheit, 2002, S. 587 und 589, die von einer „Komplementärfunktion"

Abkehr vom Verständnis der Verwaltung als Subsumtionsautomaten[1148] hinausgehend kommen der Finanzverwaltung im Zuge der Auslegung und Subsumtion Wertungsmöglichkeiten zu.[1149] Auch wenn die Finanzverwaltung beim Vollzug der Steuergesetze die Aufgabe inne hat, die „einzig richtige" Entscheidung des Gesetzes zu finden und umzusetzen,[1150] handelt es sich bei der Rechtsanwendung durch die Finanzverwaltung schon im Zuge der Subsumtion um einen *schöpferischen Akt.*[1151]

Während der Finanzverwaltung demnach beim Vollzug der Steuergesetze – als Auftrag zum Abgleich des vergangenen Sachverhalts mit dem

---

der Finanzverwaltung zur Klarstellung und Vervollständigung spricht; vgl. auch *Drüen*, in: Tipke/Kruse, AO/FGO, § 5 AO Rn. 18 (Stand 10.2018), wonach die „Auslegung [...] unbestimmter Gesetzesbegriffe [...] eine herkömmliche Aufgabe der Verwaltungsbehörden [ist]"; allgemein auch *Huber*, in: IPE V, 2014, § 73 Rn. 135, der anführt, dass selbst gesetzesakzessorische Verwaltung „immer auch eigenständige Konkretisierung des Rechts und insoweit mehr als bloßer Gesetzesvollzug [ist]".

1148 Dazu *Stolterfoht*, in: DStJG 21 (1998), S. 233 (234 ff.); *Hey*, Steuerplanungssicherheit, 2002, S. 588; vgl. bezüglich der Rolle des Richters bereits *Jesch*, AöR 82 (1957), S. 163 (169), „kein bloßer Subsumtionsautomat".

1149 Ähnlich *Seer*, Verständigungen in Steuerverfahren, 1996, S. 170, wonach der Finanzbeamte nicht als „Sklave des Gesetzes" fungiert.

1150 Dazu *Seer*, Verständigungen in Steuerverfahren, 1996, S. 170 ff. (m.w.N.), der zugleich darauf hinweist, dass aus der Sicht der Finanzbehörde ex ante mehrere Entscheidungen gesetzmäßig sein können; ähnlich *Hey*, Steuerplanungssicherheit, 2002, S. 588 (ebenfalls m.w.N.), die anführt, dass schon die Vorstellung von der einzig richtigen Interpretation verfehlt sein dürfte; *Eckhoff*, StuW 1996, S. 107 (110), weist ebenfalls daraufhin, dass das deutsche steuerrechtliche Rechtsanwendungsmodell nicht dazu dient, eine einvernehmliche Lösung zu finden, sondern die einzig richtige Lösung; vgl. auch *Müller-Franken*, Maßvolles Verwalten, 2004, S. 51 ff., der sich dagegen ausspricht, dass aus der ex-ante Sicht mehrere Entscheidungen gesetzmäßig seien, weil die normative Bindung eine möglichst weitegehende Annäherung an den gesetzlichen Auftrag erfordere. Dieser Auftrag zur bestmöglichen Verwirklichung des Gesetzesinhalts ändert aber nichts daran, dass der Finanzbehörde die bestmögliche Entsprechung durchaus nicht eindeutig sein kann und damit *aus ihrer Sicht* (auch ex ante) mehrere Entscheidungen zur bestmöglichen Entsprechung des Gesetzes richtig und damit eben gesetzmäßig sein können.

1151 Mit Blick auf die Subsumtion so wohl auch *Kirchhof*, in: FS Heidelberg, 1986, S. 11 (16); hinsichtlich der Auslegung des Tatbestandes so auch *Seer*, Verständigungen in Steuerverfahren, 1996, S. 173; *Müller-Franken*, Maßvolles Verwalten, 2004, S. 56, „rechtsschöpfersicher Akt" (m.w.N.); hinsichtlich des Richters auch bereits *Jesch*, AöR 82 (1957), S. 163 (169), „schöpferischer Mitgestalter am Recht" (m.w.N.).

Steuertatbestand – jedenfalls die Wahrnehmung zukunftsorientierter Gestaltung nicht zukommen soll,[1152] besteht zugleich aber die Erkenntnis von der Finanzverwaltung als Rechtsanwender mit faktischer Wertungskompetenz.

III. Wettbewerbsschutz als Gestaltungsmöglichkeit

Die faktische Wertungsmöglichkeit und auch -bedürftigkeit durch die Finanzverwaltung gehört damit bereits zur Wirklichkeit des Steuervollzugs. Mit Blick auf die Wettbewerbsschutzklauseln stellt sich jedoch die Frage, ob das erforderliche Tätigwerden der Finanzverwaltung nicht sogar über diese Wertungsmöglichkeit hinausgeht und der Behörde eine wirtschaftspolitische Gestaltung ermöglicht, beziehungsweise diese in gewisser Weise sogar erfordert. Neben der Wertungsabhängigkeit bei der Subsumtion und Konkretisierung der unbestimmten Gesetzesbegriffe des „Inwettbewerbtretens“ (§ 65 Nr. 3 AO und § 5 Abs. 1 Nr. 22 S. 1 KStG), „der größeren Wettbewerbsverzerrung“ (§ 2b UStG) und des „unmittelbaren Wettbewerbs“ (Art. 134 Buchst. b MwStSystRL und § 12 Abs. 2 Nr. 8 Buchst. a S. 1 UStG) könnten diese, wenn auch vom Gesetzgeber unbeabsichtigt, eine gesteigerte Gestaltungsmöglichkeit der Finanzverwaltung enthalten. Diese Befürchtung besteht in erhöhter Form auch bei der Beurteilung der „Unvermeidbarkeit“ nach § 65 Nr. 3 AO, als Auftrag zur Abwägung zwischen der Gemeinwohlförderung und dem Schutz konkurrierender Wettbewerber.[1153]

1. Wettbewerbsprüfung und Gestaltung

Normübergreifend setzen die steuerrechtlichen Wettbewerbsschutzklauseln zunächst die Feststellung voraus, dass zwischen dem steuerlich begünstigten Anbieter und einem steuerpflichtigen Anbieter ein zumindest potentielles Wettbewerbsverhältnis besteht. Wie bereits dargestellt, handelt es sich bei der dazu erforderlichen Ermittlung des relevanten Marktes um das Ergebnis der

---

1152 *Müller-Franken*, Maßvolles Verwalten, 2004, S. 55; hinsichtlich wirtschaftspolitischer Gestaltung auch *Hey*, in: DStJG 39 (2016), S. 11 (49 f.); wobei *dies.*, Steuerplanungssicherheit, 2002, S. 588, zugleich anführt, dass im Falle von Wertungsspielräumen auch für die streng gesetzesgebundene Verwaltung „Gestaltungspotential“ entstehe; grundsätzlich auch *Hillgruber*, in: Maunz/Dürig, GG, Art. 92 GG Rn. 63 (Stand 12.2007), wonach im „Bereich der gesetzesakzessorischen, erst recht [...] der strikt gesetzesgebundenen Verwaltung, [...] die Verwaltung mangels Ermessens nicht selbst gestaltend tätig werden und eigene Zwecke setzen kann“.

1153 Zu diesem Inhalt des Abwägungsauftrags bereits ausführlich unter Teil 1 A, III, 3 c).

Marktanalyse als methodisches Verfahren.[1154] Die Festlegung des relevanten Marktes ist dabei durch das methodische Vorgehen, zugleich aber auch im Rahmen der Beurteilung durch Anforderungen an den Grad der Substituierbarkeit aus Nachfragersicht geprägt. Die Wertungsbedürftigkeit der Beurteilung der Austauschbarkeit lässt sich zwar durch eine Marktforschung oder Modelle wie etwa den SSNIP-Test zuverlässig beschränken.[1155] Im Bereich der steuerrechtlichen Wettbewerbsschutzklauseln scheitert die Möglichkeit der Anwendung des SSNIP-Tests – und damit auch des Ausschlusses der rein wertenden Beurteilung der Austauschbarkeit aus Sicht eines Durchschnittsverbrauchers –[1156] jedoch an der praktischen Realisierbarkeit aufgrund der ressourcenbedingten Handlungslimitierung der Finanzverwaltung.[1157] Diese Handlungslimitierung führt dazu, dass die Beurteilung der Austauschbarkeit aus Nachfragersicht zu einer rein wertenden, fast schon willkürlichen Entscheidung durch die Finanzverwaltung verkürzt wird.[1158] Sobald die Marktbestimmung aber nicht mehr durch die tatsächliche Neigung der Nachfrager bedingt ist, sondern in die Hände der Finanzverwaltung fällt, eröffnet sich dieser auch die Möglichkeit, zukunftsorientierte Gestaltungswirkungen in die Entscheidung mit aufzunehmen, zumindest aber selbige auszulösen.

Zur Veranschaulichung kann erneut auf ein bereits erläutertes Beispiel und kritisch dargestellte Entscheidungen zurückgegriffen werden. Als Beispiel ist die Marktbestimmung im Falle des Vertriebs von Coca-Cola durch ein Kino oder Restaurant und einen Kiosk oder Supermarkt zu nennen. Je nach dem, durch welchen Grundsatz oder welche Erwägung sich der Rechtsanwender (etwa der Finanzbeamte) leiten lässt, kann es zu unterschiedlichen Ergebnissen kommen.

1154 Vgl. dazu die Nachweise unter Teil 1 A, II, 1, a) aa) (1).

1155 Vgl. bereits Teil 1 A, II, 1 b) bb).

1156 Vgl. Teil 1 A, II, 1 b) bb) (1).

1157 Dazu bereits unter Teil 1 A, II, 4.

1158 Dies zeigt sich bereits durch den Versuch der Finanzverwaltung, abstrakten Beurteilungen den Weg zu ebnen und auch in der unterkomplexen Umsetzung der Bestimmung des relevanten Marktes in der Rechtsprechung, vgl. zu § 2b UStG BMF v. 16.12.2016 – III C 2-S 7107/16/10001, BStBl I 2016, 1451, Rn. 24, dazu auch ausführlich unter Teil 1 C, II, 1 b) aa) (1); ebenso zu § 4 KStG BMF v. 11.12.2009 – IV C 7-S 2706/10006, BStBl I 2009, 1597, unter I, 1, b), wo bei einem fehlenden Annahmezwang ein Wettbewerbsverhältnis vermutet werden sollte, dazu bereits unter Teil 1 B, III, 1 und 2; sowie zu § 65 Nr. 3 AO: AEAO zu § 65 AO, Nr. 4 S. 4 (Fassung v. 19.02.2016), wonach es nicht „auf die tatsächliche Wettbewerbssituation vor Ort ankommt“, dazu bereits unter Teil 1 A, II, 2 b).

Würde sich der Finanzbeamte exemplarisch im Bereich der Umsatzsteuer – die maßgeblich durch den Grundsatz der steuerlichen Neutralität geprägt ist –[1159] an diesem Grundsatz orientieren, würde dieser zu dem Ergebnis gelangen, dass gleiche Leistungen gleich zu besteuern sind.[1160] Folglich würde dieser vor dem entsprechend weiten Verständnis vom Wettbewerb einen relevanten Markt für die genannten Lieferungen und damit auch ein Wettbewerbsverhältnis zwischen den genannten Anbietern annehmen. Unter wettbewerbsrechtlichen Gesichtspunkten ist dieses Ergebnis aber alles andere als zwingend. Tatsächlich wird wohl kein Nachfrager bei einem Kino oder Restaurantbesuch auf Getränke aus einem Supermarkt oder Kiosk zurückgreifen (können). Eine Substituierbarkeit kann trotz identischer Produkte nicht ernsthaft erwogen werden.[1161] Wie schnell die Marktanalyse durch sachfremde Erwägungen beeinflusst werden kann, zeigen besonders deutlich auch zwei Entscheidungen des Bundesfinanzhofs. In der ersten Entscheidung wurde ein einheitlicher Markt und damit ein Wettbewerbsverhältnis allein wegen des Bestehens öffentlich-rechtlicher Vorschriften für die relevante Tätigkeit abgelehnt.[1162] In der zweiten Entscheidung wurden dagegen allein wegen überregionaler Werbung sämtliche Betriebe, die im Werbegebiet tätig wurden, als Konkurrenten in einem Wettbewerbsverhältnis angesehen.[1163] Beide Entscheidungen wurden damit augenscheinlich nicht an der Austauschbarkeit aus Nachfragersicht orientiert.

Die Anfälligkeit für sachfremde oder unterkomplexe Beurteilungen begründet zwar für sich noch nicht die Möglichkeit zukunftsorientierter Gestaltung durch die Finanzverwaltung. Mit der Bestimmung des relevanten Marktes steht und fällt jedoch die Entdeckung und damit auch der Schutz beeinträchtigter Konkurrenten. Der Schutz der grundrechtlich gewährleisteten Wettbewerbsfreiheit[1164]

1159 Vgl. dazu ausführlich unter Teil 1 C, III.

1160 Zu dieser Kurzformel nur EuGH v. 03.05.2001 – C-481/98, *Kommission/Frankreich*, EU:C:2001:237, Rn. 22; v. 26.05.2005 – C-498/03, *Kingscrest Associates und Montecello*, EU:C:2005:322, Rn. 41 und 54; v. 10.04.2008 – C-309/06, *Marks & Spencer*, EU:C:2008:211, Rn. 47; v. 03.03.2011 – C-41/09, *Kommission/Niederlande*, EU:C:2011:108, Rn. 66.

1161 Vgl. dahingehend auch schon unter Teil 2 B, I, 1 b).

1162 BFH v. 27.02.2003 – V R 78/01, BStBl II 2004, 431, Rn. 46; dazu bereits kritisch unter Teil 1 B, III, 3.

1163 BFH v. 29.10.2008 – I R 51/07, BStBl II 2009, 1022, Rn. 15; auch dazu bereits kritisch Teil 1 B, III, 3.

1164 Mit der Anknüpfung an Art. 12 Abs. 1 GG BVerfG v. 26.06.2002 – 1 BvR 558/91, u.a., BVerfGE 105, 252, Rn. 42; v. 17.12.2002 – 1 BvL 28/95, u.a., BVerfGE 106, 275, Rn. 103 f.; v. 13.06.2006 – 1 BvR 1160/03, BVerfGE 116, 135, Rn. 60; *Scholz*,

kann danach nur noch im Rahmen einer Konkurrentenklage erreicht werden,[1165] wobei neben der Frage nach dem Umfang der Darlegungslast im Rahmen der Klagebefugnis[1166] zuallererst einmal ein tatsächliches Problem, nämlich das Erfordernis der Kenntnis des Nichtbegünstigten von der Begünstigung seines Konkurrenten, besteht.[1167] Zudem kann die steuerliche Begünstigung der öffentlichen Hand oder eines Zweckbetriebs zur gänzlichen Verdrängungen nicht begünstigter unentdeckter Konkurrenten führen. Dies können auch das Leistungsangebot und die Preis- und Innovationsentwicklung auf einem bestimmten Markt beziehungsweise in einer bestimmten Region nachhaltig beeinflussen. Die Auswirkung geht sogar über die einer fehlerhaften Besteuerung bestehender Konkurrenten hinaus. Schließlich stellt sich die Anwendung der steuerrechtlichen Wettbewerbsschutzklauseln jedenfalls in den Fällen des § 2b UStG, § 4 KStG und Art. 134 Buchst. b MwStSystRL als Alles-oder-Nichts-Entscheidung hinsichtlich der Steuerpflicht dar. Doch auch die übrigen Steuerbegünstigungen, die durch eine Wettbewerbsprüfung bedingt werden, sind in gleicher Weise tauglich, bestehende Konkurrenten auf Dauer über den Preiskampf zu verdrängen oder künftige Anbieter vom Markt fernzuhalten. Wie

---

in: Maunz/Dürig, GG, Art. 12 GG Rn. 131 (Stand 06.2006); *ders.*, in: Wirtschaftsrecht und Wirtschaftspolitik, 1981, S. 92 ff.; bezüglich des Kartellrechts *ders.*, Wirtschaftsaufsicht und subjektiver Konkurrentenschutz, 1971, S. 173 f.; speziell bezogen auf Subventionen *Schorkopf*, in: Öffentliches Wettbewerbsrecht, 2014, § 12 Rn. 25; ebenso bereits *Götz*, Recht der Wirtschaftssubventionen, 1966, S. 267.

1165 Zur Möglichkeit einer negativen Konkurrentenklage im Falle einer begünstigungsbedingten Wettbewerbsbeeinträchtigung *Englisch*, StuW 2008, S. 43 (44 ff.); *Seer*, in: Tipke/Kruse, AO/FGO, § 40 FGO Rn. 83 (Stand 10.2014); *Weber*, Steuererlaß und Steuerstundung als Subvention, 1980, S. 93 ff.; *Walz*, in: Non Profit Law Yearbook 2001, S. 197 (218 f.); grundsätzlich und auch zum Begriff *Grimm*, Die negative Konkurrentenklage im Steuerrecht, 2011, S. 40 ff. und 73 ff.; zum drittschützenden Charakter des § 2b UStG *Stadie*, in: Rau/Dürrwächter, UStG, § 2b UStG Rn. 227 (Stand 10.2017).

1166 Dazu *Englisch*, StuW 2008, S. 43 (46 ff.); ebenso *Seer*, in: Tipke/Kruse, AO/FGO, § 40 FGO Rn. 83 f. (Stand 10.2014); *Grimm*, Die negative Konkurrentenklage im Steuerrecht, 2011, S. 48 f.; *Droege*, Zur Besteuerung der öffentlichen Hand, 2018, S. 151 ff.

1167 Dieses Problem tritt damit trotz der Möglichkeit eines Auskunftsanspruchs über die Besteuerung des Konkurrenten gegenüber der Finanzverwaltung auf, zumal auch hohe Anforderung, nämlich der plausible Nachweis „konkret feststellbare[r], durch Tatsachen belegte Wettbewerbsnachteile", gestellt werden, vgl. BFH v. 05.10.2006 – VII R 24/03, BStBl II 2007, 243, Rn. 9; dazu auch *Englisch*, StuW 2008, S. 43 (59 f.).

bereits nachgewiesen wurde, sind auch diese dazu geeignet, den Wettbewerbsdruck – der maßgeblich über den Preiskampf erzeugt wird – für den Begünstigungsempfänger aufzuheben oder zumindest abzuschwächen, während der Wettbewerbsdruck für den nicht begünstigten Konkurrenten erhöht wird.

Ungeachtet der Tatsache, ob sich die Finanzbehörde in der jeweiligen Situation überhaupt der Tragweite und Folgewirkung der Bestimmung des relevanten Marktes bewusst ist, kommt dieser Entscheidung zweifelsfrei eine gestaltende Wirkung hinsichtlich der Innovationseffizienz und Angebotsvielfalt, sowie dem Schutz nicht begünstigter Konkurrenten zu.[1168] Über die Wettbewerbsprüfung wird damit auch die Finanzverwaltung in gewisser Weise zu einem Gestalter der Wirtschaftspolitik. Die Gestaltungsmöglichkeiten der Verwaltung, die für den Bereich des Wettbewerbsrechts – insbesondere des Regulierungsrechts – bereits erkannt wurden,[1169] bestehen damit über die Wettbewerbsschutzklauseln auch im Steuerrecht. Zu beachten ist zwar, dass der Finanzverwaltung allein durch die Wettbewerbsprüfung im Zuge der Rechtsanwendung wohl noch nicht die Möglichkeit zur selbstständigen, sprich autonomen Beurteilung und Gestaltung der sozialen Wirklichkeit übertragen worden ist.[1170] Dennoch stellt sich schon mit Blick auf die wirtschaftspolitische Tragweite der Einzelfallentscheidung der Bestimmung des relevanten Marktes die Frage, ob dieses Merkmal, als maßgebliche Bedingung der Steuerpflicht, nicht durch eine weniger wertungsbedürftige Ausgestaltung der primären Entscheidung des Gesetzgebers unterstellt werden muss.

1168 Dazu, dass eine Negativauswirkung auf die Allokationseffizienz in der Regel ausgeschlossen werden kann, ausführlich Teil 1 A, III, 3 a) bb) (1).

1169 Siehe nur *Britz*, in: Fehling/Ruffert, Regulierungsrecht, 2010, § 21 Rn. 7, „weitere Gestaltungsspielräume der Regulierungsverwaltung"; *Fehling/Ruffert*, in: dies., Regulierungsrecht, 2010, § 23 Rn. 30; *Stelkens*, in: Ders./Bonk/Sachs, Verwaltungsverfahrensgesetz[9], 2018, § 35 VwVfG Rn. 266; kritisch gegenüber den Gestaltungsspielräumen im Regulierungsrecht *Gärditz*, NVwZ 2009, S. 1005 ff.; zum demokratischen Legitimationsdefizit in der Regulierungsverwaltung auch *Marcou*, in: IPE V, 2014, § 92 Rn. 37 ff. insb. 45 ff.; zu den Idealen einer gesetzesgebundenen und einer politisch gestaltenden Verwaltung auch *Möllers*, in: IPE V, 2014, § 93 Rn. 8 f.; *Huber*, in: IPE V, 2014, § 73 Rn. 45, der von Leitbildern einer eher gesetzesvollziehenden und einer eher autonom gestaltenden Verwaltung spricht.

1170 Hinsichtlich steuerlicher Lenkungsnormen auch *Müller-Franken*, Maßvolles Verwalten, 2004, S. 55.

2. *Abwägungsauftrag und Gestaltung*

Noch deutlicher wird die Gestaltungsmöglichkeit der Finanzverwaltung im Zuge der Beurteilung der „Unvermeidbarkeit" nach § 65 Nr. 3 AO. Die Finanzverwaltung wird nach einhelliger Auffassung dazu berufen, eine Abwägung zwischen den widerstreitenden Interessen an der Gewährung der Steuerbegünstigung zu treffen.[1171] Genauer trifft die Finanzverwaltung dort in ihrer Stellung als Erstanwenderin des Gesetzes die Pflicht, das Interesse an der Förderung gemeinnütziger Tätigkeiten gegenüber den Interessen der nicht begünstigten Konkurrenten – keiner Beeinträchtigung durch eine Erhöhung des Wettbewerbsdrucks über den steuerlich verzerrten Preiskampf ausgesetzt zu sein – abzuwägen. Dabei ist das Interesse an der Vornahme einer begünstigten Wettbewerbshandlung gegenüber dem Interesse an der Verhinderung begünstigungsbedingter Wettbewerbsbeeinträchtigungen zu gewichten.[1172] Der Finanzverwaltung obliegt im Zuge der Gewichtung damit letztendlich, wenn auch nur in der Position als Erstanwender, die verwaltungsautonome Gestaltung des Gemeinwohls.[1173] Durch die Gewichtung der Wettbewerbsbeeinträchtigung zu Lasten bestehender oder potentieller Konkurrenten ist die Finanzbehörde darüber hinaus zu einer prognostischen Beurteilung der Auswirkung des begünstigten Tätigwerdens verpflichtet. Die erforderliche Wertungsentscheidung wirkt sich daraufhin auch hier nicht nur auf die Grundrechtsausübung der Konkurrenten, sondern, wie schon bei der Marktbestimmung, auch auf die Innovationseffizienz und Angebotsvielfalt auf dem entsprechenden Wirtschaftssektor – wenn auch begrenzt auf ein geografisches Gebiet –[1174] aus. Der Finanzverwaltung wird damit an dieser Stelle die politische Entscheidung über die Grenze gemeinnütziger Förderwürdigkeit und zugleich eine Entscheidung mit wirtschaftspolitischer Tragweite für die schutzbedürftigen Konkurrenten und des freien Wettbewerbs, übertragen.

1171 Vgl. die Nachweise unter Teil 1 A, III 1 a) und 2, wobei im Einzelnen die Auffassungen hinsichtlich des der Begünstigung entgegenstehenden Interesses, namentlich des Interesses der Allgemeinheit an einem intakten Wettbewerb oder dem Individualinteresse der nicht begünstigten Konkurrenten divergieren.

1172 Vgl. zum Ganzen ausführlich Teil 1 A, III, 3.

1173 Grundsätzlich gegen die Steuerfestsetzung durch die Finanzverwaltung als verwaltungsautonomer Aktualisierung des Gemeinwohls *Isensee*, Die typisierende Verwaltung, 1976, S. 101 f. (m.w.N.); *Müller-Franken*, Maßvolles Verwalten, 2004, S. 55.

1174 Zum grundsätzlichen Verhältnis zwischen dem zunehmenden Preis der Leistung oder Lieferung und der entsprechenden Zunahme der Marktgröße, vgl. die Nachweise unter Teil 1 A, II, 1 a) aa) (2).

Der Gesetzgeber entledigt sich der wirtschaftspolitischen Entscheidung durch die Abwälzung auf die in zeitlicher Hinsicht und entsprechend der ökonomischen Ausprägung auch bezüglich der Kenntnis der inhaltlichen Sachgesetzlichkeit nicht ausreichend ausgestatteten Finanzverwaltung.[1175] Zwar wird darauf hingewiesen, dass die Finanzverwaltung für die Rechtfertigung der Ungleichbehandlung im Rahmen des Abwägungsvorgangs auf die gesetzgeberische Wertung in §§ 66 bis 68 AO zurückgreifen könne.[1176] Dahingehend könnte man die Entscheidung der Finanzverwaltung als gesetzgeberisch angeleitet und die Gestaltungsmöglichkeit als weitgehend begrenzt ansehen. Tatsächlich helfen aber auch die in den §§ 66 bis 68 AO getroffenen gesetzgeberischen Wertungen nicht über die Abwägung und Gewichtung des Ausmaßes, der zunächst auch feststellungsbedürftigen Wettbewerbsbeeinträchtigung und den anerkannten Förderinteressen an der entsprechenden wettbewerbsrelevanten Handlung, hinweg.[1177] Die gestaltungsoffene Abwägung wird daher auch nicht durch die gesetzgeberische Wertentscheidung in den §§ 66 bis 68 AO zu einer pauschalen Wertung reduziert.

Der Abwägungsauftrag stellt sich damit unmittelbar als selbstständiger wirtschaftspolitischer Entscheidungs- und im Ergebnis auch Gestaltungsauftrag für die Finanzverwaltung dar. Im Gegensatz zur Bestimmung des relevanten Marktes kommt es hier im Zuge der Rechtsanwendung nicht nur zur Möglichkeit einer selbständigen Beurteilung und Gestaltung der sozialen Wirklichkeit, sondern die Finanzverwaltung ist hinsichtlich der Erstanwendung sogar im Sinne einer Delegation der wirtschaftspolitischen Entscheidung und infolgedessen auch der Entscheidung über die Auferlegung der Steuerlast zu einer autonomen Gestaltung verpflichtet. Im Ergebnis obliegt der Finanzverwaltung die Entscheidung zwischen Wettbewerb und Gemeinwohl.

B. Wettbewerbsprüfung und Gesetzmäßigkeit der Besteuerung

Aufgrund der festgestellten mittelbaren Gestaltungsmöglichkeit – über die Marktanalyse – und auch der autonomen Gestaltungsmöglichkeit – über das Merkmal der Unvermeidbarkeit nach § 65 Nr. 3 AO – für die Finanzverwaltung, stellt sich die Frage, ob die Wettbewerbsprüfung überhaupt mit den Grundsätzen

---

1175 Vgl. dazu nur die Ausführung in der Einleitung unter A, III und Teil 2 A.
1176 Vgl. dazu die Nachweise unter Teil 1 A, III, 2.
1177 Vgl. dazu ausführlich Teil 1 A, III, 3 b).

der Besteuerung vereinbar ist. Neben den Bedenken, ob Entscheidungen mit wirtschaftspolitischer Tragweite nicht ohnehin allein dem parlamentarischen Gesetzgeber obliegen sollten,[1178] bestehen dabei Zweifel an der grundsätzlichen Verfassungsmäßigkeit der Wettbewerbsschutzklauseln.

Die Beurteilung der Zulässigkeit der Ausgestaltung der Wettbewerbsschutzklauseln orientiert sich demnach daran, ob und inwiefern eine Übertragung der wirtschaftspolitischen Gestaltungsmacht und auch der Entscheidung zwischen Wettbewerb und Gemeinnützigkeit mit den verfassungsrechtlichen Anforderungen, gerade auch im Steuerrecht, vereinbar ist. Dazu soll nachfolgend zunächst beurteilt werden, ob die Wettbewerbsschutzklauseln dem Bestimmtheitsgrundsatz entsprechen (I.). Anschließend soll sodann untersucht werden, ob für den Inhalt der Wettbewerbsschutzklauseln und möglicherweise auch wegen der grundrechtlichen Tragweite der Entscheidung ein Parlamentsvorbehalt besteht, der durch die weitgehende Offenheit der Normen unterlaufen wird (II.).[1179] In der Folge dessen lässt sich auch die Frage nach einer Delegation der Entscheidungs- und Gestaltungsbefugnisse auf die Finanzverwaltung abschließend beantworten.

I. Bestimmtheitsgrundsatz als Delegationsgrenze

Die Frage nach der Aufgabenverteilung zwischen dem Gesetzgeber und der Finanzverwaltung – bezüglich der wirtschaftspolitischen Gestaltung von Wettbewerb und Gemeinnützigkeit – ist dabei eng mit dem Bestimmtheitsgrundsatz verbunden. Mit der Auslegung der unbestimmten Rechtsbegriffe – zur Umschreibung eines (potentiellen) Wettbewerbsverhältnisses –[1180] und auch

---

1178 Vgl. bereits ähnlich *v. Hayek*, Die Verfassung der Freiheit, 1991, S. 333, „was die Erhaltung der persönlichen Freiheit betrifft, ist die Arbeitsteilung zwischen einer Legislative, die bloß sagt, daß dies oder jenes getan werden soll, und einem Verwaltungsapparat, dem die ausschließliche Macht gegeben ist, diese Instruktion durchzuführen, die denkbar gefährlichste Einrichtung".

1179 Wobei bereits an dieser Stelle darauf hingewiesen werden soll, dass zwischen dem Bestimmtheitsgrundsatz und dem Parlamentsvorbehalt nur ein qualitativer Unterschied an die Regelungsdichte, nicht aber ein funktionaler Unterschied besteht, vgl. dazu nur *Gassner*, Kriterienlose Genehmigungsvorbehalte im Wirtschaftsverwaltungsrecht, 1994, S. 151 f.; *Jehke*, Bestimmtheit und Klarheit im Steuerrecht, 2005, S. 94 f.

1180 Vgl. erneute den Wortlaut von § 65 Nr. 3 AO „in Wettbewerb tritt", sowie von § 2b UStG „größere Wettbewerbsverzerrungen", die zwingend zunächst ein (potentielles) Wettbewerbsverhältnis voraussetzen, und auch von Art. 134 Buchst. b MwStSystRL „in unmittelbarem Wettbewerb".

dem Wertbegriff der Unvermeidbarkeit,[1181] kommt es zu einer „verdeckten Delegation“ von Entscheidungsbefugnissen.[1182] Durch die notwendige wertende Rechtsanwendung durch die Finanzverwaltung wird dasjenige an Entscheidungs- und Gestaltungsmöglichkeit übertragen, was der Gesetzgeber nicht geregelt hat. Die Beurteilungen, ob bereits das zulässige Maß an Unbestimmtheit überschritten worden ist (sog. quantitative Komponente)[1183] und ob es sich mit Blick auf die Kompetenzverteilung zwischen Gesetzgeber und Verwaltung um eine zulässige (verdeckte) Delegation handelt,[1184] fallen daher zusammen.[1185]

1181 Zur Unterscheidung von unbestimmten Rechts- und Wertbegriffen *Rüthers/Fischer/Birk*, Rechtstheorie[11], 2020, Rn 176 f.; wobei diese Unterscheidung nur graduelle und keine kategorische Bedeutung hat, vgl. *Jachmann*, Die Fiktion im öffentlichen Recht, 1998, S. 667; *Jehke,* Bestimmtheit und Klarheit im Steuerrecht, 2005, S. 95. Daher kann daraus auch keine direkte Konsequenz hinsichtlich derer Zulässigkeit gezogen werden.

1182 Zum Begriff der „verdeckten Delegation“ in Bezug auf den Vorbehalt des Gesetzes *Staupe*, Parlamentsvorbehalt und Delegationsbefugnis, 1986, S. 37 f.; *Barth*, Richterliche Rechtsfortbildung im Steuerrecht, 1996, S. 423 ff.; wie hier hinsichtlich der Wirkung unbestimmter Rechtsbegriffe *Jehke,* Bestimmtheit und Klarheit im Steuerrecht, 2005, S. 31; inhaltlich auch *Jachmann*, Die Fiktion im öffentlichen Recht, 1998, S. 674, wonach gesetzliche Unbestimmtheit die Delegation von Entscheidungsbefugnissen auf den Rechtsanwender bedeutet.

1183 Dazu *Ehmke*, Ermessen und unbestimmter Rechtsbegriff im Verwaltungsrecht, 1960, S. 29; *Jachmann*, Die Fiktion im öffentlichen Recht, 1998, S. 669; *Hey,* Steuerplanungssicherheit, 2002, S. 551 ff.

1184 Dazu *Geitmann*, Bundesverfassungsgericht und offene Normen, 1971, S. 22 ff.; inhaltlich auch *Gassner*, ZG 1996, S. 39, der das qualitative Moment der Bestimmtheitsanforderungen darin sieht, dass diese „alternativ entweder zur Zuständigkeit der Legislative oder der Exekutive für einen bestimmten Regelungsbereich führen“; *Jehke,* Bestimmtheit und Klarheit im Steuerrecht, 2005, S. 89.

1185 Vgl. *Gassner*, ZG 1996, S. 39, wonach man zwischen einem quantitativen und einem qualitativen „Problem“ des Bestimmtheitsgrundsatzes unterscheiden kann; dazu auch *Jehke,* Bestimmtheit und Klarheit im Steuerrecht, 2005, S. 31; *Ossenbühl,* in: HStR V[3], 2007, § 101 Rn. 30; siehe auch *Schröder*, Genehmigungsverwaltungsrecht, 2016, S. 479, (m.w.N.), wonach die „Wesentlichkeitstheorie [verlangt], dass der Gesetzgeber [...] keine Delegation auf die Exekutive [...] vornimmt“, woraus „ein Gebot zur Vermeidung zu vieler unbestimmter Rechtsbegriffe und Generalklauseln resultieren [kann]“; ähnlich *Kloepfer*, JZ 1984, S. 685 (691), wonach die Wesentlichkeitstheorie „ die Verwendung von unbestimmten Rechtsbegriffen und von Ermessensvorschriften [limitiert]. Wesentliche Entscheidungen dürfen nicht dem Handeln der Verwaltung überlassen bleiben.“; nach *Schuppert*, in: Das Gesetz als zentrales Steuerungsinstrument des Rechtsstaates, 1998, S. 105 (111), hat das Bundesverfassungsgericht mit

Mit der Feststellung der hinreichenden Bestimmtheit ließe sich damit zugleich das Vorliegen einer zulässigen Delegation begründen.

1. *Gesetzmäßigkeit der Verwaltung und Grundsatz der Tatbestandsmäßigkeit*

Für die Herleitung des Bestimmtheitsgrundsatzes wird sowohl auf verfassungsrechtliche Institute des Rechtsstaatsprinzips als auch das Demokratieprinzip und nicht zuletzt die im Einzelnen betroffenen Grundrechte abgestellt.[1186] Neben der Gewaltenteilung (Art. 20 Abs. 2 S. 2 GG), der Rechtsweggarantie (Art. 19 Abs. 4 GG)[1187] und der Rechtssicherheit[1188] wird dabei oftmals der Grundsatz der Gesetzmäßigkeit der Verwaltung, genauer der Vorbehalt des Gesetzes angeführt.[1189] Die Herleitung darf dabei aber richtigerweise nicht als

---

der Wesentlichkeitstheorie versucht, Kriterien zu entwickeln, *welche Regelungen der Gesetzgeber selbst zu treffen hat* (partielles Delegationsverbot) und *welche Regelungsdichte* (Bestimmtheitsgrundsatz) er dabei erreichen muß".

1186 Vgl. zu den verschiedenen Begründungsansätzen ausführlich *Gassner*, Kriterienlose Genehmigungsvorbehalte im Wirtschaftsverwaltungsrecht, 1994, S. 85 ff.; *Jehke*, Bestimmtheit und Klarheit im Steuerrecht, 2005, S. 56 ff.; ohne ausdrückliche Nennung der Grundrechte auch *Papier*, DStJG 12 (1989), S. 61 (63).

1187 So insbesondere schon das BVerfG v. 12.12.1958 – 2 BvL 4/56, BVerfGE 8, 274, Rn. 7, zur notwendigen Bestimmtheit von Ermächtigungsgesetzen, die aus „dem Grundsatz der Gesetzmäßigkeit der Verwaltung, dem Prinzip der Gewaltenteilung und aus der rechtsstaatlichen Forderung nach möglichst lückenlosem gerichtlichem Schutz gegen die Verletzung der Rechtssphäre des Einzelnen durch Eingriffe der öffentlichen Gewalt, [folgt]".

1188 Dazu *Geitmann*, Bundesverfassungsgericht und offene Normen, 1971, S. 78 f.; *Sobota*, Das Prinzip Rechtsstaat, 1997, S. 133; *Jehke*, Bestimmtheit und Klarheit im Steuerrecht, 2005, S. 58 ff.; siehe auch *Lerche*, Übermaß und Verfassungsrecht, 1961, S. 69 ff.

1189 So auch schon das BVerfG v. 20.10.1981 – 1 BvR 640/80, BVerfGE 58, 257, Rn. 63, wonach „[...] weiter zu berücksichtigen [ist], daß das Erfordernis hinreichender Bestimmtheit die notwendige Ergänzung und Konkretisierung des aus dem Demokratie- und Rechtsstaatsprinzip folgenden Grundsatzes des Vorbehalts des Gesetzes darstellt. Es muß deshalb im Lichte dieses Verfassungsprinzips und seiner Auslegung durch die Rechtsprechung interpretiert werden"; aus dem Steuerrecht: *Osterloh*, Gesetzesbindung und Typisierungsspielräume bei der Anwendung der Steuergesetze, 1992, S. 113 ff.; *Papier*, DStJG 12 (1989), S. 61 (63 ff.); grundsätzlich auch *ders./Möller*, AöR 122 (1997), S. 177 (180); wohl auch *Kunig*, das Rechtsstaatsprinzip, 1986, S. 400, der diese vor den grundrechtlichen Anforderungen zu einander in Verhältnis setzt; dazu auch *Gassner*, Kriterienlose Genehmigungsvorbehalte

zwingend alternativ verstanden werden, sondern muss vielmehr kumulativ erfolgen.[1190]

Im Bereich des Steuerrechts werden die Bestimmtheitsanforderungen neben der Anknüpfung an den Grundsatz der Gesetzmäßigkeit vielerorts auch unter den Begriff der Tatbestandsmäßigkeit der Besteuerung gefasst. Dieser zugleich in § 3 AO einfachgesetzlich ausgeprägte Grundsatz soll dabei über den Inhalt der Gesetzmäßigkeit und insbesondere den Vorbehalt des Gesetzes hinausgehen.[1191] Für die hiesige Untersuchung kann die Einordnung dessen jedoch letztlich dahinstehen. Der Eigenwert des Grundsatzes der Tatbestandsmäßigkeit wird nämlich darin gesehen, dass für die Rechtsfolge der Tatbestandsverwirklichung kein Verwaltungsermessen eingeräumt werden dürfe.[1192] Hier bestehen jedoch allein Zweifel an der verdeckten Delegation auf der Tatbestandsseite. Diesbezüglich geht der Grundsatz der Tatbestandsmäßigkeit aber nicht über den Gehalt des Grundsatzes der Gesetzmäßigkeit der Verwaltung hinaus. Mit Blick auf den Bestimmtheitsgrundsatz kommt es daher zu keiner qualitativen Abweichung.[1193]

Trotz des Bestimmtheitsgrundsatzes besteht auch für die Verwendung unbestimmter Rechtsbegriffe Einigkeit darüber, dass der Gesetzgeber gerade wegen ihrer Notwendigkeit im Steuerrecht grundsätzlich auf diese zurückgreifen

---

im Wirtschaftsverwaltungsrecht, 1994, S. 139 f.; *Jachmann*, Die Fiktion im öffentlichen Recht, 1998, S. 672 ff.; *Ossenbühl*, in: HStR V^3, 2007, § 101 Rn. 30; *Hofmann*, in: Schmidt-Bleibtreu/ders./Henneke, GG^{14}, 2017, Art. 20 GG Rn. 84; neben dem Vorbehalt auch zum Vorrang des Gesetzes *Jehke*, Bestimmtheit und Klarheit im Steuerrecht, 2005, S. 72 ff.

1190 Vgl. *Papier/Möller*, AöR 122 (1997), S. 177 (199); *Jehke*, Bestimmtheit und Klarheit im Steuerrecht, 2005, S. 87 f. und 94.

1191 Dazu *Papier*, Die finanzrechtlichen Gesetzesvorbehalte und das grundgesetzliche Demokratieprinzip, 1973, S. 154 ff.; *Tipke*, StRO I^2, 2000, S. 128 f.; *Drüen*, in: Tipke/Kruse, AO/FGO, § 3 AO Rn. 39 (Stand 01.2017); dazu auch *Hey*, in: Tipke/Lang, Steuerrecht^{24}, 2020, § 3 Rn. 243 f. (m.w.N.); a.A. *Brinkmann*, Tatbestandsmäßigkeit der Besteuerung und formeller Gesetzesbegriff, 1982, S. 10 f.; *Jehke*, Bestimmtheit und Klarheit im Steuerrecht, 2005, S. 175 ff.

1192 Dazu nur *Papier*, Die finanzrechtlichen Gesetzesvorbehalte und das grundgesetzliche Demokratieprinzip, 1973, S. 156 ff.; *Tipke*, StRO I^2, 2000, S. 128 f.; *Selmer*, in: FS Starck, 2007, S. 435 (441 ff.); vgl. in Bezug auf den Vorbehalt des Gesetzes *Drüen*, in: Tipke/Kruse, AO/FGO, § 3 AO Rn. 39 (Stand 01.2017), „Weiter gehend verlangt der Grundsatz der Tatbestandsmäßigkeit [...]".

1193 Ähnlich *Papier*, DStJG 12 (1989), S. 61 (64); *Jehke*, Bestimmtheit und Klarheit im Steuerrecht, 2005, S. 176 f.

kann,[1194] selbiger bei deren Verwendung zugleich aber auch nicht völlig frei ist.[1195] Der Gesetzgeber müsse dem grundrechtsverkürzenden Steuereingriff „klare Konturen" verschaffen.[1196] Dabei bestehe das Ideal, dass der Steuerpflichtige seine Steuerschuld vorausberechnen könne.[1197] Gerade Normen, die die Steuerpflicht begründen, müssten nach Inhalt, Gegenstand, Zweck und Ausmaß hinreichend bestimmt sein.[1198] Diese abstrakte Vorgabe gibt aber natürlich keine strikt operablen oder zweifelsfrei anwendbaren Kriterien für die Beurteilung der hinreichenden Bestimmtheit im Einzelfall. Als absolute Grenze der Unbestimmtheit wird aber einhellig die fehlende Bestimmbarkeit im Zuge der Rechtsanwendung, unter Anwendung der methodischen Auslegung, aufgestellt.[1199] Daher soll nachfolgend zunächst die Gewährleistung der Bestimmbarkeit als „Mindestanforderung" an die Bestimmtheit überprüft werden.

1194 St. Rspr., vgl. nur BVerfG v. 10.10.1961 – 2 BvL 1/59, BVerfGE 13, 153, Rn. 35; v. 31.05.1988 – 1 BvR 520/83, BVerfGE 78, 214, Rn. 35 (m.w.N.); aus der Literatur statt vieler *Wernsmann*, in: Hübschmann/Hepp/Spitaler, AO/FGO, § 3 AO Rn. 193 (Stand 11.2016); *Drüen*, in: Tipke/Kruse, AO/FGO, § 3 AO Rn. 40 (Stand 01.2017), ähnlich *Papier/Möller*, AöR 122 (1997), S. 177 (184); siehe auch *P. Kirchhof*, in: FS RFH/BFH, 1993, S. 285 (288), wonach die größtmögliche Tatbestandsbestimmtheit „ihre Grenze in der Vielfalt der steuerbaren Sachverhalte [findet]"; vgl. auch *Waldhoff*, in: FS Spindler, 2011, S. 853 (873), der zugleich den verfassungsrechtlichen Rechtfertigungsdruck betont.

1195 BVerfG v. 31.05.1988 – 1 BvR 520/83, BVerfGE 78, 214, Rn. 35.

1196 *Drüen*, in: Tipke/Kruse, AO/FGO, § 3 AO Rn. 40 (Stand 01.2017).

1197 Erstmals ausdrücklich zur Forderung der Vorausberechnung BVerfG v. 14.12.1965 – 1 BvR 571/60, BVerfGE 19, 253, Rn. 44; dazu *Eckhoff*, StuW 1996, S. 107 (109); kritisch *ders.*, Rechtsanwendungsgleichheit im Steuerrecht, 1999, S. 287 ff.; umfassend *Jehke*, Bestimmtheit und Klarheit im Steuerrecht, 2005, S. 128 ff.; *Selmer*, in: FS Starck, 2007, S. 435 (445); *Bartone*, in: Linien der Rechtsprechung des Bundesverfassungsgerichts, 2009, S. 305 (316 f.); *Tipke*, StRO I², 2000, S. 140 f.; zu der Frage, ob es dabei auf einen subjektiven oder objektiven Maßstab ankommt, nur *Hey*, Steuerplanungssicherheit, 2002, S. 558 ff. und *Jehke*, Bestimmtheit und Klarheit im Steuerrecht, 2005, S. 137 ff.

1198 Vgl. nur BVerfG v. 10.10.1961 – 2 BvL 1/59, BVerfGE 13, 153, Rn. 23; *Eckhoff*, StuW 1996, S. 107 (109).

1199 St. Rspr., vgl. nur BVerfG v. 27.11.1990 – 1 BvR 402/87, BVerfGE 83, 130, Rn. 45; v. 04.06.2012 – 2 BvL 9/08, u.a., BVerfGE 131, 88, Rn. 91; wohl auch *Papier*, DStJG 12 (1989), S. 61 (68); *ders./Möller*, AöR 122 (1997), S. 177 (189); *Jehke*, Bestimmtheit und Klarheit im Steuerrecht, 2005, S. 135 f.; *Bartone*, in: Linien der Rechtsprechung des Bundesverfassungsgerichts, 2009, S. 305 (315); *Hey*, in: Tipke/Lang, Steuerrecht²⁴, 2020, § 3 Rn. 244.

2. *Hinreichende Bestimmbarkeit der Wettbewerbsschutzklauseln*

Im Falle der fehlenden Bestimmbarkeit der Wettbewerbsschutzklauseln könnten die (potentiell) Begünstigten und auch deren (potentiellen) Konkurrenten über sich nicht das Gesetz und die wettbewerbspolitische Entscheidung des Gesetzgebers – unter der Gewährung deren Berechenbarkeit und Publizität – sondern die Willkür der Verwaltung sehen.[1200] Eine solche fehlende Bestimmbarkeit im Zuge der Auslegung der Wettbewerbsschutzklauseln oder aber Willkür in der Rechtsanwendung aufgrund der fehlenden Bestimmbarkeit lässt sich aber nicht erkennen. Zwar wurde bereits eine Vielzahl fehlerhafter Entscheidungen nachgewiesen und auch die fehlende Einheitlichkeit der Wettbewerbsprüfung zwischen der Rechtsprechung und der Finanzverwaltung, aber auch teilweise zwischen den jeweiligen Rechtsgebieten, festgestellt.[1201] Tatsächlich geben aber die Rechtsprechung und die Finanzverwaltung zumindest jeweils bereichsspezifische Kriterien für die Wettbewerbsprüfung in der Umsatzsteuer, Körperschaftsteuer und auch der Abgabenordnung vor.[1202] Diese erweisen sich zwar für die

---

1200 Vgl. mit gleichgehendem Gedanken hinsichtlich der Verwendung von Verwaltungsnormen *Isensee*, Die typisierende Verwaltung, 1976, S. 126.

1201 Vgl. zu § 65 Nr. 3 AO Teil 1 A, II, 1 a) bb), wonach der BFH das Verständnis einer konkreten Beurteilung (wenn auch nicht konsequent umgesetzt) darlegt, während die Finanzverwaltung nur von einem schützenswerten potentiellen Wettbewerb spricht, ohne Vorgaben zu dessen Bestimmung zu treffen, was auf ein abstraktes Verständnis hindeutet, vgl. Teil 1 A, II, 2 b); ähnlich zu § 4 KStG, wo der BFH ebenfalls die notwendige Gleichartigkeit des Angebotes an einen gleichartigen Kundenkreis fordert unter Teil 1 B, III, 3 (dies jedoch ebenfalls nicht stringent umsetzt, vgl. a.a.O.), wohingegen die Finanzverwaltung keine Vorgaben zur Wettbewerbsbestimmung trifft, sondern nur auf einen Annahmezwang oder die Aufgabenübertragung im Wege der Beleihung abstellt, wodurch es im Umkehrschluss erneut zu einer abstrakten Beurteilung kommt, vgl. Teil 1 B, III, 1 und 2; zu § 2b UStG, wenn auch hinsichtlich des vorrangigen Art. 13 Abs. 1 Uabs. 2 MwStSystRL, trifft der EuGH bereits keine eindeutigen Vorgaben, beziehungsweise stellt bezüglich des Wettbewerbs auf eine konkrete Beurteilung, bei der größeren Wettbewerbsverzerrung dann aber widersprüchlich auf eine abstrakte Beurteilung ab, vgl. nur das Ergebnis unter Teil 1 C, II, 1, a) dd). Während die Finanzverwaltung schon bei der Bestimmung des Wettbewerbsverhältnisses widersprüchliche Angaben macht, vgl. Teil 1 C, II, 1, b) aa); vgl. auch zu Art. 134 Buchst. b MwStSystRL die abweichenden Vorgaben zwischen EuGH und BFH, Teil 1 D, III, 1 a) und b).

1202 Vgl. zu § 65 Nr. 3 AO Teil 1 A, II, 1 a) aa) sowie 2 a) und b), zu § 4 KStG Teil 1 B, III, für § 2b UStG Teil 1 C, II, 1 a) und b) aa) sowie für Art. 134 Buchst. b MwStSystRL Teil 1 D, III, 1.

Wettbewerbsprüfung als unterkomplex und gerade die Vorgaben der Finanzverwaltung führen die Anknüpfung an den Wettbewerbsgedanken nahezu *ad absurdum*. Zugleich werden dem Rechtsanwender aber durchaus Kriterien vorgegeben, anhand derer die Wettbewerbsprüfung zu erfolgen hat.[1203] Dies gilt für die Bestimmung eines Wettbewerbsverhältnisses in gleicher Weise wie für den Abwägungsauftrag aufgrund des Merkmals der Unvermeidbarkeit nach § 65 Nr. 3 AO. Denn auch dort lassen sich zumindest die widerstreitenden und zu gewichtenden Interessen festlegen.[1204] Allein aus der oben festgestellten Gestaltungsmöglichkeit der Finanzverwaltung folgt daher zugleich nicht zwingend eine willkürliche Konkretisierung und Umsetzung derselben im Zuge der Rechtsanwendung.

Die Unbestimmtheit der Wettbewerbsschutzklauseln und die damit verbundene Unsicherheit ist also keineswegs endgültig, sondern wird durch die Rechtsanwendung der Finanzbehörde und vor allem der Gerichte tendenziell verringert.[1205] Die verbleibende Unsicherheit aufgrund der nur bedingten Vorhersehbarkeit der Wettbewerbsprüfung und des Abwägungsergebnisse bei der Unvermeidbarkeit ergibt sich gerade nicht aus einer Unbestimmbarkeit. Die verbleibende Unsicherheit folgt vielmehr aus der Möglichkeit der verschiedentlichen Bestimmbarkeit. Daneben ergibt sich die Unvorhersehbarkeit auch aus dem Umstand, der zugleich die notwendige Unbestimmtheit der Tatbestände erforderlich macht und in gewisser Weise auch zu legitimieren vermag. Die Herabsetzung der Rechtssicherheit bedürfe schließlich immer einer Rechtfertigung,[1206] wobei in diesem Zusammenhang wohl eher die schlichte Forderung

---

1203 Vgl. exemplarisch für § 65 Nr. 3 AO BFH v. 30.03.2000 – V R 30/99, BStBl II 2000, 705, Rn. 41, wonach maßgeblich sei, ob „der wirtschaftliche Geschäftsbetrieb und die nicht begünstigten Betriebe dem gleichen Kundenkreis gleiche Güter anbieten"; zu offen dagegen AEAO zu § 65 AO, Nr. 4 S. 4 (Fassung v. 19.02.2016), wo keine Angaben dazu getroffen werden, wie ein „tatsächlicher" oder „potentieller" Wettbewerb überhaupt ermittelt werden sollte; dagegen mit völlig undurchsichtigen Vorgaben BMF v. 16.12.2016 – III C 2-S 7107/16/10001, BStBl I 2016, 1451. Dazu bereits ausführlich unter Teil 1 C, II, 1, b) aa) (1).

1204 Vgl. dazu Teil 1 A, III, 1 und 2; siehe auch die Stellungnahme unter Teil 1 A, III, 3 a) und b).

1205 Zu dieser Forderung an den Ausschluss der Unbestimmtheit jedenfalls in zeitlicher Hinsicht vgl. nur BVerfG v. 08.08.1978 – 2 BvL 8/77, BVerfGE 49, 89, Rn. 111; so auch *Papier/Möller*, AöR 122 (1997), S. 177 (189).

1206 *Papier/Möller*, AöR 122 (1997), S. 177 (189); mit der Betonung eines verfassungsrechtlichen Rechtfertigungsdrucks auch *Waldhoff*, in: FS Spindler, 2011, S. 853 (874).

nach der Benennung des Grundes für die Notwendigkeit der Unbestimmtheit treffend sein dürfte.[1207] Die Tatbestandsbestimmtheit findet bereits naturgemäß ihre Grenze in der Vielfalt der steuerbaren Sachverhalte.[1208] Gerade eine solche Vielseitigkeit der Lebenssachverhalte ist auch schon für die Wettbewerbsschutzklauseln festgestellt worden.[1209] Die Unvorhersehbarkeit ergibt sich aus der erhöhten Einzelfallabhängigkeit und zwingend wertenden Beurteilung im Zuge der Wettbewerbsprüfung. Nicht aber aus einer willkürlichen Anwendung, die durch die Unbestimmtheit des Tatbestandes ermöglicht wird. Daher folgt auch die bestehende Unsicherheit aus der Eigenart der Wettbewerbsprüfung – genauer aus der unzureichenden und (ressourcenbedingt) unterkomplexen Anwendung der Wettbewerbsschutzklauseln, wobei die unterschiedliche Vorgehensweise gerade als Folge der auslegungsoffenen Bestimmbarkeit angesehen werden kann – aber nicht aus deren Unbestimmbarkeit.

Problematisch ist hier damit weder die Unmöglichkeit der Auslegung, noch wirkt sich an dieser Stelle die fehlerhafte, beziehungsweise unterkomplexe Anwendung aus. Es bestehen damit ausschließlich Bedenken an der wiederkehrenden individuellen wertenden Betrachtung mit Gestaltungsmöglichkeit und der dieser vorhergehenden freien Festlegung der relevanten Umsetzung. So wie aber auch schon die Entscheidung über die Steuerauflage wegen der wirtschaftslenkenden und sozialgestaltenden Wirkung in den Rang einer Entscheidung durch den parlamentarischen Gesetzgeber geboten sein soll,[1210] könnte selbiges daher auch für die Wettbewerbsschutzklauseln gelten. Die Wettbewerbsprüfung geht qualitativ über dieses „Verbot“ der Verwaltungsrechtssetzung hinaus. Im Zuge der Anwendung der Wettbewerbsschutzklauseln wird nämlich, auch unter Berücksichtigung der getroffenen Konkretisierung im Rahmen der Auslegung,

---

1207 Schließlich stellen auch *Papier/Möller*, AöR 122 (1997), S. 177 (189 f.), für die „Rechtfertigung“ im Folgenden auf einen neuartigen Lebenssachverhalt ab, aufgrund dessen schneller und unvorhersehbarer Änderung der Gesetzgeber in einer „Erprobungsphase“ die Konkretisierung durch die Rechtsprechung abwarten dürfe.

1208 Vgl. *P. Kirchhof*, in: FS RFH/BFH, 1993, S. 285 (288).

1209 Vgl. zur Mannigfaltigkeit des Wettbewerbs die ausführlichen Nachweise in der Einleitung A, II, 1.

1210 Vgl. *Hahn*, Die Grundsätze der Gesetzmäßigkeit und der Tatbestandsmäßigkeit der Besteuerung, 1984, S. 82; im Ergebnis wohl auch *Hey*, in: DStJG 39 (2016), S. 11 (47); ähnlich liegt nach *Selmer*, Steuerinterventionismus und Verfassungsrecht, 1971, S. 65, „das Schwergewicht steuerinterventionistischer staatlicher Aktivität [...] bei der (materiellen) Gesetzgebung“.

die wirtschaftspolitisch relevante Entscheidung von der Behörde aufgrund der hohen Individualität nicht allgemeinverbindlich, sondern für jeden Einzelfall gesondert getroffen. Trotz der festgestellten Bestimmbarkeit verbleibt es damit bei einer Unsicherheit hinsichtlich des Ergebnisses im Einzelfall. Mit Blick auf die entscheidende Auswirkung der Anwendung der Wettbewerbsschutzklauseln – für die potentiell Begünstigten durch die Auferlegung oder Verschonung von der Steuerpflicht, beziehungsweise auch die Auswirkung für die Konkurrenten – muss daher nachfolgend hinterfragt werden, ob es nicht einer abschließend oder aber weniger offenen Regelung durch den Gesetzgeber bedarf. Tatsächlich könnte der Regelungsbereich der Wettbewerbsschutzklauseln sogar schon unter einem Parlamentsvorbehalt stehen.

II. Parlamentsvorbehalt als Delegationsgrenze

Ungeachtet der im Ergebnis wohl nur begrifflichen Unterscheidung zwischen dem Parlamentsvorbehalt und dem Bestimmtheitsgrundsatz[1211] – der für einen bestimmten Regelungsgegenstand nämlich ebenfalls eine erhöhte Regelungsdichte erfordern kann[1212] und damit auf den gleichen Gehalt wie ein Parlamentsvorbehalt anwachsen – könnten auch die Wettbewerbsschutzklauseln inhaltlich einer stärker parlamentarischen Ausgestaltung bedürfen. Neben der Forderung nach einem formellen Gesetz oder einer Satzung durch eine Gebietskörperschaft,[1213] für den zumindest hinsichtlich Art. 2 Abs. 1 GG aber auch für die persönliche Entfaltung im vermögensrechtlichen und im beruflichen Bereich (Art. 14 Abs. 1, Art. 12 Abs. 1 GG) grundrechtsrelevanten Steuereingriff,[1214] wird

---

1211 *Gassner*, Kriterienlose Genehmigungsvorbehalte im Wirtschaftsverwaltungsrecht, 1994, S. 151 f., der von einer „funktionellen Teilidentität" spricht, als dass „beide beanspruchen, Anforderungen an die Regelungsdichte zu stellen", auch wenn dieser dennoch dem Bestimmtheitsgrundsatz den Vorzug geben will; *Jehke*, Bestimmtheit und Klarheit im Steuerrecht, 2005, S. 94 f.

1212 Vgl. nur *Badura*, in: Öffentliche Verwaltung in Deutschland, 1996, S. 55 (59 f.); *Schuppert*, in: Das Gesetz als zentrales Steuerungsinstrument des Rechtsstaates, 1998, S. 105 (110 ff.); *Grzeszick*, in: Maunz/Dürig, GG, Art. 20 GG Rn. 60 und 65 (Stand 01.2010), mit umfangreichen Belegen aus der Rechtsprechung des Bundesverfassungsgerichts.

1213 Vgl. nur *Drüen*, in: Tipke/Kruse, AO/FGO, § 3 AO Rn. 39 (Stand 01.2017); *Wernsmann*, in: Hübschmann/Hepp/Spitaler, AO/FGO, § 3 AO Rn. 189 (Stand 11.2016).

1214 BVerfG v. 25.09.1992 – 2 BvL 5/91, u.a., BVerfGE 87, 153, Rn. 64; siehe nur *Seer*, DStJG 23 (2000), S. 87 (90 ff.); *Wernsmann*, in: Hübschmann/Hepp/Spitaler, AO/FGO, § 4 AO Rn. 654 (Stand 10.2020).

mit Bezug auf das Bundesverfassungsgericht immer wieder hervorgehoben, dass das Steuerrecht aus dem „Diktum des Gesetzgebers lebe“.[1215] Dabei wird auch im Steuerrecht gefordert, dass die Bestimmtheitsanforderungen im Gleichlauf mit der zunehmenden Eingriffsintensität ansteigen müssen.[1216] Ein Parlamentsvorbehalt wird dabei, ungeachtet der divergierenden Begründungsansätze, einhellig jedenfalls für die „Grundelemente des Steuertatbestandes“ aufgestellt.[1217] Dieser Parlamentsvorbehalt bezieht sich dabei nicht nur auf Regelungen zur Steuererhebung oder -verschärfung, sondern in gleicher Weise auch auf Regelungen über Steuerbefreiungen oder -vergünstigungen.[1218] Bezüglich dieser „Grundelemente des Steuertatbestandes“ wird daher überwiegend die Zulässigkeit einer Delegation von Entscheidungsbefugnissen abgelehnt, und zwar unabhängig davon, ob diese „offen“[1219] oder über unbestimmte Rechtsbegriffe „verdeckt“

1215 Vgl. zu dieser vielzitierten Aussage ausgehend von *Bühler/Strickrodt*, Steuerrecht I^3, 1960, S. 658, nur: BVerfG v. 24.01.1962 – 1 BvR 232/60, BVerfGE 13, 318, Rn. 26; kritisch *Seer*, Verständigungen in Steuerverfahren, 1996, S. 164, „entspricht bereits für das materielle Steuerrecht nicht der Wirklichkeit“; umfassend auch *Jehke*, Bestimmtheit und Klarheit im Steuerrecht, 2005, S. 108 ff.; *Jochum*, in FS Kirchhof (Bd. II), 2013, § 149 Rn. 2.

1216 Grundsätzlich BVerfG v. 03.06.1992 – 2 BvR 1041/88, u.a., BVerfGE 86, 288, Rn. 83, (m.w.N.); *Bartone*, in: Linien der Rechtsprechung des Bundesverfassungsgerichts, 2009, S. 305 (315 und 327); für das Steuerrecht: vgl. nur *Papier*, Die finanzrechtlichen Gesetzesvorbehalte und das grundgesetzliche Demokratieprinzip, 1973, S. 92; *Barth*, Richterliche Rechtsfortbildung im Steuerrecht, 1996, S. 389 f.; *Drüen*, in: Tipke/Kruse, AO/FGO, § 3 AO Rn. 53 (Stand 01.2017); *Hey*, Steuerplanungssicherheit, 2002, S. 553 (m.w.N.); *dies.*, in: Tipke/Lang, Steuerrecht^{24}, 2020, § 3 Rn. 246; ähnlich *Wernsmann*, in: Hübschmann/Hepp/Spitaler, AO/FGO, § 3 AO Rn. 193 (Stand 11.2016).

1217 Satt vieler nur *Jesch*, Gesetz und Verwaltung, 1961, S. 107 f.; *Hahn*, Die Grundsätze der Gesetzmäßigkeit und der Tatbestandsmäßigkeit der Besteuerung, 1984, S. 102 ff.; *Tipke*, StRO I^2, 2000, S. 128 f.; dem folgend auch *Hey*, in: Tipke/Lang, Steuerrecht^{24}, 2020, § 3 Rn. 234; wobei der Parlamentsvorbehalt dabei oftmals über den Gedanken der mangelnden „Sachgesetzlichkeit“ des Steuerrechts begründet wird, vgl. dazu ausführlich *Jehke*, Bestimmtheit und Klarheit im Steuerrecht, 2005, S. 108 ff.; kritisch hinsichtlich der Reichweite *Seer*, Verständigungen in Steuerverfahren, 1996, S. 164; ähnlich *Eckhoff*, StuW 1996, S. 107 (110), wonach das Klarheitsgebot und der steuerrechtliche Parlamentsvorbehalt „unerfüllte Ideale“ seien.

1218 *Papier*, Die finanzrechtlichen Gesetzesvorbehalte und das grundgesetzliche Demokratieprinzip, 1973, S. 119; *Schön*, in: FS Spindler, 2011, S. 189 (197 f.); *Drüen*, in: Tipke/Kruse, AO/FGO, § 3 AO Rn. 36 (Stand 01.2017), m.w.N.

1219 Dazu nur *Jesch*, Gesetz und Verordnung, 1961, S. 107 f.; *P. Kirchhof*, AöR 128 (2003), S. 2 (38); *Drüen*, in: Tipke/Kruse, AO/FGO, § 3 AO Rn. 37 (Stand 01.2017).

erfolgt.[1220]

1. *Mindestanforderungen an den Steuertatbestand*

Wegen des angenommenen Parlamentsvorbehalts für die „Grundelemente des Steuertatbestandes"[1221] wird überwiegend gefordert, dass jedenfalls das Steuersubjekt, -objekt, -bemessungsgrundlage und -satz präzise durch ein formelles Gesetz geregelt sein müssen.[1222] Das damit aufgestellte Delegationsverbot wird jedoch bezüglich der Bemessungsgrundlage teilweise eingeschränkt. Die erfassten wirtschaftlichen Vorgänge seien in der Regel zu vielgestaltig, als dass ein Verzicht auf unbestimmte Rechtsbegriffe überhaupt realisierbar sei.[1223] Es reiche daher aus, wenn eine an den geregelten „Grundstrukturen" der Bemessungsgrundlage orientiere Konkretisierung durch den Rechtsanwender möglich sei.[1224] Daneben soll es auch bei der Delegation über den Verordnungsweg nicht genügen, wenn das formelle Gesetz nur den Rahmen und eine Obergrenze der Steuerlast festlegt[1225] und dem Verordnungsgeber darauffolgend eine

---

1220 *Jehke*, Bestimmtheit und Klarheit im Steuerrecht, 2005, S. 158; inhaltlich auch *Hahn*, Die Grundsätze der Gesetzmäßigkeit und der Tatbestandsmäßigkeit der Besteuerung, 1984, S. 84 ff.; allgemein mit der Bezeichnung des Parlamentsvorbehalts „als Delegationsverbot", mit dem „für bestimmte Regelungsgegenstände eine Selbstentscheidungspflicht des parlamentarischen Gesetzgebers formuliert [wird]", *Staupe*, Parlamentsvorbehalt und Delegationsbefugnis, 1986, S. 129; *Schuppert*, in: Das Gesetz als zentrales Steuerungsinstrument des Rechtsstaates, 1998, S. 105 (111).

1221 Dazu bereits *Hensel*, Steuerrecht^3, 1933, S. 57 ff.

1222 Vgl. bereits *Jesch*, Gesetz und Verwaltung, 1961, S. 107 f.; *Kruse*, Steuerrecht, 1991, S. 54 ff.; *Osterloh*, Gesetzesbindung und Typisierungsspielräume bei der Anwendung der Steuergesetze, 1992, S. 163 ff.; *Tipke*, StRO I^2, 2000, S. 128 f.; wohl auch *Waldhoff*, in: FS Spindler, 2011, S. 853 (872 ff.); *Wernsmann*, in: Hübschmann/Hepp/Spitaler, AO/FGO, § 4 AO Rn. 662 (Stand 10.2020); mit Blick auf die Delegation auf dem Verordnungsweg auch *Drüen*, in: Tipke/Kruse, AO/FGO, § 3 AO Rn. 37 (Stand 01.2017); unter Ausschluss der Bemessungsgrundlage auch *Jehke*, Bestimmtheit und Klarheit im Steuerrecht, 2005, S. 158 und 169; zurückhaltend hinsichtlich der Bemessungsgrundlage auch *Seiler*, Der einheitliche Parlamentsvorbehalt, 2000, S. 263 ff.

1223 *Jehke*, Bestimmtheit und Klarheit im Steuerrecht, 2005, S. 158; inhaltlich wohl auch *Eckhoff*, Rechtsanwendungsgleichheit im Steuerrecht, 1999, S. 303; ebenso *Seiler*, Der einheitliche Parlamentsvorbehalt, 2000, S. 264 und 354.

1224 *Seiler*, Der einheitliche Parlamentsvorbehalt, 2000, S. 354; *Jehke*, Bestimmtheit und Klarheit im Steuerrecht, 2005, S. 158 f.

1225 *Papier*, DStJG 12 (1989), S. 61 (63); *Drüen*, in: Tipke/Kruse, AO/FGO, § 3 AO Rn. 37 (Stand 01.2017).

Ersetzungs- und nicht lediglich eine Konkretisierungsfunktion zukomme.[1226] Die Grenze, wann die Grundelemente des Steuertatbestandes demnach hinreichend durch den Gesetzgeber bestimmt sind, lässt sich jedoch nicht allgemeingültig ziehen. Weder die Unterscheidung zwischen bestimmten und unbestimmten Rechtsbegriffen,[1227] noch diejenige zwischen einer Konkretisierung und einer Ersetzung, lassen eine generelle trennscharfe Zuordnung zu.[1228] Aus diesem Grund lässt sich der Abstraktionsgrad in diesem Zusammenhang nur bedingt verringern. Dem Vorhergehenden ist aber zu entnehmen, dass die Grenze der Zulässigkeit zumindest dann erreicht ist, wenn in der Norm die regelungsbedürftigen und auch -pflichtigen Elemente nicht derart klar umrissen wird, dass das Ergebnis der Normanwendung zweifelsfrei auf den normierten Willen des Gesetzgebers zurückgeführt werden kann.[1229]

1226 Zur Frage der Delegation des Steuertatbestandes über eine Verordnungsermächtigung BVerfG v. 11.02.1958 – 2 BvL 21/56, BVerfGE 7, 267, Rn. 29 ff.; ebenso FG Niedersachsen v. 14.03.2001 – 3 K 289/95, EFG 2001, 784, Rn. 42 und 49; *Drüen*, in: Tipke/Kruse, AO/FGO, § 3 AO Rn. 37 (Stand 01.2017).

1227 In diese Richtung *Jehke*, Bestimmtheit und Klarheit im Steuerrecht, 2005, S. 167 und 169, der die Bestimmbarkeit eines unbestimmten Rechtsbegriffs vor einem Parlamentsvorbehalt nicht genügen lassen will; ähnlich *Ossenbühl*, in: HStR V^3, 2007, § 101 Rn. 53; a.A. wohl *Waldhoff*, in: FS Spindler, 2011, S. 853 (873 f.), der auch hinsichtlich der Bestimmtheit des Steuertatbestandes die Verwendung von unbestimmten Rechtsbegriffen als unvermeidbar ansieht.

1228 Dahingehend auch *Papier/Möller*, AöR 122 (1997), S. 177 (184); erneut mit Bezug auf die Konkretisierung über den Verordnungsweg in diese Richtung auch *Drüen*, in: Tipke/Kruse, AO/FGO, § 3 AO Rn. 37 (Stand 01.2017), der hinsichtlich dieser abstrakt nicht zu bestimmenden Grenze, unter Verweis auf vom Bedürfnis eines „juristischen „Fingerspitzengefühls" im Einzelfall" spricht.

1229 In diese Richtung auch *Staupe*, Parlamentsvorbehalt und Delegationsbefugnis, 1986, S. 129, „Selbstentscheidungspflicht des parlamentarischen Gesetzgebers"; siehe auch *Jachmann*, Die Fiktion im öffentlichen Recht, 1998, S. 669; vgl. aber erneut mit der engeren Grenze des Vorliegens eines unbestimmten Rechtsbegriffs ausdrücklich *Jehke*, Bestimmtheit und Klarheit im Steuerrecht, 2005, S. 157 und 169, Fn. 751; ähnlich *Ossenbühl*, in: HStR V^3, 2007, § 101 Rn. 51 und 53; vergleichbar wird im Zusammenhang mit der Wesentlichkeitstheorie auch die erforderliche Regelungsdichte hervorgehoben, vgl. *Kloepfer*, JZ 1984, S. 685 (691), wonach die Wesentlichkeitstheorie „nicht nur eine Entscheidung über das Ob des gesetzgeberischen Handelns, sondern auch das Wie [beansprucht]" und „dabei die Verwendung von unbestimmten Rechtsbegriffen und von Ermessensvorschriften [limitiert]. Wesentliche Entscheidungen dürfen nicht dem Handeln der Verwaltung überlassen bleiben"; *Badura*, in: Öffentliche Verwaltung in Deutschland, 1996, S. 55 ff. (insb. 59 f.), wonach sich die Wesentlichkeitstheorie „an den Gesetzgeber [wendet], dem sie Regelungspflichten

2. *Wettbewerb als unzulässige Unschärfe des Steuertatbestandes*

Die Anwendung der Wettbewerbsschutzklauseln erfährt offenkundig nicht die Verbindlichkeit wie eine Konkretisierung durch den Verordnungsgeber. Zumal eine solche nach dem oben Gesagten auch ihrerseits ohnehin nicht genügen würde. Vielmehr bestehen trotz der grundsätzlichen Bestimmbarkeit weitgehende Abweichungsmöglichkeiten und eine hohe Einzelfall- und Wertungsabhängigkeit. Und dies sogar im Fall einer sachgerechten Auslegung der Wettbewerbsschutzklauseln und Konkretisierung der Wettbewerbsprüfung. Für die hiesige Betrachtung muss zu dieser Feststellung jedoch der Umstand hinzutreten, dass in den Wettbewerbsschutzklauseln die Grundelemente des Steuertatbestandes zugleich nicht hinreichend geregelten werden. Dies gilt es nachfolgend zu untersuchen.

a) *Teilweise mittelbare Delegation der Grundelemente des Steuertatbestandes*

Diesbezüglich ist zunächst festzuhalten, dass offenkundig weder die Umschreibungen für ein Wettbewerbsverhältnis noch das Merkmal der „Unvermeidbarkeit“, unmittelbar Steuersubjekt, -objekt, -bemessungsgrundlage, oder -satz festlegen. Bereits begriffstechnisch eignen sich die Merkmale nicht zur Ausfüllung der genannten Grundelemente des Steuertatbestandes. Aus diesem Grund scheidet auch eine unmittelbar verdeckte Delegation von Entscheidungsbefugnissen durch die Verwendung unbestimmter Rechtsbegriffe aus. Dennoch rücken auch die Wettbewerbsschutzklauseln wegen der Merkmale des Wettbewerbsverhältnisses und der Unvermeidbarkeit in die Nähe der unter dem Parlamentsvorbehalt stehenden Grundelemente des Steuertatbestandes.

aa) *Keine unzulässige Delegation durch § 4 KStG*

Nach § 4 KStG wird die Bestimmung des Steuersubjekts – wenn auch in diesem Fall entgegen dem Wortlaut nicht der einzelne Betrieb gewerblicher Art, sondern die dahinterstehende juristische Person des öffentlichen Rechts erfasst

---

auferlegt und entgegen dem demokratischen Begriff der gesetzgebenden Gewalt bis zu einem gewissen Grad die politische Gestaltungsfreiheit in der Frage aus der Hand nimmt, ob und in welcher Weise die Verwaltung gebunden sein soll“; *Schuppert*, in: Das Gesetz als zentrales Steuerungsinstrument des Rechtsstaates, 1998, S. 105 (110 f.).

wird –[1230] im Ergebnis von der Wettbewerbsprüfung abhängig gemacht. Allerdings wird die Wettbewerbsprüfung erst bei der Abgrenzung vom Hoheitsbetrieb zum Betrieb gewerblicher Art herangezogen, ohne dass eine ausdrücklich normierte Vorgabe besteht.[1231] Demnach wird das Steuersubjekt nicht durch das Gesetz mit der Wettbewerbsprüfung verknüpft und daher schon begrifflich nicht auf die unbestimmte Wettbewerbsprüfung zurückgegriffen. Doch auch dann, wenn man weitergehend auch auf die Ausfüllung eines verknüpften (gegebenenfalls unbestimmten) Rechtsbegriff durch die Rechtsanwender abstellen sollte, wäre die Verknüpfung bei § 4 KStG an dieser Stelle dennoch nicht relevant. Ungeachtet der unterschiedlichen Begründungsstränge für den steuerrechtlichen Parlamentsvorbehalt,[1232] wird nämlich deutlich, dass es in Bezug auf die Bestimmtheit der Grundelemente des Steuertatbestandes im Kern um den Eingriffscharakter der Steuer und die Vorhersehbarkeit, zumindest aber Erkennbarkeit des Steuereingriffs für den steuerpflichtigen Bürger geht.[1233] Gerade dieser Eingriffscharakter liegt aber bei der Besteuerung der öffentlichen Hand im Körperschaftsteuerrecht mangels unmittelbar betroffener schützenswerter Freiheitsrechte nicht vor. Dieser Gesichtspunkt gewinnt angesichts des Umstands an Gewicht, dass es sich lediglich um eine „Selbstbesteuerung“ des Staates handelt.[1234] Allein mit Blick auf die mittelbare Einwirkung auf den Steuertatbestand des § 4 KStG – über die Wettbewerbsprüfung – lässt sich eine unzulässige Unbestimmtheit oder fehlende abschließend bestimmte parlamentarische Regelung nicht begründen.

1230 Vgl. nur *Seer*, DStR 1992, S. 1790; *Droege*, Zur Besteuerung der öffentlichen Hand, 2018, S. 13.

1231 Vgl. dazu ausführlich unter Teil 1 B, II.

1232 Vgl. dazu nur die ausführliche Darstellung bei *Staupe*, Parlamentsvorbehalt und Delegationsbefugnis, 1986, S. 162 ff.; für das Steuerrecht *Jehke*, Bestimmtheit und Klarheit im Steuerrecht, 2005, S. 96 ff.

1233 Vgl. nur *Jesch*, Gesetz und Verwaltung, 1961, S. 107 f.; *Hey*, Steuerplanungssicherheit, 2002, S. 552 f.; *Drüen*, in: Tipke/Kruse, AO/FGO, § 3 AO Rn. 35 (Stand 01.2017); *Wernsmann*, in: Hübschmann/Hepp/Spitaler, AO/FGO, § 4 AO Rn. 662 (Stand 10.2020); siehe auch *Jehke*, Bestimmtheit und Klarheit im Steuerrecht, 2005, S. 101 ff., der lediglich die alleinige Grundrechtsrelevanz nicht für einen allgemeinen Parlamentsvorbehalt genügen lassen will.

1234 Dazu bereits Teil 1 B, I.

bb) *Indirekt mittelbare Delegation durch die übrigen Wettbewerbsklauseln*

Hinsichtlich der übrigen Wettbewerbsschutzklauseln ist eine Betrachtung des Art. 134 Buchst. B MwStSystRL bereits aufgrund der fehlenden nationalen Umsetzung ausgeschlossen. Anders gestaltet es sich jedoch bezüglich § 2b Abs. 1 S. 2 UstG, § 65 Nr. 3 AO, § 12 Abs. 2 Nr. 8 Buchst. A S. 3 Alt. 1 UstG und § 5 Abs. 1 Nr. 22 S. 1 KStG.

Nach § 2b Abs. 1 S. 2 UstG gilt der subjektive Befreiungstatbestand nach Abs. 1 S. 1 – wonach die juristischen Personen des öffentlichen Rechts nicht als Unternehmer i.S.d. § 2 UstG gelten – nicht mehr, wenn „eine Behandlung als Nichtunternehmer zu größeren Wettbewerbsverzerrungen führen würde". Das Wiederaufleben der Unternehmereigenschaft wird demnach an die Wettbewerbsprüfung geknüpft. Zugleich wird dadurch für die juristische Person des öffentlichen Rechts die Unternehmereigenschaft mittelbar über die Wettbewerbsprüfung beurteilt. Neben das Steuersubjekt – die Unternehmereigenschaft nach § 2 UstG – tritt damit der unbestimmte Rechtsbegriff der „größeren Wettbewerbsverzerrungen". Die Verknüpfung führt dabei im Ergebnis sogar dazu, dass die Bestimmung des Steuersubjekts letztendlich ausschließlich von dem verknüpften unbestimmten Wettbewerbsbegriff abhängt. Das bestimmt gefasste Steuersubjekt wird damit nach der Konzeption des Gesetzes durch einen unbestimmten Rechtsbegriff bedingt. Dabei besteht auch ein grundlegender Unterschied zu § 4 KStG. Zum einen dadurch, dass die Wettbewerbsprüfung an dieser Stelle schon durch die gewählte Regelungstechnik vorgegeben wird. Zum anderen lässt sich anders als bei § 4 KStG die Forderung nach einem hinreichend bestimmt gefassten formellen Gesetz auch nicht mit Blick auf den fehlenden Eingriffscharakter der Besteuerung der öffentlichen Hand versagen. Dadurch, dass das Umsatzsteuergesetz die Abwälzung der Steuerlast auf den Verbraucher vorsieht,[1235] kann es für die tatsächliche Wirkung der Besteuerung auch nicht darauf ankommen, dass die juristische Person des öffentlichen Rechts das Steuersubjekt darstellt. Daraus folgt zugleich, dass es durch die Bedingung der Annahme der Eigenschaft als Steuersubjekt – wegen der Verknüpfung der unbestimmten Wettbewerbsprüfung – zu einer indirekten und mittelbaren Delegation eines Grundelementes des Steuertatbestandes kommt.

Auch die Wettbewerbsschutzklausel des § 65 Nr. 3 AO wirkt sich jedenfalls bei dem Verweis über § 2 Abs. 1 S. 1 i.V.m. § 3 Abs. 1 Nr. 6 S. 1 und 2 GewStG – mit

---

1235 Vgl. dazu bereits unter Teil 1 C, I, 3 b) bb) (1) und Teil 1 C, I, 3 c).

der Normierung der Zweckbetriebseigenschaft als Rückausnahme des steuerpflichtigen wirtschaftlichen Geschäftsbetriebs – auf das Steuerobjekt der Gewerbesteuer aus. In ähnlicher Weise zu § 2b UstG kommt es an dieser Stelle durch die Regelungstechnik zu einer Verknüpfung eines Grundelements des Steuertatbestandes mit einem unbestimmten Rechtsbegriff. Und damit, wegen der letztendlichen Maßgeblichkeit des unbestimmten Wettbewerbsbegriffs, zu einer mittelbaren Delegation der Entscheidung über das Steuerobjekt.

Aber auch hinsichtlich der weiteren Verweise auf § 65 Nr. 3 AO, ohne die direkte Verknüpfung mit einem der Grundelemente des Steuertatbestandes, stellt sich die Frage, ob eine solche Verknüpfung überhaupt zwingend notwendig ist. Hier wie dort wird die Steuerpflicht, oder zumindest die Höhe der Steuer, im Ergebnis von der anwendungsoffenen – gemeint ist die vielgestaltige Möglichkeit der Vornahme der Wettbewerbsprüfung –[1236] und wertungsbedürftigen Wettbewerbsprüfung bedingt. Die Steuerpflicht oder -höhe steht und fällt damit mit einem unbestimmten Rechtsbegriff. Und zwar auch dann, wenn daneben die Grundelemente des Steuertatbestandes dem Parlamentsvorbehalt entsprechend normiert sein sollten. In diesem Moment muss aber der Kreis der Grundelemente des Steuertatbestandes um das letztlich in gleicher Weise entscheidungsrelevante Merkmal erweitert werden. Andernfalls kann die Einschätzungsprärogative des Gesetzgebers zumindest mittelbar neben den Grundelementen des Steuertatbestandes, am Parlamentsvorbehalt vorbei, über einen unbestimmten Rechtsbegriff mittelbar delegiert werden. Der Parlamentsvorbehalt der primären Entscheidung des Steuereingriffs[1237] würde praktisch aufgehoben. Aus diesem Grund kann es beispielsweise auch bei der Verweisung über § 5 Abs. 1 Nr. 9 S. 2 und 3 KStG nicht darauf ankommen, dass dadurch weder das Steuersubjekt noch das Steuerobjekt direkt mit der Wettbewerbsprüfung verknüpft werden.

Mit Blick auf die vorhergehende Feststellung müssen auch die Wettbewerbsschutzklauseln nach § 12 Abs. 2 Nr. 8 Buchst. A S. 3 Alt. 1 UstG und § 5 Abs. 1 Nr. 22 S. 1 KStG als mittelbare Delegation der Grundelemente des Steuertatbestandes, jedenfalls aber der Entscheidungsprärogative über die Steuerpflicht

---

1236 Vgl. zu den divergierenden Ergebnissen der Marktanalyse nach dem Vorgehen im Lauterkeits- und Kartellrecht *Lettl*, in: FS Köhler, 2014, S. 429 (435 u. 437).

1237 *Papier*, Die finanzrechtlichen Gesetzesvorbehalte und das grundgesetzliche Demokratieprinzip, 1973, S. 118, spricht von der „Tatsache, daß die *freiheitsbeschränkende* Steuerrechtssetzung dem Parlament zwingend vorbehalten ist"; *Wernsmann*, in: Hübschmann/Hepp/Spitaler, AO/FGO, § 4 AO Rn. 662 (Stand 10.2020).

angesehen werden. Dies gilt auch dann, wenn die Wettbewerbsprüfung nicht direkt mit dem Steuersubjekt, -objekt, der Steuerbemessungsgrundlage oder dem Steuersatz verbunden wird.

b) Unzulässigkeit indirekt mittelbarer Delegation

Wenn schon für die Regelung von Steuersubjekt, -objekt, -bemessungsgrundlage und -satz die Verwendung unbestimmter Rechtsbegriffe ausgeschlossen sein sollte,[1238] kann auch für die Verwendung derselben im Wege der Verknüpfung oder deren Letztentscheidungsrelevanz nichts andere gelten. Es macht keinen Unterschied, ob die Grundelemente des Steuertatbestandes durch einen unbestimmten Rechtsbegriff erfasst werden ober aber diese durch einen bestimmten Begriff normiert werden, der jedoch durch einen unbestimmten Begriff bedingt wird. In beiden Fällen wird die Entscheidung über die Steuerpflicht anhand des wertungsbedürftigen unbestimmten Rechtsbegriffs in gewissem Umfang auf den Rechtsanwender übertragen. In diesem Moment kann aber nicht mehr davon gesprochen werden, dass die Einschätzungsprärogative und die wesentlichen Faktoren der Steuerbelastung noch in den Händen des parlamentarischen Gesetzgebers liegen. Würde man eine derartige Regelungstechnik zulassen, käme

1238 *Staupe*, Parlamentsvorbehalt und Delegationsbefugnis, 1986, S. 288 ff.; *Jehke*, Bestimmtheit und Klarheit im Steuerrecht, 2005, S. 157 f. und 169; *Ossenbühl*, in: HStR V^3, 2007, § 101 Rn. 53; wohl auch *Brinkmann*, Tatbestandsmäßigkeit der Besteuerung und formeller Gesetzesbegriff, 1982, S. 127 ff., insb. 129 und 136 f., der hinsichtlich der Delegation über den Verordnungsweg von besonders strengen Anforderungen an die inhaltliche Bestimmtheit spricht und auf S. 137 allgemein fordert, dass das steuerpflichtbegründende formelle Gesetz „selbst [...] das „Ob", das „Wie" und das „Wieviel" des Eingriffs *abschließend* [regelt]" (Herv. durch den Verf.); ähnlich *Hahn*, Die Grundsätze der Gesetzmäßigkeit und der Tatbestandsmäßigkeit der Besteuerung, 1984, S. 84 f. und 87, wonach „sämtliche Faktoren, die die Steuerauflage, die Steuerschuld nach Grund und Höhe erzeugen [...], in [dem] formellen Gesetz *abschließend geregelt*" (Herv. durch den Verf.) sein müssten. Darauf folgt die Bezeichnung als „Besteuerungsvorbehalt des Parlaments", vgl. S. 87; nicht ganz eindeutig *Papier*, Die finanzrechtlichen Gesetzesvorbehalte und das grundgesetzliche Demokratieprinzip, 1973, S. 118, der zwar davon spricht, dass „die Volksvertretung über Steuertatbestand und Steuersatz [...] selbst [bestimmt]" und der Rechtssatz die Voraussetzungen, den möglichen Inhalt und auch „Ob" und „Wie" des Eingriffs *abschließend* regeln müsse (vgl. S. 155), dies aber wohl nur auf einen Ermessensausschluss bezieht, vgl. S. 214, wonach der umfassende Regelungsvorbehalt des Parlaments dazu führe, dass eine Ermächtigung der Exekutive zur Entscheidung über die Besteuerung nach eigenem Ermessen unzulässig sei.

es zu einer Umgehung des Parlamentsvorbehaltes, die für den erfassten Teil mit dessen Aufhebung gleichstehen würde. Wenn der Parlamentsvorbehalt für die Grundelemente des Steuertatbestandes konsequent umgesetzt werden soll, verbietet sich auch die Verwendung unbestimmter Rechtsbegriffe in Regelungen, die in unmittelbarem Zusammenhang mit diesen Grundelementen stehen und sich damit in gleicher Weise auf das „Ob" der Steuerpflicht und damit zugleich auf die wichtigste Entscheidung in diesem Zusammenhang auswirken, die daher eigentlich dem Gesetzgeber vorbehalten sein sollte.[1239]

Doch auch dann, wenn man den steuerlichen Parlamentsvorbehalt zunächst nur als förmliches Gebot ohne strikte Vorgabe für die Regelungsdichte sieht,[1240] kann für den Regelungsbereich der Wettbewerbsschutzklauseln unter indirekter Auswirkung auf die Grundelemente des Steuertatbestandes nichts anderes gelten. Denn auch bei dieser weniger strengen Betrachtung muss für die erforderliche Regelungsdichte darauf abgestellt werden, dass diese entweder im Gleichlauf mit der zunehmenden Grundrechtsrelevanz ansteigen muss.[1241] Oder aber zumindest eine erhöhte Regelungsdichte für solche Merkmale des Steuertatbestandes gelten muss, die sich wegen einer fehlenden „Sachgesetzlichkeit" im Rahmen der Rechtsanwendung nicht an dieser „Sachgesetzlichkeit" orientiert konkretisieren lassen.[1242] Mit Blick auf die Funktion der Wettbewerbsschutzklauseln als Bedingung von Steuerbefreiungen oder -begünstigungen ergibt sich daher ebenfalls die Unzulässigkeit einer mittelbaren Delegation durch umfassend unbestimmte Rechtsbegriffe. Eine Regelung, die eine Befreiung oder Begünstigung aufhebt, wirkt sich hinsichtlich der grundrechtlichen Freiheiten nicht weniger relevant aus als die direkte Anordnung der Auferlegung der Steuerlast. Mit Blick auf die

1239 Ähnlich *Schröder*, Genehmigungsverwaltungsrecht, 2016, S. 482, hinsichtlich des Genehmigungsverwaltungsrechts, ob ebenfalls die „wichtigste Entscheidung, ob eine bestimmte Handlung vorgenommen werden soll, eigentlich vom Gesetzgeber selbst determiniert werden sollte".

1240 In diese Richtung *Eckhoff*, StuW 1996, S. 107 (110); *Seiler*, Der einheitliche Parlamentsvorbehalt, 2000, S. 265 und 353 f.; wohl auch *Waldhoff*, in: FS Spindler, 2011, S. 853 (873 f.); *Wernsmann*, in: Hübschmann/Hepp/Spitaler, AO/FGO, § 4 AO Rn. 662 (Stand 10.2020), „ausreichend vorgezeichnet".

1241 Vgl. zu diesem Verhältnis statt vieler *Papier*, Die finanzrechtlichen Gesetzesvorbehalte und das grundgesetzliche Demokratieprinzip, 1973, S. 92; *Hey*, Steuerplanungssicherheit, 2002, S. 553 (m.w.N.); allgemein *Bartone*, in: Linien der Rechtsprechung des Bundesverfassungsgerichts, 2009, S. 305 (315 und 327).

1242 *Jehke*, Bestimmtheit und Klarheit im Steuerrecht, 2005, S. 115 und 157 f.; ähnlich *Seiler*, Der einheitliche Parlamentsvorbehalt, 2000, S. 310 ff. und 354.

Wirkungsweise besteht zwischen beiden Konstellationen kein Unterschied. Und auch bezüglich der Berücksichtigung der eigenen „Sachgesetzlichkeiten" der geregelten Merkmale kann nichts anderes gelten. Zwar wird dahingehend bei der Begründung einer Ausnahme vom Parlamentsvorbehalt für die Bemessungsgrundlage angeführt, dass die von dieser erfassten wirtschaftlichen Vorgänge zu vielgestaltig seien, als dass deren steuerliche Behandlung unter Verzicht auf unbestimmte Rechtsbegriffe realisierbar sei.[1243] Und sich der Rechtsanwender überdies bei deren Auslegung auch gerade an den eigenen „Sachgesetzlichkeiten" der erfassten wirtschaftlichen Vorgänge orientieren könne.[1244] Doch auch bei dieser Einschränkung, die sich schließlich auf die wirtschaftliche Betrachtung im Zuge der Wettbewerbsprüfung übertragen ließe, zeigt sich, dass auch dort im Kern eine präzise Ausgestaltung gefordert wird, wenn auch beschränkt auf den steuerlichen Belastungsgrund.[1245] Gerade dieser wird aber bei den verknüpften Wettbewerbsschutzklauseln nicht hinreichend zum Ausdruck gebracht. Zwar bezwecken die Wettbewerbsschutzklauseln normübergreifend den Schutz der nicht begünstigten Konkurrenten als Grenze der Förderwürdigkeit. Doch damit tritt zum einen eine völlig abweichende Erwägung neben die herkömmlich maßgebliche Leistungsfähigkeit.[1246] Und zum anderen lässt sich weder aus den Normtexten noch den Gesetzgebungsmaterialien erkennen, wann diese Grenze überschritten ist und damit der Belastungsgrund greift. Selbst wenn einhellig der Schutz auch potentieller Konkurrenten betont wird, bleibt die Frage offen, ob nach der gesetzgeberischen Entscheidung auf eine abstrakte oder die konkrete Situation abzustellen ist und woran sich die Betrachtung dessen orientieren soll. Die Auslegung durch den Rechtsanwender lässt sich daher nicht an den „Sachgesetzlichkeiten" unter Berücksichtigung der vom Gesetzgeber normierten „Grundstrukturen", sondern nur dem flexiblen Wettbewerbsgedanken orientieren.

Es lässt sich damit festhalten, dass jeglicher Rückgriff auf die unbestimmte Wettbewerbsprüfung als unzulässig zurückgewiesen werden muss, wenn dadurch die Steuerpflicht oder -höhe letztentscheidend bedingt werden. Bereits

---

1243 *Jehke*, Bestimmtheit und Klarheit im Steuerrecht, 2005, S. 158; tendenziell auch *Seiler*, Der einheitliche Parlamentsvorbehalt, 2000, S. 264; ebenso *Eckhoff*, Rechtsanwendungsgleichheit im Steuerrecht, 1999, S. 303 f.

1244 Vgl. dazu erneut *Seiler*, Der einheitliche Parlamentsvorbehalt, 2000, S. 310 ff. und 353 ff.; *Jehke*, Bestimmtheit und Klarheit im Steuerrecht, 2005, S. 115 und 157 f.

1245 Vgl. *Jehke*, Bestimmtheit und Klarheit im Steuerrecht, 2005, S. 159.

1246 Zur Leistungsfähigkeit als allgemeinem Fundamentalprinzip gerechter Besteuerung statt vieler *Hey*, in: Tipke/Lang, Steuerrecht^{24}, 2020, § 3 Rn. 40 ff.

vor diesem Hintergrund stellen sich die Wettbewerbsschutzklauseln daher als zu unbestimmt und folglich auch zugleich als unzulässige mittelbare Delegation von Entscheidungsbefugnissen dar. Es besteht damit das Bedürfnis nach einer präziseren Ausgestaltung durch den parlamentarischen Gesetzgeber.

3. *Parlamentsvorbehalt wegen mittelbarer Grundrechtsrelevanz der Steuerbegünstigungen*

Ungeachtet der unzulässigen indirekten Delegation der Grundelemente des Steuertatbestandes – durch die Verknüpfung oder Bedingung derselben durch die Wettbewerbsprüfung – könnte die Wettbewerbsprüfung schon wegen ihrer Auswirkung auf die Freiheitsgrundrechte der beteiligten Akteure, beziehungsweise auch deren Relevanz für einen umfassende Verwirklichung vorgerichtlichen Grundrechtsschutzes, einer stärker bestimmten Ausprägung durch den parlamentarischen Gesetzgeber bedürfen. Nachfolgend soll daher zunächst festgelegt werden, inwiefern die gewährten Steuerbefreiungen oder -begünstigungen mit einem Wettbewerbsvorbehalt eine Grundrechtsrelevanz für die nicht begünstigten Anbieter entfalten und woran diese gemessen werden muss. Anschließend soll unter Zugrundelegung dessen die erforderliche Bestimmtheit der Wettbewerbsschutzklauseln – und dabei genauer der Wettbewerbsprüfung und des Merkmals der „Unvermeidbarkeit“ – ermittelt und die Entsprechung mit der erforderlichen Regelungsdichte überprüft werden.

a) Grundrechtsrelevanz der Konkurrentenbegünstigung

Die Steuerbegünstigungen unterscheiden sich jedenfalls in ihrer Wirkung nicht von einer direkt gewährten wirtschaftlichen Subvention. Es besteht vielmehr nur ein rechtstechnischer Unterschied.[1247] Im Ergebnis wird demnach augenscheinlich auch nicht bestritten, dass den Steuerbefreiungen und -begünstigungen daher gleichgehend zu einer Subvention[1248] eine Beeinträchtigung der

1247 *Huber*, Konkurrenzschutz im Verwaltungsrecht, 1991, S. 540; ähnlich *Knobbe-Keuk*, BB 1982, S. 385 (387); *Seer*, Verständigungen in Steuerverfahren, 1996, S. 260 f. (m.w.N.); *Bäcker*, Wettbewerbsfreiheit als normgeprägtes Grundrecht, 2007, S. 225; *Kämmerer*, in: HStR V^3, 2007, § 124 Rn. 2, spricht bei Steuervergünstigungen von „Subventionierung durch Belastungsverschonung“; ähnlich *P. Kirchhof*, in: FS Selmer, 2004, S. 745 (750 f.); zur Möglichkeit der Einordnung einer Steuervergünstigung unter den Begriff der Subvention *Jochum*, Die Steuervergünstigung, 2006, S. 50; *Schön*, in: FS Spindler, 2011, S. 189, spricht auch von Steuersubventionen.

1248 Statt vieler *Vogt*, Neutralität und Leistungsfähigkeit, 2003, S. 83; *Achatz*, Grundrechtliche Freiheit im Wettbewerb, 2011, S. 95 f.; *Kämmerer*, in: HStR V^3, 2007,

Grundrechte der nicht begünstigten Konkurrenten inhärent ist.[1249] Tatsächlich gestalten sich die Steuerbegünstigungen sogar als intensiver, da sich diese fortlaufend aktualisieren und nicht auf eine einmalige oder zumindest begrenzte Gewährung beschränkt sind. Allgemein divergiert im Zusammenhang mit dem Konkurrentenschutz lediglich der Anknüpfungspunkt für die verfassungsrechtliche Normierung des subjektiven Rechts des nicht begünstigten Konkurrenten. Die Herleitung des Schutzes der Wettbewerber vor staatlichen Interventionen erfolgt dabei neben einer primären Orientierung an der Wettbewerbsfreiheit[1250]

---

§ 124 Rn. 45 ff.; *Schorkopf*, in: Öffentliches Wettbewerbsrecht, 2014, § 12 Rn. 25 f.; grundsätzlich zur ungleichen Bevorteilung im Wettbewerb *Odewald*, Faktische und mittelbare Eingriffe in die Wettbewerbsfreiheit, 2011, S. 288 und 316 f.; *Manssen*, in: v. Mangold/Klein/Starck, GG[7], 2018, Art. 12 GG Rn. 100.

1249 *Papier*, Die finanzrechtlichen Gesetzesvorbehalte und das grundgesetzliche Demokratieprinzip, 1973, S. 117; *Weber*, Steuererlaß und Steuerstundung als Subvention, 1980, S. 108 ff.; *Knobbe-Keuk*, BB 1982, S. 385 (387); *Huber*, Konkurrenzschutz im Verwaltungsrecht, 1991, S. 536 und 540 f.; *Seer*, Verständigungen in Steuerverfahren, 1996, S. 262 f.; *Englisch*, StuW 2008, S. 43 (50 ff.); *Grimm*, Die negative Konkurrentenklage im Steuerrecht, 2011, S. 74.

1250 Wenn auch ohne Bezeichnung als Wettbewerbsfreiheit, sondern als Freiheit des „berufsbezogene[n] Verhalten[s] einzelner Personen oder Unternehmen am Markt" BVerfG v. 14.03.2006 – 1 BvR 2087/03, 1 BvR 2111/03, BVerfGE 115, 205, Rn. 82; v. 21.10.2014 – 2 BvE 5/11, BVerfGE 137, 185, Rn. 155; v. 07.11.2017 – 2 BvE 2/11, NVwZ 2018, 51, Rn. 215; ebenfalls ohne direkte Bezeichnung als Wettbewerbsfreiheit aus der Literatur: *Götz*, Recht der Wirtschaftssubventionen, 1966, S. 267; *Selmer*, Steuerinterventionismus und Verfassungsrecht, 1971, S. 362, „Die speziellen Freiheitsrecht der Artt. 12 I und 14 I GG, [...] bieten hier regelmäßig erheblich bessere Positionen für einen wirksamen Rechtsschutz der interventionsbeeinträchtigten Mitwettbewerber" (sic!); unter ausdrücklichem Bezug auf die Wettbewerbsfreiheit: *Di Fabio*, in: Maunz/Dürig, GG, Art. 2 Abs. 1 GG Rn. 116 (Stand 07.2001); *Scholz*, in: Maunz/Dürig, GG, Art. 12 GG Rn. 131 und 144 f. (Stand 06.2006); *ders.*, Wirtschaftsaufsicht und subjektiver Konkurrentenschutz, 1971, S. 173 f.; *ders.*, Entflechtung und Verfassung, 1981, S. 92 ff.; dazu auch *Lübbe-Wolf*, Die Grundrechte als Eingriffsabwehrrechte, 1988, S. 293 ff.; *Schmidt-Preuß*, Kollidierende Privatinteressen im Verwaltungsrecht[2], 2005, S. 59; *Englisch*, Wettbewerbsgleichheit im grenzüberschreitenden Handel, 2008, S. 528 f.; *Cornils*, in: HStR VII[3], 2009, § 168 Rn. 79; *Breuer*, in; HStR VIII[3], 2010, § 171 Rn. 105 f.; *Grimm*, Die negative Konkurrentenklage im Steuerrecht, 2011, S. 73 f. *Wollenschläger*, in: Öffentliches Wettbewerbsrecht, 2014, § 6 Rn. 64; wenn auch nur unter Nennung der Berufsfreiheit ebenso *Schorkopf*, in: Öffentliches Wettbewerbsrecht, 2014, § 12 Rn. 25; *Droege*, Zur Besteuerung der öffentlichen Hand, 2018, S. 147.

oder -gleichheit[1251] teilweise auch über eine kombinierte freiheits- und gleichheitsrechtliche Gewährleistung[1252] des Auftretens am Markt. Tatsächlich stellen sich die dargestellten Positionen jedoch überwiegend nicht als zwingend konträr dar. Die präferierte Akzentuierung wechselt vielmehr mit dem jeweiligen Blickpunkt auf die Auswirkung für die betroffene Position des Konkurrenten im Wettbewerb und deren Geltendmachung. Im Steuerrecht wird dabei etwa im Zuge der Konkurrentenklage gegen eine ausschließlich rechtswidrige Begünstigung eines Konkurrenten oder die normierte Begünstigungsdifferenzierung primär auf den allgemeinen Gleichheitssatz aus Art. 3 Abs. 1 GG abgestellt.[1253] Zugleich wird aber bezüglich der Auswirkung einer etwaigen Begünstigung oder staatlichen Intervention auf die Stellung des Wettbewerbers eine primär an den Freiheitsrechten orientierte Untersuchung gefordert.[1254] Genauer muss vor dieser

1251 *Knobbe-Keuk*, BB 1982, S. 385 (386); *Weber*, Steuererlaß und Steuerstundung als Subvention, 1980, S. 108 f.; wohl auch *Huber*, Konkurrenzschutz im Verwaltungsrecht, 1991, S. 536 und 540 f.; *Hillgruber*, in: HStR IX[3], 2011, § 200 Rn. 85 Fn. 126.

1252 *Pietzcker*, JZ 1989, S. 305 (309 f.); allgemeine bezüglich der „Chancengleichheit" im Wettbewerb auch *Huber*, Konkurrenzschutz im Verwaltungsrecht, 1991, S. 532 f.; *Schmidt-Preuß*, Kollidierende Privatinteressen, 1992, S. 59; *Seer*, Verständigungen in Steuerverfahren, 1996, S. 262 f., wobei ein Begünstigungsabwehranspruch des Konkurrenten seinen Schwerpunkt in Art. 3 Abs. 1 GG finde (m.w.N.); *ders.*, ZSteu 2006, S. 158; *Droege*, Gemeinnützigkeit im offenen Steuerstaat, 2010, S. 416.

1253 Vgl. *Knobbe-Keuk*, BB 1982, S. 385 (386); *Weber*, Steuererlaß und Steuerstundung als Subvention, 1980, S. 108 f.; *Huber*, Konkurrenzschutz im Verwaltungsrecht, 1991, S. 540 f.; *van Lishaut*, Die Konkurrentenklage im Steuerrecht, 1992, S. 55 ff.; *Seer*, Verständigungen in Steuerverfahren, 1996, S. 262 f., wobei der Gleichheitssatz aber erst in Wechselwirkung mit den Freiheitsrechten Konturen gewinne; grundsätzlich zur Konkurrentenklage bei ungleicher Privilegierung *ders.*, in: Tipke/Lang, Steuerrecht[24], 2020, § 22 Rn. 126 f.; *Vogt*, Neutralität und Leistungsfähigkeit, 2003, S. 76 ff., wobei auch dort bei Wettbewerbsbeeinflussungen eine Zusammenschau mit Art. 12 Abs. 1 GG befürwortet wird (S. 82 ff.); gegen die Berufung auf Art. 3 Abs. 1 GG *Englisch*, StuW 2008, S. 43 (50 ff.), der von einer „rein freiheitsrechtlichen [...] Gewährleistung" spricht, dabei aber schon die Folgewirkungen der Begünstigung im Blick hat; so auch *ders.*, Wettbewerbsgleichheit im grenzüberschreitenden Handel, 2008, S. 526 ff. insb. S. 534 f., der bei der „reinen" Benachteiligung nämlich ebenfalls den Rückgriff auf Art. 3 Abs. 1 GG zulässt; ähnlich schon *Selmer*, Steuerinterventionismus und Verfassungsrecht, 1972, S. 362; dagegen fordert *Ehrhardt-Rauch*, DStZ 2004, S. 641 (643), zugleich eine freiheitsrechtliche Betroffenheit.

1254 Siehe dazu *Englisch*, StuW 2008, S. 43 (50 ff.); *ders.*, Wettbewerbsgleichheit im grenzüberschreitenden Handel, 2008, S. 526 ff.; wohl auch *Seer*, Verständigungen in Steuerverfahren, 1996, S. 266; tendenziell auch *van Lishaut*, Die Konkurrentenklage im Steuerrecht, 1992, S. 61 ff.; ausdrücklich a.A. *Papier*, Die finanzrechtlichen

Erkenntnis zwischen der allein gleichheitsrelevanten Beeinträchtigung der Ausgangslage und einer daraus (mittelbar) resultierenden freiheitsrechtlich relevanten Negativauswirkung unterschieden werden. Eine solche Unterscheidung wird zwar teilweise unter Hinweis auf die „marktspezifischen Funktionsbedingungen" abgelehnt.[1255] Diesem Einwand kann jedoch nur dahingehend gefolgt werden, dass sich die Begünstigung eines Wettbewerbers nach Art eines mechanischen Fortgangs negativ auf den nicht begünstigten Anbieter auswirkt. Dies gilt aber nur dann, wenn ein Wettbewerbsverhältnisses zwischen den Anbietern besteht und der Vorteil an den Markt weitergegeben wird, sei es durch eine Preissenkung oder die Innovationssteigerung durch die möglich gewordene Gewinnsteigerung.[1256] Sofern aber eine dieser Bedingungen nicht vorliegt, entfällt die Auswirkung auf die geschützte Entscheidungsfreiheit des Nichtbegünstigten nach den „marktspezifischen Funktionsbedingungen", nicht aber die möglicherweise vor Art. 3 Abs. 1 GG relevante Beeinträchtigung der Ausgangslagen. Im ersten Fall betrifft dies das Tätigwerden auf demselben und im zweiten Fall das Tätigwerden auf unterschiedlichen räumlichen Märkten.[1257] Ein pauschaler Ausschluss der eigenständigen Relevanz des Gleichheitssatzes für die Wettbewerber lässt sich aber dennoch nicht aufrechthalten. Denn hinsichtlich der Ungleichbehandlung von Akteuren auf räumlich verschiedenen aber sachlich identischen Märkten kann es für die Heranziehung des Art. 3 Abs. 1 GG vor den im Übrigen identischen Umständen nicht auf das fehlende Wettbewerbsverhältnis ankommen. Die Anbieter sind zwar keine Wettbewerber aber „gleichartige" Anbieter auf „gleichen", wenn auch räumlich verschiedenen, Märkten. Die fehlende räumliche Überschneidung kann die Ungleichbehandlung nicht entfallen lassen. Auch wenn diese Erwägung gedanklich mangels eines Berührungspunktes der Anbieter nur bedingt unter den Begriff der *Wettbewerbs*gleichheit passt.

Gesetzesvorbehalte und das grundgesetzliche Demokratieprinzip, 1973, S. 117; *Weber*, Steuererlaß und Steuerstundung als Subvention, 1980, S. 107.

1255 Vgl. *Englisch*, Wettbewerbsgleichheit im grenzüberschreitenden Handel, 2008, S. 528 f.

1256 Dies erkennt auch *Englisch*, Wettbewerbsgleichheit im grenzüberschreitenden Handel, 2008, S. 529.

1257 Wobei *Englisch*, Wettbewerbsgleichheit im grenzüberschreitenden Handel, 2008, S. 528 f., die Betrachtung auf Wettbewerbsverzerrungen zwischen Konkurrenten im Wettbewerb, und damit zwingend des Agierens auf demselben Markt, beschränkte und daher nur konsequent ohnehin die Betrachtung von räumlich unterschiedlichen Märkten außen vor lässt.

Vor diesem Hintergrund könnte für die in Rede stehenden Begünstigungen entsprechend der Wirkung und Gestalt der Beeinträchtigung ebenfalls eine primäre freiheits- oder gleichheitsrechtliche Verbürgung und Berücksichtigung der schützenswerten Positionen der Wettbewerber angezeigt sein.

aa) Gleichheitsrechtliche Ausprägung des Konkurrentenschutzes

Mit Blick auf die gleichheitsrechtliche Anknüpfung für den Konkurrentenschutz wird oftmals die Chancengleichheit im Wettbewerb angeführt.[1258] Im Kern geht es dabei um die der Forderung der Gleichbehandlung von Wettbewerbern,[1259] genauer der konkurrierenden Anbieter. Vereinzelt wird den Wettbewerbern durch die Wettbewerbsgleichheit darüber hinaus sogar ein Schutz vor staatlichen Veränderungen der bestehenden Erfolgschancen zuerkannt.[1260] Eine staatliche Intervention in die vorhandene Wettbewerbssituation – durch die Privilegierung eines Wettbewerbers – beeinträchtige nämlich gerade die über die Wettbewerbsfreiheit erkämpften Erfolgschancen. Im Gegensatz zum handlungsbezogenen Schutz durch die Wettbewerbsfreiheit sei die Wettbewerbsgleichheit daher zustandsbezogen.[1261]

Dieser gleichheitsrechtliche Anknüpfungspunkt lässt sich für die Steuerbefreiungen und -begünstigungen unter Wettbewerbsvorbehalt daher allenfalls bedingt fruchtbar machen.

1258 *Knobbe-Keuk*, BB 1982, S. 385 (386); *Weber*, Steuererlaß und Steuerstundung als Subvention, 1980, S. 108 f.; *Seer*, Verständigungen in Steuerverfahren, 1996, S. 262 f.; *Hillgruber*, in: HStR IX^3, 2011, § 200 Rn. 85 Fn. 126.

1259 Zur Zulässigkeit dessen als wirtschaftspolitischem Ziel *Englisch*, Wettbewerbsgleichheit im grenzüberschreitenden Handel, 2008, S. 532 f.

1260 *Weber*, Steuererlaß und Steuerstundung als Subvention, 1980, S. 111, wonach die Wettbewerbsgleichheit sogar ein verselbstständigtes Schutzgut darstelle; so auch *Hillgruber*, in: HStR IX^3, 2011, § 200 Rn. 85 Fn. 126, wonach „die staatliche Subventionierung eines Wettbewerbers am Markt [...] weniger in die Wettbewerbsfreiheit der Konkurrenten ein[greift] als sie vielmehr die vorgefundene Wettbewerbslage, die sich im Markt herausgebildet hat, zum Nachteil der Mitbewerber verändert und damit die Chancengleichheit im (freien) Wettbewerb beeinträchtigt. Es handelt sich also primär um ein Gleichheitsproblem, für das Art. 3 Abs. 1 GG den grundrechtlichen Maßstab bildet"; mit der Bezeichnung als Erwerbschancen in diese Richtung auch *Knobbe-Keuk*, BB 1982, S. 385 (386).

1261 So in Bezug auf Subventionen *Weber*, Steuererlaß und Steuerstundung als Subvention, 1980, S. 108.

(1) *Irrelevanz der ungleichen Besteuerung gegenüber der öffentlichen Hand*

Für die Befreiungen – beziehungsweise auch die fehlende Anordnung der Steuerpflicht – der Tätigkeiten und Betriebe der juristischen Personen des öffentlichen Rechts nach § 2b UStG und § 4 KStG kann der Konkurrentenschutz vor dem Gleichheitssatz tatsächlich schon im Ansatz nicht begründet werden. Wie schon im Zusammenhang mit § 4 KStG dargestellt,[1262] lässt sich über Art. 3 Abs. 1 GG nur die Gleichbehandlung durch einen Hoheitsträger, nicht aber im Verhältnis zu diesem erreichen.[1263] Aus diesem Grund ist gegenüber der öffentlichen Hand schon die Beeinträchtigung der Ausgangslage im Wettbewerb unbeachtlich. Eine Besteuerungspflicht zur Umsetzung des Konkurrentenschutzes, die über die Wettbewerbsschutzklausel des § 2b Abs. 1 S. 2 UStG oder den Wettbewerbsgedanken bei der Bestimmung des Hoheitsbetriebs nach § 4 KStG sichergestellt werden müsste, ergibt sich daher jedenfalls nicht aus Art. 3 Abs. 1 GG.

(2) *Keine eigenständige Bedeutung für die übrigen Konkurrentenbegünstigungen*

Doch auch für die übrigen Befreiungen unter Wettbewerbsvorbehalt lässt sich die Notwendigkeit der Herstellung der Wettbewerbsgleichheit und damit der Umsetzung des Konkurrentenschutzes durch die Anwendung der Wettbewerbsschutzklauseln nicht isoliert über den allgemeinen Gleichheitssatz nach Art. 3 Abs. 1 GG begründen. Dies ergibt sich daraus, dass der „Strengemaßstab" im Rahmen der Rechtfertigungsprüfung für eine nach Art. 3 Abs. 1 GG relevante Ungleichbehandlung von den betroffenen Merkmalen und der Auswirkung der gesetzlichen Differenzierung abhängt. Dabei kommt es auch nicht darauf an, ob auf den ursprünglich vom Bundesverfassungsgericht aufgestellten zweiteiligen Prüfungsmaßstab[1264] für die Heranziehung des Willkürverbots und der Neuen

---

1262 Vgl. Teil 1 B, IV, 2 b) aa) (2).

1263 So auch *Dürig*, in: Maunz/ders., GG, Art. 3 I GG Rn. 278 (Stand 12.2005); *Englisch*, Wettbewerbsgleichheit im grenzüberschreitenden Handel, 2008, S. 532 f.; zum Konfusionsargument auch *P. Kirchhof*, in: Maunz/Dürig, GG, Art. 3 I GG Rn. 278 (Stand 09.2015); bezogen auf die Umsatzsteuer *Desens*, in: Zukunftsfragen des deutschen Steuerrechts II, 2014, S. 11 f.; a.A. *Landwehr*, Betriebe gewerblicher Art der juristischen Personen des öffentlichen Rechts im Körperschaftsteuerrecht, 2000, S. 111 ff.

1264 Zur Unterscheidung von personenbezogenen gegenüber sach- und verhaltensbezogenen Merkmalen vgl. nur BVerfG v. 21.07.2010 – 1 BvR 611/07, u.a., BVerfGE 126, 400, Rn. 82; v. 19.06.2012 – 2 BvR 1397/09, BVerfGE 131, 239, Rn. 55; v. 07.05.2013 – 2 BvR 909/06, u.a., BVerfGE 133, 377, Rn. 75.

Formel[1265] oder eine stufenlose Maßstabsbildung abzustellen sein sollte.[1266] Inhaltlich bleibt es nämlich dabei, dass sich die „verfassungsrechtlichen Anforderungen an den die Ungleichbehandlung tragenden Sachgrund [...] je nach Regelungsgegenstand und Differenzierungsmerkmalen [ergeben]".[1267] Für die Rechtfertigung der gesetzgeberischen Ungleichbehandlung bleibt es dabei, dass sich eine über das Willkürverbot hinausgehende Bindung des Gesetzgebers insbesondere erst bei der Betroffenheit von Freiheitsrechten, oder solchen differenzierenden Merkmale ergibt, die für den Einzelnen nicht oder nur bedingt verfügbar sind oder in die Nähe der Merkmale des Art. 3 Abs. 3 GG rücken.[1268] Sofern dies nicht der Fall ist, genügt daher eine weniger strenge Prüfung danach, ob die Differenzierung nicht evident unsachlich ist.[1269]

Bei den unter Wettbewerbsvorbehalt stehenden Begünstigungen zeigt sich aber, dass durch die Beeinträchtigung der Ausgangslage keines der Kriterien vorliegt, das eine strenge Rechtfertigungsprüfung gebieten würde. Ohne ein bestehendes (potentielles) Wettbewerbsverhältnis und die Weitergabe des Steuervorteils an den Markt, kann eine freiheitsrechtliche Relevanz schon im Ansatz nicht erwogen werden. Daneben wird die Differenzierung auch nicht an unbeeinflussbare Merkmale angeknüpft. Normübergreifend weisen die Befreiungen zudem einheitlich die Eigenschaft auf, dass sich diese nur auf Einrichtungen und deren Tätigkeiten ausrichten, die gemeinnützige, mildtätige oder kirchliche Zwecke verfolgen, vgl. § 65 Nr. 3 AO, sowie die darauf Bezug nehmenden Befreiungen. Das Gleiche gilt auch für § 12 Abs. 2 Nr. 8 Buchst. a S. 3 Alt. 1 UStG und § 5 Abs. 1 Nr. 22 S. 1 KStG. Die Förderwürdigkeit dieser primär gemeinnützigen Einrichtungen und Tätigkeiten stellt dabei offensichtlich einen hinreichenden

---

1265 Dazu BVerfG v. 07.10.1980 – 1 BvL 50/79, BVerfGE 55, 72, Rn. 47; v. 23.06.2004 – 1 BvL 3/98, BVerfGE 111, 115, Rn. 62; v. 27.02.2007 – 1 BvL 10/00, BVerfGE 117, 272, Rn. 70.

1266 Zum „stufenlosen Prüfungsmaßstab" jüngst BVerfG v. 23.06.2015 – 1 BvL 13/11, u.a., BVerfGE 139, 285, Rn. 70 (m.w.N.); v. 10.04.2018 – 1 BvR 1236/11, BStBl II 2018, 303, Rn. 103; zur Fortentwicklung der Anforderungen im Rahmen der Prüfung von Gleichheitsverstößen und der Prüfungsstruktur *Britz*, NJW 2014, S. 346 (347 ff.); *P. Kirchhof*, in: Maunz/Dürig, GG, Art. 3 I GG Rn. 264 ff. (Stand 09.2015).

1267 Vgl. erneut nur BVerfG v. 23.06.2015 – 1 BvL 13/11, u.a., BVerfGE 139, 285, Rn. 71 und v. 10.04.2018 – 1 BvR 1236/11, BStBl II 2018, 303, Rn. 104, jeweils m.w.N.

1268 St. Rspr., vgl. nur BVerfG v. 17.12.2014 – 1 BvL 21/12, BVerfGE 138, 136, Rn. 122, m.w.N.; v. 10.04.2018 – 1 BvR 1236/11, BStBl II 2018, 303, Rn. 104.

1269 BVerfG v. 09.05.1961 – 2 BvR 49/60, BVerfGE 12, 326, Rn. 20; v. 07.10.1980 – 1 BvL 50/79, BVerfGE 55, 72, Rn. 50; vgl. auch *Britz*, NJW 2014, S. 346 (350 f.).

Sachgrund[1270] dar, der nicht als evident unsachlich angesehen werden kann. Trotz der Gleichartigkeit von nicht begünstigten Anbietern und den begünstigten Einrichtungen, die sich schon durch das Angebot sachlich substituierbarer Leistungen ergibt, kann der notwendige Konkurrentenschutz daher nicht isoliert über Art. 3 Abs. 1 GG begründet werden. Für den gleichheitsrechtlich orientierten Konkurrentenschutz, und demnach auch die Gewährleistung dessen durch die Wettbewerbsschutzklauseln, ergibt sich daher, dass dieser bei der Beeinträchtigung der Ausgangslage noch keine Relevanz entfaltet. Die isoliert gleichheitsrechtliche Gewährleistung kann zum Schutz nicht begünstigter Konkurrenten nicht angeführt werden.

Die gleichheitsrechtliche Gewährleistung des Konkurrentenschutzes ist daher durch die freiheitsrechtliche Gewährleistung bedingt.[1271] Dies bedeutet zugleich, dass das Maß der Notwendigkeit der Umsetzung des Konkurrentenschutzes über die Wettbewerbsschutzklauseln auch erst mit Blick auf die Freiheitsrechte der Wettbewerber bestimmt werden kann. Die Befreiungen werden daher tatsächlich erst wegen der freiheitsrechtlichen Auswirkungen für die nicht begünstigten Konkurrenten relevant, weshalb es im Ergebnis für die Anforderungen an die Wettbewerbsschutzklauseln primär auf die freiheitsrechtliche Ausprägung des Konkurrentenschutzes ankommt.

bb) Freiheitsrechtliche Ausprägung des Konkurrentenschutzes

Einigkeit besteht insoweit, als dass die Entschlussfreiheit der wirtschaftlichen Betätigung am Markt und der diesbezüglichen Handlungen gewährleistet wird.[1272] Diese Freiheit wird im Gros als das Verhalten des Wettbewerbers am

---

1270 BVerfG v. 09.05.1961 – 2 BvR 49/60, BVerfGE 12, 326, Rn. 21; v. 07.10.1980 – 1 BvL 50/79, BVerfGE 55, 72, Rn. 24; zum Erfordernis eines hinreichenden Sachgrundes auch *Britz*, NJW 2014, S. 346 (350).

1271 Ähnlich schon *Seer*, Verständigungen in Steuerverfahren, 1996, S. 262; drastischer *Englisch*, Wettbewerbsgleichheit im grenzüberschreitenden Handel, 2008, S. 534 f.; *ders.*, StuW 2008, S. 43 (50 f.); allgemein dazu auch *P. Kirchhof*, in: Maunz/Dürig, GG, Art. 3 I GG Rn. 268 (Stand 09.2015).

1272 BVerfG v. 26.06.2002 - 1 BvR 558/91, u.a., BVerfGE 105, 252, Rn. 42; v. 17.12.2002 - 1 BvL 28/95, u.a., BVerfGE 106, 275, Rn. 103 ff.; v. 13.06.2006 - 1 BvR 1160/03, BVerfGE 116, 135, Rn. 60; aus der jüngeren Rechtsprechung BVerfG v. 21.10.2014 – 2 BvE 5/11, BVerfGE 137, 185, Rn. 155; v. 07.11.2017 – 2 BvE 2/11, NVwZ 2018, 51, Rn. 215; *Scholz*, Konzentrationskontrolle und Grundgesetz, 1971 S. 48 ff.; *ders.*, Entflechtung und Verfassung, 1981, S. 92 ff.; *Englisch*, Wettbewerbsgleichheit im grenzüberschreitenden Handel, 2008, S. 528 f.; *ders*, StuW 2008, S. 43 (50 f.); im Zusammenhang mit negativen ökonomischen Auswirkung der wirtschaftlichen

Markt,[1273] genauer, die Handlungs- und Entschlussfreiheit hinsichtlich des Preises und der Produktqualität,[1274] sowie der Produktpalette, Werbung[1275] und weitere wirtschaftlich relevanten Faktoren beschrieben.[1276]

(1) Art. 12 Abs. 1 GG als (primärer) Anknüpfungspunkt der Wettbewerbsfreiheit

Dabei wird die Wettbewerbsfreiheit mittlerweile überwiegend in Art. 12 Abs. 1 GG,[1277] teilweise aber auch noch in Zusammenhang mit Art. 14 Abs. 1 GG[1278]

Betätigung der öffentlichen Hand dazu auch *Wollenschläger*, in: Öffentliches Wettbewerbsrecht, 2014, § 6 Rn. 64 ff.; zur Handlungs- und Entscheidungsfreiheit im Wettbewerb hinsichtlich der europäischen Grundrechte *Klement*, Wettbewerbsfreiheit, 2015, S. 348 ff.

1273 Unter ausschließlicher Bezugnahme auf Art. 12 Abs. 1 GG: BVerfG v. 14.03.2006 – 1 BvR 2087/03, u.a., BVerfGE 115, 205, Rn. 82; v. 21.10.2014 – 2 BvE 5/11, BVerfGE 137, 185, Rn. 155; v. 07.11.2017 – 2 BvE 2/11, NVwZ 2018, 51, Rn. 215.

1274 BVerfG v. 17.12.2002 – 1 BvL 28/95, u.a., BVerfGE 106, 275, Rn. 105; bezüglich des Preises auch *Di Fabio*, in: Maunz/Dürig, GG, Art. 2 Abs. 1 GG Rn. 116 (Stand 07.2001).

1275 BVerfG v. 26.06.2002 – 1 BvR 558/91, u.a., BVerfGE 105, 252, Rn. 45; wohl auch *Breuer*, in; HStR VIII^3, 2010, § 171 Rn. 105.

1276 Zusammenfassend mit der Bezeichnung als Aktionsparameter ähnlich bereits *Hoppmann*, in: ORDO 18 (1967), S. 77 (89); *Weber*, Steuererlaß und Steuerstundung als Subvention, 1980, S. 105; *Lindner*, DÖV 2003, 185 (190); tendenziell *Hellwig*, in: FS Mestmäcker, 2006, S. 231 (252); *Englisch*, StuW 2008, S. 43 (51); *ders.*, Wettbewerbsgleichheit im grenzüberschreitenden Handel, 2008, S. 527; *Grimm*, Die negative Konkurrentenklage im Steuerrecht, 2011, S. 80; siehe auch *Magen*, in: Öffentliches Wettbewerbsrecht, 2014, § 2 Rn. 45.

1277 *Brohm*, FS Menger, 1985, S. 235 (245); *Di Fabio*, in: Maunz/Dürig, GG, Art. 2 Abs. 1 GG Rn. 116 (Stand 07.2001); *Lindner*, DÖV 2003, 185 (190 f.); *Englisch*, StuW 2008, S. 43 (50 f.); *ders.*, Wettbewerbsgleichheit im grenzüberschreitenden Handel, 2008, S. 526 ff.; dazu auch *Ruffert*, AöR 134 (2009), S. 197 (224 ff.); *Cornils*, in: HStR VII^3, 2009, § 168 Rn. 55 und 79; ebenso *Isensee*, in: HStR VII^3, 2009, § 150 Rn. 94 Fn. 200; *Grimm*, Die negative Konkurrentenklage im Steuerrecht, 2011, S. 78; *Odewald*, Faktische und mittelbare Eingriffe in die Wettbewerbsfreiheit, 2011, S. 108 f.; *Achatz*, Grundrechtliche Freiheit im Wettbewerb, 2011, S. 33 ff.; *Ruthig/Storr*, Öffentliches Wirtschaftsrecht^5, 2020, § 8 Rn. 693; *Magen*, in: Öffentliches Wettbewerbsrecht, 2014, § 2 Rn. 45.

1278 *Scholz*, Konzentrationskontrolle und Grundgesetz, 1971, S. 56 f.; *ders.*, Entflechtung und Verfassung, 1981, S. 94 f.; ; *Seer*, Verständigungen in Steuerverfahren, 1996, S. 262; *Schmidt-Preuß*, Kollidierende Privatinteressen im Verwaltungsrecht^2, 2005, S. 59; *Depenhauer*, in: v. Mangold/Klein/Starck, GG^7, 2018, Art. 14 Rn. 104; wenn

oder auch Art. 2 Abs. 1 GG,[1279] verortet. Sofern die Auswirkung auf die wettbewerbsrelevanten Handlungs- und Entschlussfreiheiten jedoch schon dem Art. 12 Abs. 1 GG und möglicherweise daneben Art. 14 Abs. 1 GG zugeordnet werden können, tritt Art. 2 Abs. 1 GG als subsidiär hinter den spezielleren Freiheitsgewährleistungen zurück.[1280] Daneben kommt hinsichtlich der Grundrechtsrelevanz der in Rede stehenden Steuerbefreiungen auch dem Gewährleistungsgehalt des Art. 14 Abs. 1 GG allenfalls eine nachrangige Bedeutung zu. Die Gewährleistung durch Art. 14 Abs. 1 GG neben Art. 12 Abs. 1 GG wird nämlich durch die mögliche Betroffenheit des Rechts am eingerichteten und ausgeübten Gewerbebetriebs begründet.[1281] Ungeachtet der Anerkennung des Rechts am eingerichteten und ausgeübten Gewerbebetrieb,[1282] wird auch diesem lediglich eine bestandsschützende Funktion zuerkannt.[1283] Vor diesem Hintergrund ist aber zunächst die Auswirkung der Steuerbefreiungen primär für den durch Art. 12 Abs. 1 GG gewährleisteten Freiheitsbereich zu untersuchen. Bevor es nämlich zu einer bestandsmindernden Einwirkung auf den eingerichteten und ausgeübten

---

auch ohne direkte Bezeichnung als Wettbewerbsfreiheit ebenso *Selmer,* Steuerinterventionismus und Verfassungsrecht, 1971, S. 362; *Henke,* Das Recht der Wirtschaftssubventionen als öffentliches Vertragsrecht, 1979, S. 120 ff.

1279 Vgl. zur ausschließlichen Herleitung aus Art. 2 Abs. 1 GG noch BVerwG v. 30.08.1968 – VII C 122.66, BVerwGE 30, 191, Rn. 57; mittlerweile aber auch mit der jedenfalls kumulierten Herleitung aus Art. 12 Abs. 1 GG und Art. 2 Abs. 1 GG BVerwG v. 10.12.2013 – 8 C 25/12, NVwZ 2014, 1237, Rn. 23 (m.w.N.); *Lübbe-Wolf,* Die Grundrechte als Eingriffsabwehrrechte, 1988, S. 297; mit der Berücksichtigung im Zuge der Subsidiarität statt vieler *Seer,* Verständigungen in Steuerverfahren, 1996, S. 262; *Di Fabio,* in: Maunz/Dürig, GG, Art. 2 Abs. 1 GG Rn. 116 (Stand 07.2001); zur kombinierten Herleitung *Bäcker,* Wettbewerbsfreiheit als normgeprägtes Grundrecht, 2007, S. 159 und 223, der die Wettbewerbsfreiheit jedoch von der Freiheit des Wettbewerbsverhaltens unterscheidet.

1280 Statt vieler *Di Fabio,* in: Maunz/Dürig, GG, Art. 2 Abs. 1 GG Rn. 116 (Stand 07.2001), der für Art. 2 Abs. 1 GG nur bei fehlender „berufsregelnder Tendenz“ einen Anwendungsbereich annimmt; *Scholz,* in: Maunz/Dürig, GG, Art. 12 GG Rn. 123 (Stand 06.2006); *Cornils,* in: HStR VII^3, 2009, § 168 Rn. 55.

1281 *Di Fabio,* in: Maunz/Dürig, GG, Art. 2 Abs. 1 GG Rn. 116 (Stand 07.2001); *Papier,* in: Maunz/Dürig, GG, Art. 14 GG Rn. 230 (Stand 07.2010).

1282 Regelmäßig offengelassen, vgl. nur BVerfG v. 25.01.1984 – 1 BvR 272/81, BVerfGE 66, 116, Rn. 73; jüngst BVerfG v. 06.12.2016 – 1 BvR 2821/11, u.a., BVerfGE 143, 246, Rn. 240 (m.w.N.).

1283 Siehe nur *Depenhauer,* in: v. Mangold/Klein/Starck, GG^7, 2018, Art. 14 Rn. 134; im Zusammenhang mit der Abgrenzung zur Wettbewerbsfreiheit *Bäcker,* Wettbewerbsfreiheit als normgeprägtes Grundrecht, 2007, S. 313 ff.

Gewerbebetrieb kommen kann, geht dem zeitlich zwingend eine Beeinträchtigung der Handlungs- und Entschlussfreiheit hinsichtlich der genannten wettbewerbsprägenden Faktoren voraus. Die Begünstigung des Konkurrenten begründet, wie bereits mehrfach angeklungen, einen Anpassungszwang – nach Art einer „mechanischen Kausalität", anders gewendet der marktspezifischen Funktionsbedingungen –[1284] der eine Reaktion der nicht begünstigten Wettbewerber jedenfalls erforderlich werden lässt. Zur Bestimmung der Bedeutung der Wettbewerbsschutzklauseln sind daher Umfang und Intensität der Grundrechtsrelevanz der Steuerbegünstigungen zunächst an der Wettbewerbsfreiheit und dabei primär an der Handlungs- und Entschlussfreiheit im Wettbewerb nach Art. 12 Abs. 1 GG zu messen.

(2) Konkurrentenbegünstigung als mittelbar faktischer Eingriff

Dem Vorhergehenden entsprechend kann die Begünstigung eines Konkurrenten allenfalls einen mittelbar faktischen Eingriff in die Wettbewerbsfreiheit der nicht begünstigten Wettbewerber darstellen. Die Begünstigung ergeht nicht in Form eines Ge- oder Verbotes, sondern allein der gesteigerte Konkurrenzdruck – durch die Weitergabe des Vorteils am Markt – lässt eine Anpassungshandlung erforderlich werden.[1285]

(a) Keine Regelung der Rahmenbedingungen des Wettbewerbs durch Steuerbegünstigungen

Während steuerliche Begünstigungen von der Literatur, im Falle eines bestehenden Wettbewerbsverhältnisses, überwiegend als Beeinträchtigung des Art. 12 Abs. 1 GG eingeordnet werden,[1286] lehnt das Bundesverfassungsgericht

---

1284 *Englisch*, Wettbewerbsgleichheit im grenzüberschreitenden Handel, 2008, S. 528 f.; vgl. bereits den ähnlichen Gedanken zur Steigerung des Konkurrenzdrucks mit der Folge des Anpassungszwangs unter Teil 1 A, III, 3 b) aa) (1).

1285 Vgl. mit dem gleichgehenden Gedanken ausführlich *Englisch*, Wettbewerbsgleichheit im grenzüberschreitenden Handel, 2008, S. 526 ff.

1286 *Selmer*, Steuerinterventionismus und Verfassungsrecht, 1971, S. 362; *Jehke*, Bestimmtheit und Klarheit im Steuerrecht, 2005, S. 155; *Englisch*, StuW 2008, S. 43 (51); *ders.*, Wettbewerbsgleichheit im grenzüberschreitenden Handel, 2008, S. 528 ff.; *Grimm*, Die negative Konkurrentenklage im Steuerrecht, 2011, S. 74 und 81; allgemein bezüglich Subventionen auch *Scholz*, in: Maunz/Dürig, GG, Art. 12 GG Rn. 321 (Stand 06.2006); *Breuer*, in; HStR VIII^3, 2010, § 171 Rn. 105, der von einer „Erdrosselungssubvention" spricht und die Entstehung eines ruinösen Wettbewerbs fordert; a.A. *Weber*, Steuererlaß und Steuerstundung als Subvention, 1980, S. 107 f.; ebenso

jedenfalls bei Regelungen, die die Wettbewerbssituation der Unternehmen lediglich in einer mittelbar faktischen Auswirkungen beeinflussen, grundsätzlich eine Betroffenheit des Schutzbereichs von Art. 12 Abs. 1 GG ab.[1287] Das Bundesverfassungsgericht schränkt den Gewährleistungsbereich der Berufsfreiheit dabei auch dahingehend ein, dass die Reichweite des Freiheitsschutzes „durch die rechtlichen Regeln mitbestimmt [wird], die den Wettbewerb ermöglichen und begrenzen".[1288] Daher sichere Art. 12 Abs. 1 GG „in diesem Rahmen (nur) die Teilhabe am Wettbewerb nach Maßgabe seiner Funktionsbedingungen".[1289] Das Bundesverfassungsgericht konzipiert die Wettbewerbsfreiheit nach Art. 12 Abs. 1 GG damit im Ergebnis als „normgeprägtes Grundrecht".[1290] Tatsächlich erkennt aber auch das Bundesverfassungsgericht die Möglichkeit einer bestehenden Beeinträchtigung des Art. 12 Abs. 1 GG an, sofern ein Anbieter durch eine wettbewerbsverändernde Maßnahme, etwa eine Subventionierung, einem „erheblichen Konkurrenznachteil" ausgesetzt wird.[1291] Während dies zunächst

---

Papier, Die finanzrechtlichen Gesetzesvorbehalte und das grundgesetzliche Demokratieprinzip, 1973, S. 117; wohl aber mittlerweile anders *ders.*, in: Maunz/Dürig, GG, Art. 14 GG Rn. 230 f. (Stand 07.2010); gegen die Annahme eines mittelbaren Eingriffs, aber dennoch mit der Forderung eines Parlamentsvorbehaltes *Seiler*, Der einheitliche Parlamentsvorbehalt, 2000, S. 274 f.

1287 BVerfG v. 23.10.2013 – 1 BvR 1842/11, u.a, BVerfGE 134, 204, Rn. 114 (m.w.N.); v. 21.03.2018 – 1 BvF 1/13, NVwZ 2018, 1056, Rn. 27.

1288 BVerfG v. 26.06.2002 – 1 BvR 558/91, u.a., BVerfGE 105, 252, Rn. 43; v. 13.06.2006 – 1 BvR 1160/03, BVerfGE 116, 135, Rn. 60; v. 21.10.2014 – 2 BvE 5/11, BVerfGE 137, 185, Rn. 155.

1289 BVerfG v. 26.06.2002 – 1 BvR 558/91, u.a., BVerfGE 105, 252, Rn. 43; v. 20.04.2004 – 1 BvR 905/00, u.a., BVerfGE 110, 274, Rn. 44; v. 13.06.2006 – 1 BvR 1160/03, BVerfGE 116, 135, Rn. 60; mit der Ergänzung „*nur* nach Maßgabe seiner Funktionsbedingungen" v. 14.09.2010 – 1 BvR 1504/10, GRUR-RR 2011, 217, Rn. 12 (Herv. durch den Verf.); mit Bezug auf die Wettbewerbsposition so auch jüngst v. 21.03.2018 – 1 BvF 1/13, NVwZ 2018, 1056, Rn. 27.

1290 So *Bäcker*, Wettbewerbsfreiheit als normgeprägtes Grundrecht, 2007, S. 159 ff., wonach „die Wettbewerbsfreiheit [...] damit ein normgeprägtes Grundrecht [ist], das einfachrechtlicher Ausgestaltung *bedarf*" (Herv. durch den Verf.); zur Kritik am Verständnis der normgeprägten Gewährleistung nur *Ruffert*, AöR 134 (2009), S. 197 (223 ff.); *Cornils*, in: HStR VII³, 2009, § 168 Rn. 55; *Wollenschläger*, in: Öffentliches Wettbewerbsrecht, 2014, § 6 Rn. 68; *Klement*, Wettbewerbsfreiheit, 2015, S. 303 ff., insb. S. 310 ff.

1291 Vgl. BVerfG v. 12.06.1990 – 1 BvR 355/86, BVerfGE 82, 209, Rn. 63 f. und 80; v. 14.01.2004 – 1 BvR 506/03, NVwZ 2004, 718, Rn. 21; v. 23.04.2009 – 1 BvR 3405/08, NVwZ 2009, 977, Rn. 9.

auf staatlich regulierte Märkte begrenzt zu sein schien, hat das Bundesverfassungsgericht jüngst auch bei einer amtlichen Information die Möglichkeit einer Beeinträchtigung erwogen, sofern diese „in ihrer Zielsetzung [...] direkt auf die Marktbedingungen konkret individualisierter Unternehmen zielt, indem sie die Grundlagen der Entscheidungen am Markt zweckgerichtet beeinflusst und so die Markt- und Wettbewerbssituation zum wirtschaftlichen Nachteil der betroffenen Unternehmen verändert".[1292] Die Grundrechtsbindung hinsichtlich des berufsbezogenen Verhaltens am Markt aus Art. 12 Abs. 1 GG bestehe daher dann doch, „wenn Normen, die [...] [die] Rahmenbedingungen der Berufsausübung verändern, in ihrer Zielsetzung und ihren mittelbar-faktischen Wirkungen einem Eingriff als funktionales Äquivalent gleichkommen" und „die mittelbaren Folgen also kein bloßer Reflex einer nicht entsprechend ausgerichteten gesetzlichen Regelung sind".[1293] Das Bundesverfassungsgericht hat damit der Ausnahme vom oben aufgestellten Grundsatz (des Ausschlusses der Betroffenheit des Art. 12 Abs. 1 GG bei Regelungen mit mittelbar faktischer Auswirkung) klarere Konturen gegeben.

Auch die hiesigen Steuerbegünstigungen könnten zunächst tendenziell als Regelung der Rahmenbedingungen der Berufsausübung aufgefasst werden, denen nicht nur eine reflexartige Auswirkung auf den Gewährleistungsgehalt zukommt. Durch die Begünstigung eines Anbieters wird die Weitergabe des Vorteils am Markt und damit auch eine Einwirkung auf den Marktmechanismus zumindest in Kauf genommen. Wegen der Wirkweise des Wettbewerbsmechanismus[1294] kommt es auch zweifelsfrei zu einer Auswirkung auf bestehende oder potentielle Konkurrenten. Die Negativauswirkung aus Konkurrentensicht kann aufgrund der gesicherten Erkenntnis dieser Folgewirkung somit auch nicht als bloßer Reflex angesehen werden. Die Auswirkung kann zudem auch nicht dadurch aufgehoben werden, dass die Begünstigungen nach der Regelungstechnik unter den Wettbewerbsvorbehalt gestellt werden. Dies führt nur dazu, dass das Auftreten der Folgewirkung verhindert werden kann, nicht aber zwingend sichergestellt wird. Die fehlende Sicherstellung wird schon durch die Zahl an fehlerhaften Entscheidungen bei der Anwendung der Wettbewerbsschutzklauseln bestätigt. Tatsächlich dürften die Steuerbegünstigungen aber wohl dennoch nicht als Regelung einzuordnen sein, die nach dem Verständnis des

1292 BVerfG v. 21.03.2018 – 1 BvF 1/13, NVwZ 2018, 1056, Rn. 28.
1293 BVerfG v. 21.03.2018 – 1 BvF 1/13, NVwZ 2018, 1056, Rn. 28 (m.w.N.).
1294 Siehe dazu und für die entsprechenden Nachweisen Teil 1 A, II, 1 b) aa).

Bundesverfassungsgerichts den „Wettbewerb ermöglichen und begrenzen".[1295] Den Vorgaben lässt sich zwar nicht zweifelsfrei entnehmen, nach welchen Kriterien einer Regelung eine Ermöglichungs- und Begrenzungsfunktion zukommen soll. Ein Unterschied zwischen den Steuerbegünstigungen und den Regelungen, zu denen die Entscheidungen des Bundesverfassungsgerichts ergangen sind, besteht jedoch darin, dass sich letztere *direkt* auf einen „wettbewerbsbestimmenden Faktor" bezogen, beziehungsweise die ermöglichten Interventionen in der Gestalt eines solchen auftraten.[1296] Die Steuerbegünstigungen sind dagegen im Ausgangspunkt losgelöst vom Wettbewerb und dessen Eigengesetzlichkeiten und haben keinen direkten Bezug auf einen „wettbewerbsbestimmenden Faktor". Diese können auch nicht selbst als ein solcher eingeordnet werden. Die Begünstigungen können zwar zur Preissenkung, oder im Fall der Verwendung zur Erzielung größerer Erträge auch zur Reinvestition der (um die Steuerbegünstigung erhöhten) Gewinne genutzt werden. Dennoch setzen diese nicht zwangsweise bei diesen Wettbewerbsfaktoren an. Es handelt sich um eine von den wettbewerbsbestimmenden Faktoren zunächst unabhängige Einwirkung, die nach Belieben der Begünstigten in den wettbewerbsbestimmenden Faktoren umgesetzt werden *kann*. Bei den Steuerbegünstigungen unter Wettbewerbsvorbehalt handelt es sich daher schon nicht um Regelungen, die die Reichweite des wettbewerbsbezogenen Freiheitsschutzes rechtlich mitbestimmen, da sie als von den Wettbewerbsfaktoren unabhängige Intervention den Freiheiten (auch der Konkurrenten) keine absolute Grenze setzen.

Daraus folgt, dass die hiesigen Befreiungen und Begünstigungen auch nach dem Verständnis des Bundesverfassungsgerichts schon dann als eine

---

1295 A.A hinsichtlich § 3 Nr. 6 S. 2 GewStG und § 5 Nr. 9 S. 2 KStG jeweils i.V.m. § 65 Nr. 3 AO *Bäcker*, Wettbewerbsfreiheit als normgeprägtes Grundrecht, 2007, S. 228 f., der darin „wirtschaftsordnende Strukturnormen" sieht.

1296 Hinsichtlich des Faktors der Information, die im Wettbewerb über die Werbung umgesetzt wird, vgl. nur BVerfG v. 26.06.2002 – 1 BvR 558/91, u.a., BVerfGE 105, 252, Rn. 44 ff.; v. 21.03.2018 – 1 BvF 1/13, NVwZ 2018, 1056, Rn. 27 ff.; bezüglich der Produktqualität und der Preissetzung (hier durch die Vorgabe von Höchstpreisen) vgl. nur v. 17.12.2002 – 1 BvL 28/95, u.a., BVerfGE 106, 275, Rn. 105 ff.; zur Entscheidungsfreiheit der Nachfrager (wenn auch in diesem Fall von staatlicher Seite), als wesentlichem Faktor beim Wettstreit um Vertragsabschlüsse, vgl. v. 13.06.2006 – 1 BvR 1160/03, BVerfGE 116, 135, Rn. 61 ff.; dies spiegelt sich zugleich auch in der Aussage wider, dass Art. 12 Abs. 1 GG gerade keinen „Schutz vor Einflüssen auf wettbewerbsbestimmenden Faktoren" umfasse, vgl. erneut BVerfG v. 26.06.2002 – 1 BvR 558/91, u.a., BVerfGE 105, 252, Rn. 43.

Beeinträchtigung des Art. 12 Abs. 1 GG eingeordnet werden müssten, sofern diesen eine berufsregelnde Tendenz zukommt.

(b) Objektiv berufsregelnde Tendenz steuerlicher Konkurrentenbegünstigungen

Das Bundesverfassungsgericht nimmt eine grundrechtsrelevante mittelbare Beeinträchtigung des Art. 12 Abs. 1 GG jedoch nur an, wenn die jeweiligen Vorschriften „infolge ihrer Gestaltung in einem engen Zusammenhang mit der Ausübung eines Berufes stehen und - objektiv - eine berufsregelnde Tendenz deutlich erkennen lassen".[1297] Diese Einschränkung des Gewährleistungsbereichs ist in der Literatur überwiegend auf Ablehnung gestoßen.[1298] Neben dem fehlenden Anknüpfungspunkt im Wortlaut des Art. 12 Abs. 1 GG wird zutreffend darauf hingewiesen, dass kein Grund dafür ersichtlich ist, sich vom modernen Eingriffsverständnis zu lösen, wonach grundsätzlich jede normative Regelung einen Eingriff darstellen kann.[1299]

Ungeachtet dessen muss den in Rede stehenden Begünstigungen aber auch ohnehin schon eine objektiv berufsregelnde Tendenz zuerkannt werden. Das Bundesverfassungsgericht fordert genauso wie bei der oben dargestellten Bedingung, für die Annahme einer mittelbar faktischen Beeinträchtigung der Wettbewerbsfreiheit, auch für die objektiv berufsregelnde Tendenz, dass „das staatliche Handeln in seiner Zielsetzung und in seinen Wirkungen Ersatz für eine staatliche Maßnahme ist, die als Grundrechtseingriff zu qualifizieren wäre".[1300] Dabei könne das Vorliegen des Merkmals der objektiv berufsregelnden Tendenz „insbesondere aus der Intention des Gesetzgebers hergeleitet werden".[1301] Das Bundesverfassungsgericht stellt dabei darauf ab, ob das vom Gesetzgeber verfolgte

---

1297 St. Rspr. vgl. nur BVerfG v. 30.10.1961 – 1 BvR 833/59, BVerfGE 13, 181, Rn. 23; aus der jüngeren Vergangenheit sieh nur v. 13.02.2007 – 1 BvR 910/05, BVerfGE 118, 1, Rn. 116; v. 05.11.2014 – 1 BvF 3/11, BVerfGE 137, 350, Rn. 69.

1298 Siehe nur *Friauf*, DStJG 12 (1989), S. 3 (26); *Papier*, Der Staat 11 (1972), 483 (493 ff.); *Seer*, DStJG 23 (2000), S. 87 (93); auch *Lindner*, DÖV 2003, 185 (190), lässt faktische Beeinträchtigungen genügen; *Scholz*, in: Maunz/Dürig, GG, Art. 12 GG Rn. 300 ff. (Stand 06.2006); *Manssen*, in: v. Mangold/Klein/Starck, GG^7, 2018, Art. 12 GG Rn. 75.

1299 Vgl. *Seer*, DStJG 23 (2000), S. 87 (93), m.w.N.; ähnlich *Manssen*, in: v. Mangold/Klein/Starck, GG^7, 2018, Art. 12 GG Rn. 75; allgemein auch *Eckhoff*, Der Grundrechtseingriff, 1992, S. 228 ff. und 236 ff.

1300 Vgl. nur BVerfG v. 13.02.2007 – 1 BvR 910/05, u.a., BVerfGE 118, 1, Rn. 124.

1301 BVerfG v. 05.03.1974 – 1 BvL 27/72, BVerfGE 37, 1, Rn. 54; v. 13.02.2007 – 1 BvR 910/05, u.a., BVerfGE 118, 1, Rn. 124.

Ziel zwar nicht primär auf eine Freiheitsverkürzung angelegt ist, aber schlechthin nur über eine solche erreicht werden kann.[1302] Auch bei den steuerlichen Begünstigungen unter Wettbewerbsvorbehalt wird nicht primär die Freiheitsbeschränkung der nicht begünstigten Konkurrenten bezweckt. Daneben lässt sich die beabsichtigte Begünstigung – wobei bei § 4 KStG wegen der verhinderten Eigenbesteuerung des Staates ohnehin schon nicht von einer richtigen Begünstigung gesprochen werden kann – aber auch nicht zwingend nur bei einer gleichzeitig freiheitsbeschränkenden Einwirkung auf die nicht begünstigten Konkurrenten erreichen. Das Zusammentreffen vom Erreichen des primären Zwecks und der dabei auftretenden Beeinträchtigung ist daher nicht zwingend. Insofern besteht jedoch nur eine geringfügige Einschränkung der Vergleichbarkeit der aufgestellten Betrachtungen. Denn auch die (potentiell) freiheitsbeschränkende Wirkung ist mehr als eine nur unbeabsichtigte Nebenfolge der gewährten Begünstigung.[1303] Schließlich erkennt auch der Gesetzgeber, dass die Begünstigungen aufgrund der Eigengesetzlichkeit des Wettbewerbsmechanismus nicht nur möglicherweise, sondern beim Bestehen eines (potentiellen) Wettbewerbsverhältnisses und dem damit auftretenden Konkurrenzdruck, mit an Sicherheit grenzender Wahrscheinlichkeit zu einer begünstigungsbedingt erzwungenen Anpassungsreaktion der nicht begünstigten Konkurrenten führen werden. Dies zeigt sich gerade in der Absicht, durch die Wettbewerbsschutzklauseln eben diese schädigende Folge ausschließen zu wollen.[1304] Die Schädigungswirkung – in Form der freiheitsverkürzenden Beeinträchtigung der Konkurrenten – ist demnach nicht nur eine vom Gesetzgeber als möglich in Kauf genommene Folge, sondern beim Bestehen eines Wettbewerbsverhältnisses das als geradezu zwingend erkannte und damit bewusst gesetzte Ergebnis. Wegen der Gesamtschau mit den Wettbewerbsschutzklauseln und dem darin zum Ausdruck kommenden Bewusstsein des Gesetzgebers (von der beeinträchtigenden

1302 Deutlich bei BVerfG v. 13.02.2007 – 1 BvR 910/05, u.a., BVerfGE 118, 1, Rn. 124.

1303 A.A. hinsichtlich Subventionen *Bäcker,* Wettbewerbsfreiheit als normgeprägtes Grundrecht, 2007, S. 151, wonach der Nachteil eines Konkurrenten des Subventionierten gerade nur eine Nebenfolge der Subvention sei.

1304 Dies zeigt sich gerade in den Gesetzgebungsmaterialien, die wiederkehrend den Schutz der nicht begünstigten Konkurrenten als Begründung der Steuerpflicht hervorheben: Für die Besteuerung der öffentlichen Hand BT-Drs. 7/1470, S. 336; ähnlich bereits die Begründung zum Entwurf eines KStG, Verhandlungen des RT, 3. Wahlperiode 1924/25, Bd. 400, Drs. 796, 8 ff.; ausdrücklich im Zuge der Begründung zu § 2 Abs. 3 UStG (aF) BT-Drs. 4/1590, S. 36. Sowie für die Besteuerung gemeinnütziger Körperschaften BT-Drs. 7/4292, S. 21.

Wirkung der Begünstigungen) kann das Vorliegen einer objektiv berufsregelnden Tendenz nicht ernsthaft bestritten werden. Es kann kein Unterschied darin liegen, ob über die Einschränkung einer gewährten Freiheit oder im Ergebnis zu deren Lasten eine erkannte Beeinträchtigung erfolgt. Zwar wird teilweise eine Finalität im engeren Sinne dahingehend gefordert, dass die Negativfolge wenigstens ein notwendiges Zwischenziel der Intervention sei.[1305] Tatsächlich kann es aber keinen Unterschied machen, ob der Gesetzgeber auf die schädigende Wirkung abzielt, oder deren Auftreten lediglich erkennt und ungeachtet dessen dennoch die schädigende Kausalkette in Gang setzt. Die Wirkung auf die Freiheit, der nicht begünstigten Anbieter, ist dieselbe, und zwar unabhängig davon, ob der Gesetzgeber sie will oder nur bewusst auftreten lässt. Die Begünstigung wird zwar nicht über die Freiheitsbeschränkung der potentiellen Konkurrenten am Markt, aber unter Kenntnis des Auftretens der Beeinträchtigung derselben als gesicherte Konsequenz gewährt.

Auch für den engen Zusammenhang der Gestaltung mit der Ausübung eines Berufes kann nichts anderes gelten. Sobald eine Steuerbegünstigung bewusst an Steuerpflichtige gewährt wird, deren Tätigkeit als jedenfalls wettbewerbsfähig erkannt wird, und dieser Umstand wegen dessen Negativwirkung auf die berufliche Tätigkeit nicht begünstigter Anbieter zum Ausschlusskriterium erhoben wird, kann die Betroffenheit der Berufsausübung nicht mehr nur als bloße Nebenfolge oder Reflex einer nicht entsprechend ausgerichteten gesetzlichen Regelung angesehen werden.[1306] Auch der enge Zusammenhang zwischen der Gestaltung und der Berufsausübung kann wegen der gesicherten Erkenntnis der annähernd mechanisch erfolgenden Auswirkung nicht verneint werden. Es lässt sich nur nicht sagen, über welchen Faktor es zu einer Auswirkung kommen wird. Das Auftreten der Auswirkung auf die Berufsfreiheit ist aber in jedem Fall die Konsequenz der Begünstigungsgewährung in einem Wettbewerb.

1305 Vgl. *Bäcker,* Wettbewerbsfreiheit als normgeprägtes Grundrecht, 2007, S. 150, der daher einen Grundrechtseingriff ablehnt, dafür aber beim Vorliegen einer einfachrechtlichen wirtschaftsordnenden Strukturierung, etwa durch die Schutzklauseln des § 3 Nr. 6 S. 2 GewStG und § 5 Nr. 9 S. 2 KStG jeweils i.V.m. § 65 Nr. 3 AO, einen grundrechtlichen Normanwendungsschutz aus der (normgeprägten) Wettbewerbsfreiheit annimmt. Woraufhin die Regelungsdichte von Subventionen dann aber wiederrum von den grundrechtlichen Freiheiten und deren Beeinträchtigung abhängig sein soll (vgl. S. 255).

1306 Zu dieser Maßgabe statt vieler nur BVerfG v. 21.03.2018 – 1 BvF 1/13, NVwZ 2018, 1056, Rn. 28 (m.w.N.).

Die steuerliche Begünstigung erfüllt daher schon die, wenn auch an dieser Stelle leicht modifizierten, strengen Anforderungen des Bundesverfassungsgerichts an eine relevante Beeinträchtigung der durch die Berufsfreiheit nach Art. 12 Abs. 1 GG gewährten Freiheiten.

b) „Wesentlichkeit" der Steuerbegünstigungen und Wettbewerbsprüfung

Um das erforderliche Maß an Bestimmtheit festlegen zu können, ist somit abschließend die sog. „Wesentlichkeitstheorie" des Bundesverfassungsgerichts heranzuziehen.[1307] Danach steigen die Anforderungen an die Bestimmtheit der parlamentarischen Regelung im Gleichlauf mit der Intensität der Grundrechtsbeeinträchtigung.[1308] Daher gilt es, nachfolgend das Ausmaß der

---

1307 Dazu bereits BVerfG v. 06.12.1972 – 1 BvR 230/70, u.a., BVerfGE 34, 165, Rn. 104 (m.w.N.).

1308 St. Rspr., vgl. nur BVerfG v. 19.04.1978 – 2 BvL 2/75, BVerfGE 48, 210, Rn. 38; v. 20.10.1981 – 1 BvR 640/80, BVerfGE 58, 257, Rn. 43 f.; v. 17.02.2016 – 1 BvL 8/10, BVerfGE 141, 143, Rn. 68 ff. insb. 80; *Kisker*, NJW 1977, S. 1313 (1319); siehe auch *Kloepfer*, JZ 1984, S. 685 (691), wonach die Wesentlichkeitstheorie „die Verwendung von unbestimmten Rechtsbegriffen und von Ermessensvorschriften [limitiert]"; *Staupe*, Parlamentsvorbehalt und Delegationsbefugnis, 1986, S. 120 ff.; *Barth*, Richterliche Rechtsfortbildung im Steuerrecht, 1996, S. 389 f.; *Seiler*, Der einheitliche Parlamentsvorbehalt, 2000, S. 116; *Hey*, Steuerplanungssicherheit, 2002, S. 553; *Jehke*, Bestimmtheit und Klarheit im Steuerrecht, 2005, S. 97; inhaltlich auch *Bartone*, in: Linien der Rechtsprechung des Bundesverfassungsgerichts, 2009, S. 305 (327); *Schröder*, Genehmigungsverwaltungsrecht, 2016, S. 478 ff., der jedoch auch anführt, dass sich „die Wesentlichkeitstheorie durch eine gewisse Konturlosigkeit aus[zeichnet]", vgl. S. 480; kritisch gegenüber der Tauglichkeit der Wesentlichkeitstheorie zur Bestimmung der Bestimmtheitserfordernisse: *Umbach*, in: FS Faller, 1984, S. 111 (128 f.); *Gassner*, Kriterienlose Genehmigungsvorbehalte im Wirtschaftsverwaltungsrecht, 1994, S. 182 ff. und 206; zur Kritik auch *Mayer*, Untermaß, Übermaß und Wesensgehaltgarantie, 2005, S. 107 f. (m.w.N.); *Schmidt-Aßmann*, Das allgemeine Verwaltungsrecht als Ordnungsidee[2], 2004, S. 190 f.; *F. Kirchhof*, in: Maunz/Dürig, GG, Art. 83 GG Rn. 33 f. (Stand 01.2009), der von einer „heuristische[n] Wegweisung" spricht und für die Folgerung von Bestimmtheitsanforderungen attestiert, dass „letztlich [...] die Gerichte [entscheiden], wo und in welcher Dichte parlamentarische Vorgaben für das administrative Verhalten vorhanden sein müssen"; siehe auch *Unger*, Das Verfassungsprinzip der Demokratie, 2008, S. 268 f., der das Merkmal der „grundrechtlichen Eingriffsintensität" jedenfalls mit Blick auf den Bezug der Wesentlichkeitstheorie zum Demokratieprinzip als untauglich zurückweist; ausdrücklich a.A. *Kalscheuer/Jacobsen*, DÖV 2018, S. 523 (528), die der grundrechtlichen Eingriffsintensität nicht als „absolutem Kriterium" zwingend die „Wesentlichkeit" entnehmen wollen.

grundrechtsrelevanten Einwirkung auf den geschützten Freiheitsbereich der nicht begünstigten Konkurrenten und die Konsequenz dessen zu bestimmen.

aa) Grundrechtsintensität der Konkurrentenbegünstigungen

Die gewährten Steuerbegünstigungen führen bei deren Weitergabe am Markt – sei es über die Vergünstigung der Preise oder aber die Reinvestition in die Produktqualität, Werbung oder weitere wettbewerbsbestimmende Faktoren – zu einer künstlichen Steigerung des Wettbewerbsdrucks.[1309] In diesem Moment muss der nicht begünstigte Konkurrent seine Wettbewerbsstrategie über die Faktoren des Preises, der Produktqualität, Werbung und Produktvielfalt anpassen oder Innovationen schaffen, um einen Nachfragerabgang zu verhindern.[1310] Gerade die Handlungs- und Entschlussfreiheit hinsichtlich dieser Parameter gehört aber zur geschützten Freiheit. Zwar kann der nicht begünstigte Anbieter noch frei entscheiden, über welchen Parameter er auf den zunehmenden Konkurrenzdruck reagieren will.[1311] Bei dieser Erwägung bleibt jedoch lediglich die Handlungsfreiheit bezogen auf die Reaktionsmöglichkeiten bestehen, während aber die Entschlussfreiheit völlig aus dem Blick verloren geht. Ab einem gewissen Punkt wird zudem auch eine Anpassung, als Alternative zu einem Ausweichverhalten, nicht mehr anders als über eine Preisreduzierung realisierbar sein. Daneben besteht aus Sicht des nicht begünstigten Konkurrenten bezüglich der erzwungenen Anpassungshandlung jedenfalls im Ergebnis kein Unterschied gegenüber einem direkten Handlungsgebot. Zwar wird nicht die Entscheidung hinsichtlich des „Wie" extern begründet, dafür aber die gewichtigere Entscheidung über das „Ob" des Tätigwerdens. Die Auswahlmöglichkeit im Zuge der Reaktion kann aber die im Ausgangspunkt staatlich begründete Einwirkung auf die negative Handlungsfreiheit nicht entfallen lassen. Die Folge der Beschränkung der Handlungs- und Entschlussfreiheit durch die begünstigungsbedingte Steigerung des Konkurrenzdrucks, über den dem Wettbewerb immanenten Druck hinaus, ist dabei auch nicht auf geringfügige Anpassungshandlungen

---

1309 Vgl. in Bezug auf die Umsatzsteuer bereits den Gedanken unter Teil 1 C, II, 1 c) bb) (1).

1310 Hinsichtlich der zu erwartenden Anpassung von Preis, Qualität und Werbung ebenso *Englisch*, Wettbewerbsgleichheit im grenzüberschreitenden Handel, 2008, S. 528 f.; ähnlich *ders.*, StuW 2008, S. 43 (51).

1311 Mit dieser Erwägung lehnt *Weber*, Steuererlaß und Steuerstundung als Subvention, 1980, S. 107 ff., gerade eine Betroffenheit des Art. 12 Abs. 1 GG durch die Begünstigung eines Konkurrenten ab.

begrenzt. Wie schon im Zusammenhang mit der Wettbewerbsrelevanz von Gewinnsteuern begründet wurde, können selbst diese spätestens bei der Reinvestition der gesteigerten Gewinne eine Anpassungsreaktion der Konkurrenten erzwingen, oder sogar schon bei der Preiskalkulation preismindernd berücksichtigt werden.[1312] Selbiges gilt zweifelsfrei für die Umsatzsteuer, deren Erlass sich unmittelbar preismindernd auswirkt.[1313] Unabhängig von der Wirkung der erlassenen oder begünstigten Steuer führt diese zu einem Vorteil der begünstigten Anbieter, den die nicht begünstigten Konkurrenten – die gerade anders als die öffentliche Hand auf eine Gewinnerzielung angewiesen sind – aber auch im Verhältnis zu begünstigten Anbietern – die nicht der öffentlichen Hand zuzuordnen sind – auf Dauer nicht ausgleichen können werden.[1314] Die Steuerbegünstigungen ermöglichen es den begünstigten Betrieben zumindest zeitweise Preise auszuloben, die bis auf die Produktionskosten oder zumindest annähernd an diese gesenkt werden. Die nicht begünstigten Konkurrenten sind dazu dagegen wegen der Steuerbelastung nicht in der Lage. Ungeachtet der zeitlichen Grenze, die für die gewinnabhängigen nicht begünstigten Konkurrenten im Preiskampf besteht, können diese selbigen damit ohnehin nicht für sich entscheiden. Mit Blick auf die Tatsache, dass den begünstigten Betrieben ein erheblicher Preis und/oder Gewinnvorteil ermöglicht wird, kann auch die vollständige Verdrängung der nicht begünstigten Konkurrenten vom Markt nicht ausgeschlossen werden. Wegen der Möglichkeit des begünstigungsbedingten ruinösen Wettbewerbs zu Lasten der Nichtbegünstigten kann auch der vollständige Ausschluss der Handlungs- und Entscheidungsfreiheit hinsichtlich der Wettbewerbsfaktoren nicht ausgeschlossen werden. Die gewährten Begünstigungen können damit im Ergebnis sogar eine existenzvernichtende Wirkung entfalten.[1315]

1312 Vgl. dazu Teil 1 B, IV, 2 b).

1313 Vgl. dazu Teil 1 C, I, 3 b) bb) (1) und Teil 1 C, II, 1 c) bb) (2).

1314 Vgl. bereits Teil 1 B, IV, 2 b); ähnlich *Märtens*, in: Gosch, KStG^4, 2020, § 4 KStG Rn. 2; siehe auch die Begründung zum Entwurf eines KStG, Verhandlungen des RT, 3. Wahlperiode 1924/25, Bd. 400, Drs. 796, 8 ff., wo von der Steuer als „ungeheuer wichtige(r) Spese" gesprochen wird, deren Ersparung als ein „nicht zu rechtfertigender Vorsprung vor den privatwirtschaftlichen Betrieben" angesehen wird.

1315 Spätestens an diesem Punkt könnte daher auch Art. 14 Abs. 1 GG thematisiert werden, vgl. zum erfassten Gewährleistungsgehalt die Nachweise oben unter Teil 3 B, II, 3 a) bb) (1).

bb) Folge: Notwendigkeit erhöhter Regelungsdichte

Unter Anwendung der Wesentlichkeitstheorie steigen die Bestimmtheitsanforderungen an die Begünstigungen – wegen deren Grundrechtsrelevanz, die bis hin zum vollständigen Ausschluss der gewährten Freiheiten reichen kann und somit (potentiell) die größtmögliche Eingriffsintensität aufweist – damit auch hin zur größtmöglichen Bestimmtheit. Bei einer ausschließlichen Betrachtung der Begünstigungen sind diese Anforderungen zwar erfüllt, dennoch stehen dem Regelungskonstrukt der Begünstigungen unter Wettbewerbsvorbehalt erhebliche Einwände gegenüber.

Zunächst einmal lassen die Begünstigungen den Grundrechtsschutz selbst vollständig außen vor. Diese sind daher isoliert betrachtet wegen der möglichen Wirkung, bis hin zum kompletten Verlust der gewährten Freiheiten, erheblichen Bedenken an deren Verfassungskonformität ausgesetzt. Denn jedenfalls die mögliche existenzvernichtende Wirkung der Begünstigungen ließe sich nicht mehr ernsthaft als vor dem Förderzweck erforderlich und angemessen rechtfertigen. Diese Bedenken kommen nur deshalb nicht zum Tragen, weil die Begünstigungen durch den Wettbewerbsvorbehalt bedingt und damit zugleich die Möglichkeit zur Verwirklichung des Grundrechtsschutzes auf die Wettbewerbsschutzklauseln übertragen wird. Daraus allein ergibt sich zwar noch nicht zwingend die Notwendigkeit der gleichgehend hohen Regelungsdichte der Wettbewerbsschutzklauseln. Tatsächlich muss diese aber wegen des daneben tretenden Einwandes gefordert werden.

Dadurch, dass der Gesetzgeber die Begünstigungen zwar im Einklang mit der –wegen ihrer Grundrechtsrelevanz – notwendigen Regelungsdichte geregelt, zugleich aber die tatsächliche Gewährung – zwecks Gewährleistung des Grundrechtsschutzes – unter den Wettbewerbsvorbehalt gestellt hat, ist eine jeweils isolierte Anschauung nicht zulässig. Die Bestimmtheit der Wettbewerbsvorbehalte und damit der Wettbewerbsschutzklauseln muss vielmehr ebenfalls in die Betrachtung einbezogen werden. In dem Moment, wo die (potentiell) drittschädigende Begünstigung nämlich durch eine zusätzliche Regelung bedingt wird, ist auch die Vorhersehbarkeit der schädigenden Wirkung nicht mehr hinreichend gewährleistet. Während bei isolierter Betrachtung der Begünstigungsregelung die Auswirkung zweifelsfrei vorgesehen werden kann, wird diese Gewissheit durch die bedingende Regelung, wenn auch zu Gunsten der Freiheitssicherung, wieder aufgehoben. Sofern es sich bei der bedingenden Regelung daher um eine unbestimmtere Norm handelt, wird dem rechtsstaatlichen Anspruch an die Vorhersehbarkeit, Gleichmäßigkeit und Stabilität[1316] der belastenden

1316 Zu der dahingehenden Garantiefunktion des Gesetzes aus rechtsstaatlicher Sicht

Regelung – deren Umfang an erforderlicher Sicherung gerade durch die Wesentlichkeitstheorie bestimmt werden soll –[1317] gerade nicht mehr entsprochen. Wegen der Feststellung, dass die drittschädigende Wirkung der Begünstigung dabei wegen des Grundrechtsschutzes auch nicht zwingend hingenommen werden muss, kann auch nicht der Einwand erhoben werden, dass durch eine weniger bestimmte Bedingung die belastende Wirkung lediglich abgeschwächt würde und sich die Unvorhersehbarkeit für die vorhersehbar Belasteten damit allenfalls begünstigend auswirken könne. Die Entscheidung über die schädigende Auswirkung besteht nicht im Vorfeld, mit der Wettbewerbsprüfung als darauffolgender schonender Korrektur. Letztere ist vielmehr Voraussetzung der Begünstigungsgewährung und damit das Rosshaar am Damoklesschwert über dem (potentiell) schutzbedürftigen Freiheitsbereich. Ob die Begünstigung ihre drittschädigende Wirkung entfalten kann, hängt ausschließlich von der Wettbewerbsschutzklausel ab. Dementsprechend können aber auch hinsichtlich der erforderlichen Regelungsdichte der Wettbewerbsschutzklauseln, zur Umsetzung der vor dem Rechtsstaatsprinzip erforderlichen Vorhersehbarkeit, keine abweichenden Bestimmtheitsanforderungen aufgestellt werden. Die Wettbewerbsklauseln müssen den gleichen Anforderungen unterliegen, die auch für die unter ihrem Vorbehalt stehenden Begünstigungen mit (potentiell) freiheitsbegrenzender und gegebenenfalls auch -ausschließender Wirkung gelten. Die an den Gesetzgeber gestellten zwingenden Bestimmtheitsanforderungen würden diesem bei der Anerkennung einer entsprechend Regelungstechnik ansonsten

---

Schmidt-Aßmann, Das allgemeine Verwaltungsrecht als Ordnungsidee[2], 2006, S. 81.

1317 Vgl. dazu BVerfG v. 17.09.2013 – 2 BvE 6/08, u.a., BVerfGE 134, 141, Rn. 126 (m.w.N.), „Die Betroffenen müssen die Rechtslage erkennen und ihr Verhalten daran ausrichten können, und die gesetzesausführende Verwaltung muss für ihr Verhalten steuernde und begrenzende Handlungsmaßstäbe vorfinden"; *Gassner*, Kriterienlose Genehmigungsvorbehalte im Wirtschaftsverwaltungsrecht, 1994, S. 206; tendenziell auch *ders.*, ZG 1996, S. 45; *Wolff*, Ungeschriebenes Verfassungsrecht unter dem Grundgesetz, 2000, S. 258; *Seiler*, Der einheitliche Parlamentsvorbehalt, 2000, S. 115 f.; *Mayer*, Untermaß, Übermaß und Wesensgehaltgarantie, 2005, S. 114 (m.w.N.), der dahingehend nur Bedenken an der Folgerung eines Parlamentsvorbehalts, nicht aber der erforderlichen Regelungsdichte äußert; mit dem primären Blick auf die Verlässlichkeit und Vorhersehbarkeit auch *Hey*, Steuerplanungssicherheit, 2002, S. 552 f.; ohne Nennung der Wesentlichkeitstheorie aber im Zusammenhang mit der erforderlichen Regelungsdichte auch *Bäcker*, Wettbewerbsfreiheit als normgeprägtes Grundrecht, 2007, S. 255.

letztendlich als optional anheimgestellt werden. Dementsprechend würden die rechtsstaatlichen Anforderungen nicht umgesetzt werden.

cc) Verfehlung der erforderlichen Regelungsdichte

Die Wettbewerbsschutzklauseln werden dem erforderlichen Maß an Bestimmtheit im Verhältnis zum Ausmaß der Grundrechtsintensität offenkundig schon im Ansatz nicht gerecht. Die Begriffe des „Inwettbewerbtretens" (§ 65 Nr. 3 AO) und auch „der größeren Wettbewerbsverzerrung" (§ 2b UStG) enthalten keine Anhaltspunkte für deren sachgerechte Umsetzung. Für die Bestimmung des Wettbewerbsverhältnisses wird nicht einmal zweifelsfrei vorgegeben, ob dazu eine konkrete oder abstrakte Beurteilung vorgenommen werden, geschweige denn, ob sich die Beurteilung an einem engen oder weiten Verständnis orientieren soll.[1318] Auch die Gesetzgebungsmaterialien heben lediglich den Schutzzweck der Wettbewerbsschutzklauseln hervor. Diese treffen aber keine Vorgabe dafür, auf welche Weise der Konflikt zwischen der Förderwürdigkeit gemeinnütziger Tätigkeiten und dem Schutz der nicht begünstigten Konkurrenten entdeckt und ab welcher Schwelle dieser aufgelöst werden, oder aber die öffentliche Hand zum Zweck der Vorteilsausgleichs einer Besteuerung unterliegen soll.[1319] Ebenso unbestimmt ist die Vorgabe für die Beurteilung der „Unvermeidbarkeit" im Rahmen des § 65 Nr. 3 AO, die sich nicht einmal unter Heranziehung der §§ 66 ff. AO eindeutig vollziehen lässt.[1320] Vor diesem Hintergrund kann nicht davon gesprochen werden, dass das „Wesentliche" für die Gewährleistung der Grundrechtsverwirklichung[1321] geregelt ist. Geschweige denn, dass dieser die wesentlichen normativen Grundlagen des zu regelnden Rechtsbereichs selbst festgelegt hat und nicht dem Handeln der Verwaltung überlassen.[1322] Die

---

1318 Zur Möglichkeit enger und weiter Verständnisse mit Blick auf das Lauterkeits- und Kartellrecht vgl. unter Teil 1 A, II, 1 c).

1319 Vgl. BT-Drs. 7/1470, S. 336; im Zuge der Begründung zu § 2 Abs. 3 UStG (aF) BT-Drs. 4/1590, S. 36; BT-Drs. 7/4292, S. 21.

1320 Dazu bereits unter Teil 1 A, III, 3 b).

1321 Statt vieler nur BVerfG v. 17.09.2013 – 2 BvE 6/08, u.a., BVerfGE 134, 141, Rn. 126 (m.w.N.); v. 17.02.2016 – 1 BvL 8/10, BVerfGE 141, 143, Rn .59; mit Bezug auf die ältere, aber gleichgehende Rechtsprechung dazu auch *Badura,* in: HStR XII[3], 2014, § 265 Rn. 35.

1322 Vgl. zu dieser Vorgabe nur BVerfG v. 08.08.1978 – 2 BvL 8/77, BVerfGE 49, 89, Rn. 79.

Wettbewerbsschutzklauseln sind zwar bestimmbar.[1323] Die Realisierung der Bestimmbarkeit unterliegt aber dem Gutdünken der Rechtsanwender und lässt sich trotz der gesteigerten Grundrechtsrelevanz frei nach Belieben und wettbewerbspolitischem Verständnis in sämtliche Richtungen vornehmen.

Wie auch im Zusammenhang mit der Untersuchung der Wettbewerbsschutzklauseln als unzulässiger (mittelbarer) Unschärfe des Steuertatbestandes, stellen sich die Wettbewerbsschutzklauseln als nicht hinreichend bestimmte Regelungen dar. Auch an dieser Stelle muss daher die Forderung nach einer präziseren Ausgestaltung durch den parlamentarischen Gesetzgeber gestellt werden. Zugleich kommt es auch unter diesem Blickwinkel zu einer unzulässigen mittelbaren Delegation von Entscheidungsbefugnissen durch die nicht hinreichend bestimmten Wettbewerbsschutzklauseln.

c) *Ergebnis: Nichteinhaltung der notwendigen parlamentarischen Regelungsdichte*

Im Ergebnis kann damit festgehalten werden, dass die Wettbewerbsschutzklauseln nicht die erforderliche Regelungsdichte aufweisen, die diesen in verfassungsrechtlicher Hinsicht zukommen müsste. Sowohl die Verknüpfung mit den Grundelementen des Steuertatbestandes als auch die Reichweite der schädigenden Folgen für die geschützten Freiheitsrechte der Konkurrenten lassen eine derartig unbestimmte Ausgestaltung, die zugleich auch allenfalls nur bedingt Vorgaben zu deren Konkretisierung enthalten, nicht zu. Die Wettbewerbsschutzklauseln bedürfen daher für den Fall ihrer Aufrechterhaltung einer deutlich bestimmteren Ausgestaltung durch den parlamentarischen Gesetzgeber.

1323 Vgl. bereits unter Teil 3 B, I, 2; siehe auch *Gassner*, Kriterienlose Genehmigungsvorbehalte im Wirtschaftsverwaltungsrecht, 1994, S. 206 f. und 260 f., der bezüglich kriterienloser Genehmigungsvorbehalte wegen deren Unbestimmtheit von einer „Prima-facie-Vermutung der Verfassungswidrigkeit" spricht, die aber durch eine Auslegbarkeit „durch implizite Fingerzeige im Gesetz" unter Ausschluss begründeter Zweifel widerlegt werden könne. Zum einen fehlt bei den Kriterien zur Wettbewerbsprüfung gerade eine solche Auslegbarkeit nach Sinn und Zweck unter Ausschluss begründeter Zweifel. Zum anderen kann die Widerlegbarkeit der Vermutung der Verfassungswidrigkeit im grundrechtsintensiven Bereich nicht überzeugen. Damit läge nämlich trotz des Erfordernisses erhöhter Bestimmtheit im Sinne eines Parlamentsvorbehaltes nicht nur das Auslegungsergebnis, sondern zugleich auch die Verfassungswidrigkeit der Norm in den Händen des Rechtsanwenders.

III. Kein strukturelles Vollzugsdefizit trotz Massenfalluntauglichkeit

Das Bundesverfassungsgericht fordert, dass nicht nur das materielle Steuergesetz die erforderliche Besteuerungsgleichheit herstellt, sondern auch die Durchsetzung der Steuererhebung die tatsächliche Gleichheit gewährleisten müsse. Daraus folge, „daß das materielle Steuergesetz in ein normatives Umfeld eingebettet sein muß, welches die Gleichheit der Belastung auch hinsichtlich des tatsächlichen Erfolges prinzipiell gewährleistet".[1324] Sofern die Belastungsgleichheit der Steuerpflichtigen im Steuervollzug nicht sicherstellen kann, komme es zu einem sog. strukturellen Vollzugsdefizit. In der Folge ziehe der Verstoß gegen den Gleichheitssatz, durch die Erhebungsregel, die die gleichmäßige Durchsetzung der Besteuerung nicht gewährleisten kann, auch die Verfassungswidrigkeit der materiellen Steuernorm nach sich.[1325] Das Bestehen eines solchen soll dabei dann *indiziert* sein, wenn die Finanzämter überzogene Anforderungen erfüllen müssten, um nach der Feststellung eines tatsächlichen Erhebungsdefizits den Vollzug der Steuernorm doch noch zu gewährleisten.[1326]

Die Annahme eines strukturellen Vollzugsdefizits bei den Steuerbegünstigungen und Wettbewerbsvorbehalt wäre aber in zweierlei Hinsicht verfehlt. Zum einen orientiert sich die Aufhebung der Steuerbegünstigungen schon nicht an der Leistungsfähigkeit, während zugleich schon im Ansatz eine Verletzung der Belastungsgleichheit ausscheidet.[1327] Zum anderen bestand in den Entscheidungen, in denen das Bundesverfassungsgericht ein strukturelles Vollzugsdefizit angenommen hat, die Besonderheit, dass die Durchführung der Besteuerung im Ergebnis von der Mitwirkungsbereitschaft des Steuerpflichtigen abhing.[1328] Zwar kommen auch die gegenüber der ressourcenlimitierten Handlungsmöglichkeit im Massenverfahren untauglichen Wettbewerbsschutzklauseln als Bedingung der Begünstigungsgewährung nicht ohne ein Mindestmaß an Mitwirkung durch die Steuerpflichtigen aus.[1329] Der Unterschied zu den genannten Entscheidungen besteht aber darin, dass sich die Wettbewerbsschutzklauseln bei

1324 BVerfG v. 27.06.1991 – 2 BvR 1493/89, BVerfGE 84, 239, Rn. 109.

1325 BVerfG v. 27.06.1991 – 2 BvR 1493/89, BVerfGE 84, 239, Rn. 104; v. 09.03.2004 – 2 BvL 17/02, BVerfGE 110, 94, Rn. 59.

1326 BVerfG v. 09.03.2004 – 2 BvL 17/02, BVerfGE 110, 94, Rn. 71 f.

1327 Vgl. bereits unter Teil 3 B, II, 2 b).

1328 BVerfG v. 27.06.1991 – 2 BvR 1493/89, BVerfGE 84, 239, Rn. 132 ff.; v. 09.03.2004 – 2 BvL 17/02, BVerfGE 110, 94, Rn. 92 ff.

1329 Vgl. dazu ausführlich Teil 2 A, I, 1 und 2.

hinreichender Ausstattung der Finanzverwaltung zumindest orientiert am Wettbewerbsgedanken sachgerecht umsetzen ließen. Das Vorliegen eines strukturellen Vollzugsdefizits scheidet daher aus.

C. Ergebnis: Wettbewerbsschutz als unzulässig delegierter Gestaltungsauftrag

Durch die festgestellte unzureichende Bestimmtheit der Wettbewerbsschutzklauseln kommt es damit zugleich zu einer unzulässigen verdeckt mittelbaren Delegation von Entscheidungsbefugnissen – und dementsprechend auch von Entscheidungspflichten – des parlamentarischen Gesetzgebers auf die Finanzverwaltung. Allein vor der grundrechtsrelevanten Tragweite der Wettbewerbsprüfung verbietet sich der zu Beginn der Untersuchung dargestellte wettbewerbspolitische Gestaltungsspielraum der Finanzverwaltung. Neben die praktische Problematik der Untauglichkeit der Wettbewerbsprüfung durch die Überforderung der ressourcenlimitierten und auch sachlich nicht hinreichend ausgestatteten Finanzverwaltung[1330] tritt damit die verfassungsrechtliche Unzulässigkeit der derzeitigen Ausgestaltung der Wettbewerbsschutzklauseln. Die Stellung der Finanzverwaltung als wirtschaftspolitischer Gestalter lässt sich mithin nicht aufrechterhalten. Die Wettbewerbsschutzklauseln bedürfen daher auch in dieser Hinsicht einer Neuregelung durch den parlamentarischen Gesetzgeber, unter Ausschluss der bestehenden Gestaltungsmöglichkeiten der Finanzverwaltung.

1330 Siehe dazu die Nachweise zu den Versuchen der Handlungsüberforderung durch eine (unsachgerechte) abstrakte Beurteilung entgehen zu wollen, Teil 1 A, II, 2 b); Teil 1 B, III, 1 und 2; Teil 1 C, II, 1 b) aa); zur Massenfalluntauglichkeit das Gesamtergebnis unter Teil 1 F und die Ausführungen in der Einleitung A, III.

Literaturverzeichnis

Achatz, Anton: Grundrechtliche Freiheit im Wettbewerb. Eine grundrechtsdogmatische Studie zur Verarbeitung von staatlichen Einflüssen auf das Umfeld wirtschaftlicher Betätigung, Diss., Universität Erlangen-Nürnberg, Berlin 2011

Achatz, Markus: Umsatzsteuer und Gemeinnützigkeit, in: Monika Jachmann (Hrsg.), Gemeinnützigkeit, DStJG 26, Köln 2003, S. 279-306

Achatz, Markus / Mang, Martin / Lindinger, Wolfgang: Handbuch, Besteuerung der Körperschaften öffentlichen Rechts, 3. Auflage, Wien 2014

Albach, Horst: Zur Messung von Marktmacht und ihres Mißbrauchs, WuW 1978, S. 537-548

Altehoefer, Klaus: Betriebe gewerblicher Art von juristischen Personen des öffentlichen Rechts. Zur Abgrenzung der wirtschaftlichen von der hoheitlichen Tätigkeit, in: Arndt Raupach/Adalbert Uelner (Hrsg.), Ertragsbesteuerung. Zurechnung - Ermittlung - Gestaltung, Festschrift für Ludwig Schmidt zum 65. Geburtstag, München 1993, S. 677-690

Anton, Jürgen: Die steuerliche Behandlung gemeinnütziger Betriebe. Eine ökonomische Analyse des Gemeinnützigkeitsrechts der Abgabenordnung, Diss., Universität Mainz, Pfaffenweiler 1992

Anzinger, Heribert M.: Anscheinsbeweis und tatsächliche Vermutung im Ertragsteuerrecht. Anwendungsgrundsätze am Beispiel der Rechtsprechung des Bundesfinanzhofs zu Liebhaberei und gewerblichem Grundstückshandel, Diss., Universität Darmstadt, Baden-Baden 2006

Arndt, Hans-Wolfgang: Praktikabilität und Effizienz. Zur Problematik gesetzesvereinfachenden Verwaltungsvollzugs und der „Effektuierung" subjektiver Rechte, Habil., Universität Mainz, Köln 1983

Bäcker, Matthias: Wettbewerbsfreiheit als normgeprägtes Grundrecht. Eine dogmatische Neubestimmung am Beispiel des Abwehrrechts des Konkurrenten gegen eine Subvention, Diss., Universität Hamburg, Baden-Baden 2007

Bader, Hermann Georg: Hoheitsbetrieb und Betrieb gewerblicher Art im Umsatz- und Körperschaftsteuerrecht. Gleichheitsmaßstab und Systemgedanken im Steuerrecht, Diss., Universität Köln, Frankfurt am Main 1997

Badura, Peter: Verfassungsrahmen der öffentlichen Verwaltung, in: Klaus König/Heinrich Siedentopf (Hrsg.), Öffentliche Verwaltung in Deutschland, 2. Auflage, Baden-Baden 1996, S. 55-66

Badura, Peter: Die Verfassung im Ganzen der Rechtsordnung und die Verfassungskonkretisierung durch Gesetz, in: Josef Isensee/Paul Kirchhof (Hrsg.), Handbuch des Staatsrechts der Bundesrepublik Deutschland, Band XII: Normativität und Schutz der Verfassung, 3. Auflage, Heidelberg 2014, § 265 (S. 383-414)

Baldauf, Uwe: Kommunale Hoheitsbetriebe im Steuerfokus – Verfängliche Abgrenzungsprobleme richtig einschätzen und geeignete Gestaltungspotenziale wohlbedacht ausnutzen, DStZ 2011, S. 35-52

Barth, Rainer: Richterliche Rechtsfortbildung im Steuerrecht, Diss., Universität Münster, Berlin 1996

Bartone, Roberto: Gedanken zu den Grundsätzen der Normklarheit und der Normbestimmtheit als Ausprägung des Rechtsstaatsprinzips, in: Hartmut Rensen/Stefan Brink (Hrsg.), Linien der Rechtsprechung des Bundesverfassungsberichts – erörtert von den wissenschaftlichen Mitarbeitern, Berlin 2009, S. 305-328

Beckmann, Christian / Thiele, Philipp J.: „Besteuerungsgleichheit wider Fiskalinteresse" - Zur kapitalmarktunabhängigen Verzinsung bei Steuernachzahlungen, BB 2016, S. 2839-2844

Beermann, Albert (Begr.) / *Gosch, Dietmar* (Hrsg.): Kommentar, Abgabenordnung/ Finanzgerichtsordnung, Loseblatt, Bonn, 156. Ergänzungslieferung 2020

Beermann, Gerrit Nils: Hoheitsbetriebe von Kirchen und Religionsgemeinschaften. Eine körperschaftsteuerliche Untersuchung, Diss., Freie Universität Berlin, Frankfurt am Main 2005

Berg, Hans-Georg / Schnabelrauch, Marcus: Heiligt der Zweck die Mittel? – Die Anwendung des ermäßigten Umsatzsteuersatzes auf Leistungen von Integrationsbetrieben im Widerstreit mit nationalem und europäischem Recht, UR 2017, S. 213-222

Bergh, Roger J. van den / Camesasca, Peter D.: European Competition Law and Economics. A Comparitive Perspective, 2. Auflage, London 2006

Birk, Dieter: Gleichheit und Gesetzmäßigkeit der Besteuerung. Zum Stellenwert zweier Grundprinzipien in der Steuerreform 1990, StuW 1989, S. 212-218

Bleckmann, Albert: Spielraum der Gesetzesauslegung und Verfassungsrecht, JZ 1995, S. 685-689

Blümich, Walter (Begr.): Kommentar, EStG, KStG, GewStG, Band 1: §§ 1-8 KStG, Loseblatt, München, 142. Ergänzungslieferung 2018

Boos, Thorsten: Besteuerung der Nutzungsüberlassung kommunaler Fahrzeugstellplätze, DStZ 2015, S. 214-228

Bornkamm, Joachim / Montag, Frank / Säcker, Franz Jürgen (Hrsg.): Münchener Kommentar. Europäisches und Deutsches Wettbewerbsrecht. Kartellrecht.

Missbrauchs- und Fusionskontrolle, Band 2: Gesetz gegen Wettbewerbsbeschränkungen, §§ 1-96, 130, 131, 3. Auflage, München 2020

Breuer, Rüdiger: Staatliche Berufsregelung und Wirtschaftslenkung, in: Josef Isensee/Paul Kirchhof (Hrsg.), Handbuch des Staatsrechts der Bundesrepublik Deutschland, Band VIII: Wirtschaft, 3. Auflage, Heidelberg 2010, § 171 (S. 171-260)

Brinkmann, Johannes A.: Tatbestandsmäßigkeit der Besteuerung und formeller Gesetzesbegriff, Diss., Universität Bochum, Köln 1982

Britz, Gabriele: Organisation und Organisationsrecht der Regulierungsverwaltung in der öffentlichen Versorgungswirtschaft, in: Michael Fehling/Matthias Ruffert (Hrsg.), Regulierungsrecht, Tübingen 2010, § 21 (S. 1148-1199)

Britz, Gabriele: Der allgemeine Gleichheitssatz in der Rechtsprechung des BVerfG. Anforderungen an die Rechtfertigung von Ungleichbehandlungen durch Gesetz, NJW 2014, S. 346-351

Brockmeyer, Hans Bernhard: Typisierungen im Einkommensteuerrecht durch die Rechtsprechung des Bundesfinanzhofs, in: Paul Kirchhof/Wolfgang Jakob/Albert Beermann (Hrsg.), Steuerrechtsprechung Steuergesetz Steuerreform. Festschrift für Klaus Offerhaus zum 65. Geburtstag, Köln 1999, S. 13-34

Brohm, Winfried: Die Konkurrentenklage, in: Hans-Uwe Erichsen/Werner Hoppe/Albert v. Mutius (Hrsg.), System des verwaltungsgerichtlichen Rechtsschutzes. Festschrift für Christian-Friedrich Menger zum 70. Geburtstag, Köln 1985, S. 235-255

Buchna, Johannes / Leichinger, Carina / Seeger, Andreas / Brox, Wilhelm: Gemeinnützigkeit im Steuerrecht, 11. Auflage, Achim 2015

Budzinski, Oliver / Eckert, Sandra: Wettbewerb und Regulierung, in: Karsten Mause/Christian Müller/Klaus Schubert (Hrsg.), Politik und Wirtschaft. Ein integratives Kompendium, Berlin 2018, S. 375-400

Bühler, Ottmar/ Strickrodt, Georg: Steuerrecht, Band 1, 3. Auflage, Wiesbaden 1960

Bunjes, Johann / Geist, Reinhold (Begr.): Kommentar, Umsatzsteuergesetz, 19. Auflage, München 2020

Calliess, Christian / Ruffert, Matthias (Hrsg.): Kommentar, EUV/AEUV. Das Verfassungsrecht der Europäischen Union mit Europäischer Grundrechtecharta, 5. Auflage, München 2016

Canz, Stephan: Die Umsatzbesteuerung der öffentlichen Hand im Wandel. Eine systematische Untersuchung der europarechtlichen und nationalen Vorgaben, Diss., Universität Mainz, Hamburg 2013

Chmeis, Ahmad: Ermittlungsbefugnisse und Stellung des Bundeskartellamtes im Kartellbußgeldverfahren nach der 9. GWB-Novelle: Weiterer Reformbedarf?, NZKart 2016, S. 564-568

Clark, John Maurice: Competition As A Dynamic Process, Washington D.C. 1961

Cornils, Matthias: Allgemeine Handlungsfreiheit, in: Josef Isensee/Paul Kirchhof (Hrsg.), Handbuch des Staatsrechts der Bundesrepublik Deutschland, Band VII: Freiheitsrechte, 3. Auflage, Heidelberg 2009, § 168 (S. 1155-1223)

Crezelius, Georg: Steuerrechtliche Rechtsanwendung und allgemeine Rechtsordnung. Grundlage für eine liberale Besteuerungspraxis, Habil., Universität Bielefeld, Herne/Berlin 1983

Crezelius, Georg: Steuerrechtliche Verfahrensfragen bei grenzüberschreitenden Sachverhalten, IStR 2002, S. 433-441

Damas, Jens-Peter: Die Rechtsprechung des BFH zum Begriff der „öffentlichen Gewalt", DStZ 2005, S. 145-148

Desens, Marc: Reformvorschläge zur Vermeidung der definitiven Belastung mit der Umsatzsteuer bei Körperschaften des öffentlichen Rechts, in: Wolfgang Schön/Erik Röder (Hrsg.), Zukunftsfragen des deutschen Steuerrechts II, Heidelberg 2014, S. 1-37

Desens, Marc: Bindung der Finanzverwaltung an die Rechtsprechung. Bindungen und Grenzen für Nichtanwendungserlasse, Habil., Universität Münster, Tübingen 2011

Desens, Marc: Kapitaleinkünfte bei Leerverkäufen über den Dividendenstichtag („cum/ex"-Geschäfte). Systemhistorie und normatives Vorverständnis, DStZ 2012, S. 142-155

Desens, Marc / Hummel, David: Umsatzsteuerdefinitivbelastung bei Körperschaften des öffentlichen Rechts. Wirkung – Verfassungsrechtliche Würdigung –Reformvorschläge, StuW 2012, S. 225-241

Dodos, Panagiotis: Die Bestimmung des Kernbereichs von Mehrwertsteuerbefreiungen, MwStR 2017, S. 9-18

Dreher, Meinrad / Kulka, Michael: Wettbewerbs- und Kartellrecht. Eine systematische Darstellung des deutschen und europäischen Rechts, 10. Auflage, Heidelberg 2018

Droege, Michael: Gemeinnützigkeit im offenen Steuerstaat, Habil., Universität Frankfurt am Main, Tübingen 2010

Droege, Michael: Gemeinnützigkeitsrecht im Wettbewerb – Determinanten der Gemeinwohlförderung im offenen Steuerstaat, in: Rainer Hüttemann/Peter Rawert/Karsten Schmidt/ Birgit Weitemeyer (Hrsg.), Non Profit Law Yearbook 2010/2011, Köln 2011, S. 9-29

Droege, Michael: Die Besteuerung interkommunaler Zusammenarbeit – Zwischen Wettbewerbsneutralität und Gemeinwohlbindung, VBlBW 2011, S. 41-46

Droege, Michael: Zur Besteuerung der öffentlichen Hand. Die Emanzipation des Steuerrechts und das öffentliche Wirtschaftsrecht, Tübingen 2018

Drüen, Klaus-Dieter: Kooperation im Besteuerungsverfahren, FR 2011, S. 101-113

Drüen, Klaus-Dieter: Bestimmtheitserfordernis und Nichtigkeitsfolge bei Steuerbescheiden, in: Klaus Tipke/Hartmut Söhn (Hrsg.), Gedächtnisschrift für Christoph Trzaskalik, Köln 2005, S. 95-120

Drüen, Klaus-Dieter: Die Zukunft des Steuerverfahrens, in: Wolfgang Schön/ Karin Beck (Hrsg.), Zukunftsfragen des deutschen Steuerrechts, Berlin 2009, S. 1-38

Drüen, Klaus-Dieter: Zur Wahl der steuerrechtlichen Gewinnermittlungsart, DStR 1999, S. 1589-1595

Drüen, Klaus-Dieter: Neue Vorgaben für den Unternehmerstatus von Handwerksorganisationen nach § 2b Abs. 1 S. UStG ab 2017 – Teil II, GewArch 2017, S. 141-148

Drüen, Klaus-Dieter: Prognosen im Steuerrecht, AG 2006, S. 707-713

Dudde, Kristina: Die Umsatzbesteuerung gemeinnütziger Sportvereine, Diss., Universität Bochum, Frankfurt am Main 2011

Dziadkowski, Dieter: § 2b UStG und die „größeren Wettbewerbsverzerrungen“, UR 2017, S. 416-421

Dziadkowski, Dieter: Zur umsatzsteuerlichen Behandlung der öffentlichen Hand, BB 2011, S. 3031-3036

Eckhoff, Rolf: Rechtsanwendungsgleichheit im Steuerrecht. Die Verantwortung des Gesetzgebers für einen gleichmäßigen Vollzug des Einkommensteuerrechts, Habil., Universität Münster, Köln 1999

Eckhoff, Rolf: Der Grundrechtseingriff, Diss., Universität Münster, Köln 1992

Eckhoff, Rolf: Gleichmäßigkeit der Besteuerung, in: Hanno Kube/Rudolf Mellinghoff/Gerd Morgenthaler u.a. (Hrsg.), Leitgedanken des Rechts. Festschrift für Paul Kirchhof zum 70. Geburtstag, Band II: Staat und Bürger, Heidelberg 2013, § 148 (S. 1601-1623)

Eckhoff, Rolf: Vom konfrontativen zum kooperativen Steuerstaat, StuW 1996, S. 107-122

Ehmke, Horst: „Ermessen“ und „unbestimmter Rechtsbegriff“ im Verwaltungsrecht, Tübingen 1960

Eifert, Martin: Letztentscheidungsbefugnisse der Verwaltung: Ermessen, Beurteilungsspielräume sowie Planungsentscheidungen und ihre gerichtliche Kontrolle, ZjS 2008, S. 336-343

Elschen, Rainer / Hüchtebrock, Michael: Steuerneutralität in Finanzwissenschaft und Betriebswirtschaftslehre – Diskrepanzen und Konsequenzen, Finanz Archiv, Bd. 41 (1983), S. 253-280

Emmerich, Volker / Lange, Knut Werner: Kartellrecht, 14. Auflage, München 2018

Engel, Christoph: Marktabgrenzung als soziale Konstruktion, in: Andreas Fuchs/ Hans-Peter Schwintowski/Daniel Zimmer (Hrsg.), Wirtschafts- und Privatrecht im Spannungsfeld von Privatautonomie, Wettbewerb und Regulierung. Festschrift für Ulrich Immenga zum 70. Geburtstag, München 2004, S. 127-147

Engisch, Karl: Logische Studien zur Gesetzesanwendung, 3. Auflage, Heidelberg 1963

Engler, Friederike: Steuerverfassungsrecht im Mehrebenensystem. Ein Vergleich des Schutzes von Besteuerung durch EMRK, Grundrechtecharta und die nationale Grundrechtsordnung, Diss., Universität Bonn, Baden-Baden 2014

Englisch, Joachim: Die negative Konkurrentenklage im Unternehmensteuerrecht, StuW 2008, S. 43-61

Englisch, Joachim: Gemeinschaftsgrundrechte im harmonisierten Steuerrecht, in: Wolfgang Schön/Karin Beck (Hrsg.), Zukunftsfragen des deutschen Steuerrechts, Berlin 2009, S. 39-90

Englisch, Joachim: Wettbewerbsgleichheit im grenzüberschreitenden Handel, Habil., Universität Köln, Tübingen 2008

Englisch, Joachim: Umsatzsteuerpflicht bei interkommunaler Kooperation, UR 2013, S. 570-581

Englisch, Joachim: VAT and general principles of EC law, in: Dennis Weber (Hrsg.), Traditional and Alternative Routes to European Tax Integration, Amsterdam 2010, S. 231-266

Erdbrügger, Andreas: Umsatzbesteuerung von Krankenhäusern ohne SGB-Zulassung – Unmittelbare Anwendung des EU-Rechts – Zugleich Anmerkung zu FG Schleswig-Holstein, Urt. v. 17. 7. 2013, 4 K 104/12, MwStR 2014, S. 187-191

Erhardt-Rauch, Andrea: Die Konkurrentenklage im Steuerrecht, DStZ 2004, S. 641-644

Erichsen, Hans-Uwe: Verwaltungsvorschriften als Steuerungsnormen und Rechtsquellen, in: Walter Drenseck/Roman Seer (Hrsg.), Festschrift für Heinrich Wilhelm Kruse zum 70. Geburtstag, Köln 2001, S. 39-63

Eversberg, Horst / Baldauf, Uwe: Der gemeinnützige Betrieb gewerblicher Art als steuerbegünstigter wirtschaftlicher Geschäftsbetrieb (Zweckbetrieb) einer juristischen Person des öffentlichen Rechts, DStZ 2011, S. 595-615

Fehling, Michael / Ruffert, Matthias: Perspektiven, in: dies. (Hrsg.), Regulierungsrecht, Tübingen 2010, § 23 (S. 1215-1231)

Felix, Günther: Praktikabilitätserwägungen als Auslegungsgrundsatz im Steuerrecht, in: Günther Felix (Hrsg.), Von der Auslegung und Anwendung der Steuergesetze, Stuttgart 1958, S. 124-131

Fellner, Andreas: Sport und Gemeinnützigkeit in der Umsatzsteuer. Unter besonderer Berücksichtigung des Unionsrechts, Diss., Universität Graz, Wien 2014

Fischer, Peter: Gemeinwohl, Daseinsvorsorge und bürgerschaftliches Engagement – eine Gedankenskizze zum Zweckbetrieb (§ 65 AO), in: Klaus Tipke/Hartmut Söhn (Hrsg.), Gedächtnisschrift für Christoph Trzaskalik, Köln 2005, S. 49-67

Fischötter, Werner: Verkehrsbefragung bei Bestimmung des relevanten Marktes?, in: Otto Friedrich Freiherr von Gamm/Peter Raisch/Klaus Tiedemann, Strafrecht, Unternehmensrecht, Anwaltsrecht. Festschrift für Gerd Pfeiffer zum Abschied aus dem Amt als Präsident des Bundesgerichtshofes, Köln 1988, S. 627-641

Flore, Ingo / Tsambikakis, Michael (Hrsg.): Kommentar, Steuerstrafrecht, 2. Auflage, Köln 2016

Forster, Eduard: Einfluß des europäischen Gemeinschaftsrechts auf die deutsche Umsatzbesteuerung der Tätigkeiten von juristischen Personen des öffentlichen Rechts, UR 1996, S. 73-84

Franz, Christoph: Grundlagen der Besteuerung gemeinnütziger Körperschaften bei wirtschaftlicher Betätigung, Diss., Technische Hochschule Darmstadt, Berlin 1989

Frenz, Walter: Marktabgrenzung, Leistungssubstitution und Kreuzpreiselastizität, NZKart 2013, S. 285-287

Friauf, Karl Heinrich: Verfassungsrechtliche Anforderungen an die Gesetzgebung über die Steuern vom Einkommen und vom Ertrag, in: ders. (Hrsg.), Steuerrecht und Verfassungsrecht, DStJG 12, Köln 1989, S. 3-32

Gärditz, Klaus Ferdinand: „Regulierungsermessen" und verwaltungsgerichtliche Kontrolle, NVwZ 2009, S. 1005-1011

Gärditz, Klaus Ferdinand: Die Organisation der Wirtschaftsverwaltung, in: Reiner Schmidt/Ferdinand Wollenschläger (Hrsg.), Kompendium Öffentliches Wirtschaftsrecht, 4. Auflage, Berlin 2016, § 4 (S. 154-188)

Gärditz, Klaus Ferdinand: Funktionswandel der Verwaltungsgerichtsbarkeit unter dem Einfluss des Unionsrechts? Umfang des Verwaltungsrechtsschutzes auf dem Prüfstand, NJW-Beil. 2016, S. 41-45

Gassner, Ulrich M.: Gesetzgebung und Bestimmtheitsgrundsatz, ZG 1996, S. 37-56

Gassner, Ulrich M.: Kriterienlose Genehmigungsvorbehalte im Wirtschaftsverwaltungsrecht. Eine verfassungsrechtliche Studie unter besonderer Berücksichtigung von § 5 Abs. 1 EnWG, Diss., Universität Tübingen, Berlin 1994

Gastl, Christian: Betriebe gewerblicher Art im Körperschaftsteuerrecht, Diss., Universität Freiburg, Frankfurt am Main 2002

Geitmann, Roland: Bundesverfassungsgericht und „offene" Normen. Zur Bindung des Gesetzgebers an Bestimmtheitserfordernisse, Diss., Universität Freiburg, Berlin 1971

Gerhardt, Michael: Normkonkretisierende Verwaltungsvorschriften, NJW 1989, S. 2233-2240

Gerisch, Evelyn / Rupp, Thomas: Umsatzsteuerpflichtige Pferdepensionshaltung durch einen gemeinnützigen Reitsportverein, DStR 2011, S. 2378-2381

Gerstenberg, Tim: Grundzüge der ertragsteuerrechtlichen Behandlung von Betrieben gewerblicher Art i.S.d. § 4 KStG, Stbg 2014, S. 344-349

Gohlke, Maik / Schmitz, Jan-Volkert: § 2b UStG unter dem Blickwinkel von Steuer- und Vergaberecht, MwStR 2016, S. 780-786

Gosch, Dietmar (Hrsg.): Kommentar, Körperschaftsteuergesetz, 4. Auflage, München 2020

Götz, Volkmar: Recht der Wirtschaftssubventionen, Habil., Universität Frankfurt am Main, München 1966

Grimm, Sebastian: Die negative Konkurrentenklage im Steuerrecht, Diss., Universität Passau, Frankfurt am Main 2011

Groeben, Hans von der / Schwarze, Jürgen / Hatje, Armin: Kommentar, Europäisches Unionsrecht. Vertrag über die Europäische Union. Vertrag über die Arbeitsweise der Europäischen Union. Charta der Grundrechte der Europäischen Union, 7. Auflage, Baden-Baden 2015

Groll, Rüdiger von: Zu den abgabenrechtlichen Besonderheiten der Wechselwirkung zwischen materiellem Recht und Verfahrensrecht, FR 2007, S. 540-543

Häck, Nils D.: Die öffentliche Hand im Körperschaft- und Umsatzsteuerrecht, Diss., Universität Hamburg, Gottmadingen 2004

Hahn, Hartmut: Die Grundsätze der Gesetzmäßigkeit der Besteuerung und der Tatbestandsmäßigkeit der Besteuerung in rechtsvergleichender Sicht, Diss., Universität Tübingen, Berlin 1984

Hammerl, Robert / Fietz, Andreas: Darstellung und Anmerkungen zum BMF-Schreiben v. 16.12.2016 zur Umsatzbesteuerung der Leistungen der öffentlichen Hand, MwStR 2017, S. 56-65

Hansmann, Henry B.: Unfair Competition and the Unrelated Business Income Tax, 75 Virginia L. Rev. 605 (1989), S. 605-635

Harte-Bavendamm, Henning / Henning Bodewig, Frauke: Kommentar, Gesetz gegen unlauteren Wettbewerb (UWG). Mit Preisangabenverordnung, 4. Auflage, München 2016

Hayek, Friedrich August von: Der Wettbewerb als Entdeckungsverfahren, in: ders. (Hrsg.), Freiburger Studien, Tübingen 1969, S. 249-266

Hayek, Friedrich August von: Die Verwertung des Wissens in der Gesellschaft, in: ders. (Hrsg.), Individualismus und wirtschaftliche Ordnung, 2. Auflage, Salzburg 1978, S. 103-140

Hayek, Friedrich August von: Die Verfassung der Freiheit, 3. Auflage, Tübingen 1991

Heber, Caroline: Kooperationen als Teil der nichtwirtschaftlichen Sphäre, UR 2014, S. 957-969

Heckhausen, Tobias: Die Umsatzbesteuerung der öffentlichen Hand, Diss., Universität Erlangen-Nürnberg, Berlin 2017

Heermann, Peter W. / Schlingloff, Jochen: Kommentar, Münchener Kommentar zum Lauterkeitsrecht, Band 1: Grundlagen des Lauterkeitsrechts, Internationales Wettbewerbs- und Wettbewerbsverfahrensrecht, Unionsrechtlicher Rahmen, Vorabentscheidungsverfahren, §§ 1-7 UWG, 3. Auflage, München 2020

Heger, Karin: Die Steuerpflicht des Krankentransports und Rettungsdienstes - Möglichkeiten einer Konkurrentenklage. Zum BFH-Beschluss vom 18. September 2007, DStR 2008, S. 807-811

Heger, Karin: Die Besteuerung der öffentlichen Hand - Ein Überblick über die Rechtsprechung des BFH, FR 2009, S. 301-307

Heidner, Hans-Hermann: Umsatzbesteuerung der öffentlichen Hand. Auswirkungen der Rechtsprechung auf die Neuregelung in § 2b UStG, UR 2016, S. 45-49

Helbich, Julius: Vertrauensschutz in Verwaltungsvorschriften des Steuerrechts. Eine Untersuchung zur Bewältigung der Vertrauensschutzproblematik bei der rückwirkenden Aufhebung und Änderung steuerlicher Verwaltungsvorschriften, zugleich ein Beitrag zum besseren Verständnis der Wirkkraft von Verwaltungsvorschriften und der Maßgaben des Vertrauensschutzprinzips im Allgemeinen und für das Steuerrecht im Besonderen, Diss., Universität Bayreuth, Berlin 2015

Hellwig, Martin: Effizienz oder Wettbewerbsfreiheit? Zur normativen Grundlegung der Wettbewerbspolitik, in: Christoph Engel/Wernhard Möschel (Hrsg.), Recht und spontane Ordnung. Festschrift für Ernst-Joachim Mestmäcker zum achtzigsten Geburtstag, Baden-Baden 2006, S. 231-268

Henke, Wilhelm: Das Recht der Wirtschaftssubventionen als öffentliches Vertragsrecht, Tübingen 1979

Hensel, Albert: Grundsätzliches zur Frage der Besteuerung der öffentlichen Hand, StuW 1930, S. 873-887

Hensel, Albert: Steuerrecht, Berlin 1933

Herbert, Ulrich: Der wirtschaftliche Geschäftsbetrieb des gemeinnützigen Vereins, Diss., Universität Bochum, Köln 1988

Herting, Detlef: Ausgewählte Umsatzsteuerfragen, DStZ 1936, S. 1263-1271

Hey, Johanna: Die Steuerbegünstigung der gemeinnützigen Tätigkeit der öffentlichen Hand. Gedanken zur Anwendung des Gemeinnützigkeitsrechts auf die öffentliche Hand, StuW 2000, S. 467-474

Hey, Johanna: Schutz des Vertrauens in BFH-Rechtsprechung und Verwaltungspraxis, DStR 2004, S. 1897-1904

Hey, Johanna: Steuerplanungssicherheit als Rechtsproblem, Habil., Universität Köln, Köln 2002

Hey, Johanna: Erscheinungsformen steuerlicher Wirtschaftspolitik, in: Susanne Sieker (Hrsg.), Steuerrecht und Wirtschaftspolitik, DStJG 39, Köln 2016, S. 11-52

Hidien, Jürgen W.: Europarechtliche Mehrwertsteuerpflicht der öffentlichen Hand. War die Versteigerung der UMTS-Lizenzen eine mehrwertsteuerpflichtige Tätigkeit des Bundes?, UR 2002, S. 165-170

Hidien, Jürgen W.: Kommentar zu EuGH vom 03.04.2003 - Rs. C-144/00, EWS 2003, S. 343-344

Hidien, Jürgen W.: Die öffentliche Hand als Steuersubjekt – staats- und europarechtliche Grundlagen der Besteuerung der öffentlichen Hand, in: ders./Andreas Jürgens (Hrsg.), Die Besteuerung der öffentlichen Hand. Verwaltungs- und Steuerrecht der öffentlichen Unternehmen und der juristischen Personen des öffentlichen Rechts, München 2017, § 2 (S. 163-347)

Hidien, Jürgen W.: Betriebe gewerblicher Art (§ 4 KStG) als spezifischer Grundlagenbegriff des Besteuerungsregimes, in: ders./Andreas Jürgens (Hrsg.), Die Besteuerung der öffentlichen Hand. Verwaltungs- und Steuerrecht der öffentlichen Unternehmen und der juristischen Personen des öffentlichen Rechts, München 2017, § 4 (S. 407-950)

Hidien, Jürgen W. / Menebröcker, Matthias: Umsatzbesteuerung abgabenfinanzierter öffentlicher Einrichtungen und Sachen. Zugleich Anmerkung zum Urteil des FG Baden-Württemberg v. 18.10.2018, MwStR 2020, S. 1043-1053

Hidien, Jürgen W. / Schwarz, Rabea: Ist die kommunale Straßenreinigung umsatzsteuerpflichtig? – Zur Auslegung und Anwendung des § 2b UStG, UR 2017, S. 338-353

Hill, Hermann: Normkonkretisierende Verwaltungsvorschriften, NVwZ 1989, S. 401-410

Hillgruber, Christian: Grundrechtlicher Schutzbereich, Grundrechtsausgestaltung und Grundrechtseingriff, in: Josef Isensee/Paul Kirchhof (Hrsg.), Handbuch des Staatsrechts der Bundesrepublik Deutschland, Band IX: Allgemeine Grundrechtslehren, 3. Auflage, Heidelberg 2011, § 200 (S. 981-1030)

Hoffmann, Jürgen: Der maßvolle Gesetzesvollzug im Steuerrecht, Diss., Universität Heidelberg, Lohmar 1999

Hoffsümmer, Philipp: Steuerbefreiungen für Inlandsumsätze (§ 4 Nrn. 8 bis 28 UStG). Eine systematische Betrachtung unter besonderer Berücksichtigung europäischer und nationaler Prüfungsmaßstäbe, Diss., Universität Köln, Frankfurt am Main 2009

Hoppmann, Erich: Wettbewerb als Norm der Wettbewerbspolitik, Ordo 18 (1967), S. 77-94

Hoppmann, Erich: Zum Problem einer wirtschaftspolitisch praktikablen Definition des Wettbewerbs, in: ders. (Hrsg.), Wirtschaftsordnung und Wettbewerb, Baden-Baden 1988, S. 235-275

Hoppmann, Erich: Soziale Marktwirtschaft oder Konstruktivistischer Interventionismus?, in: ders. (Hrsg.), Wirtschaftsordnung und Wettbewerb, Baden-Baden 1988, S. 504-514

Hoppmann, Erich: Die Abgrenzung des relevanten Marktes, in: ders. (Hrsg.), Wirtschaftsordnung und Wettbewerb, Baden-Baden 1988, S. 56-97

Hoppmann, Erich / Mestmäcker, Ernst-Joachim: Normzwecke und Systemfunktionen im Recht der Wettbewerbsbeschränkungen, Tübingen 1974

Huber, Peter-Michael: Konkurrenzschutz im Verwaltungsrecht, Habil., Universität München, Tübingen 1991

Huber, Peter-Michael: Grundzüge des Verwaltungsrechts in Europa – Problemaufriss und Synthese, in: Armin von Bogdandy/Sabino Cassese/ders. (Hrsg.), Handbuch Ius Publicum Europeanum, Band V. Verwaltungsrecht in Europa: Grundzüge, Heidelberg 2014, § 73 (S. 3-74)

Hübschmann, Walter / Hepp, Ernst / Spitaler, Armin: Kommentar, Abgabenordnung/Finanzgerichtsordnung, Loseblatt, Köln, 260. Ergänzungslieferung 2020

Hufeld, Ulrich: Das Recht des Konkurrenten auf Besteuerung der öffentlichen Hand, in: Winfried Kluth/Martin Müller/Andreas Peilert (Hrsg.), Wirtschaft-Verwaltung-Recht. Festschrift für Rolf Stober, München 2008, S. 717-731

Hummel, David: Vertrauensschutz aufgrund von Verwaltungsvorschriften im Steuerrecht – 100 Jahre Umsatzsteuer und immer noch kein Vertrauensschutz bei rechtswidrigen Verwaltungsvorschriften?, MwStR 2016, S. 4-14

Hummel, David / Sterzinger, Christian / Küffner, Thomas / Rust, Michael: Umsatzsteuer, in: Jürgen W. Hidien/Andreas Jürgens (Hrsg.), Die Besteuerung der öffentlichen Hand. Verwaltungs- und Steuerrecht der öffentlichen Unternehmen und der juristischen Personen des öffentlichen Rechts, München 2017, § 9 (S. 1397-1559)

Hüttemann, Rainer: Die Besteuerung der öffentlichen Hand, Köln 2002

Hüttemann, Rainer: Die Besteuerung der öffentlichen Hand, FR 2009, S. 308-314

Hüttemann, Rainer: Grundprinzipien des steuerlichen Gemeinnützigkeitsrechts, in: Monika Jachmann (Hrsg.), Gemeinnützigkeit, DStJG 26, Köln 2003, S. 49-92

Hüttemann, Rainer: Wirtschaftliche Betätigung und steuerliche Gemeinnützigkeit, Diss., Universität Bonn, Köln 1991

Hüttemann, Rainer: Gemeinnützigkeits- und Spendenrecht, 4. Auflage, Köln 2018

Hüttemann, Rainer: Zur Anwendung des ermäßigten Steuersatzes auf Leistungen gemeinnütziger Beschäftigungsgesellschaften, MwStR 2014, S. 115-125

Hüttemann, Rainer: Neuregelung der Umsatzbesteuerung der öffentlichen Hand – alles wird gut?, UR 2017, S. 129-139

Hüttemann, Rainer: Der neue Anwendungserlass zum Gemeinnützigkeitsrecht (§§ 51 bis 68 AO), FR 2002, S. 1337-1347

Hüttemann, Rainer: Der neue Anwendungserlass zum Abschnitt „Steuerbegünstigte Zwecke“, DB 2012, S. 250-257

Hüttemann, Rainer: Umsatzsteuerbefreiung der Studentenwerke nach Art. 132 Abs. 1 Buchst. i MwStSystRL, UR 2014, S. 45-56

Hüttemann, Rainer: Anwendung des Abstandsgebots nach § 4 Nr. 18 Buchst. c UStG bei staatlich regulierten Entgelten (§ 4 Nr. 18 Buchst. c UStG), UR 2006, S. 441-458

Hüttemann, Rainer: Grundfragen der partiellen Steuerpflicht, in: Helmut Kohl/Friedrich Kübler/Claus Ott/Karsten Schmidt (Hrsg.), Zwischen Markt und Staat: Gedächtnisschrift für W. Rainer Walz, Köln 2008, S. 269-287

Hüttemann, Rainer / Schauhoff, Stephan: Der BFH als Wettbewerbshüter. Neue Rechtsprechung zum steuerbegünstigten Zweckbetrieb, DB 2011, S. 319-325

Hüttemann, Rainer / Schauhoff, Stephan: Umsatzsteuerbefreiung für soziale Dienstleistungen – was erlaubt das europäische Mehrwertsteuerrecht?, MwStR 2013, S. 426-436

Immenga, Ulrich / Mestmäcker, Ernst-Joachim: Kommentar, Wettbewerbsrecht, Band 1. EU/Teil 1. Kommentar zum Europäischen Kartellrecht, 6. Auflage, München 2019

Isensee, Josef: Vom Beruf unserer Zeit für Steuervereinfachung, StuW 1994, S. 3-14

Isensee, Josef: Die typisierende Verwaltung. Gesetzesvollzug im Massenverfahren am Beispiel der typisierenden Betrachtungsweise des Steuerrechts, Habil., Universität Erlangen, Berlin 1976

Isensee, Josef: Privatautonomie, in: ders./Paul Kirchhof (Hrsg.), Handbuch des Staatsrechts der Bundesrepublik Deutschland, Band VII: Freiheitsrechte, 3. Auflage, Heidelberg 2009, § 150 (S. 207-279)

Isensee, Josef / Knobbe-Keuk, Brigitte: Sondervotum zum Mehrheitsgutachten der Unabhängigen Sachverständigenkommission zur Prüfung des Gemeinnützigkeits- und Spendenrecht, in: Gutachten der Unabhängigen Sachverständigenkommission, Schriftenreihe des Bundesministeriums der Finanzen, Heft 40, Bonn 1988, S. 331-510

Ismer, Roland: Die wirtschaftliche Tätigkeit der öffentlichen Hand im Lichte aktueller Rechtsprechung, MwStR 2016, S. 654-660

Ismer, Roland / Baur-Rückert, Stefanie: Die Besteuerung der öffentlichen Hand im Spannungsfeld zwischen unionaler Rationalität und mitgliedstaatlicher Freiheit, MwStR 2016, S. 740-746

Jachmann, Monika: Zur Anwendung typisierender Verwaltungsvorschiften im Steuerrecht. Zugleich eine Anmerkung zum Beschluß des Bundesverfassungsgerichts vom 28.6.1993 – 1 BvR 390/89, StuW 1994, S. 347-353

Jachmann, Monika: Sozialstaatliche Steuergesetzgebung im Spannungsverhältnis zwischen Gleichheit und Freiheit: Belastungsgrenzen im Steuersystem, StuW 1996, S. 97-106

Jachmann, Monika: Allgemeine Grundsätze zur Rechtsfiktion, DStR-Beih. 2011, S. 77-84

Jachmann, Monika: Die Fiktion im öffentlichen Recht, Habil., Universität Regensburg, Berlin 1998

Jarass, Hans D.: Kommentar, Charta der Grundrechte der Europäischen Union. Unter Einbeziehung der vom EuGH entwickelten Grundrechte, der Grundrechtsregelungen der Verträge und der EMRK, 4. Auflage, München 2021

Jehke, Christian: Bestimmtheit und Klarheit im Steuerrecht, Diss., Universität Münster, Berlin 2005

Jesch, Dietrich: Gesetz und Verwaltung. Eine Problemstudie zum Wandel des Gesetzmäßigkeitsprinzips, Habil., Universität Tübingen, Tübingen 1961

Jesch, Dietrich: Unbestimmter Rechtsbegriff und Ermessen in rechtstheoretischer und verfassungsrechtlicher Sicht, AöR 82 (1957), S. 163-249

Jochum, Georg: Die Steuervergünstigung. Vergünstigungen und vergleichbare Subventionsleistungen im deutschen und europäischen Steuer-, Finanz- und Abgabenrecht, Habil., Universität Konstanz, Berlin 2006

Jochum, Heike: Gesetzmäßigkeit der Besteuerung, in: Hanno Kube/Rudolf Mellinghoff/Gerd Morgenthaler u.a. (Hrsg.), Leitgedanken des Rechts. Festschrift für Paul Kirchhof zum 70. Geburtstag, Band II: Staat und Bürger, Heidelberg 2013, § 149 (S. 1611-1623)

Kahl, Wolfgang / Waldhoff, Christian / Walter, Christian (Hrsg.): Kommentar, Bonner Kommentar zum Grundgesetz, Loseblatt, Heidelberg, 192. Ergänzungslieferung 2018

Kallfaß, Hermann H.: Konzepte und Indikatoren zur Abgrenzung räumlicher Märkte in der europäischen Zusammenschlußkontrolle, in: Jörn Kruse/Kurt Stockmann/Lothar Vollmer (Hrsg.), Wettbewerbspolitik im Spannungsfeld nationaler und internationaler Kartellrechtsordnungen. Festschrift für Ingo Schmidt zum 65. Geburtstag, Baden-Baden 1997, S. 111-129

Kalscheuer, Fiete / Jacobsen, Annika: Der Parlamentsvorbehalt: Wesentlichkeitstheorie als Abwägungstheorie, DÖV 2018, S. 523-529

Kämmerer, Jörn Axel: Subventionen, in: Josef Isensee/Paul Kirchhof (Hrsg.), Handbuch des Staatsrechts der Bundesrepublik Deutschland: Rechtsquellen, Organisation, Finanzen, Band V, 3. Auflage, Heidelberg 2007, § 124 (S. 1395-1439)

Kantzenbach, Erhard: Die Funktionsfähigkeit des Wettbewerbs, Habil., Universität Hamburg, 2. Auflage, Göttingen 1967

Kersten, Jens: Herstellung von Wettbewerb als Verwaltungsaufgabe, VVDStRL 69 (2010), S. 288-340

Kirchhain, Christian: Anmerkung zu FG Münster 15.03.2011, Anwendung des Regelsteuersatzes auf im Zusammenhang mit steuerbefreiten Seminarumsätzen erbrachte Beherbergungs- und Verpflegungsleistungen einer gemeinnützigen Körperschaft, UR 2011, S. 787-792

Kirchhain, Christian: Ermäßigter Umsatzsteuersatz nur auf originär gemeinnützige Leistungen? Wider die These eines eigenständigen umsatzsteuerrechtlichen Zweckbetriebsbegriffs. Zugleich Anmerkung zu BFH, Urteil vom 8. März 2012 – V R 14/11, npoR 2012, S. 123-130

Kirchhof, Ferdinand: Wettbewerbsschutz durch Besteuerung der Betriebe gewerblicher Art? Zur Effizienz und zu den Grenzen des Steuerrechts, in: Paul Kirchhof/Wolfgang Jakob/Albert Beermann (Hrsg.), Steuerrechtsprechung,

Steuergesetz, Steuerreform. Festschrift für Klaus Offerhaus zum 65. Geburtstag, Köln 1999, S. 333-344

Kirchhof, Gregor: Abgaben, in: Ders./Stefan Korte/Stefan Magen (Hrsg.), Öffentliches Wettbewerbsrecht, Heidelberg 2014, § 13 (S. 401-430)

Kirchhof, Gregor / Korte, Stefan / Magen, Stefan/ u.a.: Grundlagen des Öffentlichen Wettbewerbsrechts, in: Gregor Kirchhof/Stefan Korte/Stefan Magen (Hrsg.), Öffentliches Wettbewerbsrecht, Heidelberg 2014, § 4 (S. 85-107)

Kirchhof, Paul: Die Steuern, in: Isensee, Josef/ders. (Hrsg.), Handbuch des Staatsrechts der Bundesrepublik Deutschland, Band V: Rechtsquellen, Organisation, Finanzen, 3. Auflage, Heidelberg 2007, § 118 (S. 959-1099)

Kirchhof, Paul: 40 Jahre Umsatzsteuergesetz – Eine Steuer im Umbruch, DStR 2008, S. 1-8

Kirchhof, Paul: Der Grundrechtsschutz des Steuerpflichtigen. Zur Rechtsprechung des Bundesverfassungsgerichts im vergangenen Jahrzehnt, AöR 128 (2003), S. 2-51

Kirchhof, Paul: Steuersubventionen, in: Lerke Osterloh/Karsten Schmidt/ Hermann Weber (Hrsg.), Staat, Wirtschaft, Finanzverfassung. Festschrift für Peter Selmer zum 70. Geburtstag, Berlin 2004, S. 745-768

Kirchhof, Paul: Umsatzsteuer Gesetzbuch. Ein Vorschlag zur Reform der Umsatzsteuer und der Verkehrsteuer, Heidelberg 2008

Kirchhof, Paul: Der Auftrag des Grundgesetzes an die rechtsprechende Gewalt, in: Richterliche Rechtsfortbildung. Erscheinungsformen, Auftrag und Grenzen. Festschrift der Juristischen Fakultät zur 600-Jahr-Feier der Ruprecht-Karls-Universität Heidelberg, Heidelberg 1986, S. 11-37

Kirchhof, Paul: Verfassungsrechtliche Maßstäbe für die Auslegung von Steuergesetzen, in: Der Präsident des Bundesfinanzhofs (Hrsg.), 75 Jahre Reichsfinanzhof – Bundesfinanzhof. Festschrift, Bonn 1993, S. 285-302

Kirchner, Christian: Goals of Antitrust and Competition Law Revisited, in: Dieter Schmidtchen (Hrsg.), The More Economic Approach to European Competition Law, Tübingen 2007, S. 7-26

Kisker, Gunter: Neue Aspekte im Streit um den Vorbehalt des Gesetzes, NJW 1977, S. 1313-1320

Klaue, Siegfried / Schwintowski, Hans-Peter: Die Abgrenzung des räumlichrelevanten Marktes bei Strom und Gas nach deutschem und europäischem Kartellrecht, BB Beilage 2010 (Nr. 001), S. 1-16

Kleist, Johann-Georg: Die steuerrechtliche Typisierungslehre. Eine Untersuchung über ihr Wesen und ihre Zulässigkeit im Rechtsstaat, Diss., Universität Münster, 1954

Klement, Jan Henrik: Wettbewerbsfreiheit. Bausteine einer europäischen Grundrechtstheorie, Habil., Universität Heidelberg, Tübingen 2015

Kloepfer, Michael: Der Vorbehalt des Gesetzes im Wandel, JZ 1984, S. 685-695

Knobbe-Keuk, Brigitte: Die Konkurrentenklage im Steuerrecht, BB 1982, S. 385-390

Koenig, Ulrich (Hrsg.): Kommentar, Abgabenordnung, 3. Auflage, München 2014

Köhler, Helmut / Bornkamm, Joachim / Feddersen, Jörn: Kommentar, Gesetz gegen den unlauteren Wettbewerb. Preisangabenverordnung. Unterlassungsklagengesetz. Dienstleistungs-Informationspflichten-Verordnung, 39. Auflage, München 2021

Kokott, Juliane / Dobratz, Lars: Der unionsrechtliche allgemeine Gleichheitssatz im Europäischen Steuerrecht, in: Wolfgang Schön/Caroline Heber (Hrsg.), Grundfragen des Europäischen Steuerrechts, Berlin 2015, S. 25-40

Köster, Thomas: Gemeinnützigkeitsrechtliche Neuerungen auf Grund der Änderungen des Anwendungserlasses zur AO (AEAO). Änderungen des AEAO zum Gemeinnützigkeitsrecht, DStZ 2012, S. 195-205

Kronawitter, Martin: Die Körperschaftsteuer der Gemeinden und ihrer Betriebe gewerblicher Art, Stuttgart 2012

Kronthaler, Ludwig: Feuerbestattung – die Spitze des Eisbergs. Wird die Besteuerung öffentlicher Einrichtungen künftig von deren Konkurrenten getrieben?, DStR 2007, S. 227-229

Kruse, Heinrich Wilhelm: Kontinuität und Fortschritt der höchstrichterlichen Rechtsprechung, in: Der Präsident des Bundesfinanzhofs (Hrsg.), 75 Jahre Reichsfinanzhof – Bundesfinanzhof. Festschrift, Bonn 1993, S. 239-254

Kruse, Heinrich Wilhelm: Lehrbuch des Steuerrechts, Band I, Allgemeiner Teil, 1. Auflage, München 1991

Küffner, Thomas: Umsatzsteuerliche Behandlung von juristischen Personen des öffentlichen Rechts im Lichte der 6. EG-Richtlinie. Insbesondere Abgrenzung des Betriebs gewerblicher Art vom Hoheitsbetrieb, Diss., Universität Passau, München 2001

Küffner, Thomas / Rust, Michael: Umsatzbesteuerung der Leistungen der öffentlichen Hand; Anwendungsfragen des § 2b UStG, DStR 2017, S. 40-50

Küffner, Thomas / Rust, Michael: Reform der Umsatzbesteuerung der öffentlichen Hand. Probleme und Lösungsansätze bei Kooperationen zweier juristischer Personen des öffentlichen Rechts, DStR 2016, S. 1633-1647

Kunig, Philip: Das Rechtsstaatsprinzip. Überlegungen zu seiner Bedeutung für das Verfassungsrecht der Bundesrepublik Deutschland, Habil., Universität Hamburg, Tübingen 1986

Lambrecht, Claus: Normative Bindung und Sachverhaltserfassung, in: Karl Heinrich Friauf (Hrsg.), Steuerrecht und Verfassungsrecht, DStJG 12, Köln 1989, S. 79-122

Landwehr, Volker: Betriebe gewerblicher Art von juristischen Personen des öffentlichen Rechts im Körperschaftsteuerrecht, Diss., Universität Osnabrück, Regensburg 2000

Lang, Joachim / Seer, Roman: Die Besteuerung der Drittmittelforschung, StuW 1993, S. 47-66

Langen, Eugen / Bunte, Hermann-Josef: Kommentar, Kartellrecht, Band 2 Europäisches Kartellrecht, 13. Auflage, Köln 2018

Larenz, Karl: Methodenlehre der Rechtswissenschaft, 6. Auflage, Berlin 1991

Laule, Gerhard: Die Körperschaftsteuerfreiheit für Hoheitsbetriebe – wann dient ein Betrieb der Ausübung öffentlicher Gewalt?, DStZ 1988, S. 183-191

Leisner, Walter Georg: Gesetzmäßigkeit von Verwaltungsvorschriften im Steuerrecht. Legitimationswirkungen und Grenzen einer „Typisierung zur Vereinfachung", StuW 2007, S. 241-250

Leisner, Walter Georg: Die Umsatzbesteuerung von gemeinnützigen Integrationsprojekten gem. § 68 Nr. 3c AO durch das Jahressteuergesetz 2007. Zugleich neue Entwicklungen zu den gemeinnützigen Zweckbetrieben, DB 2007, S. 1047-1053

Lenz, Christian: Mitgliedsbeiträge privatrechtlicher Vereinigungen im Umsatzsteuerrecht, Diss., Universität Bonn, Berlin 2012

Lepsius, Oliver: Ziele der Regulierung, in: Michael Fehling/Matthias Ruffert (Hrsg.), Regulierungsrecht, Tübingen 2010, § 19 (S. 1055-1085)

Lerche, Peter: Übermass und Verfassungsrecht. Zur Bindung des Gesetzgebers an die Grundsätze der Verhältnismäßigkeit und der Erforderlichkeit, Habil., Universität München, Köln 1961

Lettl, Tobias: Der Begriff des Mitbewerbers im Lauterkeitsrecht und Kartellrecht, in: Christian Alexander/Joachim Bornkamm/Benedikt Buchner/Jörg Fritsche/Tobias Lettl (Hrsg.), Festschrift für Helmut Köhler zum 70. Geburtstag, München 2014, S. 429-443

Lindner, Josef: Zur grundrechtsdogmatischen Struktur der Wettbewerbsfreiheit, DÖV 2003, S. 185-192

Lippross, Otto-Gerd: Kommentar, Umsatzsteuer, 24. Auflage, Achim 2017

Lippross, Otto-Gerd: Unterschiedliche Besteuerung der Lieferung von Waldhackschnitzeln und von Hackschnitzeln aus der Holzverwertung („Holzhackschnitzeln). Kuriosität oder Verstoß gegen den Grundsatz der Neutralität der Mehrwertsteuer?, UR 2013, S. 212-215

Lippross, Otto-Gerd / Seibel, Wolfgang (Hrsg.): Kommentar, Basiskommentar Steuerrecht, Loseblatt, Köln, 102. Ergänzungslieferung 2017

Lishaut, Ingo van: Die Konkurrentenklage im Steuerrecht. Zugleich eine Untersuchung zum subjektiven öffentlichen Recht und zum funktionalen Schutzbereich der Grundrechte, Diss., Universität Köln, Frankfurt am Main 1993

Loewenheim, Ulrich / Meessen, Karl. M. / Riesenkampff, Alexander / u.a. (Hrsg.): Kommentar, Kartellrecht, 4. Auflage, München 2020

Lohr, Jörg-Andreas: Schätzungen im Steuer- und Steuerstrafrecht, in: Winfried Hassemer/Eberhard Kempf/Sergio Moccia (Hrsg.), In dubio pro libertate. Festschrift für Klaus Volk zum 65. Geburtstag, München 2009, S. 323-343

Lübbe-Wolff, Gertrude: Die Grundrechte als Eingriffsabwehrrechte. Struktur und Reichweite der Eingriffsdogmatik im Bereich staatlicher Leistungen, Habil., Universität Bielefeld, Baden-Baden 1988

Mack, Hans: Zur Besteuerung gemeinnütziger Körperschaften – neuere Rechtsprechung und Verwaltungspraxis, DStR 1984, S. 187-193

Magen, Stefan: Ein Wettbewerbskonzept für das Öffentliche Wettbewerbsrecht, in: Gregor Kirchhof/Stefan Korte/Stefan Magen (Hrsg.), Öffentliches Wettbewerbsrecht, Heidelberg 2014, § 2 (S. 17-62)

Mangoldt, Hermann von/ Klein, Friedrich / Starck, Christian (Begr.): Kommentar, Grundgesetz, Band I. Präambel. Artikel 1-19, 7. Auflage, München 2018

Marcou, Gérard: Die Verwaltung und das demokratische Prinzip, in: Armin von Bogdandy/Sabino Cassese/ders. (Hrsg.), Handbuch Ius Publicum Europeanum, Band V. Verwaltungsrecht in Europa: Grundzüge, Heidelberg 2014, § 92 (S. 1131-1174)

Martens, Joachim: Einführung in die Praxis des Verwaltungsverfahrens. 4. Teil. Ermittlung des Sachverhalts, JuS 1978, S. 247-251

Martens, Joachim: Verwaltungsvorschriften zur Beschränkung der Sachverhaltsermittlung, Köln 1980

Martens, Joachim: Die eigenartige Beweislast im Steuerrecht, StuW 1981, S. 322-332

Maunz, Theodor / Dürig, Günter (Begr.): Kommentar, Grundgesetz, Loseblatt, München, 92. Ergänzungslieferung 2020

Maurer, Hartmut / Waldhoff, Christian: Allgemeines Verwaltungsrecht, 19. Auflage, München 2017

Mayer, Matthias: Untermaß, Übermaß und Wesensgehaltsgarantie. Die Bedeutung staatlicher Schutzpflichten für den Gestaltungsspielraum des Gesetzgebers im Grundrechtsbereich, Diss., Universität Gießen, Baden-Baden 2005

Mestmäcker, Ernst-Joachim: Wettbewerbsfreiheit und unternehmerische Effizienz. Eine Erwiderung auf Schmidtchen, Ordo 59 (2008), S. 185-208

Meurer, Thomas: Steueränderungsgesetz 2015. Die Änderungen im Umsatzsteuergesetz, UStB 2016, S. 14-22

Meurer, Thomas: Zur Besteuerung der Umsätze eines gemeinnützigen Reitsportvereins aus einer Pensionspferdehaltung, Anmerkung zu BFH v. 16.10.2013 - XI R 34/11, MwStR 2014, S. 137-138

Meurer, Thomas: Keine Begünstigung von Umsätzen aus Verträgen über die Pensionshaltung von Pferden, Anmerkung zu BFH v. 10.08.2016 - V R 14/15, MwStR 2017, S. 29-34

Meyding, Dietrich: Vereinfachender Gesetzesvollzug durch die Verwaltung, in: Peter Fischer (Hrsg.), Steuervereinfachung, DStJG 21, Köln 1998, S. 219-231

Meyer, Jürgen: Kommentar, Charta der Grundrechte der Europäischen Union, 4. Auflage, Baden-Baden 2014

Michel, Gerhard: Unionsrechtswidrige Steuersatzermäßigungen. Zugl. Anm. zum BFH-Urteil vom 8.3.2012 - V R 14 /11, DB 2012, S. 2007-2010

Möllers, Christoph: Verwaltungsrecht und Politik, in: Armin von Bogdandy/ Sabino Cassese/ders. (Hrsg.), Handbuch Ius Publicum Europeanum, Band V. Verwaltungsrecht in Europa: Grundzüge, Heidelberg 2014, § 93 (S. 1175-1120)

Mrosek, Bettina: Zweckbetriebseigenschaft und ermäßigter Umsatzsteuersatz in der Prüfpraxis am Beispiel von Fitness-Studios gemeinnütziger Sportvereine, UR 2018, S. 469-475

Mrozek, Alfons / Kennerknecht, Albert / Herrmann, Carl / Heuer, Gerhard / Raupach, Arndt (Begr.): Kommentar, Einkommensteuer- und Körperschaftsteuergesetz, Loseblatt, Köln, 301. Ergänzungslieferung 2020

Müller-Franken, Sebastian: Maßvolles Verwalten. Effiziente Verwaltung im System exekutiver Handlungsmaßstäbe am Beispiel des maßvollen Gesetzesvollzugs im Steuerrecht, Habil., Universität Passau, Tübingen 2004

Müller-Gatermann, Gert: Die Besteuerung der Kommunen - eine Bestandsaufnahme, FR 2009, S. 314-321

Müller, Markus: § 2b UStG - BMF-Schreiben klärt für juristische Personen des öffentlichen Rechts bestehende Unklarheiten (nicht), UR 2017, S. 8-17

Musil, Andreas: Umsatzsteuerprobleme der öffentlichen Hand im Bereich der Daseinsvorsorge, UR 2015, S. 533-538

Nierhaus, Michael: Beweismaß und Beweislast. Untersuchungsgrundsatz und Beteiligtenmitwirkung im Verwaltungsprozeß, Habil., Universität Köln, München 1989

Nieuwenhuis, Helmut: Grundsatz der Neutralität der Umsatzsteuer in der Rechtsprechung des EuGH. Eine Bestandsaufnahme, UR 2013, S. 663-672

Odewald, Jendrik: Faktische und mittelbare Eingriffe in die Wettbewerbsfreiheit. Eine Untersuchung zu Beeinträchtigungen durch öffentliche Informationen und administrative Begünstigungen von Konkurrenten, Diss., Universität Münster, Frankfurt am Main 2011

Ohly, Ansgar / Sosnitza, Olaf: Kommentar, Gesetz gegen den unlauteren Wettbewerb mit Preisangabenverordnung, 7. Auflage, München 2016

Orth, Manfred: Gemeinnützigkeit und Wirtschaftstätigkeit, FR 1995, S. 251-261

Osterloh, Lerke: Aktuelle Fragen zur „offensichtlich unzutreffenden Besteuerung" durch typisierende Verwaltung und Gesetzgebung, StuW 1993, S. 342-353

Osterloh, Lerke: Gesetzesbindung und Typisierungsspielräume bei der Anwendung der Steuergesetze, Habil., Universität Berlin, Baden-Baden 1992

Pache, Eckhard: Tatbestandliche Abwägung und Beurteilungsspielraum. Zur Einheitlichkeit administrativer Entscheidungsfreiräume und zu deren Konsequenzen im verwaltungsgerichtlichen Verfahren – Versuch einer Modernisierung, Habil., Universität Hamburg, Tübingen 2001

Pahlke, Armin: Typusbegriff und Typisierung, DStR-Beih. 2011, S. 66-71

Papier, Hans-Jürgen: Kommunale Daseinsvorsorge im Spannungsfeld zwischen nationalem Recht und Gemeinschaftsrecht, DVBl. 2003, S. 686-697

Papier, Hans-Jürgen: Die finanzrechtlichen Gesetzesvorbehalte und das grundgesetzliche Demokratieprinzip. Zugleich ein Beitrag zur Lehre von den Rechtsformen der Grundrechtseingriffe, Berlin 1973

Papier, Hans-Jürgen: Der Bestimmtheitsgrundsatz, in: Karl Heinrich Friauf (Hrsg.), Steuerrecht und Verfassungsrecht, DStJG 12, Köln 1989, S. 61-78

Papier, Hans-Jürgen: Die Beeinträchtigungen der Eigentums- und Berufsfreiheit durch Steuern vom Einkommen und Vermögen, Der Staat 1972, S. 483-514

Papier, Hans-Jürgen / Möller, Johannes: Das Bestimmtheitsgebot und seine Durchsetzung, AöR 122 (1997), S. 177-211

Pietzcker, Jost: Zu den Voraussetzungen des Anspruchs auf Gleichbehandlung nach Art. 3 I GG, JZ 1989, S. 305-310

Prütting, Hanns: Gegenwartsprobleme der Beweislast. Eine Untersuchung moderner Beweislasttheorien und ihrer Anwendung insbesondere im Arbeitsrecht, Habil., Universität Erlangen-Nürnberg, München 1983

Rabenschlag, Dirk: Zweckbetriebe als Konkurrenten gewerblicher Anbieter. Ein Versuch der Entwicklung einer allgemeingültigen Formel zu § 65 Nr. 3 AO, DStZ 1997, S. 717-720

Rader, Jürgen: Was ist ein Zweckbetrieb im Sinne von § 65 der Abgabenordnung?, BB 1979, S. 1192-1195

Ramme, Christoph: Anmerkung zu EuGH v. 17.10.1989 – Rs. 231/87, 129/88, UR 1991, S. 80-81

Rau, Günter / Dürrwächter, Erich (Hrsg.): Kommentar, Umsatzsteuergesetz, Loseblatt, Köln, 190. Ergänzungslieferung 2020

Reiß, Wolfram: EuGH-Vorlage des BFH vom 8.7.2004, VII R 27/03: Konkurrentenklage, IStR 2005, S. 53-55

Reiß, Wolfram: Der Verbraucher als Steuerträger der Umsatzsteuer im Europäischen Binnenmarkt, in: Joachim Lang (Hrsg.), Die Steuerrechtsordnung in der Diskussion. Festschrift für Klaus Tipke zum 70. Geburtstag, Köln 1995, S. 433-455

Reiß, Wolfram: Steuer gegen Strafe. Tatsächliche Verständigung zur Gesamtreinigung von Besteuerungs- und Strafverfahren, in; Erich Samson/Friedrich Dencker/Peter Fischer/u.a. (Hrsg.), Festschrift für Gerald Grünwald. Zum siebzigsten Geburtstag, Baden-Baden 1999, S. 495-522

Richter, Andreas / Welling, Berthold: Tagungs- und Diskussionsbericht zum 60. Berliner Steuergespräch „Gemeinnützigkeit“, FR 2016, S. 981-986

Riewald, Alfred: Die Gemeinnützigkeit im Steuerrecht, BB 1954, S. 385-388

Rödder, Thomas / Herlinghaus, Andreas / Neumann, Ralf (Hrsg.): Kommentar, Körperschaftsteuergesetz, 1. Auflage, Köln 2015

Rogmann, Achim: Die Bindungswirkung von Verwaltungsvorschriften. Zur Rechtslage insbesondere im Wirtschafts-, Umwelt- und Steuerrecht, Diss., Universität Hamburg, Köln 1998

Rönitz, Dieter: Die Abgrenzung der Betriebsausgaben / Werbungskosten von den privaten Ausgaben als Problem der Sachverhaltsermittlung – unter besonderer Berücksichtigung der Lebenserfahrung und der typisierenden Betrachtungsweise, in: Hartmut Söhn (Hrsg.), Die Abgrenzung der Betriebs- oder Berufssphäre von der Privatsphäre im Einkommensteuerrecht, DStJG 3, Köln 1980, S. 297-313

Rosenthal, Michael: Der Grundsatz der steuerlichen Neutralität in der aktuellen Entscheidung des EuGH vom 15.11.2012. Die Rechtssache „Zimmermann“, DStR 2013, S. 443-447

Ruffert, Matthias: Zur Leistungsfähigkeit der Wirtschaftsverfassung, AöR 134 (2009), S. 197-239

Ruppel, Alfred: Beweismaß bei Schätzung aufgrund der Verletzung von Mitwirkungspflichten. Beweislast und Beweismaß – blutsfreundliche oder feindselige Brüder?, BB 1995, S. 750-753

Rüthers, Bernd / Fischer, Christian / Birk, Axel: Rechtstheorie. Mit Juristischer Methodenlehre, 11. Auflage, München 2020

Ruthig, Josef / Storr, Stefan: Öffentliches Wirtschaftsrecht, 5. Auflage, Heidelberg 2020

Sachs, Michael (Hrsg.): Kommentar, Grundgesetz, 8. Auflage, München 2018

Sachs, Michael / Jasper, Christian: Regulierungsermessen und Beurteilungsspielräume – Verfassungsrechtliche Grundlagen, NVwZ 2012, S. 649-653

Schauhoff, Stephan: Handbuch der Gemeinnützigkeit. Verein, Stiftung, GmbH. Recht, Steuern, Personal, 3. Auflage, München 2010

Schauhoff, Stephan: Wettbewerbsschutz und steuerliche Gemeinnützigkeit, in: Helmut Kohl/Friedrich Kübler/Claus Ott/Karsten Schmidt (Hrsg.), Zwischen Markt und Staat: Gedächtnisschrift für W. Rainer Walz, Köln 2008, S. 661-675

Schauhoff, Stephan / Kirchhain, Christian: Was bringt der neue AO-Anwendungserlass für gemeinnützige Körperschaften?, DStR 2012, S. 261-267

Schauhoff, Stephan / Kirchhain, Christian: Werkstätten für behinderte Menschen und Integrationsprojekte. Ermäßigter Umsatzsteuersatz auf dem Prüfstand, sinnvolle Beschäftigungsmöglichkeiten in Gefahr, DStR 2015, S. 2102-2111

Schaumburg, Harald / Schaumburg, Heide: Grenzüberschreitende Sachaufklärung. Mitwirkungs- und Dokumentationspflichten, in: Burkhard Binnewies/Rainer Spatscheck (Hrsg.), Festschrift für Michael Streck, Köln 2011, S. 369-383

Schenke, Ralf P.: Die Rechtsfindung im Steuerrecht. Konstitutionalisierung, Europäisierung, Methodengesetzgebung, Habil., Universität Freiburg, Tübingen 2007

Schiffers, Joachim: Kriterien zur Abgrenzung hoheitlicher von wirtschaftlichen Tätigkeiten einer juristischen Person des öffentlichen Rechts nach dem BMF-Schreiben vom 11.12.2009, DStZ 2010, S. 122-125

Schmidt-Aßmann, Eberhard: Das allgemeine Verwaltungsrecht als Ordnungsidee. Grundlagen und Aufgaben der verwaltungsrechtlichen Systembildung, 2. Auflage, Berlin 2006

Schmidt-Bleibtreu, Bruno (Begr.) / *Hofmann, Hans / Henneke, Hans-Günter* (Hrsg.): Kommentar zum Grundgesetz, 14. Auflage, Köln 2017

Schmidt-Preuß, Matthias: Kollidierende Privatinteressen im Verwaltungsrecht. Das subjektive öffentliche Recht im multipolaren Verwaltungsrechtsverhältnis, 2. Auflage, Berlin 2005

Schmidt, Ingo / Haucap, Justus: Wettbewerbspolitik und Kartellrecht. Eine interdisziplinäre Einführung, 10. Auflage, München 2013

Schmidt, Michael: Die Problematik der objektiven Beweislast im Steuerrecht, Diss., Universität Würzburg, Berlin 1998

Schmidtchen, Dieter: Fehlurteile über das Konzept der Wettbewerbsfreiheit, Ordo 39 (1988), S. 111-135

Schmitz, Martin / Erdbrügger, Andreas / Liegmann, Bastian: Reform der Umsatzbesteuerung des öffentlichen und gemeinnützigen Sektors, DStR 2011, S. 1157-1162

Schmitz, Martin / Möser, Christian: Umsatzbesteuerung der öffentlichen Hand. Zeit für eine einheitliche Neukonzeption, UR 2014, S. 607-618

Scholz, Rupert: Konzentrationskontrolle und Grundgesetz, Stuttgart 1971

Scholz, Rupert: Entflechtung und Verfassung, 1. Auflage, Baden-Baden 1981

Scholz, Rupert: Wirtschaftsaufsicht und subjektiver Konkurrentenschutz. Insbesondere dargestellt am Beispiel der Kartellaufsicht, Berlin 1971

Schön, Wolfgang: Besteuerungsgleichheit und Subventionsgleichheit, in: Rudolf Mellinghoff/Wolfgang Schön/Hermann-Ulrich Viskorf (Hrsg.), Steuerrecht im Rechtsstaat. Festschrift für Wolfgang Spindler zum 65. Geburtstag, Köln 2011, S. 189-202

Schorkopf, Frank: Subventionen, in: Gregor Kirchhof/Stefan Korte/Stefan Magen (Hrsg.), Öffentliches Wettbewerbsrecht, Heidelberg 2014, § 12 (S. 385-400)

Schröder, Meinhard: Genehmigungsverwaltungsrecht, Habil., Universität München, Tübingen 2016

Schumpeter, Joseph A.: Der Prozeß der schöpferischen Zerstörung, in: Klaus Herdzina (Hrsg.), Wettbewerbstheorie, Köln 1975, S. 134-142

Schuppert, Gunnar Folke: Das Gesetzes als zentrales Steuerungsinstrument des Rechtsstaates, in: ders. (Hrsg.), Das Gesetzes als zentrales Steuerungsinstrument des Rechtsstaates. Symposium anläßlich des 60. Geburtstags von Christian Starck, Baden-Baden 1998, S. 105-155

Schwalbe, Ulrich / Zimmer, Daniel : Kartellrecht und Ökonomie. Moderne ökonomische Ansätze in der europäischen und deutschen Zusammenschlusskontrolle, 2. Auflage, Frankfurt am Main 2011

Schwarz, Bernhard / Widmann, Werner / Radeisen, Rolf-Rüdiger: Kommentar, Umsatzsteuergesetz, Loseblatt, Freiburg, 201. Ergänzungslieferung 2018

Seer, Roman: Verfassungsrechtliche Grenzen der Gesamtbelastung von Unternehmen, in: Jürgen Pelka (Hrsg.), Europa- und verfassungsrechtliche Grenzen der Unternehmensbesteuerung, DStJG 23, Köln 2000, S. 87-126

Seer, Roman: Möglichkeit und Grenzen eines "maßvollen" Gesetzesvollzugs durch die Finanzverwaltung, FR 1997, S. 553-562

Seer, Roman: Gemeinwohlzwecke und steuerliche Entlastung, in: Monika Jachmann (Hrsg.), Gemeinnützigkeit, DStJG 26, Köln 2003, S. 11-48

Seer, Roman: Der Vollzug von Steuergesetzen unter den Bedingungen einer Massenverwaltung, in: Werner Widmann (Hrsg.), Steuervollzug im Rechtsstaat, DStJG 31, Köln 2008, S. 7-36

Seer, Roman: Modernisierung des Besteuerungsverfahrens, StuW 2015, S. 315-330

Seer, Roman: Die Besteuerung gemeinnütziger Stiftungen, ZSteu 2006, S. 158-163

Seer, Roman: Inhalt und Funktion des Begriffs „Betrieb gewerblicher Art“ für die Besteuerung der öffentlichen Hand (Teil I), DStR 1992, S. 1751-1756

Seer, Roman: Inhalt und Funktion des Begriffs „Betrieb gewerblicher Art“ für die Besteuerer öffentlichen Hand (Teil II), DStR 1992, S. 1790-1794

Seer, Roman: Verständigungen in Steuerverfahren, Habil., Universität Köln, Köln 1996

Seer, Roman: Besteuerungsverfahren, in: Hanno Kube/Rudolf Mellinghoff/Gerd Morgenthaler u.a. (Hrsg.), Leitgedanken des Rechts. Festschrift für Paul Kirchhof zum 70. Geburtstag, Band II: Staat und Bürger, Heidelberg 2013, § 163 (S. 1765-1777)

Seer, Roman / Klemke, Sina: Abgrenzung des Betriebs gewerblicher Art vom Hoheitsbetrieb, BB 2010, S. 2015-2024

Seer, Roman / Wendt, Volker: Strukturprobleme bei der Besteuerung der öffentlichen Hand, DStR 2001, S. 825-837

Seer, Roman / Wolsztynski, Christian: Steuerrechtliche Gemeinnützigkeit der öffentlichen Hand, in: Joachim Lang/Jens Peter Meinecke (Hrsg.), Schriften zum Steuerrecht, Berlin 2002

Seiler, Christian: Der einheitliche Parlamentsvorbehalt, Diss., Universität Heidelberg, Berlin 2000

Selmer, Peter: Steuerinterventionismus und Verfassungsrecht, Habil., Universität Frankfurt am Main, Frankfurt am Main 1972

Selmer, Peter: Zur Tatbestandsmäßigkeit öffentlich-rechtlicher Geldleistungspflichten. Zugleich ein Beitrag zum Verfassungsbegriff der öffentlichen Abgabe, in: Rainer Grote/Ines Härtel/Karl-E. Hain/u.a. (Hrsg.), Die Ordnung der Freiheit. Festschrift für Christian Starck zum siebzigsten Geburtstag, Tübingen 2007, S. 435-448

Selmer, Peter / Schulze-Osterloh, Lerke: Besteuerung öffentlicher Unternehmungen und Wettbewerbsneutralität. Steuer- und verfassungsrechtliche Überlegungen zur subjektiven Steuerpflicht juristischer Personen des öffentlichen Rechts, DÖV 1978, S. 381-391

Siegel, Manfred: Der Begriff des „Betriebs gewerblicher Art" im Körperschaft- und Umsatzsteuerrecht, Diss., Universität Tübingen, Berlin 1999

Sinewe, Patrick / Frase, Henning: Die Praxis der steuerrechtlichen Konkurrenten-klage, BB 2011, S. 1567-1571

Smith, Adam: An Inquiry into the Nature and Causes oft he Wealth of Nations, London 1776, Übersetzung von Horst Claus Recktenwald, Der Wohlstand der Nationen, München 1974

Sobota, Katharina: Das Prinzip Rechtsstaat. Verfassungs- und verwaltungsrechtliche Aspekte, Habil., Universität Jena, Tübingen 1997

Söhn, Hartmut: Umsatzbesteuerung der Rundfunkanstalten – BVerfGE 31, 314, JuS 1976, S. 161- 164

Söhn, Hartmut: Die Harmonisierung der Umsatzsteuern in der Europäischen Gemeinschaft. Eine steuersystematische Bestandsaufnahme, StuW 1976, S. 1-31

Sölch, Otto / Ringleb, Karl (Begr.): Kommentar, Umsatzsteuergesetz, Loseblatt, München, 79. Ergänzungslieferung 2017

Spilker, Bettina: Behördliche Amtsermittlung, Habil., Universität Münster, Tübingen 2015

Stadie, Holger: Kommentar, Umsatzsteuergesetz, 2. Auflage, Köln 2012

Stadie, Holger: Kommentar, Umsatzsteuergesetz, 3. Auflage, Köln 2015

Stadie, Holger: Befreiungen und Ermäßigungen – Chaos, System oder Konglomerat?, in: Roman Seer (Hrsg.), Umsatzsteuer im europäischen Binnenmarkt, DStJG 32, Köln 2009, S. 143-164

Staupe, Jürgen: Parlamentsvorbehalt und Delegationsbefugnis, Diss., Universität Hamburg, Berlin 1986

Steffen, Urban: Der Betrieb gewerblicher Art. Die Zusammenfassung von wirtschaftlichen Tätigkeiten der juristischen Personen des öffentlichen Rechts, Diss., Universität Münster, Pforzheim 2001

Stelkens, Paul/ Bonk, Heinz Joachim (Begr.) / *Sachs, Michael* (Hrsg.): Kommentar, Verwaltungsverfahrensgesetz, 9. Auflage, München 2018

Sterzinger, Christian: Neuregelung der Umsatzbesteuerung der öffentlichen Hand, UR 2015, S. 655-671

Sterzinger, Christian: Ermäßigter Steuersatz für Integrationsprojekte und Werkstätten für behinderte Menschen, UR 2014, S. 381-388

Sterzinger, Christian: Änderungen des Umsatzsteuergesetzes durch das Steueränderungsgesetz 2015, UR 2016, S. 1-12

Sterzinger, Christian: Urteilsanmerkung zu EuGH v. 19.01.2017 – C-344/15, EU:C:2017:28, UR 2017, S. 299-230

Stolterfoht, Joachim N.: Vereinfachender Gesetzesvollzug durch die Verwaltung – Die Verständigungsvereinbarung als Methodenproblem, in: Peter Fischer (Hrsg.), Steuervereinfachung, DStJG 21, Köln 1998, S. 233-257

Strahl, Martin: Betriebe gewerblicher Art und Gemeinnützigkeit – Gedanken über ein schwieriges Verhältnis, in: Jürgen Lüdicke/Rudolf Mellinghoff/ Thomas Rödder (Hrsg.), Nationale und Internationale Unternehmensbesteuerung in der Rechtsordnung. Festschrift für Dietmar Gosch zum Ausscheiden aus dem Richteramt, München 2016, S. 403-411

Strahl, Martin: Die typisierende Betrachtungsweise im Steuerrecht, Diss., Universität Köln, Köln 1996

Strahl, Martin: Gemeinnützigkeit im Forschungsbereich – Chance und Korsett, FR 2006, S. 1012-1017

Theobald, Annette / Klaßmann, Ralf: Die Notwendigkeit der Weiterentwicklung des Gemeinnützigkeitsrechts. Dargestellt an den Beispielen der Angemessenheit von Verrechnungspreisen in gemeinnützigen Unternehmensverbünden und der Steuersatzermäßigung bei umsatzsteuerpflichtigen Leistungen, npoR 2016, S. 201-205

Thiele, Alexander: Verhaltens- und Strukturkontrolle, in: Gregor Kirchhof/Stefan Korte/Stefan Magen (Hrsg.), Öffentliches Wettbewerbsrecht, Heidelberg 2014, § 5 (S. 111-151)

Tipke, Klaus: Die Umsatzeuer im Steuersystem, UR 1972, S. 2-6

Tipke, Klaus (Hrsg.): Die Steuerrechtsordnung, Band I: Wissenschaftsorganisatorische, systematische und grundrechtlich-rechtsstaatliche Grundlagen, 2. Auflage, Köln 2000

Tipke, Klaus (Hrsg.): Die Steuerrechtsordnung, Band II: Steuerrechtsfertigungstheorie, Anwendung auf alle Steuerarten, sachgerechtes Steuersystem, 2. Auflage, Köln 2003

Tipke, Klaus (Hrsg.): Die Steuerrechtsordnung, Band III: Föderative Steuerverteilung, Rechtsanwendung und Rechtsschutz, Gestalter der Steuerrechtsordnung, 1. Auflage, Köln 1993

Tipke, Klaus / Kruse, Heinrich Wilhelm (Begr.): Kommentar, Abgabenordnung/ Finanzgerichtsordnung, Loseblatt, Köln, 163. Ergänzungslieferung 2020

Tipke, Klaus / Lang, Joachim (Begr.): Steuerrecht, 22. Aufl., Köln 2015

Tipke, Klaus / Lang, Joachim (Begr.): Steuerrecht, 24. Aufl., Köln 2020

Troll, Max: Wann werden sportliche, kulturelle und gesellige Veranstaltungen eines gemeinnützigen Vereins steuerpflichtig?, DB 1979, S. 418-421

Trzaskalik, Christoph: Steuerverwaltungsvorschriften aus der Sicht des Rechtsschutzes, in: Klaus Tipke (Hrsg.), Grenzen der Rechtsfortbildung durch

Rechtsprechung und Verwaltungsvorschriften im Steuerrecht, DStJG 5, Köln 1982, S. 315-338

Umbach, Dieter C.: Das Wesentliche an der Wesentlichkeitstheorie, in: Wolfgang Zeidler/Theodor Maunz/Gerd Roellecke (Hrsg.), Festschrift für Hans Joachim Faller, München 1984, S. 111-131

Unabhängige Sachverständigenkommission zur Prüfung des Gemeinnützigkeits- und Spendenrechts: Gutachten der Unabhängigen Sachverständigenkommission zur Prüfung des Gemeinnützigkeits- und Spendenrechts, Gutachten, Schriftenreihe des Bundesministeriums der Finanzen, Heft 40, Bonn 1988

Unger, Sebastian: Wissensregulierung, in: Gregor Kirchhof/Stefan Korte/Stefan Magen (Hrsg.), Öffentliches Wettbewerbsrecht, Heidelberg 2014, § 8 (S. 269-328)

Unger, Sebastian: Umsatzsteuerbefreiung des Fahrsicherheitstrainings eines gemeinnützigen Vereins, SteuK 2012, S. 420

Unger, Sebastian: Das Verfassungsprinzip der Demokratie. Normstruktur und Norminhalt des grundgesetzlichen Demokratieprinzips, Diss., Universität München, Tübingen 2008

Vogel, Klaus: Grundzüge des Finanzrechts des Grundgesetzes, in: Josef Isensee/Paul Kirchhof (Hrsg.), Handbuch des Staatsrechts der Bundesrepublik Deutschland: Finanzverfassung – Bundesstaatliche Ordnung, Band IV, 2. Auflage, Heidelberg 1999, § 87 (S. 3-86)

Vogel, Klaus: Verwaltungsvorschriften zur Vereinfachung der Sachverhaltsermittlung und „normkonkretisierende" Verwaltungsvorschriften, in: Bernd Becker/Hans Peter Bull/Otfried Seewald (Hrsg.), Festschrift für Werner Thieme zum 70. Geburtstag, Köln 1993, S. 605-617

Vogt, Jürgen: Neutralität und Leistungsfähigkeit. Eine verfassungs- und europarechtliche Untersuchung der Unternehmensbesteuerung nach dem StSenkG, Diss., Universität Mannheim, Frankfurt am Main 2003

Völlmeke, Monika: Überlegungen zur tatsächlichen Vermutung und zum Anscheinsbeweis im finanzgerichtlichen Verfahren, DStR 1996, S. 1070-1078

Wäger, Christoph: Rechtsprechungsauslese 2012, UR 2013, S. 81-111

Wäger, Christoph: Sportvereine in der Umsatzsteuer: Steuerbare, steuerfreie und steuerermäßigte Umsätze, DStR 2014, S. 1517-1526

Wagner, Sven / Raudszus, Holger: Eng verbundene Dienstleistungen im Sinne des Umsatzsteuergesetzes (UStG) und der Mehrwertsteuer-System-Richtlinie (MwStSystRL). Eine Zusammenstellung für den Praktiker anhand zahlreicher Beispiele, UStB 2007, S. 283-293

Wagner, Wilfried: Umsatzsteuer und öffentliche Hand, in: Lothar Woerner (Hrsg.), Umsatzsteuer in nationaler und europäischer Sicht, DStJG 13, Köln 1990, S. 59-79

Wahl, Rainer: Risikobewertung der Exekutive und richterliche Kontrolldichte - Auswirkungen auf das Verwaltungs- und das gerichtliche Verfahren, NVwZ 1991, 409-418

Waldhoff, Christian: Struktur und Funktion des Steuertatbestandes, in: Rudolf Mellinghoff/Wolfgang Schön/Hermann-Ulrich Viskorf (Hrsg.), Steuerrecht im Rechtsstaat. Festschrift für Wolfgang Spindler zum 65. Geburtstag, Köln 2011, S. 853-878

Wallenhorst, Ralf: Steuersatz auf Übernachtungs- und Verpflegungsleistungen, UStB 2014, S. 167-168

Wallenhorst, Rolf / Halaczynski, Raymond (Hrsg.): Die Besteuerung gemeinnütziger Vereine, Stiftungen und der juristischen Personen des öffentlichen Rechts, 7. Auflage, München 2017

Walz, Rainer: Sinn und Zweck der partiellen Steuerpflicht für Erträge aus wirtschaftlichen Geschäftsbetrieben, in: Hein Kötz/Rainer Hüttemann/Peter Rawert/Karsten Schmidt (Hrsg.), Non Profit Law Yearbook 2001, Köln 2002, S. 197-221

Walz, Rainer: Steuergerechtigkeit und Rechtsanwendung. Grundlinien einer relativ autonomen Steuerrechtsdogmatik, Heidelberg 1980

Weber-Grellet: Der Typus des Typus, in: Wolfgang Dieter Budde/Adolf Moxter/Klaus Offerhaus (Hrsg.), Handelsbilanzen und Steuerbilanzen. Festschrift zum 70. Geburtstag von Prof. Dr. h.c. Heinrich Beisse, Düsseldorf 1997, S. 551-569

Weber-Grellet: In dubio pro quo? Zur Beweislast im Steuerrecht, StuW 1981, S. 48-60

Weber, Harald / Crezelius, Georg: Die Rechtsprechung des Bundesverfassungsgerichts zum Verhältnis von Art. 12 GG und Besteuerung, in: Dieter Wilke/Harald Weber (Hrsg.), Gedächtnisschrift für Friedrich Klein, München 1977, S. 542-560

Weber, Hermann: Steuererlaß und Steuerstundung als Subvention, Diss., Universität Heidelberg, Berlin 1980

Weber, Martin: Nichtunternehmerisches Handeln der Kirchen im Lichte des § 2b UStG, MwStR 2016, S. 818-830

Weich, Bernhard: Öffentliche Hand im System der Umsatzsteuer, Diss., Technische Hochschule Darmstadt, Köln 1996

Weitemeyer, Birgit: Die Gemeinnützigkeitsfähigkeit des Staates, in: Helmut Kohl/ Friedrich Kübler/Claus Ott/Karsten Schmidt (Hrsg.), Zwischen Markt und Staat: Gedächtnisschrift für W. Rainer Walz, Köln 2008, S. 783-798

Weitemeyer, Birgit / Klene, Victor: Notwendige Weiterentwicklung des Gemeinnützigkeitsrechts, DStR 2016, S. 937-945

Wernsmann, Rainer: Typisierung und Typusbegriff, DStR-Beih. 2011, S. 71-76

Widmann, Werner: Die durch das Steueränderungsgesetz 2015 angeordneten umsatzsteuerlichen Änderungen, MwStR 2015, S. 883-889

Widmann, Werner (Hrsg.): Umsatzbesteuerung der juristischen Person des öffentlichen Rechts. Entwurf der Finanzministerkonferenz eines neuen § 2b UStG, UR 2015, S. 5-11

Wiedemann, Gerhard: Handbuch des Kartellrechts, 4. Auflage, München 2020

Wiesch, Thomas: Die umsatzsteuerliche Behandlung der öffentlichen Hand, Diss., Universität Münster, Köln 2016

Wolff, Heinrich Amadeus: Ungeschriebenes Verfassungsrecht unter dem Grundgesetz, Habil., Universität Speyer, Tübingen 2000

Wollenschläger, Ferdinand: Wettbewerbliche Vorgaben für öffentliche Unternehmen, in: Gregor Kirchhof/Stefan Korte/Stefan Magen (Hrsg.), Öffentliches Wettbewerbsrecht, Heidelberg 2014, § 6 (S. 153-208)

Wunsch, Oliver: Die Wettbewerbsklausel des § 65 Nr. 3 AO als Schutznorm zugunsten nicht begünstigter Konkurrenten gemeinnütziger Körperschaften, Diss., Universität Hamburg, Frankfurt am Main 2002

Wurmnest, Wolfgang: Marktmacht und Verdrängungsmissbrauch. Eine rechtsvergleichende Neubestimmung des Verhältnisses von Recht und Ökonomik in der Missbrauchsaufsicht über marktbeherrschende Unternehmen, 2. Auflage, Tübingen 2012

Zimmer, Daniel: Marktmacht, in: Theodor Baums/Marcus Lutter/Karsten Schmidt/Johannes Wertenbruch (Hrsg.), Festschrift für Ulrich Huber zum siebzigsten Geburtstag, Tübingen 2006, S. 1173-1184

Zirkl, Cornelia: Die Neutralität der Umsatzsteuer als europäisches Besteuerungsprinzip. Inhalt, Herleitung und der Umgang mit Neutralitätsverletzungen, Diss., Universität Passau, Frankfurt am Main 2015

www.ingramcontent.com/pod-product-compliance
Ingram Content Group UK Ltd.
Pitfield, Milton Keynes, MK11 3LW, UK
UKHW021830290926
8980IPUK00004B/353

9 783631 850534